【传世经典 文白对照】

资治通鉴

一

周纪 秦纪 汉纪

〔宋〕司马光　　编撰

沈志华　张宏儒　主编

中华书局

图书在版编目(CIP)数据

资治通鉴/(宋)司马光编撰;沈志华,张宏儒主编. —北京:中华书局,2019.11(2025.5 重印)
(传世经典 文白对照)
ISBN 978-7-101-14175-7

I. 资… Ⅱ. ①司…②沈…③张… Ⅲ. ①中国历史-古代史-编年体②资治通鉴-译文 Ⅳ. K204.3

中国版本图书馆 CIP 数据核字(2019)第 216655 号

书　　名	资治通鉴(全十八册)
编 撰 者	〔宋〕司马光
主　　编	沈志华　张宏儒
丛 书 名	传世经典 文白对照
责任编辑	刘胜利　周　旻　张彩梅　王守青　舒　琴
	周梓翔　张　敏　肖帅帅　张叙方
装帧设计	毛　淳
责任印制	管　斌
出版发行	中华书局
	(北京市丰台区太平桥西里 38 号　100073)
	http://www.zhbc.com.cn
	E-mail:zhbc@zhbc.com.cn
印　　刷	北京新华印刷有限公司
版　　次	2019 年 11 月第 1 版
	2025 年 5 月第 14 次印刷
规　　格	开本/880×1230 毫米　1/32
	印张 393⅞　插页 36　字数 10000 千字
印　　数	139001-149000 册
国际书号	ISBN 978-7-101-14175-7
定　　价	928.00 元

出版说明

　　《资治通鉴》，简称"《通鉴》"，是我国第一部编年体通史，也是我们了解古代历史、学习治国之道、指导人生修养的一部传世经典。但对普通读者而言，直接阅读《资治通鉴》原文仍有一定难度，因此中华书局于2009年出版了文白对照本《资治通鉴》，以匠心独运的"左文右白"版式呈现这部经典著作，受到广大读者的热烈欢迎。

　　2019年，适值文白对照本《资治通鉴》出版十周年之际，我们结合此书出版以来收到的读者意见和建议，对文白对照本《资治通鉴》作了如下修订完善：

　　第一，根据中华书局点校本《资治通鉴》重新核校了《资治通鉴》原文，改正了原书中原文、译文的讹误和排印错误，使得全书文字更加准确。

　　第二，将原文和译文中的纪年文字改为黑体，以清眉目；并在译文纪年文字前加注帝号年号，以便读者阅读查考。

　　第三，在书末增加了《〈资治通鉴〉纪年索引》和《〈资治通鉴〉史评索引》，通过《〈资治通鉴〉纪年索引》，读者可以快速检索到某一年所在的具体页码，以便查阅该年史事；通过《〈资治通鉴〉史评索引》，读者可以快速检索到司马光或历代贤哲关于某一史事的评论，领略《资治通鉴》的精彩史思。

　　我们致力于向读者奉献一个文字更加准确、阅读更加方便、检索更加便捷的《资治通鉴》读本，以回馈广大读者的热情支持。当然，限于水平，我们的工作中难免存在失误，敬请读者方家不吝赐教，以便我们继续修订完善此书。

中华书局编辑部

2019年9月

《文白对照全译〈资治通鉴〉》编委会

主　　编　沈志华　张宏儒

副主编　陈东林　李丹慧　马怡

顾　　问　吴树平　施丁　黄永年

编　　委　（按姓氏笔划）

马　怡　毛双民　王景桐　孙　枫　孙家洲

李丹慧　李红旗　李解民　刘新风　陈东林

沈志华　张宏儒　武宝玲　胡友鸣　袁　熹

党圣元

审稿人　（按姓氏笔划）

马　怡　毛双民　王景桐　孙家洲　李　岩

李丹慧　李解民　刘新风　陈久金　陈东林

陈祖武　沈志华　吴树平　张双棣　张宏儒

迟赵娥　林冠夫　胡友鸣　胡双宝　袁　熹

党圣元　谢保成

译稿人　（按姓氏笔划）

马　怡　王　齐　王景桐　毛双民　白　隅

石旭红　孙家洲　李　岩　李丹慧　李国荣

李国新　李解民　李裕群　吕　艺　任　可

刘　驰　刘宁勋　刘洪波　刘新风　刘克琛

刘勇锋　陈东林　陈绍棣　陈柯云　宋培学

杨　璐　张书才　柳　宪　侯　明　郭风岚

胡友鸣　赵长才　骈宇骞　袁　刚　袁　熹

党圣元　徐怀宝　浦志强　翁志明　高路明

董洪利　谢桂华　曾镇南　薛有红

总　目

前　言

一

　　司马光,字君实,陕州夏县(今山西夏县)人。生于宋真宗天禧三年(1019),卒于宋哲宗元祐元年(1086)。仁宗宝元初年中进士甲科。后任天章阁待制兼侍讲、知谏院。英宗时为龙图阁直学士,曾于治平年间进《通志》八卷,记战国至秦二世之史事,得英宗赏识,受命再编《历代君臣事迹》。遂设局于崇文院,选刘恕、刘攽、范祖禹等人为同修官,始协力倾心于编纂。神宗即位,以其书"鉴于往事,有资于治道",赐名为《资治通鉴》。时司马光以反王安石变法故,坚辞枢密副使之职,出知永兴军(今陕西西安),随后改判西京御史台。退居洛阳十五载,六任冗官,书局自随,沉精积思于《通鉴》之编写,不舍昼夜,终至元丰七年(1084)告竣,呈帝御览,因迁资政殿学士。次年哲宗即位,太皇太后高氏听政,司马光应召入京,走马还朝,于元祐元年任尚书左仆射兼门下侍郎,尽废新法,叱咤于"元祐更化"之时。但为相八月,一病辞世。

　　观前人之所为作,可谓文王拘而演《周易》;孔子厄而修《春秋》;屈原放逐,始赋《离骚》;左丘失明,厥有《国语》;孙子膑足,兵法修列;韩非囚秦,《说难》、《孤愤》;吕不韦迁蜀,世传《吕览》;司马迁腐刑,乃显《史记》。司马光虽未如太史公

遭李陵之祸,幽于缧绁,亦以泥守旧制而离朝廷,投闲置散,由居庙堂之高,转处江湖之远,仕途困厄,政治失意,方专注于治史,得以成就《通鉴》。

司马光著《通鉴》之由,其一在于"患迁、固以来,文字繁多,自布衣之士,读之不遍;况于人主,日有万机,何暇周览",乃"删削冗长,举撮机要",纂一部编年通史[①];其二则在于"鉴前世之兴衰,考当今之得失,嘉善矜恶,取是舍非"[②],"穷探治乱之迹,上助圣明之鉴"[③]。乃"专取关国家盛衰,系生民休戚,善可为法,恶可为戒者"[④],成一部政治通史。故司马光以其记历代治乱兴亡之迹,供皇帝阅读,助人主辨所谓是非之志,虽违离阙庭,区区之心却念于政事,朝夕寤寐,常居帝王左右。乃至"骸骨癯瘁,目视昏近,齿牙无几,神识衰耗"[⑤],十九载之精力,尽于此书。

《通鉴》记事,上起周威烈王二十三年(前403),下终五代周世宗显德六年(959),录一千三百六十二年之事迹,成书二百九十四卷,另《考异》三十卷,《目录》三十卷,总三百五十四卷,三百馀万字。其于采正史之外,又用稗官野史、奏议、笔记、文集、谱录、墓志、碑传、行状,杂史诸书凡三百馀种,于盈积简牍之中,抉摘幽隐,校计毫厘。其中贤君昏主、忠臣奸佞、勇将懦夫、志士小人,"兴邦之远略,善俗之良规,匡君之格言,立朝之大节,叩函发帙,靡不具焉"[⑥],堪称巨制。

《通鉴》乃我国现存编年体史书之最大者,其立编年体通史之规模,年经事纬,"博而得其要,简而周于事"[⑦],虽不惮征引史料,却并无骈拇枝指、附赘悬疣之繁,所谓登高望之,旗整辙清。

《通鉴》着眼于为政得失之道,择收我国古代政治史料,剪裁运化,系而统之,警戒后世,仍堪镜考。

世之研究司马光《资治通鉴》者众多,各类注疏之中,尤以南宋史学家胡三省耗时三十年之久所作之《通鉴音注》、《通鉴释文辨误》为著。其将注释及司马光《通鉴考异》融入《通鉴》原文之下,成为今日流传之本。而观《通鉴》之刊刻出

版,其于北宋哲宗元祐元年十月奉旨下杭州镂板,元祐七年刻竣。时隔数载,以哲宗亲政时及徽宗崇宁年间恢复新法故,司马光身后一度罹"追贬"等厄运,《通鉴》书板亦险遭毁坏。此后,《通鉴》以本书、目录、考异、点校、注释、详节、要览、选本等诸多名目刊刻出版,绵绵不绝。计南宋以来,有监本、馀姚官刻本等二十馀种;终元一朝,又见张氏晦明轩刻本、兴文署本凡十种;明起弘治元年以下,成轶十馀种,每二十馀年即刊刻一次;有清一朝,乃承飞雪堂刻本、胡克家翻刻元刊胡注本等九种;民国初创,即有涵芬楼铅印本、《百衲本宋本资治通鉴》等七种;及至中华人民共和国成立后1956年以来,始有北京古籍出版社之精装点校本、中华书局之平装点校本等数种。中华版本以清胡克家刻本及近代章钰所撰之《胡刻通鉴正文校宋记》为底本,汲取前人之考订成果,谨于校勘,当为今世之佳本。

二

一代伟人毛泽东,酷爱《通鉴》。通读穷一十七遍,至书页残破,仍爱不释卷,且言每读一遍都获益匪浅。遂广为推荐,又教读于左右,批点于卷帙,循循导启,不厌碎烦。

毛泽东之读《通鉴》,释其起于三家分晋,寓意在"非三晋之坏礼,乃天子自坏也",可谓开宗明义,鉴以在上者不正,在下者肆意,事所必至,理有固然;论其迄于五代,用心在避曲笔言事,粉饰当朝,所谓"千秋功罪,谁人曾与评说"? 倡以立论疑古,读书不可尽信,不可囿于人言;评其战争史笔,泼洒打天下、守天下之迹,乃政治之继续,要在取舍治乱得失,上助君王之鉴;议其褒贬明主昏君,赞前者之治国之道、用人之术,警后者之庸聩乏能,误国误民。凡此种种,述论尤多。究见其熟读《通鉴》,旨在以史为镜,借鉴前人得失,用古为今。

一部《资治通鉴》,既以其内容之博大精深,录事之求实考信,兼收并蓄,拾遗补阙,而成为学史、研史者不可不读之书;又

以其考评前世之兴衰得失,镜鉴于后人,有资于治道,而成为领导国家者不可不读之书;更以其通古今之变,成一家之言,可启发思想,指导人生,而成为普通人众不可不读之书。惟其举要若此,方为天地间不可阙如之书。毛泽东曾言,历史不可割断。从孔夫子至孙中山,当总结之,以承继此份珍贵遗产,其对于指导今世,帮助匪浅。《通鉴》即在此珍贵遗产之列。

然《通鉴》成书时近千年,其文字毕竟古朴,又兼记载弥繁,以至古人读之,尚感入海算沙,穷年不能究其辞,没世不能通其义,常发山峨海茫之叹,更何况今人碍于其言辞之涩、学识之博,阻于其名物之繁、制度之多,势必困于读通,艰于理解。司马光亦曾自言:"修《通鉴》成,惟王胜之借一读,他人读未尽一纸,已欠伸思睡。"⑧是以学者尚不易卒读,遑论大众!足见《通鉴》之今译工作实已刻不容缓。

大凡本固则末茂,源浚则流清。以今日通行之白话文全译《资治通鉴》,使人人能得而读之,为各阶各层提供探赜索隐,致远钩深之机,当可助人辨兴亡之事,明安邦之道,树为人之本,立报国之节,知其利害,晓其善恶,追览既往,奋扬开来,对我华夏博大精深之文化遗产,自强不息、厚德载物之民族精神,多一分思索。

司马光纂《通鉴》,以儒家正统思想提纲挈领,势所必然。其"臣光曰"类史论总约二百馀处,精华糟粕杂于其间。《通鉴》之今译并非高山仰止,其正可助人于读通读懂之中,条分缕析,批判继承,弃其糟粕,扬其精华,推陈出新,对我华夏千年之优秀传统,万年之文明古国,增一份爱心。

三

我们常思以根之于历史者深,胎之于风俗者固,因之于地理者远,必生出一种凝不可懈之精神,此即华夏千年之文明,传统文化之集萃。何以扬其精,摒其糟,穷究华夏文化之博史,弘发华夏文化之灵秀,正当为我们实践志向,奋发有为

之一题。如是乃检索史籍，首选出司马光《资治通鉴》，以白话译之，力图沟通今古，传经典文章于大众。

但以《资治通鉴》之篇鸿制巨，今译实非几人精力所能为功。故此我们苟定底本，严择译家，会聚十几家学术机构之数十位专家学者，集思广益，推敲攻研，翻译编审，竭力尽心，倾拳拳之忱，奋勤勤之劳，数载心力，尽瘁于此，终奉出此全译之本。此本其文义以忠实于原著为要，含英咀华，于直译之中，求准确、精炼；其文字取通俗流畅之势，感灵觉异，于求雅之间，留原作用语个性。又附原文以利对照，提供细品古文韵味之便。

全译《通鉴》，泱泱大事，以数十人之力，既苦之于初做，又限之于水平，其疏漏、舛误必多。故我们殷殷期望于专家学子、大众读者不吝赐教，以资再作修订，获取更精审之译作。所谓"骐骥一跃，不能十步；驽马十驾，功在不舍。锲而舍之，朽木不折；锲而不舍，金石可镂"。

悠悠华夏历史，结晶文化遗产，多如高原决水、汗牛充栋，其整理、普及迫在眉睫。我们愿效愚痴之力于此项宏伟事业，以聚纤尘而成就泰山之巍峨，汇细流而成就江海之深远！

《文白对照全译〈资治通鉴〉》编委会
2009 年 4 月（李丹慧执笔）

---

① 《司马文正公传家集·进〈资治通鉴〉表》。
② 同上。
③ 《司马文正公传家集·谢赐〈资治通鉴〉序表》。
④ 《司马文正公传家集·进〈资治通鉴〉表》
⑤ 同上。
⑥ 王磐：《兴文署新刊〈资治通鉴〉序》。
⑦ 宋神宗：《〈资治通鉴〉序》。
⑧ 胡三省：《新注〈资治通鉴〉序》。

凡　例

一、本书包括原文、译文两部分，按周、秦、西汉、东汉、魏、晋、南北朝、隋、唐、五代十国等十个朝代文白对照排列。为方便读者查阅，原文、译文在一个展开面上，即原文以宋体字排印在左，译文以楷体字排印在右。

二、原文参照中华书局《资治通鉴》点校本排印。因已有译文，故中华书局本原有的小字夹注（包括胡三省注、章钰校语等）均不再收录。

三、白话译文以上述中华书局本为工作底本，卷次、分段一沿其旧，仍保留原段落序号。

四、翻译使用现代汉语书面语言，力求准确、流利、生动。一般为每句对应直译，在不违背原意的原则下，允许适当增加形容词；对于个别直译难以读懂之处，酌量增加补充文字、主语、宾语等；对较为抽象的原文论说，适当采取意译办法，但忌作主观发挥。

五、人名、地名、职官名一般不作翻译，但古今地名易引生歧解者，酌情予以翻译。如"山东"，译作"崤山以东"。

六、典故、专用词语中，凡现代汉语仍在广泛使用的典故成语、词汇，如"负荆请罪"等，不译。古代礼制、经济等专用语，如"食邑"、"假黄钺"等，在较早出现之处酌作解释，其后相邻之处则沿用。

七、帝王的称谓，一般使用庙号，少量追谥或废帝等使用本名。尽量遵循司马光原书所奉正朔，以某"纪"内该朝君主称"帝"，并存的其他政权君主则视情况称为"王"、"国主"等。但司马光原书中此类称呼亦见混乱处，常有"帝"、"王"、"国主"等交替加于一人之身，尤以南北朝、五代十国时期为甚，译时则不强作统一。

八、时间的译法，于卷首标题帝王年号后以括号注出公历年，译文内干支记日后以括号注出旧历日期。由于原书系司马光等人采撷多种史料摘编而成，故干支记日常与月份不符，有些虽可证诸正史等予以勘误，但为保留原貌与全书的统一，译文中均不作考辨。

九、原书的误字，译文根据中华书局点校本作改正。但属于史实上的错误，为保留司马光原著的面貌，一般不作更正。

资治通鉴序 御制

朕惟君子多识前言往行以畜其德，故能刚健笃实，辉光日新。《书》亦曰："王，人求多闻，时惟建事。"《诗》《书》《春秋》，皆所以明乎得失之迹，存王道之正，垂鉴戒于后世者也。

汉司马迁绌石室金匮之书，据左氏《国语》，推《世本》、《战国策》、《楚汉春秋》，采经摭传，罔罗天下放失旧闻，考之行事，驰骋上下数千载间，首记轩辕，至于麟止，作为纪、表、世家、书、传，后之述者不能易此体也。惟其是非不谬于圣人，褒贬出于至当，则良史之才矣。

若稽古英考，留神载籍，万机之下，未尝废卷。尝命龙图阁直学士司马光论次历代君臣事迹，俾就秘阁缮阅，给吏史笔札，起周威烈王，讫于五代。光之志以为周积衰，王室微，礼乐征伐自诸侯出，平王东迁，齐、楚、秦、晋始大，桓、文更霸，犹托尊王为辞以服天下；威烈王自陪臣命韩、赵、魏为诸侯，周虽未灭，王制尽矣！此亦古人述作造端立意之所繇也。其所载明君、良臣，切摩治道，议论之精语，德刑之善制，天人相与之际，休咎庶证之原，威福盛衰之本，

朕知道，君子多熟悉前人之行、往昔之事，以此来蓄养品德，所以能够刚健坚实，光辉日新。《尚书》也说："作为君王，应该广采众学，时刻有所建树。"《诗经》、《尚书》、《春秋》，都是说明得失的规律，存守王道的正统，给后代以借鉴和训戒的著作。

汉代司马迁缀集皇家石室和金柜里的典籍，根据左氏《国语》，推及《世本》、《战国策》、《楚汉春秋》等，博采经籍，摭取传纪，网罗天下轶事旧闻，纵横驰骋于上下数千年间，开篇记载黄帝轩辕氏，至于西汉发现麒麟而止，创作纪、表、世家、书、传形式，使后世述史者都不能改变这种体例。由于他判断是非不与圣人相悖，褒贬十分得当，才被称为优秀史家的人才。

父皇英宗，留神典籍，日理万机之时，也未尝辍止读书。曾命龙图阁直学士司马光论列历代君王大臣的事迹，让他在皇家秘阁翻阅文献档册，供给史官、笔纸，修撰起自周威烈王、讫于五代的历史。司马光的意见认为：周朝积弱，王室衰微，礼乐仪制和军事征讨都由诸侯恣意自为；周平王被迫东迁国都，齐国、楚国、秦国、晋国于是强大；但到齐桓公、晋文公交替称霸，还要假托尊崇周王为辞以收服天下心；直至周威烈王任命臣子韩、赵、魏三家为诸侯时，周朝虽尚未灭亡，但王室制度已丧失殆尽！这也是古人著书时开篇立意的宗旨。书中记载圣明君主、贤良大臣，切磋治国之道，议论中的精辟语句，道德、刑法双管齐下的良善制度，上天与人世相处的关系，吉凶、善恶现象的根源，作威作福兴盛衰弱的原因，

规模利害之效，良将之方略，循吏之条教，断之以邪正，要之于治忽，辞令渊厚之体，箴谏深切之义，良谓备焉。凡十六代，勒成二百九十四卷，列于户牖之间而尽古今之统，博而得其要，简而周于事，是亦典刑之总会，册牍之渊林矣。

荀卿有言："欲观圣人之迹，则于其粲然者矣，后王是也。"若夫汉之文、宣，唐之太宗，孔子所谓"吾无间焉"者。自馀治世盛王，有惨怛之爱，有忠利之教，或知人善任，恭俭勤畏，亦各得圣贤之一体，孟轲所谓"吾于《武成》取二三策而已"。至于荒坠颠危，可见前车之失；乱贼奸宄，厥有履霜之渐。《诗》云："商鉴不远，在夏后之世。"故赐其书名曰《资治通鉴》，以著朕之志焉耳。

治平四年十月初开经筵，奉圣旨读《资治通鉴》。其月九日，臣光初进读，面赐御制序，令候书成日写入。

规划利害的效果，优秀将领的战略，廉谨官员的治策，以邪正为标准进行判断，从郅治与怠忽中抓住要旨，直至词语渊博厚实的文体，哲理深刻的含义，实可称完备无缺。全书共记载十六个朝代，辑成二百九十四卷，放置于室中而尽知古今之道统，内容广博而得其要点，简明而又周详于事件，也可称为历代典制法规的总汇，档册文牍的全书。

荀况曾说过："若想观察圣人的形迹，便要寻其出类拔萃者，后代贤王即为其例。"像汉朝的文帝、宣帝，唐朝的太宗，正属孔子所说"我无可非议"者。其馀太平治世享有盛名的君王，或有忧国忧民仁爱之心，或有忠贞利民的教诲，或知人善任，勤俭谨慎，也各得到圣贤的一方面，如孟轲所说"我对于《武成》只取其二三事而已"。至于荒淫覆亡者，可使我们见到前车之鉴；乱臣贼子，则引起我们严寒将至的警惕。《诗经》说："商朝的借鉴不远，就在夏朝的灭亡。"所以赐此书名为《资治通鉴》，以表明朕之心志。

治平四年十月初次开设御前讲经，奉圣旨讲读《资治通鉴》。是月九日，臣司马光开始进读，皇帝面赐御制序，命臣待书成之日写入。

目录

卷第一　周纪一

起戊寅(前403)尽壬子(前369)凡三十五年

威烈王

二十三年(戊寅,前403)

1　初命晋大夫魏斯、赵籍、韩虔为诸侯。

臣光曰:臣闻天子之职莫大于礼,礼莫大于分,分莫大于名。何谓礼?纪纲是也。何谓分?君、臣是也。何谓名?公、侯、卿、大夫是也。

夫以四海之广,兆民之众,受制于一人。虽有绝伦之力,高世之智,莫不奔走而服役者,岂非以礼为之纪纲哉!是故天子统三公,三公率诸侯,诸侯制卿大夫,卿大夫治士庶人。贵以临贱,贱以承贵。上之使下犹心腹之运手足,根本之制支叶;下之事上犹手足之卫心腹,支叶之庇本根,然后能上下相保而国家治安。故曰天子之职莫大于礼也。

文王序《易》,以《乾》、《坤》为首。孔子系之曰:"天尊地卑,乾坤定矣。卑高以陈,贵贱位矣。"言君臣之位犹天地之不可易也。《春秋》抑诸侯,尊王室,王人虽微,序于诸侯之上,以是见圣人于君臣之际未尝不惓惓也。非有桀、纣之暴,汤、武之仁,人归之,天命之,君臣之分当守节伏死而已矣。是故以微子而代纣则成汤配天矣,

威烈王
周威烈王二十三年(戊寅,公元前 403 年)

1　周威烈王姬午首次分封晋国大夫魏斯、赵籍、韩虔为诸侯国君。

臣司马光说:我知道天子的职责中最重要的是维护礼教,礼教中最重要的是确定名分,确定名分中最重要的又是匡正名位。什么是礼教?就是礼纪朝纲。什么是名分?就是君臣有别。什么是名位?就是公、侯、卿、大夫等官爵序列。

四海之广,亿万之众,都在天子一人的管辖之下。尽管是才能超群、智慧绝伦的人,也不能不在天子足下为他奔走服务,这就是以礼教作为礼纪朝纲的作用啊!所以天子统率三公,三公督率诸侯国君,诸侯国君节制卿、大夫官员,卿、大夫官员又统治士人百姓。权贵支配贱民,贱民服从权贵。上层指挥下层就好像人的心腹控制四肢行动,树木的根和干支配枝和叶;下层服侍上层就好像人的四肢卫护心腹,树木的枝和叶遮护根和干,这样才能上下层互相保护,从而使国家得到长治久安。所以说,天子的职责没有比维护礼教更重要的了。

从前周文王演绎排列《易经》,把《乾》、《坤》放在首位。孔子解释说:"天尊贵,地卑微,阳阴于是确定。由低至高排列有序,贵贱也就各得其位。"这是说君主和臣子之间的上下关系就像天和地一样不能互易。《春秋》一书贬低诸侯,尊崇周王室,尽管周王室的宗族后来衰微了,在书中排列顺序仍在诸侯国君之上,由此可见孔圣人对于君臣之间关系的殷切关注。如果不是夏桀、商纣那样的暴虐昏君,对手又遇上商汤、周武王这样的仁德明主,使人民归心、上天赐命的话,君臣之间的名分是不可改变的,做臣子的只能恪守臣节,誓死不渝。当年如果商朝立贤明的微子为国君来取代纣王,成汤就可以同上天一起享受祭祀;

以季札而君吴则太伯血食矣。然二子宁亡国而不为者，诚以礼之大节不可乱也。故曰礼莫大于分也。

夫礼，辨贵贱，序亲疏，裁群物，制庶事，非名不著，非器不形。名以命之，器以别之，然后上下粲然有伦，此礼之大经也。名器既亡，则礼安得独在哉！昔仲叔于奚有功于卫，辞邑而请繁缨。孔子以为不如多与之邑，惟名与器，不可以假人，君之所司也；政亡则国家从之。卫君待孔子而为政，孔子欲先正名，以为名不正则民无所措手足。夫繁缨，小物也，而孔子惜之；正名，细务也，而孔子先之：诚以名器既乱则上下无以相保故也。夫事未有不生于微而成于著，圣人之虑远，故能谨其微而治之；众人之识近，故必待其著而后救之。治其微则用力寡而功多，救其著则竭力而不能及也。《易》曰"履霜坚冰至"，《书》曰"一日二日万几"，谓此类也。故曰分莫大于名也。

呜呼！幽、厉失德，周道日衰，纲纪散坏，下陵上替，诸侯专征，大夫擅政，礼之大体什丧七八矣，然文、

而吴国如果以仁德的季札做君主,开国之君太伯也可以永享祭祀。然而微子、季札二人宁肯国家灭亡也不愿做君主,实在是因为礼教的大节绝不可因此破坏。所以说,礼教中最重要的就是君臣上下的名分。

礼教的真义,在于分辨贵贱,区别亲疏,裁决万物,处理日常事务,没有一定的名位,就不能相应地显扬;不享有标志名位、爵号的器物,礼制等级就无法体现。只有用名位来分别称呼,用器物来分别标志,然后上上下下才能井井有条,分明不乱,这就是礼教的精华所在。如果名位、器物都没有了,那礼教又怎么能单独存在呢!当年仲叔于奚为卫国建立了大功,他谢绝了赏赐的封地,却请求允许他享用贵族才应有的马饰,卫国国君同意了。孔子听说这件事,认为不如多赏赐他一些封地,还说惟独名位和器物,这是国君所执掌的,绝不能假于他人,处理政事不坚持原则,国家也就会随着走向危亡。卫国国君期待孔子为他处理政事,孔子却提出先要确立名位,认为名位不正则百姓无所适从。马饰,是一种小器物,而孔子却珍惜它的价值;正名位,似乎是一件小事情,而孔子却要先从它做起,就是因为名位、器物一紊乱,国家上下就无法相安互保。没有一件事情不是从微小之处产生而逐渐发展显著的,圣贤考虑久远,所以能够谨慎对待微小的变故及时予以处理;常人见识短浅,只能等弊端闹大了才来设法挽救。矫正初起的小错,用力小而收效大;挽救已明显的大害,往往是竭尽全力也不能成功。《周易》说:"行于霜上而知严寒冰冻将至。"《尚书》说:"先王每天都要兢兢业业地处理成千上万件事情。"就是指这类防微杜渐的例子。所以说,确定名分最重要的是匡正各个等级的名位。

呜呼!自从周幽王、周厉王丧失君德,周朝的气数每况愈下,礼纪朝纲土崩瓦解,下级欺凌上级,上级势力衰落,诸侯国君不听周王调遣,恣意征讨他人,士大夫越过诸侯国君,擅自干预朝政,礼教从总体上已经有百分之七八十沦丧了。然而周文王、

武之祀犹绵绵相属者,盖以周之子孙尚能守其名分故也。何以言之?昔晋文公有大功于王室,请隧于襄王,襄王不许,曰:"王章也。未有代德而有二王,亦叔父之所恶也。不然,叔父有地而隧,又何请焉!"文公于是惧而不敢违。是故以周之地则不大于曹、滕,以周之民则不众于邾、莒,然历数百年,宗主天下,虽以晋、楚、齐、秦之强不敢加者,何哉?徒以名分尚存故也。至于季氏之于鲁,田常之于齐,白公之于楚,智伯之于晋,其势皆足以逐君而自为,然而卒不敢者,岂其力不足而心不忍哉?乃畏奸名犯分而天下共诛之也。今晋大夫暴蔑其君,剖分晋国,天子既不能讨,又宠秩之,使列于诸侯,是区区之名分复不能守而并弃之也。先王之礼于斯尽矣!

或者以为当是之时,周室微弱,三晋强盛,虽欲勿许,其可得乎!是大不然。夫三晋虽强,苟不顾天下之诛而犯义侵礼,则不请于天子而自立矣。不请于天子而自立,则为悖逆之臣,天下苟有桓、文之君,必奉礼义而征之。今请于天子而天子许之,是受天子之命而为诸侯也,谁得而讨之!故三晋之列于诸侯,非三晋之坏礼,乃天子自坏之也。

周武王开创的政权还能绵绵不断地延续下来，就是因为周王朝的子孙后裔尚能守定名分不放弃。为什么这样说呢？当年晋文公为周朝平定内乱，建立了大功，于是向周襄王请求允许他死后享用王室的隧葬礼制，周襄王没有准许，说："这是周王的下葬制度。没有改朝换代而有两个天子，这也是叔父您所反对的。不然的话，叔父您有的是地，愿意怎么葬就怎么葬，何必要请示我呢？"晋文公听了这番话，到底是畏惧周朝礼教而不敢违反。因此，尽管周王室的地盘并不比曹国、滕国大，管辖的臣民也不比邾国、莒国多，然而经过几百年仍然是天下共同承认的宗主，即使是晋、楚、齐、秦那样的强国也还不敢公然凌驾于其上，这是为什么呢？就是周王还保有天子的名分。再看看鲁国的大夫季氏、齐国的田常、楚国的白公胜、晋国的智伯，他们的势力都大得足以驱逐国君而自立，然而他们终于不敢这样做，难道是他们力量不足或是于心不忍吗？只不过是害怕蒙上篡权夺位的恶名而招致天下的讨伐罢了。现在晋国的三家大夫视国君如粪土，公然瓜分了晋国，作为天子的周王不能派兵征讨，反而对他们加封赐爵，让他们列位于诸侯国君之中，这样做就使周王朝仅有的一点名分不能再存守而全部放弃了。周朝先王创下的礼教到此荡然无存！

也许有人认为当时周王室已经衰微，而晋国三家力量强大，就算周王不想承认他们，又怎么能做得到呢！这种说法是完全错误的。晋国三家虽然强悍，但他们如果打算不顾天下的指责公然侵犯仁义礼教的话，就不会来请求周天子的批准，而是去自立为君了。不向天子请封而自立为国君，那就是叛逆之臣，天下如果有像齐桓公、晋文公那样的贤德诸侯，一定会高举礼义大旗对他们进行征讨。现在晋国三家向天子请封，天子又批准了，他们就是奉天子命令而成为诸侯的，谁又能对他们加以讨伐呢！所以晋国三家大夫僭位成为诸侯，并不是晋国三家破坏了礼教，正是周天子自己破坏了周朝的礼教啊！

乌呼！君臣之礼既坏矣，则天下以智力相雄长，遂使圣贤之后为诸侯者，社稷无不泯绝，生民之类糜灭几尽，岂不哀哉！

2 初，智宣子将以瑶为后，智果曰："不如宵也。瑶之贤于人者五，其不逮者一也。美鬓长大则贤，射御足力则贤，伎艺毕给则贤，巧文辩惠则贤，强毅果敢则贤；如是而甚不仁。夫以其五贤陵人而以不仁行之，其谁能待之？若果立瑶也，智宗必灭。"弗听。智果别族于太史，为辅氏。

赵简子之子，长曰伯鲁，幼曰无恤。将置后，不知所立，乃书训戒之辞于二简，以授二子曰："谨识之！"三年而问之，伯鲁不能举其辞；求其简，已失之矣。问无恤，诵其辞甚习；求其简，出诸袖中而奏之。于是简子以无恤为贤，立以为后。

简子使尹铎为晋阳，请曰："以为茧丝乎？抑为保障乎？"简子曰："保障哉！"尹铎损其户数。简子谓无恤曰："晋国有难，而无以尹铎为少，无以晋阳为远，必以为归。"

及智宣子卒，智襄子为政，与韩康子、魏桓子宴于蓝台。智伯戏康子而侮段规。智国闻之，谏曰："主不备难，难必至矣！"智伯曰："难将由我。我不为难，谁敢兴之！"对曰："不然。《夏书》有之：'一人三失，怨岂在明，不见是图。'

呜呼！维系君臣大义的礼纪既然崩坏瓦解，于是天下便开始以智慧、武力争雄称霸，使当年受周先王分封而成为诸侯国君的圣贤后裔，江山相继沦亡，周朝先民的子孙灭亡殆尽，岂不令人哀痛！

　　2　起初，统治晋国的智宣子想确定诸子中的智瑶为继承人，族人智果说："他不如智宵。智瑶有超越他人的五项长处，只有一项短处。仪表堂堂是第一项长处，精于骑射是第二项长处，才艺双全是第三项长处，能言善辩是第四项长处，坚毅果敢是第五项长处；他的唯一短处就是居心不仁。如果他以五项长处来制服别人而做不仁不义的恶事，谁能和他和睦相处？要是真的立智瑶为继承人，那么智氏宗族一定离灭亡不远了。"智宣子置之不理。智果便向太史请求脱离智族姓氏，另立为辅氏，以避灭族之祸。

　　赵国的大夫赵简子有两个儿子，大的叫伯鲁，小的叫无恤。赵简子想确定继承人，不知立哪位好，于是把他的日常训诫言词写在两块竹简上，分别交给两个儿子，嘱咐说："好好记住！"过了三年，赵简子问起两个儿子，大儿子伯鲁张口结舌，竹简上的话一句也记不起来；再问他的竹简在哪，却早已丢失了。又问小儿子无恤，竟然滚瓜烂熟地背诵出竹简训词；追问竹简，他立即从袖子中取出献上。于是赵简子认为无恤十分贤德，便立他为继承人。

　　赵简子派尹铎去治理晋阳，临行前尹铎请示说："您是打算让我去抽丝剥茧般地搜刮财富呢，还是安抚人心作为他日退路？"赵简子说："当然要作为他日退路。"尹铎到了晋阳，便使用少算居民户数的办法，减轻当地的赋税，笼络人心。赵简子又对儿子赵无恤说："一旦晋国发生了大危难，你不要嫌尹铎地位不高，不要怕晋阳路途遥远，一定要投奔那里，作为归宿。"

　　等到智宣子去世，智襄子智瑶当政统治晋国，一天与国中另两位大夫韩康子、魏桓子在蓝台饮宴。席间智瑶戏弄韩康子，又侮辱他的家相段规。智瑶的家臣智国听说此事，就告诫说："主公您不提防招来灾祸的话，灾祸就真的会来了！"智瑶狂妄地说："人的生死灾祸都取决于我。我不给他们降临灾祸就算不错，谁还敢对我兴风作浪！"智国又说："这话可不妥。《夏书》中说过：'一个人屡次三番犯错误，结下的仇怨岂能在明处，应该在它没有表现出来时就设法提防。'

夫君子能勤小物，故无大患。今主一宴而耻人之君相，又弗备，曰‘不敢兴难’，无乃不可乎！蚋、蚁、蜂、虿，皆能害人，况君相乎！"弗听。

智伯请地于韩康子，康子欲弗与。段规曰："智伯好利而愎，不与，将伐我，不如与之。彼狃于得地，必请于他人；他人不与，必向之以兵，然后我得免于患而待事之变矣。"康子曰："善。"使使者致万家之邑于智伯。智伯悦。又求地于魏桓子，桓子欲弗与。任章曰："何故弗与？"桓子曰："无故索地，故弗与。"任章曰："无故索地，诸大夫必惧；吾与之地，智伯必骄。彼骄而轻敌，此惧而相亲；以相亲之兵待轻敌之人，智氏之命必不长矣。《周书》曰：‘将欲败之，必姑辅之。将欲取之，必姑与之。’主不如与之，以骄智伯，然后可以择交而图智氏矣，奈何独以吾为智氏质乎！"桓子曰："善。"复与之万家之邑一。

智伯又求蔡、皋狼之地于赵襄子，襄子弗与。智伯怒，帅韩、魏之甲以攻赵氏。襄子将出，曰："吾何走乎？"从者曰："长子近，且城厚完。"襄子曰："民罢力以完之，又毙死以守之，其谁与我？"从者曰："邯郸之仓库实。"襄子曰："浚民之膏泽以实之，又因而杀之，其谁与我？其晋阳乎，先主之所属也，尹铎之所宽也，民必和矣。"乃走晋阳。

贤德的人能够谨慎地处理小事，所以不会招致大祸。现在主公一次宴会就开罪了人家的主君和臣相，又不戒备他们报复，只一味说：'谁敢对我兴风作浪。'这种态度实在不可取。蚊子、蚂蚁、蜜蜂、蝎子是小虫，却都能害人，何况是国君、国相呢！"智瑶毫不在意，不听劝谏。

　　智瑶又向韩康子索要领地，韩康子想不给他。段规进言说："智瑶贪财好利，又刚愎自用，如果不给，他一定起兵来讨伐，不如姑且给他。他拿到地更加狂妄，一定又会向别人索要；别人不给，他必定向人动武用兵，这样我们就可以避其锋芒而伺机行动了。"韩康子说："好主意。"便派使臣去见智瑶，送上有万户居民的一处城邑。智瑶大喜。于是他又向魏桓子提出索地要求，魏桓子想不给。家相任章问："为什么不给呢？"魏桓子说："无缘无故来要地，所以不给。"任章说："智瑶无缘无故强索他人领地，一定会引起其他大夫官员的警惕；我们给他地，智瑶一定会骄傲。他骄傲而轻敌，我们警惕而团结众人；用精诚团结之兵来对付狂妄轻敌的智瑶，智家的命运一定不会长久了。《周书》说：'要打败敌人，必须暂时听从他，引导他犯错误。要夺取敌人利益，必须先给他一些好处作诱饵。'主公不如先答应智瑶的要求，让他骄傲自大而无备，然后我们可以乘机联络其他人共同图谋，又何必我们一家现在去激怒他遭受出头鸟的打击呢！"魏桓子说："很好。"也交给智瑶一处有万户居民的城邑。

　　智瑶得寸进尺，又向赵襄子家索要蔡和皋狼两处地方，赵襄子断然拒绝。智瑶勃然大怒，集合韩、魏两家，率领甲兵前去攻打赵家。赵襄子准备出逃，问属下："我到哪里去呢？"随从说："长子城最近，而且城墙坚厚又完整。"赵襄子说："百姓精疲力尽地刚修完城，又要他们舍生入死地为我守城，谁能和我一条心呢？"随从又说："邯郸城里仓库丰盈。"赵襄子仍是摇头说："搜刮民脂民膏才使仓库充满粮食，现在又因战争让他们送命，谁会和我同心对敌呢？还是投奔晋阳吧，那是先主曾经嘱咐过的，尹铎又待百姓宽厚，人民一定能和我们同甘共苦。"于是前往晋阳。

　　三家以国人围而灌之，城不浸者三版；沉灶产蛙，民无叛意。智伯行水，魏桓子御，韩康子骖乘。智伯曰："吾乃今知水可以亡人国也。"桓子肘康子，康子履桓子之跗，以汾水可以灌安邑，绛水可以灌平阳也。絺疵谓智伯曰："韩、魏必反矣。"智伯曰："子何以知之？"絺疵曰："以人事知之。夫从韩、魏之兵以攻赵，赵亡，难必及韩、魏矣。今约胜赵而三分其地，城不没者三版，人马相食，城降有日，而二子无喜志，有忧色，是非反而何？"明日，智伯以絺疵之言告二子，二子曰："此夫谗人欲为赵氏游说，使主疑于二家而懈于攻赵氏也。不然，夫二家岂不利朝夕分赵氏之田，而欲为危难不可成之事乎？"二子出，絺疵入曰："主何以臣之言告二子也？"智伯曰："子何以知之？"对曰："臣见其视臣端而趋疾，知臣得其情故也。"智伯不悛。絺疵请使于齐。

　　赵襄子使张孟谈潜出见二子，曰："臣闻唇亡则齿寒。今智伯帅韩、魏以攻赵，赵亡则韩、魏为之次矣。"二子曰："我心知其然也；恐事未遂而谋泄，则祸立至矣。"张孟谈曰："谋出二主之口，入臣之耳，何伤也？"二子乃潜与张孟谈约，为之期日而遣之。襄子夜使人杀守堤之吏，而决水灌智伯军。智伯军救水而乱，韩、魏翼而击之，襄子将卒犯其前，大败智伯之众，遂杀智伯，尽灭智氏之族。唯辅果在。

智瑶、韩康子、魏桓子三家出兵团团围住晋阳，又引水灌城，大水一直漫到离城墙头只差三版的地方，城中百姓的锅灶都被泡塌，长出了青蛙，然而人民仍是对赵襄子忠心耿耿，誓死不降。一天，智瑶在城外水中巡视，魏桓子为他驾车，韩康子站在右边护卫。智瑶望着浩瀚水势，得意地说："我今天才知道水可以让人亡国。"听到这话，魏桓子用胳膊肘碰了一下韩康子，韩康子也会意地用脚踩了一下魏桓子，两人不约而同地想到，汾河水也可以灌魏国都城安邑，绛河水也可以灌韩国都城平阳，都不寒而栗。事后，智家的谋士缔疵对智瑶说："韩、魏两家肯定会反叛。"智瑶问："你何以见得?"缔疵说："以人之常情而论。我们调集韩、魏两家的军队来围攻赵家，一旦赵家覆亡，他们会想到，下次灾难的对象一定是韩、魏两家了。现在我们约定灭掉赵家后三家分割其地，晋阳城仅差三版就被水淹没，城内宰马为食，破城已是指日可待的事了，然而韩、魏两家的主人却面无喜色，反倒忧心忡忡，这不是心怀异志又是什么?"第二天，智瑶把缔疵的话告诉了韩、魏二人，二人忙说："这一定是离间小人想为赵家游说，让主公您怀疑我们韩、魏两家而放松对赵家的进攻。不然的话，我们两家岂不是放着早晚就分到手的赵家田土不要，而去干那危险万分必不可成的傻事吗?"两人告辞而出，缔疵进来说："主公为什么把臣下我的话告诉他们两人呢?"智瑶惊奇地反问："你怎么知道的?"回答说："我刚才碰到他们，两人神色慌张地看了我一眼就匆忙离去，因为他们知道我看穿了他们的心思。"智瑶仍是不以为然。于是缔疵请求派他出使齐国，以避大祸。

　　赵襄子派张孟谈秘密出城来见韩、魏二人，劝说道："唇亡齿寒，古之常理。现在智瑶率领韩、魏两家来围攻赵家，赵家灭亡就该轮到你们韩、魏自身了。"韩康子、魏桓子也说："我们心里也知道他会这样做，只是怕事情还未发动计谋先泄露出去，就会马上大祸临头。"张孟谈又说："计谋出自二位主公之口，只有我一人听见，有什么可担心的?"于是两人秘密地与张孟谈商议，约好起事日期后送他回城了。夜里，赵襄子派人杀掉智军守堤士兵，使大水决口反灌智瑶军营。智瑶军队为救水淹，大乱阵脚，韩、魏两家军队乘机从两翼夹击，赵襄子率士兵从正面迎头痛击，大败智家军，杀死智瑶，又将智家族人尽行斩灭。只有智果因改姓辅氏得以幸免。

臣光曰：智伯之亡也，才胜德也。夫才与德异，而世俗莫之能辨，通谓之贤，此其所以失人也。夫聪察强毅之谓才，正直中和之谓德。才者，德之资也；德者，才之帅也。云梦之竹，天下之劲也；然而不矫揉，不羽括，则不能以入坚。棠谿之金，天下之利也；然而不镕范，不砥砺，则不能以击强。是故才德全尽谓之"圣人"，才德兼亡谓之"愚人"；德胜才谓之"君子"，才胜德谓之"小人"。凡取人之术，苟不得圣人、君子而与之，与其得小人，不若得愚人。何则？君子挟才以为善，小人挟才以为恶。挟才以为善者，善无不至矣；挟才以为恶者，恶亦无不至矣。愚者虽欲为不善，智不能周，力不能胜，譬如乳狗搏人，人得而制之。小人智足以遂其奸，勇足以决其暴，是虎而翼者也，其为害岂不多哉！夫德者人之所严，而才者人之所爱；爱者易亲，严者易疏，是以察者多蔽于才而遗于德。自古昔以来，国之乱臣，家之败子，才有馀而德不足，以至于颠覆者多矣，岂特智伯哉！故为国为家者苟能审于才德之分而知所先后，又何失人之足患哉！

3　三家分智氏之田。赵襄子漆智伯之头，以为饮器。智伯之臣豫让欲为之报仇，乃诈为刑人，挟匕首，入襄子宫中涂厕。襄子如厕心动，索之，获豫让。左右欲杀之，襄子曰："智伯死无后，而此人欲为报仇，真义士也，吾谨避之耳。"乃舍之。豫让又漆身为癞，吞炭为哑。行乞于市，其妻不识也。

臣司马光说：智瑶的灭亡，在于他多才少德。才与德，是不同的两回事，而世俗之人往往分不清，一概而论之曰贤明，于是就看错了人。所谓才，是指聪明、明察、坚强、果毅；所谓德，是指正直、公道、平和待人。才，是德的辅助资本；德，是才的中心统帅。湖北云梦地方的竹子，天下都称为刚劲，然而如果不矫正其曲，不配上羽毛箭镞，就不能作为利箭穿透坚物。河南棠谿地方出产的铜材，天下都称为精利，然而如果不经熔烧铸造，不锻打出锋，就不能作为兵器击穿硬甲。所以，德才兼备，称之为"圣人"；无德无才，称之为"愚人"；德胜过才，称之为"君子"；才胜过德，称之为"小人"。挑选人才的标准，如果找不到圣人、君子而委任，与其选择小人，不如选择愚人。原因何在？因为君子持有才干，把它用到善事上；而小人持有才干，就会用来作恶。持有才干做善事，能处处行善；而凭借才干作恶，就无恶不作了。愚人如想作恶，因为智慧不济，气力不胜任，还有所限度，好像小狗咬人，人还能制服它。而小人既有足够的阴谋诡计来为非作歹，又有勇猛的力量来逞凶施暴，就如恶虎生翼，为害之大可想而知了！有德的人令人尊敬，有才的人使人喜爱；对喜爱的人往往宠信专任，对尊敬的人往往敬而远之，所以察选人才者经常被人的才干所蒙蔽而忘记了考察他的品德。自古至今，国家的乱臣奸佞，家族的败家浪子，因为才能有馀而品德不足，导致家国覆亡的真是举不胜举，又何止智瑶一个人！所以治国治家者如果能审慎地考察才与德两种不同的标准，知道选择的先后，又何患失去人才呢！

3 赵、韩、魏三家瓜分了智家的领地田土。赵襄子便把智瑶的头骨涂上漆，作为酒具。智瑶的家臣豫让想为主公报仇，就化装为罪人，怀揣匕首，混到赵子的宫室中粉刷厕所。赵襄子上厕所时，忽然心动不安，令人搜索，抓获了豫让。左右随从要将他处死，赵襄子阻止说："智瑶已死，又无后人，而此人还要为他报仇，真是一个义士，我应该小心躲避他。"于是，下令释放豫让。豫让回去后，用漆涂满全身，弄成一个癞疮病人，又吞下火炭，弄哑嗓音。他每日在街市上乞讨，寻找机会，连结发妻子见面也认不出他来。

行见其友,其友识之,为之泣曰:"以子之才,臣事赵孟,必得近幸。子乃为所欲为,顾不易邪? 何乃自苦如此? 求以报仇,不亦难乎!"豫让曰:"既已委质为臣,而又求杀之,是二心也。凡吾所为者,极难耳。然所以为此者,将以愧天下后世之为人臣怀二心者也。"襄子出,豫让伏于桥下。襄子至桥,马惊,索之,得豫让,遂杀之。

襄子为伯鲁之不立也,有子五人,不肯置后。封伯鲁之子于代,曰代成君,早卒,立其子浣为赵氏后。襄子卒,弟桓子逐浣而自立,一年卒。赵氏之人曰:"桓子立非襄主意。"乃共杀其子,复迎浣而立之,是为献子。献子生籍,是为烈侯。魏斯者,魏桓子之孙也,是为文侯。韩康子生武子,武子生虔,是为景侯。

魏文侯以卜子夏、田子方为师。每过段干木之庐必式。四方贤士多归之。

文侯与群臣饮酒,乐,而天雨,命驾将适野。左右曰:"今日饮酒乐,天又雨,君将安之?"文侯曰:"吾与虞人期猎,虽乐,岂可无一会期哉!"乃往,身自罢之。

韩借师于魏以伐赵,文侯曰:"寡人与赵,兄弟也,不敢闻命。"赵借师于魏以伐韩,文侯应之亦然。二国皆怒而去。已而知文侯以讲于己也,皆朝于魏。魏于是始大于三晋,诸侯莫能与之争。

一次路上遇到好友,却被识破,好友垂泪劝说道:"以你的才干,如果投靠赵家,一定会得到重用。那时你就为所欲为,再伺机行刺不是易如反掌吗?何苦自残形体以至于此?即使这样来图谋报仇,也是太困难了。"豫让说:"我要是委身于赵家为臣,再去刺杀他,就是怀有二心,不忠于主。我也知道现在这种做法,是极困难的。然而之所以还要冒死干下去,就是为了让天下与后世做人臣子而怀有二心的人感到羞愧。"一天,赵襄子乘车出行,豫让事先潜伏在经过的桥下。赵襄子车到了桥前,马突然受惊,卫兵于是进行搜索,捕获豫让,这次就将他杀死了。

赵襄子因为父亲赵简子当年没有立哥哥伯鲁为继承人,自己虽然有五个儿子,也不肯立为继承人。他封赵伯鲁的儿子于代国,称代成君,却不幸早逝,又立其子赵浣为赵家的继承人。待到赵襄子死后,弟弟赵桓子就驱逐赵浣,自立为国君,但继位仅一年也死了。赵家的族人们互相计议说:"桓子做国君本来就不是先主襄子的主意。"大家一起杀死了赵桓子的儿子,再迎回赵浣,拥立为国君,即称为赵献子。赵献子生子名赵籍,就是受周威烈王分封的赵烈侯。魏家的魏斯,是魏桓子的孙子,即受封的魏文侯。韩康子生子韩武子,武子又生韩虔,即受封的韩景侯。

魏文侯魏斯任命卜子夏、田子方为国师。他每次经过名士段干木的住宅,都要在车上用手扶着车前横木,以示尊敬。四方贤才德士听说后都前来归附他。

一天,魏文侯与群臣饮酒,正欢乐间,下起了大雨,魏文侯却下令备车前往山野之中。左右侍臣奇怪地问:"今天饮酒正在兴头上,外面又下着大雨,国君打算到哪里去呢?"魏文侯说:"我与管山泽的官员约好了今天去打猎,虽然这里很快乐,也不能不遵守那边的会面约定!"于是驾车亲自前去,告知因雨停猎之事。

韩国邀请魏国出兵,协助攻打赵国,魏文侯谢绝说:"我与赵国是兄弟之邦,不敢从命。"赵国也来向魏国借兵讨伐韩国,魏文侯仍然用同样的理由拒绝了。两国使者都怒气冲冲地离去。后来两国得知魏文侯对自己的和睦态度,十分佩服,都前来朝拜。魏国于是开始成为魏、赵、韩三国之首,各诸侯国都不能和它相争。

使乐羊伐中山,克之,以封其子击。文侯问于群臣曰:"我何如主?"皆曰:"仁君。"任座曰:"君得中山,不以封君之弟而以封君之子,何谓仁君!"文侯怒,任座趋出。次问翟璜,对曰:"仁君。"文侯曰:"何以知之?"对曰:"臣闻君仁则臣直。向者任座之言直,臣是以知之。"文侯悦,使翟璜召任座而反之,亲下堂迎之,以为上客。

文侯与田子方饮,文侯曰:"钟声不比乎? 左高。"田子方笑。文侯曰:"何笑?"子方曰:"臣闻之,君明乐官,不明乐音。今君审于音,臣恐其聋于官也。"文侯曰:"善。"

子击出,遭田子方于道,下车伏谒。子方不为礼。子击怒,谓子方曰:"富贵者骄人乎? 贫贱者骄人乎?"子方曰:"亦贫贱者骄人耳,富贵者安敢骄人! 国君而骄人则失其国,大夫而骄人则失其家。失其国者未闻有以国待之者也,失其家者未闻有以家待之者也。夫士贫贱者,言不用,行不合,则纳履而去耳,安往而不得贫贱哉!"子击乃谢之。

文侯谓李克曰:"先生尝有言曰:'家贫思良妻,国乱思良相。'今所置非成则璜,二子何如?"对曰:"卑不谋尊,疏不谋戚。臣在阙门之外,不敢当命。"文侯曰:"先生临事勿让!"克曰:"君弗察故也。居视其所亲,富视其所与,达视其所举,穷视其所不为,贫视其所不取,五者足以定之矣,何待克哉!"

魏文侯派大将乐羊攻打中山国，尽占其地，封给自己的儿子魏击。魏文侯得意地问群臣："我是什么样的君主？"大家异口同声地赞誉说："您是仁德的君主！"只有任座不肯阿谀，直言说："国君您得了中山国，不用来封您的弟弟，却封给自己的儿子，这算什么仁德君主！"魏文侯勃然大怒，任座见势不对，起身快步离开。接着，魏文侯又问翟璜，翟璜回答说："您是仁德君主。"魏文侯问："你何以见得？"回答说："臣下我听说国君仁德，他的臣子就敢直言。刚才任座的话很耿直，由此我知道您是仁德君主。"魏文侯转怒为喜，有所领悟，立刻派翟璜去追任座回来，还亲自下殿堂去迎接，奉为上宾。

一天，魏文侯与国师田子方在一起饮酒，文侯忽然侧耳说："编钟的乐声有些不协调，好像左边高。"田子方闻言微微一笑。魏文侯十分诧异："你笑什么？"田子方侃侃而谈："臣下我听说，国君要懂得任用乐官，不必懂得乐音。现在国君您精通音乐，我可有些担心您会疏忽了任用官员的职责。"魏文侯点头说："你说得对。"

魏文侯的公子魏击出行，途中遇见国师田子方，连忙下车伏拜行礼。谁知田子方却毫不理睬，不予回礼。魏击怒气冲冲地对田子方说："你说是富贵的人能对人骄傲，还是贫贱的人能对人骄傲？"田子方淡淡地说："当然是贫贱的人能对人骄傲啦，富贵的人哪里敢对人骄傲呢！国君对人骄傲就将亡国，大夫对人骄傲就将失去采地。失去国家的人，没有谁还能给他一个国家；失去采地的人，也没有谁能再给他一份采地。可是贫贱的游士就不同了，我的话你不听，我的行为不合你的意，我就穿上鞋子告辞了，像我这样的贫贱游士，到哪里得不到贫贱呢！"魏击顿然醒悟，再三作揖多谢指教。

魏文侯问李克："先生曾经说过：'家贫思良妻，国乱思良相。'现在我决定从魏成和翟璜中选一个相，两人谁好一些？"李克回答说："下属不参与尊长的事，外臣不过问近臣的事。臣子我在朝外任职，不敢妄议朝政。"魏文侯说："先生你可不要临事推卸责任！"李克说道："国君您没有仔细观察呀！看人，平时看他所亲近的，富贵时看他所交往的，显赫时看他所推荐的，困窘时看他所不做的，贫贱时看他所不取的，仅此五条，就足以判断人的高下了，又何必要我指明呢！"

文侯曰："先生就舍,吾之相定矣。"李克出,见翟璜。翟璜曰:"今者闻君召先生而卜相,果谁为之?"克曰:"魏成。"翟璜忿然作色曰:"西河守吴起,臣所进也。君内以邺为忧,臣进西门豹。君欲伐中山,臣进乐羊。中山已拔,无使守之,臣进先生。君之子无傅,臣进屈侯鲋。以耳目之所睹记,臣何负于魏成!"李克曰:"子言克于子之君者,岂将比周以求大官哉?君问相于克,克之对如是。所以知君之必相魏成者,魏成食禄千钟,什九在外,什一在内,是以东得卜子夏、田子方、段干木。此三人者,君皆师之;子所进五人者,君皆臣之。子恶得与魏成比也!"翟璜逡巡再拜曰:"璜,鄙人也,失对,愿卒为弟子!"

吴起者,卫人,仕于鲁。齐人伐鲁,鲁人欲以为将,起取齐女为妻,鲁人疑之。起杀妻以求将,大破齐师。或谮之鲁侯曰:"起始事曾参,母死不奔丧,曾参绝之;今又杀妻以求为君将。起,残忍薄行人也!且以鲁国区区而有胜敌之名,则诸侯图鲁矣。"起恐得罪,闻魏文侯贤,乃往归之。文侯问诸李克,李克曰:"起贪而好色,然用兵,司马穰苴弗能过也。"于是文侯以为将,击秦,拔五城。

起之为将,与士卒最下者同衣食,卧不设席,行不骑乘,亲裹赢粮,与士卒分劳苦。卒有病疽者,起为吮之。卒母闻而哭之。人曰:"子,卒也,而将军自吮其疽,何哭为?"

魏文侯沉思片刻，说："先生请回府休息吧，我的国相已经选定了。"李克告辞离去，遇到翟璜。翟璜问他："听说今天国君召您去征求对国相人选的看法，到底定了谁呢?"李克说："魏成。"翟璜立刻变了脸色，忿忿不平地说："西河守令吴起，是我推荐的，使秦兵不敢东犯。国君担心内地的邺县，也是我推荐西门豹。国君想征伐中山国，又是我推荐乐羊。中山国攻克之后，一时物色不到合适守将，我推荐了先生您。国君的公子没有老师，还是我推荐了屈侯鲋。以耳闻目睹的这些事实，我哪点儿比魏成差!"李克慢慢回答说："你把我介绍给你的国君，难道是为了结党营私以谋求高官显职吗? 今天国君问我国相的人选，我不过说了刚才那一番话。我之所以推断国君肯定会选中魏成为相，是因为魏成享有千钟俸禄，十分之九都用来结交外面的贤士，只有十分之一留作家用，所以得到了卜子夏、田子方、段干木这样的英才。这三个人，国君都奉为老师;而你所举荐的五人，国君都任用为臣属。仅此一点，你怎么能和魏成比呢!"翟璜听罢十分惭愧，再三道歉说："我翟璜，真是个粗鄙之人，刚才的话失礼了，我愿终身拜您为老师!"

吴起是卫国人，在鲁国任官职。齐国来攻打鲁国，鲁国想任用吴起为大将应敌，但吴起娶的妻子是齐国人，鲁国便因此而疑虑吴起。于是，吴起杀死了自己的妻子，取得鲁国信任，任为大将，率军大破齐国军队。有人在鲁国国君面前攻击他说："吴起当初曾师事曾参，母亲死了也不回去治丧，曾参认为他不孝，与他断绝关系;现在他又杀死妻子来求得您的大将职位。吴起，真是一个残忍缺德的人! 况且，以我们小小的鲁国能有战胜齐国的名气，各个国家都要来认真算计鲁国了。"吴起知道此事后，害怕鲁国治他的罪，又听说魏文侯贤明，于是就前去投奔。魏文侯征求李克的意见，李克说："吴起为人贪婪而好色，然而他的用兵之道，连齐国的名将司马穰苴也是比不上的。"于是魏文侯任命吴起为大将，派他攻打秦国，接连夺下五座城池。

吴起做大将，与最低级的士兵穿一样的衣服，吃一样的饭，睡觉不铺席子，行军也不骑马，亲自背着粮食，与士兵们分担疾苦。有个士兵患了毒疮，吴起亲自用口为他吸吮毒汁。士兵的母亲听说后却痛哭流涕。有人奇怪地问："你的儿子是个普通的士兵，而吴起将军亲自为他吸吮毒疮，你还有什么可伤心的?"

母曰:"非然也。往年吴公吮其父疽,其父战不旋踵,遂死于敌。吴公今又吮其子,妾不知其死所矣,是以哭之。"

    4 燕湣公薨,子僖公立。

二十四年(己卯,前402)
1 王崩,子安王骄立。
2 盗杀楚声王,国人立其子悼王。

安王
元年(庚辰,前401)
1 秦伐魏,至阳孤。

二年(辛巳,前400)
1 魏、韩、赵伐楚,至桑丘。
2 郑围韩阳翟。
3 韩景侯薨,子烈侯取立。
4 赵烈侯薨,国人立其弟武侯。
5 秦简公薨,子惠公立。

三年(壬午,前399)
1 王子定奔晋。
2 虢山崩,壅河。

四年(癸未,前398)
1 楚围郑。郑人杀其相驷子阳。

五年(甲申,前397)
1 日有食之。

士兵母亲答道:"话不是这样说啊! 当年吴将军就为孩子的父亲吸过毒疮,他父亲以身相报,头也不回地冲锋陷阵,结果战死在敌阵中。吴将军现在又为我儿子吸毒疮,我想他又不知道会死在哪里了,所以伤心痛哭。"

4 燕国燕滑公去世,其子即位,是为燕僖公。

周威烈王二十四年(己卯,公元前 402 年)
1 周威烈王驾崩,其子姬骄即位,是为周安王。
2 盗匪杀死楚国楚声王,国人拥立其子即位,是为楚悼王。

安王
周安王元年(庚辰,公元前 401 年)
1 秦国攻打魏国,直至阳孤。

周安王二年(辛巳,公元前 400 年)
1 魏国、韩国、赵国联合攻打楚国,直至桑丘。
2 郑国围攻韩国阳翟城。
3 韩国韩景侯去世,其子韩取即位,是为韩烈侯。
4 赵国赵烈侯去世,国人拥立其弟即位,是为赵武侯。
5 秦国秦简公去世,其子即位,是为秦惠公。

周安王三年(壬午,公元前 399 年)
1 周朝王子姬定出奔晋国。
2 虢山崩塌,泥石壅塞黄河。

周安王四年(癸未,公元前 398 年)
1 楚国围攻郑国。郑国人杀死国相驷子阳。

周安王五年(甲申,公元前 397 年)
1 出现日食。

2 三月,盗杀韩相侠累。侠累与濮阳严仲子有恶。仲子闻轵人聂政之勇,以黄金百溢为政母寿,欲因以报仇。政不受,曰:"老母在,政身未敢以许人也!"及母卒,仲子乃使政刺侠累。侠累方坐府上,兵卫甚众,聂政直入上阶,刺杀侠累,因自皮面决眼,自屠出肠。韩人暴其尸于市,购问,莫能识。其姊荌闻而往,哭之曰:"是轵深井里聂政也!以妾尚在之故,重自刑以绝从。妾奈何畏殁身之诛,终灭贤弟之名!"遂死于政尸之旁。

六年(乙酉,前396)

1 郑驷子阳之党弑缥公,而立其弟乙,是为康公。

2 宋悼公薨,子休公田立。

八年(丁亥,前394)

1 齐伐鲁,取最。
2 郑负黍叛,复归韩。

九年(戊子,前393)

1 魏伐郑。
2 晋烈公薨,子孝公倾立。

十一年(庚寅,前391)

1 秦伐韩宜阳,取六邑。
2 初,田常生襄子盘,盘生庄子白,白生太公和。是岁,齐田和迁齐康公于海上,使食一城,以奉其先祀。

2 三月,盗匪刺杀韩国国相侠累。侠累与濮阳人严仲子平素有仇。严仲子听说轵地人聂政很勇猛,便拿出一百镒黄金为聂政母亲祝寿,想让聂政为他报仇。聂政却不接受,说:"我的老母亲还健在,需要奉养,我不敢为别人去献身!"等到他的母亲去世,严仲子便派聂政去行刺侠累。侠累正端坐府中,周围有许多护卫兵丁,聂政却能一直冲上厅阶,把侠累刺死,然后划破自己的面皮,挖出双眼,剖开肚子,肚肠流出而死。韩国人把聂政的尸体放在集市中,暴尸示众,并悬赏查找此人来历,但无人知晓。聂政的姐姐聂荌听说此事,立即前往,哭着说:"这是轵地深井里的聂政啊!他因为姐姐还在,就自毁面容,不使姐姐受连累。我怎么能顾惜自身性命,而让我弟弟的英名埋没了呢!"于是她也自尽死在聂政的尸体旁边。

周安王六年(乙酉,公元前 396 年)

1 郑国国相驷子阳的馀党杀死国君郑繻公,改立他的弟弟姬乙,即为郑康公。

2 宋国宋悼公去世,其子子田即位,是为宋休公。

周安王八年(丁亥,公元前 394 年)

1 齐国攻打鲁国,攻占最地。

2 郑国的负黍地方反叛,复归顺韩国。

周安王九年(戊子,公元前 393 年)

1 魏国攻打郑国。

2 晋国晋烈公去世,其子姬倾即位,是为晋孝公。

周安王十一年(庚寅,公元前 391 年)

1 秦国攻打韩国宜阳地方,夺取六个村邑。

2 当初,齐国田常生襄子田盘,田盘又生庄子田白,田白再生太公田和。这年,田和把国君齐康公迁徙到海边,让他保有一个城的赋税收入,以祭祀祖先。

十二年（辛卯，前390）

1 秦、晋战于武城。

2 齐伐魏，取襄阳。

3 鲁败齐师于平陆。

十三年（壬辰，前389）

1 秦侵晋。

2 齐田和会魏文侯、楚人、卫人于浊泽，求为诸侯。魏文侯为之请于王及诸侯，王许之。

十五年（甲午，前387）

1 秦伐蜀，取南郑。

2 魏文侯薨，太子击立，是为武侯。

武侯浮西河而下，中流顾谓吴起曰："美哉山河之固，此魏国之宝也！"对曰："在德不在险。昔三苗氏，左洞庭，右彭蠡；德义不修，禹灭之。夏桀之居，左河济，右泰华，伊阙在其南，羊肠在其北；修政不仁，汤放之。商纣之国，左孟门，右太行，常山在其北，大河经其南；修政不德，武王杀之。由此观之，在德不在险。若君不修德，舟中之人皆敌国也！"武侯曰："善。"

魏置相，相田文。吴起不悦，谓田文曰："请与子论功可乎？"田文曰："可。"起曰："将三军，使士卒乐死，敌国不敢谋，子孰与起？"文曰："不如子。"起曰："治百官，亲万民，实府库，子孰与起？"文曰："不如子。"起曰："守西河，秦兵不敢东乡，韩、赵宾从，子孰与起？"文曰："不如子。"起曰："此三者子皆出吾下，而位居吾上，何也？"文曰："主少国疑，

周安王十二年(辛卯,公元前 390 年)

1 秦国与晋国大战于武城。

2 齐国攻打魏国,夺取襄阳。

3 鲁国在平陆击败齐国军队。

周安王十三年(壬辰,公元前 389 年)

1 秦国入侵晋国。

2 齐国田和在浊泽约会魏文侯及楚国、卫国贵族,提出做齐国国君的要求。魏文侯替他向周安王及各国诸侯申请,得到了周安王的准许。

周安王十五年(甲午,公元前 387 年)

1 秦国攻打蜀地,夺取南郑。

2 魏国魏文侯去世,太子魏击即位,是为魏武侯。

魏武侯乘船顺黄河而下,在中游回头对吴起说:"多么美丽而险要的山河呀,这是魏国的无价之宝啊!"吴起回答说:"国宝在于德政而不在于地势险要。当初三苗氏部落,左面有洞庭湖,右面有彭蠡湖,但他们不讲仁义道德,结果被禹消灭了。夏朝君王桀的居住之地,左边是黄河、济水,右边是泰华山,伊阙山在其南面,羊肠阪在其北面,但朝政腐败,最后也被商朝汤王驱逐了。商朝纣王的都城,左边是孟门,右边是太行山,常山在其北面,黄河经过其南面,只因他多行不义,最终还是被周武王杀了。由此可见,国家应当珍视的在于德政而不在于地势险要。如果君主您不修德政,恐怕就是这条船上的人也要成为您的敌人。"魏武侯听罢说道:"说得对。"

魏国设置国相,任命了田文。吴起很不高兴,对田文说:"我和你比较一下功劳大小如何?"田文说:"可以。"吴起便说:"统率三军,使士兵舍生忘死,敌国不敢来犯,你比我吴起如何?"田文说:"我不如你。"吴起又问:"使百官安排有序,百姓上下一心,仓库充实有馀,你比我吴起如何?"田文说:"我不如你。"吴起再问:"镇守西河,使秦兵不敢向东侵犯,韩国、赵国依附听命,你比我吴起如何?"田文还是说:"我不如你。"吴起质问道:"这三条你都在我之下,而职位却在我之上,是什么道理?"田文只说:"如今国君年幼,国多疑难,

大臣未附,百姓不信,方是之时,属之子乎,属之我乎?"起默然良久曰:"属之子矣!"

久之,魏相公叔尚主而害吴起。公叔之仆曰:"起易去也。起为人刚劲自喜。子先言于君曰:'吴起,贤人也,而君之国小,臣恐起之无留心也。君盍试延以女,起无留心,则必辞矣。'子因与起归而使公主辱子,起见公主之贱子也,必辞,则子之计中矣。"公叔从之,吴起果辞公主。魏武侯疑之而未信,起惧诛,遂奔楚。

楚悼王素闻其贤,至则任之为相。起明法审令,捐不急之官,废公族疏远者,以抚养战斗之士,要在强兵,破游说之言从横者。于是南平百越,北却三晋,西伐秦,诸侯皆患楚之强,而楚之贵戚大臣多怨吴起者。

3 秦惠公薨,子出公立。
4 赵武侯薨,国人复立烈侯之太子章,是为敬侯。

5 韩烈侯薨,子文侯立。

十六年(乙未,前386)
1 初命齐大夫田和为诸侯。
2 赵公子朝作乱,奔魏,与魏袭邯郸,不克。

十七年(丙申,前385)
1 秦庶长改逆献公于河西而立之;杀出子及其母,沉之渊旁。

大臣们不能齐心归附，老百姓心中疑惑不安，在这个时候，国相之职，是嘱托给你呢，还是嘱托给我呢？"吴起默默不语地想了好一会儿，说："是该嘱托给你。"

过了许多日子，魏国国相公叔娶公主为妻，权势渐大，嫌吴起碍手碍脚。他的仆人献计说："吴起容易去掉。他这个人心直口快，而且自高自大。您可以先对国君说：'吴起是个杰出人才，但我们的国家小，我担心他到底没有长留的心思。国君您何不试着把女儿嫁给他，如果吴起没有久留之心，一定会辞谢的。'主人您再与吴起一起回来，让公主羞辱您，吴起看到公主如此轻视您，一定会辞谢国君女儿的婚事，这样您的计谋就实现了。"公叔照此去做，吴起果然辞谢了与公主的婚事。魏武侯从此疑忌他，不敢信任，吴起害怕杀身之祸，于是投奔了楚国。

楚悼王早就听说吴起是个人才，一到便任命他为国相。吴起严明法纪号令，裁减一些不重要的闲官，废除了王族中远亲疏戚的俸禄，用来安抚奖励能征善战之士，把增强军队、破除合纵连横游说言论作为要务。于是楚国向南平定百越，向北抵挡住韩、魏、赵三国的扩张，向西征讨秦国，各诸侯国都害怕楚国的强大，而楚国的王亲贵戚、权臣显要中却有很多人怨恨吴起。

3 秦国秦惠公去世，其子即位，是为秦出公。

4 赵国赵武侯去世，国人又拥立赵烈侯的太子赵章即位，是为赵敬侯。

5 韩国韩烈侯去世，其子即位，是为韩文侯。

周安王十六年(乙未，公元前 386 年)

1 周王朝开始任命齐国大夫田和为诸侯国君。

2 赵国公子赵朝作乱，出奔魏国，与魏国军队一起进攻赵国邯郸，未能攻克。

周安王十七年(丙申，公元前 385 年)

1 秦国名叫改的庶长从河西迎回秦献公，将其立为国君；把秦出公和他的母亲杀死，沉在河里。

2　齐伐鲁。

3　韩伐郑,取阳城;伐宋,执宋公。

4　齐太公薨,子桓公午立。

十九年(戊戌,前383)

1　魏败赵师于兔台。

二十年(己亥,前382)

1　日有食之,既。

二十一年(庚子,前381)

1　楚悼王薨。贵戚大臣作乱,攻吴起,起走之王尸而伏之。击起之徒因射刺起,并中王尸。既葬,肃王即位,使令尹尽诛为乱者,坐起夷宗者七十馀家。

二十二年(辛丑,前380)

1　齐伐燕,取桑丘。魏、韩、赵伐齐,至桑丘。

二十三年(壬寅,前379)

1　赵袭卫,不克。

2　齐康公薨,无子,田氏遂并齐而有之。

是岁,齐桓公亦薨,子威王因齐立。

二十四年(癸卯,前378)

1　狄败魏师于浍。

2　魏、韩、赵伐齐,至灵丘。

3　晋孝公薨,子靖公俱酒立。

2 齐国攻打鲁国。

3 韩国攻打郑国,夺取阳城;又攻打宋国,捉住宋国国君。

4 齐国太公田和去世,其子田午即位,是为齐桓公。

周安王十九年(戊戌,公元前 383 年)

1 魏国在兔台击败赵国军队。

周安王二十年(己亥,公元前 382 年)

1 出现日全食。

周安王二十一年(庚子,公元前 381 年)

1 楚悼王去世。贵族国戚和大臣们作乱,攻打吴起,吴起逃到楚悼王尸体边,伏在上面。攻击吴起的暴徒乱箭射死吴起,并射中了楚悼王尸体。安葬完,楚肃王即位,命令楚相全数翦灭作乱者,因射吴起之事而被灭族的多达七十余家。

周安王二十二年(辛丑,公元前 380 年)

1 齐国攻打燕国,夺取桑丘。魏、韩、赵三国攻打齐国,兵至桑丘。

周安王二十三年(壬寅,公元前 379 年)

1 赵国袭击卫国,未能攻克。

2 齐康公去世,没有儿子,田氏家族于是把姜氏的齐国全部兼并了。

这一年,齐桓公也去世,其子田因齐即位,是为齐威王。

周安王二十四年(癸卯,公元前 378 年)

1 北方狄族在浍山击败魏国军队。

2 魏、韩、赵三国攻打齐国,兵至灵丘。

3 晋国晋孝公去世,其子姬俱酒即位,是为晋靖公。

二十五年(甲辰,前 377)

1　蜀伐楚,取兹方。

2　子思言苟变于卫侯曰:"其才可将五百乘。"公曰:"吾知其可将,然变也尝为吏,赋于民而食人二鸡子,故弗用也。"子思曰:"夫圣人之官人,犹匠之用木也,取其所长,弃其所短;故杞梓连抱而有数尺之朽,良工不弃。今君处战国之世,选爪牙之士,而以二卵弃干城之将,此不可使闻于邻国也。"公再拜曰:"谨受教矣!"

卫侯言计非是,而群臣和者如出一口。子思曰:"以吾观卫,所谓'君不君,臣不臣'者也!"公丘懿子曰:"何乃若是?"子思曰:"人主自臧,则众谋不进。事是而臧之,犹却众谋,况和非以长恶乎! 夫不察事之是非而悦人赞己,暗莫甚焉;不度理之所在而阿谀求容,谄莫甚焉。君暗臣谄,以居百姓之上,民不与也。若此不已,国无类矣!"

子思言于卫侯曰:"君之国事将日非矣!"公曰:"何故?"对曰:"有由然焉。君出言自以为是,而卿大夫莫敢矫其非;卿大夫出言亦自以为是,而士庶人莫敢矫其非。君臣既自贤矣,而群下同声贤之,贤之则顺而有福,矫之则逆而有祸,如此则善安从生!《诗》曰:'具曰予圣,谁知乌之雌雄?'抑亦似君之君臣乎!"

3　鲁穆公薨,子共公奋立。

4　韩文侯薨,子哀侯立。

二十六年(乙巳,前 376)

1　王崩,子烈王喜立。

2　魏、韩、赵共废晋靖公为家人而分其地。

周安王二十五年（甲辰，公元前 377 年）

1　蜀人攻打楚国，夺取兹方。

2　子思向卫国国君推荐苟变说："他的才能足以统帅五百辆战车的军队。"卫侯说："我也知道他是个将才，然而苟变做官吏的时候，有次征税吃了老百姓两个鸡蛋，所以我不用他。"子思说："圣人选人任官，就好比木匠使用木料，取其所长，弃其所短；一根合抱的杞树或梓树，只有几尺朽烂之处，高明的工匠是不会扔掉它的。现在国君您处在战国纷争之世，正要收罗英武人才，却因为两个鸡蛋而舍弃了一员护国大将，这话可不能让邻国知道啊。"卫侯一再拜谢说："我接受你的指教。"

卫侯提出了一项不正确的计划，而大臣们却众口一词附和。子思说："我看卫国，真是'君不像君，臣不像臣'呀！"公丘懿子问："为什么这样说？"子思说："君主自以为是，大家不提出自己的意见。自以为是即使事情处理对了，也是排斥了众人的意见，更何况现在众人都附和错误见解而助长邪恶之风呢！不考察事情的是非而沉溺于别人的赞扬声中，是无比的糊涂；不判断事情是否有道理而一味阿谀奉承，是无比的谄媚。君主糊涂而臣下谄媚，这样来统治百姓，老百姓是不会同心同德的。长期这样不改，国家就没有多久的日子了。"

子思对卫侯说："你的国家将要一天不如一天了。"卫侯问："为什么？"回答说："事出有因。国君你发号施令，自以为是，卿大夫等官员没人敢指出你的错误；于是他们也对下刚愎自用，自以为是，士人百姓也不敢有不同意见。君臣都傲横自得，下属又是一片颂扬逢迎，说好话的人都青云直上，指出错误的人都大祸临头，这样，怎么会有好的结果！《诗经》所说：'都称自己是圣贤，乌鸦雌雄谁能辨？'不正像你们这些君臣吗？"

3　鲁国鲁穆公去世，其子姬奋即位，是为鲁共公。

4　韩国韩文侯去世，其子即位，是为韩哀侯。

周安王二十六年（乙巳，公元前 376 年）

1　周安王去世，其子姬喜即位，是为周烈王。

2　魏、韩、赵三国把晋靖公废黜为平民，瓜分了他的残馀领地。

烈王

元年(丙午,前375)

1 日有食之。

2 韩灭郑,因徙都之。

3 赵敬侯薨,子成侯种立。

三年(戊申,前373)

1 燕败齐师于林狐。

鲁伐齐,入阳关。

魏伐齐,至博陵。

2 燕僖公薨,子桓公立。

3 宋休公薨,子辟公立。

4 卫慎公薨,子声公训立。

四年(己酉,前372)

1 赵伐卫,取都鄙七十三。

2 魏败赵师于北蔺。

五年(庚戌,前371)

1 魏伐楚,取鲁阳。

2 韩严遂弑哀侯,国人立其子懿侯。初,哀侯以韩廆为相而爱严遂,二人甚相害也。严遂令人刺韩廆于朝,廆走哀侯,哀侯抱之;人刺韩廆,兼及哀侯。

3 魏武侯薨,不立太子,子罃与公中缓争立,国内乱。

六年(辛亥,前370)

1 齐威王来朝。是时周室微弱,诸侯莫朝,而齐独朝之,天下以此益贤威王。

2 赵伐齐,至鄄。

3 魏败赵师于怀。

烈王

周烈王元年(丙午,公元前 375 年)

1 出现日食。

2 韩国灭掉郑国,把国都迁到新郑。

3 赵国赵敬侯去世,其子赵种即位,是为赵成侯。

周烈王三年(戊申,公元前 373 年)

1 燕国在林狐击败齐国军队。

鲁国攻打齐国,进入阳关。

魏国攻打齐国,抵达博陵。

2 燕国燕僖公去世,其子即位,是为燕桓公。

3 宋国宋休公去世,其子即位,是为宋辟公。

4 卫国卫慎公去世,其子姬训即位,是为卫声公。

周烈王四年(己酉,公元前 372 年)

1 赵国攻打卫国,夺取七十三个村镇。

2 魏国在北蔺击败赵国军队。

周烈王五年(庚戌,公元前 371 年)

1 魏国攻打楚国,夺取鲁阳。

2 韩国严遂杀死韩哀侯,国中贵族立哀侯之子为韩懿侯。当初,韩哀侯任命韩廆为国相却宠爱严遂,两人互相仇恨至深。严遂派人在朝廷行刺韩廆,韩廆逃到韩哀侯身边,韩哀侯抱住他,刺客刺韩廆,连带韩哀侯也被刺死。

3 魏国魏武侯去世,没有确立太子,他的儿子魏䓨与公中缓争位,国内大乱。

周烈王六年(辛亥,公元前 370 年)

1 齐威王朝拜周烈王。当时周王室已十分衰弱,各诸侯国都不来朝拜,唯独齐国仍尊崇周王,于是天下人更称赞齐威王贤德。

2 赵国攻打齐国,直至鄄地。

3 魏国在怀地击败赵国军队。

4　齐威王召即墨大夫,语之曰:"自子之居即墨也,毁言日至。然吾使人视即墨,田野辟,人民给,官无事,东方以宁。是子不事吾左右以求助也!"封之万家。召阿大夫,语之曰:"自子守阿,誉言日至。吾使人视阿,田野不辟,人民贫馁。昔日赵攻鄄,子不救;卫取薛陵,子不知。是子厚币事吾左右以求誉也!"是日,烹阿大夫及左右尝誉者。于是群臣耸惧,莫敢饰诈,务尽其情。齐国大治,强于天下。

5　楚肃王薨,无子,立其弟良夫,是为宣王。

6　宋辟公薨,子剔成立。

七年(壬子,前369)

1　日有食之。

2　王崩,弟扁立,是为显王。

3　魏大夫王错出奔韩。公孙颀谓韩懿侯曰:"魏乱,可取也。"懿侯乃与赵成侯合兵伐魏,战于浊泽,大破之,遂围魏。成侯曰:"杀䓨,立公中缓,割地而退,我二国之利也。"懿侯曰:"不可。杀魏君,暴也;割地而退,贪也。不如两分之。魏分为两,不强于宋、卫,则我终无魏患矣。"赵人不听。懿侯不悦,以其兵夜去。赵成侯亦去。䓨遂杀公中缓而立,是为惠王。

　　太史公曰:魏惠王所以身不死、国不分者,二国之谋不和也。若从一家之谋,魏必分矣。故曰:"君终,无适子,其国可破也。"

4　齐威王召见即墨大夫,对他说:"自从你到即墨任官,每天都有指责你的话传来。然而我派人去即墨察看,却是田土开辟整治,百姓安居乐业,官府平安无事,东方十分安定。于是我知道这是你不巴结我的左右近臣谋求内援的缘故。"便封赐即墨大夫享用一万户的俸禄。齐威王又召见阿大夫,对他说:"自从你到阿地镇守,每天都有称赞你的好话传来。但我派人前去察看,只见田地荒芜,百姓贫困饥饿。当初赵国攻打鄄地,你坐视不救;卫国夺取薛陵,你不闻不问。于是我知道你专门用重金来买通我的左右近臣替你说好话!"当天,齐威王下令煮死阿大夫及曾替他说好话的左右近臣。于是臣僚们毛骨悚然,不敢再弄虚作假,都尽力做实事。齐国因此大治,成为天下最强盛的国家。

5　楚国楚肃王去世,他没有儿子,弟弟芈良夫即位,是为楚宣王。

6　宋国宋辟公去世,其子子剔成即位。

周烈王七年(壬子,公元前369年)

1　出现日食。

2　周烈王去世,弟弟姬扁即位,是为周显王。

3　魏国大夫王错出逃投奔韩国。公孙颀对韩懿侯说:"魏国内乱,可以乘机攻取。"韩懿侯于是与赵成侯联合出兵攻打魏国,在浊泽地方大战,击败魏军,包围了魏国都城。赵成侯建议说:"杀掉魏罃,立公中缓为魏国国君,然后割取其地退兵,这对我们两国是最有利的做法。"韩懿侯说:"不妥。杀死魏国国君,是强暴行为;割地后才退兵,是贪婪的表现。不如让两人分别治理魏国。魏国分为两半,比宋国、卫国还不如,我们就再也不用担心魏国的威胁了。"赵成侯不同意。韩懿侯十分不快,率领他的军队乘夜间不辞而别。赵成侯也只好快快退兵回国。魏罃于是杀死公中缓,即位称为魏惠王。

　　太史公司马迁说:魏惠王之所以能保有性命和国家,是由于韩国和赵国意见不同,彼此不和。如果按照其中一家的办法去做,魏国一定会被瓜分。所以俗语说:"国君死时,没有继承人,国家就会被击破。"

卷第二 周纪二

起癸丑(前368)尽庚子(前321)凡四十八年

显王

元年(癸丑,前368)

1 齐伐魏,取观津。

2 赵侵齐,取长城。

三年(乙卯,前366)

1 魏、韩会于宅阳。

2 秦败魏师、韩师于洛阳。

四年(丙辰,前365)

1 魏伐宋。

五年(丁巳,前364)

1 秦献公败三晋之师于石门,斩首六万。王赐以黼黻之服。

七年(己未,前362)

1 魏败韩师、赵师于浍。

2 秦、魏战于少梁,魏师败绩,获魏公孙痤。

3 卫声公薨,子成侯速立。

4 燕桓公薨,子文公立。

5 秦献公薨,子孝公立。孝公生二十一年矣。是时河、山以东强国六,淮、泗之间小国十馀,楚、魏与秦接界。魏筑长城,自郑滨洛以北有上郡;楚自汉中,南有巴、黔中:皆以夷翟遇秦,摈斥之,不得与中国之会盟。于是孝公发愤,布德修政,欲以强秦。

显王

周显王元年(癸丑,公元前 368 年)

1　齐国攻打魏国,夺取观津。

2　赵国入侵齐国,占领长城。

周显王三年(乙卯,公元前 366 年)

1　魏国、韩国在宅阳举行会议。

2　秦国在洛阳击败魏国和韩国军队。

周显王四年(丙辰,公元前 365 年)

1　魏国攻打宋国。

周显王五年(丁巳,公元前 364 年)

1　秦献公在石门大败韩、赵、魏三国联军,斩首六万人。周王特地颁赏他绣有黑、白、青花纹的服饰。

周显王七年(己未,公元前 362 年)

1　魏国在浍地击败韩国和赵国军队。

2　秦国、魏国在少梁激战,魏国军队大败而逃,公孙痤被俘。

3　卫国卫声公去世,其子姬速即位,是为卫成侯。

4　燕国燕桓公去世,其子即位,是为燕文公。

5　秦国秦献公去世,其子即位,是为秦孝公。孝公已经二十一岁了。这时黄河、崤山以东有六个强国,淮河、泗水流域十几个小国林立,楚国、魏国与秦国接壤。魏国筑有一道长城,从郑县沿着洛水直到上郡;楚国自汉中向南占有巴郡、黔中等地。各国都把秦国当作未开化的夷族,予以鄙视,不准参加中原各诸侯国的会议盟誓。目睹此情,秦孝公决心发愤图强,广布恩德,修明政治,让秦国强大起来。

八年(庚申,前 361)

1　孝公下令国中曰:"昔我穆公,自岐、雍之间修德行武,东平晋乱,以河为界,西霸戎翟,广地千里,天子致伯,诸侯毕贺,为后世开业甚光美。会往者厉、躁、简公、出子之不宁,国家内忧,未遑外事。三晋攻夺我先君河西地,丑莫大焉。献公即位,镇抚边境,徙治栎阳,且欲东伐,复穆公之故地,修穆公之政令。寡人思念先君之意,常痛于心。宾客群臣有能出奇计强秦者,吾且尊官,与之分土。"于是卫公孙鞅闻是令下,乃西入秦。

公孙鞅者,卫之庶孙也,好刑名之学。事魏相公叔痤,痤知其贤,未及进。会病,魏惠王往问之曰:"公叔病如有不可讳,将奈社稷何?"公叔曰:"痤之中庶子卫鞅,年虽少,有奇才,愿君举国而听之!"王嘿然。公叔曰:"君即不听用鞅,必杀之,无令出境!"王许诺而去。公叔召鞅谢曰:"吾先君而后臣,故先为君谋,后以告子。子必速行矣!"鞅曰:"君不能用子之言任臣,又安能用子之言杀臣乎!"卒不去。王出,谓左右曰:"公叔病甚,悲乎。欲令寡人以国听卫鞅也,既又劝寡人杀之,岂不悖哉?"卫鞅既至秦,因嬖臣景监以求见孝公,说以富国强兵之术,公大悦,与议国事。

十年(壬戌,前 359)

1　卫鞅欲变法,秦人不悦。卫鞅言于秦孝公曰:"夫民不可与虑始,而可与乐成。论至德者不和于俗,成大功者不谋于众。

周显王八年(庚申,公元前 361 年)

1　秦孝公在国中下令说:"当年我国的国君秦穆公,立足于岐山、雍地,励精图治,向东平定了晋国之乱,以黄河划定国界;向西称霸于戎翟等族,占地广达千里;被周王赐以方伯重任,各诸侯国都来祝贺,所开辟的基业是多么光大宏伟。只是后来历代国君厉公、躁公、简公及出子造成国内动乱不息,才无力顾及外事。魏、赵、韩三国夺去了先王开辟的河西领土,这是无比的耻辱。到献公即位时,平定安抚边境,把都城迁到栎阳,准备向东征讨,收复穆公时的旧地,重修穆公时的政策法令。我想到先辈的未竟之志,常常痛心疾首。现在宾客群臣中谁能献上奇计,让秦国强盛,我就封他为高官,给他封地。"卫国的公孙鞅听到这道命令,于是西行来到秦国。

公孙鞅,是卫国宗族旁支后裔,喜好刑名之学。他在魏国国相公叔痤手下做事,公叔痤深知他的才干,但还未来得及推荐。赶上公叔痤重病不起,魏惠王前来看望他,问道:"您如果不幸去世,国家大事如何来处置?"公叔痤说:"我手下任中庶子之职的公孙鞅,年纪虽轻,却有奇才,希望国君把国家交给他来治理!"魏惠王听罢默然不语。公叔痤又说:"国君您如果不采纳重用公孙鞅的建议,那就要杀掉他,不要让他到别的国家去。"魏惠王许诺后告辞而去。公叔痤又急忙召见公孙鞅道歉说:"我必须先忠于君上,然后才能照顾属下;所以先建议惠王杀你,现在又告诉你。你赶快逃走吧!"公孙鞅摇头说:"国君不能听从你的意见来任用我,又怎么能听从你的意见来杀我呢?"到底没有出逃。魏惠王离开公叔痤家,果然对左右近臣说:"公叔痤病入膏肓,真是太可怜了。他先让我把国家交给公孙鞅去治理,一会儿又劝我杀了他,岂不是太糊涂了吗?"公孙鞅到了秦国后,托宠臣景监推荐见到秦孝公,陈述了自己富国强兵的计划,孝公大喜过望,从此与他共商国家大事。

周显王十年(壬戌,公元前 359 年)

1　卫鞅想实行变法改革,秦国的贵族都不赞同。他对秦孝公说:"对下层人,不能和他们商议开创的计划,只能和他们分享成功的利益。讲论至高道德的人,与凡夫俗子没有共同语言,要建成大业也不能去与众人商议。

是以圣人苟可以强国,不法其故。"甘龙曰:"不然,缘法而治者,吏习而民安之。"卫鞅曰:"常人安于故俗,学者溺于所闻,以此两者,居官守法可也,非所与论于法之外也。智者作法,愚者制焉;贤者更礼,不肖者拘焉。"公曰:"善。"以卫鞅为左庶长。卒定变法之令。令民为什伍而相收司、连坐,告奸者与斩敌首同赏,不告奸者与降敌同罚。有军功者,各以率受上爵;为私斗者,各以轻重被刑大小。僇力本业,耕织致粟帛多者,复其身;事末利及怠而贫者,举以为收孥。宗室非有军功论,不得为属籍。明尊卑爵秩等级,各以差次名田宅、臣妾、衣服。有功者显荣,无功者虽富无所芬华。

令既具未布,恐民之不信,乃立三丈之木于国都市南门,募民有能徙置北门者予十金。民怪之,莫敢徙。复曰:"能徙者予五十金!"有一人徙之,辄予五十金。乃下令。

令行期年,秦民之国都言新令之不便者以千数。于是太子犯法,卫鞅曰:"法之不行,自上犯之。"太子,君嗣也,不可施刑,刑其傅公子虔,黥其师公孙贾。明日,秦人皆趋令。行之十年,秦国道不拾遗,山无盗贼,民勇于公战,怯于私斗,乡邑大治。秦民初言令不便者,有来言令便,卫鞅曰:"此皆乱法之民也!"尽迁之于边。其后民莫敢议令。

所以圣贤之人只要能够强国，就不必拘泥于旧传统。"大夫甘龙反驳说："不对，按照旧章来治理，才能使官员熟悉规矩而百姓安定不乱。"卫鞅说："普通人只知道安于旧习，学者往往陷于所知范围不能自拔；这两种人，让他们做官守法可以，但不能和他们商讨旧章之外开创大业的事。聪明的人制订法规政策，愚笨的人只会受制于人；贤德的人因时而变，无能的人才死守成法。"秦孝公说："说得好！"便任命卫鞅为左庶长的要职。于是制定变法的法令。下令将人民编为五家一伍、十家一什，互相监督，犯法连坐，举报奸谋的人与杀敌立功的人获同等赏赐，隐匿不报的人按临阵降敌给以同等处罚。立军功者，可以按照规定获得上等爵位；私下斗殴内讧的，以其轻重程度处以大小刑罚。致力于本业，耕田织布生产粮食布匹多的人，免除他们的赋役；不务正业因懒惰而贫穷的人，全家收为国家奴隶。王亲国戚没有获得军功的，不能享有宗族的地位。明确由低到高的各级官阶等级，分别配给应享有的田地房宅、奴仆侍女、衣饰器物。使有功劳的人获得荣誉，无功劳的人即使富有也不能显耀。

　　法令已详细制订但尚未公布，卫鞅怕百姓难以确信，于是在国都的集市南门立下一根长三丈的木杆，下令说有人能把它搬到北门去就赏给十金。百姓们感到此事很古怪，没人敢动手去搬。卫鞅又说："能搬过去的赏五十金。"于是有一个人半信半疑地扛着木杆到了北门，立刻获得了五十金的重赏。这时，卫鞅才下令颁布变法法令。

　　变法令颁布一年后，秦国百姓前往国都控诉新法使民不便的数以千计。这时太子也触犯了法律，卫鞅说："新法不能顺利施行，就在于上层人士带头违犯。"太子是国君的继承人，不能施以刑罚，便将他的老师公子虔处刑，在另一个老师公孙贾脸上刺字，以示惩戒。第二天，秦国人听说此事，都小心翼翼地遵从法令。新法施行十年，秦国一片路不拾遗、山无盗贼的太平景象，百姓勇于为国作战，不敢再行私斗，乡野城镇都得到了治理。这时，那些当初说新法不便的人中，有些又来说新法好，卫鞅说："这些人都是乱法的习民！"把他们全部驱赶到边疆去住。此后老百姓不敢再议论法令的是非。

　　臣光曰：夫信者，人君之大宝也。国保于民，民保于信；非信无以使民，非民无以守国。是故古之王者不欺四海，霸者不欺四邻，善为国者不欺其民，善为家者不欺其亲。不善者反之，欺其邻国，欺其百姓，甚者欺其兄弟，欺其父子。上不信下，下不信上，上下离心，以至于败。所利不能药其所伤，所获不能补其所亡，岂不哀哉！昔齐桓公不背曹沫之盟，晋文公不贪伐原之利，魏文侯不弃虞人之期，秦孝公不废徙木之赏。此四君者道非粹白，而商君尤称刻薄，又处战攻之世，天下趋于诈力，犹且不敢忘信以畜其民，况为四海治平之政者哉！

2　韩懿侯薨，子昭侯立。

十一年（癸亥，前 358）
1　秦败韩师于西山。

十二年（甲子，前 357）
1　魏、韩会于鄗。

十三年（乙丑，前 356）
1　赵、燕会于阿。
2　赵、齐、宋会于平陆。

十四年（丙寅，前 355）
1　齐威王、魏惠王会田于郊。惠王曰："齐亦有宝乎？"威王曰："无有。"惠王曰："寡人国虽小，尚有径寸之珠，照车前后各十二乘者十枚。岂以齐大国而无宝乎？"威王曰："寡人之所以为宝者与王异。吾臣有檀子者，使守南城，则楚人不敢为寇，泗上十二诸侯皆来朝。吾臣有盼子者，使守高唐，

臣司马光说：信誉，是君主至高无上的法宝。国家靠人民来保卫，人民靠信誉来保护；不讲信誉无法使人民服从，没有人民便无法维持国家。所以古代成就王道者不欺骗天下，建立霸业者不欺骗四方邻国，善于治国者不欺骗人民，善于治家者不欺骗亲人。只有蠢人才反其道而行之，欺骗邻国，欺骗百姓，甚至欺骗兄弟、父子。上不信下，下不信上，上下离心，以至于一败涂地。靠欺骗所占的一点儿便宜救不了致命之伤，所得到的不能补偿所亡失的，这岂不令人痛心！当年齐桓公不违背曹沫以胁迫手段订立的盟约，晋文公不贪图攻打原地而遵守信用，魏文侯不背弃与山野之人打猎的约会，秦孝公不收回对移动木杆之人的重赏。这四位君主的治国之道尚称不上完美，而公孙鞅更被称为天资刻薄之人，但他们处于你攻我夺的战国乱世，天下尔虞我诈、斗智斗勇之时，尚且不敢忘记树立信誉以收服人民之心，又何况今日治理一统天下的当政者呢！

2　韩国韩懿侯去世，其子即位，是为韩昭侯。

周显王十一年（癸亥，公元前 358 年）

1　秦国在西山击败韩国军队。

周显王十二年（甲子，公元前 357 年）

1　韩国、魏国在鄗地举行会议。

周显王十三年（乙丑，公元前 356 年）

1　赵国、燕国在阿地举行会议。

2　赵国、齐国、宋国在平陆举行会议。

周显王十四年（丙寅，公元前 355 年）

1　齐威王、魏惠王在郊野约会狩猎。魏惠王问："齐国也有什么宝贝吗？"齐威王说："没有。"魏惠王说："我的国家虽小，尚有十颗直径一寸以上、可以照亮前后各十二辆车子的大珍珠。以齐国之大，难道能没有宝贝？"齐威王说："我对宝贝的看法和你可不一样。我的大臣中有位檀子，派他镇守南城，楚国不敢来犯，泗水流域的十二个诸侯国都来朝贺。我的大臣中还有位盼子，派他守高唐，

则赵人不敢东渔于河。吾吏有黔夫者,使守徐州,则燕人祭北门,赵人祭西门,徙而从者七千馀家。吾臣有种首者,使备盗贼,则道不拾遗。此四臣者,将照千里,岂特十二乘哉!"惠王有惭色。

2 秦孝公、魏惠王会于杜平。

3 鲁共公薨,子康公毛立。

十五年(丁卯,前354)

1 秦败魏师于元里,斩首七千级,取少梁。

2 魏惠王伐赵,围邯郸。楚王使景舍救赵。

十六年(戊辰,前353)

1 齐威王使田忌救赵。

初,孙膑与庞涓俱学兵法,庞涓仕魏为将军,自以能不及孙膑,乃召之;至,则以法断其两足而黥之,欲使终身废弃。齐使者至魏,孙膑以刑徒阴见,说齐使者,齐使者窃载与之齐。田忌善而客待之,进于威王。威王问兵法,遂以为师。于是威王谋救赵,以孙膑为将,辞以刑馀之人不可,乃以田忌为将而孙子为师,居辎车中,坐为计谋。

田忌欲引兵之赵,孙子曰:"夫解杂乱纷纠者不控拳,救斗者不搏撠,批亢捣虚,形格势禁,则自为解耳。今梁、赵相攻,轻兵锐卒必竭于外,老弱疲于内;子不若引兵疾走魏都,据其街路,冲其方虚,彼必释赵以自救:是我一举解赵之围而收弊于魏也。"田忌从之。十月,邯郸降魏。魏师还,与齐战于桂陵,魏师大败。

赵国人怕得不敢向东到黄河边来打鱼。我的官吏中有位黔夫,派他守徐州,燕国人在北门、赵国人在西门望空礼拜求福,相随来投奔的多达七千馀家。我的大臣中有位种首,让他防备盗贼,便出现路不拾遗的太平景象。这四位大臣,光照千里,岂止是十二乘车子呢!"魏惠王听了面色十分惭愧。

2 秦孝公、魏惠王在杜平举行会议。

3 鲁国鲁共公去世,其子姬毛即位,是为鲁康公。

周显王十五年(丁卯,公元前 354 年)

1 秦国在元里击败魏国军队,斩首七千馀人,夺取少梁。

2 魏惠王率军攻打赵国,围困邯郸城。楚王派景舍为将出兵救赵。

周显王十六年(戊辰,公元前 353 年)

1 齐威王派田忌率军救赵。

起初,孙膑与庞涓一起学兵法,庞涓在魏国做将军,自己估量才能不如孙膑,便召孙膑前来魏国;孙膑来后,又设计依法砍断他的双脚,在他脸上刺字,想使他终身成为废人。齐国使者来到魏国,孙膑以受刑罪人身份与他暗中相见,说动了齐国使者,使者把孙膑偷藏在车中带回齐国。齐国大臣田忌把他奉为座上客,又推荐给齐威王。威王向他请教了兵法,于是延请他为老师。这时齐威王计划出兵援救赵国,任命孙膑为大将,孙膑以自己是个受过刑的人坚决辞谢,齐威王便以田忌为大将、孙膑为军师,让他坐在辎车里,出谋划策。

田忌准备率兵前往赵国,孙膑说:"排解两方的斗殴,不能用拳脚将他们打开,更不能上手扶持一方帮着打,只能因势利导,乘虚而入,紧张的形势受到阻禁,就自然化解了。现在魏、赵两国攻战正酣,精兵锐卒倾巢而出,国中只剩老弱病残;您不如率军急袭魏国都城,占据交通要道,冲击他们空虚的后方,魏军一定会放弃攻赵回兵救援。这样我们一举两得,既解了赵国之围,又给魏国国内以打击。"田忌听从了孙膑的计策。十月,赵国的邯郸城投降了魏国。魏军又急忙还师援救国内,在桂陵与齐国军队发生激战,魏军大败。

2 韩伐东周,取陵观、廪丘。

3 楚昭奚恤为相。江乙言于楚王曰:"人有爱其狗者,狗尝溺井,其邻人见,欲入言之,狗当门而噬之。今昭奚恤常恶臣之见,亦犹是也。且人有好扬人之善者,王曰'此君子也',近之;好扬人之恶者,王曰'此小人也',远之。然则且有子弑其父,臣弑其主者,而王终己不知也。何者?以王好闻人之美而恶闻人之恶也。"王曰:"善,寡人愿两闻之。"

十七年(己巳,前352)

1 秦大良造伐魏。

2 诸侯围魏襄陵。

十八年(庚午,前351)

1 秦卫鞅围魏固阳,降之。

2 魏人归赵邯郸,与赵盟漳水上。

3 韩昭侯以申不害为相。

申不害者,郑之贱臣也,学黄、老、刑名,以干昭侯。昭侯用为相,内修政教,外应诸侯,十五年,终申子之身,国治兵强。

申子尝请仕其从兄,昭侯不许,申子有怨色。昭侯曰:"所为学于子者,欲以治国也。今将听子之谒而废子之术乎,已其行子之术而废子之请乎?子尝教寡人修功劳,视次第,今有所私求,我将奚听乎?"申子乃辟舍请罪曰:"君真其人也!"

2 韩国攻打东周王朝,夺取陵观、廪丘。

3 楚国任用昭奚恤为国相。江乙对楚王说:"有个宠爱自己狗的人,狗向井里撒尿,邻居看见了,想到他家里去告诉他,却被狗堵住门咬。现在昭奚恤常常阻挠我来见您,就像恶狗堵门一样。况且一有专说别人好话的人,您就说'这是君子啊',便亲近他;而对爱指出别人缺点的人,您总是说'这是个小人',便疏远他。然而人世间有儿子杀父亲、臣下杀君主的恶人,您却始终不知道。为什么呢?原因在于您只爱听对别人的称颂,不爱听对别人的指责呀!"楚王听后说:"你说得对,今后我要听取两方面的言论。"

周显王十七年(己巳,公元前352年)

1 秦国大良造率军攻打魏国。

2 各诸侯国出兵围攻魏国襄陵城。

周显王十八年(庚午,公元前351年)

1 秦国卫鞅率军围攻魏国固阳,固阳归降。

2 魏国把夺来的邯郸城归还赵国,与赵国在漳水之畔缔结和约。

3 韩昭侯任用申不害为国相。

申不害,原是郑国的卑贱小臣,后来学习黄帝、老子著作和法家刑名学问,向韩昭侯游说。韩昭侯便用他为国相,对内整顿政治,对外积极开展交往,这样进行了十五年,直到申不害去世,韩国一直国盛兵强。

申不害曾经请求让他的堂兄做官,韩昭侯不同意,申不害很不高兴。韩昭侯对他说:"我之所以向你请教,就是想治理好国家。现在我是批准你的私请来破坏你创设的法度呢,还是推行你的法度而拒绝你的私请呢?你曾经开导我要按功劳高低来确定封赏等级,现在你却有私人的请求,我该听哪种意见呢?"申不害便离开了自己正式居室,另居别处,向韩昭侯请罪说:"您真是我企望效力的贤明君主!"

昭侯有弊袴,命藏之,侍者曰:"君亦不仁者矣,不赐左右而藏之!"昭侯曰:"吾闻明主爱一嚬一笑,嚬有为嚬,笑有为笑。今袴岂特嚬笑哉!吾必待有功者。"

十九年(辛未,前350)

1 秦商鞅筑冀阙宫庭于咸阳,徙都之。令民父子、兄弟同室内息者为禁。并诸小乡聚,集为一县,县置令、丞,凡三十一县。废井田,开阡陌。平斗、桶、权、衡、丈、尺。

2 秦、魏遇于彤。

3 赵成侯薨,公子缭与太子争立,缭败,奔韩。

二十一年(癸酉,前348)

1 秦商鞅更为赋税法,行之。

二十二年(甲戌,前347)

1 赵公子范袭邯郸,不胜而死。

二十三年(乙亥,前346)

1 齐杀其大夫牟。

2 鲁康公薨,子景公偃立。

3 卫更贬号曰侯,服属三晋。

二十五年(丁丑,前344)

1 诸侯会于京师。

二十六年(戊寅,前343)

1 王致伯于秦,诸侯皆贺秦。秦孝公使公子少官帅师会诸侯于逢泽以朝王。

韩昭侯有条破裤子,让侍从收藏起来,侍从说:"您真是太吝啬了,不赏给我们还让收起来。"韩昭侯说:"我听说贤明君主珍惜一举一动,一皱眉头,一个笑脸,都是有感而发。现在这裤子比皱眉笑脸更重要,必须等到有人立功才给。"

周显王十九年(辛未,公元前 350 年)

1 秦国商鞅在咸阳修建宫殿,将国都迁到那里。又下令禁止百姓家庭不分长幼尊卑地父子、兄弟混居一堂。把四散的小村落合并到一起,成为一个县,设置县令、县丞等官员,共设了三十一个县。还废除旧的井田制度,打破原来的土地疆界。并统一斗、桶、权、衡、丈、尺等计量单位。

2 秦军和魏军在彤地发生遭遇战。

3 赵国赵成侯去世,公子赵缲与太子争夺君位,赵缲失败,逃奔韩国。

周显王二十一年(癸酉,公元前 348 年)

1 秦国商鞅改革赋税制度,付诸实行。

周显王二十二年(甲戌,公元前 347 年)

1 赵国公子范袭击邯郸,未能取胜反被杀死。

周显王二十三年(乙亥,公元前 346 年)

1 齐国杀死大夫田牟。

2 鲁国鲁康公去世,其子姬偃即位,是为鲁景公。

3 卫国把自己的爵位降低为侯,臣服于韩、赵、魏三国。

周显王二十五年(丁丑,公元前 344 年)

1 诸侯在京师举行会议。

周显王二十六年(戊寅,公元前 343 年)

1 周显王封秦国国君为诸侯之长,各国都来致贺。秦孝公命令公子少官率军队与诸侯在逢泽举行会议,以朝见周显王。

二十八年(庚辰,前 341)

1　魏庞涓伐韩。韩请救于齐。齐威王召大臣而谋曰："蚤救孰与晚救？"成侯曰："不如勿救。"田忌曰："弗救则韩且折而入于魏，不如蚤救之。"孙膑曰："夫韩、魏之兵未弊而救之，是吾代韩受魏之兵，顾反听命于韩也。且魏有破国之志，韩见亡，必东面而诉于齐矣。吾因深结韩之亲而晚承魏之弊，则可受重利而得尊名也。"王曰："善。"乃阴许韩使而遣之。韩因恃齐，五战不胜，而东委国于齐。

齐因起兵，使田忌、田婴、田盼将之，孙子为师，以救韩，直走魏都。庞涓闻之，去韩而归。魏人大发兵，以太子申为将，以御齐师。孙子谓田忌曰："彼三晋之兵素悍勇而轻齐，齐号为怯。善战者因其势而利导之。《兵法》：'百里而趣利者蹶上将，五十里而趣利者军半至。'"乃使齐军入魏地为十万灶，明日为五万灶，又明日为二万灶。庞涓行三日，大喜曰："我固知齐军怯，入吾地三日，士卒亡者过半矣！"乃弃其步军，与其轻锐倍日并行逐之。孙子度其行，暮当至马陵，马陵道狭而旁多阻隘，可伏兵，乃斫大树，白而书之曰："庞涓死此树下！"于是令齐师善射者万弩夹道而伏，期日暮见火举而俱发。庞涓果夜到斫木下，见白书，以火烛之，读未毕，万弩俱发，魏师大乱相失。庞涓自知智穷兵败，乃自刭，曰："遂成竖子之名！"齐因乘胜大破魏师，虏太子申。

周显王二十八年(庚辰,公元前341年)

1 魏国庞涓率军攻打韩国。韩国派人向齐国求救。齐威王召集大臣商议说:"是早救好呢,还是晚救好呢?"成侯邹忌建议:"不如不救。"田忌不同意,说:"我们坐视不管,韩国就会灭亡,被魏国吞并,还是早些出兵救援为好。"孙膑却说:"现在韩国、魏国的军队士气正盛,我们就去救援,是我们代替韩国承受魏国的打击,反而听命于韩国了。这次魏国有吞并韩国的野心,待到韩国感到亡国迫在眉睫,一定会向东再来恳求齐国。那时我们再出兵,既可以加深与韩国的亲密关系,又可以乘魏国军队的疲弊,正是一举两得,名利双收。"齐威王说:"对。"便暗中答应韩国使臣的求救,让他回去,却迟迟不出兵。韩国以为有齐国的支持,便奋力抵抗,但经过五次大战都大败而归,只好把国家的命运寄托在东方齐国身上。

齐国这时才出兵,派田忌、田婴、田盼为将军,孙膑为军师,前去援救韩国,直接奔袭魏国都城。庞涓听说后,急忙放弃韩国,回兵国中。魏国集中了全部兵力,派太子申为将军,抵御齐国军队。孙膑对田忌说:"魏、赵、韩那些地方的士兵向来剽悍勇猛,看不起齐国,齐国士兵也一直被认为怯懦胆小。善于指挥作战的将军必须因势利导,扬长避短。《孙武兵法》说:'从一百里外去奔袭会损失上将军,从五十里外去奔袭只有一半军队能到达。'"于是便命令齐国军队进入魏国地界后,做饭修造十万个灶,第二天减为五万个灶,第三天再减为两万个灶。庞涓率兵追击齐军三天,见此情况,大笑着说:"我早就知道齐兵胆小,进入我国三天,士兵已逃散一多半了。"于是丢掉步兵,亲率轻兵精锐日夜兼程追击齐军。孙膑估计魏军的行程当晚将到达马陵,马陵这个地方道路狭窄而多险隘,可以伏下重兵,孙膑便派人刮去一棵大树的树皮,在白树干上书写六个大字:"庞涓死此树下!"再从齐国军队中挑选万名优秀射箭手夹道埋伏,约定天黑后一见有火把亮光就万箭齐发。果然,庞涓在夜里赶到那棵树下,看见白树干上隐约有字,便令人举火照看,还未读完,两边箭如飞蝗,一齐射下,魏军大乱,溃不成军。庞涓自知败势无法挽回,便拔剑自尽,临死前叹息说:"让孙膑这小子成名了!"齐军乘势大破魏军,俘虏了太子申。

2　成侯邹忌恶田忌,使人操十金,卜于市,曰:"我,田忌之人也,我为将三战三胜,欲行大事,可乎?"卜者出,因使人执之。田忌不能自明,率其徒攻临淄,求成侯,不克,出奔楚。

二十九年(辛巳,前340)

1　卫鞅言于秦孝公曰:"秦之与魏,譬若人有腹心之疾,非魏并秦,秦即并魏。何者?魏居岭厄之西,都安邑,与秦界河,而独擅山东之利,利则西侵秦,病则东收地。今以君之贤圣,国赖以盛;而魏往年大破于齐,诸侯畔之,可因此时伐魏。魏不支秦,必东徙,然后秦据河、山之固,东乡以制诸侯,此帝王之业也。"公从之,使卫鞅将兵伐魏。魏使公子卬将而御之。

军既相距,卫鞅遗公子卬书曰:"吾始与公子欢,今俱为两国将,不忍相攻,可与公子面相见盟,乐饮而罢兵,以安秦、魏之民。"公子卬以为然,乃相与会。盟已,饮,而卫鞅伏甲士,袭虏公子卬,因攻魏师,大破之。

魏惠王恐,使使献河西之地于秦以和。因去安邑,徙都大梁。乃叹曰:"吾恨不用公叔之言!"

秦封卫鞅商於十五邑。号曰商君。

2　齐、赵伐魏。

3　楚宣王薨,子威王商立。

2 齐国成侯邹忌嫉恨田忌的赫赫战功，便派人拿着十金，去集市上算卦，问道："我是田忌手下的人，田将军率军作战三战三胜，现在是举行登位大事的时候了吗？"待到算卦人出来，邹忌令人把他抓住，准备以此倾陷田忌。田忌无法自证清白，一气之下率亲兵攻打国都临淄，想抓住邹忌，却不能取胜，只好出逃楚国。

周显王二十九年(辛巳，公元前 340 年)

1 卫鞅对秦孝公说："秦国与魏国的关系，譬如人有心腹大患，不是魏国吞并秦国，就是秦国攻占魏国。为什么呢？魏国东面是险厄山岭，建都于安邑城，与秦国以黄河为界，独享崤山以东的地利，强盛时便向西侵入秦国，窘困时便向东夺取地盘。现在秦国在您的贤明领导下，国势渐强；而魏国去年大败于齐国，各国都背弃了与它的盟约，我们可以乘此时攻打魏国。魏国无法抵抗，只能向东迁徙，那时秦国据有黄河、崤山的险要，向东可以制服各诸侯国，就奠定了称王称霸的宏伟大业。"秦孝公听从了他的建议，派卫鞅率兵攻打魏国。魏国也派公子卬为将军前来抵抗。

两军对垒，卫鞅派人送信给公子卬，信中写道："当年我与公子您交情很好，现在都成为两军大将，不忍心互相攻杀，我们可以见面互相起誓结盟，畅饮之后罢兵回国，以使秦国、魏国的百姓安心。"公子卬信以为真，便前来赴会。两方盟誓已毕，正饮酒时，卫鞅事先埋伏下的甲士冲出来，停虏了公子卬，又乘势攻击魏军，使其大败。

魏惠王闻知败讯，十分惊恐，派人向秦国献出河西一带的地方以求和。此后他离开安邑，迁都到大梁。这时才叹息说："我真后悔当年不听公叔痤的话杀掉公孙鞅！"

秦国封赏给卫鞅商於地方的十五个县。于是他号称为商君。

2 齐国、赵国攻打魏国。

3 楚国楚宣王去世，其子芈商即位，是为楚威王。

三十一年(癸未,前 338)

1 秦孝公薨,子惠文王立。公子虔之徒告商君欲反,发吏捕之。商君亡之魏,魏人不受,复内之秦。商君乃与其徒之商於,发兵北击郑。秦人攻商君,杀之,车裂以徇,尽灭其家。

初,商君相秦,用法严酷,尝临渭论囚,渭水尽赤。为相十年,人多怨之。赵良见商君,商君问曰:"子观我治秦孰与五羖大夫贤?"赵良曰:"千人之诺诺,不如一士之谔谔。仆请终日正言而无诛,可乎?"商君曰:"诺。"赵良曰:"五羖大夫,荆之鄙人也,穆公举之牛口之下而加之百姓之上,秦国莫敢望焉。相秦六七年而东伐郑,三置晋君,一救荆祸。其为相也,劳不坐乘,暑不张盖。行于国中,不从车乘,不操干戈。五羖大夫死,秦国男女流涕,童子不歌谣,舂者不相杵。今君之见也,因嬖人景监以为主;其从政也,凌轹公族,残伤百姓。公子虔杜门不出已八年矣。君又杀祝懽而黥公孙贾。《诗》曰:'得人者兴,失人者崩。'此数者,非所以得人也。君之出也,后车载甲,多力而骈胁者为骖乘,持矛而操阖戟者旁车而趋。此一物不具,君固不出。《书》曰:'恃德者昌,恃力者亡。'此数者,非恃德也。君之危若朝露,而尚贪商於之富,宠秦国之政,畜百姓之怨。秦王一旦捐宾客而不立朝,秦国之所以收君者岂其微哉!"商君弗从。居五月而难作。

周显王三十一年(癸未,公元前338年)

1　秦国秦孝公去世,其子即位,是为秦惠文王。因公子虔的门下人指控商君要谋反,便派官吏前去抓捕他。商君急忙逃往魏国,魏国人拒不接纳,把他送回到秦国。商君只好与他的门下人来到封地商於,起兵向北攻打郑。秦国军队向商君进攻,将他斩杀,车裂分尸,全家老小也被杀光。

起初,商君在秦国做国相时,制定法律极为严酷,他曾亲临渭河处决犯人,血流得河水都变红了。他任国相十年,招致很多人的怨恨。一次,赵良来见商君,商君问他:"你看我治理秦国,与当年的五羖大夫百里奚谁更高明?"赵良说:"一千个人唯唯诺诺,不如有一个人敢于直言不讳。请允许我全部说出心里的意见,而您不加以怪罪,可以吗?"商君说:"好吧!"赵良坦然而言:"五羖大夫,原是楚国的一个乡野之人,秦穆公把他从卑贱的养牛郎,提拔到万民之上,秦国没有人敢抱怨不满。他在秦国做国相六七年,向东讨伐了郑国,三次为晋国扶立国君,一次拯救楚国于危难之中。他做国相,劳累了也不乘车,炎热的夏天也不打起伞盖。他在国中视察,从没有众多车马随从前呼后拥,也不舞刀弄剑咄咄逼人。五羖大夫死的时候,秦国的男女老少都痛哭流涕,连儿童也不再唱歌谣,舂米的人也不再唱舂杵的谣曲,以遵守丧礼。现在再来看您,您起初以结交主上的宠幸心腹景监为进身之途,待到掌权执政,就凌辱践踏贵族大家,残害百姓。弄得公子虔被迫杜门不出已经有八年之久。您又杀死祝懽,给公孙贾以刺面的刑罚。《诗经》中说:'得人心者兴旺,失人心者灭亡。'上述几件事,可算不上是得人心。您出行时,后面尾随大批车辆甲士,孔武有力的侍卫在身边护卫,持矛挥戟的武士在车旁疾驰。这些保卫措施缺了一样,您就绝不出行。《尚书》中说:'倚仗仁德者昌盛,凭借暴力者灭亡。'上述的几件事,可算不上是以德服人。您的危险处境正像早晨的露水,没有多少时间了,却还贪恋商於地方的富庶收入,在秦国独断专行,积蓄下百姓的怨恨。一旦秦王有个三长两短,秦国用来逮捕您的罪名还会少吗?"商君没有听从赵良的劝告。只过了五个月就大难临头了。

三十二年(甲申,前337)

1 韩申不害卒。

三十三年(乙酉,前336)

1 宋太丘社亡。

2 邹人孟轲见魏惠王,王曰:"叟,不远千里而来,亦有以利吾国乎?"孟子曰:"君何必曰利,仁义而已矣!君曰何以利吾国,大夫曰何以利吾家,士庶人曰何以利吾身,上下交征利而国危矣。未有仁而遗其亲者也,未有义而后其君者也。"王曰:"善。"

初,孟子师子思,尝问牧民之道何先。子思曰:"先利之。"孟子曰:"君子所以教民者,亦仁义而已矣,何必利!"子思曰:"仁义固所以利之也。上不仁则下不得其所,上不义则下乐为诈也,此为不利大矣。故《易》曰:'利者,义之和也。'又曰:'利用安身,以崇德也。'此皆利之大者也。"

> 臣光曰:子思、孟子之言,一也。夫唯仁者为知仁义之为利,不仁者不知也。故孟子对梁王直以仁义而不及利者,所与言之人异故也。

三十四年(丙戌,前335)

1 秦伐韩,拔宜阳。

三十五年(丁亥,前334)

1 齐王、魏王会于徐州以相王。

2 韩昭侯作高门,屈宜曰曰:"君必不出此门。何也?不时。吾所谓时者,非时日也。夫人固有利、不利时。往者君尝利矣,不作高门。前年秦拔宜阳,今年旱,君不以此时恤民之急而顾益奢,此所谓时诎举赢者也。故曰不时。"

周显王三十二年(甲申,公元前337年)

1　韩国申不害去世。

周显王三十三年(乙酉,公元前336年)

1　宋国太丘县的祭祀神坛倒塌。

2　邹人孟轲求见魏惠王,惠王问道:"老先生,您不远千里而来,能给我的国家带来什么利益呢?"孟轲说:"君主您何必张口就要利益,有了仁义就足够了!如果君主光说为国谋利益,大夫光说为家谋利益,士民百姓所说的也是如何让自身得到利益,上上下下都追逐利益,那么国家就危险了。只有仁爱的人不会抛弃他的亲人,忠义的人不会把国君放到脑后。"魏惠王点头说:"对。"

起初,孟轲拜子思为师,曾经请教治理百姓什么是当务之急。子思说:"叫他们先得到利益。"孟轲问道:"贤德的人教育百姓,只谈仁义就够了,何必要说利益?"子思说:"仁义原本就是利益。上不仁,则下无法安分;上不义,则下也尔虞我诈,这就造成最大的不利。所以《周易》中说:'利,就是义的完美体现。'又说:'用利益安顿人民,以弘扬道德。'这些是利益中最重要的。"

臣司马光说:子思、孟子的话,都是一个道理。只有仁义的人才知道仁义是最大的利,不仁义的人是不知道的。所以孟子对魏惠王直接宣扬仁义,闭口不谈利,是因为谈话的对象不同的缘故。

周显王三十四年(丙戌,公元前335年)

1　秦国进攻韩国,攻克宜阳。

周显王三十五年(丁亥,公元前334年)

1　齐王、魏王在徐州会面,互相尊称为王。

2　韩昭侯修建一座高大的门楼,屈宜臼对他说:"您肯定走不出这座门的。为什么呢?因为不是时候。我所说的'时候',并不是指时间。人生在世有顺利、不顺利的时候。过去您曾经有好时运,却没有修建高门楼。而去年秦国夺去了我们的宜阳,今年国内又大旱,您不在这时抚恤百姓的危难,反而奢侈挥霍,这正是古话所说的越穷越摆架子。所以我说不是时候。"

3 越王无彊伐齐。齐王使人说之以伐齐不如伐楚之利。越王遂伐楚。楚人大败之,乘胜尽取吴故地,东至于浙江。越以此散,诸公族争立,或为王,或为君,滨于海上,朝服于楚。

三十六年(戊子,前333)

1 楚王伐齐,围徐州。

2 韩高门成。昭侯薨,子宣惠王立。

3 初,洛阳人苏秦说秦王以兼天下之术,秦王不用其言。苏秦乃去,说燕文公曰:"燕之所以不犯寇被甲兵者,以赵之为蔽其南也。且秦之攻燕也,战于千里之外;赵之攻燕也,战于百里之内。夫不忧百里之患而重千里之外,计无过于此者。愿大王与赵从亲,天下为一,则燕国必无患矣。"

文公从之,资苏秦车马,以说赵肃侯曰:"当今之时,山东之建国莫强于赵,秦之所害亦莫如赵。然而秦不敢举兵伐赵者,畏韩、魏之议其后也。秦之攻韩、魏也,无有名山大川之限,稍蚕食之,傅国都而止。韩、魏不能支秦,必入臣于秦;秦无韩、魏之规则祸中于赵矣。臣以天下地图案之,诸侯之地五倍于秦,料度诸侯之卒十倍于秦。六国为一,并力西乡而攻秦,秦必破矣。夫衡人者皆欲割诸侯之地以与秦,秦成则其身富荣,国被秦患而不与其忧。是以衡人日夜务以秦权恐愒诸侯,以求割地。故愿大王熟计之也!窃为大王计,莫如一韩、魏、齐、楚、燕、赵为从亲以畔秦,令天下之将相会于洹水之上,通质结盟,约曰:'秦攻一国,五国各出锐师,或桡秦,或救之。有不如约者,五国共伐之!'诸侯从亲以摈秦,秦甲必不敢出于函谷以害山东矣。"肃侯大说,厚待苏秦,尊宠赐赍之,以约于诸侯。

3　越国国王姒无彊攻打齐国。齐王派人向他游说:伐齐国不如去攻楚国好处大。越王于是去攻打楚国。楚国大败越军,趁势占领了原先吴国的旧地,向东一直到浙江。越国从此分崩瓦解,各家贵族争相为王,或自立为国君,分散在沿海一带,各自向楚国臣服。

周显王三十六年(戊子,公元前 333 年)

1　楚王攻打齐国,围困徐州。

2　韩国的高大门楼修成。韩昭侯去世,其子即位,是为韩宣惠王。

3　当初,洛阳人苏秦向秦王进献兼并天下的计划,秦王却不采纳。苏秦于是离去,又游说燕文公道:"燕国之所以不遭受侵犯和掠夺,是因为南面有赵国做挡箭牌。秦国要想攻打燕国,必须远涉千里之外;而赵国要攻打燕国,只需行军百里以内。现在您不担忧眼前的灾患,反倒顾虑千里之外,办事情没有比这更错的了。我希望大王您能与赵国结为亲密友邦,两国一体,则燕国可以无忧无虑了。"

燕文公听从苏秦的劝告,资助他车马,让他去游说赵肃侯。苏秦对赵肃侯说道:"当今之时,崤山以东的国家以赵国最强,秦国的心腹之患也是赵国。然而秦国始终不敢起兵攻赵,就是怕韩国、魏国在背后算计。秦国要是攻打韩、魏两国,没有名山大川阻挡,只要吞并一些土地,很快就兵临国都。韩国、魏国不能抵挡秦国,必定会俯首称臣;秦国没有韩国、魏国的牵制,就立即把战祸蔓延到赵国头上。让我根据天下的地图来分析一下,各国的土地面积是秦国的五倍,估计各国的兵力是秦国的十倍。如果六国结成一气,向西进攻秦国,一定可以攻破。现在主张结好秦国的人都想割各国的土地去献给秦国,秦国成就霸业他们可以获得个人荣华富贵,而各国遭受秦国的践踏,他们却不必分担忧患。所以这些人日日夜夜总是用秦国的威势来恐吓各国,以使各国割地。我劝大王好好地想一想! 为大王着想,不如联合韩、魏、齐、楚、燕、赵各国为友邦,抵抗秦国,让各国派出大将、国相在洹水举行会议,互换人质,结成同盟,共同宣誓:'如果秦国攻打某一国,其他五国都要派出精兵,或者进行牵制,或者进行救援。哪一国不遵守盟约,其他五国就一起讨伐它!'各国结成盟邦来对抗秦国,秦国就再也不敢派兵出函谷关来侵害崤山以东各国了。"赵肃侯听罢大喜,将苏秦奉为上宾,赏赐丰厚,让他去约会各国。

会秦使犀首伐魏，大败其师四万馀人，禽将龙贾，取雕阴，且欲东兵。苏秦恐秦兵至赵而败从约，念莫可使用于秦者，乃激怒张仪，入之于秦。

张仪者，魏人，与苏秦俱事鬼谷先生，学纵横之术，苏秦自以为不及也。仪游诸侯无所遇，困于楚，苏秦故召而辱之。仪怒，念诸侯独秦能苦赵，遂入秦。苏秦阴遣其舍人赍金币资仪，仪得见秦王。秦王说之，以为客卿。舍人辞去，曰："苏君忧秦伐赵败从约，以为非君莫能得秦柄，故激怒君，使臣阴奉给君资，尽苏君之计谋也。"张仪曰："嗟乎，此吾在术中而不悟，吾不及苏君明矣。为吾谢苏君，苏君之时，仪何敢言！"

于是苏秦说韩宣惠王曰："韩地方九百馀里，带甲数十万，天下之强弓、劲弩、利剑皆从韩出。韩卒超足而射，百发不暇止。以韩卒之勇，被坚甲，蹠劲弩，带利剑，一人当百，不足言也。大王事秦，秦必求宜阳、成皋。今兹效之，明年复求割地。与则无地以给之，不与则弃前功，受后祸。且大王之地有尽而秦求无已，以有尽之地逆无已之求，此所谓市怨结祸者也，不战而地已削矣。鄙谚曰：'宁为鸡口，无为牛后。'夫以大王之贤，挟强韩之兵，而有牛后之名，臣窃为大王羞之！"韩王从其言。

苏秦说魏王曰："大王之地方千里，地名虽小，然而田舍庐庑之数，曾无所刍牧。人民之众，车马之多，日夜行不绝，辒辒殷殷，若有三军之众。臣窃量大王之国不下楚。今窃闻大王之卒，武士二十万，苍头二十万，奋击二十万，厮徒十万；车六百乘，骑五千匹；乃听于群臣之说，而欲臣事秦。故敝邑赵王使臣效愚计，奉明约，在大王之诏诏之。"魏王听之。

这时秦国派犀首为大将攻打魏国，大败四万多魏军，活捉魏将龙贾，攻取雕阴，又要引兵东进。苏秦担心秦兵到赵国会挫败联合各国的计划，盘算没有别人可以到秦国去用计，于是用激将法挑动张仪，让其前往秦国。

张仪，是魏国人，当年与苏秦一起在鬼谷先生门下，学习合纵、连横的政治权术，苏秦自认为才能不及张仪。张仪游说各国没有被赏识，流落楚国，这时苏秦便召他前来，又加以羞辱。张仪被激怒，心想各国中只有秦国能让赵国吃苦头，便前往秦国。苏秦又暗中派门下小官送钱去资助张仪，使张仪见到了秦王。秦王很高兴，以客卿地位礼待张仪。苏秦派来的人告辞时对张仪说明："苏秦先生担心秦国攻打赵国会挫败联合各国的计划，认为除了您没有人能操纵秦国，所以故意激怒您，又暗中派我来给您提供费用，这些都是苏秦先生的计谋啊。"张仪感慨地说："唉，我在别人的计谋中还不自知，我不如苏秦先生是很明显的事了。请代我拜谢苏秦先生，只要他活着，我张仪就不说二话！"

于是苏秦又劝说韩宣惠王："韩国方圆九百多里，有几十万甲士，天下的强弓、劲弩、利剑都产于韩国。韩国士兵双脚踏弩射箭，能连续百发以上。用这样勇猛的士兵，披上坚固的盔甲，张起强劲的弓弩，手持锋利宝剑，一个顶百个也不在话下。大王若是屈服秦国，秦国必定索要宜阳、成皋两城。现在满足了它，明年还会要割别的地。再给它已无地可给，不给又白费了以前的讨好，要蒙受后祸。况且大王的地有限而秦国的贪欲无穷，以有限的地来迎合无穷的贪求，这正是自找苦吃，没打一仗就丢了土地。俗话说得好：'宁为鸡口，无为牛后。'大王您这样贤明，拥有韩国的强兵，却落个跟屁虫的名声，我暗地里为您感到羞耻！"韩王听从了苏秦的劝说。

苏秦又对魏王说："大王的领地方圆千里，表面上虽不算大，然而村镇房屋的稠密，已到了无处可放牧的地步。百姓、车马之多，日夜络绎不绝于道路，熙熙攘攘，好似千军万马。我私下估计，大王的国家不亚于楚国。现在听说大王有二十万武士、二十万苍头军、二十万敢死队、十万仆从、六百乘战车、五千匹战马，却打算听从群臣的浅见，去屈服秦国。所以我们赵王派我向您建议，订立盟约，望大王明察决断。"魏王也同意了苏秦的建议。

苏秦说齐王曰:"齐四塞之国,地方二千馀里,带甲数十万,粟如丘山。三军之良,五家之兵,进如锋矢,战如雷霆,解如风雨,即有军役,未尝倍泰山、绝清河、涉渤海者也。临淄之中七万户,臣窃度之,不下户三男子,不待发于远县,而临淄之卒固已二十一万矣。临淄甚富而实,其民无不斗鸡、走狗、六博、阆鞠。临淄之涂,车毂击,人肩摩,连衽成帷,挥汗成雨。夫韩、魏之所以重畏秦者,为与秦接境壤也。兵出而相当,不十日而战,胜负存亡之机决矣。韩、魏战而胜秦,则兵半折,四境不守;战而不胜,则国已危亡随其后。是故韩、魏之所以重与秦战而轻为之臣也。今秦之攻齐则不然,倍韩、魏之地,过卫阳晋之道,经乎亢父之险,车不得方轨,骑不得比行,百人守险,千人不敢过也。秦虽欲深入则狼顾,恐韩、魏之议其后也,是故恫疑、虚喝、骄矜而不敢进,则秦之不能害齐亦明矣。夫不深料秦之无奈齐何,而欲西面而事之,是群臣之计过也。今无臣事秦之名而有强国之实,臣是故愿大王少留意计之!"齐王许之。

乃西南说楚威王曰:"楚,天下之强国也,地方六千馀里,带甲百万,车千乘,骑万匹,粟支十年,此霸王之资也。秦之所害莫如楚,楚强则秦弱,秦强则楚弱,其势不两立。故为大王计,莫如从亲以孤秦。臣请令山东之国奉四时之献,以承大王之明诏;委社稷,奉宗庙,练士厉兵,在大王之所用之。故从亲则诸侯割地以事楚,衡合则楚割地以事秦,此两策者相去远矣,大王何居焉?"楚王亦许之。

于是苏秦为从约长,并相六国,北报赵,车骑辎重拟于王者。

苏秦再游说齐王说:"齐国四面要塞,方圆两千馀里,披甲士兵几十万,谷积如山。精良的三军,郊外二十县的五都之兵,进攻像离弦利箭,作战如雷霆万钧,解散似风雨扫过,有了他们,即使遇到战事,也不用到泰山、清河、渤海一带去征兵。临淄城里有七万户,以我的猜度,每户男子不下三人,不用到边远县乡去征发,仅临淄城里的人已够二十一万兵了。临淄城富庶殷实,居民都斗鸡、赛狗、下棋、踢球。临淄的道路上,车多得互相碰撞,人多得摩肩接踵,衣服连起来成了帷帐,众人挥汗如同下雨。那韩国、魏国之所以十分害怕秦国,是因为与秦国接壤。出兵对阵,作战用不了十天,就到了存亡的生死关头。韩国、魏国如果打败了秦国,自身也损伤过半,边境难守;如果败给秦国,那么紧接着国家就濒临危亡。所以韩国、魏国对与秦国作战十分慎重,常常表示屈服忍让。而秦国来攻齐国就不一样了,要背靠韩国、魏国的国土,经过卫国阳晋之路,再经过亢父的险隘,车辆、骑兵都难以并行,只要有一百人守住险要,一千人也不敢通过。秦国即使想驱兵深入,也要顾忌韩、魏两国在它背后的活动,所以它虽骄横,却又疑心重重,虚张声势而不敢冒进攻齐,由此可见,秦国难以危害齐国是明显的。而你们不仔细考虑秦国对齐国的无可奈何,却要向西俯首称臣,这是齐国群臣的失策。现在听我的建议,齐国可以免去屈服于秦国的卑名,而获得强国的实际利益,因此我希望大王您能留意谋划一下!"齐王也应允了苏秦的建议。

最后,苏秦又到西南劝说楚威王道:"楚国,是天下的强国,有方圆六千馀里,百万甲士,千乘战车,万匹战马,存粮可支持十年,这是称霸天下的资本。秦国的心腹之患莫过于楚国,楚国强则秦国弱,秦国强则楚国弱,两国势不两立。所以我为大王着想,不如联合各国孤立秦国。我可以让崤山以东各国四季向您进贡,以求得大王的抗秦明令;再把江山社稷、祖先宗庙都托付给您,练兵整军,听从您的指挥。由此而见,联合结盟则各国割地来归附楚国,横向亲秦则楚国要割地去归附秦国,这两种办法有天壤之别,大王您选择哪一种呢?"楚王也听从苏秦的劝说。

于是苏秦成为主持六国联盟的纵约长,兼任六国的国相,北归赵国复命时,车马随从之多,可与诸侯王相比。

4 齐威王薨,子宣王辟彊立。知成侯卖田忌,乃召而复之。

5 燕文公薨,子易王立。

6 卫成侯薨,子平侯立。

三十七年(己丑,前332)

1 秦惠王使犀首欺齐、魏,与共伐赵,以败从约。赵肃侯让苏秦,苏秦恐,请使燕,必报齐。苏秦去赵而从约皆解。赵人决河水以灌齐、魏之师,齐、魏之师乃去。

2 魏以阴晋为和于秦,实华阴。

3 齐王伐燕,取十城,已而复归之。

三十九年(辛卯,前330)

1 秦伐魏,围焦、曲沃。魏入少梁、河西地于秦。

四十年(壬辰,前329)

1 秦伐魏,渡河,取汾阴、皮氏,拔焦。

2 楚威王薨,子怀王槐立。

3 宋公剔成之弟偃袭攻剔成,剔成奔齐,偃自立为君。

四十一年(癸巳,前328)

1 秦公子华、张仪帅师围魏蒲阳,取之。张仪言于秦王,请以蒲阳复与魏,而使公子繇质于魏。仪因说魏王曰:"秦之遇魏甚厚,魏不可以无礼于秦。"魏因尽入上郡十五县以谢焉。张仪归而相秦。

4 齐国齐威王去世,其子田辟彊即位,是为齐宣王。他知道成侯邹忌陷害田忌,于是召回田忌复位。

5 燕国燕文公去世,其子即位,是为燕易王。

6 卫国卫成侯去世,其子即位,是为卫平侯。

周显王三十七年(己丑,公元前 332 年)

1 秦惠王派犀首逼迫齐国、魏国,共同出兵攻伐赵国,借此破坏各国盟约。赵肃侯斥责苏秦,苏秦十分恐惧,请求让他出使燕国,一定报复齐国。而苏秦一离开赵国,联合盟约便土崩瓦解。赵国引决黄河水淹灌齐国、魏国军队,齐国、魏国军队于是撤走。

2 魏国献出阴晋向秦国求和,阴晋实际上就是华阴。

3 齐王攻打燕国,夺取十座城,不久又归还燕国。

周显王三十九年(辛卯,公元前 330 年)

1 秦国进攻魏国,围困焦城和曲沃。魏国向秦国献出少梁、河西之地。

周显王四十年(壬辰,公元前 329 年)

1 秦国进攻魏国,渡过黄河,夺取汾阴、皮氏,攻克焦城。

2 楚国楚威王去世,其子芈槐即位,是为楚怀王。

3 宋国国君子剔成的弟弟子偃袭击子剔成,剔成逃往齐国,子偃自立为国君。

周显王四十一年(癸巳,公元前 328 年)

1 秦国公子华、张仪率军队围攻魏国蒲阳,予以攻占。张仪又建议秦王,把蒲阳还给魏国,并派公子繇到魏国去当人质。张仪于是劝说魏王道:"秦国待魏十分宽厚,魏国可不能对秦国不讲礼义。"魏国于是拿出上郡的十五个县来报答秦国。张仪回国后被任命为秦国国相。

四十二年(甲午,前327)

1　秦县义渠,以其君为臣。

2　秦归焦、曲沃于魏。

四十三年(乙未,前326)

1　赵肃侯薨,子武灵王立;置博闻师三人,左、右司过三人,先问先君贵臣肥义,加其秩。

四十四年(丙申,前325)

1　夏,四月戊午,秦初称王。

2　卫平侯薨,子嗣君立。卫有胥靡亡之魏,因为魏王之后治病。嗣君闻之,请以五十金买之。五反,魏不与,乃以左氏易之。左右谏曰:"夫以一都买一胥靡,可乎?"嗣君曰:"非子所知也!夫治无小,乱无大。法不立,诛不必,虽有十左氏,无益也。法立,诛必,失十左氏,无害也。"魏王闻之曰:"人主之欲,不听之不祥。"因载而往,徒献之。

四十五年(丁酉,前324)

1　秦张仪帅师伐魏,取陕。

2　苏秦通于燕文公之夫人,易王知之。苏秦恐,乃说易王曰:"臣居燕不能使燕重,而在齐则燕重。"易王许之。乃伪得罪于燕而奔齐,齐宣王以为客卿。苏秦说齐王高宫室,大苑囿,以明得意,欲以敝齐而为燕。

周显王四十二年(甲午,公元前327年)

1 秦国夺取西戎的义渠国,改为一个县,把国君当作臣下。

2 秦国归还焦城、曲沃给魏国。

周显王四十三年(乙未,公元前326年)

1 赵国赵肃侯去世,其子即位,是为赵武灵王;设置"博闻师"的官职三人,又设左、右司过的官职三人,即位后先问候先王的贵臣肥义,增加了他的俸禄。

周显王四十四年(丙申,公元前325年)

1 夏季,四月戊午(初四),秦国国君首次称王。

2 卫国卫平侯去世,其子嗣君即位。卫国有个苦役犯逃到魏国,为魏国王后治病。卫嗣君听说后,要求用五十金把他买回来。经过五次反复,魏国仍是不给,便打算用左氏城去换。左右侍臣劝谏说:"用一座城去买一个逃犯,值得吗?"嗣君答道:"这你们就不懂了!治理政事不忽略小事,就不会有大乱子。如果法度不建立,当杀的不杀,即使有十座左氏城,也是无用的。法度严明,违法必究,失去十座左氏城,也终无大害。"魏王听说这件事,感叹说:"国君的愿望,不满足他恐怕会不吉利。"于是用车把逃犯送回卫国,没要报偿。

周显王四十五年(丁酉,公元前324年)

1 秦国张仪率军攻打魏国,夺取陕地。

2 苏秦与已故燕文公的夫人私通,被燕易王发现。苏秦十分恐惧,于是对燕易王说:"我留在燕国不能使燕国变得重要,而我要是在齐国,可以设法增强燕国的力量。"易王同意了。苏秦便伪装得罪燕国逃奔齐国,齐宣王留他做客卿。苏秦鼓动齐王增高宫殿、扩大园林,显示齐王的地位,想借此来削弱齐国的财力,为燕国效劳。

四十六年(戊戌,前323)

1　秦张仪及齐、楚之相会啮桑。

2　韩、燕皆称王,赵武灵王独不肯,曰:"无其实,敢处其名乎!"令国人谓己曰君。

四十七年(己亥,前322)

1　秦张仪自啮桑还而免相,相魏。欲令魏先事秦而诸侯效之,魏王不听。秦王伐魏,取曲沃、平周,复阴厚张仪益甚。

四十八年(庚子,前321)

1　王崩,子慎靓王定立。

2　燕易王薨,子哙立。

3　齐王封田婴于薛,号曰靖郭君。靖郭君言于齐王曰:"五官之计,不可不日听而数览也。"王从之,已而厌之,悉以委靖郭君。靖郭君由是得专齐之权。

靖郭君欲城薛,客谓靖郭君曰:"君不闻海大鱼乎?网不能止,钩不能牵,荡而失水,则蝼蚁制焉。今夫齐,亦君之水也。君长有齐,奚以薛为!苟为失齐,虽隆薛之城到于天,庸足恃乎!"乃不果城。

靖郭君有子四十人,其贱妾之子曰文。文通倜傥饶智略,说靖郭君以散财养士。靖郭君使文主家待宾客,宾客争誉其美,皆请靖郭君以文为嗣。靖郭君卒,文嗣为薛公,号曰孟尝君。孟尝君招致诸侯游士及有罪亡人,皆舍业厚遇之,存救其亲戚。食客常数千人,各自以为孟尝君亲己,由是孟尝君之名重天下。

周显王四十六年(戊戌,公元前 323 年)

1　秦国张仪与齐国、楚国的国相在啮桑举行会议。

2　韩国、燕国都自称为王,唯独赵国赵武灵王当时还不愿称王,他说:"没有这样的实力,怎么敢用这样的名分!"命令国中人称呼他为君。

周显王四十七年(己亥,公元前 322 年)

1　秦国张仪从啮桑归来后被免去国相职务,改任魏国国相。他想让魏国臣服秦国,为各国带头,但魏王没有听从。秦王便派兵进攻魏国,夺取曲沃、平周,又暗中送给张仪丰厚财物。

周显王四十八年(庚子,公元前 321 年)

1　周显王去世,其子姬定即位,是为周慎靓王。

2　燕国燕易王去世,其子姬哙即位。

3　齐王把薛城封给田婴,号称靖郭君。靖郭君对齐王说:"各主管大臣的报告,您应该每天亲自听取并反复审核。"齐王照此做去,不久就厌烦了,全部委托给靖郭君代办。于是,齐国的大权全部落到田婴手中。

靖郭君想在薛建城,一个幕客劝阻他说:"您没有看到海里的大鱼吗?渔网罩不住它,鱼钩也牵不住它,然而它一离开海水,连小小蚂蚁也可以置它于死地。今天的齐国,就是您的汪洋大海。您能长期掌握住齐国,又要薛城做什么!如果失去齐国大权,即使把薛城城墙砌到天上,又哪里靠得住呢!"靖郭君于是放弃了扩建计划。

靖郭君有四十个儿子,其中一个地位卑贱的小老婆生的儿子叫田文。田文风流通达、富有智谋,他建议靖郭君广散钱财,蓄养心腹之士。靖郭君便让田文主持家政,接待宾客,宾客都在靖郭君面前争相称赞田文,建议让他做继承人。靖郭君死后,田文果然接班做了薛公,号为孟尝君。他四处招揽收留各国的游士和有罪出逃的人才,为他们添置家产,给以丰厚待遇,还救济他们的亲戚。这样,孟尝君门下收养的食客常达几千人,都各自认为孟尝君亲近自己,因此孟尝君的美名传遍天下。

　　臣光曰:君子之养士,以为民也。《易》曰:"圣人养贤,以及万民。"夫贤者,其德足以敦化正俗,其才足以顿纲振纪,其明足以烛微虑远,其强足以结仁固义;大则利天下,小则利一国。是以君子丰禄以富之,隆爵以尊之。养一人而及万人者,养贤之道也。今孟尝君之养士也,不恤智愚,不择臧否,盗其君之禄,以立私党,张虚誉,上以侮其君,下以蠹其民,是奸人之雄也,乌足尚哉?《书》曰:"受为天下逋逃主、萃渊薮。"此之谓也。

　　4　孟尝君聘于楚,楚王遗之象床。登徒直送之,不欲行,谓孟尝君门人公孙戍曰:"象床之直千金,苟伤之毫发,则卖妻子不足偿也。足下能使仆无行者,有先人之宝剑,愿献之。"公孙戍许诺,入见孟尝君曰:"小国所以皆致相印于君者,以君能振达贫穷,存亡继绝,故莫不悦君之义,慕君之廉也。今始至楚而受象床,则未至之国将何以待君哉!"孟尝君曰:"善。"遂不受。公孙戍趋去,未至中闺,孟尝君召而反之,曰:"子何足之高,志之扬也?"公孙戍以实对。孟尝君乃书门版曰:"有能扬文之名,止文之过,私得宝于外者,疾入谏!"

　　臣光曰:孟尝君可谓能用谏矣。苟其言之善也,虽怀诈谖之心,犹将用之,况尽忠无私以事其上乎!《诗》云:"采葑采菲,无以下体。"孟尝君有焉。

臣司马光说:贤德的君子收养士人,是为了百姓的利益。《周易》说:"圣人收养贤良人才,恩泽及于天下百姓。"士人中贤良的人,道德操守足以匡正风俗,才干足以整顿纲纪,见识足以高瞻远瞩、洞察一切,毅力足以团结仁人志士;用到大处可以有利于天下,用到小处可以有利于一国。所以贤德的君子用丰厚的俸禄来收养他们,用尊崇的地位来礼待他们。蓄养一个人就能使天下百姓都普被恩泽,这是养贤之道的真谛。然而孟尝君的养士,不分聪明愚笨,不论好人坏人,一概收留;他盗用国库的薪俸,结立自己的私党,沽名钓誉,对上欺瞒国君,对下盘剥百姓,真是一个奸雄,哪值得颂扬呢?《尚书》说:"商纣王是收留天下罪人的窝主、藏污纳垢的匪巢。"孟尝君也正是这种情况。

4　孟尝君代表齐国前往楚国访问,楚王送他一张象牙床。孟尝君令登徒直先护送象牙床回国,登徒直却不愿意去,他对孟尝君的门客公孙戍说:"象牙床价值千金,如果有一丝一毫的损伤,我就是卖了妻子儿女也赔不起啊。你要是能让我躲过这趟差使,我有一把祖传的宝剑,愿意送给你。"公孙戍答应了,进去见孟尝君说:"各个小国家之所以都延请您担任国相,是因为您能扶助弱小贫穷,使灭亡的国家复存,使后嗣断绝者延续,大家十分钦佩您的仁义,仰慕您的廉洁。现在您刚到楚国就接受了象牙床的厚礼,那些还没去的国家又拿什么来接待您呢!"孟尝君听罢回答说:"你说得有理。"于是决定谢绝楚国的象牙床厚礼。公孙戍告辞快步离开,还没出小宫门,孟尝君就把他叫了回来,问道:"你为什么那么趾高气昂、神采飞扬呢?"公孙戍只得把赚了宝剑的事如实报告。孟尝君于是令人在门上贴出布告,写道:"无论何人,只要能弘扬我田文的名声,劝止我田文的过失,即使他私下接受了别人的馈赠,也没关系,请赶快来提出意见。"

臣司马光说:孟尝君可以算是能虚心接受意见的人了。只要提的意见对,即使是别有用心,他也予以采纳,更何况那些毫无私心的尽忠之言呢!《诗经》写道:"采集蔓菁与土瓜,根好根坏莫管它。"孟尝君是做到了这种兼容并包的雅度。

5　韩宣惠王欲两用公仲、公叔为政,问于缪留。对曰:"不可。晋用六卿而国分;齐简公用陈成子及阚止而见杀;魏用犀首、张仪而西河之外亡。今君两用之,其多力者内树党,其寡力者藉外权。群臣有内树党以骄主,有外为交以削地,君之国危矣。"

5 韩宣惠王想让公仲、公叔来分别掌管国家政事,征求缪留的意见。缪留回答说:"不行。过去晋国重用六家大臣,而国家被瓜分了;齐简公让陈成子和阚止分别掌权,而自身被杀;魏国任用犀首和张仪,结果沦失了西河的大片领土。现在您打算两家并重,那么强的一方必然会在国内结党营私,弱的一方便要去寻求外国支援。群臣中有在国内结党营私、欺凌主上的,有里通外国卖国求荣的,您的国家就危险了。"

卷第三　周纪三

起辛丑(前 320)尽癸亥(前 298)凡二十三年

慎靓王

元年(辛丑,前 320)

1　卫更贬号曰君。

二年(壬寅,前 319)

1　秦伐韩,取鄢。

2　魏惠王薨,子襄王立。孟子入见而出,语人曰:"望之不似人君,就之而不见所畏焉。卒然问曰:'天下恶乎定?'吾对曰:'定于一。''孰能一之?'对曰:'不嗜杀人者能一之。''孰能与之?'对曰:'天下莫不与也。王知夫苗乎? 七、八月之间旱,则苗槁矣。天油然作云,沛然下雨,则苗浡然兴之矣。其如是,孰能御之!'"

三年(癸卯,前 318)

1　楚、赵、魏、韩、燕同伐秦,攻函谷关。秦人出兵逆之,五国之师皆败走。

2　宋初称王。

四年(甲辰,前 317)

1　秦败韩师于脩鱼,斩首八万级,虏其将鲰、申差于浊泽。诸侯振恐。

2　齐大夫与苏秦争宠,使人刺秦,杀之。

慎靓王

周慎靓王元年(辛丑,公元前 320 年)

1 卫国国君再次把自己的爵位由侯降到君。

周慎靓王二年(壬寅,公元前 319 年)

1 秦国进攻韩国,夺取鄢陵。

2 魏惠王去世,其子即位,是为魏襄王。孟轲前去拜见他,离开后对别人说:"大王的样子就不像一个君主,和他接触也无法产生敬畏之感。他猛然问我:'天下怎样才能安定?'我回答说:'统一才能安定。'他又问:'谁能统一?'我回答说:'不滥杀人的人能统一。''谁愿意和他一起统一呢?'我回答说:'天下的百姓都愿意。大王您知道禾苗吧,七月、八月间遇上大旱,禾苗都干枯萎靡。这时天上乌云密布,大雨滂沱,禾苗就生机勃勃,一片葱郁。这样的势头,谁能阻挡!'"

周慎靓王三年(癸卯,公元前 318 年)

1 楚国、赵国、魏国、韩国、燕国联合讨伐秦国,进攻函谷关。秦国出兵迎敌,五国联军败退而回。

2 宋国国君开始称王。

周慎靓王四年(甲辰,公元前 317 年)

1 秦国在脩鱼大败韩国军队,杀死八万人,于浊泽俘虏韩军大将鲹和申差。各国震惊。

2 齐国大夫与苏秦争权,派人刺杀了苏秦。

3　张仪说魏襄王曰:"梁地方不至千里,卒不过三十万,地四平,无名山大川之限,卒戍楚、韩、齐、赵之境,守亭、障者不过十万,梁之地势固战场也。夫诸侯之约从,盟于洹水之上,结为兄弟以相坚也。今亲兄弟同父母,尚有争钱财相杀伤,而欲恃反覆苏秦之馀谋,其不可成亦明矣。大王不事秦,秦下兵攻河外,据卷衍、酸枣,劫卫,取阳晋,则赵不南,赵不南则梁不北,梁不北则从道绝,从道绝则大王之国欲毋危不可得也。故愿大王审定计议,且赐骸骨。"魏王乃倍从约,而因仪以请成于秦。张仪归,复相秦。

4　鲁景公薨,子平公旅立。

五年(乙巳,前316)

1　巴、蜀相攻击,俱告急于秦。秦惠王欲伐蜀,以为道险狭难至,而韩又来侵,犹豫未能决。司马错请伐蜀,张仪曰:"不如伐韩。"王曰:"请闻其说。"仪曰:"亲魏,善楚,下兵三川,攻新城、宜阳,以临二周之郊,据九鼎,按图籍,挟天子以令于天下,天下莫敢不听,此王业也。臣闻争名者于朝,争利者于市。今三川、周室,天下之朝市也,而王不争焉,顾争于戎翟,去王业远矣。"司马错曰:"不然。臣闻欲富国者务广其地,欲强兵者务富其民,欲王者务博其德:三资者备而王随之矣。今王地小民贫,故臣愿先从事于易。夫蜀,西僻之国而戎翟之长也,有桀、纣之乱;以秦攻之,譬如使豺狼逐群羊。得其地足以广国,取其财足以富民,缮兵不伤众而彼已服焉。

3 张仪劝说魏襄王道："魏国地方不满千里，士兵不足三十万，地势四下平坦，没有高山大河的险要，防军分别守卫与楚、韩、齐、赵接壤的边界，用来扼守要塞的不过十万人，所以，魏国历来是厮杀的战场。各国约定联合抗秦，在洹水结盟，作为兄弟之邦互相救援。然而同一父母的亲兄弟，有时还为争夺钱财互相残杀，各国之间，想靠反复无常的苏秦的一番伎俩结成同盟，明显是不可能的。大王您不与秦国结好，秦国就会发兵进攻河外，占据卷县、酸枣等地，袭击卫国，夺取阳晋；那时，赵国不能南下，魏国也不能北上，南北隔绝，就谈不上联合抗秦，大王您的国家想避免危险也不可能了。所以我希望大王您能深思熟虑，拿定主意，让我辞去魏国相位，回秦国去筹划修好。"魏王于是背弃了联合抗秦的盟约，派张仪前往秦国去求和。张仪回到秦国，再次出任国相。

4 鲁国鲁景公去世，其子姬旅即位，是为鲁平公。

周慎靓王五年(乙巳，公元前316年)

1 巴国、蜀国互相攻击，都来向秦国告急求救。秦惠王想出兵讨伐蜀国，但顾虑道路险峻难行，韩国又可能来侵犯，所以犹豫不决。司马错建议秦王出兵伐蜀，张仪却说："不如去征讨韩国。"秦惠王说："请谈谈你的见解。"张仪便陈述道："我们应该与魏国、楚国亲善友好，然后出兵黄河、伊水、洛水一带，攻取新城、宜阳，兵临东西周王都，控制象征王权的九鼎和天下版图，挟持天子以号令天下，各国就不敢不从，这是称王的大业。我听人说，要博取名声应该去朝廷，要赚取金钱应该去集市。现在的黄河、伊洛一带和周朝王室，正好比天下的朝廷和集市，而大王您不去那里争雄，反倒纠缠于远方的戎狄小族争斗，这可不是帝王的大业啊！"司马错反驳张仪说："不对。我也听说有这样的话：想要使国家富强必须先开拓疆土，想要使军队强大必须先让老百姓富庶，想要成就帝王大业必须先树立德望。这三个条件具备，帝王大业也就水到渠成。现在大王的国家地小民贫，所以我建议先从容易之事做起。蜀国，是西南偏僻之国，又是戎狄之族的首领，政治昏乱，如同夏桀、商纣；以秦国大兵攻蜀，就像狼入羊群一样。攻占它的土地可以扩大秦国疆域，夺取它的财富可以赡养百姓，而军队不须有大的伤亡就可以使蜀国屈服。

拔一国而天下不以为暴,利尽四海而天下不以为贪,是我一举而名实附也,而又有禁暴止乱之名。今攻韩,劫天子,恶名也,而未必利也;又有不义之名,而攻天下所不欲,危矣。臣请论其故:周,天下之宗室也;齐,韩之与国也。周自知失九鼎,韩自知亡三川,将二国并力合谋,以因乎齐、赵而求解乎楚、魏,以鼎与楚,以地与魏,王弗能止也。此臣之所谓危也。不如伐蜀完。"王从错计,起兵伐蜀,十月取之。贬蜀王,更号为侯,而使陈庄相蜀。蜀既属秦,秦以益强,富厚,轻诸侯。

2 苏秦既死,秦弟代、厉亦以游说显于诸侯。燕相子之与苏代婚,欲得燕权。苏代使于齐而还,燕王哙问曰:"齐王其霸乎?"对曰:"不能。"王曰:"何故?"对曰:"不信其臣。"于是燕王专任子之。鹿毛寿谓燕王曰:"人之谓尧贤者,以其能让天下也。今王以国让子之,是王与尧同名也。"燕王因属国于子之,子之大重。或曰:"禹荐益而以启人为吏,及老而以启为不足任天下,传之于益。启与交党攻益,夺之,天下谓禹名传天下于益而实令启自取之。今王言属国于子之而吏无非太子人者,是名属子之而实太子用事也。"王因收印绶,自三百石吏已上而效之子之。子之南面行王事,而哙老,不听政,顾为臣,国事皆决于子之。

这样，吞并一个国家而天下并不认为秦国强暴，获取广泛的利益天下也不认为秦国贪婪，我们一举两得、名利双收，更享有除暴安良的美誉。秦国若是攻打韩国、劫持周天子，就会臭名远扬，也不见得有什么实际利益；而蒙受不义之名，攻打天下人所不愿攻占的地方，那可是很危险的！请让我细说其中的原因：周国，是天下尊崇的王室；齐国，是韩国的亲睦友邦。周国自知要失去九鼎，韩国自知要失去伊洛一带领土，两国将会齐心协力，共同谋划，求得齐国、赵国的援助，并与有旧怨的楚国、魏国和解，甚至不惜把鼎送给楚国，把土地割让给魏国，对此，大王您是束手无策的。这就是我所说的危险所在。所以，攻打蜀国才是十拿九稳的上策。"秦惠王听从了司马错的建议，起兵伐蜀，仅用了十个月就攻克全境。秦人把蜀王降为侯，又任命陈庄为蜀国国相。蜀国被秦国吞并以后，秦国更加富庶强盛，而轻视周围各国。

2 苏秦死后，他的弟弟苏代、苏厉也以游说著称于各国。燕国相子之便与苏代结为通姻亲家，想谋得燕国大权。苏代出使齐国归来，燕王姬哙问他："齐王能称霸吗？"苏代回答："不能。"燕王又问："为什么？"回答说："他不信任臣僚。"于是燕王把大权交给子之。鹿毛寿也对燕王说："人们称道尧是贤明君主，就是因为他能让出天下。现在燕王您要是把国家让给子之，就能与尧有同样的名声。"燕王于是把国家嘱托给了子之，子之从此大权集于一身。又有人对燕王说："上古时禹推荐益为接班人，又任命儿子启的属下做益的官吏；等到老时，禹说启不能胜任治理天下的重责，把君位传给益。然而启勾结自己的党羽攻击益，很快夺取了君位，因此天下人都说禹明着是传天下给益，而实际上是安排儿子启去自己夺位。现在燕王您虽然说了把国家交给子之，但官员都是太子的人，这同样是名义上传给子之而实权在太子手里啊。"燕王便下令收缴所有官印，把三百石俸禄以上的官职都交给子之任命。从此，子之面南称王，姬哙年老，不再听理政事，反而成了臣子，国家大事都由子之来决断。

六年(丙午,前315)

1　王崩,子赧王延立。

赧王上

元年(丁未,前314)

1　秦人侵义渠,得二十五城。

2　魏人叛秦,秦人伐魏,取曲沃而归其人。又败韩于岸门,韩太子仓入质于秦以和。

3　燕子之为王三年,国内大乱。将军市被与太子平谋攻子之。齐王令人谓太子曰:"寡人闻太子将饬君臣之义,明父子之位,寡人之国唯太子所以令之。"太子因要党聚众,使市被攻子之,不克。市被反攻太子。搆难数月,死者数万人,百姓恫恐。齐王令章子将五都之兵,因北地之众以伐燕。燕士卒不战,城门不闭。齐人取子之,醢之,遂杀燕王哙。

齐王问孟子曰:"或谓寡人勿取燕,或谓寡人取之。以万乘之国伐万乘之国,五旬而举之,人力不至于此。不取,必有天殃。取之何如?"孟子对曰:"取之而燕民悦则取之,古之人有行之者,武王是也。取之而燕民不悦则勿取,古之人有行之者,文王是也。以万乘之国伐万乘之国,箪食壶浆以迎王师,岂有他哉?避水火也。如水益深,如火益热,亦运而已矣!"

诸侯将谋救燕。齐王谓孟子曰:"诸侯多谋伐寡人者,何以待之?"对曰:"臣闻七十里为政于天下者,汤是也;未闻以千里畏人者也。《书》曰:'徯我后,后来其苏。'今燕虐其民,王往而征之,民以为将拯己于水火之中也,箪食壶浆以迎王师。若杀其父兄,系累其子弟,毁其宗庙,迁其重器,如之何其可也!

周慎靓王六年(丙午,公元前315年)

1　周慎靓王去世,其子姬延即位,是为周赧王。

赧王上
周赧王元年(丁未,公元前314年)

1　秦国入侵义渠,夺取二十五个城镇。

2　魏国反叛秦国,于是秦国讨伐魏国,攻占曲沃城,却将城中百姓驱归魏国。又在岸门打败韩国,韩国将太子韩仓送到秦国作为人质,以求和好。

3　燕国子之做国王三年,国内大乱。将军市被与太子姬平合谋攻打子之。齐王派人对燕太子说:"我听说您将要整饬君臣大义,申明父子名位,我的国家愿意支持您的号召,做坚强后盾。"燕太子于是聚集死党,派将军市被进攻子之,却没有得手。市被倒戈攻打太子。国内动乱几个月,死亡达几万人,人心惶惶。此时,齐王命章子为大将,率领齐国精锐部队"五都之兵"及北方的部队征伐燕国。燕国士兵毫无战意,城门大开不守。齐国便捕获了子之,把他剁成肉酱,燕王哙也同时被杀。

齐王请教孟轲:"有人建议我不要攻占燕国,有人却建议我乘机吞并它。我想,以万乘兵车的大国去进攻另一个同样的大国,五十天就征服了,这靠人的力量是做不到的,只能是天意。现在我若不吞并燕国,上天一定会降祸怪罪。我把燕国并入齐国,怎么样?"孟轲回答说:"吞并后如果燕国人民很高兴,那就吞并吧,古代有这样行事的,比如周武王。吞并而使燕国人民气愤,就不要吞并,古代也有这样行事的,比如周文王。齐国以万乘兵车大国征讨另一个大国,那里的百姓都捧着食品、茶水来迎接齐军,没有别的原因,就是为了跳出水深火热的战祸啊!如果新统治下水更深,火更热,百姓又将转而投奔别的国家了。"

各国策划援救燕国。齐王又向孟轲问道:"各国都谋划来讨伐我,怎么办?"回答说:"我听说过只占有七十里而能统一号令天下的例子,就是商王汤;没听说过拥有千里之广的国家而总是畏惧别人的。《尚书》说:'盼望我们的君主,他来了我们就可以获得解救。'现在燕国虐待它的百姓,大王前往征服它,燕国人民认为是从水深火热中拯救了他们,都箪食壶浆前来迎接仁义之师。您如果杀了他们的父兄,抓捕他们的子弟,毁坏他们的祖庙,掠夺他们的国宝,那怎么能行呢?

天下固畏齐之强也,今又倍地而不行仁政,是动天下之兵也。王速出令,反其旄倪,止其重器,谋于燕众,置君而后去之,则犹可及止也。"齐王不听。

已而燕人叛。王曰:"吾甚惭于孟子。"陈贾曰:"王无患焉。"乃见孟子,曰:"周公何人也?"曰:"古圣人也。"陈贾曰:"周公使管叔监商,管叔以商畔也。周公知其将畔而使之与?"曰:"不知也。"陈贾曰:"然则圣人亦有过与?"曰:"周公,弟也,管叔,兄也,周公之过不亦宜乎!且古之君子,过则改之;今之君子,过则顺之。古之君子,其过也如日月之食,民皆见之;及其更也,民皆仰之。今之君子,岂徒顺之,又从为之辞!"

4　是岁,齐宣王薨,子湣王地立。

二年(戊申,前 313)

1　秦右更疾伐赵,拔蔺,虏其将庄豹。

2　秦王欲伐齐,患齐、楚之从亲,乃使张仪至楚,说楚王曰:"大王诚能听臣,闭关绝约于齐,臣请献商於之地六百里,使秦女得为大王箕帚之妾,秦、楚嫁女娶妇,长为兄弟之国。"楚王说而许之。群臣皆贺,陈轸独吊。王怒曰:"寡人不兴师而得六百里地,何吊也?"对曰:"不然。以臣观之,商於之地不可得而齐、秦合,齐、秦合则患必至矣。"王曰:"有说乎?"对曰:"夫秦之所以重楚者,以其有齐也。今闭关绝约于齐则楚孤,秦奚贪夫孤国而与之商於之地六百里!张仪至秦,必负王。是王北绝齐交,西生患于秦也,两国之兵必俱至。为王计者,

天下本来就畏惧齐国的强大,现在齐国土地又增加了一倍,如果不施行仁政,那么就会招致天下的讨伐。大王您应该立即下令,释放被捕的老幼百姓,停止掠夺燕国的财宝,与燕国民众商议,推举新的国君,然后离开燕国,这样做还来得及。"齐王却没有采纳孟轲的劝告。

不久,燕国人果然纷纷反叛齐国。齐王叹息道:"我真惭愧没听孟先生的话。"陈贾说:"大王不用担心。"于是他前去见孟轲,问:"周公是什么样的人?"回答说:"是古代的圣人。"陈贾又说:"周公派管叔监视商朝旧地,管叔却在商地反叛。难道周公预先知道管叔会反叛而仍派他去吗?"回答:"周公预先不知道。"陈贾便说:"如此说来圣人也会犯错误吗?"孟轲说:"周公是弟弟,管叔是哥哥,周公的错误是可以理解的。况且古代的君子,有了错误就改;现在的所谓君子,有了错误听之任之。古代的君子,他的过失像日食月食,人民都看得到;等到他改正,人民便更加景仰他。现在的君子,不但听任错误不改,反而寻找托辞。"

4 同年,齐国齐宣王去世,其子田地即位,是为齐湣王。

周赧王二年(戊申,公元前313年)

1 秦国派名叫疾的右更官员,率军讨伐赵国,攻占蔺地,俘虏赵将庄豹。

2 秦王想征伐齐国,又顾虑齐国与楚国有互助条约,便派张仪前往楚国,游说楚王说:"大王如果能听从我的建议,与齐国废除盟约,断绝邦交,我可以向楚国献上商於地方的六百里土地,让秦国的美女来做侍奉您的妾婢,秦、楚两国互通婚嫁,就能永远结为兄弟之邦。"楚王十分高兴,允诺张仪的建议。群臣都前来祝贺,只有陈轸表示哀痛。楚王恼怒地问:"我一兵未发而得到六百里土地,有什么不好?"陈轸回答:"您的想法不对。以我之见,商於的土地不会到手,齐国、秦国却会联合起来,齐、秦一联合,楚国即将祸事临门了。"楚王问:"你有什么说法呢?"陈轸回答:"秦国之所以重视楚国,就是因为我们有齐国作盟友。现在我们如果与齐国毁约断交,楚国便孤立了,秦国又怎么会偏爱一个孤立无援的国家而白送商於六百里地呢!张仪回到秦国以后,一定会背弃对大王您的许诺。那时大王北与齐国断交,西与秦国生出怨仇,两国必定联合发兵夹攻。为您算计,

不若阴合而阳绝于齐,使人随张仪,苟与吾地,绝齐未晚也。"王曰:"愿陈子闭口,毋复言,以待寡人得地!"乃以相印授张仪,厚赐之。遂闭关绝约于齐,使一将军随张仪至秦。

张仪详堕车,不朝三月。楚王闻之,曰:"仪以寡人绝齐未甚邪?"乃使勇士宋遗借宋之符,北骂齐王。齐王大怒,折节以事秦,齐、秦之交合。张仪乃朝,见楚使者曰:"子何不受地? 从某至某,广袤六里。"使者怒,还报楚王。楚王大怒,欲发兵而攻秦。陈轸曰:"轸可发口言乎? 攻之不如因赂之以一名都,与之并力而攻齐,是我亡地于秦,取偿于齐也。今王已绝于齐而责欺于秦,是吾合齐、秦之交而来天下之兵也,国必大伤矣!"楚王不听,使屈匄帅师伐秦。秦亦发兵使庶长章击之。

三年(己酉,前312)

1　春,秦师及楚战于丹阳,楚师大败;斩甲士八万,虏屈匄及列侯、执珪七十馀人,遂取汉中郡。楚王悉发国内兵以复袭秦,战于蓝田,楚师大败。韩、魏闻楚之困,南袭楚,至邓。楚人闻之,乃引兵归,割两城以请平于秦。

2　燕人共立太子平,是为昭王。昭王于破燕之后,吊死问孤,与百姓同甘苦,卑身厚币以招贤者,谓郭隗曰:"齐因孤之国乱而袭破燕,孤极知燕小力少,不足以报。然诚得贤士与共国,以雪先王之耻,孤之愿也。先生视可者,得身事之!"郭隗曰:"古之人君有以千金使涓人求千里马者,马已死,买其首五百金而返。君大怒,涓人曰:'死马且买之,

不如我们暗中与齐国仍旧修好而只表面上绝交,派人随张仪回去,如果真的割让给我们土地,再与齐国绝交也不晚。"楚王斥责道:"请你陈先生闭上嘴巴,不要再说废话了,等着看我去接收大片土地吧!"于是把国相大印授给张仪,又重重赏赐他。随后下令与齐国毁约断交,派一名将军同张仪前往秦国。

张仪回国后,假装从车上跌下,三个月不上朝。楚王听说后自语道:"张仪是不是觉得我与齐国断交做得还不够?"便派勇士宋遗借了宋国的符节,北上到齐国去辱骂齐王。齐王大怒,立即降低身份去讨好秦国,齐国、秦国于是和好。这时张仪才上朝,见到楚国使者,故作惊讶地问:"你为何还不去接受割地?从某处到某处,有方圆六里。"使者愤怒地回国报告楚王。楚王勃然大怒,想发兵攻打秦国。陈轸说:"我可以开口说话吗?攻秦国还不如用一座大城的代价去收买它,与秦国合力攻齐国,这样我们从秦国失了地,还可以在齐国得到补偿。现在大王您已经与齐国断交,又去质问秦国的欺骗行为,是我们促使齐国、秦国和好而招来天下的军队,国家一定会有大损失!"楚王仍是不听他的劝告,派屈匄率军队征讨秦国。秦国也任命魏章为庶长之职,起兵迎击。

周赧王三年(己酉,公元前312年)

1 春季,秦、楚两国军队在丹阳大战,楚军大败,八万多甲士被杀,屈匄及以下的列侯、执珪等七十多名官员被俘,秦军乘势夺取了汉中郡。楚王又征发国内全部兵力再次袭击秦国,在蓝田决战,楚军再次大败。韩、魏等国见楚国危困,也向南袭击楚国,直达邓。楚国听说了,只好率军回救,割让两座城向秦国求和。

2 燕国贵族共同推举太子姬平为燕昭王。昭王是在燕国被齐国攻破后即位的,他凭吊死者,探访贫孤,与百姓同甘共苦,自己纡尊降贵,用重金来招募人才,他问郭隗:"齐国乘我们的内乱而攻破燕国,我深知燕国国小力少,不足以报仇。然而招揽贤士与他们共商国是,以雪先王的耻辱,始终是我的愿望。先生您如果见到合适人才,我一定亲自服侍他。"郭隗说:"古时候有个君主派一个负责洒扫的涓人用千金去购求千里马,那个人找到一匹已死的千里马,用五百金买下马头带回。君主大怒,涓人解释说:'死马您还买,

况生者乎！马今至矣。'不期年,千里之马至者三。今王必欲致士,先从隗始,况贤于隗者,岂远千里哉！"于是昭王为隗改筑宫而师事之。于是士争趣燕:乐毅自魏往,剧辛自赵往。昭王以乐毅为亚卿,任以国政。

3 韩宣惠王薨,子襄王仓立。

四年(庚戌,前311)

1 蜀相杀蜀侯。

2 秦惠王使人告楚怀王,请以武关之外易黔中地。楚王曰:"不愿易地,愿得张仪而献黔中地。"张仪闻之,请行。王曰:"楚将甘心于子,奈何行?"张仪曰:"秦强楚弱,大王在,楚不宜敢取臣。且臣善其嬖臣靳尚,靳尚得事幸姬郑袖,袖之言,王无不听者。"遂往。楚王囚,将杀之。靳尚谓郑袖曰:"秦王甚爱张仪,将以上庸六县及美女赎之。王重地尊秦,秦女必贵而夫人斥矣。"于是郑袖日夜泣于楚王曰:"臣各为其主耳。今杀张仪,秦必大怒。妾请子母俱迁江南,毋为秦所鱼肉也！"王乃赦张仪而厚礼之。张仪因说楚王曰:"夫为从者无以异于驱群羊而攻猛虎,不格明矣。今王不事秦,秦劫韩驱梁而攻楚,则楚危矣。秦西有巴、蜀,治船积粟,浮岷江而下,一日行五百馀里,不至十日而拒扞关,扞关惊则从境以东尽城守矣,黔中、巫郡非王之有。秦举甲出武关,则北地绝。秦兵之攻楚也,危难在三月之内,而楚待诸侯之救在半岁之外。夫待弱国之救,忘强秦之祸,此臣所为大王患也。大王诚能听臣,臣请令秦、楚长为兄弟之国,无相攻伐。"楚王已得张仪而重出黔中地,乃许之。

何况活的呢！天下人知道了，好马就会送上来的。'不到一年，果然得到了三四千里马。现在大王您打算招致人才，就请先从我郭隗开始，比我贤良的人，都会不远千里前来的。"于是燕昭王为郭隗翻建府第，尊他为老师。各地的贤士果然争相来到燕国：乐毅从魏国来，剧辛从赵国来。昭王奉乐毅为亚卿，委任他处理国家政务。

3 韩国韩宣惠王去世，其子韩仓即位，是为韩襄王。

周赧王四年（庚戌，公元前 311 年）

1 蜀国国相杀死封侯的国君。

2 秦惠王派人通知楚怀王，想用武关以外的地方换黔中之地。楚王说："我不愿换地，只想用黔中之地来换张仪。"张仪听说后，请求到楚国去。秦王问："楚国要杀死你才甘心，你为什么还要去？"张仪说："秦国强，楚国弱，只要大王您在，估计楚国不敢把我怎么样。而且我和楚王的宠臣靳尚关系密切，靳尚又侍奉楚王的爱姬郑袖，郑袖的话，楚王没有不听的。"于是欣然前往楚国。楚王把他囚在狱中，准备处死。靳尚对郑袖说："秦王十分宠爱张仪，想用上庸等六个县及美女来赎回他。大王看重土地，又尊重秦国，那样秦国的美女将被宠幸，您就会遭到冷落。"于是郑袖日夜在楚王面前哭着哀求："当年的事，不过是臣各为其主。现在要是杀了张仪，秦国必定震怒。我请求让我们母子两人先迁居江南，不要成为秦国刀下的鱼肉。"楚王于是赦免了张仪，还以厚礼相待。张仪劝说楚王道："倡导各国联合抗秦，简直是赶着羊群去进攻猛虎，明显无法相斗。现在大王您不肯听命秦国，秦国如果逼迫韩国、驱使魏国来联合攻楚，楚国可就危险了。秦国西部有巴、蜀两地，备船积粮，沿岷江而下，一天可行五百馀里，不到十天就兵临扞关，扞关一丢，则由此以东的各城都要修治守备，黔中、巫郡便不再是大王您的了。秦国如果大举甲兵攻出武关，那么楚国的北部就成为绝地。秦兵南攻楚国，楚国的存亡只在三个月以内，而楚国等待各国来救援要在半年以上。坐等那些弱国来救，而忘记了强秦的威胁，我可要为大王您现在的做法担心啊。大王如果能诚心诚意地听我的意见，我可以让楚国、秦国永久结为兄弟之邦，不再互相攻杀。"楚王虽然已经得到了张仪，却又舍不得拿黔中之地来交换，于是同意了张仪的建议，让他离开。

张仪遂之韩，说韩王曰：“韩地险恶山居，五谷所生，非菽而麦，国无二岁之食，见卒不过二十万；秦被甲百馀万。山东之士被甲蒙胄以会战，秦人捐甲徒裼以趋敌，左挈人头，右挟生虏。夫战孟贲、乌获之士以攻不服之弱国，无异垂千钧之重于鸟卵之上，必无幸矣。大王不事秦，秦下甲据宜阳，塞成皋，则王之国分矣，鸿台之宫，桑林之苑，非王之有也。为大王计，莫如事秦以攻楚，以转祸而悦秦，计无便于此者！”韩王许之。

张仪归报，秦王封以六邑，号武信君。复使东说齐王曰：“从人说大王者必曰：‘齐蔽于三晋，地广民众，兵强士勇，虽有百秦，将无奈齐何。’大王贤其说而不计其实。今秦、楚嫁女娶妇，为昆弟之国；韩献宜阳；梁效河外；赵王入朝，割河间以事秦。大王不事秦，秦驱韩、梁攻齐之南地，悉赵兵，渡清河，指博关，临淄、即墨非王之有也！国一日见攻，虽欲事秦，不可得也！”齐王许张仪。

张仪去，西说赵王曰：“大王收率天下以摈秦，秦兵不敢出函谷关十五年。大王之威行于山东，敝邑恐惧，缮甲厉兵，力田积粟，愁居慑处，不敢动摇，唯大王有意督过之也。今以大王之力，举巴、蜀，并汉中，包两周，守白马之津。秦虽僻远，然而心忿含怒之日久矣。今秦有敝甲凋兵军于渑池，愿渡河，逾漳，据番吾，会邯郸之下，愿以甲子合战，正殷纣之事。谨使使臣先闻左右。今楚与秦为昆弟之国，而韩、梁称东藩之臣，齐献鱼盐之地，此断赵之右肩也。夫断右肩而与人斗，失其党而孤居，求欲毋危得乎？今秦发三将军，

张仪便前往韩国,劝说韩王:"韩国地方险恶多山,所产五谷,不是豆子而是杂麦,国家口粮积存不够两年,现在军中的士兵不过二十万;秦国却有甲兵一百馀万。崤山以东的人要披上盔甲才可以参战,而秦国人个个赤膊便能上阵迎敌,左手提着人头,右手夹着俘虏。秦国用孟贲、乌获那些勇士们来进攻不肯臣服的弱国,正像在鸟蛋上压上千钧重石,无一可幸免。大王您不肯迎合秦国,若秦国发下甲兵占据宜阳,扼守成皋,大王的国家就被分裂,鸿台的宫殿,桑林的园林,就不再是您能享有的了。为大王着想,您不如结好秦国进攻楚国,既转嫁了祸灾而又获得秦国欢心,没有比这更好的主意了!"韩王听从了张仪的意见。

张仪回到秦国报告,秦王封赏给他六个城邑,号称为武信君。又派他向东游说齐王道:"主张联合抗秦的人,必对您说:'齐国有三晋作屏障,地广人多,兵强士勇,即使有一百个秦国,也拿齐国无可奈何。'大王您也总是称赞这种说法而不考虑实际情况。现在秦、楚两国互通婚姻,结为兄弟之国;韩国献宜阳给秦国;魏国交出河外之地;赵王也去朝见秦王,割让河间讨好秦国。大王若是不迎合秦国,秦国将驱使韩国、魏国之兵进攻齐国南部,再逼迫赵兵倾巢而出,渡过清河,直指博关,那时临淄、即墨等齐国心腹地带可就不属于您所有了。等到国家遭受攻击的那天,您再想讨好秦国,也来不及了!"齐王同样采纳了张仪的建议。

张仪离开齐国,又向西游说赵王道:"大王带头联合各国抵抗秦国,使秦兵十五年不敢出函谷关侵犯各国。大王的威望在崤山以东传扬,我们秦国十分恐惧,缮甲厉兵,积蓄粮草,整天担惊受怕,不敢放松警惕,唯恐大王您兴兵前来问罪。现在我们秦国托福您大王的神力,一举攻下巴、蜀,吞并汉中,包围两周,兵抵白马津。我们秦国虽然地处偏远,然而对赵国心怀愤怒已不是一天了。如今秦国有一支不成样子的败甲残兵驻在渑池,愿意渡过黄河,越过漳水,进据番吾,前来邯郸城下相会,希望用古时甲子会战的形式,重演武王伐纣之事。为此,特派使臣我来通知您的左右。现在楚国与秦国结为兄弟之邦,韩国、魏国俯首称臣,齐国献出盛产鱼盐的海滨之地,这就像砍断了赵国的右臂。被砍断了右臂而与别人争斗,失去同党而又孤立无援,想要不灭亡,能办到吗?如果秦国派出三支大军,

其一军塞午道,告齐使渡清河,军于邯郸之东;一军军成皋,驱韩、梁军于河外;一军军于渑池,约四国为一以攻赵,赵服必四分其地。臣窃为大王计,莫如与秦王面相约而口相结,常为兄弟之国也。"赵王许之。

张仪乃北之燕,说燕王曰:"今赵王已入朝,效河间以事秦。大王不事秦,秦下甲云中、九原,驱赵而攻燕,则易水、长城非大王之有也!且今时齐、赵之于秦,犹郡县也,不敢妄举师以攻伐。今王事秦,长无齐、赵之患矣。"燕王请献常山之尾五城以和。

张仪归报,未至咸阳,秦惠王薨,子武王立。武王自为太子时,不说张仪,及即位,群臣多毁短之。诸侯闻仪与秦王有隙,皆畔衡,复合从。

五年(辛亥,前310)

1　张仪说秦武王曰:"为王计者,东方有变,然后王可以多割得地也。臣闻齐王甚憎臣,臣之所在,齐必伐之。臣愿乞其不肖之身以之梁,齐必伐梁,齐、梁交兵而不能相去,王以其间伐韩,入三川,挟天子,案图籍,此王业也!"王许之。齐王果伐梁,梁王恐。张仪曰:"王勿患也!请令齐罢兵。"乃使其舍人之楚,借使谓齐王曰:"甚矣王之托仪于秦也!"齐王曰:"何故?"楚使者曰:"张仪之去秦也固与秦王谋矣,欲齐、梁相攻而令秦取三川也。今王果伐梁,是王内罢国而外伐与国,而信仪于秦王也。"齐王乃解兵还。张仪相魏一岁,卒。

一支军队扼守午道,通知齐国渡过清河,在邯郸之东驻军;另一支军队驻扎成皋,驱使韩、魏军队进军河外;第三支军队驻扎渑池,约定四国联合攻赵,征服后必定四分其地。我为大王着想,不如与秦王当面亲口结下盟约,使两国成为长久的兄弟之国。"赵王也接受了张仪的劝说。

最后,张仪北上到达燕国,对燕王说:"如今赵王已经去朝见秦王,并献出河间以迎合秦国。大王您不赶快结好秦国,秦国就会派甲兵到云中、九原,驱使赵国进攻燕国,易水、长城可就不是大王您的了!况且,现在齐国、赵国就像秦国的郡县一样,不敢妄起刀兵相攻伐。大王您服从秦国,就可以长年免除齐国、赵国的威胁了。"燕王于是请张仪献上恒山脚下的五座城以向秦国求和。

张仪回国报告,还没到咸阳,秦惠王就去世了,其子秦武王继位。武王从做太子时就不喜欢张仪,等到他一即王位,群臣中很多人便前来诽谤数说张仪的短处。各国听说张仪与秦王间发生矛盾,都放弃了对秦国的许诺,再次联合抗秦。

周赧王五年(辛亥,公元前310年)

1　张仪向秦武王建议:"为大王您考虑,东方发生事变,大王才能乘机多割得土地。我听说齐王十分憎恨我,我居留在哪里,齐国必定要去攻打。我请求让我这个不肖之人到魏国去,齐国必定要讨伐魏国,齐国、魏国正打得难解难分的时候,大王便可以乘机攻打韩国,进军三川,挟持天子,掌握天下的版图,这是帝王大业呀!"秦王允许张仪到魏国去。齐国果然出兵攻魏,魏王十分惊恐。张仪安慰说:"大王不要担心!让我来退掉齐兵。"于是派他的手下人到楚国,借使臣之口对齐王说:"大王把张仪托付给秦国的办法真厉害呀!"齐王问:"怎么讲?"楚国使者说:"张仪离开秦国时本来就与秦王定下了计谋,想让齐、魏两国互相攻击而秦国乘机夺取三川地区。现在大王您果然攻打魏国,正是对内劳民伤财,对外结仇邻国,而使张仪重新获得秦王的信任。"齐王听罢,下令退兵回国。张仪在魏国做了一年的国相,便去世了。

　　仪与苏秦皆以纵横之术游诸侯，致位富贵，天下争慕效之。又有魏人公孙衍者，号曰犀首，亦以谈说显名。其馀苏代、苏厉、周最、楼缓之徒，纷纭遍于天下，务以辩诈相高，不可胜纪；而仪、秦、衍最著。

　　孟子论之曰：或谓："公孙衍张仪岂不大丈夫哉；一怒而诸侯惧，安居而天下熄？"孟子曰："是恶足为大丈夫哉！君子立天下之正位，行天下之正道，得志则与民由之，不得志则独行其道，富贵不能淫，贫贱不能移，威武不能诎，是之谓大丈夫。"

　　扬子《法言》曰：或问："仪、秦学乎鬼谷术而习乎纵横言，安中国者各十馀年，是夫？"曰："诈人也，圣人恶诸。"曰："孔子读而仪、秦行，何如也？"曰："甚矣凤鸣而鸷翰也！""然则子贡不为欤？"曰："乱而不解，子贡耻诸；说而不富贵，仪、秦耻诸。"或曰："仪、秦其才矣乎，迹不蹈已？"曰："昔在任人，帝而难之，不以才乎？才乎才，非吾徒之才也！"

2　秦王使甘茂诛蜀相庄。

3　秦王、魏王会于临晋。

4　赵武灵王纳吴广之女孟姚，有宠，是为惠后，生子何。

六年(壬子，前309)

1　秦初置丞相，以樗里疾为右丞相。

七年(癸丑，前308)

1　秦、魏会于应。

张仪与苏秦都以合纵、连横的政治权术游说各国,达到富贵的高位,使天下人争相效法。还有个魏国人公孙衍,号称犀首,也以能说会道著称。其馀的苏代、苏厉、周最、楼缓之流,纷纭而起,遍于天下,致力于以诡辩诈术一争高下,多得数不胜数,然而还要数张仪、苏秦、公孙衍当时名声最为显赫。

孟轲评论说:有人说:"公孙衍、张仪难道不是大丈夫吗?他一怒而使各国恐惧,安居时又能使兵火熄灭。"孟轲说:"那岂能称得上大丈夫!君子处世堂堂正正,行天下之正道,得志便带领百姓,同行正道,不得志便洁身自好,独行正道,富贵不能淫,贫贱不能移,威武不能屈,这才能算得上是大丈夫。"

扬雄《法言》上说:有人问:"张仪、苏秦学习鬼谷子的智术,运用合纵、连横的道理,各自使中国得到十几年的安定,是这样吗?"回答说:"他们都是欺诈之徒,圣人对此十分厌恶。"又问:"读孔子的书而做张仪、苏秦那样的事,怎么样呢?"回答说:"这好像有凤凰般的嗓音却长着凶鸟的羽毛,糟透了!"再问:"然而孔子的弟子子贡不正是这样干的吗?"回答说:"子贡为的是排难解纷,张仪、苏秦为的是谋取富贵,游说的目的不同。"有人问:"张仪、苏秦能不蹈前人旧辙,也算是卓越的人才吧?"回答说:"上古时舜帝对奸佞之人加以拒斥,能说不考虑才干吗?那种人才倒是有才,但不是我们所认为的才干!"

2 秦王派甘茂诛杀蜀国国相陈庄。

3 秦王、魏王在临晋相会。

4 赵武灵王娶吴广的女儿吴孟姚为惠后,十分宠爱她,生下儿子赵何。

周赧王六年(壬子,公元前309年)

1 秦国首次设置丞相职务,任命樗里疾为右丞相。

周赧王七年(癸丑,公元前308年)

1 秦国、魏国在应城举行会议。

2 秦王使甘茂约魏以伐韩,而令向寿辅行。甘茂令向寿还,谓王曰:"魏听臣矣,然愿王勿伐!"王迎甘茂于息壤而问其故,对曰:"宜阳大县,其实郡也。今王倍数险,行千里,攻之难。鲁人有与曾参同姓名者杀人,人告其母,其母织自若也。及三人告之,其母投杼下机,逾墙而走。臣之贤不若曾参,王之信臣又不如其母,疑臣者非特三人,臣恐大王之投杼也。魏文侯令乐羊将而攻中山,三年而拔之。反而论功,文侯示之谤书一箧。乐羊再拜稽首曰:'此非臣之功,君之力也!'今臣,羁旅之臣也,樗里子、公孙奭挟韩而议之,王必听之,是王欺魏王而臣受公仲侈之怨也。"王曰:"寡人弗听也,请与子盟!"乃盟于息壤。秋,甘茂、庶长封帅师伐宜阳。

八年(甲寅,前307)

1 甘茂攻宜阳,五月而不拔。樗里子、公孙奭果争之。秦王召甘茂,欲罢兵。甘茂曰:"息壤在彼。"王曰:"有之。"因大悉起兵以佐甘茂,斩首六万,遂拔宜阳。韩公仲侈入谢于秦以请平。

2 秦武王好以力戏,力士任鄙、乌获、孟说皆至大官。八月,王与孟说举鼎,绝脉而薨。族孟说。武王无子,异母弟稷为质于燕,国人逆而立之,是为昭襄王。昭襄王母芈八子,楚女也,实宣太后。

2　秦王派甘茂去约定魏国共同进攻韩国,又让向寿做他的助手。甘茂命令向寿回国对秦王说:"魏国倒是听从了我的安排,不过我希望大王您不要进攻韩国!"秦王在息壤迎接甘茂,询问原因,甘茂回答说:"宜阳是个大县,其实应属郡一级。现在大王您下令越过多重险隘,不远千里,发兵进攻,是很困难的。鲁国有个与曾参同姓名的人杀了人,有人告诉曾参的母亲,他的母亲仍旧织布,泰然自若。等到先后来了三个人告诉她同样的事情,曾参母亲也扔下机杼,翻墙逃走了。我的贤良不如曾参,大王您对我的信任又不如曾参的母亲,猜疑我的人更不止三个人,所以我怕大王您将来也会有扔下机杼的举动。再说当年魏文侯任命乐羊为大将进攻中山国,三年才攻下。回来论功行赏,魏文侯向乐羊出示别人的指控书,多达一筐。乐羊一再叩头行礼说:'这不是我的功劳,实在要归功于您信任啊!'现在我甘茂,是个寄居秦国的外籍人,樗里子、公孙奭将来抓住韩国的事情来攻击我,大王一定会听信他们,那时攻宜阳前功尽弃,结果是大王您背弃了与魏王的约定,而我遭受韩国国相公仲侈的怨恨。"秦王说:"我不会听他们的,可以和你起誓!"于是两人在息壤立下誓言。秋季,甘茂和名叫封的庶长率领大军前去攻打宜阳。

周赧王八年(甲寅,公元前307年)

1　甘茂率军进攻宜阳,过了五个月还没有攻克。樗里子、公孙奭果然争相指责他。秦王便派人去召甘茂,想罢兵回国。甘茂只说:"息壤还在原来的地方。"秦王恍然大悟,说:"有这回事。"于是征发全部兵力去协助甘茂,结果杀死韩军六万人,攻陷宜阳。韩国相公仲侈只好来谢罪求和。

2　秦武王喜好习武较力,大力士任鄙、乌获、孟说都先后做了大官。八月,秦王与孟说举大铜鼎时,用力过猛,血管破裂而死。孟说及其家族被杀。秦武王没有儿子,异母弟弟嬴稷在燕国做人质,国中贵族于是迎回他立为秦昭襄王。秦昭襄王的母亲芈八子,是楚国女子,就是宣太后。

3　赵武灵王北略中山之地，至房子，遂至代，北至无穷，西至河，登黄华之上。与肥义谋胡服骑射以教百姓，曰："愚者所笑，贤者察焉。虽驱世以笑我，胡地、中山，吾必有之！"遂胡服。

国人皆不欲，公子成称疾不朝。王使人请之曰："家听于亲，国听于君。今寡人作教易服而公叔不服，吾恐天下议己也。制国有常，利民为本；从政有经，令行为上。明德先论于贱，而从政先信于贵，故愿慕公叔之义以成胡服之功也。"公子成再拜稽首曰："臣闻中国者，圣贤之所教也，礼乐之所用也，远方之所观赴也，蛮夷之所则效也。今王舍此而袭远方之服，变古之道，逆人之心，臣愿王孰图之也！"使者以报。王自往请之，曰："吾国东有齐、中山，北有燕、东胡，西有楼烦、秦、韩之边。今无骑射之备，则何以守之哉？先时中山负齐之强兵，侵暴吾地，系累吾民，引水围鄗，微社稷之神灵，则鄗几于不守也。先君丑之，故寡人变服骑射，欲以备四境之难，报中山之怨。而叔顺中国之俗，恶变服之名，以忘鄗事之丑，非寡人之所望也！"公子成听命，乃赐胡服，明日服而朝。于是始出胡服令，而招骑射焉。

九年（乙卯，前306）

1　秦昭王使向寿平宜阳，而使樗里子、甘茂伐魏。甘茂言于王，以武遂复归之韩。向寿、公孙奭争之，不能得，由此怨谗甘茂。茂惧，辍伐魏蒲阪，亡去。樗里子与魏讲而罢兵。甘茂奔齐。

3 赵武灵王向北进攻中山国,大兵经房子城,抵达代地,再向北直至大漠中的无穷,向西攻到黄河,登上黄华山顶。他与大臣肥义商议让百姓穿短衣胡服,学骑马与射箭,说:"愚蠢的人会嘲笑我,但聪明的人是会理解的。即使天下的人都嘲笑我,我也这样做,一定能把北方胡人的领地和中山国都夺过来!"于是带头改穿胡服。

国中的士人有不少反对,公子成假称有病,不来上朝。赵王派人前去说服他:"家事听从父母,国政服从国君。现在我向人民宣传改变服装,而叔父您不穿,我担心天下人会议论我徇私情。治理国家有一定章法,总以有利人民为根本;办理政事有一定常规,执行命令是最重要的。宣传道德要先针对卑贱的下层,而推行法令必须从贵族近臣做起,所以我希望能借助叔父您的榜样来完成改穿胡服的功业。"公子成拜谢道:"我听说,中国是在圣贤之人教化下,用礼乐仪制,使远方国家前来游观,让四方夷族学习效法的地方。现在君王您舍此不顾,去仿效远方外国的服装,是擅改古代习惯、违背人心的举动,我希望您慎重考虑。"使者回报赵王。赵王便亲自登门解释说:"我国东面有齐国、中山国,北面有燕国、东胡,西面是楼烦,与秦、韩两国接壤。如果没有骑马射箭的训练,怎么能守得住呢?先前中山国倚仗齐国的强兵,侵犯我们领土,掠夺人民,又引水围灌鄗城,如果不是老天保佑,鄗城几乎就失守了。此事先王深以为耻,所以我决心改变服装,学习骑射,想以此抵御四面边境的灾难,一报中山国之仇。而叔父您一味依循中国旧俗,厌恶改变服装,已经忘记了鄗城的奇耻大辱,我对您深感失望啊!"公子成幡然醒悟,欣然从命,赵王亲自赐给他胡服,第二天他便穿戴入朝。于是,赵王正式下达改穿胡服的法令,提倡学习骑马射箭。

周赧王九年(乙卯,公元前306年)

1 秦昭王派向寿去平抚宜阳,又令樗里子、甘茂去攻打魏国。甘茂向秦王建议,把武遂归还给韩国。向寿、公孙奭坚决反对,但未能阻止,于是怨恨甘茂。甘茂心中恐惧,便中断对魏国蒲阪的进攻,逃走了。樗里子只好与魏国讲和退兵。结果甘茂投奔到齐国去了。

2 赵王略中山地,至宁葭;西略胡地,至榆中。林胡王献马。归,使楼缓之秦,仇液之韩,王贲之楚,富丁之魏,赵爵之齐;代相赵固主胡,致其兵。

3 楚王与齐、韩合从。

十年(丙辰,前 305)

1 彗星见。

2 赵王伐中山,取丹丘、爽阳、鸿之塞,又取鄗、石邑、封龙、东垣。中山献四邑以和。

3 秦宣太后异父弟曰穰侯魏冉,同父弟曰华阳君芈戎;王之同母弟曰高陵君、泾阳君。魏冉最贤,自惠王、武王时,任职用事。武王薨,诸弟争立,唯魏冉力能立昭王。昭王即位,以魏冉为将军,卫咸阳。是岁,庶长壮及大臣、诸公子谋作乱,魏冉诛之;及惠文后皆不得良死,悼武王后出居于魏,王兄弟不善者,魏冉皆灭之。王少,宣太后自治事,任魏冉为政,威震秦国。

十一年(丁巳,前 304)

1 秦王、楚王盟于黄棘,秦复与楚上庸。

十二年(戊午,前 303)

1 彗星见。

2 秦取魏蒲阪、晋阳、封陵,又取韩武遂。

3 齐、韩、魏以楚负其从亲,合兵伐楚。楚王使太子横为质于秦以请救。秦客卿通将兵救楚,三国引兵去。

十三年(己未,前 302)

1 秦王、魏王、韩太子婴会于临晋,韩太子至咸阳而归,秦复与魏蒲阪。

2 赵王进攻中山国,兵抵宁葭;又向西攻打胡人,直至榆中。胡人的林胡王献马求和。赵王归来,派楼缓出使秦国,仇液出使韩国,王贲出使楚国,富丁出使魏国,赵爵出使齐国;命代相赵固主持胡人部落事务,召集胡兵。

3 楚王与齐国、韩国订立同盟。

周赧王十年(丙辰,公元前305年)

1 天空出现彗星。

2 赵王进攻中山国,夺取丹丘、爽阳、鸿之塞,又攻占鄗城、石邑、封龙、东垣。中山国只好献出四城求和。

3 秦国宣太后异父弟为穰侯魏冉,同父弟为华阳君芈戎;秦王的同母弟为高陵君、泾阳君。其中魏冉最贤良,从秦惠王、秦武王时起,就担任要职。秦武王死后,各兄弟间争夺王位,只有魏冉能独力扶立秦昭王。秦昭王即位后,任命魏冉为将军,守卫咸阳。这一年,名叫壮的庶长及大臣、诸公子阴谋作乱,被魏冉镇压下去;因受到牵连,惠文后被害死,悼武王后也离开秦国流落到魏国,与秦昭王不和的兄弟,全都被魏冉处死。因秦昭王年幼,宣太后便亲自管理国家,任用魏冉执政,使他的威势震慑全国。

周赧王十一年(丁巳,公元前304年)

1 秦王、楚王在黄棘会盟,秦国把上庸归还给楚国。

周赧王十二年(戊午,公元前303年)

1 天空出现彗星。

2 秦国攻取魏国蒲阪、晋阳、封陵,又夺取韩国的武遂。

3 齐国、韩国、魏国因为楚国背叛抗秦同盟,联合出兵攻打楚国。楚王派太子芈横作为人质,向秦国求救。秦国派名叫通的客卿率军队援救楚国,三国联军于是退走。

周赧王十三年(己未,公元前302年)

1 秦王、魏王、韩国太子韩婴在临晋举行会议,韩国太子又前往秦国咸阳后才归去,秦国把蒲阪归还给魏国。

2 秦大夫有私与楚太子斗者,太子杀之,亡归。

十四年(庚申,前 301)

1 日有食之,既。

2 秦人取韩穰。

3 蜀守煇叛秦,秦司马错往诛之。

4 秦庶长奂会韩、魏、齐兵伐楚,败其师于重丘,杀其将唐昧,遂取重丘。

5 赵王伐中山,中山君奔齐。

十五年(辛酉,前 300)

1 秦泾阳君为质于齐。

2 秦华阳君伐楚,大破楚师,斩首三万,杀其将景缺,取楚襄城。楚王恐,使太子为质于齐以请平。

3 秦樗里疾卒,以赵人楼缓为丞相。

4 赵武灵王爱少子何,欲及其生而立之。

十六年(壬戌,前 299)

1 五月戊申,大朝东宫,传国于何。王庙见礼毕,出临朝,大夫悉为臣。肥义为相国,并傅王。武灵王自号"主父"。主父欲使子治国,身胡服,将士大夫西北略胡地。将自云中、九原南袭咸阳,于是诈自为使者,入秦,欲以观秦地形及秦王之为人。秦王不知,已而怪其状甚伟,非人臣之度,使人逐之;主父行已脱关矣,审问之,乃主父也。秦人大惊。

2 齐王、魏王会于韩。

2 秦国有个大夫私下与楚国太子争斗,楚太子杀了他后,逃回楚国。

周赧王十四年(庚申,公元前301年)

1 出现日全食。

2 秦国夺取韩国穰城。

3 蜀地郡守嬴煇反叛秦国,秦国派司马错前去将他处死。

4 秦国派名叫奂的庶长联合韩、魏、齐三国出兵攻打楚国,在重丘大败楚军,杀死楚将唐昧,夺取重丘。

5 赵王出兵攻打中山国,中山国君逃奔齐国。

周赧王十五年(辛酉,公元前300年)

1 秦国泾阳君到齐国去充当人质。

2 秦国派华阳君攻打楚国,大破楚军,杀死三万人,杀死楚将景缺,夺取了襄城。楚王十分恐惧,把太子送到齐国,请求和解。

3 秦国樗里疾去世,任命赵国人楼缓为丞相。

4 赵武灵王宠爱幼子赵何,想趁自己在世时立他为国君。

周赧王十六年(壬戌,公元前299年)

1 五月戊申(二十六日),赵王在东宫举行盛大仪式,把国君之位传给赵何。赵何祭祀宗庙之后,登位治理政事,他属下的大夫都成为朝廷大臣。又任命肥义为相国,并尊称为国君老师。赵武灵王自称"主父"。赵主父想让儿子在国中治事,自己身穿胡人服装率领文臣武将去攻打西北胡人领地。他计划从云中、九原向南袭击秦都咸阳,便自己扮作使者,前往秦国,想借此来侦察秦国地形及秦王的为人。秦王没有觉察,事后觉得此人相貌伟岸不凡,不像是臣子能有的风度,派人急忙去追赶他;而赵主父一行已经出了边关,经过一番盘问调查,秦国人才知道他就是赵主父。秦人大惊失色。

2 齐王、魏王在韩国相会。

3　秦人伐楚，取八城。秦王遗楚王书曰："始寡人与王约为兄弟，盟于黄棘，太子入质，至欢也。太子陵杀寡人之重臣，不谢而亡去。寡人诚不胜怒，使兵侵君王之边。今闻君王乃令太子质于齐以求平。寡人与楚接境，婚姻相亲，而今秦、楚不欢，则无以令诸侯。寡人愿与君王会武关，面相约，结盟而去，寡人之愿也！"

楚王患之，欲往恐见欺，欲不往恐秦益怒。昭睢曰："毋行而发兵自守耳！秦，虎狼也，有并诸侯之心，不可信也！"怀王之子兰劝王行，王乃入秦。秦王令一将军诈为王，伏兵武关，楚王至则闭关劫之，与俱西，至咸阳，朝章台，如藩臣礼，要以割巫、黔中郡。楚王欲盟，秦王欲先得地。楚王怒曰："秦诈我，而又强要我以地！"因不复许。秦人留之。

楚大臣患之，乃相与谋曰："吾王在秦不得还，要以割地，而太子为质于齐；齐、秦合谋，则楚无国矣。"欲立王子之在国者。昭睢曰："王与太子俱困于诸侯，今又倍王命而立其庶子，不宜！"乃诈赴于齐。齐湣王召群臣谋之，或曰："不若留太子以求楚之淮北。"齐相曰："不可！郢中立王，是吾抱空质而行不义于天下也。"其人曰："不然，郢中立王，因与其新王市曰：'予我下东国，吾为王杀太子。不然，将与三国共立之。'"齐王卒用其相计而归楚太子。楚人立之。

4　秦王闻孟尝君之贤，使泾阳君为质于齐以请。孟尝君来入秦，秦王以为丞相。

3　秦国攻打楚国，夺取八座城池。秦王派人给楚王送信，信中写道：“起初我与你约定两国为兄弟之邦，在黄棘盟誓，派楚太子到秦国为人质，彼此关系欢洽。不料楚太子辱杀我的重臣，不辞而别。我因而无比愤慨，才派兵攻入你的境内。现在听说你又让太子到齐国充当人质，以求和解。我国与你们楚国互相接壤，结为婚姻亲家，要是秦、楚关系如此恶化，就无法号令其他国家。我想与你在武关会面，当面约定，结成友好同盟，这是我真心的愿望！”

楚王十分为难，赴约怕落入圈套，不去又怕秦国更加恼怒。昭睢说：“大王不能去，应该赶快调兵固守。秦是虎狼之国，早有吞并各国的野心，绝不可信任！”楚怀王的儿子芈兰却劝怀王去，于是怀王前往秦国。秦王让一位将军假扮为秦王，在武关伏下重兵，楚怀王一到便闭上关门，将他劫持到了西边的咸阳，让怀王在章台宫朝拜秦王，行属国臣子的礼节，并逼迫怀王割让巫郡和黔中郡。怀王要求举行盟誓，秦王却坚持楚国先交出割地。楚怀王十分愤怒地斥责说：“秦王欺骗了我，还想用强暴逼迫我割地！”不再答应。秦国便把他扣留下来。

楚国大臣十分震惊，互相商议说：“我们的君王扣在秦国回不来，被要挟割地，而太子又在齐国充当人质；如果齐国、秦国一起算计我们，那楚国就完了。”便打算拥立一位在国内的王子继位为王。昭睢反对说：“君王和太子都被困在外国，现在我们违背君王的意旨去立其他儿子，实在不妥当。”于是假称楚王去世，到齐国去要求迎回太子。齐湣王召集群臣商议，有人建议：“不如扣下太子要求楚国割让淮河以北。”齐相说：“不可，如果楚国另立一王，我们就空有人质而落个天下指责的不义名声。”那人又说：“不怕，如果楚国新立一王，我们可以和新王做交易：‘给我下东国，我替你杀死太子。不然的话，我们就联合三个国家立太子为楚王。’”但齐王还是听从了国相的意见，归还楚太子。楚国便立太子为楚王。

4　秦王听说孟尝君的贤德名望，派泾阳君为齐国人质，邀请孟尝君前来。孟尝君到了秦国，秦王任命他为丞相。

十七年（癸亥，前298）

1　或谓秦王曰："孟尝君相秦，必先齐而后秦，秦其危哉！"秦王乃以楼缓为相，囚孟尝君，欲杀之。孟尝君使人求解于秦王幸姬，姬曰："愿得君狐白裘。"孟尝君有狐白裘，已献之秦王，无以应姬求。客有善为狗盗者，入秦藏中，盗狐白裘以献姬。姬乃为之言于王而遣之。王后悔，使追之。孟尝君至关，关法，鸡鸣而出客，时尚蚤，追者将至。客有善为鸡鸣者，野鸡闻之皆鸣，孟尝君乃得脱归。

2　楚人告于秦曰："赖社稷神灵，国有王矣！"秦王怒，发兵出武关击楚，斩首五万，取十六城。

3　赵王封其弟为平原君。平原君好士，食客尝数千人。有公孙龙者，善为坚白同异之辩，平原君客之。孔穿自鲁适赵，与公孙龙论臧三耳，龙甚辩析，子高弗应，俄而辞出。明日复见平原君，平原君曰："畴昔公孙之言信辩也，先生以为何如？"对曰："然。几能令臧三耳矣。虽然，实难！仆愿得又问于君：今谓三耳甚难而实非也，谓两耳甚易而实是也，不知君将从易而是者乎，其亦从难而非者乎？"平原君无以应。明日，谓公孙龙曰："公无复与孔子高辩事也！其人理胜于辞，公辞胜于理，终必受绌。"

邹衍过赵，平原君使与公孙龙论白马非马之说。邹子曰："不可。夫辩者，别殊类使不相害，序异端使不相乱。抒意通指，明其所谓，使人与知焉，不务相迷也。故胜者不失其所守，不胜者得其所求，若是，故辩可为也。及至烦文以相假，饰辞以相惇，巧譬以相移，引人使不得及其意，如此害大道。夫缴纷争言而竞后息，不能无害君子，衍不为也。"座皆称善。公孙龙由是遂绌。

周赧王十七年（癸亥，公元前298年）

1　有人劝告秦王："孟尝君做秦国丞相，一定会先照顾齐国而后才考虑秦国，秦国实在危险！"秦王于是仍任楼缓为丞相，囚禁孟尝君，想杀掉他。孟尝君派人向秦王宠爱的姬妾求情，姬妾说："我希望得到你那件白狐皮袍。"孟尝君确实有件白狐皮袍，但已经献给了秦王，无法满足姬妾的要求。他的幕僚中有个人善于盗窃，便潜入秦宫藏库，盗出白狐皮袍送给那个姬妾。姬妾于是替孟尝君说情让秦王释放他回国。可是秦王又后悔了，就派人去追。孟尝君急急逃到边关，按照守关制度，要等鸡叫才能放行过客，而这时天色还早，秦王派来追的人马上就到。幸亏孟尝君幕僚中有人善学鸡叫，四野的鸡一听他的叫声都引颈长鸣，孟尝君才得以出关脱身。

2　楚国通知秦国："蒙上天神灵佑护，我们楚国又有君王了。"秦王恼羞成怒，发兵出武关进攻楚国，杀五万人，夺占十六座城。

3　赵王封弟弟赵胜为平原君。平原君好养士，门下的食客常有几千人。其中有个公孙龙，善于作"坚白同异"的辩论考证，平原君尊他为座上宾。孔穿从鲁国来到赵国，与公孙龙辩论"奴婢有三个耳朵"的观点，公孙龙辩解十分精微，孔穿无以对答，一会儿就告辞了。第二天他再见平原君，平原君问："昨天公孙龙的一番论述头头是道，先生觉得如何？"回答说："是的，他几乎能让奴婢真的长出三只耳朵来。说起来虽然如此，实际上是困难的。我想再请教您：现在论证三个耳朵十分困难，又非事实；论证两个耳朵十分容易而确属事实，不知道您将选择容易、真实的，还是选择困难、虚假的呢？"平原君也哑口无言。第二天，平原君对公孙龙说："您不要再和孔穿辩论了，他的道理胜过言辞，而您的言辞胜过道理，最后肯定占不了上风。"

邹衍路过赵国，平原君让他和公孙龙辩论"白马非马"的观点。邹衍说："不行。所谓辩论，应该区别不同类型，使之不相侵害；排列不同概念，使之不相混淆。抒发自己的意旨和一般概念，表明自己的观点，让别人理解，而不是困惑迷惘。如此，辩论的胜者能坚持自己的立场，不胜者也能得到他所追求的真理，这样的辩论是可以进行的。如果用繁文缛节来作为凭据，用巧言饰辞来互相诋毁，用华丽词藻来偷换概念，引导别人使之不得要领，就会妨害治学的根本道理。那种纠缠不休，咄咄逼人，总要别人认输才肯住口的做法，有害君子风度，我邹衍是绝不参加的。"在座的人听罢都齐声叫好。从此，公孙龙便受到了冷落。

卷第四　周纪四

起甲子(前297)尽戊子(前273)凡二十五年

赧王中

十八年(甲子,前297)

1　楚怀王亡归,秦人觉之,遮楚道。怀王从间道走赵,赵主父在代,赵人不敢受。怀王将走魏,秦人追及之,以归。

2　鲁平公薨,子缗公贾立。

十九年(乙丑,前296)

1　楚怀王发病,薨于秦。秦人归其丧,楚人皆怜之,如悲亲戚。诸侯由是不直秦。

2　齐、韩、魏、赵、宋同击秦,至盐氏而还。秦与韩武遂、与魏封陵以和。

3　赵主父行新地,遂出代,西遇楼烦王于西河而致其兵。

4　魏襄王薨,子昭王立。

5　韩襄王薨,子釐王咎立。

二十年(丙寅,前295)

1　秦尉错伐魏襄城。

2　赵主父与齐、燕共灭中山,迁其王于肤施。归,行赏,大赦,置酒,酺五日。

3　赵主父封其长子章于代,号曰安阳君。

赧王中
周赧王十八年(甲子,公元前297年)

1　楚怀王逃脱看守,被秦国人发现,封锁通往楚国的道路。楚怀王从小路逃到了赵国,正逢赵主父外出在代郡,赵国官员不敢做主收留他。楚怀王又想逃奔魏国,却被秦国人追上,抓回秦国。

2　鲁国鲁平公去世,其子姬贾即位,是为鲁缗公。

周赧王十九年(乙丑,公元前296年)

1　楚怀王发病,死在秦国。秦国送回他的灵柩,楚国人见了都十分悲痛,像死了自己的亲人一样。各国诸侯因此也对秦国不满。

2　齐、韩、魏、赵、宋五国共同出兵攻打秦国,到了盐氏地方即行撤回。秦国把武遂归还韩国,把封陵归还魏国,以求和解。

3　赵主父视察新获取的领土,离开代郡,向西在西河会见楼烦王,接受了他的部队。

4　魏国魏襄王去世,其子即位,是为魏昭王。

5　韩国韩襄王去世,其子韩咎即位,是为韩釐王。

周赧王二十年(丙寅,公元前295年)

1　秦国国尉司马错进攻魏国襄城。

2　赵主父与齐国、燕国联合灭掉中山国,把中山王迁到肤施居住。赵主父回来后,论功行赏,大赦罪人,设酒庆祝,全国欢宴五天。

3　赵主父把长子赵章封到代,号称安阳君。

安阳君素侈，心不服其弟。主父使田不礼相之。李兑谓肥义曰："公子章强壮而志骄，党众而欲大，田不礼忍杀而骄，二人相得，必有阴谋。夫小人有欲，轻虑浅谋，徒见其利，不顾其害，难必不久矣。子任重而势大，乱之所始而祸之所集也。子何不称疾毋出而传政于公子成，毋为祸梯，不亦可乎？"肥义曰："昔者主父以王属义也，曰：'毋变而度，毋易而虑，坚守一心，以殁而世！'义再拜受命而籍之。今畏不礼之难而忘吾籍，变孰大焉！谚曰：'死者复生，生者不愧。'吾欲全吾言，安得全吾身乎！子则有赐而忠我矣。虽然，吾言已在前矣，终不敢失！"李兑曰："诺，子勉之矣！吾见子已今年耳。"涕泣而出。

李兑数见公子成以备田不礼。肥义谓信期曰："公子章与田不礼声善而实恶，内得主而外为暴，矫令以擅一旦之命，不难为也。今吾忧之，夜而忘寐，饥而忘食，盗出入不可以不备。自今以来，有召王者必见吾面，我将以身先之，无故而后王可入也。"信期曰："善。"

主父使惠文王朝群臣而自从旁窥之，见其长子傫然也，反北面为臣，诎于其弟，心怜之，于是乃欲分赵而王公子章于代，计未决而辍。主父及王游沙丘，异宫。公子章、田不礼以其徒作乱，诈以主父令召王。肥义先入，杀之。高信即与王战。公子成与李兑自国至，乃起四邑之兵入距难，杀公子章及田不礼，灭其党。公子成为相，号安平君；李兑为司寇。是时惠文王少，成、兑专政。

安阳君平素为人骄横，内心对弟弟立为王十分不服。赵主父派田不礼做他的国相。李兑对肥义说："公子赵章身强力壮而怀有野心，党羽众多而贪欲极大，田不礼又残忍好杀，十分狂妄，两人互相勾结，必定会图谋不轨。小人有了野心，就要轻举妄动，他只看到想获取的利益，看不到带来的危害，一场灾难就在眼前了。你身居要职，权势很大，你将成为动乱的由头，灾祸也将集中在你身上。你何不称病不出，把朝政交给公子赵成去处理，免得被祸事牵连，这样不好吗？"肥义说："当年赵主父把赵王嘱托给我，说：'不要改变你的宗旨，不要改变你的心意，要坚守一心，至死效忠！'我再三拜谢承命并记录在案。现在如果怕田不礼嫁祸于我而忘掉当年的记录，就是莫大的背弃。俗话说：'面对复生的死者，活着的人无需感到惭愧。'我要维护我的诺言，哪能光顾保全生命！你对我的建议是一片好心。但是我已有誓言在先，绝不敢放弃！"李兑说："好，你勉力而为吧！能见到你恐怕只有今年了。"说罢流泪而出。

李兑几次入见公子赵成，商议防备田不礼。肥义对信期说："公子赵章与田不礼语言动听而本质凶恶，在内讨得主父的欢心，在外恣意施暴，他们一旦假借主父的命令来发动政变，是很容易得手的。现在我忧虑此事，已到了废寝忘食的程度，强盗在身边出入不能不防！从此以后，有人奉主父命来召见赵王必须先见我的面，我将先前往，没有变故，赵王才能去。"信期说："好。"

赵主父让赵惠文王朝见群臣，自己在旁边窥察，只见当哥哥的赵章反而俯首称臣，无精打采地听高高在上的弟弟赵何训示，心中有些不忍，于是想把赵国一分为二，让赵章在代郡称王，但这个计划还没有最后决定就搁置起来。赵主父和赵王出游沙丘，分别住在两个行宫里。赵章、田不礼乘机率领门徒作乱，他们假称赵主父的命令召见赵王。肥义先进去，被杀死。高信便与赵王一同抵抗。公子赵成与李兑从国都邯郸赶来，发动四邑的军队入宫镇压叛乱，杀死赵章及田不礼，处死全部党羽。公子赵成担任相国，称为安平君；李兑被任命为司寇。当时赵惠文王还年幼，政权都掌握在公子赵成、李兑手中。

公子章之败也,往走主父,主父开之。成、兑因围主父。公子章死,成、兑谋曰:"以章故,围主父;即解兵,吾属夷矣!"乃遂围之,令:"宫中人后出者夷!"宫中人悉出。主父欲出不得,又不得食,探雀鷇而食之。三月馀,饿死沙丘宫。主父定死,乃发丧赴诸侯。主父初以长子章为太子,后得吴娃,爱之,为不出者数岁。生子何,乃废太子章而立之。吴娃死,爱弛,怜故太子,欲两王之,犹豫未决,故乱起。

4 秦楼缓免相,魏冉代之。

二十一年(丁卯,前294)

1 秦败魏师于解。

二十二年(戊辰,前293)

1 韩公孙喜、魏人伐秦。穰侯荐左更白起于秦王以代向寿将兵,败魏师、韩师于伊阙,斩首二十四万级,虏公孙喜,拔五城。秦王以白起为国尉。

2 秦王遗楚王书曰:"楚倍秦,秦且率诸侯伐楚,愿王之饬士卒,得一乐战!"楚王患之,乃复与秦和亲。

二十三年(己巳,前292)

1 楚襄王迎妇于秦。

臣光曰:甚哉秦之无道也,杀其父而劫其子;楚之不竞也,忍其父而婚其雠!乌呼,楚之君诚得其道,臣诚得其人,秦虽强,乌得陵之哉!善乎荀卿论之曰:"夫道,善用之则百里之地可以独立,不善用之则楚六千里而为雠人役。"故人主不务得道而广有其势,是其所以危也。

赵章败退的时候,逃到赵主父那里,赵主父开门接纳了他。公子赵成、李兑于是带兵包围了赵主父的行宫。杀死赵章后,公子赵成、李兑商议道:"我们为追杀赵章,竟包围了主父的行宫,如此大罪,要是撤兵回去,会被满门抄斩的!"于是又下令围住赵主父行宫,宣布:"宫中人晚出来的杀!"宫中的人听见命令全部逃出。赵主父想出来却不被准许,又得不到食物,只好捕捉幼鸟吃。三个多月后,他终于饿死在沙丘行宫中。直到赵主父确死无疑,赵国才向各国报告丧事。起初,赵主父定长子赵章为太子,后来他娶了美女吴娃,十分宠爱,曾经几年不上朝。生下儿子赵何后,便废去太子赵章,立赵何为太子。吴娃死后,赵主父对赵何的偏爱也逐渐减退,又可怜起原来的太子,想立两个王,为此总是犹豫不决,所以引起了内乱。

4 秦国罢免楼缓的丞相,由魏冉代任。

周赧王二十一年(丁卯,公元前 294 年)
1 秦国在解击败魏国军队。

周赧王二十二年(戊辰,公元前 293 年)
1 韩国派大将公孙喜联合魏国攻打秦国。秦国穰侯把任左更之职的白起推荐给秦王,代替向寿统率秦军,结果在伊阙大败韩、魏联军,杀死二十四万人,活捉公孙喜,夺取五座城。秦王便任命白起为国尉。

2 秦王送信给楚王,写道:"楚国背叛了秦国,秦国将率领各国来讨伐楚国,希望你整顿好军队,我们痛痛快快地打一仗!"楚王十分恐惧,只好再与秦国修好结亲。

周赧王二十三年(己巳,公元前 292 年)
1 楚襄王从秦国迎娶新娘。

　　臣司马光说:秦国真是太不讲理了,害死楚怀王又逼迫其子楚襄王;楚国也太不争气了,忍下杀父之仇而与敌人通婚!呜呼!楚国君王如果能坚持正确的治国之道,对臣下任用得人,秦国虽然强大,又怎能肆意欺凌它呢!荀况说得好:"治国之道,善于掌握则仅有百里方圆的地方也可以独立于天下,不善于掌握哪怕像楚国有六千里国土也只能被仇人所驱使。"所以君王不认真讲求治国之道,只一味制造声势,正是走向危亡的原因。

2 秦魏冉谢病免,以客卿烛寿为丞相。

二十四年(庚午,前291)

1 秦伐韩,拔宛。

秦烛寿免,魏冉复为丞相,封于穰与陶,谓之穰侯。又封公子市于宛,公子悝于邓。

二十五年(辛未,前290)

1 魏入河东地四百里、韩入武遂地二百里于秦。

2 魏芒卯始以诈见重。

二十六年(壬申,前289)

1 秦大良造白起、客卿错伐魏,至轵,取城大小六十一。

二十七年(癸酉,前288)

1 冬,十月,秦王称西帝,遣使立齐王为东帝,欲约与共伐赵。苏代自燕来,齐王曰:"秦使魏冉致帝,子以为何如?"对曰:"愿王受之而勿称也。秦称之,天下安之,王乃称之,无后也。秦称之,天下恶之,王因勿称,以收天下,此大资也。且伐赵孰与伐桀宋利?今王不如释帝以收天下之望,发兵以伐桀宋,宋举则楚、赵、梁、卫皆惧矣。是我以名尊秦而令天下憎之,所谓以卑为尊也。"齐王从之,称帝二日而复归之。十二月,吕礼自齐入秦。秦王亦去帝,复称王。

2 秦攻赵,拔杜阳。

二十八年(甲戌,前287)

1 秦攻赵,拔新垣、曲阳。

2 秦国魏冉因病辞去职务,以客卿烛寿为丞相。

周赧王二十四年(庚午,公元前 291 年)

1 秦国进攻韩国,攻克宛。

秦国免去烛寿职务,魏冉再度出任丞相,受封穰、陶两地,称为穰侯。秦国又把宛封给公子市,把邓封给公子悝。

周赧王二十五年(辛未,公元前 290 年)

1 魏国把河东地方圆四百里、韩国把武遂地方圆两百里献给秦国。

2 魏国芒卯以诈术开始受到重用。

周赧王二十六年(壬申,公元前 289 年)

1 秦国派大良造白起、客卿司马错进攻魏国,抵达轵地,夺取大小城池六十一座。

周赧王二十七年(癸酉,公元前 288 年)

1 冬季,十月,秦王自称西帝,派使者建议齐王自立为东帝,想约定两国共同进攻赵国。苏代从燕国前来,齐王便问他:"秦国派魏冉来劝我称帝,你的意见如何?"苏代回答说:"我建议大王先予以接受,但暂时不称帝。秦王称帝后,天下如果不表示反对,大王再称帝,也不算晚。秦王称帝如果遭到天下指责,大王就不再称帝,趁势收买天下人心,这是个大资本。况且进攻赵国与进攻有夏桀恶名的宋国,哪个更有利呢?现在大王不如暂时放弃帝号以使天下归心,然后发兵讨伐'桀宋',征服宋国后,楚国、赵国、梁国、卫国都会恐惧臣服。这样,我们名义上尊重秦国而让天下去憎恨它,正是齐国反卑为尊的计策。"齐王采纳了他的建议,只称帝两天便放弃了帝号。十二月,吕礼从齐国到秦国。秦王也去掉帝号,仍旧称王。

2 秦国攻打赵国,攻克杜阳。

周赧王二十八年(甲戌,公元前 287 年)

1 秦国攻打赵国,夺取新垣、曲阳。

二十九年(乙亥,前286)

1 秦司马错击魏河内,魏献安邑以和,秦出其人归之魏。

2 秦败韩师于夏山。

3 宋有雀生鸇于城之陬,史占之曰:"吉。小而生巨,必霸天下。"宋康王喜,起兵灭滕,伐薛,东败齐,取五城,南败楚,取地三百里,西败魏军,与齐、魏为敌国,乃愈自信其霸。欲霸之亟成,故射天笞地,斩社稷而焚灭之,以示威服鬼神。为长夜之饮于室中,室中人呼万岁,则堂上之人应之,堂下之人又应之,门外之人又应之,以至于国中,无敢不呼万岁者。天下之人谓之"桀宋"。齐湣王起兵伐之,民散,城不守。宋王奔魏,死于温。

三十年(丙子,前285)

1 秦王会楚王于宛,会赵王于中阳。

2 秦蒙武击齐,拔九城。

3 齐湣王既灭宋而骄,乃南侵楚,西侵三晋,欲并二周,为天子。狐咺正议,斫之檀衢。陈举直言,杀之东闾。

燕昭王日夜抚循其人,益以富实,乃与乐毅谋伐齐。乐毅曰:"齐,霸国之馀业也,地大人众,未易独攻也。王必欲伐之,莫如约赵及楚、魏。"于是使乐毅约赵,别使使者连楚、魏,且令赵啖秦以伐齐之利。诸侯害齐王之骄暴,皆争合谋与燕伐齐。

三十一年(丁丑,前284)

1 燕王悉起兵,以乐毅为上将军。秦尉斯离帅师与三晋之师会之。赵王以相国印授乐毅,乐毅并将秦、魏、韩、赵之兵以伐齐。齐湣王悉国中之众以拒之,战于济西,齐师大败。乐毅还秦、韩之师,分魏师以略宋地,部赵师以收河间。

周赧王二十九年(乙亥,公元前286年)

1　秦国派司马错攻击魏国河内,魏国献出安邑求和,秦国将城内人民驱赶回魏国。

2　秦国在夏山打败韩国军队。

3　宋国发生雀鸟在城边生下鹞鹰的怪事,太史卜了一卦,说:"吉。小而生大,必霸天下。"宋康王大喜,起兵灭掉滕国,攻占薛地,向东击败齐国,夺取五座城,向南战胜楚国,占地方圆三百里,向西打垮魏军,宋国一时成为可与齐国、魏国相匹敌的国家,宋康王对成就霸业更加自信。他想早日完成霸业,便射天鞭地,砍倒神坛后烧毁,以表示自己的声威可以震慑鬼神。他在宫室中整夜饮酒,令室中的人齐声高呼万岁,大堂上的人闻声响应,堂下的人接着响应,门外的人又继续响应,以至于国中没有人敢不呼万岁。天下的人都咒骂他是"桀宋"。齐湣王趁机起兵征伐宋国,人民四下逃散,弃城不守。宋王只好逃往魏国,死于温地。

周赧王三十年(丙子,公元前285年)

1　秦王与楚王在宛相会,与赵王在中阳相会。

2　秦国派蒙武攻击齐国,夺取九座城。

3　齐湣王灭掉宋国后十分骄傲,便向南侵入楚国,向西攻打赵、魏、韩三国,想吞并东西二周,自立为天子。狐咺义正辞严地劝谏他,被斩首于檀台大路上。陈举直言不讳地劝止,被杀死在东门。

燕昭王却日夜安抚教导百姓,使燕国更加富足,于是他与乐毅商议进攻齐国。乐毅说:"齐国称霸以来,至今有馀力,地广人多,我们独力攻打不易。大王一定要讨伐它,不如联合赵、楚、魏三国。"燕王便派乐毅约定赵国,另派使者联系楚国、魏国,再让赵国用讨伐齐国的好处引诱秦国。各国苦于齐王的骄横暴虐,都争相赞成参加燕国的攻齐战争。

周赧王三十一年(丁丑,公元前284年)

1　燕王调动全部兵力,以乐毅为上将军。秦国尉斯离率军队与韩、赵、魏联军也前来会合。赵王把相国大印授给乐毅,乐毅统一指挥秦、魏、韩、赵大军发动进攻。齐湣王集中国内全部人力进行抵御,双方在济水西岸大战,齐国军队大败。乐毅便退回秦国、韩国军队,令魏国军队分兵进攻宋国旧地,部署赵国军队去收复河间。

身率燕师,长驱逐北。剧辛曰:"齐大而燕小,赖诸侯之助以破其军,宜及时攻取其边城以自益,此长久之利也。今过而不攻,以深入为名,无损于齐,无益于燕而结深怨,后必悔之。"乐毅曰:"齐王伐功矜能,谋不逮下,废黜贤良,信任谄谀,政令戾虐,百姓怨怼。今军皆破亡,若因而乘之,其民必叛,祸乱内作,则齐可图也。若不遂乘之,待彼悔前之非,改过恤下而抚其民,则难虑也。"遂进军深入。齐人果大乱失度,湣王出走。乐毅入临淄,取宝物、祭器,输之于燕。燕王亲至济上劳军,行赏飨士,封乐毅为昌国君,遂使留徇齐城之未下者。

齐王出亡之卫,卫君辟宫舍之,称臣而共具。齐王不逊,卫人侵之。齐王去奔邹、鲁,有骄色;邹、鲁弗内,遂走莒。楚使淖齿将兵救齐,因为齐相。淖齿欲与燕分齐地,乃执湣王而数之曰:"千乘、博昌之间,方数百里,雨血沾衣,王知之乎?"曰:"知之。""嬴、博之间,地坼及泉,王知之乎?"曰:"知之。""有人当阙而哭者,求之不得,去则闻其声,王知之乎?"曰:"知之。"淖齿曰:"天雨血沾衣者,天以告也;地坼及泉者,地以告也;有人当阙而哭者,人以告也。天、地、人皆告矣,而王不知诫焉,何得无诛!"遂弑王于鼓里。

荀子论之曰:国者,天下之利势也。得道以持之,则大安也,大荣也,积美之源也。不得道以持之,则大危也,大累也,有之不如无之;及其綦也,索为匹夫,不可得也。齐湣、宋献是也。

故用国者义立而王,信立而霸,权谋立而亡。

自己率领燕军,长驱追击逃兵。剧辛劝说道:"齐国大,燕国小,依靠各国的帮助我们才打败齐军,应该及时地攻取边境城市充实燕国领土,这才是长久的利益。现在大军过城不攻,一味深入,既无损于齐国又无益于燕国,只能结下深怨,日后必定要后悔。"乐毅说:"齐王好大喜功,刚愎自用,不与下属商议,又罢黜贤良人士,专门信任谄谀小人,政令贪虐暴戾,百姓十分怨愤。现在齐国军队已溃不成军,如果我们乘胜追击,齐国百姓必然反叛,内部发生动乱,齐国就可以收拾了。如果不抓住时机,等到齐王痛改前非,体贴臣下而抚恤百姓,我们就难办了。"于是下令进军深入齐国。齐国果然大乱,失去常度,齐湣王出逃。乐毅率军进入齐都临淄,搜刮宝物和祭祀重器,运回燕国。燕王亲自到济水边去慰问军队,颁行奖赏,犒劳将士,封乐毅为昌国君,让他留在齐国进攻其馀未攻克的城市。

齐王出逃到卫国,卫国国君让出宫殿给他居住,向他称臣并供给日常用度。齐王却傲慢不逊,卫国人气愤地攻击他。齐王又出逃到邹、鲁国,仍旧面有骄色;邹、鲁两地闭门不纳,齐王又出逃到莒地。楚国派淖齿率军前来救援齐王,被任命为齐相。淖齿却想与燕国瓜分齐国,于是抓住齐王数说他的罪过:"千乘、博昌之间的方圆几百里地,下血雨浸湿衣服,齐王你知道吗?"齐王回答:"知道。""嬴、博之间,大地崩塌,泉水上涌,齐王你知道吗?"回答:"知道。""有人堵着宫门哭泣,却不见人影,离开时又音响可闻,齐王你知道吗?"回答:"知道。"淖齿说:"天降血雨浸湿衣服,是上天警告你;地崩泉涌,是大地警告你;人堵着宫门哭,是人心在警告你。天、地、人都警告,而你却不知改悔,你还想不死吗!"于是在鼓里这个地方将齐王处死。

荀况评论说:国家,集中了天下的利益和权势。有道行的人主持,可以得到大的安乐,大的荣耀,成为幸福的源泉。无道行的人主持,却带来大的危险,大的拖累,有君王的地位还不如没有;等到形势极度恶化,他即使想当一个普通老百姓,也做不到了。齐湣王、宋康王便是如此。

所以治理国家的君主如果提倡礼义,就可以称王,树立信誉就可以称霸,玩弄权术则必然灭亡。

挈国以呼礼义,而无以害之。行一不义,杀一无罪,而得天下,仁者不为也。拵然扶持心国,且若是其固也。之所与为之者之人,则举义士也。之所以为布陈于国家刑法者,则举义法也。主之所极然,帅群臣而首向之者,则举义志也。如是,则下仰上以义矣,是綦定也。綦定而国定,国定而天下定。故曰:以国济义,一日而白,汤、武是也。是所谓义立而王也。

德虽未至也,义虽未济也,然而天下之理略奏矣,刑赏已诺信于天下矣,臣下晓然皆知其可要也。政令已陈,虽睹利败,不欺其民;约结已定,虽睹利败,不欺其与。如是,则兵劲城固,敌国畏之;国一綦明,与国信之。虽在僻陋之国,威动天下,五伯是也。是所谓信立而霸也。

挈国以呼功利,不务张其义,齐其信,唯利之求;内则不惮诈其民而求小利焉,外则不惮诈其与而求大利焉。内不修正其所以有,然常欲人之有。如是,则臣下百姓莫不以诈心待其上矣。上诈其下,下诈其上,则是上下析也。如是,则敌国轻之,与国疑之,权谋日行而国不免危削,綦之而亡,齐湣、薛公是也。故用强齐,非以修礼义也,非以本政教也,非以一天下也,绵绵常以结引驰外为务。故强,南足以破楚,西足以诎秦,北足以败燕,中足以举宋。及以燕、赵起而攻之,若振槁然,而身死国亡,为天下大戮,后世言恶则必稽焉。是无他故焉,唯其不由礼义而由权谋也。

三者,明主之所谨择也,仁人之所务白也。善择者制人,不善择者人制之。

领导国家提倡礼义,就无人可以加害于他。即使做一件坏事、杀一个无辜的人便可以得到天下,仁爱的人也不会去干。君主守定意志,维护国家,坚如磐石。以此礼待他人,就可以产生众多的仁人志士。以此条陈设立国家刑事法律,就可以制定出良好的法律。君主极力如此主张,再率领群臣以身作则,就可以树立起礼义的风尚。这样,属下能够以礼义纲常尊崇上司,统治基础就稳定了。基础稳定国家便安定,国家安定则天下平定。因此说:用国家的权力推行礼义,一天就可以做到众人皆知,商汤王、周武王便是如此。这就是所谓的以提倡礼义而称王。

即使道德还未达到完美,礼义也没有做到完善,然而已经可以掌握治理天下的大致条理,做到赏罚分明,取得天下的信任,使臣属清楚地看到它的重要性。政令一经颁布,不管成功还是失败,都不欺骗百姓;条约已经缔结,不管有利还是无利,都不欺骗合作的邻国。这样,才能军队强大,城池坚固,使敌对国家畏惧;国家的方针一贯而明确,友邦就会信任。即使是偏僻的小国,也可以威震天下,齐、晋、宋、秦、楚五霸主便是如此。这就是所谓的以树立信誉而称霸。

带领国家追逐功利,不伸张正义,不遵守信用,唯利是图;对内不惜为了一点小利去欺骗人民,对外为了追求大的利益不怕欺骗友邦。对内不好好治理自己已有的东西,却常常觊觎别人的成果。这样,臣下百姓就无不以奸诈之心对待上司。上欺下,下瞒上,于是上下关系分崩离析。这样,便使敌对国家轻视,友好国家不信任,权术泛滥而国家日益削弱,走向极端,终于灭亡,齐湣王、孟尝君便是如此。齐湣王要强大齐国,不去提倡礼义,不去修明政治,不去统一天下的思想,只是成年累月地骑马在外面征战。所以齐国强大的时候,向南能够打败楚国,向西能够逼迫秦国,向北可以战胜燕国,在中原能够征服宋国。然而燕国、赵国一旦群起而攻齐,便如摧枯拉朽,齐湣王身死国亡,成为天下共同声讨的对象,后世提起暴君总要举他为例。这没有别的原因,就是因为他不崇尚礼义而沉溺权术。

以上三种,贤明的君王必须慎重地加以抉择,仁人志士必须认真地予以辨明。善于抉择的人可以控制别人,不善于抉择的人则被别人控制。

2　乐毅闻昼邑人王蠋贤，令军中环昼邑三十里无入。使人请蠋，蠋谢不往。燕人曰："不来，吾且屠昼邑！"蠋曰："忠臣不事二君，烈女不更二夫。国破君亡，吾不能存，而又欲劫之以兵；吾与其不义而生，不若死！"遂经其颈于树枝，自奋绝脰而死。燕师乘胜长驱，齐城皆望风奔溃。乐毅修整燕军，禁止侵掠，求齐之逸民，显而礼之。宽其赋敛，除其暴令，修其旧政，齐民喜悦。乃遣左军渡胶东、东莱；前军循泰山以东至海，略琅邪；右军循河、济，屯阿、鄄以连魏师；后军旁北海以抚千乘；中军据临淄而镇齐都。祀桓公、管仲于郊，表贤者之闾，封王蠋之墓。齐人食邑于燕者二十馀君，有爵位于蓟者百有馀人。六月之间，下齐七十馀城，皆为郡县。

3　秦王、魏王、韩王会于京师。

三十二年（戊寅，前283）

1　秦、赵会于穰。秦拔魏安城，兵至大梁而还。

2　齐淖齿之乱，湣王子法章变姓名为莒太史敫家佣。太史敫女奇法章状貌，以为非常人，怜而常窃衣食之，因与私通。王孙贾从湣王，失王之处，其母曰："汝朝出而晚来，则吾倚门而望；汝暮出而不还，则吾倚闾而望。汝今事王，王走，汝不知其处，汝尚何归焉！"王孙贾乃入市中呼曰："淖齿乱齐国，杀湣王。欲与我诛之者袒右！"市人从者四百人，与攻淖齿，杀之。于是齐亡臣相与求湣王子，欲立之。法章惧其诛己，久之乃敢自言，遂立以为齐王，保莒城以拒燕，布告国中曰："王已立在莒矣！"

2　乐毅听说昼邑人王蠋贤良，下令环昼邑三十里不得进入军队。又派人请王蠋，王蠋辞谢不去。燕国人威胁说："你要是不来，我们就在昼邑屠城！"王蠋叹息说："忠臣不事二君，烈女不更二夫。国破君亡，我不能使之保存，而自身又被燕人逼迫，我与其苟且偷生，不如一死！"于是把脖子系在树枝上，纵身一跃，自尽而死。燕国军队乘胜长驱直入，齐国大小城池望风崩溃。乐毅整肃燕军纪律，禁止侵掠，寻访齐国的隐士高人，给予荣誉礼待。还放宽人民赋税，革除苛刻的法令，恢复齐国旧的良好传统，齐国人民都十分喜悦。乐毅于是调左军在胶东、东莱渡过胶水；前军沿泰山脚下向东到达渤海，进攻琅邪；右军循着黄河、济水而下，屯扎在东阿、鄄城，与魏国军队相连；后军沿北海镇抚千乘；中军占据临淄，镇守齐国国都。他还亲至城郊祭祀齐桓公、管仲，旌表齐国贤良人才所住里巷的大门，封治王蠋的陵墓。经过收买人心，齐国人接受燕国所封君号、领取俸禄的有二十馀人，接受燕国爵位的有一百多人。六个月之内，燕军攻下齐国七十多座城池，都设立郡县治理。

3　秦王、魏王、韩王在周朝京师相会。

周赧王三十二年（戊寅，公元前283年）

1　秦国、赵国在穰地会师。秦国攻克魏国安城，一直打到魏国首都大梁才返回。

2　齐国发生淖齿杀王之乱时，齐湣王的儿子田法章改名易姓躲到莒地太史敫家做雇工。太史敫的女儿惊奇田法章的相貌伟岸，认为不是普通人的气质，便可怜他，常常私下送给他衣服和食物，久而久之，两人已暗中结为夫妻。王孙贾是齐湣王的随臣，乱中找不到主子的下落，他的母亲说："你早出晚归，我倚着大门盼望；你夜出不回，我靠着街门等待。你如今服侍君王，君王离开了，你却不知道他的下落，你还回来做什么！"王孙贾便来到集市振臂高呼："淖齿搞乱齐国，杀害湣王。愿意和我一起去干掉他的就脱去右袖，露出右臂！"集市上有四百多人随他前去攻击淖齿，杀死了淖齿。于是齐国的大臣们四下搜寻齐湣王的儿子，想立他为王。田法章害怕人们加害自己，过了很久才敢说明自己的身份，于是大家拥立他为齐王，坚守莒城以抵抗燕军，向全国宣布："齐王已经在莒地即位了！"

3 赵王得楚和氏璧,秦昭王欲之,请易以十五城。赵王欲勿与,畏秦强;欲与之,恐见欺。以问蔺相如,对曰:"秦以城求璧而王不许,曲在我矣。我与之璧而秦不与我城,则曲在秦。均之二策,宁许以负秦。臣愿奉璧而往,使秦城不入,臣请完璧而归之!"赵王遣之。相如至秦,秦王无意偿赵城。相如乃以诈绐秦王,复取璧,遣从者怀之,间行归赵,而以身待命于秦。秦王以为贤而弗诛,礼而归之。赵王以相如为上大夫。

4 卫嗣君薨,子怀君立。嗣君好察微隐。县令有发褥而席弊者,嗣君闻之,乃赐之席。令大惊,以君为神。又使人过关市,赂之以金,既而召关市,问有客过与汝金,汝回遣之,关市大恐。又爱泄姬,重如耳,而恐其因爱重以壅己也,乃贵薄疑以敌如耳,尊魏妃以偶泄姬,曰:"以是相参也。"

荀子论之曰:成侯、嗣君,聚敛计数之君也,未及取民也。子产,取民者也,未及为政也。管仲,为政者也,未及修礼也。故修礼者王,为政者强,取民者安,聚敛者亡。

三十三年(己卯,前 282)
1 秦伐赵,拔两城。

三十四年(庚辰,前 281)
1 秦伐赵,拔石城。

3 赵王得到楚国宝玉和氏璧，秦昭王想要，提出用十五座城来交换。赵王想不给他，又畏惧秦国的强大；给他，又怕被秦王欺骗。便征求蔺相如的意见。蔺相如回答说："秦国用城来换宝玉而大王不允许，是我们理屈。而我们给他宝玉，他不给我们城，是秦国理屈。衡量两种办法，我看宁可让秦国在道义上有负于我们。我愿护持宝玉前去，假如秦国不交出城来，我一定能完璧归赵。"赵王便派他前往。蔺相如到了秦国，秦王并非真心用城来换赵国的宝玉。蔺相如就哄骗秦王，取回和氏璧，派随从藏在怀中，从小道潜回赵国，而他自己留下来听任秦王的处置。无奈之际，秦王只好称赞蔺相如的贤能，不但不杀他，反而以礼相待，送他回国。蔺相如回到赵国，赵王封他为上大夫。

4 卫国卫嗣君去世，其子即位，是为卫怀君。卫嗣君在位时喜好探查别人的隐秘之事。有个县令曾掀开褥子，露出下面的破席子，卫嗣君听说了，便赏赐给他一领新席。县令大惊，以为国君料事如神。卫嗣君还曾派人经过关卡，用金钱贿赂掌关的官员，事后把掌关官员召来，对他说有客人过关时给了你金子，你快退回去。掌关官员十分惊恐。卫嗣君还宠爱泄姬，器重臣子如耳，但又怕这两人因受到宠爱器重而欺瞒自己，于是提升另一个臣子薄疑来与如耳匹敌，尊崇魏妃来与泄姬分庭抗礼，说："以此可互相参列比较。"

荀况评论说：卫成侯和卫嗣君，都是斤斤计较的小器量国君，没有做到招揽民心。郑国大臣子产，能招揽民心，但没有做到为政精明。齐国大臣管仲，能为政精明，但没有做到倡导礼义。由此而见，倡导礼义的人才能称王，治政精明的人可以使国家富强，招揽民心的人可以使国家安定，而搜刮者只能灭亡。

周赧王三十三年(己卯，公元前 282 年)
1 秦国攻打赵国，夺取两座城池。

周赧王三十四年(庚辰，公元前 281 年)
1 秦国攻打赵国，夺取石城。

2　秦穰侯复为丞相。

3　楚欲与齐、韩共伐秦，因欲图周。王使东周武公谓楚令尹昭子曰：“周不可图也。”昭子曰：“乃图周，则无之；虽然，何不可图？”武公曰：“西周之地，绝长补短，不过百里。名为天下共主，裂其地不足以肥国，得其众不足以劲兵。虽然，攻之者名为弑君。然而犹有欲攻之者，见祭器在焉故也。夫虎肉臊而兵利身，人犹攻之；若使泽中之麋蒙虎之皮，人之攻之也必万倍矣。裂楚之地，足以肥国，诎楚之名，足以尊王。今子欲诛残天下之共主，居三代之传器，器南，则兵至矣！”于是楚计辍不行。

三十五年（辛巳，前280）

1　秦白起败赵军，斩首二万，取代光狼城。又使司马错发陇西兵，因蜀攻楚黔中，拔之。楚献汉北及上庸地。

三十六年（壬午，前279）

1　秦白起伐楚，取鄢、邓、西陵。

2　秦王使使者告赵王，愿为好会于河外渑池。赵王欲毋行，廉颇、蔺相如计曰：“王不行，示赵弱且怯也。”赵王遂行，相如从。廉颇送至境，与王诀曰：“王行，度道里会遇之礼毕，还不过三十日；三十日不还，则请立太子以绝秦望。”王许之。

2　秦穰侯魏冉再任丞相。

3　楚国想联合齐国、韩国共同进攻秦国,顺便灭掉周王朝。周王派东周的武公对楚国任令尹职的昭子说:"周国可不能算计。"昭子说:"要说算计周国,那是没有的事;尽管如此,我想问你,周国为什么不能灭掉?"武公回答:"西周现在的地盘,取长补短,也不过方圆一百里。抢占这块地方并不足以使哪个国家富强,得到那里的百姓也不足以壮大军队。但西周却有天下共同拥戴的宗主名义,谁攻打它,谁就是犯上作乱。尽管如此,还是有人想去攻占它,是何原因呢?就是因为古代传下来的祭祀重器在那里。老虎的肉腥臊而又有尖牙利爪,仍有人猎取它;山林中的麋鹿没有爪牙之利,假如再给它披上一张诱人的虎皮,人们猎取它的欲望一定会增加万倍。楚国的情形正是这样,分割楚国的领土,足以使自己富庶;讨伐楚国的名义,又足以有尊崇周王室的声名。楚国要是残害了天下共同拥戴的周国,占有了夏、商、周三代相传的礼器,你刚把礼器运回南方,各国征讨的大兵也就到了!"令尹昭子觉得言之有理,于是放弃了楚国原来的打算。

周赧王三十五年(辛巳,公元前280年)

1　秦国大将白起打败赵国军队,杀死两万人,夺取代地光狼城。秦国又派司马错调动陇西军队,从蜀地进攻楚国黔中郡,夺取了该地。楚国被迫献出汉水以北及上庸地方。

周赧王三十六年(壬午,公元前279年)

1　秦国大将白起攻打楚国,占领鄢、邓、西陵等地。

2　秦王派使者通知赵王,愿意在黄河外的渑池和好相会。赵王不想赴会,廉颇、蔺相如建议说:"大王若是不去,就显得赵国懦弱而又胆怯。"赵王于是决定前往,由蔺相如随行。廉颇送到边境,与赵王告别时说:"大王此行,估计加上路程时间,到仪式全部结束,不超过三十天就会回来;如果超过三十天您还没有回来,请允许我们立太子为赵王,以断绝秦国的要挟念头。"赵王同意。

会于渑池，王与赵王饮。酒酣，秦王请赵王鼓瑟，赵王鼓之。蔺相如复请秦王击缶，秦王不肯。相如曰："五步之内，臣请得以颈血溅大王矣！"左右欲刃相如，相如张目叱之，左右皆靡。王不怿，为一击缶。罢酒，秦终不能有加于赵；赵人亦盛为之备，秦不敢动。赵王归国，以蔺相如为上卿，位在廉颇之右。

廉颇曰："我为赵将，有攻城野战之功。蔺相如素贱人，徒以口舌而位居我上，吾羞，不忍为之下！"宣言曰："我见相如，必辱之！"相如闻之，不肯与会；每朝，常称病，不欲争列。出而望见，辄引车避匿。其舍人皆以为耻。相如曰："子视廉将军孰与秦王？"曰："不若。"相如曰："夫以秦王之威而相如廷叱之，辱其群臣，相如虽驽，独畏廉将军哉！顾吾念之，强秦所以不敢加兵于赵者，徒以吾两人在也。今两虎共斗，其势不俱生。吾所以为此者，先国家之急而后私雠也！"廉颇闻之，肉袒负荆至门谢罪，遂为刎颈之交。

3　初，燕人攻安平，临淄市掾田单在安平，使其宗人皆以铁笼傅车辖。及城溃，人争门而出，皆以辖折车败，为燕所擒，独田单宗人以铁笼得免，遂奔即墨。是时齐地皆属燕，独莒、即墨未下，乐毅乃并右军、前军以围莒，左军、后军围即墨。即墨大夫出战而死。即墨人曰："安平之战，田单宗人以铁笼得全，是多智习兵。"因共立以为将以拒燕。乐毅围二邑，期年不克，乃令解围，各去城九里而为垒，令曰："城中民出者勿获，困者赈之，使即旧业，以镇新民。"三年而犹未下。或谗之于燕昭王曰："乐毅智谋过人，伐齐，呼吸之间克七十馀城。今不下者两城耳，非其力不能拔，所以三年不攻者，

滠池相会,秦王与赵王饮酒。酒酣之时,秦王请赵王表演鼓瑟,赵王便演奏了。蔺相如也请秦王表演敲击瓦盆的音乐,秦王却不肯。蔺相如厉色说道:"在五步之内,我就可以血溅大王!"秦王左右卫士想上前杀死蔺相如,蔺相如怒目呵斥,左右人都畏缩不敢行动。秦王只好非常不情愿地敲了一下瓦盆。直到酒宴结束,秦国始终不能对赵国加以非分之求;再加上赵国人也早有军队戒备,秦国到底没敢轻举妄动。赵王回国,加封蔺相如为上卿之职,地位在大将廉颇之上。

廉颇不满地说:"我作为赵国大将,有攻城野战之功。蔺相如原不过是下层小民,只靠能说善辩便位居我之上,我实在感到羞耻,忍不下这口气!"便宣称:"我遇到蔺相如,一定要羞辱他一番!"蔺相如听说后,不愿意和他遇见;每逢上朝,常常称病,不和廉颇去争排列顺序。出门在外,远远望见廉颇的车驾,便令自己的车回避。蔺相如的门客下属都感到十分羞耻。蔺相如对他们说:"你们看廉将军的威严比得上秦王吗?"都回答说:"比不上。"蔺相如说:"面对秦王那么大的威势,我都敢在他的朝廷上叱责他,羞辱他的群臣,我虽然无能,难道单单怕廉将军吗!我是考虑到,强暴的秦国之所以还不敢大举进犯赵国,就是因为我和廉将军在。我们两虎相争,必有一伤。我所以避让,是先考虑到国家的利益而后才去想个人的私怨啊!"廉颇听说了这番话十分惭愧,便赤裸着上身到蔺相如府上去负荆请罪,两人从此结为生死之交。

3　当初,燕国军队攻打齐国安平时,临淄管理市场的一个小官田单正在城中,他预先让家族人都用铁皮包上车轴头。待到城破,人们争相涌出城门,都因为车轴互相碰断,车辆损坏难行,被燕军俘虏,只有田单一族因铁皮包裹车轴得以幸免,逃到了即墨。当时齐国大部分地区都被燕军占领,仅有莒城、即墨未沦陷,乐毅于是集中右军、前军包围莒城,集中左军、后军包围即墨。即墨大夫出战身亡。即墨人说:"安平之战,田单一族人因铁皮包轴得以保全,可见田单足智多谋,熟悉兵事。"于是共同拥立他为守将抵御燕军。乐毅围攻两城,一年未能攻克,便下令解除围攻,退至城外九里处修筑营垒,下令说:"城中的百姓出来不要抓捕他们,有饥饿的还要赈济,让他们各操旧业,以安抚新占地区的人民。"过了三年,城还未攻下。有人在燕昭王面前挑拨说:"乐毅智谋过人,进攻齐国,一口气攻克七十馀城。现在只剩两座城,不是他的兵力不行,之所以三年未攻克,

欲久仗兵威以服齐人,南面而王耳。今齐人已服,所以未发者,以其妻子在燕故也。且齐多美女,又将忘其妻子。愿王图之!"昭王于是置酒大会,引言者而让之曰:"先王举国以礼贤者,非贪土地以遗子孙也。遭所传德薄,不能堪命,国人不顺。齐为无道,乘孤国之乱以害先王。寡人统位,痛之入骨,故广延群臣,外招宾客,以求报雠。其有成功者,尚欲与之同共燕国。今乐君亲为寡人破齐,夷其宗庙,报塞先仇,齐国固乐君所有,非燕之所得也。乐君若能有齐,与燕并为列国,结欢同好,以抗诸侯之难,燕国之福,寡人之愿也。汝何敢言若此!"乃斩之。赐乐毅妻以后服,赐其子以公子之服,辂车乘马,后属百两,遣国相奉而致之乐毅,立乐毅为齐王。乐毅惶恐不受,拜书,以死自誓。由是齐人服其义,诸侯畏其信,莫敢复有谋者。

顷之,昭王薨,惠王立。惠王自为太子时,尝不快于乐毅。田单闻之,乃纵反间于燕,宣言曰:"齐王已死,城之不拔者二耳。乐毅与燕新王有隙,畏诛而不敢归,以伐齐为名,实欲连兵南面王齐。齐人未附,故且缓攻即墨以待其事。齐人所惧,唯恐他将之来,即墨残矣。"燕王固已疑乐毅,得齐反间,乃使骑劫代将而召乐毅。乐毅知王不善代之,遂奔赵。燕将士由是愤惋不和。

田单令城中人食,必祭其先祖于庭,飞鸟皆翔舞而下城中。燕人怪之,田单因宣言曰:"当有神师下教我。"有一卒曰:"臣可以为师乎?"因反走。田单起引还,坐东向,师事之。卒曰:"臣欺君。"田单曰:"子勿言也!"因师之。每出约束,必称神师。乃宣言曰:"吾唯惧燕军之劓所得齐卒,置之前行,即墨败矣!"

就是他想倚仗兵威来收服齐国人心，自己好南面称王而已。如今齐国人心已服，他之所以还不行动，就是因为妻子、儿子在燕国。况且齐国多有美女，他早晚将忘记妻子。希望大王早些防备!"燕昭王听罢下令设置盛大酒宴，拉出说此话的人斥责道:"先王倡导全国礼待贤明人才，并不是为了多得土地留给子孙。他不幸遇到继承人缺少德行，不能完成大业，使国内人民怨愤不从。无道的齐国趁着我们国家动乱得以残害先王。我即位以后，对此痛心疾首，才广泛延请群臣，对外招揽宾客，以求报仇。谁能使我成功，我愿意和他分享燕国大权。现在乐毅先生为我大破齐国，平毁齐国宗庙，报了旧仇，齐国本来就应归乐先生所有，不是燕国该得到的。乐先生果能拥有齐国，与燕国成为平等国家，结成友好的邻邦，抵御各国的来犯，这正是燕国的福气、我的心愿啊! 你怎么敢说这种话呢!"于是将挑拨者处死。又赏赐乐毅妻子以王后服饰，赏赐他的儿子以王子服饰，配备君王车驾乘马，及上百辆属车，派宰相送到乐毅那里，立乐毅为齐王。乐毅十分惶恐，不敢接受，一再拜谢，写下辞书，并宣誓以死效忠燕王。从此齐国人敬服燕国乐毅的德义，各国也畏惧他的信誉，没有再敢来算计的。

　　不久，燕昭王去世，燕惠王即位。惠王从当太子时，就与乐毅有矛盾。田单听说了，便派人去燕国用反间计，散布说:"齐王已经死了，齐国仅有两座城未被攻克。乐毅与燕国新王有矛盾，害怕被杀不敢回国，他现在以攻打齐国为名，实际想率领军队在齐国称王。齐国人没有归附，所以他暂缓进攻即墨，等待时机举行大事。齐国人所怕的，是燕王派别的大将来，那样即墨就城破受害了。"燕惠王本来就疑心乐毅，中了齐国的反间计，便派骑劫代替乐毅为大将，召乐毅回国。乐毅知道燕王换将居心不良，于是投奔了赵国。从此，燕军将士都愤愤不平，内部不和。

　　这时，田单下令让城中人吃饭时，先在庭院里祭祀祖先，四处飞鸟争吃祭饭都盘旋落到城中。燕军很是惊讶，田单又让人散布说:"会有天神派军师下界来帮助我们。"有个士兵说:"我可以做神师吗?"说罢起身便走。田单急忙离座追回他，让他面东高坐，奉为神师。士兵说:"我犯上欺主了。"田单忙悄声嘱咐:"你不要说出去。"便以他为师。每当发布号令，都必称奉神师之命。田单又令人散布说:"我就怕燕军把齐国俘虏割去鼻子，作为前导，那样即墨城就完了!"

燕人闻之,如其言。城中见降者尽劓,皆怒,坚守,唯恐见得。单又纵反间,言"吾惧燕人掘吾城外冢墓,可为寒心!"燕军尽掘冢墓,烧死人。齐人从城上望见,皆涕泣,共欲出战,怒自十倍。田单知士卒之可用,乃身操版、锸,与士卒分功,妻妾编于行伍之间,尽散饮食飨士。令甲卒皆伏,使老、弱、女子乘城,遣使约降于燕,燕军皆呼万岁。田单又收民金得千镒,令即墨富豪遗燕将,曰:"即降,愿无虏掠吾族家!"燕将大喜,许之。燕军益懈。田单乃收城中,得牛千馀,为绛缯衣,画以五采龙文,束兵刃于其角,而灌脂束苇于其尾,烧其端,凿城数十穴,夜纵牛,壮士五千随其后。牛尾热,怒而奔燕军。燕军大惊,视牛皆龙文,所触尽死伤。而城中鼓噪从之,老弱皆击铜器为声,声动天地。燕军大骇,败走。齐人杀骑劫,追亡逐北,所过城邑皆叛燕,复为齐。田单兵日益多,乘胜,燕日败亡,走至河上,而齐七十馀城皆复焉。乃迎襄王于莒,入临淄,封田单为安平君。

齐王以太史敫之女为后,生太子建。太史敫曰:"女不取媒,因自嫁,非吾种也,污吾世!"终身不见君王后,君王后亦不以不见故失人子之礼。

赵王封乐毅于观津,尊宠之,以警动于燕、齐。燕惠王乃使人让乐毅,且谢之曰:"将军过听,以与寡人有隙,遂捐燕归赵。将军自为计则可矣,而亦何以报先王之所以遇将军之意乎?"乐毅报书曰:"昔伍子胥说听于阖闾而吴远迹至郢;夫差弗是也,赐之鸱夷而浮之江。吴王不寤先论之可以立功,故沉子胥而不悔;子胥不蚤见主之不同量,是以至于入江而不化。

燕国人听说,果然这样做了。城中守兵看到投降燕军的人都被割去鼻子,万分痛恨,决心坚守不降,唯恐被俘。田单再使出反间计,说:"我怕燕军掘毁我们的城外坟墓,那样齐国人就寒心了。"燕军又中计,把城外坟墓尽行挖毁,焚烧死尸。齐国人从城上远远望见,都痛哭流涕,争相请求出战,怒气倍增。田单知道这时军士已经可以死战,于是带头拿起版、锹和士卒一起筑城,把自己的妻妾编进军队,还分发全部食品犒劳将士。他下令让披甲士兵都潜伏在城下,只以老弱人员、女子登城守卫,又派人去燕军中约定投降,燕军都欢呼万岁。田单在城中百姓中募集到一千镒金银,让即墨城的富豪送给燕军大将,说:"我们马上就投降,请不要抢劫掠夺我们的家族!"燕国将军大喜,立刻应允。燕军戒备更加松懈。田单在城中搜罗到一千余头牛,给牛披上大红绸衣,绘上五彩天龙花纹,在牛角上绑束尖刀,而在牛尾绑上灌好油脂的苇草,然后点燃,趁着夜色,从预先凿好的几个城墙洞中,赶牛冲出,后面紧随着五千名壮士。牛尾部被火燎烧,都惊怒地奔向燕军大营。燕军大惊失色,看到牛身上都是天龙花纹,碰到的不是死就是伤。加上城中敲锣打鼓齐声呐喊,老弱居民也敲击铜器助威,响声惊天动地。燕国军队万分恐惧,纷纷败逃。齐军趁乱杀死燕军大将骑劫,追杀败逃的燕军,所经过的城邑都叛离燕国,再度归顺齐国。田单的军队越来越多,乘胜追击,燕军日日望风而逃,逃到黄河边,齐国失去的七十几座城都光复了。田单于是前往莒城迎齐襄王回国都临淄,襄王册封田单为安平君。

齐襄王立太史敫的女儿为王后,生下太子田建。太史敫却说:"我的女儿不经过媒人,自定婚嫁,不是我家的人,她败坏了我的家风!"终身不见君王后,但君王后并不因他不见而失去儿女应有的礼数。

赵王分封乐毅于观津,对他十分尊宠,以此来警戒燕国和齐国。燕惠王便派人去批评乐毅,并道歉说:"乐将军你过于听信传言,因为与我有矛盾,就抛弃燕国跑到赵国。你这样做为自己打算是可以的,然而,又怎能报答先王对你的一片恩情呢?"乐毅回信答复道:"从前伍子胥的建议被吴王阖闾采纳,吴国的势力一直扩展到郢地;而继任吴王夫差不听他的话,把伍子胥的尸体装入皮囊抛进江中。夫差不明白伍子胥对先王的建议是吴国得以成就功业的根本,所以沉下伍子胥的尸体一点儿也不后悔;伍子胥不能早日看出不同的君王有不同的器量,所以尸体虽入江而魂灵仍怨愤不化。

夫免身立功以明先王之迹,臣之上计也。离毁辱之诽谤,堕先王之名,臣之所大恐也。临不测之罪,以幸为利,义之所不敢出也。臣闻古之君子,交绝不出恶声,忠臣去国,不洁其名。臣虽不佞,数奉教于君子矣。唯君王之留意焉!"于是燕王复以乐毅子间为昌国君,而乐毅往来复通燕,卒于赵,号曰望诸君。

田单相齐,过淄水,有老人涉淄而寒,出水不能行。田单解其裘而衣之。襄王恶之,曰:"田单之施于人,将以取我国乎!不早图,恐后之变也。"左右顾无人,岩下有贯珠者,襄王呼而问之曰:"汝闻吾言乎?"对曰:"闻之。"王曰:"汝以为何如?"对曰:"王不如因以为己善。王嘉单之善,下令曰:'寡人忧民之饥也,单收而食之。寡人忧民之寒也,单解裘而衣之。寡人忧劳百姓,而单亦忧,称寡人之意。'单有是善而王嘉之,单之善亦王之善也!"王曰:"善。"乃赐单牛酒。后数日,贯珠者复见王曰:"王朝日宜召田单而揖之于庭,口劳之。乃布令求百姓之饥寒者,收榖之。"乃使人听于闾里,闻大夫之相与语者曰:"田单之爱人,嗟,乃王之教也!"

田单任貂勃于王。王有所幸臣九人,欲伤安平君,相与语于王曰:"燕之伐齐之时,楚王使将军将万人而佐齐。今国已定而社稷已安矣,何不使使者谢于楚王?"王曰:"左右孰可?"九人之属曰:"貂勃可。"貂勃使楚,楚王受而觞之,数月不反。九人之属相与语曰:"夫一人之身而牵留万乘者,岂不以据势也哉?且安平君之与王也,君臣无异而上下无别。且其志欲为不善,内抚百姓,外怀戎翟,礼天下之贤士,其志欲有为,愿王察之!"异日,王曰:"召相单而来!"田单免冠、徒跣、肉袒而进,

免去自身的灾祸，成就功业，以表明先王的心迹，是我的上策。自己遭到别人的诽谤，从而使先王的英名蒙上耻辱，是我最害怕的。但因为蒙受了不白之冤，就以新的宠幸为利益，谋算燕国，也是我在道义上绝不会做的。我听说古代的君子，与人断交绝不口出恶言；忠臣被迫离开祖国，也不去辩解洗雪自己的名声。我虽然不成器，也曾多次从古代君子身上得到教益。谨请大王明鉴。"于是燕王仍封乐毅的儿子乐间为昌国君，而乐毅也为修好睦邻而往来燕国，最后死于赵国，谥号望诸君。

田单出任齐国国相，有次路过淄水，见到一个老人渡淄水时冻得直哆嗦，走出水面时已不能前行。田单便解下自己的皮袍给他披上。齐襄王听说后十分厌恶，说："田单对别人施恩，是打算夺我的国位，我不早下手，恐怕以后会有变故！"说完一看左右无人，只在殿阶下有个穿珠子的人，襄王便召他过来问道："你听见我的话了吗？"回答："听见了。"襄王问："你觉得怎么样？"回答说："大王不如把此事变成自己的善行。大王可以嘉奖田单的善心，下令说：'我忧虑人民的饥饿，田单就收养他们，供给饮食。我忧虑人民的寒冷，田单就脱下皮袍给他们披上。我忧虑人民的操劳，田单也因此忧虑，他正符合我的心意。'田单有善行而大王嘉奖他，那么田单的善行也就是大王的善行了。"襄王说："好。"于是赏赐田单酒宴。过了几天，穿珠子的人又来见齐襄王说："大王应该在群臣朝见时召见田单，在殿庭上致谢，亲自慰劳他。然后布告国内寻找百姓中饥饿者，予以收养。"襄王这样做后，派人到街头里巷去探听，听到大夫等官员互相说："哦！田单疼爱百姓，是大王的教诲呀！"

田单向齐王推荐貂勃。齐王的九个宠幸臣子都想中伤田单，争相对齐王说："燕国攻打齐国时，楚王曾派将军率一万军队来帮助齐国。现在齐国已经安定，社会也日趋稳固，何不派使者前去楚国道谢？"齐王问："左右的人谁合适？"九个人都说："貂勃可以。"貂勃出使楚国，楚予以热情款待，几个月不放他回去。九个人又一齐对齐王说："以貂勃一个人的地位能受到万乘车马的楚国重视，难道不是倚仗了田单的权势吗？田单与大王之间，不分君臣上下，况且他心怀不良之志，对内安抚百姓，对外关怀狄族，礼待天下的贤良人才，他的志向是想大有作为，希望大王明察！"过了几天，齐王喝道："召国相田单来！"田单非常惊恐，摘下帽子，光着脚，赤裸上身前来，

退而请死罪。五日而王曰："子无罪于寡人。子为子之臣礼，吾为吾之王礼而已矣。"貂勃从楚来，王赐之酒。酒酣，王曰："召相单而来！"貂勃避席稽首曰："王上者孰与周文王？"王曰："吾不若也。"貂勃曰："然，臣固知王不若也。下者孰与齐桓公？"王曰："吾不若也。"貂勃曰："然，臣固知王不若也。然则周文王得吕尚以为太公，齐桓公得管夷吾以为仲父。今王得安平君而独曰'单'，安得此亡国之言乎？且自天地之辟，民人之始，为人臣之功者，谁有厚于安平君者哉？王不能守王之社稷，燕人兴师而袭齐，王走而之城阳之山中，安平君以惴惴即墨三里之城，五里之郭，敝卒七千人，禽其司马而反千里之齐，安平君之功也。当是之时，舍城阳而自王，天下莫之能止。然而计之于道，归之于义，以为不可，故栈道木阁而迎王与后于城阳山中，王乃得反，子临百姓。今国已定，民已安矣，王乃曰'单'，婴儿之计不为此也。王亟杀此九子者以谢安平君，不然，国其危矣！"乃杀九子而逐其家，益封安平君以夜邑万户。

田单将攻狄，往见鲁仲连。鲁仲连曰："将军攻狄，不能下也。"田单曰："臣以即墨破亡馀卒破万乘之燕，复齐之墟，今攻狄而不下，何也？"上车弗谢而去，遂攻狄，三月不克。齐小儿谣曰："大冠若箕，修剑拄颐，攻狄不能下，垒枯骨成丘。"田单乃惧，问鲁仲连曰："先生谓单不能下狄，请闻其说。"鲁仲连曰："将军之在即墨，坐则织蒉，立则仗锸，为士卒倡曰：'无可往矣！宗庙亡矣！今日尚矣！归于何党矣！'当此之时，将军有死之心，士卒无生之气，闻君言莫不挥泣奋臂而欲战，此所以破燕也。当今将军东有夜邑之奉，西有淄上之娱，黄金横带而骋乎淄、渑之间，有生之乐，无死之心，所以不胜也。"田单曰："单之有心，先生志之矣。"明日，乃厉气循城，立于矢石之所，援枹鼓之，狄人乃下。

退下时请齐王治他的死罪。过了五天，齐王却说："你没有得罪我。只不过要你行你臣子的礼节，我守我君王的礼节而已。"貂勃从楚国回来，齐王赐宴招待。喝到兴头上，齐王又喝道："召国相田单来！"貂勃离开座位下拜说："大王上比周文王如何？"齐王回答："我不如。"貂勃说："是的，我本知道大王不如。那么下比齐桓公如何？"齐王回答："我也不如。"貂勃又说："是的，我也知道大王不如。然而周文王得到吕尚，尊为太公；齐桓公得到管仲，敬为仲父。现在大王您得到安平君田单，却直呼'田单'，怎么能说这种亡国的话呢？何况自开天辟地，有人民起，做臣子的功劳，谁能比安平君更高？当年大王不能承守祖业，在燕国起兵袭击齐国时，大王逃到城阳的山里，安平君以人心危恐的即墨方圆三五里城郭，疲惫不堪的七千名士兵，力擒敌军大将，收复齐国千里领土，这些都是安平君的功劳呀！如果当时他置城阳的大王不顾，自立为王，天下没有谁能阻止。然而他从道德礼义考虑，认为坚决不能那样做，所以修筑栈道木阁前去城阳山中迎接大王和王后，大王您才能得以回归，治理百姓子民。现在国家已经稳定，人民已经安宁，大王却'田单、田单'地叫，小孩子也知道不该这样做。大王您赶快杀掉那九个家伙向安平君谢罪，不然，国家就危险了！"齐王听从指责，杀掉了那九个幸臣并流放其家族，加封给安平君夜邑地方的一万户俸禄收入。

田单准备攻打狄族，前去见鲁仲连。鲁仲连说："将军您去攻狄，恐怕攻不下来。"田单说："当年我以即墨的残兵败将击破拥有万乘战车的燕军，光复齐国沦亡土地，现在攻不下狄族，这是什么道理？"上车扬长而去。田单率军进攻狄族，三个月也未能攻克。齐国小孩子在歌谣中讥讽唱道："大冠若箕，修剑拄颐，攻狄不能下，垒枯骨成丘。"田单开始惊惧起来，又去问鲁仲连："先生之前说我攻不下狄族，请让我知道原因。"鲁仲连说："将军在即墨的时候，坐着，手编草鞋；站着，手拿铁锹；带领士兵们唱歌道：'无可往矣！宗庙亡矣！今日尚矣！归于何党矣！'当时，将军有战死的决心，士兵无偷生的念头，听见您的号召无不挥泪奋臂，准备决一死战，所以才能打败燕军。现在将军您东面有夜邑丰厚的俸禄，西边有淄上封地的游乐，腰系黄金带，驰骋于淄水、渑水之间，有的只是生活的乐趣，而无战死的决心，所以无法取胜啊！"田单说："我田单有这样的决心，是先生您为我下的。"第二天，他振奋精神，亲临城下，站在箭雨飞石之中，手持鼓槌，击鼓进军，于是攻克了狄族大营。

初，齐湣王既灭宋，欲去孟尝君。孟尝君奔魏，魏昭王以为相，与诸侯共伐破齐。湣王死，襄王复国，而孟尝君中立为诸侯，无所属。襄王新立，畏孟尝君，与之连和。孟尝君卒，诸子争立，而齐、魏共灭薛，孟尝君绝嗣。

三十七年(癸未，前 278)

1　秦大良造白起伐楚，拔郢，烧夷陵。楚襄王兵散，遂不复战，东北徙都于陈。秦以郢为南郡，封白起为武安君。

三十八年(甲申，前 277)

1　秦武安君定巫、黔中，初置黔中郡。

2　魏昭王薨，子安釐王立。

三十九年(乙酉，前 276)

1　秦武安君伐魏，拔两城。

2　楚王收东地兵，得十馀万，复西取江南十五邑。

3　魏安釐王封其弟无忌为信陵君。

四十年(丙戌，前 275)

1　秦相国穰侯伐魏。韩暴鸢救魏，穰侯大破之，斩首四万。暴鸢走开封。魏纳八城以和。穰侯复伐魏，走芒卯，入北宅。魏人割温以和。

四十一年(丁亥，前 274)

1　魏复与齐合从。秦穰侯伐魏，拔四城，斩首四万。

2　鲁湣公薨，子顷公雠立。

起初,齐湣王灭掉宋国以后,想驱逐在薛地的孟尝君。孟尝君便投奔魏国,魏昭王任用他为国相,与各国联合攻破齐国。齐湣王死后,齐襄王光复国土,而孟尝君独立于各国之间,无所依属。齐襄王因为新即位,害怕孟尝君,便与他和好。孟尝君死后,几个儿子争夺权力,齐国、魏国趁机共同灭掉薛地,于是孟尝君断了后代。

周赧王三十七年(癸未,公元前278年)

1 秦国派大良造白起进攻楚国,攻占郢城,火烧夷陵。楚襄王的军队四散,于是不再迎战,把国都向东北迁到陈地。秦国以郢城为南郡,封白起为武安君。

周赧王三十八年(甲申,公元前277年)

1 秦国武安君平定巫、黔中,秦国在此设置黔中郡。

2 魏国魏昭王去世,其子即位,是为魏安釐王。

周赧王三十九年(乙酉,公元前276年).

1 秦国武安君进攻魏国,攻占两城。

2 楚王召集东部军队,得到十馀万人,又向西攻取长江以南十五邑。

3 魏安釐王封他的弟弟魏无忌为信陵君。

周赧王四十年(丙戌,公元前275年)

1 秦国相国穰侯魏冉进攻魏国。韩国派暴鸢率军救魏,魏冉大破韩军,杀死四万人。暴鸢逃往开封。魏国只好献出八座城求和。魏冉继续攻打魏国,赶走魏将芒卯,进军北宅。魏国又割让温邑再行求和。

周赧王四十一年(丁亥,公元前274年)

1 魏国重新与齐国联合抗秦。秦国派魏冉进攻魏国,攻陷四城,杀四万人。

2 鲁国鲁湣公去世,其子姬雠即位,是为鲁顷公。

四十二年(戊子,前 273)

1　赵人、魏人伐韩华阳。韩人告急于秦,秦王弗救。韩相国谓陈筮曰:"事急矣,愿公虽病,为一宿之行!"陈筮如秦,见穰侯。穰侯曰:"事急乎? 故使公来。"陈筮曰:"未急也。"穰侯怒曰:"何也?"陈筮曰:"彼韩急则将变而他从,以未急,故复来耳。"穰侯曰:"请发兵矣。"乃与武安君及客卿胡阳救韩,八日而至。败魏军于华阳之下,走芒卯,虏三将,斩首十三万。武安君又与赵将贾偃战,沉其卒二万人于河。魏段干子请割南阳予秦以和。苏代谓魏王曰:"欲玺者,段干子也,欲地者,秦也。今王使欲地者制玺,欲玺者制地,魏地尽矣! 夫以地事秦,犹抱薪救火,薪不尽,火不灭。"王曰:"是则然也,虽然,事始已行,不可更矣。"对曰:"夫博之所以贵枭者,便则食,不便则止。今何王之用智不如用枭也?"魏王不听,卒以南阳为和,实修武。

2　韩釐王薨,子桓惠王立。

3　韩、魏既服于秦,秦王将使武安君与韩、魏伐楚,未行,而楚使者黄歇至,闻之,畏秦乘胜一举而灭楚也,乃上书曰:"臣闻物至则反,冬、夏是也;致至则危,累棋是也。今大国之地,遍天下有其二垂,此从生民以来,万乘之地未尝有也。先王三世不忘接地于齐,以绝从亲之要。今王使盛桥守事于韩,盛桥以其地入秦,是王不用甲,不信威,而得百里之地,王可谓能矣! 王又举甲而攻魏,杜大梁之门,举河内,拔燕、酸枣、虚、桃,入邢,魏之兵云翔而不敢救,王之功亦多矣! 王休甲息众,二年而后复之,又并蒲、衍、首、垣以临仁、平丘,黄、济阳婴城而魏氏服。王又割濮磨之北,注齐、秦之要,

周赧王四十二年(戊子,公元前273年)

1　赵国、魏国联合进攻韩国华阳。韩国向秦国告急,秦王不救。韩国相国对陈筮说:"事情危急了! 希望你能抱病连夜走一遭!"陈筮到了秦国,拜见魏冉。魏冉冷笑道:"事情危急了吧? 所以让你来。"陈筮却说:"不着急。"魏冉生气地问:"为什么?"陈筮回答:"韩国要是真的逼急了,就会转而投靠别的国家,现在还不算急,所以再来秦国求救。"魏冉忙说:"我答应出兵了。"于是与武安君白起及客卿胡阳率军救韩,八天后到达。在华阳城下击败魏军,又赶跑芒卯,俘虏三员敌将,杀死十三万人。白起又与赵军大将贾偃交战,设计在黄河中淹死赵兵两万人。魏国的段干子建议割让南阳给秦国以求和。苏代对魏王说:"段干子想掌握秦国的相印,秦国想占据魏国的领土。现在大王您让想夺地的秦国控制相印,让想要相印的段干子来控制魏国土地,互相勾结,魏国的土地就会丧失干净! 献地去向秦国讨好,好比抱着干柴去救火,干柴烧不完,火是不会灭的。"魏王说:"话虽是如此,但是,事情已经开始进行,无法改变了。"苏代又劝道:"下棋时之所以重视'枭子',是因为这个棋子方便时可以吃子,不便时可以停止。现在大王使用智谋为什么还不如下棋用'枭子'那样灵活呢?"魏王到底没有听从苏代的劝告,割让了南阳求和,南阳实际上就是修武。

2　韩国韩釐王去世,其子即位,是为韩桓惠王。

3　韩国、魏国已向秦国屈服,秦王便派武安君白起联合韩、魏两军进攻楚国,尚未出发,楚国已派使臣黄歇前来,黄歇听说此事,怕秦国乘胜一举消灭楚国,于是急忙上书秦王说:"我听说物极必反,冬天、夏天的交替即是如此;走极端则危险,垒棋子即是如此。现在强大的秦国的地域,遍及天下,控制西、北两端,这是自古以来拥有万乘车马的大国从未达到的。楚国三世先王都不忘与齐国接壤,以切断联合抗秦阵线的韩、魏中段。如今大王派盛桥在韩国掌权,盛桥迫使韩国割地给秦国,大王您不动甲兵,不施威势,就得到百里土地,大王可谓能干之极! 大王又出兵攻魏,封堵魏国门户,攻下河内,夺取燕、酸枣、虚、桃等地,进入邢丘,魏兵云集而不敢来救,大王可谓战功累累! 大王休息军队,两年后再举兵,又吞并蒲、衍、首、垣等地,兵临仁、平丘,使黄、济阳据城自守,魏王只好屈服。大王又占据濮磨之北,使土地互相联结于齐国和秦国的腰部要害,

绝楚、赵之脊，天下五合六聚而不敢救，王之威亦单矣！王若能保功守威，绌攻取之心而肥仁义之地，使无后患，三王不足四，五伯不足六也！王若负人徒之众，仗兵革之强，乘毁魏之威，而欲以力臣天下之主，臣恐其有后患也。《诗》曰：'靡不有初，鲜克有终。'《易》曰：'狐涉水，濡其尾。'此言始之易，终之难也。昔吴之信越也，从而伐齐，既胜齐人于艾陵，还为越王禽于三江之浦。智氏之信韩、魏也，从而伐赵，攻晋阳城，胜有日矣，韩、魏叛之，杀智伯瑶于凿台之下。今王妒楚之不毁而忘毁楚之强韩、魏也，臣为王虑而不取也。夫楚国，援也；邻国，敌也。今王信韩、魏之善王，此正吴之信越也，臣恐韩、魏卑辞除患而实欲欺大国也。何则？王无重世之德于韩、魏而有累世之怨焉。夫韩、魏父子兄弟接踵而死于秦将十世矣，故韩、魏之不亡，秦社稷之忧也。今王资之与攻楚，不亦过乎？且攻楚将恶出兵？王将借路于仇雠之韩、魏乎？兵出之日而王忧其不反也。王若不借路于仇雠之韩、魏，必攻随水右壤，此皆广川、大水、山林、溪谷，不食之地。是王有毁楚之名而无得地之实也。且王攻楚之日，四国必悉起兵而应王，秦、楚之兵构而不离，魏氏将出而攻留、方与、铚、湖陵、砀、萧、相，故宋必尽；齐人南面攻楚，泗上必举。此皆平原四达膏腴之地，如此，则天下之国莫强于齐、魏矣。臣为王虑，莫若善楚。秦、楚合而为一以临韩，韩必敛手而朝，王施以东山之险，

切断楚国、赵国的联系中枢,各国三番五次地联合、聚会,终于不敢来救,大王可谓威名赫赫无双!现在,大王如果能保守功业威势,收敛继续进攻的雄心,而在领地上广施仁义,消除后患,那么,大王的功业绝不止是三代圣王之后的第四个,五位霸主之后的第六个!但是大王如果倚仗军队众多,凭借武器精良,乘平毁魏国的兵威,想以武力使天下各国君主都向您俯首称臣,我担心您会引来后患。《诗经》说:'常见善始,少见善终。'《周易》说:'小狐渡水,尾部浸湿。'这都是指开始容易,结束困难。当年吴国听信越国,出兵攻齐,已经在艾陵战胜齐国,回来却被越王在三江之滨擒杀。智伯瑶信任韩、魏两家,联合进攻赵家,围攻晋阳时,胜利已指日可待,韩家、魏家却突然反叛,智伯瑶终于在凿台之下被杀。如今大王忌恨楚国尚未灭亡,而忘记了楚国灭亡只会使韩国、魏国强大,臣下我认为您的这种做法不可取而为您忧虑。楚国,是您的援手;其他邻国,是您的敌人。现在大王相信韩国、魏国亲善秦国,这正像当年吴国信任越国,我以为,恐怕韩国、魏国表面上谦语卑辞是为了免除灾祸,而实际上却是想欺骗秦国。为什么呢?因为秦王对于韩、魏两国并无再世的恩德,却有累世的积怨呀!韩国、魏国人中,父子兄弟接连死于秦国刀兵之下的,已近十代了,所以韩国、魏国只要不灭亡,终究是秦国的忧患。大王却要资助它们一起进攻楚国,这不是个大错误吗?况且,进攻楚国从何处出兵?大王是否准备向世仇韩、魏两国去借道?那样做,自秦兵出发之日大王就会担忧他们回不来。大王如果不向世仇韩、魏去借道,势必只有攻随水的西边,那里都是广川、大河、山林、深谷,不毛之地。大王徒有征服楚之名而无得到土地之实。而且大王进攻楚国时,四国必然全部起兵响应大王,当秦国、楚国军队打得难解难分时,魏王就会趁机出兵进攻留、方与、铚、湖陵、砀、萧、相等地,宋国旧地将尽入其手;齐国人也会向南攻楚,必然夺取泗上。这些都是四通八达的平原,肥沃膏腴之地,那样的话,天下的国家中将是齐国、魏国最强大了。我为大王考虑,不如与楚国亲善为好。秦国、楚国合二为一进攻韩国,韩国必然束手无策,屈服称臣,大王控制华山以东的险要,

带以曲河之利,韩必为关内之侯。若是而王以十万戍郑,梁氏寒心,许、鄢陵婴城而上蔡、召陵不往来也,如此,魏亦关内侯矣。大王壹善楚而关内两万乘之主注地于齐,齐右壤可拱手而取也。王之地一经两海,要约天下,是燕、赵无齐、楚,齐、楚无燕、赵也。然后危动燕、赵,直摇齐、楚,此四国者不待痛而服矣。"王从之,止武安君而谢韩、魏,使黄歇归,约亲于楚。

占有九曲黄河的利益,韩王必定成为您的关内之侯。这时大王再派十万大兵驻守韩都新郑,足使魏王胆战心惊,许、鄢陵两城被困后,上蔡、召陵也将与魏都大梁无法来往,那时,魏国就成了关内侯。大王一施行与楚国亲善的政策而使关内两个拥有万乘兵车的大国向齐国索要土地,齐国西部领土便唾手可得。大王的领土横贯西海、东海,扼制天下,于是燕国、赵国不能与齐国、楚国联合,齐国、楚国也不能与燕国、赵国相援助。然后大王再威逼燕国、赵国,直捣齐国、楚国,这四个国家不等到被痛击就会降服了。"秦王听从了黄歇的意见,令白起停止行动,辞谢了韩国、魏国军队,派黄歇归国,与楚国缔结亲善睦邻邦交条约。

卷第五　周纪五

起己丑(前272)尽乙巳(前256)凡十七年

赧王下

四十三年(己丑,前272)

1　楚以左徒黄歇侍太子完为质于秦。

2　秦置南阳郡。

3　秦、魏、楚共伐燕。

4　燕惠王薨,子武成王立。

四十四年(庚寅,前271)

1　赵蔺相如伐齐,至平邑。

2　赵田部吏赵奢收租税,平原君家不肯出。赵奢以法治之,杀平原君用事者九人。平原君怒,将杀之。赵奢曰:"君于赵为贵公子,今纵君家而不奉公则法削,法削则国弱,国弱则诸侯加兵,是无赵也。君安得有此富乎?以君之贵,奉公如法则上下平,上下平则国强,国强则赵固,而君为贵戚,岂轻于天下邪?"平原君以为贤,言之于王。王使治国赋,国赋太平,民富而府库实。

四十五年(辛卯,前270)

1　秦伐赵,围阏与。赵王召廉颇、乐乘而问之曰:"可救否?"皆曰:"道远险狭,难救。"问赵奢,赵奢对曰:"道远险狭,譬犹两鼠斗于穴中,将勇者胜。"王乃令赵奢将兵救之。去邯郸三十里而止,令军中曰:"有以军事谏者死!"

赧王下
周赧王四十三年（己丑，公元前 272 年）

1 楚国派左徒黄歇侍奉太子芈完在秦国做人质。

2 秦国设置南阳郡。

3 秦国、魏国、楚国共同进攻燕国。

4 燕国燕惠王去世，其子即位，是为燕武成王。

周赧王四十四年（庚寅，公元前 271 年）

1 赵国派蔺相如进攻齐国，兵抵平邑。

2 赵国一个收田租的小官赵奢到平原君赵胜家去收租税，他的家人不肯交。赵奢以法处置，杀死平原君家中管事人九名。平原君十分恼怒，想杀死赵奢。赵奢对他说："您在赵国是贵公子，如果纵容家人而不奉公守法，法纪就会削弱，法纪削弱国家也就衰弱，国家衰弱则各国来犯，赵国便不存在了。您还到哪里找现在的富贵呢？以您的尊贵地位，带头奉公守法则上下一心，上下一心则国家强大，国家强大则赵家江山稳固，而您作为王族贵戚，难道会被各国轻视吗？"平原君认为赵奢很贤明，便介绍给赵王。赵王派赵奢管理国家赋税，于是国家赋税征收顺利，人民富庶而国库充实。

周赧王四十五年（辛卯，公元前 270 年）

1 秦国进攻赵国，围困阏与城。赵王召见廉颇、乐乘问道："可以援救吗？"两人都说："道路遥远，更兼险峻，难救。"再问赵奢，赵奢回答说："道路遥远险峻，就好比两只老鼠在洞穴中咬斗，将是勇敢者取胜。"赵王于是令赵奢率领军队前去援救。赵奢刚离开邯郸三十里就停止不前，下令军中说："如有人谈及军事，一律处死！"

秦师军武安西,鼓噪勒兵,武安屋瓦尽振。赵军中候有一人言急救武安,赵奢立斩之。坚壁二十八日不行,复益增垒。秦间入赵军,赵奢善食遣之。间以报秦将,秦将大喜曰:"夫去国三十里而军不行,乃增垒,阏与非赵地也!"赵奢既已遣间,卷甲而趋,一日一夜而至,去阏与五十里而军,军垒成。秦师闻之,悉甲而往。赵军士许历请以军事谏,赵奢进之。许历曰:"秦人不意赵至此,其来气盛,将军必厚集其陈以待之,不然,必败。"赵奢曰:"请受教!"许历请刑,赵奢曰:"胥,后令邯郸。"许历复请谏,曰:"先据北山上者胜,后至者败。"赵奢许诺,即发万人趋之。秦师后至,争山不得上。赵奢纵兵击秦师,秦师大败,解阏与而还。赵王封奢为马服君,与廉、蔺同位;以许历为国尉。

2 穰侯言客卿灶于秦王,使伐齐,取刚、寿以广其陶邑。

初,魏人范雎从中大夫须贾使于齐,齐襄王闻其辩口,私赐之金及牛、酒。须贾以为雎以国阴事告齐也,归而告其相魏齐。魏齐怒,笞击范雎,折胁,折齿。雎佯死,卷以箦,置厕中,使客醉者更溺之,以惩后,令无妄言者。范雎谓守者曰:"能出我,我必有厚谢。"守者乃请弃箦中死人。魏齐醉,曰:"可矣。"范雎得出。魏齐悔,复召求之。魏人郑安平遂操范雎亡匿,更姓名曰张禄。

秦谒者王稽使于魏,范雎夜见王稽。稽潜载与俱归,荐之于王,王见之于离宫。范雎佯为不知永巷而入其中,王来而宦者怒逐之,曰:"王至!"范雎谬曰:"秦安得王,秦独有太后、穰侯耳!"王微闻其言,乃屏左右,跽而请曰:"先生何以幸教寡人?"对曰:"唯唯。"

秦国军队驻扎在武安城西,列阵大喊大擂,武安城内的屋瓦都为之震动。赵军中一个军吏忍不住提议急救武安,被赵奢立即斩首。赵奢军坚守二十八天不动,反倒增修营垒。秦国一个间谍潜入赵军,赵奢佯装不知,用好吃好喝招待他。间谍回去报告秦军大将,秦军大将十分高兴地说:"援军离开国都三十里就按兵不动,还增修营垒,阏与一定不是赵国的了!"赵奢放走间谍以后,下令部队卷起盔甲悄声前进,一天一夜便到了离阏与五十里的地方,扎下营来,修起营垒。秦国军队听说后,披甲前往迎敌。赵奢军中有个军士许历要求提出军事建议,赵奢便召他进来。许历说:"秦军没想到赵军会到这里,他们来势凶猛,赵将军你一定要集中兵力排出战阵对付,不然必败。"赵奢说:"我接受你的指教。"许历以自己违反了军纪,请处死刑,赵奢忙说:"且慢,现在是邯郸那次军令以后的事了。"许历便再次提出建议说:"先占领北山的人必胜,后到的必败。"赵奢点头称是,立即派出一万人前去北山。秦军后到,无法攻上北山。于是,赵奢指挥赵军猛击秦国军队,秦军大败,撤去对阏与的包围,退兵而还。赵王因此封赵奢为马服君,与廉颇、蔺相如同等地位;又任命许历为国尉。

2 穰侯魏冉向秦王介绍名叫灶的客卿,派他率军进攻齐国,夺取刚、寿两地,用来扩大自己的陶邑封地。

起初,魏国人范雎随从中大夫须贾出使齐国,齐襄王听说他能言善辩,私下赠给他金子及酒食。须贾以为范雎把魏国的秘密告诉了齐国,回国后便向魏国宰相魏齐告发。魏齐十分震怒,下令鞭打范雎,折断了肋骨,打掉了牙齿。范雎只好装死,被卷进竹席,抛到厕所,魏齐还派醉酒的宾客向他身上溺尿,以惩戒后人,不得妄言。范雎悄悄对看守说:"你放我出去,我必有重谢。"看守于是去请示把席中死人扔掉,魏齐喝醉了酒,便说:"可以。"范雎这才得以脱身。事后魏齐后悔,又派人去搜索范雎。魏国人郑安平把范雎藏匿起来,改换姓名叫张禄。

秦国任谒者之职的王稽出使魏国,范雎深夜前去求见。王稽把他暗中装上使车,一起带回国,推荐给秦王,秦王决定在离宫召见范雎。范雎假装不识道路走入宫中巷道,秦王乘轿舆前来,宦官怒声驱赶范雎说:"大王来了!"范雎故意胡说道:"秦国哪里有大王,秦国只有王太后和穰侯而已!"秦王略微听见了几句,便屏退左右随从,郑重地直身而跪请求说:"先生有什么指教我的?"范雎只说:"是的是的。"

如是者三。王曰："先生卒不幸教寡人邪?"范雎曰："非敢然也!臣,羁旅之臣也,交疏于王,而所愿陈者皆匡君之事,处人骨肉之间,愿效愚忠而未知王之心也,此所以王三问而不敢对者也。臣知今日言之于前,明日伏诛于后,然臣不敢避也。且死者,人之所必不免也,苟可以少有补于秦而死,此臣之所大愿也。独恐臣死之后,天下杜口裹足,莫肯向秦耳。"王跽曰："先生,是何言也!今者寡人得见先生,是天以寡人溷先生而存先王之宗庙也。事无大小,上及太后,下至大臣,愿先生悉以教寡人,无疑寡人也!"范雎拜,王亦拜。范雎曰:"以秦国之大,士卒之勇,以治诸侯,譬若走韩卢而博蹇兔也。而闭关十五年,不敢窥兵于山东者,是穰侯为秦谋不忠,而大王之计亦有所失也。"王跽曰："寡人愿闻失计!"然左右多窃听者,范雎未敢言内,先言外事,以观王之俯仰。因进曰："夫穰侯越韩、魏而攻齐刚、寿,非计也。齐湣王南攻楚,破军杀将,再辟地千里,而齐尺寸之地无得焉者,岂不欲得地哉?形势不能有也。诸侯见齐之罢敝,起兵而伐齐,大破之,齐几于亡,以其伐楚而肥韩、魏也。今王不如远交而近攻,得寸则王之寸也,得尺亦王之尺也。今夫韩、魏,中国之处而天下之枢也。王若用霸,必亲中国以为天下枢,以威楚、赵,楚强则附赵,赵强则附楚,楚、赵皆附,齐必惧矣。齐附则韩、魏因可虏也。"王曰："善。"乃以范雎为客卿,与谋兵事。

四十六年(壬辰,前 269)

1 秦中更胡伤攻赵阏与,不拔。

如此三次。秦王又说:"先生到底不愿对我赐教吗?"范雎才说:"我哪里敢呢!我是一个流亡在外的人,和大王没有什么交往,而想向您陈述的又都是纠正您失误的大事,关系到您骨肉亲人,我即使愿意一效愚忠却还不知大王的真心,所以大王三次下问我都不敢回答。我知道今天在您面前说出,明天就有被处死的危险,但我还是不敢回避。死,是人人都无法避免的,如果我的死能对秦国有所裨益,就是我最大的愿望了。我只怕我被处死之后,天下的贤士都闭口不言,裹足不前,不再投奔秦国了。"秦王又直身而跪说:"先生您这是什么话啊!今天我能见到先生,是上天认为我混浊,为了保存秦国的祖业宗庙而把您赐给我的。无论事情大小,上及王太后,下至大臣,希望您都一一对我指教,不要再怀疑我的真心了!"范雎于是下拜,秦王也急忙回拜。范雎这才说道:"以秦国的强大,士卒的勇猛,对付各国,就好比用韩卢那样的猛犬去追击跛脚兔子。而秦国却坐守关内十五年,不敢派兵出击崤山以东,这是穰侯魏冉不忠心为秦国谋划,但是大王您的方针也有失误。"秦王直身而跪说:"我想知道错在何处!"但是左右随从有不少人在侧耳偷听,范雎不敢提及内政,便先说到外事,以看秦王兴趣的高低。他于是说:"穰侯越过韩国、魏国去进攻齐国的刚、寿两地,不是好计划。当年齐湣王向南进攻楚国,破军杀将,开辟千里土地,而最后齐国连一尺一寸领土也未能得到,难道是他不想要地吗?实在是因为当时形势使他无法占有。而各国看到齐国征战疲劳,便起兵攻打齐国,大破齐军,使齐国几乎灭亡,这是因为齐国攻打楚国而使好处落到韩、魏两国手中。现在大王不如采取远交而近攻的方针,得一寸地就是大王您的一寸,得一尺地就是大王您的一尺。韩国、魏国,位于中原,是天下的中枢。大王如果想称霸,必须接近中原之地控制天下枢纽,以威逼楚国、赵国,楚国强就收附赵国,赵国强则收附楚国,楚国、赵国一旦归附您,齐国就惊慌失措了。齐国再归附,韩国、魏国便是秦国掌中之物了。"秦王说:"好。"于是以范雎为客卿,与他商议军事。

周赧王四十六年(壬辰,公元前 269 年)

1 秦国任中更之职的胡伤率军进攻赵国阏与,未能攻克。

四十七年（癸巳，前 268）

1　秦王用范睢之谋，使五大夫绾伐魏，拔怀。

四十八年（甲午，前 267）

1　秦悼太子质于魏而卒。

四十九年（乙未，前 266）

1　秦拔魏邢丘。范睢日益亲，用事，因承间说王曰："臣居山东时，闻齐之有孟尝君，不闻有王；闻秦有太后、穰侯，不闻有王。夫擅国之谓王，能利害之谓王，制杀生之谓王。今太后擅行不顾，穰侯出使不报，华阳、泾阳击断无讳，高陵进退不请。四贵备而国不危者，未之有也。为此四贵者下，乃所谓无王也。穰侯使者操王之重，决制于诸侯，剖符于天下，征敌伐国，莫敢不听。战胜攻取则利归于陶，战败则结怨于百姓而祸归于社稷。臣又闻之，木实繁者披其枝，披其枝者伤其心；大其都者危其国，尊其臣者卑其主。淖齿管齐，射王股，擢王筋，悬之于庙梁，宿昔而死。李兑管赵，囚主父于沙丘，百日而饿死。今臣观四贵之用事，此亦淖齿、李兑之类也。夫三代之所以亡国者，君专授政于臣，纵酒弋猎；其所授者妒贤疾能，御下蔽上以成其私，不为主计，而主不觉悟，故失其国。今自有秩以上至诸大吏，下及王左右，无非相国之人者。见王独立于朝，臣窃为王恐。万世之后有秦国者，非王子孙也！"王以为然，于是废太后，逐穰侯、高陵、华阳、泾阳君于关外，以范睢为丞相，封为应侯。

周赧王四十七年(癸巳,公元前268年)

1　秦王听从范雎的计策,派五大夫绾攻打魏国,攻克怀地。

周赧王四十八年(甲午,公元前267年)

1　秦国悼太子到魏国做人质,死在那里。

周赧王四十九年(乙未,公元前266年)

1　秦国攻克魏国邢丘。秦王日益亲信范雎,使他掌权,范雎便趁机建议秦王道:"我在崤山之东居住时,只听说齐国有孟尝君,不知道有齐王;只听说秦国有王太后、穰侯魏冉,不知道有秦王。所谓独掌国权称作王,决定国家利害称作王,控制生杀大权称作王。现在王太后擅自专行,不顾大王;穰侯出使外国也不报告大王;华阳君、泾阳君处事决断,无所忌讳;高陵君自由进退,也不请示大王。有这四种权贵而国家想不危亡,是不可能的。在这四种权贵的威势之下,可以说秦国并没有王。穰侯魏冉派使者控制大王的外交重权,决断与各国事务,出使遍天下,征讨敌国,无人敢不听从。如果战胜了,他就把所获利益全部收归自己的封地陶邑;如果战败了,他就把百姓的怨愤推到国家身上。我还听说,果实太多会压折树的枝干,枝干断裂会损伤树根;封地过于强大会威胁到国家,大臣过于尊贵会使君主卑微。当年淖齿管理齐国,用箭射齐王的大腿,抽去齐王的筋,把他吊在房梁上,过了一夜才折磨死。李兑统治赵国,把赵主父关在沙丘宫里,一百天后活活饿死。如今我看秦国四种权贵的所作所为,也正像淖齿、李兑一类。夏、商、周三代最后亡国的原因,都是因为君王把专权转授给臣下,自己纵酒行猎;被授权者嫉贤妒能,欺下瞒上,以售其奸,他们不为主子考虑,而君主也不觉察醒悟,所以失去了国家。现在秦国自有秩小官直至各个大官,再到大王您的左右随从,无一不是丞相魏冉的人。我看到大王您孤孤零零地在朝廷上,真为您万分担忧。恐怕您去世后,拥有秦国的将不是大王您的子孙了!"秦王听后深以为然,于是毅然废黜太后的专权,把穰侯魏冉、高陵君、华阳君、泾阳君驱逐到关外去,任用范雎为丞相,封为应侯。

魏王使须贾聘于秦,应侯敝衣间步而往见之。须贾惊曰:"范叔固无恙乎!"留坐饮食,取一绨袍赠之。遂为须贾御而至相府,曰:"我为君先入通于相君。"须贾怪其久不出,问于门下,门下曰:"无范叔,向者吾相张君也。"须贾知见欺,乃膝行入谢罪。应侯坐,责让之,且曰:"尔所以得不死者,以绨袍恋恋尚有故人之意耳!"乃大供具,请诸侯宾客,坐须贾于堂下,置莝、豆于前而马食之,使归告魏王曰:"速斩魏齐头来! 不然,且屠大梁!"须贾还,以告魏齐。魏齐奔赵,匿于平原君家。

2 赵惠文王薨,子孝成王丹立,以平原君为相。

五十年(丙申,前265)

1 秦宣太后薨。九月,穰侯出之陶。

臣光曰:穰侯援立昭王,除其灾害;荐白起为将,南取鄢、郢,东属地于齐,使天下诸侯稽首而事秦,秦益强大者,穰侯之功也。虽其专恣骄贪足以贾祸,亦未至尽如范睢之言。若睢者,亦非能为秦忠谋,直欲得穰侯之处,故扼其吭而夺之耳。遂使秦王绝母子之义,失舅甥之恩。要之,睢真倾危之士哉!

2 秦王以子安国君为太子。

3 秦伐赵,取三城。赵王新立,太后用事,求救于齐。齐人曰:"必以长安君为质。"太后不可。齐师不出,大臣强谏,太后明谓左右曰:"复言长安君为质者,老妇必唾其面!"左师触龙愿见太后,太后盛气而胥之入。左师公徐趋而坐,自谢曰:"老臣病足,不得见久矣,窃自恕;而恐太后体之有所苦也,故愿望见太后。"太后曰:"老妇恃辇而行。"曰:"食得毋衰乎?"

魏王派须贾出使秦国,应侯范雎身穿破衣、徒步前去见他。须贾惊奇地问他:"范叔你还好吧?"留下他用饭,又拿出一件丝绵袍送给他。范雎便为须贾驾车前去丞相府,说:"我先为你去向丞相通报。"很久未出,须贾感到奇怪,便问丞相府守门人,守门人回答说:"没有什么范叔,刚才进去的是我们丞相张先生。"须贾大惊失色,知道自己落入圈套,只好用膝盖匍匐跪行进去谢罪。应侯坐在上面,怒斥他说:"你之所以还能不死,是我念你赠送丝袍还有一丝照顾故人的旧情!"于是大设酒宴,招待各国宾客,令须贾坐在堂下,放一盘黑豆、碎草之类的喂马饲料让他吃,然后命令他回国告诉魏王:"快快砍下魏齐的头送来,不然,我就杀尽魏都大梁城的人!"须贾回国,把这番话告诉魏齐。魏齐只好逃奔赵国,藏匿在平原君赵胜家里。

2　赵国赵惠文王去世,其子赵丹即位,是为赵孝成王,任用赵胜为国相。

周赧王五十年(丙申,公元前265年)

1　秦国宣太后去世。九月,魏冉离开咸阳回到陶邑。

臣司马光说:穰侯魏冉拥立秦昭王,为他除去隐患威胁;举荐白起为大将,向南攻取鄢、郢两城,向东开拓地界到齐国,使各国向秦国俯首称臣,秦国因而更加强大,都是穰侯的功劳。虽然他恣意专权、骄傲贪婪已足以惹祸上身,但也没有到范雎说的那种地步。而范雎这个人,也并不能忠心为秦国谋划,就是想得到穰侯的位置,所以才扼住他的喉咙,予以抢夺。于是,使秦王断绝了母子间的情义,失去了舅甥间的恩爱。总之,范雎真是个颠覆他人的能手!

2　秦王立儿子安国君为太子。

3　秦国进攻赵国,夺取三座城市。因为赵王新即位,赵太后便执掌政事,派人向齐国求救。齐国答复:"必须以赵公子长安君做人质。"赵太后不答应。于是齐国的救兵便不出发,赵国大臣一再劝说赵太后,太后却公然对左右随从说:"谁再提让长安君去做人质的事,我老婆子就要往他脸上吐口水!"左师触龙求见赵太后,太后气冲冲地等待他进来。触龙却慢吞吞小步跑过来坐下,道歉说:"老臣我腿脚不好,很久没有来看望太后了,常常以此自我宽恕;又担心太后的身体有什么不适,所以还是希望能见到太后。"赵太后说:"老婆子我只能靠人推车来往了。"触龙又问:"饭量也减少了吧?"

曰:"恃粥耳。"太后不和之色稍解。左师公曰:"老臣贱息舒祺,最少,不肖,而臣衰,窃怜爱之,愿得补黑衣之缺以卫王宫,昧死以闻!"太后曰:"诺。年几何矣?"对曰:"十五岁矣。虽少,愿及未填沟壑而托之。"太后曰:"丈夫亦爱少子乎?"对曰:"甚于妇人。"太后笑曰:"妇人异甚。"对曰:"老臣窃以为媪之爱燕后贤于长安君。"太后曰:"君过矣! 不若长安君之甚。"左师公曰:"父母爱其子则为之计深远。媪之送燕后也,持其踵而泣,念其远也,亦哀之矣。已行,非不思也,祭祀则祝之曰:'必勿使反!'岂非为之计长久,为子孙相继为王也哉?"太后曰:"然。"左师公曰:"今三世以前,至于赵王之子孙为侯者,其继有在者乎?"曰:"无有。"曰:"此其近者祸及身,远者及其子孙。岂人主之子侯则不善哉? 位尊而无功,奉厚而无劳,而挟重器多也。今媪尊长安君之位,而封之以膏腴之地,多与之重器,而不及今令有功于国。一旦山陵崩,长安君何以自托于赵哉?"太后曰:"诺,恣君之所使之!"于是为长安君约车百乘质于齐。齐师乃出,秦师退。

4　齐安平君田单将赵师以伐燕,取中阳;又伐韩,取注人。

5　齐襄王薨,子建立。建年少,国事皆决于君王后。

五十一年(丁酉,前 264)

1　秦武安君伐韩,拔九城,斩首五万。

2　田单为赵相。

太后说:"只喝粥而已。"这时,太后脸上的不悦之色已稍稍宽解。触龙又说:"我的儿子舒祺,年岁最小,又不成器,而我因为年老,私下最怜爱他,想让他补个黑衣卫士的缺去护卫王宫,在此向您冒昧请求!"太后说:"可以。他多大了?"回答说:"十五岁了。虽然还年轻,可我想趁我这把老骨头还没入土为他做个安排。"太后说:"大丈夫也知道疼爱小儿子吗?"回答说:"比妇人还厉害呢!"太后笑着说:"还是妇人更厉害!"触龙却说:"我觉得,老太后您爱女儿燕后胜过爱儿子长安君。"太后说:"你错了!我对燕后远不如对长安君。"触龙又说:"父母疼爱孩子,就要为他们考虑深远。老太后您送燕后出嫁时,抓住她的脚后跟直掉眼泪,想到她要到遥远的燕国去,心情十分悲伤。待到燕后离去,您不是不想她,可一逢祭祀就祝愿说:'千万别让人把她退回来。'这难道不是为她长久打算,希望她的子孙能在燕国相继为王吗?"太后点头说:"是的。"触龙又说:"从现在起三代以前,赵王的子孙被封侯的,现在还有没有继承人在位的?"太后回答:"没有了。"触龙说:"这就是说,近的,灾祸殃及其身;远的,殃及其子孙。难道说君王封侯的儿子都不成才?只是因为他们地位尊贵而无军功,俸禄丰厚而无劳苦,却享有国家的许多宝器。如今老太后您提高小儿子长安君的地位,封给他良田美宅,赐给他许多宝器,却不让他趁现在为国家立功。一旦您不在世上,长安君靠什么在赵国自立呢?"太后恍然大悟说:"好吧,随你去安排他吧!"于是下令为长安君备齐一百乘车,去齐国做人质。齐国随即发兵,秦国军队便退回。

4 齐国安平君田单指挥赵国军队进攻燕国,夺取中阳;又攻打韩国,夺取注城。

5 齐国齐襄王去世,其子田建即位。田建年幼,国事都由君王后决断。

周赧王五十一年(丁酉,公元前264年)

1 秦国武安君白起进攻韩国,攻克九座城,杀死五万人。

2 田单任赵国国相。

五十二年(戊戌,前263)

1　秦武安君伐韩,取南阳;攻太行道,绝之。

2　楚顷襄王疾病。黄歇言于应侯曰:"今楚王疾恐不起,秦不如归其太子。太子得立,其事秦必重而德相国无穷,是亲与国而得储万乘也。不归,则咸阳布衣耳。楚更立君,必不事秦,是失与国而绝万乘之和,非计也。"应侯以告王,王曰:"令太子之傅先往问疾,反而后图之。"黄歇与太子谋曰:"秦之留太子,欲以求利也。今太子力未能有以利秦也,而阳文君子二人在中。王若卒大命,太子不在,阳文君子必立为后,太子不得奉宗庙矣。不如亡秦,与使者俱出,臣请止,以死当之!"太子因变服为楚使者御而出关;而黄歇守舍,常为太子谢病。度太子已远,乃自言于王曰:"楚太子已归,出远矣。歇愿赐死!"王怒,欲听之。应侯曰:"歇为人臣,出身以徇其主,太子立,必用歇。不如无罪而归之,以亲楚。"王从之。黄歇至楚三月,秋,顷襄王薨,考烈王即位;以黄歇为相,封以淮北地,号曰春申君。

五十三年(己亥,前262)

1　楚人纳州于秦以平。

2　武安君伐韩,拔野王。上党路绝,上党守冯亭与其民谋曰:"郑道已绝,秦兵日进,韩不能应,不如以上党归赵。赵受我,秦必攻之;赵被秦兵,必亲韩;韩、赵为一,则可以当秦矣。"乃遣使者告于赵曰:"韩不能守上党,入之秦,其吏民皆安于赵,不乐为秦。

周赧王五十二年(戊戌,公元前263年)

1 秦国武安君白起进攻韩国,夺取南阳;又攻打太行山道,予以切断。

2 楚顷襄王病重。黄歇对应侯范雎说:"现在楚王的病恐怕难以痊愈,秦国不如让楚太子回国。太子能够即位,一定会更加事奉秦国,感戴相国您的无穷恩德,这样做既与邻国结好,又为秦国储存下一个有万乘兵车的帮手。如果不让太子回去,他只是咸阳城里一个普通老百姓而已。楚国再立一个君王,肯定不会事奉秦国,那么秦国就失去友邦又断送了与一个有万乘兵车大国间的和平,那不是上策。"应侯范雎把此话告诉秦王,秦王说:"让太子的老师先去看看楚王病的情况,回来再做商议。"黄歇与楚太子盘算道:"秦国留下太子,想以此来换取利益。现在太子的力量又做不了有利秦国的事,阳文君的两个儿子都在楚国。楚王一旦去世,太子不在国中,阳文君的儿子肯定会被立为继承人,那么太子就不能接替祖业了。太子不如与使者一起逃离秦国,我留在这里,以死来对付秦王。"太子于是换上衣服扮作楚国使者的车夫混出关外;黄歇守在馆舍中,常常称太子生病谢绝来访。他估计太子已经走得很远,便自己去告诉秦王说:"楚国太子已经回国,走得很远了。我黄歇情愿领受死罪。"秦王勃然大怒,想照此处理。应侯范雎劝道:"黄歇作为臣下,献身以救他的主子,如果楚太子即位,一定会重用黄歇。我们不如赦免黄歇无罪放他回去,以与楚国结好。"秦王听从了劝告,放走黄歇。黄歇回到楚国三个月后的秋天,楚顷襄王去世,太子即位,是为楚考烈王;任命黄歇为国相,封给他淮河以北的领地,号称春申君。

周赧王五十三年(己亥,公元前262年)

1 楚国把州陵献给秦国,以求和平。

2 秦国武安君白起进攻韩国,攻克野王。上党与外界通道被切断,上党郡守冯亭与民间人士商议说:"去都城新郑的道路已经断绝,秦国军队每日推进,韩国又无法接应救援,不如以上党去归顺赵国。赵国如果接受我们,秦国必定进攻他们;赵国面对秦兵,一定会与韩国亲善;韩、赵联为一体,就可以抵挡秦国了。"于是派使者去告诉赵国说:"我们韩国无法守住上党,想把它献给秦国,但郡中官员百姓都心向赵国,不愿做秦国的属下。

有城市邑十七，愿再拜献之大王！"赵王以告平阳君豹，对曰：
"圣人甚祸无故之利。"王曰："人乐吾德，何谓无故？"对曰：
"秦蚕食韩地，中绝，不令相通，固自以为坐而受上党也。韩
氏所以不入于秦者，欲嫁其祸于赵也。秦服其劳而赵受其
利，虽强大不能得之于弱小，弱小固能得之于强大乎！岂得
谓之非无故哉？不如勿受。"王以告平原君，平原君请受之。
王乃使平原君往受地，以万户都三封其太守为华阳君，以千
户都三封其县令为侯，吏民皆益爵三级。冯亭垂涕不见使
者，曰："吾不忍卖主地而食之也！"

五十五年(辛丑，前260)

1　秦左庶长王龁攻上党，拔之。上党民走赵。赵廉颇
军于长平，以按据上党民。王龁因伐赵。赵军数战不胜，止
一裨将、四尉。赵王与楼昌、虞卿谋，楼昌请发重使为媾。虞
卿曰："今制媾者在秦；秦必欲破王之军矣，虽往请媾，秦将不
听。不如发使以重宝附楚、魏，楚、魏受之，则秦疑天下之合
从，媾乃可成也。"王不听，使郑朱媾于秦，秦受之。王谓虞卿
曰："秦内郑朱矣。"对曰："王必不得媾而军破矣。何则？天
下之贺战胜者皆在秦矣。夫郑朱，贵人也，秦王、应侯必显重
之以示天下。天下见王之媾于秦，必不救王；秦知天下之不
救王，则媾不可得成矣。"既而秦果显郑朱而不与赵媾。

我们现有大邑共十七个，愿意恭敬地献给赵王!"赵王把此事告诉平阳君赵豹，赵豹说："圣人认为接受无缘无故的利益不是好兆头。"赵王说："别人仰慕我的恩德，怎么能说是无缘无故呢?"回答说："秦国蚕食吞并韩国土地，从中切断，不使它们相通，本来以为可坐待上党归降。韩国人之所以不把它献给秦国，就是想嫁祸于赵国。秦国付出千辛万苦而赵国坐收其利，即使我们强大也不能这样从弱小手中夺取利益，何况我们本来就弱小无法与强大秦国相争。这难道还不是无缘无故吗? 我们不应该接受上党。"赵王又把此事告诉平原君赵胜，赵胜却劝赵王接受。赵王于是派赵胜前去接收，封原上党太守为华阳君，赐给他三个拥有万户百姓的城市做封地；又封县令为侯，赐给三个拥有千户百姓的城镇做封地；官员和地方人士都晋爵三级。冯亭不愿见赵国使者，流着泪说："我实在不忍心出卖君主的土地还去享用它!"

周赧王五十五年(辛丑，公元前260年)

1 秦国派左庶长王龁进攻上党，予以攻克。上党百姓逃往赵国。赵国派廉颇率军驻守长平，接应上党逃来的百姓。王龁于是挥兵攻打赵国。赵军迎战，几战都不胜，一员副将和四名都尉阵亡。赵王与楼昌、虞卿商议，楼昌建议派地位高的使节与秦国媾和。虞卿反对说："和与不和，控制权在秦国；秦国现在已下决心要大破赵军，我们即使去求和，秦国也不会同意。我们不如派出使者用贵重珍宝拉拢楚国、魏国，楚国、魏国一接受，秦国就会疑心各国重新结成了抗秦阵线，那时媾和才可成功。"赵王不听虞卿的意见，仍派郑朱赴秦国求和，秦国接待了郑朱。赵王便对虞卿说："秦国接纳郑朱了。"虞卿说："大王肯定见不到和谈成功而赵军就被击破了。为什么呢? 各国都派使者赴秦国祝贺胜利，郑朱是赵国地位很高的人，秦王、应侯肯定会把郑朱来求和的事向各国宣扬。各国看到赵王派人去求和，便不会再出兵援救赵国；秦国知道赵国孤立无援，就愈发不肯讲和了。"不久，秦国果然大肆宣扬郑朱来使，而不与赵国进行和谈。

秦数败赵兵,廉颇坚壁不出。赵王以颇失亡多而更怯不战,怒,数让之。应侯又使人行千金于赵为反间,曰:"秦之所畏,独畏马服君之子赵括为将耳! 廉颇易与,且降矣!"赵王遂以赵括代颇将。蔺相如曰:"王以名使括,若胶柱鼓瑟耳。括徒能读其父书传,不知合变也。"王不听。初,赵括自少时学兵法,以天下莫能当;尝与其父奢言兵事,奢不能难,然不谓善。括母问其故,奢曰:"兵,死地也,而括易言之。使赵不将括则已,若必将之,破赵军者必括也。"及括将行,其母上书,言括不可使。王曰:"何以?"对曰:"始妾事其父,时为将,身所奉饭而进食者以十数,所友者以百数,王及宗室所赏赐者,尽以与军吏士大夫。受命之日,不问家事。今括一旦为将,东乡而朝,军吏无敢仰视之者;王所赐金帛,归藏于家,而日视便利田宅可买者买之。王以为如其父,父子异心,愿王勿遣!"王曰:"母置之,吾已决矣!"母因曰:"即如有不称,妾请无随坐!"赵王许之。

秦王闻括已为赵将,乃阴使武安君为上将军而王龁为裨将,令军中:"有敢泄武安君将者斩!"赵括至军,悉更约束,易置军吏,出兵击秦师。武安君佯败而走,张二奇兵以劫之。赵括乘胜追造秦壁,壁坚拒不得入。奇兵二万五千人绝赵军之后,又五千骑绝赵壁间。赵军分而为二,粮道绝。武安君出轻兵击之,赵战不利,因筑壁坚守以待救至。秦王闻赵食道绝,自如河内发民年十五以上悉诣长平,遮绝赵救兵及粮食。齐人、楚人救赵。赵人乏食,请粟于齐,齐王弗许。周子曰:"夫赵之于齐、楚,扞蔽也,犹齿之有唇也,唇亡则齿寒。

赵兵屡次被秦军打败，廉颇便下令坚守营垒，拒不出战。赵王以为廉颇损兵折将后更加胆怯，不敢迎敌，气愤得多次斥责他。应侯范雎又派人用千金去赵国施行反间计，散布说："秦国所怕的，只是马服君赵奢的儿子赵括做大将。廉颇好对付，而且他也快投降了！"赵王中计，便用赵括代替廉颇为大将。蔺相如劝阻说："大王因为赵括有些名气就重用他，这是粘住调弦的琴柱再弹琴呀！赵括只知道死读他父亲的兵书，不知道随机应变。"赵王仍是不听。起初，赵括从小学习兵法时，就自以为天下无人可比，曾与父亲赵奢讨论兵法，赵奢也难不倒他，但终究不说他有才干。赵括的母亲询问原因，赵奢说："带兵打仗，就是出生入死，而赵括谈起来却很随便。赵国不用他为大将也还罢了，如果一定要用他，灭亡赵军的必定是赵括。"待到赵括将要出发，他的母亲急忙上书，指出赵括不能重用。赵王问："为什么？"回答说："当年我侍奉赵括的父亲，他做大将时，亲自去捧着饭碗招待的有几十位，他的朋友有几百人，大王及宗室王族给他的赏赐，全部分发给将士。他自接受命令之日起，就不再过问家事。而赵括刚刚做了大将，就向东高坐，接受拜见，大小军官没人敢抬头正脸看他；大王赏给他的金银绸缎，全部拿回家藏起来，每天忙于察看有什么良田美宅可买的就买下。大王您以为他像父亲，其实他们父子用心完全不同，请大王千万不要派他去。"赵王却说："老太太你不用管，我已经决定了。"赵括母亲便说："万一赵括出了什么差错，我请求不要连累我治罪。"赵王同意了赵母的请求。

秦王听说赵括已经上任为大将，便暗中派武安君白起为上将军，改王龁为副将，下令军中："谁敢泄露白起为上将军的消息，格杀勿论！"赵括到了赵军中，全部推翻原来的规定，调换军官，下令出兵攻击秦军。白起佯装战败退走，预先布置下两支奇兵准备截击。赵括乘胜追击，直达秦军营垒，秦军坚守，无法攻克。这时，秦军一支两万五千人的奇兵已切断了赵军的后路，另一支五千人的骑兵堵截住赵军返回营垒的通道，赵军被一分为二，粮道也断绝。武安君白起便下令精锐轻军前去袭击，赵军迎战失利，只好坚筑营垒等待救兵。秦王听说赵军运粮通道已经切断，亲自到河内征发十五岁以上的百姓全部调往长平，阻断赵国救兵及运粮。齐国、楚国接救赵国。赵军缺乏粮食，向齐国请求接济，齐王不给。周子说："赵国对于齐国、楚国来说，是一道屏障，就像牙齿外面的嘴唇，唇亡则齿寒。

今日亡赵,明日患及齐、楚矣。救赵之务,宜若奉漏瓮沃焦釜然。且救赵,高义也;却秦师,显名也。义救亡国,威却强秦。不务为此而爱粟,为国计者过矣!"齐王弗听。九月,赵军食绝四十六日,皆内阴相杀食。急来攻垒,欲出为四队,四五复之,不能出。赵括自出锐卒搏战,秦人射杀之。赵师大败,卒四十万人皆降。武安君曰:"秦已拔上党,上党民不乐为秦而归赵。赵卒反覆,非尽杀之,恐为乱。"乃挟诈而尽坑杀之,遗其小者二百四十人归赵,前后斩首虏四十五万俘虏,赵人大震。

五十六年(壬寅,前259)

1 十月,武安君发军为三:王龁攻赵武安、皮牢,拔之。司马梗北定太原,尽有上党地。韩、魏使苏代厚币说应侯曰:"武安君即围邯郸乎?"曰:"然。"苏代曰:"赵亡则秦王王矣;武安君为三公,君能为之下乎?虽欲无为之下,固不得已矣。秦尝攻韩,围邢丘,困上党,上党之民皆反为赵,天下不乐为秦民之日久矣。今亡赵,北地入燕,东地入齐,南地入韩、魏,则君之所得民无几何人矣。不如因而割之,无以为武安君功也。"应侯言于秦王曰:"秦兵劳,请许韩、赵之割地以和,且休士卒。"王听之,割韩垣雍、赵六城以和。正月,皆罢兵。武安君由是与应侯有隙。

赵王将使赵郝约事于秦,割六县。虞卿谓赵王曰:"秦之攻王也,倦而归乎?王以其力尚能进,爱王而弗攻乎?"王曰:"秦不遗馀力矣,必以倦而归也。"虞卿曰:"秦以其力攻其所不能取,倦而归;王又以其力之所不能取以送之,是助秦自攻也。

今天赵国灭亡了，明天灾祸就会降临齐国、楚国。援救赵国这件事，应该像捧着漏瓦罐去浇烧焦了的铁锅那样，刻不容缓。何况援救赵国，是高尚的道义；抵抗秦军，是显示威名的好事。必须主持正义援救亡国，显示兵威击退强秦。不致力于此事反而爱惜粮食，这样为国家决策是个大错！"齐王仍是不听。九月，赵军已断粮四十六天，士兵们都在内部暗中残杀，互相吞吃。赵括穷急，便下令进攻秦军营垒，想派出四支队伍，轮番进攻，到第五次，仍无法突围。赵括亲自率领精兵上前肉搏，被秦兵射死。赵军于是全线崩溃，四十万士兵全部投降。白起说："当初秦军已攻克上党，上党百姓却不愿归秦而去投奔赵国。赵国士兵反复无常，不全部杀掉，恐怕会有后乱。"于是使用奸计把赵国降兵全部活埋，只放出两百四十个年岁小的回到赵国，前后共杀死四十五万俘虏，赵国大为震惊。

周赧王五十六年(壬寅，公元前259年)

1 十月，武安君白起把军队分为三支：王龁率军进攻赵国武安、皮牢，予以攻克。司马梗向北平定太原，完全占据上党地区。韩国、魏国派苏代用丰厚金银去劝说应侯范雎："白起是否立即就要围攻邯郸？"范雎说："是的。"苏代劝道："赵国一亡，秦王便可以称王天下了；那时武安君白起将列入三公高位，您能甘心在他之下吗？即使不愿意屈居其下，也不得不如此了。秦国曾攻击韩国，围攻邢丘，困死上党，上党的百姓反而都去投奔赵国，天下人不愿做秦国的臣民，由来已久。现在把赵国灭亡了，北部地区的人逃到燕国，东部地区的人奔往齐国，南部地区的人流入韩国、魏国，你们能控制的老百姓就没有几个人了。你们不如乘势割去赵国的一些领土，就此罢手，不要让白起独享大功。"范雎动心，便向秦王建议："秦兵已经疲惫不堪，请允许韩国、赵国割地求和，让将士们暂时休息一下。"秦王听从了他的劝告，同意割韩国的垣雍、赵国的六座城后讲和。正月，双方都停战罢兵。白起从此与范雎产生矛盾。

赵王准备派赵郝赴秦国订立和约，允诺割让六个县。虞卿对赵王说："秦国进攻赵国，是因为疲倦了自行撤退呢？还是馀力尚能进攻，由于钟爱大王而不再进兵了呢？"赵王说："秦国想灭掉赵国已是不遗馀力，现在当然是因为疲倦了才退去。"虞卿说："秦国用全部力量来进攻它不能得手的赵国，疲倦了才退去；那么大王您又把它力所不能夺取的地盘献上，实际上是帮助秦国来进攻自己。

来年秦攻王,王无救矣。"赵王计未定,楼缓至赵,赵王与之计之。楼缓曰:"虞卿得其一,不得其二。秦、赵构难而天下皆说,何也?曰:'吾且因强而乘弱矣。'今赵不如亟割地为和以疑天下,慰秦之心。不然,天下将因秦之怒,乘赵之敝,瓜分之。赵且亡,何秦之图乎!"虞卿闻之,复见曰:"危哉楼子之计,是愈疑天下,而何慰秦之心哉!独不言其示天下弱乎?且臣言勿与者,非固勿与而已也;秦索六城于王,而王以六城赂齐。齐,秦之深雠也,其听王不待辞之毕也。则是王失之于齐而取偿于秦,而示天下有能为也。王以此发声,兵未窥于境,臣见秦之重赂至赵而反媾于王也。从秦为媾,韩、魏闻之,必尽重王,是王一举而结三国之亲而与秦易道也。"赵王曰:"善。"使虞卿东见齐王,与之谋秦。虞卿未返,秦使者已在赵矣。楼缓闻之,亡去。赵王封虞卿以一城。

秦之始伐赵也,魏王问于大夫,皆以为秦伐赵,于魏便。孔斌曰:"何谓也?"曰:"胜赵,则吾因而服焉;不胜赵,则可承敝而击之。"子顺曰:"不然。秦自孝公以来,战未尝屈,今又属其良将,何敝之承!"大夫曰:"纵其胜赵,于我何损?邻之羞,国之福也。"子顺曰:"秦,贪暴之国也,胜赵,必复他求,吾恐于时魏受其师也。先人有言:燕雀处屋,子母相哺,呴呴焉相乐也,自以为安矣。灶突炎上,栋宇将焚,燕雀颜不变,不知祸之将及己也。今子不悟赵破患将及己,可以人而同于燕雀乎!"

明年秦国再来攻打赵国，大王您就没救了。"赵王尚未拿定主意，楼缓来到了赵国，赵王便与他商议。楼缓说："虞卿只知其一，不知其二。秦国、赵国互相征战，各国都很高兴，为什么呢？他们会说：'我们可借着强国去获益于弱国。'现在赵国不如马上割地给秦国，一方面安慰了秦国，一方面使各国疑心秦、赵之间已达成默契，不敢再算计赵国。不然的话，各国将借着秦国的怒气，趁着赵国的疲惫不堪，群起而瓜分。赵国就要灭亡，还谈得上什么对付秦国！"虞卿听说这番话，又来见赵王说："楼缓的计策太危险了！这样做更会使天下猜疑赵国，又哪里能安慰秦国的贪心呢！他为什么只字不提这样做是向天下暴露了赵国的怯懦？再说，我建议不割地给秦国，并非主张绝对不能割地；秦国向您索要六座城，大王却可以拿这六座城去贿赂齐国。齐国是秦国的世代仇家，齐王一定不会等到赵国使臣说完就答应出兵。于是大王您虽然割地给了齐国，却可以从进攻秦国得到补偿，而且向天下显示赵国尚有所作为。大王如果以此先发制人，那么大兵还未开到边境，就会看到秦国派出使臣带着丰厚礼物，反而来向您讲和。那时再答应秦国的讲和要求，韩国、魏国知道了，一定会对赵国刮目相看，于是大王您一举而与三国结下友好，和秦国交涉也就主动了。"赵王说："对。"便派虞卿赴东方去见齐王，与他商议联合对付秦国。虞卿尚未回国，秦国果然已经派使者来到赵国了。楼缓见此情形，只好逃离赵国。赵王封给虞卿一座城市。

　　秦国攻打赵国之初，魏王征求群臣对此事的对策，大家都认为秦国进攻赵国，是对魏国有利的事。孔斌却质问："为什么这样说？"回答是："秦国战胜赵国，我们也顺势向它屈服；如果秦国打不赢赵国，我们就趁它疲惫不堪时予以攻击。"孔斌反驳说："不对。秦国自从秦孝公以来，没打过败仗，现在又重用良将白起，哪里有疲惫可让我们趁？"有个大夫说："即使秦国战胜赵国，那对我们魏国有什么坏处呢？邻国的羞辱难堪，正是我国的幸运福气啊！"孔斌又反驳道："秦国，是个贪婪暴虐的国家，一旦战胜了赵国，必定要把矛头转向其他国家，我担心那时魏国就将面临秦军的攻击了。古人说过：燕雀筑窝在屋檐下，母鸟哺育小鸟，叽叽喳喳地都很快乐，自己以为很安适。灶上烟筒忽然窜起火苗，高大的房屋即将被焚，而燕雀面不改色，不知道灾祸就要殃及。现在你不明白，赵国一旦灭亡，灾难就会降临魏国的形势，难道人和燕雀一样吗？"

子顺者,孔子六世孙也。初,魏王闻子顺贤,遣使者奉黄金束帛,聘以为相。子顺曰:"若王能信用吾道,吾道固为治世也,虽蔬食饮水,吾犹为之。若徒欲制服吾身,委以重禄,吾犹一夫耳,魏王奚少于一夫!"使者固请,子顺乃之魏,魏王郊迎以为相。子顺改嬖宠之官以事贤才,夺无任之禄以赐有功。诸丧职者咸不悦,乃造谤言。文咨以告子顺。子顺曰:"民之不可与虑始久矣!古之善为政者,其初不能无谤。子产相郑,三年而后谤止。吾先君之相鲁,三月而后谤止。今吾为政日新,虽不能及贤,庸知谤乎!"文咨曰:"未识先君之谤何也?"子顺曰:"先君相鲁,人诵之曰:'麛裘而韠,投之无戾。韠而麛裘,投之无邮。'及三月,政化既成,民又诵曰:'裘衣章甫,实获我所。章甫裘衣,惠我无私。'"文咨喜曰:"乃今知先生不异乎圣贤矣。"子顺相魏凡九月,陈大计辄不用,乃喟然曰:"言不见用,是吾言之不当也。言不当于主,居人之官,食人之禄,是尸利素餐,吾罪深矣!"退而以病致仕。人谓子顺曰:"王不用子,子其行乎?"答曰:"行将何之? 山东之国将并于秦;秦为不义,义所不入。"遂寝于家。新垣固请子顺曰:"贤者所在,必兴化致治。今子相魏,未闻异政而即自退,意者志不得乎,何去之速也?"子顺曰:"以无异政,所以自退也。且死病无良医。今秦有吞食天下之心,以义事之,固不获安;救亡不暇,何化之兴! 昔伊挚在夏,吕望在商,而二国不治,岂伊、吕之不欲哉?

孔斌，是孔子的第六世后人。当初，魏王听说孔斌贤明，便派使者携带黄金束帛，聘请他为相。孔斌说："如果大王能够采纳我的方针，可以为大王安邦治世，即使让我吃蔬菜，喝凉水，我也愿意。如果只是让我穿上一身贵服，供以丰厚俸禄，那我就是一个普通老百姓，魏王哪里会缺少一个老百姓呢！"使者再三延请，孔斌才前往魏国，魏王亲自出城迎接，拜他为相。孔斌便撤换了一批靠关系受宠的官员，代之以贤良人才；剥夺去不干事者的俸禄，转赐给有功之臣。那些失去职位的人都不高兴，于是制造出谣言。文咨把这些话告诉了孔斌。孔斌说："从来不能与老百姓共商创业大事！古代善于治理政事的人，起初都免不了被诽谤。子产在郑国做相，三年以后流言蜚语才停止。我的祖先孔子在鲁国做相，也是三个月以后诽谤才终止的。现在我每日改革政事，虽然赶不上前代圣贤，难道还考虑诽谤之言！"文咨问："不知道当年对尊祖上有什么诽谤？"孔斌说："先祖在鲁国任相，有人唱道：'麛裘而韠，投之无戾。韠而麛裘，投之无邮。'等到三个月以后，风气教化逐渐调养成型，百姓们又唱道：'裘衣章甫，实获我所。章甫裘衣，惠我无私。'"文咨高兴地赞叹说："我今天才知道先生您与古圣贤相比也不差。"孔斌在魏国任相共九个月，每次提出重大的建议都不被魏王采用，于是喟然长叹："建议不被采纳，是我的建议有不合适的地方。建议不合君主的心意，我再做他的官，享用他的俸禄，是不做事白吃饭，我的罪过也太大了！"说完便称病辞去职务。有人对孔斌说："魏王不用你，你为什么不到别处去呢？"孔斌回答："到哪里去呢？崤山以东的各国都将被秦国吞并；秦国的行为不仁不义，我决不去那里。"于是在家休养。新垣固问孔斌："圣贤所到之处，必定是振兴教化、修明政治。而你在魏国做相，没听说干出什么特殊的政绩就自行引退了，猜想你是不是不得志？否则为什么那么快就辞职呢？"孔斌说："正因为没有特殊的政绩，所以自己引退了。而且在不治之症面前，显不出好医生的本领。现在秦国有吞并天下之心，用仁义之道去事奉它，自然是得不到什么安全；所以，当今拯救危亡都来不及，还侈谈什么振兴教化！当年伊尹曾做过夏朝的官，吕望曾做过商朝的官，但这两个王朝最终落得无可救药，难道是伊尹、吕望不愿意吗？

势不可也。当今山东之国敝而不振，三晋割地以求安，二周折而入秦，燕、齐、楚已屈服矣。以此观之，不出二十年，天下其尽为秦乎！"

2　秦王欲为应侯必报其仇，闻魏齐在平原君所，乃为好言诱平原君至秦而执之，遣使谓赵王曰："不得齐首，吾不出王弟于关！"魏齐穷，抵虞卿，虞卿弃相印，与魏齐偕亡。至魏，欲因信陵君以走楚。信陵君意难见之，魏齐怒，自杀。赵王卒取其首以与秦，秦乃归平原君。九月，五大夫王陵复将兵伐赵。武安君病，不任行。

五十七年（癸卯，前258）

1　正月，王陵攻邯郸，少利，益发卒佐陵；陵亡五校。武安君病愈，王欲使代之。武安君曰："邯郸实未易攻也，且诸侯之救日至。彼诸侯怨秦之日久矣，秦虽胜于长平，士卒死者过半，国内空，远绝河山而争人国都；赵应其内，诸侯攻其外，破秦军必矣。"王自命不行，乃使应侯请之。武安君终辞疾，不肯行；乃以王龁代王陵。

赵王使平原君求救于楚，平原君约其门下食客文武备具者二十人与之俱，得十九人，馀无可取者。毛遂自荐于平原君。平原君曰："夫贤士之处世也，譬若锥之处囊中，其末立见。今先生处胜之门下三年于此矣，左右未有所称诵，胜未有所闻，是先生无所有也。先生不能，先生留！"毛遂曰："臣乃今日请处囊中耳！使遂蚤得处囊中，乃脱颖而出，非特其末见而已。"平原君乃与之俱，十九人相与目笑之。平原君至楚，与楚王言合从之利害，日出而言之，日中不决。毛遂按剑历阶而上，谓平原君曰："从之利害，两言而决耳！

实在是因为大势已不可挽回。现在崤山以东各国都疲惫不堪、萎靡不振，韩、赵、魏三国争相割地以求苟安，二周折腰归顺秦国，燕国、齐国、楚国也屈服了。由此预见，不出二十年，天下都将归秦国所有了！"

2　秦王想为应侯范雎报仇雪恨，听说魏齐逃到了赵国平原君赵胜家，便用花言巧语诱骗赵胜到秦国，把他扣留起来，并且派出使臣对赵王说："不得到魏齐的人头，我决不放你的弟弟赵胜出关。"魏齐无可奈何，走投无路，只好去找虞卿，虞卿舍弃了相印，与魏齐一起逃走。到了魏国，他们想借助信陵君魏无忌，逃到楚国去。信陵君十分为难，没有立即与他们见面，魏齐非常悲愤，便自杀了。赵王于是取了魏齐的人头去献给秦国，秦王才下令放回平原君。九月，秦国又派五大夫王陵再次率军征伐赵国。武安君白起因患病，不能前去。

周赧王五十七年（癸卯，公元前258年）

1　正月，王陵进攻邯郸，几次失利，秦王便征发更多的兵丁去支援王陵；王陵损失了五校，仍不能胜。这时武安君白起病愈，秦王想派他去替代王陵。白起却说："邯郸实在是不容易攻下的，而且诸侯救兵很快便可到达。那些国家对秦国的怨恨已经积蓄很久了，秦国虽然在长平一战大获全胜，但自己士兵也死亡过半，国内空虚，再长途跋涉去远攻别人的国都，这时如果赵国在内抵抗，各国在外围进攻，秦军必然大败。"秦王见亲自下命令不行，又让应侯范雎去劝说白起。白起始终以病坚决推辞，不肯前去，于是秦王只得派王龁去代替王陵。

赵王派平原君赵胜到楚国去求救，赵胜准备挑选门下食客中文武双全的二十个人一起前往，但只挑出十九个，剩下的都不足取。这时有个叫毛遂的人向赵胜自我推荐。赵胜说："贤良人士为人处世，好比锥子在口袋中，锥尖立即能露出来。如今先生来到我赵胜门下已经三年，我左右的人没有谁称赞过你，我也未听说过你的作为，说明先生没有什么长处。先生不能干，先生留下吧！"毛遂说道："我不过今天才请你把我放到口袋里而已！如果早把我放进去，我的整个锥子头都会露出来了，岂止是露出个锥尖呢！"平原君赵胜于是让毛遂一同赴楚，另外十九个人都相视嘲笑他。赵胜到了楚国，向楚王阐述联合抗秦的必要性，从太阳升起时开始谈，一直谈到中午，楚王仍是犹豫不决。毛遂于是手按宝剑顺着台阶走上去，对平原君说："联合抗秦的利害关系，两句话就可以说清楚，作出决定！

今日出而言，日中不决，何也？"楚王怒叱曰："胡不下！吾乃与而君言，汝何为者也？"毛遂按剑而前曰："王之所以叱遂者，以楚国之众也。今十步之内，王不得恃楚国之众也！王之命悬于遂手。吾君在前，叱者何也？且遂闻汤以七十里之地王天下，文王以百里之壤而臣诸侯，岂其士卒众多哉？诚能据其势而奋其威也。今楚地方五千里，持戟百万，此霸王之资也。以楚之强，天下弗能当。白起，小竖子耳，率数万之众，兴师以与楚战，一战而举鄢、郢，再战而烧夷陵，三战而辱王之先人。此百世之怨而赵之所羞，而王弗之恶焉。合从者为楚，非为赵也。吾君在前，叱者何也？"楚王曰："唯唯，诚若先生之言，谨奉社稷以从。"毛遂曰："从定乎？"楚王曰："定矣。"毛遂谓楚王之左右曰："取鸡、狗、马之血来！"毛遂奉铜盘而跪进之楚王曰："王当歃血以定从；次者吾君，次者遂。"遂定从于殿上。毛遂左手持盘血而右手招十九人曰："公等相与歃此血于堂下！公等录录，所谓'因人成事'者也。"平原君已定从而归，至于赵，曰："胜不敢相天下士矣！"遂以毛遂为上客。

于是楚王使春申君将兵救赵，魏王亦使将军晋鄙将兵十万救赵。秦王使谓魏王曰："吾攻赵，旦暮且下，诸侯敢救之者，吾已拔赵，必移兵先击之！"魏王恐，遣人止晋鄙，留兵壁邺，名为救赵，实挟两端。又使将军新垣衍间入邯郸，因平原君说赵王，欲共尊秦为帝，以却其兵。齐人鲁仲连在邯郸，闻之，往见新垣衍曰："彼秦者，弃礼义而上首功之国也。彼即肆然而为帝于天下，则连有蹈东海而死耳，不愿为之民也！且梁未睹秦称帝之害故耳，吾将使秦王烹醢梁王！"

现在从日出时谈起，到中午还不能决断，是什么原因？"楚王怒斥毛遂道："还不赶快滚下去，我和你的主人说话，你算是什么东西？"毛遂按着剑又上前几步说："大王你之所以斥责我，是仗着楚国人多势众。现在咱们相距在十步以内，你不可能依仗楚国人多势众了！你的性命在我的手中。在我的主人面前，你为什么呵斥我？我毛遂听说商朝开国的汤王以七十里地方为开端，终于称王天下；周朝创业的周文王仅凭着一百里土地，使诸侯臣服，他们难道是仗着兵多将广、人多势众吗？只不过是顺应历史大势、振奋扬威而已。现在楚国有五千里广地，持戟战士一百万，这是称王称霸的资本呀！以楚国的强大，各国都难以抵挡。白起，不过是个小人物，带着几万兵，兴师动众与楚国作战，一战就夺去鄢、郢两城，再战便火烧夷陵，三战已将楚国宗庙平毁，侮辱楚王祖先。这是百世难解的仇怨，连赵国都替你羞愧，而大王却不以为难堪。现在提倡联合抗秦，实在是为了楚国，不是为赵国啊！我的主人在面前，你还呵斥我什么？"楚王只好说："是的是的，正像先生指教的那样，我愿意以全国的力量与你们合作。"毛遂便说："联合之事确定了吗？"楚王说："确定了。"毛遂便对楚王左右随从说："取鸡、狗、马的血来！"毛遂举起铜盘跪着上前对楚王说："请大王歃血宣誓订立同盟，其次是我的主人，再次是我毛遂。"于是在大殿上订立了抗秦同盟。这时毛遂又左手持铜盘右手对随行的十九人招呼说："你们也在堂下一起歃血宣誓吧！你们跟来跟去，还是靠着别人才办成了事情。"平原君赵胜与楚国订立盟约后回到赵国，叹息说："从今后我不敢再说能识别天下人才了！"于是奉毛遂为上等宾客。

订立同盟后，楚王便派春申君黄歇率军救赵，魏王也令大将晋鄙统兵十万来救赵。秦王派人对魏王说："我攻打赵国，早晚就会攻下，各国中谁敢来救赵国，我灭了赵国以后，必定调动大军先进攻它！"魏王惧怕，派人去让晋鄙停止前进，屯兵邺城坚守，名义上说是来救赵，实际上脚踩两边。魏王又派将军新垣衍潜入邯郸，通过平原君去劝说赵王，打算共同尊秦王为帝，以使他罢兵。齐国人鲁仲连正在邯郸，听说此事，便来见新垣衍说："那个秦国，是鄙弃礼义伦常而崇尚杀人立功的国家。如果它能公然称帝于天下各国，我鲁仲连只有去跳东海而死，绝不做秦国的臣民！况且，魏国还没有看到秦王称帝以后给它带来的危害，我将让秦王把魏王煮成肉酱。"

新垣衍快然不悦曰："先生恶能使秦王烹醢梁王?"鲁仲连曰："固也,吾将言之。昔者九侯、鄂侯、文王,纣之三公也。九侯有子而好,献之于纣,纣以为恶,醢九侯。鄂侯争之强,辩之疾,故脯鄂侯。文王闻之,喟然而叹,故拘之牖里之库百日,欲令之死。今秦,万乘之国也,梁,亦万乘之国也;俱据万乘之国,各有称王之名,奈何睹其一战而胜,欲从而帝之,卒就脯醢之地乎!且秦无已而帝,则将行其天子之礼以号令于天下,则且变易诸侯之大臣。彼将夺其所不肖而与其所贤,夺其所憎而与其所爱,彼又将使其子女谗妾为诸侯妃姬,处梁之宫,梁王安得晏然而已乎?而将军又何以得故宠乎?"新垣衍起,再拜曰："吾乃今知先生天下之士也!吾请出,不敢复言帝秦矣!"

2 燕武成王薨,子孝王立。

3 初,魏公子无忌仁而下士,致食客三千人。魏有隐士曰侯嬴,年七十,家贫,为大梁夷门监者。公子置酒大会宾客,坐定,公子从车骑虚左自迎侯生。侯生摄敝衣冠,直上载公子上坐不让;公子执辔愈恭。侯生又谓公子曰："臣有客在市屠中,愿枉车骑过之。"公子引车入市,侯生下见其客朱亥,睥睨,故久立,与其客语,微察公子,公子色愈和;乃谢客就车,至公子家。公子引侯生坐上坐,遍赞宾客,宾客皆惊。及秦围赵,赵平原君之夫人,公子无忌之姊也。平原君使者冠盖相属于魏,让公子曰："胜所以自附于婚姻者,以公子之高义,能急人之困也。今邯郸旦暮降秦而魏救不至,纵公子轻胜弃之,独不怜公子姊邪!"

新垣衍怏怏不快地问鲁仲连："你哪儿能让秦王把魏王煮成肉酱呢？"鲁仲连说："确实如此，听我慢慢说来。当年九侯、鄂侯、文王，是商纣王朝廷里的三公。九侯有个女儿，容貌姣好，将她献给纣王，纣王厌恶她，就把九侯剁成肉酱。鄂侯极力为九侯辩护，疾声呼冤，所以被纣王做成肉干。周文王听说了，只是喟然长叹，也被关押在牖里的仓库达一百天，想让他死。现在的秦国，是拥有万乘兵车的大国，魏国，也是同样的大国；都据有雄厚的国家实力，各自有称王的名位，为什么看到秦国打胜了一次战役，就想听从它的指挥，尊秦王为帝，从而使自己落到被人宰割做成肉酱的地步呢！如果秦王未被制止而称帝，就将施行天子的礼仪，号令于天下各国，并且将更换各国君主的大臣。他将剥夺他所看不起的人职位，转授给他所器重的人；他将剥夺他所憎恨的人职位，转授给他所宠爱的人；他又将使秦国的女子和惯说坏话的妾姬，指令婚配给各国君主；设想这些人在大梁宫殿中，魏王还能泰然处之吗？而将军你又有什么办法能保住在君主面前的旧日恩宠呢？"新垣衍听完心惊，离座再次拜谢说："我今天才知道先生是天下高士啊！我这就告辞回国，不敢再提尊秦为帝的话了。"

2　燕国燕武成王去世，其子即位，是为燕孝王。

3　当初，魏国公子魏无忌为人仁义而礼贤下士，收养食客三千人。魏国有个隐士名叫侯嬴，已经七十岁，家中贫穷，在魏都大梁任夷门守门官吏。一次，公子魏无忌设置盛大酒宴，招待宾客，来客已经坐定，魏无忌却吩咐备齐车马，空着左边位置，亲自去接侯嬴。侯嬴穿戴旧衣破帽，跳上车子，昂然上坐，也不谦让；魏无忌亲自驾车，更加恭敬。半途，侯嬴又对魏无忌说："我有个朋友在集市上当屠户，请让车子绕到他那里去一下。"魏无忌指挥车子进了集市，侯嬴下车见到朋友朱亥，故意久久地站在那里与他谈话；同时微微斜视魏无忌，只见他态度仍然十分谦和，于是告辞朋友登车，到了魏无忌府第。魏无忌引侯嬴坐在上座，向各位宾客介绍称赞他，宾客们都很惊讶。等到秦兵围困赵国首都邯郸，赵国平原君赵胜的夫人，是魏无忌的姐姐。赵胜派到魏国求救的使者车马接连不断，指责魏无忌说："赵胜我之所以与您结成姻亲，就是仰慕您的高尚道义，能够急人之危。现在邯郸早晚要落入秦国手中而魏国援兵裹足不前，即使您看不起我赵胜鄙弃我，难道也不可怜您的姐姐吗？"

公子患之,数请魏王救晋鄙令救赵,及宾客辩士游说万端,王终不听。公子乃属宾客约车骑百馀乘,欲赴斗以死于赵。过夷门,见侯生。侯生曰:"公子勉之矣,老臣不能从!"公子去,行数里,心不快,复还见侯生。侯生笑曰:"臣固知公子之还也!今公子无他端而欲赴秦军,譬如以肉投馁虎,何功之有!"公子再拜问计。侯嬴屏人曰:"吾闻晋鄙兵符在王卧内,而如姬最幸,力能窃之。尝闻公子为如姬报其父仇,如姬欲为公子死无所辞。公子诚一开口,则得虎符,夺晋鄙之兵,北救赵,西却秦,此五伯之功也。"公子如其言,果得兵符。公子行,侯生曰:"将在外,君令有所不受。有如晋鄙合符而不授兵,复请之,则事危矣。臣客朱亥,其人力士,可与俱。晋鄙若听,大善;不听,可使击之!"于是公子请朱亥与俱。至邺,晋鄙合符,疑之,举手视公子曰:"吾拥十万之众屯于境上,今单车来代之,何如哉?"朱亥袖四十斤铁椎,椎杀晋鄙,公子遂勒兵下令军中曰:"父子俱在军中者,父归!兄弟俱在军中者,兄归!独子无兄弟者,归养!"得选兵八万人,将之而进。

王龁久围邯郸不拔,诸侯来救,战数不利。武安君闻之曰:"王不听吾计,今何如矣?"王闻之,怒,强起武安君。武安君称病笃,不肯起。

五十八年(甲辰,前257)

1　十月,免武安君为士伍,迁之阴密。十二月,益发卒军汾城旁。武安君病,未行。诸侯攻王龁,龁数却,使者日至,王乃使人遣武安君,不得留咸阳中。武安君出咸阳西门十里,至杜邮。王与应侯群臣谋曰:"白起之迁,意尚怏怏有馀言。"王乃使使者赐之剑,武安君遂自杀。秦人怜之,乡邑皆祭祀焉。

魏无忌十分焦急，多次请魏王命令大将晋鄙进兵救赵，又派门下能言善辩的宾客百般游说，然而魏王始终不为所动。魏无忌只好聚集门下宾客百余乘车马，准备赴赵国以死相拼。他路过夷门，去见侯嬴。侯嬴只淡淡地说："公子您好自为之吧，我老了不能前去！"魏无忌离开后，走了数里，心中闷闷不乐，又转回去见侯嬴。侯嬴笑着说："我早就知道公子会回来！如今您没有别的办法而亲身去迎战秦军，好比用肉去投打饿虎，能有什么功业！"魏无忌于是下车再拜请教计策。侯嬴屏退左右随从悄声说道："我听说晋鄙的调兵兵符在魏王卧室里，他最宠爱的如姬，有办法偷出来。曾听说公子您为如姬报过杀父之仇，如姬表示愿意为您办事，万死不辞。公子只要一开口，就可以得到调兵的虎符，夺去晋鄙的兵权，北上救赵，西抗强秦，建立五霸的功业了。"魏无忌照他的办法去做，果然拿到了兵符。临行前，侯嬴又说："大将出征在外，君王的命令可以不接受。假如晋鄙因此合验兵符后仍不交出兵权，再向魏王请示，那事情就危险了。我的朋友朱亥，是个勇猛力士，可以与您一起去。晋鄙如果听从，最好不过；如果不听从，可以让朱亥打死他！"于是魏无忌又邀请朱亥前去。到了邺城，晋鄙合验兵符后，仍很怀疑，摆手看着魏无忌说："我率领十万大军在边境驻扎，而你只孤身单车前来替代我，是怎么回事呢？"朱亥立即从袖中掣出四十斤重的铁锥，打死晋鄙，魏无忌便部署军队，下令说："父子两人都在军队中的，父亲可以回去！兄弟两人都在军队中的，哥哥可以回去！独子一个没有兄弟的，可以回去奉养父母！"于是选定八万精兵，挥军前进。

王龁围困邯郸已久，不能攻克，与各国救兵几次作战，也均失利。武安君白起听说后说："大王不听我的建议，现在怎么样？"秦王听到此话，恼羞成怒，强令武安君前去统兵。白起又称病重，不肯起身。

周赧王五十八年(甲辰，公元前257年)

1 十月，秦王免除白起官爵，贬为士兵，把他迁到阴密。十二月，秦王调动更多士兵驻扎在汾城旁。被贬为士兵的白起因病，未能出征。各国援军向王龁进攻，王龁几次败退，告急使者往返于秦国，秦王羞恼，于是派人驱赶白起，不让他再滞留在咸阳城中。白起起身出了咸阳西门十里，到达杜邮。秦王又与应侯范雎等群臣议论说："白起迁走时，怏怏不服，还有别的怨言。"秦王便派使者前去赐给他宝剑示意自裁，白起于是自杀。秦国人可怜他，城乡都祭祀他的灵位。

魏公子无忌大破秦师于邯郸下,王龁解邯郸围走。郑安平为赵所困,将二万人降赵,应侯由是得罪。

公子无忌既存赵,遂不敢归魏,与宾客留居赵,使将将其军还魏。赵王与平原君计,以五城封公子。赵王扫除自迎,执主人之礼,引公子就西阶。公子侧行辞让,从东阶上,自言罪过,以负于魏,无功于赵。赵王与公子饮至暮,口不忍献五城,以公子退让也。赵王以鄗为公子汤沐邑。魏亦复以信陵奉公子。公子闻赵有处士毛公隐于博徒,薛公隐于卖浆家,欲见之;两人不肯见,公子乃间步从之游。平原君闻而非之。公子曰:"吾闻平原君之贤,故背魏而救赵。今平原君所与游,徒豪举耳,不求士也。以无忌从此两人游,尚恐其不我欲也,平原君乃以为羞乎!"为装欲去。平原君免冠谢,乃止。

平原君欲封鲁连,使者三返,终不肯受。又以千金为鲁连寿,鲁连笑曰:"所贵于天下士,为人排患释难解纷乱而无取也。即有取,是商贾之事也!"遂辞平原君而去,终身不复见。

2 秦太子之妃曰华阳夫人,无子;夏姬生子异人。异人质于赵,秦数伐赵,赵人不礼之。异人以庶孽孙质于诸侯,车乘进用不饶,居处困不得意。

阳翟大贾吕不韦适邯郸,见之,曰:"此奇货可居!"乃往见异人,说曰:"吾能大子之门!"异人笑曰:"且自大君之门!"不韦曰:"子不知也,吾门待子门而大。"异人心知所谓,

魏无忌率领援军在邯郸城下大破秦军，王龁撤除邯郸围军退走。另一秦将郑安平被赵军包围，率领两万人投降赵国，重用郑安平的范雎因此也被秦王治罪。

魏无忌救下赵国以后，也不敢再回魏国，与门下宾客留在赵国居住，派将军指挥军队回国。赵王与平原君赵胜商议，用五个城来赐封魏无忌。赵王布置打扫，亲自前去迎接魏无忌，以主人的礼节对待，引他由西面台阶登上大殿。魏无忌侧着身子辞让，从降一等级的东面台阶走上，自己口中说着罪过罪过，已经辜负了魏国，对赵国也没有什么功劳。赵王与魏无忌一直饮酒到天黑，因为魏无忌过于谦让，赵王始终不好意思说出送给他五个城的事。最后，赵王把鄗城送给魏无忌，作为汤沐邑。后来，魏国也仍把魏无忌的原封地信陵送还给他。魏无忌听说赵国有个高士毛公隐居在赌徒之中，还有个薛公隐居在卖酒人家，想与他们见面，两人不肯见，魏无忌便徒步前去拜访，同他们交往。平原君赵胜听说后，不以为然。魏无忌便说：“我听说平原君是个贤德之人，才背弃魏国前去援救赵国。现在看他与一些人结交，只不过是阔绰的举动，不是为访求人才。我魏无忌跟毛、薛二位交往，心里还害怕他们不愿意接纳我，平原君竟然认为这是羞耻！”于是整备行装，想离开赵国。赵胜急忙前去摘下帽子谢罪，魏无忌才留下。

平原君又想封赏鲁仲连，使者三次前往，他都不肯接受。赵胜又送去千金为鲁仲连祝寿，鲁仲连笑着说：“天下名士最看重的是，为别人排除困难、解决纠纷而无所要求。如果有所谋取，那就是商人的行为了！”于是告别平原君赵胜，终身不再来见他。

2　秦国太子的夫人名叫华阳夫人，没有儿子；另一个夏姬生有儿子嬴异人。异人在赵国做人质，秦国几次攻打赵国，赵国人因此对他很不友善。异人又因为是秦王的庶孙，在国外做人质，车马及日常供给都不充盈，生活窘困，郁郁不得志。

阳翟有个大商人吕不韦去邯郸，见到嬴异人，说：“这是可以囤积起来卖好价钱的奇货呀！”于是前去拜见异人，说：“我可以提高你的门第！”异人笑着说：“你先提高自己的门第吧！”吕不韦说：“你不知道，我的门第要靠你的门第来提高。”异人心中知道他有所指，

乃引与坐,深语。不韦曰:"秦王老矣。太子爱华阳夫人,夫人无子。子之兄弟二十馀人,子傒有秦国之业,士仓又辅之。子居中,不甚见幸,久质诸侯。太子即位,子不得争为嗣矣。"异人曰:"然则奈何?"不韦曰:"能立适嗣者,独华阳夫人耳。不韦虽贫,请以千金为子西游,立子为嗣。"异人曰:"必如君策,请得分秦国与君共之。"不韦乃以五百金与异人,令结宾客;复以五百金买奇物玩好,自奉而西。见华阳夫人之姊,而以奇物献于夫人,因誉子异人之贤,宾客遍天下,常日夜泣思太子及夫人,曰:"异人也以夫人为天!"夫人大喜。不韦因使其姊说夫人曰:"夫以色事人者,色衰则爱弛。今夫人爱而无子,不以繁华时蚤自结于诸子中贤孝者,举以为适,即色衰爱弛,虽欲开一言,尚可得乎?今子异人贤,而自知中子不得为适,夫人诚以此时拔之,是子异人无国而有国,夫人无子而有子也,则终身有宠于秦矣。"夫人以为然,承间言于太子曰:"子异人绝贤,来往者皆称誉之。"因泣曰:"妾不幸无子,愿得子异人立以为子以托妾身!"太子许之,与夫人刻玉符,约以为嗣,因厚馈遗异人,而请吕不韦傅之。异人名誉盛于诸侯。

吕不韦娶邯郸诸姬绝美者与居,知其有娠,异人从不韦饮,见而请之。不韦佯怒,既而献之。孕期年而生子政,异人遂以为夫人。邯郸之围,赵人欲杀之,异人与不韦行金六百斤予守者,脱亡赴秦军,遂得归。异人楚服而见华阳夫人,夫人曰:"吾楚人也,当自子之。"因更其名曰楚。

便邀他一起坐下深谈。吕不韦说："秦王老了。太子宠爱华阳夫人，而华阳夫人却没有儿子。你兄弟二十馀人中，子傒是长子，有继承秦国的条件，又有士仓辅佐他。你排行居中，不太受重视，长久在外做人质。如果太子即位做秦王，你很难争得继承人的地位。"异人说："那怎么办呢？"吕不韦说："能够确立嫡子继承人的，只有华阳夫人。我吕不韦虽然不算富，也愿意拿出千金为你到西边去游说，让她立你为继承人。"异人说："如果能实现你说的计划，我愿意分割秦国与你共享。"吕不韦于是拿出五百金给异人，让他广交天下宾客；又用五百金置买奇宝珍玩，自己携带前去秦国。他见到华阳夫人的姐姐，通过她把珍宝献给华阳夫人，趁机称赞异人贤明，宾客遍天下，常常日夜哭着思念太子和华阳夫人，说："异人把夫人当做自己的上天！"华阳夫人听了大喜。吕不韦又通过她姐姐劝说华阳夫人："靠容貌侍奉别人，年老色衰则恩爱衰弛。现在夫人虽受到宠爱却没有儿子，不趁着年华正盛自己早些在各个儿子中选一个贤良孝顺的，推举他为嫡子，等到年老恩爱淡漠时，即便想说一句话，还做得到吗？现在异人贤明，又知道自己排行居中，做不了嫡子，夫人如果这时候提拔他，异人就从无国变成了有国，夫人也从无子变成了有子，便会终身在秦国得到宠幸。"华阳夫人认为说的很对，抓住机会便对太子说："儿子异人非常贤明，来来往往的人都称誉他。"又哭道："我不幸没有生儿子，想把异人立为自己的儿子，使后半辈子有个依靠！"太子答应了她，与华阳夫人刻下玉符，约定异人为继承人，于是送给异人丰厚财物，并请吕不韦辅佐他。异人的名望声誉从此在各国盛传。

吕不韦娶了一位邯郸美女中最美的，与他同居，知道她已怀孕，一次，异人与吕不韦饮酒，见到这位女子，便想要。吕不韦假装动怒，不久又将她献给异人。这位女子怀孕一年后生下儿子，名叫嬴政，异人便把她立为正室夫人。邯郸被秦兵围困时，赵国人想杀死异人，异人与吕不韦用六百金送给看守，脱身逃到秦军中，于是得以回国。异人身穿楚国服装前去见华阳夫人，夫人说："我是楚人啊！我把你当作亲生儿子。"于是把他的名字改为楚。

五十九年(乙巳,前 256)

1 秦将军摎伐韩,取阳城、负黍,斩首四万。伐赵,取二十馀县,斩首虏九万。赧王恐,背秦,与诸侯约从,将天下锐师出伊阙攻秦,令无得通阳城。秦王使将军摎攻西周,赧王入秦,顿首受罪,尽献其邑三十六,口三万。秦受其献,归赧王于周。是岁,赧王崩。

周赧王五十九年(乙巳,公元前256年)

1　秦国派名叫摎的将军进攻韩国,夺取阳城、负黍,杀死四万人。再进攻赵国,夺取二十几个县,杀死、俘虏九万人。周赧王十分恐惧,便背弃秦国,与各国联合抗秦,派各国精锐部队出伊阙进攻秦国,使秦国不能通行到阳城。秦王派将军摎进攻西周,周赧王来到秦国,叩头领罪,献出全部三十六个城市,三万人口。秦王接受了他的进献,放周赧王回到东周。这一年,周赧王去世。

卷第六　秦纪一

起丙午(前 255)尽癸酉(前 228)凡二十八年

昭襄王
五十二年(丙午，前 255)

1　河东守王稽坐与诸侯通，弃市。应侯日以不怿。王临朝而叹，应侯请其故。王曰："今武安君死，而郑安平、王稽等皆畔，内无良将而外多敌国，吾是以忧！"应侯惧，不知所出。

燕客蔡泽闻之，西入秦，先使人宣言于应侯曰："蔡泽，天下雄辩之士；彼见王，必困君而夺君之位。"应侯怒，使人召之。蔡泽见应侯，礼又倨，应侯不快，因让之曰："子宣言欲代我相，请闻其说。"蔡泽曰："吁，君何见之晚也！夫四时之序，成功者去。君独不见夫秦之商君、楚之吴起、越之大夫种，何足愿与？"应侯谬曰："何为不可！此三子者，义之至也，忠之尽也。君子有杀身以成名，死无所恨。"蔡泽曰："夫人立功，岂不期于成全邪！身名俱全者，上也；名可法而身死者，次也；名僇辱而身全者，下也。夫商君、吴起、大夫种，其为人臣尽忠致功，则可愿矣。闳夭、周公，岂不亦忠且圣乎？三子之可愿，孰与闳夭、周公哉？"应侯曰："善。"蔡泽曰："然则君之主惇厚旧故，不倍功臣，孰与孝公、楚王、越王？"曰："未知何如。"蔡泽曰："君之功能孰与三子？"曰："不若。"蔡泽曰：

昭襄王
秦昭襄王五十二年(丙午,公元前 255 年)

1　河东郡郡守王稽因犯通敌罪被判斩弃于市。应侯范雎为此闷闷不乐。昭襄王嬴稷在坐朝治事时发声长叹,范雎询问其缘故。昭襄王说:"现在武安君白起已死,郑安平、王稽等又都背叛了,国家内无良将,外却有许多敌国,我因此而忧虑!"范雎颇为恐惧,也想不出什么好办法。

客居的燕国人蔡泽听说了这件事,便向西进入秦国,先让人向范雎扬言说:"蔡泽是天下能言善辩之士,他一见到秦王,就必会使秦王为难您,进而夺取您的位置。"范雎很生气,遣人召蔡泽来见。蔡泽进见时态度傲慢不敬,使范雎大为不快,因此斥责他说:"你扬言要取代我作秦国的相国,那就让我听听你的根据。"蔡泽说:"唉,您见事何其迟啊!四个季节按春生、夏长、秋实、冬藏的次序,各完成它的功能而转换下去。您难道没有看到秦国的商鞅、楚国的吴起、越国的文种的下场吗?这有什么值得羡慕的呢?"范雎辩驳说:"有什么不可以的!这三个人的表现是节义的准则,忠诚的典范呀!君子可以杀身成名,死而无憾。"蔡泽说:"人们要建功立业,怎么会不期望着功成名就、全身而退呢!性命与功名都能保全的,是上等的愿望;功名可以为后人景仰效法而性命却已失去的,就次一等了;声名蒙受耻辱而自身得以苟全的,便是最下一等的了。商鞅、吴起、文种,他们作为臣子竭尽全力忠于君主取得了功名,这是可以为人仰慕的。但是闳夭、周公不也是既忠心耿耿又道德高尚、智慧过人吗?从君臣关系上说,那三人虽然令人仰慕,可又哪里比得上闳夭、周公啊?"范雎说:"是啊。"蔡泽说:"如此说来,您的国君在笃念旧情、不背弃有功之臣这点上与秦孝公、楚悼王、越王相比怎么样呢?"范雎说:"我不知道能不能比。"蔡泽说:"那么您与商鞅等三人相比,谁的功绩更大呢?"范雎说:"我不如他们。"蔡泽说:

"然则君身不退,患恐甚于三子矣。语曰:'日中则移,月满则亏。'进退赢缩,与时变化,圣人之道也。今君之怨已雠而德已报,意欲至矣而无变计,窃为君危之!"应侯遂延以为上客,因荐于王。王召与语,大悦,拜为客卿。应侯因谢病免。王新悦蔡泽计画,遂以为相国。泽为相数月,免。

2 楚春申君以荀卿为兰陵令。荀卿者,赵人,名况,尝与临武君论兵于赵孝成王之前。王曰:"请问兵要。"临武君对曰:"上得天时,下得地利,观敌之变动,后之发,先之至,此用兵之要术也。"荀卿曰:"不然。臣所闻古之道,凡用兵攻战之本,在乎一民。弓矢不调,则羿不能以中;六马不和,则造父不能以致远;士民不亲附,则汤、武不能以必胜也。故善附民者,是乃善用兵者也。故兵要在乎附民而已。"临武君曰:"不然。兵之所贵者势利也,所行者变诈也。善用兵者感忽悠暗,莫知所从出。孙、吴用之,无敌于天下,岂必待附民哉!"荀卿曰:"不然。臣之所道,仁人之兵,王者之志也。君之所贵,权谋势利也。仁人之兵,不可诈也。彼可诈者,怠慢者也,露袒者也,君臣上下之间滑然有离德者也。故以桀诈桀,犹巧拙有幸焉。以桀诈尧,譬之以卵投石,以指挠沸,若赴水火,入焉焦没耳。故仁人之兵,上下一心,三军同力;臣之于君也,下之于上也,若子之事父,弟之事兄,若手臂之扞头目而覆胸腹也。诈而袭之,与先惊而后击之,一也。且仁人用十里之国则将有百里之听,用百里之国则将有千里之听,

"这样的话,如果您还不引退,将遇到的灾祸恐怕要比那三位更严重了。俗话说:'日中则移,月满则亏。'进退伸缩,随时势的变化进行调整以求适应,是圣人的法则。现在您仇也报了,恩也报了,心愿完全得到满足却还不作变化的打算,我私下里为您担忧!"范雎于是将蔡泽奉为上宾,并把他推荐给昭襄王。秦王召见蔡泽,与他交谈,十分喜爱他,便授与他客卿的职位。范雎随即以生病为借口辞去了相国之职。昭襄王一开始就赞赏蔡泽的计策,便任命他为相国。但蔡泽任相国几个月后,即被免职。

2 楚国春申君黄歇任用荀卿为兰陵县令。荀卿是赵国人,名况,曾经与临武君在赵国国君孝成王赵丹面前辩论用兵之道。孝成王说:"请问什么是用兵的要旨?"临武君回答道:"上得天时,下得地利,观察敌人的变化动向,比敌人后发兵而先到达,这即是用兵的关键方略。"荀况说:"不是这样。我所听说的古人用兵的道理是,用兵攻战的根本,在于统一百姓。弓与箭不协调,就是善射的后羿也不能射中目标;六匹马不协力一致,即便善御的造父也无法将马车赶往远方;兵士与百姓不和睦如鱼水,即使商汤、周武王也不能有必胜的把握。因此,善于使百姓归附的人,才是善于用兵的人。所以用兵的要领在于使百姓依附。"临武君说:"并非如此。用兵所重视的是形势要有利,行动要讲究诡诈多变。善用兵的人,行事疾速、隐蔽,没有人料得到他会从哪里出动。孙武、吴起采用这种战术,天下无敌,不见得一定要依靠百姓的归附啊!"荀况说:"不对。我所说的,是仁人的用兵之道和要统治天下的帝王的志向。您所看重的是权术、谋略、形势、利害。而仁人用的兵,是不能被欺诈的。能够施用欺骗之术对付的,是那些骄傲轻慢的军队、疲惫衰弱的军队,以及君与臣、上级与下属之间不和相互离心离德的军队。因此用夏桀的诈术对付夏桀,还有弄巧成功或弄拙失败的可能。而用夏桀的骗术去对付尧,就如同拿鸡蛋掷石头,把手指伸进滚水中搅动,如同投身到水火之中,不是被烧焦,便是被淹死。故而仁人的军队,上下一条心,三军同出力;臣子对国君,下属对上级,犹如儿子侍奉父亲,弟弟侍奉哥哥,犹如用手臂保护头颅、眼睛、胸膛和腹部。这样的军队,用欺诈之术去袭击它,与先惊动了它而后才去攻击它,是一回事。况且,仁人若统治着十里的国家,他的耳目将遍及百里,若统治着百里的国家,他的耳目便将遍及千里,

用千里之国则将有四海之听，必将聪明警戒，和傅而一。故仁人之兵，聚则成卒，散则成列；延则若莫邪之长刃，婴之者断；兑则若莫邪之利锋，当之者溃；圜居而方止，则若盘石然，触之者角摧而退耳。且夫暴国之君，将谁与至哉？彼其所与至者，必其民也。其民之亲我欢若父母，其好我芬若椒兰；彼反顾其上则若灼黥，若仇雠。人之情，虽桀、跖，岂有肯为其所恶，贼其所好者哉！是犹使人之子孙自贼其父母也。彼必将来告，夫又何可诈也！故仁人用，国日明，诸侯先顺者安，后顺者危，敌之者削，反之者亡。《诗》曰'武王载发，有虔秉钺，如火烈烈，则莫我敢遏'，此之谓也。"

孝成王、临武君曰："善。请问王者之兵，设何道，何行而可？"荀卿曰："凡君贤者其国治，君不能者其国乱；隆礼贵义者其国治，简礼贱义者其国乱。治者强，乱者弱，是强弱之本也。上足印则下可用也；上不足印则下不可用也。下可用则强，下不可用则弱，是强弱之常也。齐人隆技击，其技也，得一首者则赐赎锱金，无本赏矣。是事小敌毳，则偷可用也；事大敌坚，则涣焉离耳。若飞鸟然，倾侧反覆无日，是亡国之兵也，兵莫弱是矣，是其去赁市佣而战之几矣。魏氏之武卒，以度取之；衣三属之甲，操十二石之弩，负矢五十个，置戈其上，冠胄带剑，赢三日之粮，日中而趋百里。中试则复其户，利其田宅。是其气力数年而衰，而复利未可夺也，

若统治着千里的国家,他的耳目就会遍及天下,这样,他必将耳聪目明、机警而有戒备,和众如一。因此仁人的军队,集结起来即为一支支百人的部队,分散开时便可各自为战;延长伸展好似莫邪宝剑的长刃,碰上的即被斩断;短兵精锐仿佛莫邪宝剑的利锋,遇到的即被瓦解;安营扎寨稳如磐石,顶撞它的,触即遭摧折而退却。再说那暴虐国家的君主,他所依靠的是什么呢? 他所依靠的,只能是他的百姓。而他的百姓爱我就如同爱他的父母,喜欢我就如同喜欢芬芳的椒兰;反之,想起他的君主好似畏惧遭受烧灼黥刑,好似面对不共戴天的仇敌一般。人之常情,即便是夏桀、盗跖,也不会为他所厌恶的人去残害他所喜爱的人! 这就犹如让人的子孙去杀害自己的父母。如此,百姓一定会前来告发君主,那又有什么诈术可施呢! 所以,由仁人治理国家,国家将日益强盛,各诸侯国先来归顺的则得到安定,后来依附的即遭遇危难;相对抗的将被削弱,进行反叛的即遭灭亡。《诗经》说:'商汤竖起大旗,诚敬地握着斧钺,势如熊熊烈火,谁敢把我阻拦?'正是说的这种情况。"

孝成王、临武君说:"对啊。那么请问王者用兵,应该建立什么教令、如何行动才好呢?"荀况答道:"总的说来,君王贤明的,国家就太平;君王无能的,国家就混乱;推崇礼教、尊重仁义的,国家就治理得好;荒废礼教、鄙视仁义的,国家就动荡不安。秩序井然的国家便强大,纲纪紊乱的国家便衰弱,这即是强与弱的根本所在。君王的言行足以为人敬慕,百姓才可接受驱使;君王的言行不能为人景仰,百姓也就不会服从召唤。百姓可供驱使的,国家就强大;百姓不服调遣的,国家就衰弱,这即是强与弱的常理所在。齐国人重视兵家的技巧技击,施展技击之术,斩获一颗人头的,由官方赐八两金换回,不是有功同受赏。这样的军队遇到弱小的敌人,还可凑合着应付;一旦面对强大的敌军,就会涣然离散。如同天上的飞鸟,漫天穿行无拘无束,往返无常,这是亡国之军,没有比这种军队更衰弱的了,它与招募一群受雇佣的市井小人去作战相差无几。魏国按照一定的标准选拔武勇的士兵,择取时,让兵士披挂上全副铁甲,拉开十二石重的强弓,身背五十支利箭,手持戈,头戴盔,腰佩剑,携带三天的食粮,每日急行军一百里。达到这个标准的便为武勇之卒,即可被免除徭役,并分得较好的田地和住宅。但是这些士兵的气力几年后便开始衰退,而分配给他们的利益却无法再行剥夺,

改造则不易周也。是故地虽大，其税必寡，是危国之兵也。秦人，其生民也狭隘，其使民也酷烈，劫之以势，隐之以厄，忸之以庆赏，鳙之以刑罚，使民所以要利于上者，非斗无由也。使以功赏相长，五甲首而隶五家，是最为众强长久之道。故四世有胜，非幸也，数也。故齐之技击不可以遇魏之武卒，魏之武卒不可以遇秦之锐士，秦之锐士不可以当桓、文之节制，桓、文之节制不可以当汤、武之仁义，有遇之者，若以焦熬投石焉。兼是数国者，皆干赏蹈利之兵也，佣徒鬻卖之道也，未有贵上安制綦节之理也。诸侯有能微妙之以节，则作而兼殆之耳。故招延募选，隆势诈，上功利，是渐之也。礼义教化，是齐之也。故以诈遇诈，犹有巧拙焉；以诈遇齐，譬之犹以锥刀堕泰山也。故汤、武之诛桀、纣也，拱挹指麾，而强暴之国莫不趋使，诛桀、纣若诛独夫。故《泰誓》曰'独夫纣'，此之谓也。故兵大齐则制天下，小齐则治邻敌。若夫招延募选，隆势诈，上功利之兵，则胜不胜无常，代翕代张，代存代亡，相为雌雄耳。夫是谓之盗兵，君子不由也。"

即使改换办法也不容易做得周全。故而，魏国的疆土虽大，税收却必定不多，这样的军队便是危害国家的军队了。秦国，百姓生计困窘，国家的刑罚却非常严酷，君王借此威势胁迫百姓出战，让他们隐蔽于险恶的地势，战胜了就给以奖赏，使他们对此习以为常，而战败了便处以刑罚，使他们为此受到钳制，这样一来，百姓要想从上面获得什么好处，除了与敌拼杀外，没有别的出路。功劳和赏赐成正比例增长，只要斩获五个甲士的头，即可役使乡里的五家，这就是秦国比其他国家强大稳固的原因。所以，秦国得以四代相沿不衰，并非侥幸，而是有其必然性的。故此，齐国善技击术的军队无法抵抗魏国择勇武士兵的军队，魏国择勇武士兵的军队无法抵抗秦国精锐上进的军队；而秦国精锐的士兵却不能抵挡齐桓公、晋文公约束有方的军队；齐桓公、晋文公约束有方的士兵又不能抵挡商汤、周武王的仁义的军队，一旦遇上了，势必如用薄脆的东西去打石头，触之即碎。况且那几个国家培养的都是争求赏赐、追逐利益的将领和士兵，他们就如同雇工靠出卖自己的力气挣钱那样，毫无敬爱国君，愿为国君拼死效力，安于制度约束，严守忠孝仁义的气节、情操。诸侯中如果有哪一个能够精尽仁义之道，便可起而兼并那几个国家，使它们陷入危急的境地。故在那几个国家中，招募或选拔士兵，推重威势和变诈，崇尚论功行赏，渐渐成了习俗。但只有尊奉礼义教化，才能使全国上下一心，精诚团结。所以用诈术对付欺诈成俗的国家，还有巧拙之别；而若用诈术对付万众一心的国家，就犹如拿小刀去毁坏泰山了。所以商汤、周武王诛灭夏桀、商纣王时，从容指挥军队，强暴的国家也都臣服，甘受驱使，诛杀夏桀、商纣王，即如诛杀众叛亲离之人一般。《尚书·泰誓》中所说的'独夫纣'，就是这个意思。军队齐心协力、众志成城，便可掌握天下；军队尚能团结合作，便可惩治临近的敌国。至于那些征召、募选士兵，推重威势诈变，崇尚论功行赏的军队，则或胜或败，变化无常；有时收缩，有时扩张，有时生存，有时灭亡，强弱不定。这样的军队可称作盗贼之兵，而君子是不会这样用兵的。"

　　孝成王、临武君曰："善。请问为将。"荀卿曰："知莫大于弃疑，行莫大于无过，事莫大于无悔；事至无悔而止矣，不可必也。故制号政令，欲严以威；庆赏刑罚，欲必以信；处舍收藏，欲周以固；徙举进退，欲安以重，欲疾以速；窥敌观变，欲潜以深，欲伍以参；遇敌决战，必行吾所明，无行吾所疑；夫是之谓六术。无欲将而恶废，无怠胜而忘败，无威内而轻外，无见其利而不顾其害，凡虑事欲熟而用财欲泰，夫是之谓五权。将所以不受命于主有三：可杀而不可使处不完，可杀而不可使击不胜，可杀而不可使欺百姓，夫是之谓三至。凡受命于主而行三军，三军既定，百官得序，群物皆正，则主不能喜，敌不能怒，夫是之谓至臣。虑必先事而申之以敬，慎终如始，始终如一，夫是之谓大吉。凡百事之成也必在敬之，其败也必在慢之。故敬胜怠则吉，怠胜敬则灭；计胜欲则从，欲胜计则凶。战如守，行如战，有功如幸。敬谋无旷，敬事无旷，敬吏无旷，敬众无旷，敬敌无旷，夫是之谓五无旷。慎行此六术、五权、三至，而处之以恭敬、无旷，夫是之谓天下之将，则通于神明矣。"

孝成王、临武君说："对啊。那么还请问做将领的道理。"荀况说："谋虑最关键的是不猜疑犹豫，行动最重要的是不产生过失，做事最关键的是不后悔；事情做到没有反悔就可以了，不必一定要追求尽善尽美。所以制定号令法规，要严明以树立威信；赏功罚过，要公正无私以昭著信用；营垒、辎重，要周密防守以求严固；迁移、发动、前进、后退，要谨慎稳重，快速敏捷；探测敌情、观察敌人的变化，要行动机密，混入敌方将士之中；与敌军遭遇，进行决战，一定要打有把握的仗，不打无把握的仗；这些称为'六术'。不要为保住自己将领的职位和权力而放弃自己取胜的策略，去迁就迎合君王的主张；不要因胜利而松懈，忘记还有失败的可能；不要只注重对内树立威望，而轻视对外确立尊严；不要见到利益就不顾忌它的害处；考虑问题要仔细周详，动用钱财进行赏赐要慷慨大方；这些称为'五权'。此外，将领在三种情况下不接受君主的命令：可以杀死他，但不可令他率军进入绝境；可以杀死他，但不可令他率军攻打无法取胜的敌人；可以杀死他，但不可令他率军去欺凌百姓；这些称为'三至'。将领接受君主命令后即调动三军，三军各自到位，百官井然有序，各项事务均安排停当、纳入正轨，此时即便君主奖之也不能使之喜悦，敌人激之也不能使之愤怒，这样的将领是最善于治军的将领。行事前必先深思熟虑，步步慎重，而且自始至终谨慎如一，这即叫作'大吉'。总之，各项事业，如果获得成功，必定是由于严肃对待这项事业；如果造成失败，必定是由于轻视这项事业。因此，严肃胜过懈怠，便能取得胜利，懈怠胜过严肃，便将自取灭亡；谋划胜过欲望，就事事顺利，欲望胜过谋划，就会遭遇不幸。作战如同守备一样，行动如同作战一样，获得成功则看作是侥幸取得。严肃制订谋略，不可废止；严肃处理事务，不可废止；严肃对待下属，不可废止；严肃对待兵众，不可废止；严肃对待敌人，不可废止，这些称为'五无旷'。谨慎地奉行以上'六术'、'五权'、'三至'，并恪守严肃不废止的原则，这样的将领便是天下无人能及的将领，便是可以上通神明的了。"

临武君曰:"善。请问王者之军制。"荀卿曰:"将死鼓,御死辔,百吏死职,上大夫死行列。闻鼓声而进,闻金声而退。顺命为上,有功次之。令不进而进,犹令不退而退也,其罪惟均。不杀老弱,不猎禾稼,服者不禽,格者不赦,奔命者不获。凡诛,非诛其百姓也,诛其乱百姓者也。百姓有捍其贼,则是亦贼也。以其顺刃者生,傃刃者死,奔命者贡。微子开封于宋,曹触龙断于军,商之服民,所以养生之者无异周人,故近者歌讴而乐之,远者竭蹶而趋之。无幽闲辟陋之国,莫不趋使而安乐之,四海之内若一家,通达之属莫不从服,夫是之谓人师。《诗》曰:'自西自东,自南自北,无思不服。'此之谓也。王者有诛而无战,城守不攻,兵格不击,敌上下相喜则庆之,不屠城,不潜军,不留众,师不越时,故乱者乐其政,不安其上,欲其至也。"临武君曰:"善。"

陈嚣问荀卿曰:"先生议兵,常以仁义为本,仁者爱人,义者循理,然则又何以兵为? 凡所为有兵者,为争夺也。"荀卿曰:"非汝所知也。彼仁者爱人,爱人,故恶人之害之也;义者循理,循理,故恶人之乱之也。彼兵者,所以禁暴除害也,非争夺也。"

临武君说:"有道理。那么请问圣明君王的军制又该怎样。"荀况说:"将领建旗击鼓号令三军,至死也不弃鼓奔逃;御手驾战车,至死也不放松缰绳;百官恪守职责,至死也不离开岗位;大夫尽心效力,至死也不脱离职守。军队听到鼓声即前进,听到锣声即后退。服从命令是最主要的,建功还在其次。命令不准前进而前进,犹如命令禁止后退还后退一样,罪过是相等的。不残杀老弱,不践踏庄稼,不追捕不战而退的人,不赦免相拒顽抗的人,不俘获跑来归顺的人。该诛杀时,诛杀的不是百姓,而是祸害百姓的人。但百姓中如果有保护敌人的,那么他也就成为敌人了。所以,不战而退的人生,相拒顽抗的人死,跑来归顺的人则被献给统帅。微子启因多次规劝商纣王,后归顺周王而受封为宋国国君,专门谄谀纣王的曹触龙被处以军中重刑,归附于周天子的商朝人待遇与周朝百姓没有区别,故而近处的人唱着歌欢乐地颂扬周天子,远方的人跌跌撞撞地前来投奔周天子。此外,不论是多么边远荒僻的国家,周天子也派人去关照,让百姓安居乐业,以至四海之内如同一家,周王朝恩威所能达到的属国,没有不服从、归顺的,这样的君王即叫作'人师',即为人表率的人。《诗经》说:'自西自东,自南自北,无思不服。'就是指的这个。圣明君王的军队施行惩处而不挑起战争,固守城池而不发动进攻,与敌对阵作战而不先行出击,敌人上上下下喜悦欢欣就庆贺,并且不洗劫屠戮敌方的城镇,不偷袭无防备的敌人,不使将士们长久地滞留在外,军队出动作战不超越计划的时间,如此,便使混乱国家的百姓都喜欢这种施政方式,而不安心于受自己国君的统治,希望这种君王的军队到来。"临武君说:"你说得不错。"

陈嚣问荀况说:"您议论用兵之道,总是以仁义为根本,而仁者爱人,义者遵循规律、法则,既然如此又怎么用兵打仗呢?一切用兵之事都是为了争夺、攻伐啊。"荀况说:"并非像你所理解的这样。所谓仁者爱人,正因为爱人,才憎恶害人的人;义者遵循规律、法则,正因为循理,才憎恶反叛、作乱的人。所以,用兵的目的在于禁暴除害,而不是为了争夺、攻伐。"

3　燕孝王薨,子喜立。

4　周民东亡。秦人取其宝器,迁西周公于惮狐之聚。

5　楚王迁鲁于莒而取其地。

五十三年(丁未,前254)

1　摎伐魏,取吴城。韩王入朝。魏举国听令。

五十四年(戊申,前253)

1　王郊见上帝于雍。

2　楚迁于钜阳。

五十五年(己酉,前252)

1　卫怀君朝于魏,魏人执而杀之,更立其弟,是为元君。元君,魏婿也。

五十六年(庚戌,前251)

1　秋,王薨,孝文王立。尊唐八子为唐太后,以子楚为太子。赵人奉子楚妻子归之。韩王衰绖入吊祠。

2　燕王喜使栗腹约欢于赵,以五百金为赵王酒。反而言于燕王曰:“赵壮者皆死长平,其孤未壮,可伐也。”王召昌国君乐间问之,对曰:“赵四战之国,其民习兵,不可。”王曰:“吾以五而伐一。”对曰:“不可。”王怒。群臣皆以为可,乃发二千乘,栗腹将而攻鄗,卿秦攻代。将渠曰:“与人通关约交,

3　燕国燕孝王去世,子姬喜即位。

4　周王朝的百姓向东逃亡。秦国人夺取了周王朝的宝鼎重器,并将西周文公姬咎迁移到悪狐之聚。

5　楚国考烈王将鲁国国君迁到莒地,夺取了鲁国的封地。

秦昭襄王五十三年(丁未,公元前 254 年)

1　秦国将领摎率军讨伐魏国,攻占了吴城。韩国国君前来朝见昭襄王。魏国全国听从秦王的号令。

秦昭襄王五十四年(戊申,公元前 253 年)

1　昭襄王在雍城南郊祭祀上帝。

2　楚国迁都至钜阳。

秦昭襄王五十五年(己酉,公元前 252 年)

1　卫国卫怀君到魏国都城大梁朝见魏王,魏国人将他抓住杀了,另立他的弟弟为卫国国君,是为元君。而元君是魏王的女婿。

秦昭襄王五十六年(庚戌,公元前 251 年)

1　秋季,秦昭襄王去世,子嬴柱即位,是为孝文王。孝文王尊奉生母唐八子为唐太后,立子嬴楚,即异人为太子。于是,赵国人便将嬴楚的妻子儿女送回秦国。韩国国君则穿着孝服来到秦国,入宗庙吊唁祭奠昭襄王。

2　燕国国君姬喜派使臣栗腹与赵王缔结友好盟约,并以五百金设置酒宴款待赵王。栗腹返回燕国后对燕王说:"赵国的壮年男子都死在长平之战中了,他们的孤儿还都没有长大成人,可以去进攻赵国。"燕王召见昌国君乐间,询问他的意见,乐间回答说:"赵国的四境都面临着强敌,需要四面抵抗,故国中百姓均已习惯于作战,不能去攻伐。"燕王说:"我可以用五个人来攻打赵国的一个人。"乐间答道:"那也不行。"燕王大怒。群臣都认为可以出兵攻赵,燕王便调动两千辆战车,一路由栗腹率领,进攻鄗城,一路由卿秦率领,进攻代地。大夫将渠说:"刚与赵国交换文件订立友好盟约,

以五百金饮人之王,使者报而攻之,不祥,师必无功。"王不听,自将偏军随之。将渠引王之绶,王以足蹴之。将渠泣曰:"臣非自为,为王也!"燕师至宋子,赵廉颇为将,逆击之,败栗腹于鄗,败卿秦、乐乘于代,追北五百馀里,遂围燕。燕人请和,赵人曰:"必令将渠处和。"燕王使将渠为相而处和,赵师乃解去。

3 赵平原君卒。

孝文王
元年(辛亥,前250)

1 冬,十月己亥,王即位,三日薨。子楚立,是为庄襄王。尊华阳夫人为华阳太后,夏姬为夏太后。

2 燕将攻齐聊城,拔之。或谮之燕王,燕将保聊城,不敢归。齐田单攻之,岁馀不下。鲁仲连乃为书,约之矢以射城中,遗燕将,为陈利害曰:"为公计者,不归燕则归齐。今独守孤城,齐兵日益而燕救不至,将何为乎?"燕将见书,泣三日,犹豫不能自决。欲归燕,已有隙;欲降齐,所杀虏于齐甚众,恐已降而后见辱。喟然叹曰:"与人刃我,宁我自刃!"遂自杀。聊城乱,田单克聊城。归,言鲁仲连于齐,欲爵之。仲连逃之海上,曰:"吾与富贵而诎于人,宁贫贱而轻世肆志焉!"

魏安釐王问天下之高士于子顺,子顺曰:"世无其人也。抑可以为次,其鲁仲连乎!"王曰:"鲁仲连强作之者,非体自然也。"子顺曰:"人皆作之。作之不止,乃成君子;作之不变,习与体成,则自然也。"

并用五百金置办酒席请赵王饮酒,而使臣一回来就发兵进攻人家,这是不吉利的,燕军队肯定无法获取胜利。"燕王不听将渠的劝阻,而且还亲自率领配合主力作战的部队随大军出发。将渠一把拉住燕王腰间结系印绶的丝带,燕王气得向他猛踢一脚。将渠哭泣着说:"我不是为了我自己,而是为大王您啊!"燕国的军队抵达宋子,赵王任命廉颇为将,率军迎击燕军,在鄗击败栗腹的部队,在代战胜卿秦、乐乘的部队,并乘胜追击燕军五百余里,顺势包围了燕国国都蓟城。燕王只得派人向赵国求和,赵国人说:"一定得让将渠前来议和才行。"于是,燕王便任命将渠为相国,前往赵国议和,赵国的军队方才退走。

3 这一年,赵国的平原君赵胜去世。

孝文王
秦孝文王元年(辛亥,公元前250年)

1 冬季,十月己亥(初四),孝文王正式登王位,在位仅三天就去世了。他的儿子嬴楚即位,是为秦庄襄王。庄襄王尊奉华阳夫人为华阳太后,尊奉生母夏姬为夏太后。

2 燕国的一位将领率军攻克了齐国的聊城。但是有人却在燕王面前说这个将领的坏话,这位将领因此而据守聊城,不敢返回燕国。齐国相国田单率军反攻聊城,为时一年多仍然无法攻克。齐人鲁仲连便写了一封信,捆在箭上射入城中给那位燕将,向他陈述利害关系说:"替您打算,您不是回燕国就是归附齐国。而现在您独守孤城,齐国的军队一天天增多,燕国的援兵却迟迟不到,您将怎么办呢?"燕将见信后低声哭泣了好几天,但仍然犹豫不决。他想还归燕国,可是已与燕国有了嫌隙;想投降齐国,又因杀戮、俘获的齐国人太多,而害怕降齐后会遭受屈辱。于是长叹道:"与其让人来杀我,不如我自杀!"便自刎身亡。聊城城内大乱,田单趁机攻下了聊城。田单凯旋后向齐王述说鲁仲连的功绩,并要授给他爵位。鲁仲连为此逃到海边,说:"我与其因获得富贵而屈从于他人,宁可忍受贫贱而能放荡不羁、随心所欲!"

魏国国君安釐王魏圉向孔斌询问谁是天下高士,孔斌说:"世上没有这种人。如果说可以有次一等的,那么这个人就是鲁仲连了!"安釐王说:"鲁仲连是强求自己这样做的,而不是他本性的自然流露。"孔斌说:"人都是要强求自己去做一些事情的。假如这样不停地做下去,便会成为君子;始终不变地这样做,习惯与本性渐渐相融合,也就成为自然的了。"

庄襄王

元年（壬子，前 249）

1 吕不韦为相国。

2 东周君与诸侯谋伐秦，王使相国帅师讨灭之，迁东周君于阳人聚。周既不祀。周比亡，凡有七邑：河南、洛阳、谷城、平阴、偃师、巩、缑氏。

3 以河南洛阳十万户封相国不韦为文信侯。

4 蒙骜伐韩，取成皋、荥阳，初置三川郡。

5 楚灭鲁，迁鲁顷公于卞，为家人。

二年（癸丑，前 248）

1 日有食之。

2 蒙骜伐赵，取榆次、狼孟等三十七城。

3 楚春申君言于楚王曰："淮北地边于齐，其事急，请以为郡而封于江东。"楚王许之。春申君因城吴故墟以为都邑。宫室极盛。

三年（甲寅，前 247）

1 王龁攻上党诸城，悉拔之，初置太原郡。

2 蒙骜帅师伐魏，取高都、汲。魏师数败，魏王患之，乃使人请信陵君于赵。信陵君畏得罪，不肯还，诫门下曰："有敢为魏使通者死！"宾客莫敢谏。毛公、薛公见信陵君曰："公子所以重于诸侯者，徒以有魏也。今魏急而公子不恤，一旦秦人克大梁，夷先王之宗庙，公子当何面目立天下乎！"语未卒，信陵君色变，趣驾还魏。魏王持信陵君而泣，以为上将军。信陵君使人求援于诸侯，诸侯闻信陵君复为魏将，皆遣兵救魏。信陵君率五国之师败蒙骜于河外，蒙骜遁走。信陵君追至函谷关，抑之而还。

庄襄王

秦庄襄王元年(壬子,公元前249年)

1　吕不韦任秦国的相国。

2　东周国国君与各诸侯国谋划着共同攻击秦国,庄襄王因此派吕不韦统帅军队讨灭了东周,将东周国君迁移到阳人聚。周王朝至此灭亡,再无人主持祭祀了。周国至灭亡时共有七邑:河南、洛阳、谷城、平阴、偃师、巩、缑氏。

3　庄襄王封相国吕不韦为文信侯,将河南洛阳十万户做他的封地。

4　秦将蒙骜攻打韩国,夺取了成皋、荥阳,始设置三川郡。

5　楚国灭亡了鲁国,把鲁顷公迁移到下,贬为平民。

秦庄襄王二年(癸丑,公元前248年)

1　出现日食。

2　秦将蒙骜攻打赵国,夺取了榆次、狼孟等三十七城。

3　楚国春申君对楚考烈王说:“淮北地区与齐国接壤,防务吃紧,请在那里设置边郡,并把我封到江东。”楚王答应了他的要求。春申君便在过去吴国的旧都上筑城,作为自己的都邑。他所营造的宫室都极为华丽。

秦庄襄王三年(甲寅,公元前247年)

1　秦国大将王龁率军进攻魏国上党郡各城,全部攻克,始设置太原郡。

2　秦将蒙骜率军进攻魏国,占领了高都和汲。魏军屡战屡败,魏安釐王为此而忧虑,便派人到赵国请信陵君魏无忌回国。信陵君惧怕归国后被判罪,不肯返回,并告诫他的门客说:“有胆敢给魏国使者通报消息的,处死!”于是,宾客都不敢规劝他。毛公、薛公为此拜见信陵君说:“您所以受到各国的敬重,只是因为强大的魏国还存在。现在魏国的情势危急,而您却毫不顾惜,如此,一旦秦国人攻陷了国都大梁,将先王的宗庙铲为平地,您当以何面目站在天下人的面前啊!”二人的话还未说完,信陵君已脸色大变,即刻驾车赶回魏国。魏王见到信陵君后握着他的手啜泣不止,随即便任命他为上将军。信陵君派人向各诸侯国求援,各国听说信陵君重又担任魏国的大将,都纷纷派兵援救魏国。信陵君率领五国联军在黄河以西击败蒙骜的军队,蒙骜带残部逃走。信陵君督师追击到函谷关,将秦军压制在关内后才领兵还魏。

安陵人缩高之子仕于秦,秦使之守管。信陵君攻之不下,使人谓安陵君曰:"君其遣缩高,吾将仕之以五大夫,使为执节尉。"安陵君曰:"安陵,小国也,不能必使其民。使者自往请之。"使吏导使者至缩高之所。使者致信陵君之命,缩高曰:"君之幸高也,将使高攻管也。夫父攻子守,人之笑也。见臣而下,是倍主也。父教子倍,亦非君之所喜。敢再拜辞!"使者以报信陵君,信陵君大怒,遣使之安陵君所曰:"安陵之地,亦犹魏也。今吾攻管而不下,则秦兵及我,社稷必危矣。愿君生束缩高而致之!若君弗致,无忌将发十万之师以造安陵之城下。"安陵君曰:"吾先君成侯受诏襄王以守此城也,手授太府之宪。宪之上篇曰:'臣弑君,子弑父,有常不赦。国虽大赦,降城亡子不得与焉。'今缩高辞大位以全父子之义,而君曰'必生致之',是使我负襄王之诏而废太府之宪也,虽死,终不敢行!"缩高闻之曰:"信陵君为人,悍猛而自用,此辞必反为国祸。吾已全己,无违人臣之义矣,岂可使吾君有魏患乎!"乃之使者之舍,刎颈而死。信陵君闻之,缟素辟舍,使使者谢安陵君曰:"无忌,小人也,困于思虑,失言于君,请再拜辞罪!"

王使人行万金于魏以间信陵君,求得晋鄙客,令说魏王曰:"公子亡在外十年矣,今复为将,诸侯皆属,天下徒闻信陵君而不闻魏王矣。"王又数使人贺信陵君:"得为魏王未也?"魏王日闻其毁,不能不信,乃使人代信陵君将兵。

魏国安陵人缩高的儿子在秦国供职，秦人让他负责守卫管城。信陵君率军攻管城不下，便派人去见安陵君说："如果您能遣送缩高到我这里来，我将授给他五大夫的军职，并让他担任执节尉。"安陵君说："安陵是个小国，百姓不一定都服从我的命令。还是请使者您自己前去邀请他吧。"于是就委派一个小官引导魏国的使者前往缩高的住地。使者向缩高传达了信陵君的命令，缩高听后说："信陵君之所以看重我，是为了让我出面去进攻管城。而做父亲的攻城，做儿子的却守城，这是要被天下人耻笑的。况且我的儿子如果见到我就放弃了他的职守，那便是背叛他的国君。做父亲的若是教儿子背叛，也不是信陵君所喜欢的行为。我冒昧地再拜，不能接受信陵君的旨令。"使者回报给信陵君，信陵君勃然大怒，又派使者到安陵君那里说："安陵国也是魏国的领地。现在我攻取不下管城，秦国的军队就会赶到这里来攻打我，这样一来，魏国肯定就危险了。希望您能将缩高活着捆送到我这里！如果您不肯这么做，我就将调动十万大军开赴安陵城下。"安陵君说："我的先代国君成侯奉魏襄王的诏令镇守此城，并亲手把太府中所藏的国法授给了我。国法的上篇说：'臣子杀君王，子女杀父亲，常法规定绝不赦免这类罪行。即使国家实行大赦，举城投降和临阵脱逃的人也都不能被赦免。'现在缩高推辞不受您要授与他的高位，以此成全他们的父子之义，而您却说'一定要将缩高活着捆送到我这里来'，如此便是要让我违背襄王的诏令并废弃太府所藏的国法啊，我纵然去死，也终归不敢执行您的指示！"缩高闻听这件事后说："信陵君这个人，性情凶暴蛮横，且刚愎自用，那些话必将给安陵国招致祸患。我已保全了自己的名声，没有违背作为臣子应尽的道义，既然如此，我又岂可让安陵君遭到来自魏国内部的危害呀！"于是便到使者居住的客舍，拔剑刎颈，自杀而死。信陵君获悉这一消息后，身着孝服避住到厢房，并派使者去对安陵君道歉说："我真是个小人啊，为要攻取管城的思虑所困扰，对您说了一些不该说的话，请让我再拜，为我的罪过向您道歉吧！"

庄襄王为了挑拨信陵君与魏王的关系，遣人携带万金前往魏国，寻找到被信陵君所杀的晋鄙的门客，让他去劝说魏王道："信陵君流亡国外十年，现在重新担任了魏国的大将，各诸侯国的将领都隶属于他，致使天下的人只听说有信陵君这个人，而不知道还有魏王您了。"庄襄王又多次派人奉送礼物给信陵君表示庆贺说："您做了魏国国君没有啊？"魏王天天都听到这类诽谤信陵君的话，不能不信，于是就令人代替信陵君统帅军队。

信陵君自知再以毁废，乃谢病不朝，日夜以酒色自娱，凡四岁而卒。韩王往吊，其子荣之，以告子顺，子顺曰："必辞之以礼！'邻国君吊，君为之主。'今君不命子，则子无所受韩君也。"其子辞之。

3　五月丙午，王薨。太子政立，生十三年矣，国事皆决于文信侯，号称仲父。

4　晋阳反。

始皇帝上
元年(乙卯，前246)
1　蒙骜击定之。

2　韩欲疲秦人，使无东伐，乃使水工郑国为间于秦，凿泾水自仲山为渠，并北山，东注洛。中作而觉，秦人欲杀之。郑国曰："臣为韩延数年之命，然渠成，亦秦万世之利也。"乃使卒为之。注填阏之水溉舄卤之地四万馀顷，收皆亩一钟，关中由是益富饶。

二年(丙辰，前245)
1　麃公将卒攻卷，斩首三万。

2　赵以廉颇为假相国，伐魏，取繁阳。赵孝成王薨，子悼襄王立，使武襄君乐乘代廉颇。廉颇怒，攻武襄君，武襄君走。廉颇出奔魏，久之，魏不能信用。赵师数困于秦，赵王思复得廉颇，廉颇亦思复用于赵。赵王使使者视廉颇尚可用否。廉颇之仇郭开多与使者金，令毁之。廉颇见使者，

信陵君明白自己第二次因别人的诋毁而被废黜了,便以生病为由不再朝见魏王参与议事,日夜饮酒作乐,沉湎于女色中,过了四年就死去了。韩国国君桓惠王亲至魏国吊丧,信陵君的儿子颇以此为荣,便将这件事告诉了孔斌,孔斌却说:"你一定要按照礼制推辞掉韩王的悼念活动!礼制规定:'邻国国君前往某国吊丧,这吊丧活动应由某国的国君来主持。'现在魏王并没有委命你代他主持悼念仪式,因此你也就没有资格去接待韩王来进行吊丧了。"信陵君的儿子便未接受韩王的吊丧。

3 五月丙午(二十六日),庄襄王去世。太子嬴政即位,这时才十三岁,所以一切国家大事都由文信侯吕不韦决定,他被称为"仲父"。

4 秦国属地晋阳反叛。

始皇帝上
秦始皇元年(乙卯,公元前 246 年)

1 秦国大将蒙骜率军平定了晋阳的叛乱。

2 韩国想要消耗秦国国力,使它不发兵东征,便派遣水利家郑国赴秦,游说秦国兴修水利,从仲山起,开凿一条引泾水、沿北山东注洛河的灌溉渠。工程进行中,秦国觉察到了韩国的意图,为此要杀郑国。郑国说:"我确是为韩国延长了几年的寿命,但是这条灌溉渠如果修成了,秦国也可享万世之利啊。"秦王于是命他继续主持施工,完成了此项工程。这条水渠引淤浊而有肥效的水灌溉盐碱地四万多顷,每亩的收成高达六斛四斗,秦国的关中一带因此更加富裕起来。

秦始皇二年(丙辰,公元前 245 年)

1 秦国将领麃公率军进攻魏国的卷地,斩杀三万人。

2 赵国任命廉颇代理相国之职,率军征伐魏国,攻取了繁阳。这时,赵国国君孝成王赵丹去世,他的儿子赵偃继位,是为悼襄王。悼襄王刚执政就令武襄君乐乘取代了廉颇。廉颇因此大怒,攻击乐乘,乐乘逃跑了。廉颇便逃奔到魏国的都城大梁,但他在魏很久,仍得不到信任重用。此时,赵国的军队多次遭秦军围困,赵王想重新任用廉颇,廉颇也渴望着再为赵国效力。赵王于是派使者前往大梁,观察廉颇是否还能被任用。廉颇的仇人郭开以重金贿赂那位使者,让他在赵王面前说廉颇的坏话。廉颇会见使者时,

一饭斗米,肉十斤,被甲上马,以示可用。使者还报曰:"廉将军虽老,尚善饭,然与臣坐,顷之三遗矢矣。"赵王以为老,遂不召。楚人阴使迎之。廉颇一为楚将,无功,曰:"我思用赵人!"卒死于寿春。

三年(丁巳,前244)

1　大饥。

2　蒙骜伐韩,取十二城。

3　赵王以李牧为将,伐燕,取武遂、方城。李牧者,赵之北边良将也,尝居代、雁门备匈奴,以便宜置吏,市租皆输入莫府,为士卒费,日击数牛飨士;习骑射,谨烽火,多间谍,为约曰:"匈奴即入盗,急入收保。有敢捕虏者斩!"匈奴每入,烽火谨,辄入收保不战。如是数岁,亦不亡失。匈奴皆以为怯,虽赵边兵亦以为吾将怯。赵王让之,李牧如故。王怒,使他人代之。岁馀,屡出战,不利,多失亡,边不得田畜。王复请李牧,李牧杜门称病不出。王强起之,李牧曰:"必欲用臣,如前,乃敢奉令。"王许之。李牧至边,如约。匈奴数岁无所得,终以为怯。边士日得赏赐而不用,皆愿一战。

有意一餐饭吃下一斗米、十斤肉,然后披挂铠甲,跃上战马,以此显示自己还可以率军去攻城陷阵。使者回到赵国后向赵王报告说:"廉将军虽然老了,但饭量还好,只是陪我坐着的时候,不一会就拉了三次屎。"赵王由此认为廉颇已经老了,便不再召他回国。楚王获悉了这一情况,即偷偷地派人到魏国去迎接廉颇。廉颇一担任楚国的将领后,就没有什么战功了,于是他感慨地说:"我真想指挥赵国的士兵啊!"最终死在了楚国的寿春。

秦始皇三年(丁巳,公元前244年)

1 秦国发生大饥荒。

2 秦将蒙骜率军进攻韩国,夺取了十二座城池。

3 赵国赵悼襄王任命李牧为大将,率军攻击燕国,占领了武遂、方城。李牧是赵国防守北部边疆的优秀将领,曾经领兵驻扎在代、雁门防备匈奴。根据当时的实际需要,他可以自行任用军吏官员,而城市的税收也都直接送到李牧的帐下,充作养兵的经费。李牧令人每天宰杀好几头牛,供给将士们食用,并指挥部队练习射箭和骑马,小心谨慎地把守烽火台,派出很多侦察人员打探敌情,同时申明纪律,号令说:"如果匈奴兵侵入边境进行掠夺,我军应立即收拾起人马、牛羊、物资等退入堡垒中固守。有胆敢逞强捕捉俘虏的,一律处斩!"如此,匈奴兵每次入侵,李牧的军队都严谨地点燃烽火报警,然后人马、物资退入堡垒中,只守不战。这样过了好几年,也没有什么伤亡损失。匈奴人因此全都认为李牧胆小,就连赵国的守边官兵也认为自己的将帅太胆小了。赵王为此而责备李牧,但李牧依旧维持老样子,不作变动。赵王怒不可遏,派其他人取代李牧统兵。此后一年多时间里,新任将领屡次率军迎击犯境的匈奴,结果屡次作战失利,损失惨重,而且使边境骚扰不断,百姓无法正常地耕作和放牧。赵王不得已又派人请李牧复出,李牧以生病为由闭门不出,拒绝接见来者。可是赵王坚持非让他重新出马不可,李牧无奈,便说:"如果一定要用我,必须允许我仍照从前的办法行事,我才敢接受您的命令。"赵王只好答应了他的要求。李牧重返北部边境,继续实行以往的办法。匈奴人几年来侵掠都毫无所获,但始终以为李牧是畏惧他们。守边军士每天得到赏赐却不被派去抗击匈奴,故都希望与匈奴人打一仗。

于是乃具选车得千三百乘,选骑得万三千匹,百金之士五万人,彀者十万人,悉勒习战,大纵畜牧、人民满野。匈奴小入,佯北不胜,以数十人委之。单于闻之,大率众来入。李牧多为奇陈,张左、右翼击之,大破之,杀匈奴十馀万骑。灭襜褴,破东胡,降林胡。单于奔走,十馀岁不敢近赵边。

先是,天下冠带之国七,而三国边于戎狄:秦自陇以西有绵诸、绲戎、翟、䝠之戎,岐、梁、泾、漆之北有义渠、大荔、乌氏、朐衍之戎;而赵北有林胡、楼烦之戎;燕北有东胡、山戎。各分散居溪谷,自有君长,往往而聚者百有馀戎,然莫能相一。其后义渠筑城郭以自守,而秦稍蚕食之,至惠王遂拔义渠二十五城。昭王之时,宣太后诱义渠王,杀诸甘泉,遂发兵伐义渠,灭之,始于陇西、北地、上郡筑长城以拒胡。赵武灵王北破林胡、楼烦,筑长城,自代并阴山下,至高阙为塞,而置云中、雁门、代郡。其后燕将秦开为质于胡,胡甚信之,归而袭破东胡,东胡却千馀里。燕亦筑长城,自造阳至襄平,置上谷、渔阳、右北平、辽东郡以拒胡。及战国之末而匈奴始大。

四年(戊午,前 243)

1 春,蒙骜伐魏,取畼、有诡。三月,军罢。

2 秦质子归自赵,赵太子出归国。

3 七月,蝗,疫。令百姓纳粟千石,拜爵一级。

4 魏安釐王薨,子景湣王立。

李牧于是备齐精选的战车一千三百辆,精选的战马一万三千匹,曾获过百金奖赏的勇士五万人,能拉硬弓的善射的士兵十万人,将他们全部组织起来,进行作战训练,并大力组织放牧,使放牧人遍布在边境田野。匈奴人小规模地入侵,李牧指令部队假败下来,且把数十人丢弃给匈奴。匈奴的单于听到这个消息后,即率军大举来犯。李牧多设奇阵,指挥部队从左、右两翼进行包抄,大破敌兵,斩杀匈奴十多万人马,乘胜灭掉了代地以北的胡族襜褴,攻破东胡,使林胡部族归降。匈奴单于领残兵逃奔而去,此后十多年不敢再接近赵国边境。

在此之前,天下的文明国家有七个,其中三国的边境与戎狄部族接壤:秦国自陇以西有绵诸、绲戎、翟、豲等部族,岐、梁、泾、漆以北有义渠、大荔、乌氏、朐衍等部族;赵国北部有林胡、楼烦等部族;燕国北部有东胡、山戎等部族。这些部族各自分散居住在山谷溪涧,有自己的君长,虽往往有一百多个部族聚集在一起,却没有一个部族能将各部族统一起来。稍后,义渠部开始修筑城池以求自守,秦国则慢慢地对它进行蚕食,到了惠王嬴驷时,攻占了它二十五座城池。及至昭襄王时,宣太后将义渠王引诱到甘泉杀了,随后发兵进攻义渠,灭掉了该部族,开始在陇西、北地、上郡等地修筑长城,以抵抗西北胡人的侵扰。赵国国君武灵王赵雍率军在北方击破林胡、楼烦等部族,自代经阴山下,到高阙,修筑长城,建立要塞,并设置了云中、雁门、代郡等郡。再以后,燕国的将领秦开曾在东胡作过人质,深得东胡的信任,返回燕国后率军袭击东胡,大破东胡兵,迫使它向北退却了一千多里。燕国于是也在造阳至襄平一线筑起长城,同时设置上谷、渔阳、右北平、辽东等郡,以抵御胡人的攻掠。直到战国末期,匈奴部族才开始强大起来。

秦始皇四年(戊午,公元前 243 年)

1 春季,秦将蒙骜进攻魏国,夺取了畅、有诡。在三月间,停止了进军。

2 秦国送到赵国做人质的王子回归秦国,赵国在秦国充当人质的太子赵初也返回了赵国。

3 七月,秦国发生蝗灾,瘟疫流行。国家下令:百姓凡缴纳粮食一千石的,即授给一级爵位。

4 魏国国君安釐王去世,子魏增即位,是为景湣王。

五年(己未,前242)

1 蒙骜伐魏,取酸枣、燕、虚、长平、雍丘、山阳等三十城;初置东郡。

2 初,剧辛在赵与庞煖善,已而仕燕。燕王见赵数困于秦,廉颇去而庞煖为将,欲因其敝而攻之,问于剧辛,对曰:"庞煖易与耳!"燕王使剧辛将而伐赵。赵庞煖御之,杀剧辛,取燕师二万。

3 诸侯患秦攻伐无已时。

六年(庚申,前241)

1 楚、赵、魏、韩、卫合从以伐秦,楚王为从长,春申君用事,取寿陵。至函谷,秦师出,五国之师皆败走。楚王以咎春申君,春申君以此益疏。观津人朱英谓春申君曰:"人皆以楚为强,君用之而弱。其于英不然。先君时,秦善楚,二十年而不攻楚,何也?秦逾黾厄之塞而攻楚,不便;假道于两周,背韩、魏而攻楚,不可。今则不然。魏旦暮亡,不能爱许、鄢陵,魏割以与秦,秦兵去陈百六十里。臣之所观者,见秦、楚之日斗也。"楚于是去陈,徙寿春,命曰郢。春申君就封于吴,行相事。

2 秦拔魏朝歌及卫濮阳。卫元君率其支属徙居野王,阻其山以保魏之河内。

秦始皇五年(己未,公元前242年)

1　秦将蒙骜讨伐魏国,攻克酸枣、燕、虚、长平、雍丘、山阳等三十城,开始设置东郡。

2　当初,剧辛在赵国时与庞煖关系极好,不久,他到燕国做了官。燕王见到赵国的军队多次被秦军所困,廉颇离去而由庞煖担任赵军统帅,便想乘赵衰败之机进攻它。为此,燕王询问剧辛的意见。剧辛回答道:"庞煖这个人是很容易对付的!"燕王便派剧辛率兵攻打赵国。赵军统帅庞煖指挥军队抵抗燕军,杀了剧辛,并俘获燕兵两万人。

3　各诸侯国为秦国不断地进行侵略兼并而担忧。

秦始皇六年(庚申,公元前241年)

1　楚、赵、魏、韩、卫结成南北合纵联盟,共同讨伐秦国,楚国楚考烈王担任纵约长,春申君执掌军务,夺取寿陵。大军进至函谷关。秦军出关迎战,五国的军队都大败而逃。楚王将联军的失利归罪于春申君,春申君因此渐渐被楚王疏远了。观津人朱英对春申君说:"人们都认为楚国本是一个强国,只是因为由您执掌事务才衰弱下去了。但我不这么看。先王在世时,秦国与楚国友善,二十年间从不攻击楚国,这是为什么呢?是因为秦国要越过黾厄要塞来进攻楚国,十分不便;而要借道西周与东周之间,背对着韩国和魏国来征伐楚,又为有后顾之忧不可行。但是现在不同了。魏国朝不保夕,随时都会被灭亡,根本无力顾及它的属地许、鄢陵,一旦魏国将这两地割让给秦,秦国军队距离楚国的都城陈就不过一百六十里了。我所看到的是,秦、楚两国天天陷于相互争斗之中了。"楚国于是将都城由陈迁至寿春,命名为郢。春申君即去到他的封国吴地,仍行使相国的职权。

2　秦军攻陷魏国的朝歌和卫国的都城濮阳。卫国卫元君率领他的宗族迁移到河内郡的野王居住,倚仗山势险阻,保有魏国的河内。

七年(辛酉,前240)

1　伐魏,取汲。

2　夏太后薨。

3　蒙骜卒。

八年(壬戌,前239)

1　魏与赵邺。

2　韩桓惠王薨,子安立。

九年(癸亥,前238)

1　伐魏,取垣、蒲。

2　夏,四月,寒,民有冻死者。

3　王宿雍。

4　己酉,王冠,带剑。

5　杨端和伐魏,取衍氏。

6　初,王即位,年少,太后时时与文信侯私通。王益壮,文信侯恐事觉,祸及己,乃诈以舍人嫪毐为宦者,进于太后。太后幸之,生二子,封毐为长信侯,以太原为毐国,政事皆决于毐。客求为毐舍人者甚众。王左右有与毐争言者,告毐实非宦者,王下吏治毐。毐惧,矫王御玺发兵,欲攻蕲年宫为乱。王使相国昌平君、昌文君发卒攻毐,战咸阳,斩首数百。毐败走,获之。秋,九月,夷毐三族;党与皆车裂灭宗;舍人罪轻者徙蜀,凡四千馀家。迁太后于雍萯阳宫,杀其二子。下令曰:"敢以太后事谏者,戮而杀之,断其四支,积于阙下!"死者二十七人。齐客茅焦上谒请谏。王使谓之曰:"若不见夫积阙下者邪?"对曰:"臣闻天有二十八宿,今死者二十七人,

秦始皇七年(辛酉,公元前240年)

1 秦军进攻魏国,夺取了汲。

2 秦国夏太后去世。

3 秦将蒙骜去世。

秦始皇八年(壬戌,公元前239年)

1 魏国将邺割让给赵国。

2 韩国国君桓惠王去世,子韩安即位。

秦始皇九年(癸亥,公元前238年)

1 秦军征伐魏国,攻克垣、蒲两城。

2 夏季,四月,天气骤然酷寒,秦国百姓有被冻死的。

3 秦王嬴政住宿在雍城。

4 己酉(二十日),秦王嬴政举行成年加冠礼,同时佩带宝剑。

5 秦国将领杨端和率军进攻魏国,夺取了衍氏。

6 当初,秦王嬴政即位时年龄尚幼,太后赵姬时常与文信侯吕不韦私通。嬴政渐渐长大,吕不韦担心此事败露,给自己招致祸患,便将自己的舍人嫪毐假充作宦官,进献给太后。太后非常宠幸嫪毐,与他生了两个儿子,并封嫪毐为长信侯,把太原作为毐国,国家政事都由他来决定。宾客中请求做嫪毐舍人的人非常多。嬴政身边有人曾与嫪毐发生过争执,因此告发嫪毐实际并不是阉割过的宦官,嬴政于是下令将嫪毐交给司法官吏治罪。嫪毐惊恐异常,便盗用御玺,假托秦王之命调兵遣将,企图攻击嬴政居住的蕲年宫,进行叛乱。嬴政派相国昌平君、昌文君发兵讨伐嫪毐,在咸阳展开大战,斩杀叛军数百人。嫪毐在兵败逃亡时被秦王的军队抓获。秋季,九月,嬴政下令诛灭嫪毐父族、母族、妻族三族,并将嫪氏党羽都处以车裂刑,夷灭这些党羽的宗族,舍人中因罪过较轻被放逐到蜀地的共四千多家。同时把太后迁移到雍城的萯阳宫囚禁起来,杀了她与嫪毐所生的两个儿子。嬴政还下令说:"有敢于为太后事对我进行规劝的,一律斩首,砍断四肢,堆积在宫阙之下!"于是,有二十七人为此而死。齐国的宾客茅焦通名求见秦王。嬴政派人告诉他说:"你难道没有看见那些堆积在宫阙之下的尸体吗?"茅焦回答说:"我听说天上有二十八个星宿,现在已经死了二十七个人了,

臣之来固欲满其数耳。臣非畏死者也!"使者走入白之。茅焦邑子同食者,尽负其衣物而逃。王大怒曰:"是人也,故来犯吾,趣召镬烹之,是安得积阙下哉!"王按剑而坐,口正沫出。使者召之入,茅焦徐行至前,再拜谒起,称曰:"臣闻有生者不讳死,有国者不讳亡;讳死者不可以得生,讳亡者不可以得存。死生存亡,圣主所欲急闻也,陛下欲闻之乎?"王曰:"何谓也?"茅焦曰:"陛下有狂悖之行,不自知邪?车裂假父,囊扑二弟,迁母于雍,残戮谏士,桀、纣之行不至于是矣!今天下闻之,尽瓦解,无向秦者,臣窃为陛下危之!臣言已矣!"乃解衣伏质。王下殿,手自接之曰:"先生起就衣,今愿受事!"乃爵之上卿。王自驾,虚左方,往迎太后,归于咸阳,复为母子如初。

7　楚考烈王无子,春申君患之,求妇人宜子者甚众,进之,卒无子。赵人李园持其妹欲进诸楚王,闻其不宜子,恐久无宠,乃求为春申君舍人。已而谒归,故失期而还。春申君问之,李园曰:"齐王使人求臣之妹,与其使者饮,故失期。"春申君曰:"聘入乎?"曰:"未也。"春申君遂纳之。既而有娠,李园使其妹说春申君曰:"楚王贵幸君,虽兄弟不如也。

我来原本就是为了凑够那二十八位数的。我可不是那种怕死的人!"使者跑回去向嬴政报告了茅焦的话。与茅焦住在一起的同乡因害怕受牵连,都背负衣物四散逃亡了。嬴政闻听使者的回报后怒发冲冠,说:"这个家伙,竟敢故意冒犯我,快取大锅来把他煮杀了,看他还如何为凑满二十八星宿而堆尸在宫阙下!"嬴政手按宝剑坐在那里,口中唾沫星乱飞。使者召茅焦进见,茅焦缓缓走上前来,伏地一拜再拜后起身,说:"我听说有生命的人不忌讳谈人死,有国家的人不忌讳谈国亡;避忌死的人不能维持人的生命,避忌亡的人也不能保证国家的生存。有关生死存亡的道理,是圣明的君主急于要了解的,陛下想不想听我说一说呢?"嬴政道:"你要谈的是什么啊?"茅焦说:"陛下有狂妄悖理的行为,难道自己没有意识到吗?车裂假父嫪毐,把两个弟弟装进囊袋中打死,将母亲迁移到雍囚禁起来,并残杀敢于进行规劝的臣子,即使是夏桀、商纣王的行为也不至于暴虐到这个地步!如今只要天下的人听说了这些暴行,秦国的向心力必然涣散瓦解,再也不会有人向往秦国了,我为此私下里替陛下担忧!我的话都说完了!"于是便解开衣服,伏身在刑具上,等待受刑。嬴政闻言顿悟,匆忙下殿,亲自扶起他说:"您请起身穿好衣服,我现在愿意接受您的劝告!"随即授给他上卿的爵位。嬴政还亲自驾车,空出左边的尊位,往雍城迎接太后返回都城咸阳,母子关系和好如初。

7　楚国楚考烈王没有儿子,春申君为此非常忧虑,遍寻许多能生育的妇女进献给楚王,但是她们最终仍没有为楚王生下儿子。赵国人李园带来他的妹妹想要献给楚王,可听说楚王不能养儿子,便担心时间久了,自己的妹妹会失去楚王的宠幸,于是他请求服侍春申君,做春申君的舍人。不久,李园告假回赵国探亲,故意超过期限才返归春申君处。春申君问他超期的原因,他说:"齐国国君派人求娶我的妹妹,我陪那位使者饮酒,所以耽误了归期。"春申君说:"已经下聘礼订婚了吗?"李园答道:"还没有。"于是春申君便将李园的妹妹纳为妾。没过多久,李园的妹妹怀了身孕,李园便让她去劝说春申君道:"楚王非常宠信您,即便是他的亲兄弟也比不上。

今君相楚二十馀年而王无子，即百岁后将更立兄弟，彼亦各贵其故所亲，君又安得常保此宠乎！非徒然也，君贵，用事久，多失礼于王之兄弟，兄弟立，祸且及身矣。今妾有娠而人莫知，妾幸君未久，诚以君之重，进妾于王，王必幸之。妾赖天而有男，则是君之子为王也。楚国尽可得，孰与身临不测之祸哉！"春申君大然之，乃出李园妹，谨舍而言诸楚王。王召入，幸之，遂生男，立为太子。

李园妹为王后，李园亦贵用事，而恐春申君泄其语，阴养死士，欲杀春申君以灭口；国人颇有知者。楚王病，朱英谓春申君曰："世有无望之福，亦有无望之祸。今君处无望之世，事无望之主，安可以无无望之人乎！"春申君曰："何谓无望之福？"曰："君相楚二十馀年矣，虽名相国，其实王也。王今病，旦暮薨，薨而君相幼主，因而当国，王长而反政，不即遂南面称孤，此所谓无望之福也。""何谓无望之祸？"曰："李园不治国而君之仇也，不为兵而养死士之日久矣。王薨，李园必先入，据权而杀君以灭口，此所谓无望之祸也。""何谓无望之人？"曰："君置臣郎中，王薨，李园先入，臣为君杀之，此所谓无望之人也。"春申君曰："足下置之。李园，弱人也，仆又善之，

如今您任楚国的相国二十多年了,可楚王依旧没有得到儿子,如此,待他去世后将改立他的兄弟为国君,而新国君也必定要使他的旧亲信分别得到显贵,这样的话,您又如何能永久地保持住您的荣宠地位呀!非但如此,由于您受楚王宠幸,长期执掌国事,肯定对楚王的兄弟有过许多失礼的地方,一旦他们登上王位,您就要大祸临头了。现在我身怀有孕,可还无人知晓,何况我获您宠爱时间不长,倘若果以您的尊贵身份,将我进献给楚王,一定会得到他的宠幸。如果我依赖上天的恩赐生下一个男孩儿,那么就是您的儿子要继位为王了。这样一来,楚国便全都是您的了,这与在新君主统治下面临难以预料的灾祸相比,哪一个结果更好呢?"春申君大为赞同,便将李园的妹妹送出府,安置在馆舍中居中,派人谨慎地守护,然后向楚王推荐她。楚王即把她召进宫中,并且很宠爱她,不久,李园的妹妹果然生了个儿子,被立为太子。

李园的妹妹成为王后后,李园也随着地位显赫,当权主事,但是他又深恐春申君将他曾指使妹妹说过的话泄漏出去,便暗中收养敢死的武士,准备让他们去杀春申君灭口;居住在楚国都城中的人有不少知道这件事情的。不久,楚王卧病不起,朱英对春申君说:"世上有未预料到而来的洪福,也有未预料到而来的灾祸。现在您处于生死变化不定的社会之中,为喜怒无常的君王效力,身边怎么能没有您尚未预料却忽然来到的帮手呢?"春申君说:"什么叫作'未预料到而来的洪福'呢?"朱英答道:"您担任楚国的相国二十多年了,虽然名义上是相国,实际上却已相当于国君了。如今楚王病重,随时都会死去,一旦病故,您即可辅助幼主,从而掌握国家大权,待幼主成年后再还政给他,或者干脆就面南而坐,自称为王,这便是所谓的'未预料到而来的洪福'了。"春申君又问:"那么什么是'未预料到而来的灾祸'呢?"朱英说:"李园不治理国事,却是您的仇敌;不管军务统率军队,却长期以来豢养一些勇士。如此,楚王一去世,李园必定抢先入宫夺权,杀您灭口,这即是所谓的'未预料到而来的灾祸'。"春申君再问道:"这样说来,'尚未预料却忽然来到的帮手'又是怎么回事呢?"朱英回答:"您将我安置在郎中的职位上,待楚王去世,李园抢先入宫时,我替您杀了他除掉后患,这就是所谓的'尚未预料却忽然来到的帮手'。"春申君说:"您就不必过问这些事了。李园是个软弱无能的人,况且我又对他很好,

且何至此!"朱英知言不用,惧而亡去。后十七日,楚王薨,李园果先入,伏死士于棘门之内。春申君入,死士侠刺之,投其首于棘门之外。于是使吏尽捕诛春申君之家。太子立,是为幽王。

扬子《法言》曰:"或问信陵、平原、孟尝、春申益乎?"曰:"上失其政,奸臣窃国命,何其益乎!"

8 王以文信侯奉先王功大,不忍诛。

十年(甲子,前237)

1 冬,十月,文信侯免相,出就国。

宗室大臣议曰:"诸侯人来仕者,皆为其主游间耳,请一切逐之。"于是大索,逐客。客卿楚人李斯亦在逐中,行,且上书曰:"昔穆公求士,西取由余于戎,东得百里于宛,迎蹇叔于宋,求丕豹、公孙支于晋,并国二十,遂霸西戎。孝公用商鞅之法,诸侯亲服,至今治强。惠王用张仪之计,散六国之从,使之事秦。昭王得范睢,强公室,杜私门。此四君者,皆以客之功。由此观之,客何负于秦哉!夫色、乐、珠、玉不产于秦而王服御者众;取人则不然,不问可否,不论曲直,非秦者去,为客者逐。是所重者在乎色、乐、珠、玉,而所轻者在乎人民也。臣闻太山不让土壤,故能成其大;河海不择细流,故能就其深;王者不却众庶,故能明其德;此五帝、三王之所以无敌也。今乃弃黔首以资敌国,却宾客以业诸侯,所谓藉寇兵,

哪至于发展到这个地步呀!"朱英明白自己的建议不会被春申君采纳,便因担心发生变故累及自己而逃亡他乡。十七天后,楚王去世,李园果然抢先进宫,把他豢养的勇士埋伏在棘门里面。春申君一进来,勇士们即两面夹击,将他刺杀,并砍下他的头颅扔到宫门外面。接着,李园又派出官吏把春申君的家人全部捕杀。随后,太子半悍即位,是为幽王。

　　扬雄《法言》上说:"有人问,信陵君、平原君、孟尝君、春申君是否有益于国家呢?"回答的是:"国君不理政事,奸臣窃取了国家权力,他们对国家有什么益处啊!"

　　8　嬴政因吕不韦事奉先王功劳卓著,不忍心将他杀死。

秦始皇十年(甲子,公元前237年)

　　1　冬季,十月,吕不韦被罢免相国之职,离开京城,到他的封国河南洛阳。

　　秦国的王族大臣们建议说:"各诸侯国到秦国来做官谋职的人,大都是为自己的君主来游说,以挑拨离间我们君臣之间的关系,因此,请大王将他们一律驱逐出境。"于是,秦王下令全国实行大搜索,驱逐外来人。客卿楚国人李斯也在被逐之列,他在临离开前上书秦王说:"从前穆公招纳贤才,由西部戎地选得由余,东方宛城物色到百里奚,在宋国迎来了蹇叔,晋国寻求到丕豹和公孙支,如此,秦国得以兼并二十多个封国,而称霸西戎。孝公任用商鞅实行变法,使各国都亲和服从,以至今日天下大治,国势强盛。惠王采纳张仪的策略,拆散六国的合纵联盟,使它们为秦国效力。昭王得到范雎的辅佐,加强了王室的权力,遏制了贵族的势力。这四位君王都是依靠外来人的作用而建功立业的。如此看来,外来人有什么地方辜负了秦国啊!美色、音乐、宝珠、美玉都不产在秦国,可大王搜集来使用、享受的却很多;但对人的取舍偏不是这样,不问可不可用,不论是非曲直,凡非秦国人就一概不用,凡是外来人就一律驱逐。似此便是只看重美色、音乐、宝珠、美玉等,而轻视人才了。我听说泰山不辞让细小的泥土,故能成就其巍峨;河海不择除细流,故能成就其深广;圣贤的君王不抛弃民众,故能显示他的恩德;这便是五帝三王所以能无敌于天下的原因。现在您抛弃那些非秦国籍的平民百姓,使他们去帮助敌国,辞退那些外来的宾客,令他们去为各诸侯效力,这就是所谓的把武器借给入侵者,

赍盗粮者也。"王乃召李斯,复其官,除逐客之令。李斯至骊邑而还。王卒用李斯之谋,阴遣辩士赍金玉游说诸侯。诸侯名士可下以财者厚遗结之,不肯者利剑刺之。离其君臣之计,然后使良将随其后,数年之中,卒兼天下。

十一年(乙丑,前236)

1　赵人伐燕,取狸阳。兵未罢,将军王翦、桓齮、杨端和伐赵,攻邺,取九城。王翦攻阏与、辚阳,桓齮取邺、安阳。

2　赵悼襄王薨,子幽缪王迁立。其母,倡也,嬖于悼襄王,悼襄王废嫡子嘉而立之。迁素以无行闻于国。

3　文信侯就国岁馀,诸侯宾客使者相望于道,请之。王恐其为变,乃赐文信侯书曰:"君何功于秦,封君河南,食十万户? 何亲于秦,号称仲父? 其与家属徙处蜀!"文信侯自知稍侵,恐诛。

十二年(丙寅,前235)

1　文信侯饮鸩死,窃葬。其舍人临者,皆逐迁之。且曰:"自今以来,操国事不道如嫪毒、不韦者,籍其门,视此!"

　　　扬子《法言》曰:或问:"吕不韦其智矣乎? 以人易货。"曰:"谁谓不韦智者欤! 以国易宗。吕不韦之盗,穿窬之雄乎! 穿窬也者,吾见担石矣,未见雒阳也。"

2　自六月不雨,至于八月。

3　发四郡兵助魏伐楚。

把粮草送给盗匪了。"嬴政看了李斯上的这封信，即召他入见，要恢复他的官职，并撤销逐客令。此时李斯已走到了骊邑，接秦王召令后即刻回返。嬴政最终采用了李斯的计策，暗中派遣能言善辩的人携带金银珠宝去游说各国国君。对各国有名望、有势力的人，凡是可以用钱财贿赂的，便出重金收买，结交他们，凡是不肯受贿的，便持利剑刺杀他们。挑拨各国国君与臣民之间的关系，离间他们的感情，然后派良将率兵攻打各国，这样，几年之内，秦国终于兼并了天下。

秦始皇十一年（乙丑，公元前 236 年）

1 赵国人进攻燕国，夺取狸阳。战事还未结束，秦国的大将王翦、桓齮、杨端和已率军征伐赵国，攻击邺地，占领了九个城邑。其中王翦领兵攻打阏与、橑阳，桓齮率军夺取了邺、安阳。

2 赵国国君悼襄王去世，子赵迁即位，是为幽缪王。赵迁的母亲原是妓女，深得悼襄王的宠幸，因而悼襄王废掉了正妻所生的长子赵嘉，将赵迁立为太子。而赵迁向来以品行不端闻名全国。

3 秦国文信侯吕不韦返回封国一年多了，在这期间，各诸侯国的宾客、使者纷纷前往邀请他，车马络绎不绝，在道上前后相望。嬴政为此担心吕不韦会生出什么变故，便写信给他说："您为秦国立下了什么功劳呢？秦国封您在河南，享用十万户封地的收入？您与秦国有什么亲近关系？而要称您为'仲父'？您还是携家属迁往蜀地居住吧！"吕不韦自知渐渐受到逼迫，很怕被杀。

秦始皇十二年（丙寅，公元前 235 年）

1 吕不韦畏罪饮毒酒自杀身亡，他的家人暗地里将他埋葬了。但是嬴政下令，吕不韦的舍人凡参加了葬礼的，一律驱逐、迁出境。并说："从今以后，操持国家政事的人凡像嫪毐、吕不韦一样淫乱无道的，将其家族的所有财产没收入官，照此办理！"

　　扬雄《法言》上说：有人问："吕不韦聪明吗？拿人做货物，进行交易。"回答说："谁说吕不韦是聪明人啊！用封国换取了宗族的灭亡。吕不韦这个偷东西的人是穿墙行窃的奸雄啊！穿墙行窃的，我见过担负斗石之量，没见过窃取洛阳的。"

2 秦国自六月到八月，一直不降雨。

3 秦国调动四个郡的兵力，援助魏国进攻楚国。

十三年(丁卯,前234)

1　桓齮伐赵,败赵将扈辄于平阳,斩首十万,杀扈辄。赵王以李牧为大将军,复战于宜安、肥下,秦师败绩,桓齮奔还。赵封李牧为武安君。

十四年(戊辰,前233)

1　桓齮伐赵,取宜安、平阳、武城。

2　韩王纳地效玺,请为藩臣,使韩非来聘。韩非者,韩之诸公子也,善刑名法术之学,见韩之削弱,数以书干韩王,王不能用。于是韩非疾治国不务求人任贤,反举浮淫之蠹而加之功实之上,宽则宠名誉之人,急则用介胄之士,所养非所用,所用非所养。悲廉直不容于邪枉之臣,观往者得失之变,作《孤愤》、《五蠹》、《内》、《外储》、《说林》、《说难》五十六篇,十馀万言。

王闻其贤,欲见之。非为韩使于秦,因上书说王曰:"今秦地方数千里,师名百万,号令赏罚,天下不如。臣昧死愿望见大王,言所以破天下从之计。大王诚听臣说,一举而天下之从不破,赵不举,韩不亡,荆、魏不臣,齐、燕不亲,霸王之名不成,四邻诸侯不朝,大王斩臣以徇国,以戒为王谋不忠者也。"王悦之,未任用。李斯嫉之,曰:"韩非,韩之诸公子也,今欲并诸侯,非终为韩不为秦,此人情也。今王不用,久留而归之,此自遗患也,不如以法诛之。"王以为然,下吏治非。

秦始皇十三年(丁卯,公元前234年)

1　秦将桓齮率军征伐赵国,在平阳击败赵将扈辄的军队,斩杀十万人,并杀了扈辄。赵国国君任命李牧为大将军,领兵在宜安、肥下与秦军再战,秦师大败,桓齮逃回秦国。赵王因此封李牧为武安君。

秦始皇十四年(戊辰,公元前233年)

1　秦将桓齮进攻赵国,夺取了宜安、平阳、武城。

2　韩国国君韩安向秦国割让土地,并献出国君的大印,请求作为秦国的附庸,派遣韩非为使节往秦国拜谒问安。韩非是韩国的公子之一,精通刑名法术的学说,看到韩国国力日益削弱,多次写信给韩王求取录用,但总得不到韩王的任用。于是,韩非深恶韩国治国不致力于访求人才,选任贤能,反而推崇虚浮、淫乱无能的蠹虫之辈,把他们安置在与实际功劳不相称的高位上;国势宽松时骄纵宠爱那些徒有虚名的学者,国势紧急时就征用那些披甲戴盔的武士;所供养的人不是所能任用的人,所能任用的人却又不是所供养的人。他为廉洁正直的人遭受奸邪不正的权臣的排斥而悲伤,考察了以往的得失变化,撰写了《孤愤》、《五蠹》、《内储》、《外储》、《说林》、《说难》等五十六篇文章,一共十多万字。

秦王嬴政听说韩非是个德才兼备的人,便想约见他。韩非正好作为韩国的使者来到秦国,就趁机写信呈给嬴政,劝说道:"现今秦国的疆域方圆数千里,军队号称百万,号令严明,赏罚公平,天下没有一个国家能比得上。而我冒死渴求见您一面,是想说一说破坏各国合纵联盟的计略。您若真能听从我的主张,那么,您如果不能一举拆散天下的合纵联盟,占领赵国,消灭韩国,使楚国、魏国臣服,齐国、燕国归顺,不能令秦国确立霸主的威名,使四周邻国的国君前来朝拜,就请您把我杀了在全国示众,以此告诫那些为君主出谋划策不忠诚的人。"嬴政读后,心中颇为喜悦,但一时还没有任用他。李斯很忌妒韩非,便对嬴政说:"韩非是韩国的一个公子,如今您想吞并各国,韩非最终还是要为韩国利益着想,而不会为秦国尽心效力的,这也是人之常情。现在您不用他,而让他在秦国长期逗留后再放他回去,这不啻是自留后患啊,还不如依法将他除掉算了。"秦王嬴政认为李斯说得有理,便把韩非交司法官吏治罪。

李斯使人遗非药,令早自杀。韩非欲自陈,不得见。王后悔,使人赦之,非已死矣。

扬子《法言》曰:或问:"韩非作《说难》之书而卒死乎说难,敢问何反也?"曰:"《说难》盖其所以死乎!"曰:"何也?""君子以礼动,以义止,合则进,否则退,确乎不忧其不合也。夫说人而忧其不合,则亦无所不至矣。"或曰:"非忧说之不合,非邪?"曰:"说不由道,忧也。由道而不合,非忧也。"

臣光曰:臣闻君子亲其亲以及人之亲,爱其国以及人之国,是以功大名美而享有百福也。今非为秦画谋,而首欲覆其宗国以售其言,罪固不容于死矣,乌足愍哉!

十五年(己巳,前232)

1 王大兴师伐赵,一军抵邺,一军抵太原,取狼孟、番吾,遇李牧而还。

2 初,燕太子丹尝质于赵,与王善。王即位,丹为质于秦,王不礼焉。丹怒,亡归。

十六年(庚午,前231)

1 韩献南阳地。九月,发卒受地于韩。

2 魏人献地。

3 代地震,自乐徐以西,北至平阴,台屋墙垣太半坏,地坼东西百三十步。

李斯又派人送毒药给韩非,让他及早自杀。韩非试图亲自向秦王嬴政陈述冤情,但却无法见到秦王。不久,秦王政有些后悔,就派人去赦免韩非,可是韩非已经死了。

扬雄《法言》上说:有人问:"韩非著《说难》篇议论游说之难,而他自己最终竟又死于'说难',那么我冒昧地请问,是什么原因使他的行动与言论相违背呢?"回答是:"游说之难就是他致死的原因啊!"那人问:"这是为什么?"答道:"君子依照礼制行动,按照道义停止,所主张的学说合乎礼义就前进,不合乎礼义就后退,如此根本不用去担心自己的主张不合乎别人的意志。去劝说别人而又顾虑自己的说词不合别人的心意,那么也就会各种手段无所不用了。"有人问:"韩非正是担忧自己的主张与对方的意志不相吻合,不是吗?"答道:"游说他人却不遵照礼义准则,这是值得忧虑的。而如果遵循了礼义准则,只是主张与他人的心意不合,便不必担忧了。"

臣司马光说:我听说君子由亲近自己的亲人而至亲近别人的亲人,由热爱自己的国家而至热爱别人的国家,因此才能功勋卓著,名声美好,从而享有百福。如今韩非为秦国出谋献策,首先就要以灭亡他的祖国来证实他的主张,犯下此类罪过,本来就是死有馀辜的,哪里还值得怜悯啊!

秦始皇十五年(己巳,公元前232年)

1 秦王嬴政出动大军进攻赵国,一路军队抵达邺,一路军队抵达太原,攻克了狼孟、番吾,因遇到李牧统帅的赵军而撤回。

2 当初,燕国太子姬丹曾在赵国做人质,与生在赵国的秦王嬴政相友善。待到嬴政即位,姬丹又在秦国充当人质,秦王嬴政对他没有以礼相待。太子丹非常生气,便逃回了燕国。

秦始皇十六年(庚午,公元前231年)

1 韩国割献南阳地给秦国。九月,秦国派军队前往韩国接收。

2 魏国人割献土地给秦国。

3 代地发生地震,自乐徐以西,北到平阴,楼台房屋墙垣大半塌毁,土地开裂一条巨缝,东西宽一百三十步。

十七年(辛未,前 230)

1　内史胜灭韩,虏韩王安,以其地置颍川郡。

2　华阳太后薨。

3　赵大饥。

4　卫元君薨,子角立。

十八年(壬申,前 229)

1　王翦将上地兵下井陉,端和将河内兵共伐赵。赵李牧、司马尚御之。秦人多与赵王嬖臣郭开金,使毁牧及尚,言其欲反。赵王使赵葱及齐将颜聚代之。李牧不受命,赵人捕而杀之,废司马尚。

十九年(癸酉,前 228)

1　王翦击赵军,大破之,杀赵葱,颜聚亡,遂克邯郸,虏赵王迁。王如邯郸,故与母家有仇怨者皆杀之。还,从太原、上郡归。

2　太后薨。

3　王翦屯中山以临燕。赵公子嘉帅其宗数百人奔代,自立为代王。赵之亡,大夫稍稍归之,与燕合兵,军上谷。

4　楚幽王薨,国人立其弟郝。三月,郝庶兄负刍杀之,自立。

5　魏景湣王薨,子假立。

6　燕太子丹怨王,欲报之,以问其傅鞠武。鞠武请西约三晋,南连齐、楚,北媾匈奴以图秦。太子曰:"太傅之计,旷日弥久,令人心惛然,恐不能须也。"顷之,将军樊於期得罪,亡之燕;

秦始皇十七年（辛未,公元前 230 年）

1 秦国的内史胜率军灭掉了韩国,俘获韩国国君韩安,将韩国的土地上设置为颍川郡。

2 秦王政的祖母华阳太后去世。

3 赵国发生大饥荒。

4 卫国卫元君去世,子姬角即位。

秦始皇十八年（壬申,公元前 229 年）

1 秦将王翦统率驻扎在上地的军队攻下井陉,杨端和率领河内驻军一同进攻赵国。赵国的大将李牧、司马尚领兵顽强抵抗秦军。于是,秦国派人用重金收买赵王的宠臣郭开,让他在赵王面前诋毁李牧和司马尚,说他们企图兴兵反叛赵国。赵王因此便派赵葱及齐国的将领颜聚取代他们。李牧不接受命令,赵国人便将他抓住杀了,并撤换了司马尚。

秦始皇十九年（癸酉,公元前 228 年）

1 秦将王翦率军攻击赵军,大败赵兵,杀赵葱,颜聚逃亡,秦军于是攻陷邯郸,俘虏了赵国国君赵迁。秦王政亲自驾临邯郸,将过去与他母亲家有仇怨的人全部杀了。然后回驾,经太原、上郡返归秦都咸阳。

2 太后赵姬去世。

3 秦将王翦领兵驻扎在中山,以监视、威慑燕国。赵国的公子赵嘉统率他的宗族数百人逃往代地,自立为代王。赵国灭亡后,在逃的赵国官员们逐渐地投归代王,与燕国合兵一处,共同驻扎在上谷。

4 楚国国君幽王去世,国人立他的弟弟半郝为王。三月,半郝的庶兄负刍杀死了他,自立为楚王。

5 魏国国君景湣王去世,子魏假即位。

6 燕国太子姬丹怨恨秦王嬴政,想要实施报复,为此征求太傅鞠武的意见。鞠武建议太子丹西与韩、赵、魏三国订约,南与齐、楚联合,北与匈奴媾和,赖此共同图谋秦国。太子丹说:"太傅的计策虽好,但要实现它却是旷日持久的事情,令人内心烦闷、焦躁,恐怕不能再等待了。"不久,秦国将领樊於期在本国获罪,逃到燕国,

太子受而舍之。鞠武谏曰:"夫以秦王之暴而积怒于燕,足为寒心,又况闻樊将军之所在乎! 是谓委肉当饿虎之蹊也。愿太子疾遣樊将军入匈奴!"太子曰:"樊将军穷困于天下,归身于丹,是固丹命卒之时也,愿更虑之!"鞠武曰:"夫行危以求安,造祸以为福,计浅而怨深,连结一人之后交,不顾国家之大害,所谓资怨而助祸矣。"太子不听。

太子闻卫人荆轲之贤,卑辞厚礼而请见之。谓轲曰:"今秦已虏韩王,又举兵南伐楚,北临赵。赵不能支秦,则祸必至于燕。燕小弱,数困于兵,何足以当秦! 诸侯服秦,莫敢合从。丹之私计愚,以为诚得天下之勇士使于秦,劫秦王,使悉反诸侯侵地,若曹沫之与齐桓公,则大善矣;则不可,因而刺杀之。彼大将擅兵于外而内有乱,则君臣相疑,以其间,诸侯得合从,其破秦必矣。唯荆卿留意焉!"荆轲许之。于是舍荆卿于上舍,太子日造门下,所以奉养荆轲,无所不至。及王翦灭赵,太子闻之惧,欲遣荆轲行。荆轲曰:"今行而无信,则秦未可亲也。诚得樊将军首与燕督亢之地图,奉献秦王,秦王必说见臣,臣乃有以报。"太子曰:"樊将军穷困来归丹,丹不忍也!"荆轲乃私见樊於期曰:"秦之遇将军,可谓深矣,父母宗族皆为戮没! 今闻购将军首,金千斤,邑万家,将奈何?"

太子丹接纳了他，并让他住下。鞠武规劝太子丹说："仅凭秦王的暴虐以及对燕国积存的愤怒、怨恨，就足以令人寒心的了，更何况他还将获悉樊将军被收留在燕国了呢！这就等于把肉扔在饿虎往来的小道上。希望您尽快将樊将军送到匈奴去！"太子丹说："樊将军走投无路，归附于我，这本来就是我应当舍命保护他的时候了，请您还是考虑一下其他的办法吧！"鞠武说："做危险的事情来求得安，制造灾祸以祈求幸福，谋略浅薄而致积怨加深，为了结交一个新的朋友，而不顾及国家将遭受大的危害，这即是所谓的积蓄怨仇并助长灾祸了！"太子丹对鞠武的劝说置之不理。

太子丹听说卫国人荆轲很贤能，便携带厚礼，以谦卑的言词求见他。太子丹对荆轲说："现在秦国已俘虏了韩王，又乘势举兵向南进攻楚国，向北威逼赵国。赵国无力对抗秦国，那么灾难就要降临到燕国头上了。燕国既小又弱，多次为战争所拖累，哪里还能够抵挡住秦国的攻势啊！各诸侯国都屈服秦国，没有哪个国家敢于再合纵抗秦了。目前，我个人的计策颇愚鲁，认为如果真能获得一位天下最大无畏的勇士，让他前往秦国胁迫秦王政，迫使他将兼并来的土地归还给各国，就像曹沫当年逼迫齐桓公归还鲁国丧失的领土一样，如此当然是最好的了；假若不行，便乘机刺杀掉秦王嬴政。秦国的大将拥兵在外，而国内发生动乱，于是君臣之间相互猜疑，趁此时机，各国如能够合纵抗秦，就一定可以击败秦军。希望您留心这件事情。"荆轲答应充当刺客赴秦。太子丹于是安排荆轲住进上等客舍，天天亲往舍中探望，凡能够供给荆轲的东西，没有不送到的。等到秦将王翦灭亡了赵国，太子丹闻讯后惊恐不已，便想送荆轲出行。荆轲说："我现在前往秦国，但没有令秦人信任我的理由，这就未必能接近秦王。倘若果真得到樊将军的头颅和燕国督亢的地图奉献给秦王，秦王必定很高兴召见我，那时我才能够刺杀他以回报您。"太子丹说："樊将军在穷途末路时来投奔我，我实在不忍心杀他啊！"荆轲于是私下里会见樊於期说："秦国对待您，可说是残酷之极，您的父母、宗族都被诛杀或没收为官奴了！现在听说秦国悬赏黄金千斤、万户封地购买您的头颅，您打算怎么办呢？"

於期太息流涕曰："计将安出?"荆卿曰："愿得将军之首以献秦王，秦王必喜而见臣，臣左手把其袖，右手揕其胸，则将军之仇报而燕见陵之愧除矣!"樊於期曰："此臣之日夜切齿腐心也!"遂自刎。太子闻之，奔往伏哭，然已无奈何，遂以函盛其首。太子豫求天下之利匕首，使工以药淬之，以试人，血濡缕，人无不立死者。乃装为遣荆轲，以燕勇士秦舞阳为之副，使入秦。

樊於期流泪叹息道:"那么能想出什么办法呢?"荆轲说:"我希望能得到您的头颅献给秦王,秦王见此必定欢喜而召见我,那时我左手拉住他的袖子,右手持匕首刺他的胸膛,这样一来,您的大仇得报,燕国遭受欺凌的耻辱也可以消除了!"樊於期说:"这正是我日日夜夜切齿烂心地渴求实现的事情啊!"随即拔剑自刎。太子丹闻讯急奔而来,伏尸痛哭,但已经无可奈何了,就用匣子盛装起樊於期的头颅。此前,太子丹已预先找到天下最锋利的匕首,令工匠把匕首烧红浸入毒药之中,又用这染毒的匕首试刺人,只需渗出一丝血,人就立即倒毙。于是便准备行装送荆轲出发,又派燕国的勇士秦舞阳当他的助手,二人作为使者前往秦国。

卷第七　秦纪二

起甲戌（前 227）尽壬辰（前 209）凡十九年

始皇帝下

二十年（甲戌，前 227）

1　荆轲至咸阳，因王宠臣蒙嘉卑辞以求见，王大喜，朝服，设九宾而见之。荆轲奉图而进于王，图穷而匕首见，因把王袖而揕之；未至身，王惊起，袖绝。荆轲逐王，王环柱而走。群臣皆愕，卒起不意，尽失其度。而秦法，群臣侍殿上者不得操尺寸之兵，左右以手共搏之，且曰："王负剑！负剑！"王遂拔以击荆轲，断其左股。荆轲废，乃引匕首擿王，中铜柱。自知事不就，骂曰："事所以不成者，以欲生劫之，必得约契以报太子也！"遂体解荆轲以徇。王于是大怒，益发兵诣赵，就王翦以伐燕，与燕师、代师战于易水之西，大破之。

二十一年（乙亥，前 226）

1　冬，十月，王翦拔蓟，燕王及太子率其精兵东保辽东，李信急追之。代王嘉遗燕王书，令杀太子丹以献。丹匿衍水中，燕王使使斩丹，欲以献王，王复进兵攻之。

始皇帝下

秦始皇二十年（甲戌，公元前 227 年）

1 荆轲抵达秦国都城咸阳，通过秦王嬴政的宠臣蒙嘉，以谦卑的言词求见秦王，秦王嬴政大喜过望，穿上君臣朝会时的礼服，安排朝会大典接见荆轲。荆轲手捧地图进献给秦王，图卷全部展开，匕首出现，荆轲乘势抓住秦王的袍袖，举起匕首刺向他的胸膛；但是未等荆轲近身，秦王嬴政已惊恐地一跃而起，挣断了袍袖。荆轲随即追逐秦王，秦王绕着柱子奔跑。这时，殿上的群臣都吓呆了，事发仓促，大出意料，群臣全都失去了常态。秦国法律规定，在殿上侍从的群臣不得携带任何武器，因此大家只好徒手上前与荆轲搏斗，并喊道："大王把剑推到背上去！推到背上去！"秦王嬴政将剑推到背上，使剑套倾斜，剑柄向前，即拔出剑来回击荆轲，砍断了他的左大腿。荆轲肢体残废无法再追，便把匕首向秦王投掷过去，但却击中了铜柱。荆轲知道行刺之事已无法完成，就大骂道："此事所以不能成功，只是想活捉你，强迫你订立契约，归还所兼并的土地，以此回报燕太子啊！"于是，荆轲被分尸示众。秦王为此勃然大怒，增派军队去到赵国，随王翦的大军攻打燕国，在易水以西与燕军和代王的军队会战，大破燕、代之兵。

秦始皇二十一年（乙亥，公元前 226 年）

1 冬季，十月，秦将王翦攻克燕都蓟城，燕国国君和太子丹率精兵向东退却图保辽东，秦将李信领兵急追。代王赵嘉送信给燕王，要他杀太子丹献给秦王。太子丹这时躲藏在衍水一带，燕王即派使节往衍水杀了太子丹，准备把他的头颅献给秦王嬴政，但秦王再次发兵攻燕。

2　王賁伐楚,取十餘城。王問于將軍李信曰:"吾欲取荆,于將軍度用幾何人而足?"李信曰:"不過用二十萬。"王以問王翦,王翦曰:"非六十萬人不可。"王曰:"王將軍老矣,何怯也!"遂使李信、蒙恬將二十萬人伐楚。王翦因謝病歸頻陽。

二十二年(丙子,前225)

1　王賁伐魏,引河溝以灌大梁。三月,城坏。魏王假降,殺之,遂滅魏。

王使人謂安陵君曰:"寡人欲以五百里地易安陵。"安陵君曰:"大王加惠,以大易小,甚幸。雖然,臣受地于魏之先王,願終守之,弗敢易!"王義而許之。

2　李信攻平輿,蒙恬攻寢,大破楚軍。信又攻鄢郢,破之,于是引兵而西,與蒙恬會城父。楚人因隨之,三日三夜不頓舍,大敗李信,入兩壁,殺七都尉。李信奔還。

王聞之,大怒,自至頻陽謝王翦曰:"寡人不用將軍謀,李信果辱秦軍。將軍雖病,獨忍弃寡人乎!"王翦謝:"病不能將。"王曰:"已矣,勿復言!"王翦曰:"必不得已用臣,非六十萬人不可!"王曰:"為聽將軍計耳。"于是王翦將六十萬人伐楚。王送至霸上,王翦請美田宅甚眾。王曰:"將軍行矣,何憂貧乎!"王翦曰:"為大王將,有功,終不得封侯,故及大王之向臣,以請田宅為子孫業耳。"王大笑。王翦既行,至關,使使還請善田者五輩。或曰:"將軍之乞貸亦已甚矣!"王翦曰:"不然。王怚中而不信人,今空國中之甲士而專委于我,我不多請田宅為子孫業以自堅,顧令王坐而疑我矣。"

2　秦将王贲进攻楚国,攻陷十多座城。秦王嬴政询问将军李信说:"我想要夺取楚国,根据你的推测,需要出动多少人的军队才够?"李信说:"不过用二十万人。"秦王嬴政又询问王翦,王翦说:"非六十万人的大军不可!"秦王说:"王将军已经老了,怎么如此胆怯啊!"便派李信、蒙恬率领二十万人进攻楚国。王翦于是称病辞职,返回故乡频阳。

秦始皇二十二年(丙子,公元前225年)

1　秦将王贲率军征伐魏国,引汴河的水灌淹魏国都城大梁。三月,大梁城垣塌毁。魏王魏假投降,被秦军杀死,魏国灭亡。

秦王嬴政派人去通知安陵君说:"我想要用五百里的土地换你的安陵国。"安陵君说:"大王您施加恩惠给我,用大换小,真是太幸运了。但虽然如此,我这小国的土地是受封于魏国前代国君的,我愿意终生守护它,不敢交换!"秦王嬴政赞许他奉行道义,便应允了他的请求。

2　秦将李信进攻平舆,蒙恬攻击寝,大败楚军。李信再攻鄢郢,攻克了该城,于是率军西进,到城父与蒙恬的队伍会合。楚军趁机尾随在后,三天三夜不停宿休息,反击中大败李信的军队,攻破秦军的两个营地,斩杀了七个都尉。李信率残部逃奔回秦国。

秦王嬴政闻讯,暴跳如雷,亲自前往频阳向王翦道歉说:"我没有采用将军你的计策,而李信果然使秦军蒙受了耻辱。现在将军你虽然患病,但难道就忍心抛下我不管吗?"王翦仍推辞道:"我实在病得不能领兵打仗了。"秦王嬴政说:"好啦,不要再这么说了!"王翦说:"如果不得已一定要用我的话,非用六十万人的军队不可!"秦王嬴政答道:"就听从将军你的主张行事吧。"于是王翦率领六十万大军征伐楚国。秦王亲自送行到霸上,王翦请求秦王赏赐他很多的良田美宅。秦王说:"你就出发吧,为什么还要担心日后贫穷呀!"王翦说:"身为大王您的将领,即使立下战功,但最终仍不能被封侯,所以趁着大王现在正看重我,请求赏赐田宅,好为子孙留下产业啊。"秦王嬴政听后大笑不止。王翦率军开拔,抵达武关,又陆续派遣五位使者向秦王嬴政请求赏赐良田。有人说:"将军您向大王求讨东西也已是太过分了吧!"王翦答道:"不是这样。大王心性粗暴而多猜忌,如今将国中的武装士兵调拨一空,全都托付给我指挥,我若不借多求赏赐田宅为子孙谋立产业表示坚决为大王效力,大王反倒要无缘无故地对我有所怀疑了啊。"

二十三年(丁丑,前224)

1 王翦取陈以南至平舆。楚人闻王翦益军而来,乃悉国中兵以御之;王翦坚壁不与战。楚人数挑战,终不出。王翦日休士洗沐,而善饮食,抚循之,亲与士卒同食。久之,王翦使人问:"军中戏乎?"对曰:"方投石、超距。"王翦曰:"可用矣!"楚既不得战,乃引而东。王翦追之,令壮士击,大破楚师,至蕲南,杀其将军项燕,楚师遂败走。王翦因乘胜略定城邑。

二十四年(戊寅,前223)

1 王翦、蒙武虏楚王负刍,以其地置楚郡。

二十五年(己卯,前222)

1 大兴兵,使王贲攻辽东,虏燕王喜。

臣光曰:燕丹不胜一朝之忿以犯虎狼之秦,轻虑浅谋,挑怨速祸,使召公之庙不祀忽诸,罪孰大焉!而论者或谓之贤,岂不过哉!

夫为国家者,任官以才,立政以礼,怀民以仁,交邻以信。是以官得其人,政得其节,百姓怀其德,四邻亲其义。夫如是,则国家安如磐石,炽如焱火,触之者碎,犯之者焦。虽有强暴之国,尚何足畏哉!丹释此不为,顾以万乘之国,决匹夫之怒,逞盗贼之谋,功隳身戮,社稷为墟,不亦悲哉!

秦始皇二十三年(丁丑,公元前224年)

1 秦将王翦率大军取道陈丘以南抵达平舆。楚国人听说王翦增兵而来,便出动国中的全部兵力抵抗秦军;王翦下令坚守营寨不与楚军交锋。楚人多次到营前挑战,秦军始终也不出战。王翦每天让士兵休息、洗沐,享用好的饮食,安抚慰问他们,并亲自与他们共同进餐。这样过了很长一段时间,王翦派人打听:"军中进行什么嬉戏啊?"回答说:"军士们正在玩投石、跳跃的游戏。"王翦便说:"这样的军队可以用来作战了!"此时楚军既然无法与秦军交锋,就挥师向东而去。王翦即率军尾追,令壮士们发起突击,大败楚军,直至蕲县之南,斩杀楚国将军项燕,楚军于是溃败逃亡。王翦乘胜夺取并平定了楚国的一些城镇。

秦始皇二十四年(戊寅,公元前223年)

1 秦将王翦、蒙武俘获了楚国国君芈负刍,在楚地设置楚郡。

秦始皇二十五年(己卯,公元前222年)

1 秦国大举兴兵,派王贲率兵进攻辽东,俘获了燕国国君姬喜。

臣司马光说:燕太子丹不能忍受一时的激忿而去冒犯如狼似虎的秦国,虑事轻率,谋划浅薄,以致挑起怨恨,加速了灭亡之祸,使供奉燕国始祖召公的宗庙祭祀忽然中断,罪过没有比这个更大的了!而评论的人有的还把太子丹说成是德才兼备的人,这难道不是太过分了吗!

对于治理国家的人来说,任命有才能的人为官,按照礼制确立政策法规,以仁爱之心安抚百姓,凭借信义结交邻邦。如此,官员由有才干的人担任,政事得到礼教的节制,百姓人心归向他的德行,四邻亲近友善他的恪守信义。这样,国家则会安如磐石,炽如火焰,触犯它的一定被撞得粉碎,挨着它的一定被烧得焦头烂额。似此,即便是有强暴的敌国存在,又有什么值得畏惧的呢!太子丹放弃这条路不走,反而用万乘战车的大国去排解个人的私愤,炫耀盗贼式的谋略,结果是功名被毁坏、生命遭杀戮,江山社稷化作废墟,这难道不是很令人悲痛的事吗?

夫其膝行、蒲伏，非恭也；复言、重诺，非信也；糜金、散玉，非惠也；刲首、决腹，非勇也。要之，谋不远而动不义，其楚白公胜之流乎！

荆轲怀其豢养之私，不顾七族，欲以尺八匕首强燕而弱秦，不亦愚乎！故扬子论之，以要离为蛛蝥之靡，聂政为壮士之靡，荆轲为刺客之靡，皆不可谓之义。又曰："荆轲，君子盗诸。"善哉！

2　王贲攻代，虏代王嘉。

3　王翦悉定荆江南地，降百越之君，置会稽郡。

4　五月，天下大酺。

5　初，齐君王后贤，事秦谨，与诸侯信；齐亦东边海上。秦日夜攻三晋、燕、楚，五国各自救，以故齐王建立四十馀年不受兵。及君王后且死，戒王建曰："群臣之可用者某。"王曰："请书之。"君王后曰："善！"王取笔牍受言，君王后曰："老妇已忘矣。"君王后死，后胜相齐，多受秦间金。宾客入秦，秦又多与金。客皆为反间，劝王朝秦，不修攻战之备，不助五国攻秦，秦以故得灭五国。

齐王将入朝，雍门司马前曰："所为立王者，为社稷耶，为王耶？"王曰："为社稷。"司马曰："为社稷立王，王何以去社稷而入秦？"齐王还车而反。

跪着前进,伏地而行,并不表示恭敬;言必行,重承诺,并不表示守信义;过度耗费金钱,散发玉器,并不表示施恩惠;自割颈部,自剖肚腹,并不表示勇敢。这种种问题的关键在于,只顾眼前利益不能深谋远虑而行动不合乎礼义,似此不过是楚国为复仇而丧生的白公胜之流罢了!

荆轲心怀报答太子姬丹豢养的私情,不顾及全家七族之人会受牵连,想要用一把短小的匕首使燕国强大、秦国削弱,这难道不是愚蠢之极吗!所以扬雄对此评论说,要离的死是蜘蛛、蜇虫一类的死,聂政的死是壮士一类的死,荆轲的死是刺客一类的死,这些都不能算作"义"。他又说:"荆轲,按君子的道德观念来看,也算是盗贼之辈了。"此话说得好啊!

2　秦将王贲率军攻代,俘获代王赵嘉。

3　秦将王翦全部平定楚国长江以南的地区,降服百越的首领,设置了会稽郡。

4　五月,秦国特许全国举行大规模的聚会宴饮。

5　当初,齐国的君王后贤惠有才干,使齐国能小心周到地侍奉秦国,对其他各诸侯国奉守信义;齐国东靠大海,不与秦国相邻。而那时秦国日夜不停地进攻韩、赵、魏、燕、楚等国,这五国分别忙于调兵自救,无暇他顾,所以齐王田建即位四十多年未遭逢过战乱。君王后即将去世时,告诫田建说:"群臣中可以任用的是某某。"田建说:"请让我把名字写下来。"君王后说:"好吧。"但等到齐王取来笔和木牍,准备记下她的话时,君王后却说:"我已经忘记了。"君王后去世后,后胜出任齐国的相国,他大量接受秦国为挑拨齐国君臣关系送给他的金银财宝。而齐国的宾客进入秦国时,秦国又给以重金。这些宾客回国后都反过来为秦国说话,劝说齐王去朝拜秦王,不必整治修建用作攻战的防备设施,不要去援助那五个国家进攻秦国,秦国也因此得以灭掉五国。

齐王将要动身往咸阳朝拜秦王嬴政,齐国的雍门司马迎上前说:"齐国所以要设立国君,是为了国家,还是为了国君自己啊?"齐王说:"是为国家。"司马道:"既然是为了国家才设立君王,那您为什么还要离开自己的国家而到秦国去呢?"齐王于是下令掉转车头返回王宫。

即墨大夫闻之，见齐王曰："齐地方数千里，带甲数百万。夫三晋大夫皆不便秦，而在阿、甄之间者百数，王收而与之百万人之众，使收三晋之故地，即临晋之关可以入矣。鄢郢大夫不欲为秦，而在城南下者百数，王收而与之百万之师，使收楚故地，即武关可以入矣。如此，则齐威可立，秦国可亡，岂特保其国家而已哉！"齐王不听。

二十六年(庚辰，前221)

1　王贲自燕南攻齐，猝入临淄，民莫敢格者。秦使人诱齐王，约封以五百里之地，齐王遂降。秦迁之共，处之松柏之间，饿而死。齐人怨王建不早与诸侯合从，听奸人宾客以亡其国，歌之曰："松耶，柏耶！住建共者客耶！"疾建用客之不详也。

臣光曰：从衡之说虽反覆百端，然大要合从者，六国之利也。昔先王建万国，亲诸侯，使之朝聘以相交，飨宴以相乐，会盟以相结者，无他，欲其同心戮力以保家国也。向使六国能以信义相亲，则秦虽强暴，安得而亡之哉！夫三晋者，齐、楚之藩蔽；齐、楚者，三晋之根柢；形势相资，表里相依。故以三晋而攻齐、楚，自绝其根柢也；以齐、楚而攻三晋，自撤其藩蔽也。安有撤其藩蔽以媚盗，曰"盗将爱我而不攻"，岂不悖哉！

即墨大夫闻讯进见齐王说："齐国国土方圆数千里，军队数百万。如今韩、赵、魏三国的官员都不愿接受秦国的统治，逃亡在阿城、甄城之间的有数百人，大王您将这些人收拢起来，交给他们百万之多的兵士，让他们去收复韩、赵、魏三国旧日的疆土，如此，就是秦国的临晋关也可以进入了。楚国鄢郢的官员们不愿受秦国驱使，逃匿在南城之下的有数百人，大王您将这些人聚集起来，交给他们百万人的军队，让他们去收复楚国原来的土地，如此，即便是武关也可以进入了。这样一来，齐国的威望得以树立，秦国则可被灭亡，这又岂止是保全自己的国家而已呀！"但是齐王不接受这一建议。

秦始皇二十六年(庚辰，公元前 221 年)

1 秦将王贲率军从燕国向南进攻齐国，突然攻入都城临淄，齐国国民中没有敢于抵抗的。秦国派人诱降齐王，约定封给他五百里的土地，齐王于是便投降了。但是秦国却将他迁移到共地，安置在松柏之间，最终被饿死。齐国人埋怨君王田建不早参与诸侯国的合纵联盟，而却听信奸佞、宾客的意见，以致使国家遭到灭亡，故为此编歌谣说："松耶，柏耶！住建共者客耶！"恨田建任用宾客不审慎考察。

> 臣司马光说：合纵、连横的学说虽然反复无常，但其中最主要的是合纵符合六国的利益。从前，先王封立大量封国，亲近爱抚各国诸侯，使他们通过拜会、探访来增进相互交往，用酒宴招待他们以增进欢乐友好，实行会盟而增进团结联合，不为别的，就是希望他们能同心协力共保国家。假使当初六国能以信义相互亲善，那么秦国虽然强暴，六国又怎么能被它所灭亡掉呢！韩、赵、魏三国是齐、楚两国的屏障，而齐、楚两国则是韩、赵、魏三国的根基，它们形势上相依托，表里间相依赖。所以韩、赵、魏三国进攻齐、楚，是自断根基；而齐、楚两国征伐韩、赵、魏三国，则是自撤屏障。哪里有自己拆毁屏障以讨好盗贼，还说"盗贼将会爱惜我而不攻击我"的呢，这难道不是荒谬得很吗？

2　王初并天下，自以为德兼三皇，功过五帝，乃更号曰"皇帝"，命为"制"，令为"诏"，自称曰"朕"。追尊庄襄王为太上皇。制曰："死而以行为谥，则是子议父，臣议君也，甚无谓。自今以来，除谥法。朕为始皇帝，后世以计数，二世、三世至于万世，传之无穷。"

3　初，齐威、宣之时，邹衍论著终始五德之运。及始皇并天下，齐人奏之。始皇采用其说，以为周得火德，秦代周，从所不胜，为水德。始改年，朝贺皆自十月朔；衣服、旄旌、节旗皆尚黑；数以六为纪。

4　丞相绾言："燕、齐、荆地远，不为置王，无以镇之。请立诸子。"始皇下其议。廷尉斯曰："周文武所封子弟同姓甚众，然后属疏远，相攻击如仇雠，周天子弗能禁止。今海内赖陛下神灵一统，皆为郡、县，诸子功臣以公赋税重赏赐之，甚足易制，天下无异意，则安宁之术也。置诸侯不便。"始皇曰："天下共苦战斗不休，以有侯王。赖宗庙，天下初定，又复立国，是树兵也；而求其宁息，岂不难哉！廷尉议是。"

分天下为三十六郡，郡置守、尉、监。

收天下兵聚咸阳，销以为钟镰、金人十二，重各千石，置宫庭中。一法度、衡、石、丈尺，徙天下豪杰于咸阳十二万户。

2　秦王嬴政刚刚兼并六国,统一天下,自认为兼备了三皇的德行,功业超过了五帝,于是便改称号为"皇帝",皇帝出命称"制书",下令称"诏书",皇帝的自称为"朕"。追尊父亲庄襄王为太上皇。并颁布制书说:"君王死后依据他生前的行为加定谥号,这是儿子议论父亲,臣子议论君王,实在没意思。从今以后,废除为帝王上谥号的制度。朕为始皇帝,后继者以序数计算,称为二世皇帝、三世皇帝,以至万世,无穷尽地传下去。"

3　当初,齐威王、齐宣王的时候,邹衍研究创立了金、木、水、火、土终而复始的"五德相运"学说。到了始皇帝统一天下时,齐国人将此说奏报给他。始皇采纳了这套学说,认为周朝是火德,秦取代周,从火不能胜水来推算,秦应是水德。于是开始下令更改岁历,新年朝见皇帝与庆贺典礼都从十月初一开始,以十月初一为元旦;衣服、旗帜、符节等都崇尚用黑色;计数以六为一个单位。

4　丞相王绾说:"燕、齐、楚三国的故地距都城咸阳过于遥远,不在那里设置侯王,便不能镇抚。因此请分封诸位皇子为侯王。"始皇帝将这一建议交给大臣评议。廷尉李斯说:"周文王、周武王分封子弟族人非常多,他们的后代彼此疏远,相互攻击如同仇敌,周天子也无法加以制止。现在四海之内,仰仗陛下的神灵而获得统一,全国都划分为郡和县,对各位皇子及有功之臣,用国家征收的赋税重重给予赏赐,这样可以非常容易地进行控制,使天下人对朝廷不怀二心,才是安定国家的方略。分封诸侯则不适宜。"始皇说:"天下人都吃尽了无休止的战争之苦,全是因为有诸侯王存在的缘故。今日依赖祖先的在天之灵,使天下初步平定,假若又重新封侯建国,便是自己招引兵事、培植战乱,似此而想求得宁静、养息,岂不是极困难的事情吗?廷尉的主张是对的。"

始皇帝于是下令把全国划分为三十六个郡,每郡设置郡守、郡尉、监御史。

又下令收缴全国民间所藏的兵器,运送汇集到咸阳,熔毁后铸成大钟和钟架,以及十二个铜人,各重千石,放置在宫庭中。并统一法制和度量衡,并将各地富豪十二万户迁徙到咸阳置于朝廷的监控下。

　　诸庙及章台、上林皆在渭南。每破诸侯,写放其宫室,作之咸阳北阪上。南临渭,自雍门以东至泾、渭,殿屋、复道、周阁相属,所得诸侯美人、钟鼓以充入之。

二十七年(辛巳,前220)

　　1　始皇巡陇西、北地,至鸡头山,过回中焉。

　　2　作信宫渭南,已,更命曰极庙。自极庙道通骊山,作甘泉前殿,筑甬道自咸阳属之,治驰道于天下。

二十八年(壬午,前219)

　　1　始皇东行郡、县,上邹峄山,立石颂功业。于是召集鲁儒生七十人,至泰山下,议封禅。诸儒或曰:"古者封禅,为蒲车,恶伤山之土石、草木;扫地而祭,席用菹秸。"议各乖异。始皇以其难施用,由此绌儒生,而遂除车道,上自太山阳至颠,立石颂德,从阴道下,禅于梁父。其礼颇采太祝之祀雍上帝所用,而封藏皆秘之,世不得而记也。

　　于是始皇遂东游海上,行礼祠名山、大川及八神。始皇南登琅邪,大乐之,留三月,作琅邪台,立石颂德,明得意。

　　初,燕人宋毋忌、羡门子高之徒称有仙道、形解销化之术,燕、齐迂怪之士皆争传习之。自齐威王、宣王、燕昭王皆信其言,使人入海求蓬莱、方丈、瀛洲,云此三神山在勃海中,去人不远。患且至,则风引船去。尝有至者,诸仙人及不死之药皆在焉。

秦王朝祭祀祖先的宗庙等处所和章台宫、上林苑都设在渭水南岸。而秦国每征服一个国家，就摹画、仿照该国的宫室，在咸阳城北的山坡上同样建造一座。如此南临渭水，自雍门向东至泾水、渭水相交处，宫殿屋宇、天桥、楼阁相连接，所获得的各国美女、钟鼓等都安置在里边。

秦始皇二十七年（辛巳，公元前220年）

1　始皇帝出巡陇西、北地，到鸡头山而还，经过回中宫。

2　在渭水南岸兴建长信宫，竣工后改名为极庙。从极庙筑路通到骊山，兴造甘泉宫前殿，修筑甬道连接咸阳，又以咸阳为中心筑驰道通往全国各地。

秦始皇二十八年（壬午，公元前219年）

1　始皇帝出巡东部各郡、县，登上邹地的峄山，树立石碑赞颂秦朝的功勋业绩。召集过去鲁地儒生七十名，到泰山下商议祭祀天地的封禅之事。诸儒生中有的说："古时候的君王封禅，用蒲草裹住车轮，不愿伤害山上的土石草木；扫地祭祀时所使用的席都是用草编成的。"各人的议论很不相同。始皇帝认为众人所说的很难实际采用，便因此而贬退儒生；并且下令开通车道，从泰山南麓上到顶峰，竖立石碑歌颂自己的功德，又从泰山北面顺道而下，到梁父山祭地。祭祀仪式颇采用秦国古时在雍城由太祝令主持的祭祀上帝的形式，而怎样封土埋藏却全都保密，世人无法获悉并记录下来。

始皇帝随即又向东出游沿海各地，祭祀名山大川及天、地、兵、阴、阳、月、日、四时八神。而后南登琅邪山，兴致勃勃，在那里逗留了三个月，还建造琅邪台，立石碑颂德，表明自己得天下之意。

当初，燕国人宋毋忌、羡门子高一类人声称世上有一种成仙之道、人老死后尸解羽化升天的法术，燕国、齐国的迂阔、怪诞之士都争相传授和学习。从齐威王、宣王到燕昭王都相信他们的话，派人到海上寻求蓬莱、方丈、瀛洲三座神山，据说这三仙山在勃海之中，距离人间并不遥远。只是凡人将要到达，风就把船吹走了。不过也曾有人到过这三山，看见各位神仙和长生不死的药均在那里。

及始皇至海上,诸方士齐人徐市等争上书言之,请得齐戒与童男女求之。于是遣徐市发童男女数千人入海求之。船交海中,皆以风为解,曰:"未能至,望见之焉。"

始皇还,过彭城,斋戒祷祠,欲出周鼎泗水。使千人没水求之,弗得。乃西南渡淮水,之衡山、南郡。浮江至湘山祠,逢大风,几不能渡。上问博士曰:"湘君何神?"对曰:"闻之:尧女,舜之妻,葬此。"始皇大怒,使刑徒三千人皆伐湘山树,赭其山。遂自南郡由武关归。

2　初,韩人张良,其父、祖以上五世相韩。及韩亡,良散千金之产,欲为韩报仇。

二十九年(癸未,前218)

1　始皇东游,至阳武博浪沙中,张良令力士操铁椎狙击始皇,误中副车。始皇惊,求,弗得,令天下大索十日。

始皇遂登之罘,刻石。旋,之琅邪,道上党入。

三十一年(乙酉,前216)

1　使黔首自实田。

三十二年(丙戌,前215)

1　始皇之碣石,使燕人卢生求羡门,刻碣石门。坏城郭,决通堤坊。始皇巡北边,从上郡入。卢生使入海还,因奏录图书曰:"亡秦者胡也。"始皇乃遣将军蒙恬发兵三十万人,北伐匈奴。

待到始皇帝出游海滨时,通晓神仙方术的人如故齐国人徐市等纷纷争着上书谈这些事,请求准许斋戒后率领童男童女往海上寻求神山。始皇于是派遣徐市征发数千名童男童女入海求仙。但是,船行海上后却均因风势不顺而返航,不过他们仍然说:"虽没能到达仙山,可是已经望见了。"

　　始皇帝还归咸阳途中经过彭城,举行斋戒,祈祷祭祀,想要打捞沉没在泗水中的周鼎。他派遣一千人潜入泗水寻找,结果毫无所得。于是,始皇又向西南渡过淮水,到达衡山、南郡。再泛舟长江,抵湘山祠,适逢大风,几乎不能渡过湘水。始皇问博士道:"湘君是什么神仙啊?"博士回答:"听说她是尧帝的女儿,舜帝的妻子,死后就葬在这里。"始皇大怒,令三千名被判刑服劳役的罪犯将湘山的树木砍伐殆尽,裸露出赤红的土壤和石块。然后从南郡经武关返回咸阳。

　　2　早先,韩国人张良的父亲、祖父以上五代都曾做过韩相。等到韩国灭亡,张良尽散千金家产,想要为韩国报仇。

秦始皇二十九年(癸未,公元前218年)

　　1　始皇帝出巡东方,抵达阳武县的博浪沙时,张良让大力士手持铁锤袭击始皇,却误中随天子车驾而行的副车。始皇大惊失色,想抓刺客却未能擒到,于是下令全国进行十天的大搜捕。

　　始皇帝随后登上之罘山,刻石颂德。归途中前往琅邪,取道上党回到咸阳。

秦始皇三十一年(乙酉,公元前216年)

　　1　始皇帝下令全国百姓向朝廷自报所占土地的数额。

秦始皇三十二年(丙戌,公元前215年)

　　1　始皇帝出巡抵达碣石,派故燕国人卢生求访仙人羡门,又在碣石山门刻碑文歌功颂德。拆毁城郭,挖通堤防。此后始皇帝巡视北部边境,从上郡返回都城。卢生受派遣入海寻仙后归来,随即奏进录图书上的谶语,上写:"使秦朝灭亡的是'胡'。"始皇便派将军蒙恬率三十万大军,向北征伐匈奴。

三十三年(丁亥,前214)

1 发诸尝逋亡人、赘婿、贾人为兵,略取南越陆梁地,置桂林、南海、象郡;以谪徙民五十万人戍五岭,与越杂处。

2 蒙恬斥逐匈奴,收河南地为四十四县。筑长城,因地形,用制险塞;起临洮至辽东,延袤万馀里。于是渡河,据阳山,逶迤而北。暴师于外十馀年,蒙恬常居上郡统治之,威振匈奴。

三十四年(戊子,前213)

1 谪治狱吏不直及覆狱故、失者,筑长城及处南越地。

丞相李斯上书曰:"异时诸侯并争,厚招游学。今天下已定,法令出一,百姓当家则力农工,士则学习法令。今诸生不师今而学古,以非当世,惑乱黔首,相与非法教人;闻令下,则各以其学议之,入则心非,出则巷议,夸主以为名,异趣以为高,率群下以造谤。如此弗禁,则主势降乎上,党与成乎下。禁之便!臣请史官非秦记皆烧之;非博士官所职,天下有藏《诗》、《书》、百家语者,皆诣守、尉杂烧之。有敢偶语《诗》、《书》弃市;以古非今者族;吏见知不举,与同罪。令下三十日,不烧,黥为城旦。所不去者,医药、卜筮、种树之书。若有欲学法令者,以吏为师。"制曰:"可。"

秦始皇三十三年(丁亥,公元前214年)

1　秦朝廷征召那些曾经逃亡的人、因贫穷而入赘女家的男子、商贩等入伍当兵,攻掠夺取南越的陆梁之地,设置了桂林、南海、象郡等郡;并将五十万受贬谪的人流放到五岭守边,与南越的本地人杂居一处。

2　秦将蒙恬率军驱逐击退匈奴人,收复了黄河以南地区,设置为四十四个县。接着就修筑长城,依凭地形而建,用以控制险关要塞,起自临洮,直至辽东,绵延一万多里。蒙恬于是又领兵渡过黄河,占据阳山,向北曲折前进。军队在野外扎营风餐露宿十馀年,蒙恬则常驻上郡指挥军队,威震匈奴。

秦始皇三十四年(戊子,公元前213年)

1　秦朝廷将徇私枉法、知人有罪却释放出狱、无罪却下狱的司法官吏处罚流放去修筑长城,或到南越地区守边。

丞相李斯上书说:"过去诸侯国纷争,以高官厚禄招徕游说之士。现在天下已定,法令统一出自朝廷,百姓理家就要致力于耕田做工,读书人就要学习法令规章。但今日的儒生却不学习现代事务,只知一味地效法古代,并借此非议现实,蛊惑、扰乱民众,相互非难指责现行制度,并以此教导百姓;听说命令颁下,就纷纷根据自己的学说、主张妄加评议,入朝时心中非议,出朝后便街谈巷议,在君主面前夸耀自己的主张以提高自己的声望,标新立异以显示自己的高明,煽动、引导一些人攻击诽谤国家法令。这种情况如不禁止,就势必造成君主的权势下降,臣下分都结派。唯有禁止这些才有利于国家!因此我建议史官将除秦国史记之外的所有史书全部烧毁;除博士官按职责收藏书外,天下凡有私藏《诗》、《书》、诸子百家著作的人,一律按将所藏交到郡守、郡尉处,一并焚毁。有敢于相对私语谈论《诗》、《书》的处死;借古非今的诛杀九族;官吏发现这种事情而不举报的与以上人同罪。此令颁布三十天后仍不将私藏书籍烧毁的,判处黥刑,并罚处修筑长城劳役的城旦刑。不予焚烧的,是医药、占卜、种植的书。如果想要学习法令,应以官吏为师。"始皇下制令说:"可以。"

魏人陈馀谓孔鲋曰："秦将灭先王之籍,而子为书籍之主,其危哉!"子鱼曰："吾为无用之学,知吾者惟友。秦非吾友,吾何危哉! 吾将藏之以待其求,求至,无患矣。"

三十五年(己丑,前 212)

1 使蒙恬除直道,道九原,抵云阳,堑山堙谷千八百里,数年不就。

2 始皇以为咸阳人多,先王之宫庭小,乃营作朝宫渭南上林苑中,先作前殿阿房,东西五百步,南北五十丈,上可以坐万人,下可以建五丈旗,周驰为阁道,自殿下直抵南山,表南山之颠以为阙。为复道,自阿房度渭,属之咸阳,以象天极阁道,绝汉抵营室也。隐宫、徒刑者七十万人,乃分作阿房宫或作骊山。发北山石椁,写蜀、荆地材,皆至。关中计宫三百,关外四百馀。于是立石东海上朐界中,以为秦东门。因徙三万家骊邑,五万家云阳,皆复不事十岁。

3 卢生说始皇曰："方中:人主时为微行以辟恶鬼。恶鬼辟,真人至。愿上所居宫毋令人知,然后不死之药殆可得也!"始皇曰："吾慕真人!"自谓"真人",不称"朕"。乃令咸阳之旁二百里内宫观二百七十,复道、甬道相连,帷帐、钟鼓、美人充之,各案署不移徙。行所幸,有言其处者,罪死。始皇幸梁山宫,从山上见丞相车骑众,弗善也。中人或告丞相,丞相后损车骑。始皇怒曰："此中人泄吾语!"案问,莫服。捕时在旁者,尽杀之。自是后,莫知行之所在。群臣受决事者,悉于咸阳宫。

故魏国人陈馀对孔子的八世孙孔鲋说:"秦朝廷将要毁灭掉前代君王的书籍,而你正是书籍的拥有人,这实在是太危险了!"孔鲋说:"我所治的是一些看来无用的学问,真正了解我的只有朋友。秦朝廷并不是我的朋友,我会遇到什么危险呀!我将把书籍收藏好,等待着有人征求,一旦来征求,我也就不会有什么灾难了。"

秦始皇三十五年(己丑,公元前212年)

1 始皇帝派蒙恬负责开通大道,从九原直到云阳,挖掘大山,填塞峡谷,长达一千八百里,持续几年都没有完工。

2 始皇认为都城咸阳的人口过多,而先代君王营造的宫廷又嫌小,便命人在渭南上林苑中建筑宫殿,先修前殿阿房宫,长宽东西五百步,南北五十丈,上面可坐一万人,下面则能竖立五丈高的旗帜,周围是车马驰行的天桥,从前殿下直达南山,在南山的顶峰建牌楼作为标志。又筑造天桥,从阿房渡过渭水,与咸阳城相接,由此象征天上的北极星、阁道星横越银河抵达营室宿。征发遭受宫刑和判处其他徒刑的囚犯七十万人,分别修筑阿房宫或建造骊山始皇帝陵墓。并凿掘用作套棺的北山的石料,采伐蜀、荆两地的木材,都先后运到。在关中兴建宫殿计有三百座,关外营造宫殿四百多座。于是在东海郡的胊县界内刻立巨石,作为秦王朝东部的大门。又将三万家迁移到骊邑,五万家迁移至云阳,均免除十年的赋税徭役。

3 卢生劝说始皇帝道:"有一种方法,这就是皇帝不时地暗中秘密出行,借此躲避恶鬼。而避开了恶鬼,神仙真人便会来到。故此希望您所居住的宫室不要让别人知道,然后不死之药大概才可以得到!"始皇说:"我敬慕真人!"于是就自称"真人",不再称"朕"。并下令咸阳城周围两百里内的两百七十处宫殿楼台,都用天桥、甬道相连接,帷帐、钟鼓及美女充斥其间,各自按部署登记,不作迁移。始皇巡行到某处居住下来,有敢于透露出他的驻地的,即获死罪。始皇帝曾前往梁山宫,从山上望见丞相李斯的随行车马非常多,很不高兴。宦官近臣中有人将这事告诉了李斯,李斯随即减少了他的车马。始皇愤怒地说:"这一定是宫中人泄露了我的话!"于是审问随从人员,但是没有人承认。始皇就下令捉拿当时在场的人,全部杀掉。从此以后,再也没有人知道始皇到了什么地方。群臣中凡有事情要奏报并接受皇帝裁决的,便全都到咸阳宫等候。

侯生、卢生相与讥议始皇,因亡去。始皇闻之,大怒曰:
"卢生等,吾尊赐之甚厚,今乃诽谤我!诸生在咸阳者,吾使
人廉问,或为妖言以乱黔首。"于是使御史悉案问诸生。诸生
传相告引,乃自除犯禁者四百六十馀人,皆坑之咸阳,使天下
知之,以惩后。益发谪徙边。始皇长子扶苏谏曰:"诸生皆诵
法孔子。今上皆重法绳之,臣恐天下不安。"始皇怒,使扶苏
北监蒙恬军于上郡。

三十六年(庚寅,前 211)

1　有陨石于东郡。或刻其石曰:"始皇死而地分。"始皇
使御史逐问,莫服。尽取石旁居人诛之,燔其石。

2　迁河北榆中三万家,赐爵一级。

三十七年(辛卯,前 210)

1　冬,十月癸丑,始皇出游,左丞相斯从,右丞相去疾
守。始皇二十馀子,少子胡亥最爱,请从,上许之。

十一月,行至云梦,望祀虞舜于九疑山。浮江下,观藉
柯,渡海渚,过丹阳,至钱唐,临浙江。水波恶,乃西百二十
里,从狭中渡。上会稽,祭大禹,望于南海,立石颂德。还,过
吴,从江乘渡,并海上,北至琅邪、之罘。见巨鱼,射杀之。遂
并海西,至平原津而病。

侯生、卢生相互讥讽、评议始皇帝的暴庚,并因此逃亡而去。始皇闻讯勃然大怒,说:"卢生等人,我尊敬他们,并重重地赏赐他们,现在竟然敢诽谤我! 这些人在咸阳的,我曾派人去查访过,其中有的人竟妖言惑众!"于是令御史逮捕并审问所有的儒生。儒生们彼此告发,始皇帝就亲自判处违法犯禁的人四百六十馀名,把他们全部在咸阳活埋了,还向全国宣扬,让大家都知道这件事,以惩戒后世。同时谪罚更多的人流放到边地戍守。始皇的长子扶苏为此规劝道:"那些儒生们全诵读并效法孔子的言论。而今您全部用重法惩处他们,我担心天下会因此不安定。"始皇大为恼火,派扶苏北赴上郡去监督蒙恬的军队。

秦始皇三十六年(庚寅,公元前211年)

1 有陨石坠落在东郡。有人于石上刻字说:"始皇死而地分。"始皇于是派御史逐个查问当地的人,但是没人承认此事是自己干的。始皇便下令将居住在陨石附近的人全部捉拿处死,并焚化了那块石头。

2 秦朝廷迁移三万户到黄河以北、榆中一带垦殖,每户授爵位一级。

秦始皇三十七年(辛卯,公元前210年)

1 冬季,十月癸丑,始皇帝出游,左丞相李斯陪同前往,右丞相冯去疾留守咸阳。始皇有二十多个儿子,小儿子胡亥最受宠爱,他要求随父皇出游,获始皇准许。

十一月,始皇帝一行到达云梦,向着九疑山遥祭葬在那里的舜帝。然后乘船顺长江而下,观览藉柯,渡经海渚,过丹阳,抵钱唐,到达浙江边。因江潮波涛汹涌,便向西走了一百二十里,从富阳与分水之间的狭窄处渡江。随之始皇登上会稽山,祭祀禹帝,遥望南海,刻立巨石歌功颂德。然后起驾返回,归途中经过吴地,从江乘县渡过长江,沿海北上,抵达琅邪、之眾。始皇看见大鱼,即发箭将鱼射杀。接着又沿海西行,到了平原渡口后便病倒了。

始皇恶言死，群臣莫敢言死事。病益甚，乃令中车府令行符玺事赵高为书赐扶苏曰："与丧，会咸阳而葬。"书已封，在赵高所，未付使者。秋，七月丙寅，始皇崩于沙丘平台。丞相斯为上崩在外，恐诸公子及天下有变，乃秘之不发丧，棺载辒凉车中，故幸宦者骖乘。所至，上食、百官奏事如故，宦者辄从车中可其奏事。独胡亥、赵高及幸宦者五六人知之。

初，始皇尊宠蒙氏，信任之。蒙恬任外将，蒙毅常居中参谋议，名为忠信，故虽诸将相莫敢与之争。赵高者，生而隐宫。始皇闻其强力，通于狱法，举以为中车府令，使教胡亥决狱，胡亥幸之。赵高有罪，始皇使蒙毅治之。毅当高法应死，始皇以高敏于事，赦之，复其官。赵高既雅得幸于胡亥，又怨蒙氏，乃说胡亥，请诈以始皇命诛扶苏而立胡亥为太子。胡亥然其计。赵高曰："不与丞相谋，恐事不能成。"乃见丞相斯曰："上赐长子书及符玺，皆在胡亥所。定太子，在君侯与高之口耳。事将何如？"斯曰："安得亡国之言！此非人臣所当议也！"高曰："君侯材能、谋虑、功高、无怨、长子信之，此五者皆孰与蒙恬？"斯曰："不及也。"高曰："然则长子即位，必用蒙恬为丞相，君侯终不怀通侯之印归乡里明矣！胡亥慈仁笃厚，可以为嗣。愿君审计而定之！"丞相斯以为然，乃相与谋，诈为受始皇诏，立胡亥为太子；更为书赐扶苏，数以不能辟地立功，士卒多耗，数上书，直言诽谤，日夜怨望不得罢归为太子；将军恬不矫正，知其谋；皆赐死，以兵属裨将王离。

始皇帝很厌恶谈论"死",因此群臣中没有人敢提关于死的事。待到他病势更加沉重时,才命中车府令兼掌符玺事务的赵高写诏书给长子扶苏说:"参加丧事处理,灵柩到咸阳后安葬。"诏书已封好,但却搁置在赵高处,没有交给使者送出。秋季,七月丙寅(二十日),始皇在沙丘宫平台驾崩。丞相李斯因皇帝在都城外病逝,唯恐各位皇子及天下发生什么变故,于是就秘不发丧,将棺材停放在能调节冷暖的辒凉车中,由始皇生前最宠信的宦官在车的右边陪乘。每到一地,上呈餐饭、百官奏报事务与过去一样,宦官即从车中答应他所奏请的事情。只有胡亥、赵高及受宠幸的宦官五六个人知道内情。

　　当初,始皇帝尊重宠爱蒙氏兄弟,颇信任他们。蒙恬在外担任大将,蒙毅则在朝中参与商议国事,称为忠信大臣,即便是高级将领或丞相,也没有敢与他们一争高低的。赵高一生下来就被阉割了。始皇听说他办事能力很强,且通晓刑法,便提拔他担任了中车府令,并让他教小儿子胡亥学习审理判决诉讼案,胡亥非常宠爱他。赵高曾经犯下大罪,始皇派蒙毅惩治他。蒙毅认为赵高依法应被处死,但始皇因赵高办事灵活而赦免了他,并恢复了他的官职。赵高既然素来得到胡亥的宠幸,恰又怨恨蒙氏兄弟,便劝说胡亥,让他诈称始皇遗诏命杀掉扶苏,立胡亥为太子。胡亥同意了赵高的计策。赵高又说:"这件事如果不与丞相合谋进行,恐怕不能成功。"随即会见丞相李斯,说:"皇上赐给扶苏的诏书及符玺都在胡亥那里。定立太子之事只在你我口中的一句话罢了。这件事要怎么办呢?"李斯说:"怎么能够说这种亡国的话呀!此事不是我们这些为人臣子的人所应当议论的啊!"赵高道:"您的才能、谋略、功勋、人缘以及受扶苏的信任,这五点全部拿来与蒙恬相比,哪一点比得上他呢?"李斯回答:"都比不上他。"赵高说:"既然如此,那么只要扶苏即位,就必定任用蒙恬为丞相,您最终不能怀揣通侯的印信返归故乡的结局已经是显而易见的了!而胡亥仁慈忠厚,是可以担当皇位继承人的。希望您慎重地考虑一下,作出定夺!"丞相李斯听后认为赵高说得有理,便与他共同谋划,诈称接受了始皇的遗诏,立胡亥为太子;又篡改始皇给扶苏的诏书,指斥他多年来不能开辟疆土、创立功业,却使士卒大量伤亡,并且多次上书,直言诽谤父皇,日日夜夜地抱怨不能获准解除监军职务,返归咸阳当太子;而将军蒙恬不纠正扶苏的过失,并参与和了解扶苏的图谋;因此令他们自杀,将兵权移交给副将王离。

扶苏发书，泣，入内舍，欲自杀。蒙恬曰："陛下居外，未立太子。使臣将三十万众守边，公子为监，此天下重任也。今一使者来，即自杀，安知其非诈！复请而后死，未暮也。"使者数趣之，扶苏谓蒙恬曰："父赐子死，尚安复请！"即自杀。蒙恬不肯死，使者以属吏，系诸阳周；更置李斯舍人为护军，还报。胡亥已闻扶苏死，即欲释蒙恬。会蒙毅为始皇出祷山川，还至，赵高言于胡亥曰："先帝欲举贤立太子久矣，而毅谏以为不可，不若诛之！"乃系诸代。

遂从井陉抵九原。会暑，辒车臭，乃诏从官令车载一石鲍鱼以乱之。从直道至咸阳，发丧。太子胡亥袭位。

九月，葬始皇于骊山，下锢三泉。奇器珍怪，徙藏满之。令匠作机弩，有穿近者辄射之。以水银为百川、江河、大海，机相灌输。上具天文，下具地理。后宫无子者，皆令从死。葬既已下，或言工匠为机藏，皆知之，藏重即泄。大事尽，闭之墓中。

2　二世欲诛蒙恬兄弟，二世兄子子婴谏曰："赵王迁杀李牧而用颜聚，齐王建杀其故世忠臣而用后胜，卒皆亡国。蒙氏，秦之大臣、谋士也，而陛下欲一旦弃去之。诛杀忠臣而立无节行之人，是内使群臣不相信而外使斗士之意离也！"二世弗听，遂杀蒙毅及内史恬。恬曰："自吾先人及至子孙，积功信于秦三世矣。

扶苏接到诏书,哭泣着进入内室,打算自杀。蒙恬说:"陛下在外地,并未确立谁是太子。他派我率领三十万军队镇守边陲,令您担任监军,这乃是天下的重任啊。现在仅仅一个使者前来传书,我们就自杀,又怎么能知道其中不是有诈呢? 让我们再奏请证实一下,然后去死也不晚呀。"但是使者多次催促他们自行了断,扶苏于是对蒙恬说:"父亲赐儿子死,还哪里需要再请示查实呢!"随即自杀。蒙恬不肯死,使者便将他交给官吏治罪,囚禁在阳周;改置李斯的舍人担任护军,然后回报李斯、赵高。胡亥这时已听说扶苏死了,便想释放蒙恬。恰逢蒙毅代替始皇外出祈祷山川神灵求福后返回,赵高即对胡亥说:"始皇帝想要荐举贤能确定你为太子已经很长时间了,可是蒙毅一直规劝他,认为不可如此,现在不如把蒙毅杀掉算了!"于是逮捕了蒙毅,将他囚禁到代郡。

皇室车队于是从井陉抵达九原。当时正值酷暑,装载始皇遗体的辒凉车散发出恶臭,胡亥等便指示随从官员在车上装载一石鲍鱼,借鱼的臭味混淆腐尸的气味。从直道抵达咸阳后,发布治丧的公告。太子胡亥继承了皇位。

九月,将始皇安葬在骊山皇陵,把铜熔化后灌入,堵塞住地下深处的水。又运来各种奇珍异宝,藏满墓穴。还下令工匠制作带有机关的弓弩,遇到盗墓靠近的人,即自动射杀。用水银做成百川、江河、大海,以机械灌注输送。墓穴顶部布有天文图象,底部设置地理模型。后宫嫔妃凡未生子女的,令她们全部陪葬。下葬以后,有人说工匠们制造隐藏的机械装置,知道其中的全部秘密,而且墓中随葬品非常丰厚,他们出去后会泄露出去。于是待送终的大事完毕后,那些工匠即被尽数封闭在墓穴中。

2 二世皇帝胡亥想要杀掉蒙恬兄弟二人,他哥哥的儿子子婴规劝说:"赵王赵迁杀李牧而用颜聚,齐王田建杀他前代的忠臣而用后胜,结果最终都亡了国。蒙恬兄弟是秦国的重臣、谋士,陛下却打算一下子就把他们抛弃、除掉。这样诛杀忠臣而扶立节操品行不端的人,是在内失去群臣的信任,在外将士们意志涣散啊!"但是二世不听从劝告,随即杀掉了蒙毅,并要杀内史蒙恬。蒙恬说:"我们蒙家自我的先人起直至子孙,在秦国建立功业和忠信已经三代了。

今臣将兵三十餘万,身虽囚系,其势足以倍畔。然自知必死而守义者,不敢辱先人之教以不忘先帝也!"乃吞药自杀。

扬子《法言》曰:或问:"蒙恬忠而被诛,忠奚可为也?"曰:"堑山,堙谷,起临洮,击辽水,力不足而尸有餘,忠不足相也。"

臣光曰:始皇方毒天下而蒙恬为之使,恬不仁可知矣。然恬明于为人臣之义,虽无罪见诛,能守死不贰,斯亦足称也。

二世皇帝上
元年(壬辰,前209)

1 冬,十月戊寅,大赦。

2 春,二世东行郡县,李斯从。到碣石,并海,南至会稽。而尽刻始皇所立刻石,旁著大臣从者名,以章先帝成功盛德而还。

夏,四月,二世至咸阳,谓赵高曰:"夫人生居世间也,譬犹骋六骥过决隙也。吾既已临天下矣,欲悉耳目之所好,穷心志之所乐,以终吾年寿,可乎?"高曰:"此贤主之所能行而昏乱主之所禁也。虽然,有所未可,臣请言之:夫沙丘之谋,诸公子及大臣皆疑焉。而诸公子尽帝兄,大臣又先帝之所置也。今陛下初立,此其属意怏怏皆不服,恐为变。臣战战栗栗,唯恐不终,陛下安得为此乐乎!"二世曰:"为之奈何?"赵高曰:"陛下严法而刻刑,令有罪者相坐,诛灭大臣及宗室;然后收举遗民,贫者富之,贱者贵之,尽除先帝之故臣,更置陛下之所亲信者。此则阴德归陛下,害除而奸谋塞,群臣莫不被润泽,

如今我领兵三十多万,身体虽然被囚禁,但我的势力仍然足以进行反叛。可是我知道自己必定得死却还是要奉守节义,是因为我不敢辱没祖先的教诲,并表示我不忘先帝的大恩大德啊!"于是即吞服毒药自杀身亡。

扬雄《法言》上说:有人问:"蒙恬赤胆忠心却被杀掉了,忠诚还有什么用呢?"回答说:"开山填谷修筑长城,西起临洮,东接辽水,威力不足而造成人民大量死亡,蒙恬的这种忠诚是不足以辅助君王的。"

臣司马光说:秦始皇正荼毒天下时,蒙恬甘受他的驱使,如此蒙恬的不仁义是可知的了。但是蒙恬明白为人臣子所应守的道义,虽然没有罪而被处死,仍能够宁死忠贞不渝,不生二心,这一点还是很值得称道的。

二世皇帝上
秦二世元年(壬辰,公元前209年)

1　冬季,十月戊寅(初十),实行大赦。

2　春季,二世向东出巡郡县,李斯随从前往。一行人到达碣石后,又沿海南下至会稽。途中,二世将始皇帝过去所立的刻石全部加刻上了字,并在旁边刻上随从大臣的名字,以此表彰先帝的丰功盛德,然后返回。

夏季,四月,二世抵达咸阳,对赵高说:"人生在世,就犹如驾着六匹骏马拉的车飞奔过缝隙一般的短促。我既已经统治天下,就想要尽享我的耳目所喜闻乐见的全部东西,享尽我心意中所喜欢的所有事物,直到我的寿命终结,你认为这行吗?"赵高说:"这是贤能的君主能做而昏庸暴乱的君王不能做的事情。虽然如此,还有不可做的地方,请让我来陈述一下:沙丘夺权之谋,诸位公子和大臣都有所怀疑。而各位公子都是您的哥哥,大臣又都是先帝所安置的。如今陛下刚刚即位,这些公子臣僚正快快不服,恐怕会发生事变。我尚且战战栗栗,生怕不得好死,陛下又怎么能够这样享乐呀!"二世道:"那该怎么办呢?"赵高说:"陛下应实行严厉的法律、残酷的刑罚,使有罪的人株连他人,这样可将大臣及皇族杀灭干净,然后收罗提拔遗民,使贫穷的富裕起来,卑贱的高贵起来,并把先帝过去任用的臣僚全都清除出去,改用陛下的亲信。这样一来,他们就会暗中感念您的恩德,祸害被除掉,奸谋遭堵塞,群臣没有不蒙受您的雨露润泽、

蒙厚德,陛下则高枕肆志宠乐矣。计莫出于此!"二世然之,乃更为法律,务益刻深,大臣、诸公子有罪,辄下高鞫治之。于是公子十二人僇死咸阳市,十公主矺死于杜,财物入于县官,相连逮者不可胜数。

公子将闾昆弟三人囚于内宫,议其罪独后。二世使使令将闾曰:"公子不臣,罪当死!吏致法焉。"将闾曰:"阙廷之礼,吾未尝敢不从宾赞也;廊庙之位,吾未尝敢失节也;受命应对,吾未尝敢失辞也;何谓不臣?愿闻罪而死!"使者曰:"臣不得与谋,奉书从事!"将闾乃仰天大呼"天"者三,曰:"吾无罪!"昆弟三人皆流涕,拔剑自杀。宗室振恐。公子高欲奔,恐收族,乃上书曰:"先帝无恙时,臣入门赐食,出则乘舆,御府之衣,臣得赐之,中厩之宝马,臣得赐之。臣当从死而不能,为人子不孝,为人臣不忠。不孝不忠者,无名以立于世。臣请从死,愿葬骊山之足。唯上幸哀怜之!"书上,二世大说,召赵高而示之,曰:"此可谓急乎?"赵高曰:"人臣当忧死不暇,何变之得谋!"二世可其书,赐钱十万以葬。

复作阿房宫。尽征材士五万人为屯卫咸阳,令教射。狗马禽兽当食者多,度不足,下调郡县,转输菽粟、刍稿,皆令自赍粮食;咸阳三百里内不得食其谷。

大恩厚德的,如此,陛下就可以高枕无忧,纵情享乐了。再没有比这个更好的计策了!"二世认为赵高说得有理,于是便修订法律,务求更加严厉苛刻,凡大臣、各位公子犯了罪,总是交给赵高审讯惩处。就这样,有十二位公子在咸阳街市上被斩首示众,十名公主在杜县被分裂肢体而死,他们的财产全部充公,受牵连被逮捕的人更是不可胜数。

公子将闾兄弟三人被囚禁在内宫,单单搁置到最后才议定罪过。二世派使臣去斥令将闾说:"你不尽臣子的职责,罪该处死!由行刑官执法吧!"将闾说:"在宫廷的礼仪中,我未曾敢不听从司仪人员的指挥;在朝廷的位次上,我未曾敢超越本分违背礼节;受皇上的命令应对质询,我未曾敢言辞失当说过什么错话;这怎么叫作不为臣子的职责啊?希望听你们说说我的罪过然后再去死!"使臣说:"我没有参与讨论你的罪过,只奉诏书行事!"将闾于是便仰天大呼三声"天",说:"我没有罪!"兄弟三人都痛哭流涕,随即拔剑自杀。整个皇室均为此震惊恐惧。公子高打算逃亡,但又害怕株连族人,因此上书说:"先帝未患病时,我入宫便赐给我饮食,外出便赐给我乘车,内府的衣服,我得到过赏赐,宫中马厩里的宝马,我也得到过赏赐。我本应跟随先帝去死,却没能这样做,似此作为儿子便是不孝,作为臣子便是不忠。不孝不忠的人是没有资格存在世上的。因此我请求随同先帝去死,愿被葬在骊山脚下。希望陛下垂怜。"书上给了二世,二世高兴异常,召见赵高,给他看公子高的上书,说:"这可以算是急迫无奈了吧?"赵高道:"作为臣子担心死亡还来不及呢,哪里能有空闲图谋什么造反的事呀!"二世随即允准了公子高的上书,并赐给他十万钱作为安葬费。

二世下令重新营修阿房宫。又尽行征调五万名身强力壮的人去咸阳驻防守卫,让他们教习射箭。这批人和狗马禽兽要消耗的粮食很多,估计会供不应求,二世便下令到郡县中调拨,转运输送豆类、谷物、饲草、禾秆到都城,但规定押运民夫都自带口粮,同时还下令咸阳城三百里之内不准食用这批谷物。

3 秋，七月，阳城人陈胜、阳夏人吴广起兵于蕲。是时，发闾左戍渔阳，九百人屯大泽乡，陈胜、吴广皆为屯长。会天大雨，道不通，度已失期。失期，法皆斩。陈胜、吴广因天下之愁怨，乃杀将尉，召令徒属曰："公等皆失期当斩，假令毋斩，而戍死者固什六七。且壮士不死则已，死则举大名耳！王侯将相宁有种乎！"众皆从之。乃诈称公子扶苏、项燕，为坛而盟，称大楚。陈胜自立为将军，吴广为都尉。攻大泽乡，拔之；收而攻蕲。蕲下，乃令符离人葛婴将兵徇蕲以东，攻铚、酂、苦、柘、谯，皆下之。行收兵，比至陈，车六七百乘，骑千馀，卒数万人。攻陈，陈守、尉皆不在，独守丞与战谯门中，不胜。守丞死，陈胜乃入据陈。

初，大梁人张耳、陈馀相与为刎颈交。秦灭魏，闻二人魏之名士，重赏购求之。张耳、陈馀乃变名姓，俱之陈，为里监门以自食。里吏尝以过笞陈馀，陈馀欲起，张耳蹑之，使受笞。吏去，张耳乃引陈馀之桑下，数之曰："始吾与公言何如？今见小辱而欲死一吏乎！"陈馀谢之。陈涉既入陈，张耳、陈馀诣门上谒。陈涉素闻其贤，大喜。陈中豪桀父老请立涉为楚王，涉以问张耳、陈馀。耳、馀对曰："秦为无道，灭人社稷，暴虐百姓。将军出万死之计，为天下除残也。今始至陈而王之，示天下私。愿将军毋王，急引兵而西；遣人立六国后，自为树党，为秦益敌。敌多则力分，与众则兵强。如此，

3 秋季，七月，阳城人陈胜、阳夏人吴广在蕲县聚众起兵。当时，秦王朝征召闾左贫民百姓往渔阳屯戍守边，九百人途中屯驻在大泽乡，陈胜、吴广均被指派为屯长。恰巧遇上天降大雨，道路不通，推测时间已无法按规定期限到达渔阳防地。而按秦法规定，延误戍期，一律处斩。于是陈胜、吴广便趁着天下百姓生计愁苦、对秦的怨恨，杀掉押送他们的将尉，召集戍卒号令说："你们都已经延误了戍期，当被杀头，即使不被斩首，因长久在外戍边而死去的本来也要占到十之六七。何况壮士不死则已，要死就图大事！王侯将相难道是天生的吗！"众人全都响应。陈胜、吴广便诈以已死的扶苏和故楚国的大将项燕为名，培土筑坛，登到上面宣布誓约，号称"大楚"。陈胜自立为将军，吴广为都尉。起义军随即攻陷大泽乡，接着招收义兵扩军，进攻蕲。攻占蕲后，即令符离人葛婴率军攻掠蕲以东地区，相继攻打铚、酂、苦、柘、谯等地，全都攻下了。义军沿路招收人马，等到抵达陈地时，已有战车六七百乘，骑兵千余，步兵数万人。当攻打陈城时，郡守和郡尉都不在，只有留守的郡丞在谯楼下的城门中抵抗义军，不能取胜。郡丞被打死，陈胜于是领兵入城，占据了陈地。

当初，大梁人张耳、陈馀结为同生死、共患难的朋友。秦国灭魏时，听说这两个人是魏国的名士，便悬重赏征求他们。张耳、陈馀于是改名换姓，一起逃到了陈地，充任里门看守来糊口。管理里巷的官吏曾经因陈馀出了小过失而鞭笞他，陈馀想要与那官吏抗争，张耳踩他的脚，让他接受鞭笞。待那小官离开后，张耳将陈馀拉到桑树下，数落他说："当初我是怎么对你说的？现在遇上一点小的侮辱，就想跟一个小吏拼命啊！"陈馀为此道了歉。等到陈胜率义军已进入陈地，张耳、陈馀便前往陈胜的驻地通名求见。陈胜一向听说他俩很贤能，故而非常高兴。恰逢陈地中有声望的地方人士和乡官请求立陈胜为楚王，陈胜就拿这件事来询问张耳、陈馀的意见。二人回答说："秦王朝暴乱无道，兼灭别人的国家，残害百姓。而今您冒万死的危险起兵反抗的目的，就是要为天下百姓除害啊。现在您才到达陈地即要称王，是向天下人显露您的私心。因此希望您不要称王，而是火速率军向西，派人去扶立六国国君的后裔，替自己培植党羽，以此为秦王朝增树敌人。秦的敌人多了，兵力就势必分散，大楚联合的国家多了，兵力就必然强大。这样一来，

则野无交兵,县无守城,诛暴秦,据咸阳,以令诸侯。诸侯亡而得立,以德服之,则帝业成矣!今独王陈,恐天下懈也。"陈涉不听,遂自立为王,号"张楚"。

当是时,诸郡县苦秦法,争杀长吏以应涉。谒者从东方来,以反者闻。二世怒,下之吏。后使者至,上问之,对曰:"群盗鼠窃狗偷,郡守、尉方逐捕,今尽得,不足忧也。"上悦。

陈王以吴叔为假王,监诸将以西击荥阳。

张耳、陈馀复说陈王,请奇兵北略赵地。于是陈王以故所善陈人武臣为将军,邵骚为护军,以张耳、陈馀为左、右校尉,予卒三千人,徇赵。

陈王又令汝阴人邓宗徇九江郡。当此时,楚兵数千人为聚者不可胜数。

葛婴至东城,立襄彊为楚王。闻陈王已立,因杀襄彊还报。陈王诛杀葛婴。

陈王令周市北徇魏地。以上蔡人房君蔡赐为上柱国。

陈王闻周文,陈之贤人也,习兵,乃与之将军印,使西击秦。

武臣等从白马渡河,至诸县,说其豪桀,豪桀皆应之。乃行收兵,得数万人,号武臣为武信君。下赵十馀城,馀皆城守,乃引兵东北击范阳。范阳蒯彻说武信君曰:"足下必将战胜而后略地,攻得然后下城,臣窃以为过矣。诚听臣之计,可不攻而降城,不战而略地,传檄而千里定,可乎?"武信君曰:"何谓也?"彻曰:"范阳令徐公,畏死而贪,欲先天下降。君若以为秦所置吏,

在野外军队不必交锋,遇到县城没有兵为秦守城,从而铲除残暴的秦政权,占据咸阳,以号令各诸侯国。灭亡的诸侯国得到复兴,您施德政使它们服从,您的帝王大业就完成了!如今只在一个陈县就称王,恐怕会使天下人斗志松懈了。"陈胜不听从这一意见,即自立为楚王,号称"张楚"。

在那时,各郡县的百姓都苦于秦法的残酷苛刻,因此争相诛杀当地长官,响应陈胜。秦王朝的谒者出使东方归来,把反叛的情况奏报给二世。二世勃然大怒,将谒者交给司法官吏审问治罪。于是,以后回来的使者,二世向他们询问情况,他们便回答说:"一群盗贼不过是鼠窃狗偷之辈,郡守、郡尉正在追捕他们,现在已经全部抓获,不值得为此忧虑了。"二世听了颇为喜悦。

陈胜任命吴广为代理楚王,督率众将领向西攻击荥阳。

张耳、陈馀又劝说陈胜,请出奇兵向北攻取原来赵国的土地。于是,陈胜便任命他过去的好友、陈地人武臣为将军,邵骚为护军,张耳、陈馀为左、右校尉,拨给士卒三千人,攻取故赵国的土地。

陈胜又令汝阴人邓宗率军攻略九江郡。这时,楚地数千人为一支的军队,数不胜数。

葛婴到达东城后,立襄彊为楚王。后来听说陈胜已立为楚王,就杀了襄彊返回陈县奏报。但陈胜仍然将葛婴杀掉了。

陈胜令周市率军向北攻取故魏国的土地。任命上蔡人、封号"房君"的蔡赐为上柱国。

陈胜听说周文是陈地德才兼备的人,通晓军事,便授给他将军的印信,命他领兵向西进攻秦王朝。

武臣等人从白马津渡过黄河,分赴各县,劝说当地有声望的人士,这些地方人士都纷纷响应。武臣等便沿途收取兵众,得数万人,武臣号称为"武信君"。武臣的大军接连攻下故赵国的十几个城市,其他的城市都固守不降,武臣便率军向东北攻击范阳。范阳人蒯彻劝武信君说:"您一定要先打胜仗而后才扩大地盘,先进攻得手然后才取得城市,我私下里认为这是一个错误。您若果真听从我的计策,就可以不进攻便使城市投降,不作战便能夺得土地,传送一篇征召、声讨的文书,便可使千里之地平定,如此行吗?"武臣说:"你说的是什么意思呀?"蒯彻说:"范阳县令徐某,怕死且贪得无厌,他想在别的县之前投降。您若认为徐某是秦王朝所任用的官吏,

诛杀如前十城，则边地之城皆为金城、汤池，不可攻也。君若赍臣侯印以授范阳令，使乘朱轮华毂，驱驰燕、赵之郊，即燕、赵城可无战而降矣。"武信君曰："善！"以车百乘、骑二百、侯印迎徐公。燕、赵闻之，不战以城下者三十馀城。

陈王既遣周章，以秦政之乱，有轻秦之意，不复设备。博士孔鲋谏曰："臣闻兵法：'不恃敌之不我攻，恃吾不可攻。'今王恃敌而不自恃，若跌而不振，悔之无及也。"陈王曰："寡人之军，先生无累焉。"

周文行收兵至关，车千乘，卒数十万，至戏，军焉。二世乃大惊，与群臣谋曰："奈何？"少府章邯曰："盗已至，众强，今发近县，不及矣。骊山徒多，请赦之，授兵以击之。"二世乃大赦天下，使章邯免骊山徒、人奴产子，悉发以击楚军，大败之。周文走。

张耳、陈馀至邯郸，闻周章却，又闻诸将为陈王徇地还者多以谗毁得罪诛，乃说武信君令自王。八月，武信君自立为赵王，以陈馀为大将军，张耳为右丞相，邵骚为左丞相；使人报陈王。陈王大怒，欲尽族武信君等家而发兵击赵。柱国房君谏曰："秦未亡而诛武信君等家，此生一秦也。不如因而贺之，使急引兵西击秦。"陈王然之，从其计，徙系武信君等家宫中，封张耳子敖为成都君，使使者贺赵，令趣发兵西入关。张耳、陈馀说赵王曰："王王赵，非楚意，特以计贺王。楚已灭秦，必加兵于赵。愿王毋西兵，北徇燕、代，南收河内以自广。赵南据大河，北有燕、代，楚虽胜秦，必不敢制赵。不胜秦，必重赵。

就如同杀戮前面那十城的秦朝官员一样杀了他,那么边地所有的城市都将固若金汤,无法攻克了。假如您送给我侯印,让我授给范阳县令,使他乘坐王侯显贵所乘的车子,驱驰在旧燕、赵国的城外,那么燕、赵地的城市就可不战而降了。"武臣说:"好吧!"即拨给蒯彻一百辆车、两百名骑兵及君侯的印信去迎接徐县令。燕、赵旧地风闻此消息后,不战便举城投降的就有三十多个城市。

陈胜已经派出了周文的部队,便因秦王朝的政治混乱,而产生轻视秦的意思,不再设置防备。博士孔鲋规劝说:"我听兵法上说:'不能依靠敌人不来攻我,而是仰仗我不可以被攻打。'如今您凭借敌人不来进攻,而不依靠自己设防不怕为敌所攻,一旦遭遇挫折不能奋起,则悔恨也来不及了。"陈胜说:"我的军队,就不必烦劳先生您操心了。"

周文沿路收取兵众到达函谷关,已是战车千乘,士卒几十万,至戏亭,驻扎了下来。二世这时才大惊失色,连忙与群臣商议说:"怎么办啊?"少府章邯说:"盗贼已临城下,人多势强,现在征调附近各县的军队抵抗,已经来不及了。不过发配在骊山服劳役的夫役很多,请赦免他们,并授给他们兵器去迎击敌军。"二世于是下令大赦天下,命章邯免除骊山的刑徒、奴婢所生之子不能充当战士的限制,将他们全部征发去攻打楚军,大败周文的军队。周文逃跑。

张耳、陈馀抵达邯郸,听到周文撤退的消息,又听说为陈胜攻城掠地后归还的众将领,多因谗言陷害而获罪,遭到诛杀,便劝说武臣,让他自己称王。八月,武臣自立为赵王,任命陈馀为大将军,张耳为右丞相,邵骚为左丞相,并派人报知陈胜。陈胜大怒,想要尽灭武臣等人的家族,发兵攻打赵王。柱国房君蔡赐规劝道:"秦王朝尚未灭亡就杀武臣等人的家族,这是使又一个秦王朝复生啊。不如趁此庆贺他为王,令他火速率军向西进攻秦。"陈胜认为说得有理,便听从他的计策,把武臣等人的家属迁移到宫中软禁起来,封张耳的儿子张敖为成都君,派使者前去祝贺赵王即位,催促他赶快发兵向西入函谷关。张耳、陈馀劝赵王武臣说:"您在赵地称王,并非楚王陈胜的本意,所以祝贺您称王,不过是个权宜之计。一旦楚灭掉了秦,必定要发兵攻打赵国。因此希望您不要向西出兵,而是领兵往北攻占旧燕地、代地,向南收取河内,以此扩大自己的地盘。这样一来,赵国南面可以扼守黄河,北面有燕、代旧地可为声援,楚即便战胜了秦,也肯定不敢制约赵国。楚如果不能胜秦,赵国的分量就必然加重。

赵乘秦、楚之敝，可以得志于天下。"赵王以为然，因不西兵，而使韩广略燕，李良略常山，张黡略上党。

九月，沛人刘邦起兵于沛，下相人项梁起兵于吴，狄人田儋起兵于齐。

刘邦，字季，为人隆准、龙颜，左股有七十二黑子。爱人喜施，意豁如也；常有大度，不事家人生产作业。初为泗上亭长，单父人吕公，好相人，见季状貌，奇之，以女妻之。

既而季以亭长为县送徒骊山，徒多道亡。自度比至皆亡之，到丰西泽中亭，止饮，夜，乃解纵所送徒曰："公等皆去，吾亦从此逝矣！"徒中壮士愿从者十馀人。

刘季被酒，夜径泽中，有大蛇当径，季拔剑斩蛇。有老妪哭曰："吾子，白帝子也，化为蛇，当道；今赤帝子杀之！"因忽不见。刘季亡匿于芒、砀山泽之间，数有奇怪。沛中子弟闻之，多欲附者。

及陈涉起，沛令欲以沛应之，掾、主吏萧何、曹参曰："君为秦吏，今欲背之，率沛子弟，恐不听。愿君召诸亡在外者，可得数百人，因劫众，众不敢不听。"乃令樊哙召刘季。刘季之众已数十百人矣。沛令后悔，恐其有变，乃闭城城守，欲诛萧、曹。萧、曹恐，逾城保刘季。刘季乃书帛射城上，遗沛父老，为陈利害。父老乃率子弟共杀沛令，开门迎刘季，立以为沛公。萧、曹等为收沛子弟，得三千人，以应诸侯。

如此,赵国乘秦、楚两家疲惫衰败之机崛起,即可以得行己志,达到统治天下的目的了。"赵王认为说得不错,于是便不向西进军,而是派韩广领兵夺取燕国故土,李良攻取常山,张黡夺取上党。

九月,沛人刘邦在沛起兵,下相人项梁在吴起兵,狄人田儋在齐国旧地起兵。

刘邦,字季,为人高鼻梁、眉骨突起如龙额,左大腿上有七十二颗黑痣。对人友爱宽厚,喜欢施舍财物给人,心胸开阔,素来有远大的志向,不安于从事平民百姓的日常耕作。起初,刘邦担任泗水亭长,单父县人吕公,喜爱给人相面,看见刘邦的形状容貌,认为很不寻常,便将女儿嫁给了他。

不久,刘邦以亭长身份奉县里委派遣送被罚服劳役的夫役到骊山去,途中许多夫役逃亡。刘邦推测待到骊山时人已经都跑光了,于是便在行至丰乡西面的泽中亭后,停下来休息饮酒,到了晚上即释放所送的夫役们说:"你们都走吧,我也从此逃命去了!"夫役中年轻力壮的汉子愿意跟随他的有十馀人。

刘邦喝醉了,夜间从小道走进湖沼地,遇到一条大蛇挡在道上,他随即拔剑斩杀了大蛇。一位老妇人哭着说:"我的儿子是白帝的儿子啊,化为蛇,挡在小道上,而今却被赤帝的儿子杀了!"说罢就忽然不见了踪影。刘邦随后逃亡、隐藏在芒、砀的山泽中,这山泽间于是常常出现怪异现象。沛县中的年轻人闻讯后,大都想要去归附他。

等到陈胜起兵,沛县县令打算举城响应,主吏萧何、狱掾曹参说:"您身为秦朝官吏,现在想要背叛朝廷,以此率领沛县的青年,恐怕他们不会听从您的号令。希望您把那些逃亡在外的人召集起来,可得数百人,借此威胁大众,众人便不敢不服从了。"县令于是便命樊哙去召刘邦来见。这时刘邦的部众已有百十来人了。县令事后很懊悔,担心召刘邦等人来会发生什么变故,就下令关闭城门,防守城池,并要诛杀萧何、曹参。萧、曹二人大为惊恐,翻过城去投奔刘邦以求自保。刘邦便在绸绢上草就一书,用箭射到城上,送给沛县的父老,陈说利害关系。父老们便率领年轻一辈一起杀掉了县令,敞开城门迎接刘邦,拥立他为"沛公"。萧何、曹参为刘邦召集沛县青年,得三千人,以此响应诸侯抗秦。

项梁者,楚将项燕子也,尝杀人,与兄子籍避仇吴中。吴中贤士大夫皆出其下。籍少时学书,不成,去;学剑,又不成。项梁怒之,籍曰:"书,足以记名姓而已!剑,一人敌,不足学;学万人敌!"于是项梁乃教籍兵法,籍大喜;略知其意,又不肯竟学。籍长八尺馀,力能扛鼎,才器过人。会稽守殷通闻陈涉起,欲发兵以应涉,使项梁及桓楚将。是时,桓楚亡在泽中。梁曰:"桓楚亡,人莫知其处,独籍知之耳。"梁乃诫籍持剑居外,梁复入,与守坐,曰:"请召籍,使受命召桓楚。"守曰:"诺。"梁召籍入。须臾,梁眴籍曰:"可行矣!"于是籍遂拔剑斩守头。项梁持守头,佩其印绶。门下大惊,扰乱;籍所击杀数十百人,一府中皆慑伏,莫敢起。梁乃召故所知豪吏,谕以所为起大事,遂举吴中兵,使人收下县,得精兵八千人。梁为会稽守,籍为裨将,徇下县。籍是时年二十四。

田儋,故齐王族也。儋从弟荣,荣弟横,皆豪健,宗强,能得人。周市徇地至狄,狄城守。田儋详为缚其奴,从少年之廷,欲谒杀奴,见狄令,因击杀令,而召豪吏子弟曰:"诸侯皆反秦自立。齐,古之建国也;儋,田氏,当王!"遂自立为齐王,发兵以击周市。周市军还去。田儋率兵东略定齐地。

项梁是故楚国大将项燕之子,因曾经杀过人,与他哥哥的儿子项羽逃到吴中躲避仇家。吴中有声望的士人都在项梁之下,不及他。项羽少年时学习识字和写字,学不成即抛开了,去习练剑法击刺之术,又未学成。项梁为此非常生气,项羽说:"识字写字,记名姓就行了! 学剑也不过是只能抵挡一人,不值得去学,要学就学那可以抵抗万人的本事!"项梁因此便教授项羽兵法,项羽喜不自胜,但是在略知兵法大意之后,又不肯学下去。项羽身长八尺多,力能独自举鼎,才干、器度超过了一般人。会稽郡郡守殷通听到陈胜起兵抗秦的消息后,想要发兵响应陈胜,让项梁和桓楚指挥所发动的兵马。这时,桓楚正亡命江湖之中。项梁说:"桓楚在逃亡中,没有人晓得他在什么地方,只有项羽知道他的行踪。"项梁就嘱咐项羽持剑候在外面,自己又进去与郡守同坐,说:"请您召见项羽,让他接受命令去召回桓楚。"殷通说:"好吧。"项梁唤项羽入内受命。不一会儿,项梁向项羽使了个眼色说:"可以动手了!"项羽随即拔剑斩下了殷通的头。项梁手提郡守的头颅,佩带上郡守的官印。郡守的侍从护卫们见状惊慌失措,混乱不堪,被项羽所击杀的有百十来人,一府之人都吓得趴在地上,没有一个敢于起身的。项梁随后便召集他从前熟悉的有势力的强干官吏,把所以要起事反秦的道理宣告给他们,随即征集吴中的兵员,命人收取郡下所属各县丁壮,得精兵八千人。项梁自己做了会稽郡郡守,以项羽为副将,镇抚郡属各县。项羽此时年方二十四岁。

　　田儋是故齐国国君田氏的族人。他的堂弟田荣,田荣的弟弟田横,都势力雄厚,家族强盛,颇能得人心。楚将周市带兵巡行占领地方到达了狄县,狄县闭城固守。田儋假意将他的奴仆捆绑起来,让一伙年轻人跟着来到县衙门,想要进见县令,报请准许杀奴,待见到狄县县令时,田儋即趁势击杀了他,随后召集有声望有权势的官吏和青年说:"各诸侯都反叛秦朝自立为王了。齐国是古时候就受封建立的国家,我田儋是齐王田氏族人,应当为齐王!"于是即自封为齐王,发兵攻击周市。周市的军队退还。田儋随即率军向东攻取、平定了旧齐国的土地。

韩广将兵北徇燕,燕地豪桀欲共立广为燕王。广曰:"广母在赵,不可!"燕人曰:"赵方西忧秦,南忧楚,其力不能禁我。且以楚之强,不敢害赵王将相之家,赵独安敢害将军家乎!"韩广乃自立为燕王。居数月,赵奉燕王母家属归之。

赵王与张耳、陈馀北略地燕界,赵王间出,为燕军所得。燕囚之,欲求割地。使者往请,燕辄杀之。有厮养卒走燕壁,见燕将曰:"君知张耳、陈馀何欲?"曰:"欲得其王耳。"赵养卒笑曰:"君未知此两人所欲也。夫武臣、张耳、陈馀,杖马箠下赵数十城,此亦各欲南面而王,岂欲为将相终已耶!顾其势初定,未敢参分而王,且以少长先立武臣为王,以持赵心。今赵地已服,此两人亦欲分赵而王,时未可耳。今君乃囚赵王,此两人名为求赵王,实欲燕杀之;此两人分赵自立。夫以一赵尚易燕,况以两贤王左提右挈而责杀王之罪,灭燕易矣!"燕将乃归赵王,养卒为御而归。

4　周市自狄还,至魏地,欲立故魏公子宁陵君咎为王。咎在陈,不得之魏。魏地已定,诸侯皆欲立周市为魏王。市曰:"天下昏乱,忠臣乃见。今天下共畔秦,其义必立魏王后乃可。"诸侯固请立市,市终辞不受;迎魏咎于陈,五反,陈王乃遣之,立咎为魏王,市为魏相。

5　是岁,二世废卫君角为庶人,卫绝祀。

赵国将领韩广带兵往北攻掠故燕国的土地,燕地有势力的豪强打算共同拥立韩广为燕王。韩广说:"我的母亲尚在赵国,不可这么做。"燕地的人说:"赵国正西边担忧秦国的威胁,南面忧虑楚国的威胁,它自己的力量已不能禁止我们。况且以楚国的强大,还不敢杀害赵王将相的家属,赵国难道就敢加害您的家属吗?"韩广于是就自立为燕王。过了几个月,赵国即将韩广的母亲和家属送回了燕国。

赵王武臣与张耳、陈馀在燕国边界处夺取土地,武臣抽空悄悄外出,被燕军俘获。燕国将他囚禁起来,想据此要求赵国割让土地。赵国的使者赴燕请求放人,都被燕国杀了。这时,赵军有一个伙夫跑到燕军的营地,进见燕将说:"您知道张耳、陈馀想要什么吗?"燕将答道:"只是想要得到他们的国王罢了。"赵军伙夫笑着说:"您并不知道这两个人所要的是什么啊。武臣、张耳、陈馀,持马鞭,唾手攻克故赵国的数十城,张、陈二人也是各自想要面向南称王的,哪里会甘心于一辈子做将相呀! 不过是因为大势初定,不敢即三分土地自立为王,故暂且按年龄的长幼,先立武臣为王,以此安定赵国的民心。现在赵地已经平定顺服了,这两人便也想分赵国土地而称王,只是时机尚未成熟罢了。而今您正好囚禁了赵王,此二人名为求释赵王,实则想让燕国将赵王杀掉,以使他们俩分赵国而自立。一个赵国尚且不把燕国放在眼里,更何况两个贤能的国君相互扶持来声讨您杀害赵王的罪行啊,如此,灭掉燕国是很容易的了!"燕军将领于是便归还赵王,由那位伙夫驾车送他返回了赵国。

4　周市从狄县还楚,到达故魏国地面时,想要立故魏国公子宁陵君魏咎为王。但魏咎恰巧在陈县陈胜那里,不能到魏地来。魏地已经平定后,诸侯便都想立周市为魏王。周市说:"天下昏乱,忠臣即出现。如今天下共同反叛秦王朝,依此道义,必定要立故魏国国君的后裔才行。"诸侯坚持请求拥立周市,周市最终还是推辞不接受,派人往陈县迎接魏咎,往返五次,陈胜才将魏咎送还,立他为魏王,周市担任魏相。

5　这一年,二世将卫国国君姬角废黜为平民,卫国灭亡。

卷第八　秦纪三

起癸巳（前208）尽甲午（前207）凡二年

二世皇帝下
二年（癸巳，前208）

1　冬，十月，泗川监平将兵围沛公于丰，沛公出与战，破之，令雍齿守丰。十一月，沛公引兵之薛。泗川守壮兵败于薛，走至戚，沛公左司马得杀之。

2　周章出关，止屯曹阳，二月馀，章邯追败之。复走渑池，十馀日，章邯击，大破之。周文自刭，军遂不战。

吴叔围荥阳；李由为三川守，守荥阳，叔弗能下。楚将军田臧等相与谋曰："周章军已破矣，秦兵旦暮至。我围荥阳城弗能下，秦兵至，必大败，不如少遗兵守荥阳，悉精兵迎秦军。今假王骄，不知兵权，不足与计事，恐败。"因相与矫王令以诛吴叔，献其首于陈王。陈王使使赐田臧楚令尹印，以为上将。

田臧乃使诸将李归等守荥阳，自以精兵西迎秦军于敖仓，与战；田臧死，军破。章邯进兵击李归等荥阳下，破之，李归等死。阳城人邓说将兵居郯，章邯别将击破之。铚人伍逢将兵居许，章邯击破之。两军皆散，走陈，陈王诛邓说。

二世皇帝下

秦二世二年(癸巳,公元前208年)

1　冬季,十月,秦王朝名叫平的泗川郡监,率军将刘邦包围在丰地,刘邦出兵应战,打败了秦军,即命雍齿守卫丰地。十一月,刘邦领兵去攻薛地。泗川郡守名叫壮的,在薛地吃了败仗后,逃到戚地,刘邦的左司马将他捉住杀掉了。

2　楚国将领周文率军退出函谷关,到曹阳亭后驻扎下来,过了两个多月,秦将章邯领兵追击打败了楚军。周文又逃跑到渑池,十馀日后,章邯发起攻击,大败周文。周文自刎,楚军于是溃败失去了作战能力。

吴广率军围攻荥阳,秦朝李由为三川郡守,固守荥阳,吴广攻不下来。楚将军田臧等便相互商议说:"周文的军队已被击败了,秦兵很快就会到来。我们围攻荥阳城不下,秦军一到,必将大败我军,不如留一小部分兵力围守荥阳,而调动全部精兵迎击秦军。但现在代理楚王的吴广自高自大,不懂得灵活用兵,不值得与他谋划对策,否则恐怕会坏事。"因此就一起假传楚王陈胜的命令杀掉了吴广,又将吴广的头颅献给陈胜。陈胜派使者把楚令尹的官印赐给田臧,并任命他为上将军。

田臧于是令李归等将领继续围攻荥阳,自己亲率精兵向西至敖仓迎击秦军,与秦兵交锋中,田臧战死,楚军大败。章邯进军荥阳城下攻打李归等,击败了楚军,李归等将领战死。楚将阳城人邓说领兵屯居在郏地,章邯的另一路部将击败了邓说的军队。铚地人伍逢率军驻扎在许地,章邯又发兵将伍逢打败。邓、伍两军都溃散而逃奔陈地,陈胜为此杀了邓说。

3　二世数诮让李斯："居三公位,如何令盗如此!"李斯恐惧,重爵禄,不知所出,乃阿二世意,以书对曰:"夫贤主者,必能行督责之术者也。故申子曰:'有天下而不恣睢,命之曰"以天下为桎梏"者,无他焉,不能督责,而顾以其身劳于天下之民,若尧、禹然,故谓之桎梏也。'夫不能修申、韩之明术,行督责之道,专以天下自适也;而徒务苦形劳神,以身徇百姓,则是黔首之役,非畜天下者也,何足贵哉!故明主能行督责之术以独断于上,则权不在臣下,然后能灭仁义之涂,绝谏说之辩,荦然行恣睢之心而莫之敢逆。如此,群臣、百姓救过不给,何变之敢图!"二世说,于是行督责益严,税民深者为明吏,杀人众者为忠臣,刑者相半于道,而死人日成积于市;秦民益骇惧思乱。

4　赵李良已定常山,还报赵王。赵王复使良略太原。至石邑,秦兵塞井陉,未能前。秦将诈为二世书以招良。良得书未信,还之邯郸,益请兵。未至,道逢赵王姊出饮,良望见,以为王,伏谒道旁。王姊醉,不知其将,使骑谢李良。李良素贵,起,惭其从官。从官有一人曰:"天下畔秦,能者先立。且赵王素出将军下,今女儿乃不为将军下车,请追杀之!"李良已得秦书,固欲反赵,未决;因此怒,遣人追杀王姊,因将其兵袭邯郸。邯郸不知,竟杀赵王、邵骚。赵人多为张耳、陈馀耳目者,以故二人独得脱。

3　二世多次谴责李斯:"身居三公高位,如何使盗贼猖狂到这种地步!"李斯颇为恐惧,但他又很看重贪恋官爵利禄,不知怎么办才好,便迎合二世的心意,上书应答说:"贤明的君主,必定是能对臣下施行考察罪过处以刑罚的统治术的人。所以申不害说:'拥有天下却不肆情放纵,称之为"把天下当作自己的桎梏"的原因,并不是别的,就在于不能对臣下明察罪过施行惩处,反而以自身之力为天下平民百姓操劳,即如唐尧、大禹那样,故此称之为"桎梏。'不能研习申不害、韩非的高明法术,实行察罪责罚的手段,一心将天下作为使自己快乐的资本,反而偏要劳身苦心地去为百姓效命,似此就成为平民百姓的奴仆,不能算是统治天下的君主了,哪有什么值得崇尚的啊!所以贤明的君主能施行察罪责罚之术,在上独断专行,这样权力就不会旁落至下属臣僚手中,然后才能阻断实施仁义的道路,杜绝规劝者的论辩,独自称心如意地为所欲为,谁也不敢抵触反抗。如此,群臣、百姓想补救自己的过失还来不及呢,哪里还敢去图谋什么变故!"二世十分高兴,便更加严厉地实行察罪惩处,以向百姓征收重税的人为有才干的官吏,以杀人多的官员为忠臣,结果使路上的行人有一半是受过刑罚的罪犯,死人的尸体天天成堆地积陈在街市中,秦朝的百姓因此愈加惊骇恐惧,希望发生动乱。

4　赵国的将领李良已平定了常山,回报赵王武臣。赵王又派他去夺取太原。李良领兵抵达石邑时,秦军布防在井陉口,赵军无法继续前进。秦将伪造二世的书信,用以招降李良。李良接书后没有相信,率军返回邯郸,请求增援兵力。尚未到邯郸,在途中遇赵王的姐姐外出饮宴归来,李良望见,以为是赵王来了,连忙在道旁伏地拜谒。赵王的姐姐酩酊大醉,不知道他是将官,仅命随行骑兵向他致意。李良向来尊贵,起身后,回看他的随从官员,自觉羞惭极了。随员中有一人说道:"天下反叛秦朝,有能耐的人先立为王。况且赵王的地位一向比您低,而今一个女流之辈就不肯为您下车还礼,请让我追杀她!"李良已得到过二世的书信,原本即想反叛赵国,只是还未最终作出决断;于是便借着一时的愤怒,遣人追上去杀掉了赵王的姐姐,并趁势率军袭击邯郸。邯郸守兵毫无察觉,致使李良终于杀掉了赵王和左丞相邵骚。赵国人中有许多是张耳、陈馀的耳目,及时通报消息,二人因此得以独自脱逃。

5　陈人秦嘉、符离人朱鸡石等起兵，围东海守于郯。陈王闻之，使武平君畔为将军，监郯下军。秦嘉不受命，自立为大司马；恶属武平君，告军吏曰："武平君年少，不知兵事，勿听！"因矫以王命杀武平君畔。

6　二世益遣长史司马欣、董翳佐章邯击盗。章邯已破伍逢，击陈柱国房君，杀之；又进击陈西张贺军。陈王出监战。张贺死。

腊月，陈王之汝阴，还，至下城父，其御庄贾杀陈王以降。初，陈涉既为王，其故人皆往依之。妻之父亦往焉，陈王以众宾待之，长揖不拜。妻之父怒曰："怙乱僭号，而傲长者，不能久矣！"不辞而去。陈王跪谢，遂不为顾。客出入愈益发舒，言陈王故情。或说陈王曰："客愚无知，颛妄言，轻威。"陈王斩之。诸故人皆自引去，由是无亲陈王者。陈王以朱防为中正，胡武为司过，主司群臣。诸将徇地至，令之不是，辄系而罪之。以苛察为忠；其所不善者，弗下吏，辄自治之。诸将以其故不亲附，此其所以败也。

陈王故涓人将军吕臣为苍头军，起新阳，攻陈，下之，杀庄贾，复以陈为楚；葬陈王于砀，谥曰隐王。

初，陈王令铚人宋留将兵定南阳，入武关。留已徇南阳，闻陈王死，南阳复为秦。宋留以军降，二世车裂留以徇。

7　魏周市将兵略丰、沛，使人招雍齿。雍齿雅不欲属沛公，即以丰降魏。沛公攻之，不克。

8　赵张耳、陈馀收其散兵，得数万人，击李良；良败，走归章邯。

5　陈人秦嘉、符离人朱鸡石等聚众起兵,将东海郡守围困在郯地。陈胜闻讯,即派名叫畔的武平君任将军,督率围郯城的各路军队。秦嘉不接受命令,自立为大司马,并由于厌恶隶属于武平君而告诉他的军吏说:"武平君年少,不懂用兵之事,不要听他的!"随即假传陈胜的命令,杀了武平君畔。

6　二世增派长史司马欣、董翳辅助章邯攻打起义军。章邯已击败伍逢,并攻击在陈地的楚上柱国房君蔡赐,杀掉了他;接着又进击陈地西侧张贺的军队。陈胜亲自上阵督战。张贺还是战死了。

腊月,陈胜前往汝阴,返归时到达下城父,他的车夫庄贾将他刺杀,投降了秦军。当初,陈胜做了楚王后,他过去的朋友们纷纷前往投靠。陈胜妻子的父亲也去了,但陈胜对他却以普通宾客相待,只是拱手高举行见面礼,并不下拜。陈胜的岳父因此生气地说:"依仗着叛乱,超越本分自封帝王的称号,且对长辈傲慢无礼,不能长久!"即不辞而走。陈胜急忙跪下道歉,老人终究不予理会。陈胜的一位故人进进出出愈益放纵,谈论陈胜的往事。于是有人就劝陈胜道:"客人愚昧无知,专门胡说八道,有损您的威严。"陈胜便把这位故人杀了。如此,陈胜昔日的朋友都自动离去,从此再也没有亲近他的人了。陈胜又任命朱防为中正,胡武为司过,专管督察群臣的过失。众将领攻城略地到达目的地,凡有不听从陈胜命令的,即被抓起来治罪。他们以苛刻纠察同僚的过失为忠诚之举,对于所不喜欢的人,不送交司法官员审理,即擅自进行处置。众将领因此都不再亲近依附于陈胜,这是陈胜所以失败的原因。

过去在陈胜左右担任洒扫的近侍、将军吕臣建立了一支青巾裹头的苍头军,在新阳起兵,进攻陈地,克复后杀了庄贾,重又以陈地为楚都,将陈胜葬在砀县,谥号为"隐王"。

起初,陈胜命铚人宋留率军平定南阳,进入武关。宋留已攻下南阳,听到陈胜死亡的消息后,南阳重又被秦军占领。宋留领兵投降,二世将他车裂示众。

7　魏国周市率军夺取丰、沛,派人招降雍齿。雍齿平素就不愿意归属刘邦,于是即举丰邑降魏。刘邦攻丰邑,没能克复。

8　赵国张耳、陈馀收集逃散的士卒,得数万人,随即攻打李良。李良兵败而逃,归降了章邯。

客有说耳、馀曰："两君羁旅，而欲附赵，难可独立。立赵后，辅以谊，可就功。"乃求得赵歇。春，正月，耳、馀立歇为赵王，居信都。

9 东阳宁君、秦嘉闻陈王军败，乃立景驹为楚王，引兵之方与，欲击秦军定陶下；使公孙庆使齐，欲与之并力俱进。齐王曰："陈王战败，不知其死生，楚安得不请而立王！"公孙庆曰："齐不请楚而立王，楚何故请齐而立王！且楚首事，当令于天下。"田儋杀公孙庆。

秦左、右校复攻陈，下之。吕将军走，徼兵复聚，与番盗黥布相遇，攻击秦左、右校，破之青波，复以陈为楚。

黥布者，六人也，姓英氏，坐法黥，以刑徒论输骊山。骊山之徒数十万人，布皆与其徒长豪桀交通，乃率其曹耦亡之江中为群盗。番阳令吴芮，甚得江湖间民心，号曰番君。布往见之，其众已数千人。番君乃以女妻之，使将其兵击秦。

10 楚王景驹在留，沛公往从之。张良亦聚少年百馀人欲往从景驹，道遇沛公，遂属焉；沛公拜良为厩将。良数以太公兵法说沛公；沛公善之，常用其策。良为他人言，皆不省。良曰："沛公殆天授！"故遂留不去。

沛公与良俱见景驹，欲请兵以攻丰。时章邯司马尸将兵北定楚地，屠相，至砀。东阳宁君、沛公引兵西，与战萧西，不利，还，收兵聚留。二月，攻砀，三日，拔之；收砀兵得六千人，与故合九千人。三月，攻下邑，拔之；还击丰，不下。

宾客中有人劝说张耳、陈馀道："二位作客他乡是外地人，要想使赵国人归附，是很难独立获得成功的。若拥立故赵国国君的后裔，并以仁义辅助他，便可以成就功业。"二人于是寻求到了赵歇。春季，正月，张耳、陈馀立赵歇为赵王，驻居信都。

9　东阳人宁君和秦嘉闻听陈胜兵败，便拥立景驹为楚王，领兵前往方与，打算在定陶攻击秦军，即遣公孙庆出使齐国，想要与齐合力共同进军攻秦。齐王说："陈胜战败，至今生死不明，楚国怎么能不请示齐国便自行立王呢！"公孙庆道："齐国不请示楚国即立王，楚国为什么要请示齐国后才立王呢！况且楚国首先起事，理当号令天下。"齐王田儋于是就将公孙庆杀了。

秦朝的左、右校尉率军再次攻陷陈。吕臣兵败逃跑，收集散兵重新聚合后，与番阳县的盗贼黥布相遇，合兵攻打秦朝的左、右校尉，在青波击败秦军，重又以陈为楚都。

黥布是六地人，姓英，因犯法被判处黥刑，以刑徒定罪后被送往骊山做苦工。当时赴骊山服劳役的犯人有数十万，黥布与其中的头目和强横有势力的人都有交往，于是即率领他的一伙人逃亡至长江一带，聚结为盗匪。番阳县令吴芮，很受江湖中百姓的爱戴，被称为"番君"。黥布便前往求见，这时黥布的部众已达数千人。番君即将自己的女儿嫁给黥布，命他率领部众攻击秦军。

10　楚王景驹驻居留地，刘邦前往归附。张良也聚集青年一百多人，打算去投奔景驹，途中遇到刘邦，就归属了他，刘邦授给张良厩将之职。张良多次用《太公兵法》的道理向刘邦献策，刘邦很赏识他，常常采用他的计策。张良向其他人讲述《太公兵法》，那些人都不能领悟。张良因此说道："沛公大概是天赋之才吧！"于是便留下来不再他往。

刘邦与张良一同去进见景驹，想请求增拨兵力，以反攻丰邑。这时秦将章邯的司马尼正率军向北占领楚的土地，洗劫屠戮相城后，抵达砀县。东阳人宁君、刘邦随即领兵西进，在萧县的西面与秦军交锋，但因出战失利而退回，收拢兵力聚集在留县。二月，刘邦等攻砀县，历时三日，攻克了该城，收编了砀县的降兵，得六千人，与以前的兵力汇合一处，达九千人。三月，刘邦等又率军攻打下邑，克复后，回击丰，却仍然未能攻下。

11　广陵人召平为陈王徇广陵,未下。闻陈王败走,章邯且至,乃渡江,矫陈王令,拜项梁为楚上柱国,曰:"江东已定,急引兵西击秦!"梁乃以八千人渡江而西。闻陈婴已下东阳,遣使欲与连和俱西。陈婴者,故东阳令史,居县中,素信谨,称为长者。东阳少年杀其令,相聚得二万人,欲立婴为王。婴母谓婴曰:"自我为汝家妇,未尝闻汝先世之有贵者。今暴得大名,不祥,不如有所属。事成,犹得封侯;事败,易以亡,非世所指名也。"婴乃不敢为王,谓其军吏曰:"项氏世世将家,有名于楚;今欲举大事,将非其人不可。我倚名族,亡秦必矣!"其众从之,乃以兵属梁。

英布既破秦军,引兵而东。闻项梁西渡淮,布与蒲将军皆以其兵属焉。项梁众凡六七万人,军下邳。

景驹、秦嘉军彭城东,欲以距梁。梁谓军吏曰:"陈王先首事,战不利,未闻所在。今秦嘉倍陈王而立景驹,大逆无道!"乃进兵击秦嘉,秦嘉军败走。追之,至胡陵,嘉还战。一日,嘉死,军降。景驹走死梁地。

梁已并秦嘉军,军胡陵,将引军而西。章邯军至栗,项梁使别将朱鸡石、馀樊君与战。馀樊君死;朱鸡石军败,亡走胡陵。梁乃引兵入薛,诛朱鸡石。

沛公从骑百馀往见梁,梁与沛公卒五千人,五大夫将十人。沛公还,引兵攻丰,拔之。雍齿奔魏。

11 广陵人召平为陈胜攻夺广陵,但没能攻陷。这时他听说陈胜兵败逃亡,章邯的军队就要来到,便渡过长江,假传陈胜的命令,授给项梁楚上柱国的官职,说:"长江以东已经平定,应火速率军向西攻打秦军!"项梁于是就领八千人渡过长江往西进发。听到陈婴已经攻克了东阳的消息,项梁即派出使者,想要与陈婴联合起来共同西进。陈婴这个人,是过去东阳县的令史,居住在县城中,为人一向诚信谨慎,被称作长者。东阳县的年轻人杀掉了县令,聚在一起一共有两万人,欲拥立陈婴为王。陈婴的母亲因此对陈婴说:"自从我做了你们家的媳妇以来,还不曾听说你的祖先中有过地位显赫的人。而今突然获得大名声,不是什么好兆头,不如依附归属于他人。那样,事情成功了,仍然得以封侯;事情失败了,也容易逃亡,因为不是世上被指名道姓的人物。"陈婴于是不敢称王,对他的军官们说:"项姓世世代代为将门,在楚国享有盛名,如今想要办大事,将帅就非这种人不可。我们依靠名门望族,灭亡秦朝便是必定的了!"他的部下听从了他的话,部队就归项梁统率。

黥布已经去败了秦军,便领兵东进。听说项梁要西渡淮河,黥布和蒲将军就都将他们的部队归属于项梁指挥了。项梁这时的部众共达六七万人,驻扎在下邳。

楚王景驹、将领秦嘉驻军彭城东面,想要抵抗项梁。项梁对军官们说:"陈王首先起事,作战不利,不知去向。现在秦嘉背叛陈王而拥立景驹,实属大逆不道!"便进军攻打秦嘉,秦嘉的军队大败而逃。项梁领兵追击到胡陵,秦嘉回师对战。激战一天,秦嘉战死,他的军队即归降了。景驹逃跑,死在了梁地。

项梁已经兼并了秦嘉的军队,就驻扎在胡陵,将要率军西进。章邯的军队这时抵达栗,项梁便命另统一军的将领朱鸡石、馀樊君与章军交战。馀樊君战死,朱鸡石的队伍吃了败仗,逃奔胡陵。项梁于是率军进入薛,杀了朱鸡石。

刘邦率百馀名随从去拜见项梁,项梁给刘邦增拨了士兵五千名,五大夫级的军官十名。刘邦回去后,又领兵进攻丰邑,攻陷了该城。雍齿投奔魏国。

项梁使项羽别攻襄城，襄城坚守不下。已拔，皆坑之，还报。

梁闻陈王定死，召诸别将会薛计事，沛公亦往焉。居鄛人范增，年七十，素居家，好奇计，往说项梁曰："陈胜败，固当。夫秦灭六国，楚最无罪。自怀王入秦不反，楚人怜之至今。故楚南公曰：'楚虽三户，亡秦必楚。'今陈胜首事，不立楚后而自立，其势不长。今君起江东，楚蜂起之将皆争附君者，以君世世楚将，为能复立楚之后也。"于是项梁然其言，乃求得楚怀王孙心于民间，为人牧羊。夏，六月，立以为楚怀王，从民望也。陈婴为上柱国，封五县，与怀王都盱眙。项梁自号为武信君。

张良说项梁曰："君已立楚后，而韩诸公子横阳君成最贤，可立为王，益树党。"项梁使良求韩成，立以为韩王。以良为司徒，与韩王将千馀人西略韩地，得数城，秦辄复取之；往来为游兵颍川。

12 章邯已破陈王，乃进兵击魏王于临济。魏王使周市出，请救于齐、楚；齐王儋及楚将项它皆将兵随市救魏。章邯夜衔枚击，大破齐、楚军于临济下，杀齐王及周市。魏王咎为其民约降；约定，自烧杀。其弟豹亡走楚，楚怀王予魏豹数千人，复徇魏地。齐田荣收其兄儋馀兵，东走东阿；章邯追围之。齐人闻田儋死，乃立故齐王建之弟假为王，田角为相，角弟间为将，以距诸侯。

秋，七月，大霖雨。武信君引兵攻亢父，闻田荣之急，乃引兵击破章邯军东阿下；章邯走而西。田荣引兵东归齐。武信君独追北，使项羽、沛公别攻城阳，屠之。楚军军濮阳东，复与章邯战，又破之。章邯复振，守濮阳，环水。沛公、项羽去，攻定陶。

项梁派项羽从另一路攻打襄城,襄城坚守,一时攻不下。待到攻陷后,项羽即将守城军民全部活埋掉,然后回报项梁。

项梁听说陈胜确实死了,便将各部将领召集到薛议事,刘邦也前往参加。居鄥人范增,年已七十,一向住在家中,好出奇计,前去劝说项梁道:"陈胜的失败是本来就应当的。秦朝灭亡六国,楚国最没有罪过。且自从怀王到秦国一去不返后,楚人怀念他直至今日。因此楚南公说:'楚国即便是只剩下三户人家,灭亡秦国的也必定是楚国。'如今陈胜首先起事反秦,不拥立楚王的后裔而自立为王,他的势力不能长久。现在您在江东起兵,楚地蜂拥而起的将领都争相归附您,正是因为您家世世代代是楚国的将领,故而能够重新拥立楚王后代的缘故啊。"项梁当时认为他说的很对,就从民间寻找到楚怀王的孙子芈心,芈心这时正在为人家放羊。到夏季,六月,项梁即拥立他为楚怀王,以顺从百姓的愿望。陈婴任楚国的上柱国,赐封五县,跟随怀王建都盱眙。项梁则自号为武信君。

张良劝说项梁道:"您已经拥立了楚王的后代,韩国的各位公子中,横阳君韩成最为贤能,可以立为王,以增树党羽。"项梁于是便派张良找到韩成,立他为韩王。由张良任韩国的司徒,随韩王率一千余人向西攻取过去韩国的领地,夺得数城,但秦军随即又夺了回去,因此韩军便在颍川一带来回游动。

12 章邯已经打败了陈胜,即进兵临济攻打魏王。魏王派周市出临济城,向齐、楚两国求援。齐王田儋和楚将项它都率军随周市去援救魏国。章邯便在夜间命士兵口中衔枚进行突袭,在临济城下大败齐、楚的军队,杀了齐王和周市。魏咎为他的百姓而订约投降,降约确定后,即自焚而亡。魏咎的弟弟魏豹逃奔楚国,楚怀王给了魏豹数千人,重新夺取魏国的领地。齐国田荣收集他的堂兄田儋的馀部,向东撤退到东阿,章邯随后追击包围了田荣的军队。齐国人这时听说田儋已死,便拥立已故齐王田建的弟弟田假为齐王,田角任相国,田角的弟弟田间为将军,以对抗诸侯国。

秋季,七月,大雨连绵不止。武信君项梁率军攻打亢父,闻悉田荣危急,就领兵到东阿城下击败了章邯的军队,章邯向西逃跑。田荣于是率军往东返回齐国。项梁独自引兵追击败逃的秦军,派项羽、刘邦从另一路攻打城阳,屠灭了全城。楚军驻扎在濮阳东面,再次与章邯的军队交战,再次打败了秦军。章邯重新振作起来,坚守濮阳,挖沟引水环城自固。项梁、刘邦因此撤兵,去攻打定陶。

八月，田荣击逐齐王假，假亡走楚。田间前救赵，因留不敢归。田荣乃立儋子市为齐王，荣相之，田横为将，平齐地。章邯兵益盛，项梁数使使告齐、赵发兵共击章邯。田荣曰："楚杀田假，赵杀角、间，乃出兵。"楚、赵不许，田荣怒，终不肯出兵。

13　郎中令赵高恃恩专恣，以私怨诛杀人众多；恐大臣入朝奏事言之，乃说二世曰："天子之所以贵者，但以闻声，群臣莫得见其面故也。且陛下富于春秋，未必尽通诸事；今坐朝廷，谴举有不当者，则见短于大臣，非所以示神明于天下也。陛下不如深拱禁中，与臣及侍中习法者待事，事来有以揆之。如此，则大臣不敢奏疑事，天下称圣主矣。"二世用其计，乃不坐朝廷见大臣，常居禁中；赵高侍中用事，事皆决于赵高。

高闻李斯以为言，乃见丞相曰："关东群盗多，今上急益发繇，治阿房宫，聚狗马无用之物。臣欲谏，为位贱，此真君侯之事；君何不谏？"李斯曰："固也，吾欲言之久矣。今时上不坐朝廷，常居深宫。吾所言者，不可传也；欲见，无间。"赵高曰："君诚能谏，请为君侯上闲，语君。"于是赵高侍二世方燕乐，妇女居前，使人告丞相："上方闲，可奏事。"丞相至宫门上谒。如此者三。二世怒曰："吾常多闲日，丞相不来。吾方燕私，丞相辄来请事！丞相岂少我哉，且固我哉？"赵高因曰："夫沙丘之谋，丞相与焉。今陛下已立为帝，而丞相贵不益，此其意亦望裂地而王矣。且陛下不问臣，臣不敢言。丞相长男李由为三川守，楚盗陈胜等皆丞相傍县之子，以故楚盗公行，过三川城，

八月,田荣追击齐王田假,田假逃奔到楚国。田间在此之前到赵国请求救兵,因此留在那里不敢回国。田荣便立田儋的儿子田市为齐王,田荣自任齐相,田横为将军,平定齐国的领地。这时章邯的兵力增大,项梁几次派使者去通告齐国和赵国出兵共同攻打章邯。田荣说:"如果楚国杀掉田假,赵国杀了田角、田间,我就出兵。"楚、赵两国不答应,田荣于是大怒,始终不肯出兵。

13 秦朝郎中令赵高仰仗着受皇帝恩宠而专权横行,因报私怨杀害了很多人,因此害怕大臣们到朝廷奏报政务时揭发他,就劝二世说:"天子之所以尊贵,不过是因为群臣只能听到他的声音,而不能见到他的容颜罢了。况且陛下还很年轻,未必对各种事情都熟悉,现在坐在朝廷上听群臣奏报政务,若有赏罚不当之处,就会把自己的短处暴露给大臣们,如此便不能向天下人显示圣明了。所以陛下不如拱手深居宫禁之中,与我和熟习法令规章的侍中们在一起等待事务奏报,大臣们将事务报上来再研究处理。这样,大臣们就不敢奏报是非难辨的事情,天下便都称道您为圣明的君主了。"二世采纳了赵高的这一建议,不再坐朝接见大臣,常常住在深宫之中,赵高侍奉左右,独掌大权,一切事情都由他来决定。

赵高听说李斯对此不满而有非议,便去会见丞相李斯说:"关东地区的盗贼纷纷起来闹事,现在皇上却加紧增征夫役去修建阿房宫,并搜集狗马一类无用的玩物。我想进行规劝,但因地位卑贱不敢言,这可实在是您的事情啊,您为什么不去劝谏呢?"李斯道:"本来是该如此啊,我早就想说了。但如今皇上不坐朝接见大臣听取奏报,经常住在深宫中。我所要说的话,不能传达进去,而想要觐见,又没有机会。"赵高说:"倘若您真的要进行规劝,就请让我在皇上得空的时候通知您。"于是赵高等到二世正在欢宴享乐、美女站满面前时,派人通告李斯:"皇上正有空闲,可以进宫奏报事情。"李斯即到宫门求见。如此接连好几次。二世大怒道:"我常常有空闲的日子,丞相不来。我正在闲居取乐,丞相就来请示奏报!丞相这岂不是轻视我年幼看不起我吗?"赵高便趁机说道:"沙丘伪造遗诏逼扶苏自杀的密谋,丞相参与了。现在陛下已立为皇帝,而丞相的地位却没有提高,他的意思也是想要割地称王了。而且陛下若不问我,我还不敢说。丞相的长子李由任三川郡守,楚地盗贼陈胜等都是丞相邻县的人,因此这些盗贼敢于公然横行,以致经过三川城的时候,

守不肯击。高闻其文书相往来，未得其审，故未敢以闻。且丞相居外，权重于陛下。”二世以为然，欲案丞相；恐其不审，乃先使人按验三川守与盗通状。

李斯闻之，因上书言赵高之短曰：“高擅利擅害，与陛下无异。昔田常相齐简公，窃其恩威，下得百姓，上得群臣，卒弑简公而取齐国，此天下所明知也。今高有邪佚之志，危反之行，私家之富，若田氏之于齐矣，而又贪欲无厌，求利不止，列势次主，其欲无穷，劫陛下之威信，其志若韩玘为韩安相也。陛下不图，臣恐其必为变也。”二世曰：“何哉！夫高，故宦人也；然不为安肆志，不以危易心，洁行修善，自使至此。以忠得进，以信守位，朕实贤之；而君疑之，何也？且朕非属赵君，当谁任哉！且赵君为人，精廉强力，下知人情，上能适朕；君其勿疑！”二世雅爱赵高，恐李斯杀之，乃私告赵高。高曰：“丞相所患者独高；高已死，丞相即欲为田常所为。”

是时，盗贼益多，而关中卒发东击盗者无已。右丞相冯去疾、左丞相李斯、将军冯劫进谏曰：“关东群盗并起，秦发兵诛击，所杀亡甚众，然犹不止。盗多，皆以戍、漕、转、作事苦，赋税大也。请且止阿房宫作者，减省四边戍、转。”二世曰：“凡所为贵有天下者，得肆意极欲，主重明法，下不敢为非，以制御四海矣。夫虞、夏之主，贵为天子，亲处穷苦之实以徇百姓，尚何于法！且先帝起诸侯，兼天下，天下已定，外攘四夷以安边境，作宫室以章得意；而君观先帝功业有绪。今朕即位，二年之间，

李由只是据城防守不肯出击。我听说他们还相互有文书往来，因尚未了解确实，所以没敢奏报给陛下。况且丞相在外面，权势比陛下大。"二世认为赵高说得有理，便想查办丞相，但又怕事实不确，于是就先派人去审核三川郡守与盗贼相勾结的情况。

李斯听说了这件事，即上书揭发赵高的短处说："赵高专擅赏罚大权，他的权力跟陛下没有什么区别了。从前田常当齐国国君简公的相国，窃取了齐简公的恩德威势，下得百姓拥戴，上获群臣支持，终于杀掉了简公，夺取了齐国，这是天下周知的史事啊。如今赵高有邪恶放纵的心思，阴险反叛的行为，他私家的富足，与田氏在齐国一样，而又贪得无厌，追求利禄不止，地位权势仅次于君主，欲望无穷，窃取陛下的威信，他的野心就犹如韩玘当韩国国君韩安的相时那样了。陛下不设法对付，我怕他是必定会作乱的。"二世说："这是什么话！赵高本来就是个宦官，但他却从不因处境安逸而放肆地胡作非为，不因处境危急而改变忠心，他行为廉洁向善，靠自己的努力才得到今天的地位。他因忠诚而得到进用，因守信义而保持职位，朕确实认为他贤能，但您却怀疑他，这是为什么呢？而且朕不依靠赵高，又当任用谁呀！何况赵高的为人，精明廉洁、强干有力，对下能了解人情民心，对上则能适合朕的心意，就请您不要猜疑了吧！"二世非常喜爱赵高，唯恐李斯把他杀掉，便暗中将李斯的话告诉了赵高。赵高说："丞相所担心的只是我一个人，我死了，丞相就要干田常所干的那些事了。"

此时，起义军日益增多，而秦朝廷不停地征发关中士兵去东方攻打起义军。右丞相冯去疾、左丞相李斯、将军冯劫便为此提出规劝说："关东群盗同时起事，秦朝发兵进剿，所诛杀的非常多，但仍然不能止息。盗贼之所以多，都是由于兵役、水陆运输和建筑等事劳苦不堪，赋税太重的缘故啊。恳请暂时让修建阿房宫的役夫们停工，减少四方戍守边防的兵役、运输等徭役。"二世说："大凡所以能尊贵至拥有天下的原因，就在于能够为所欲为、极尽享乐，君主重在修明法制，臣下便不敢为非作歹，凭此即可驾驭天下了。虞、夏的君主，虽然高贵为天子，却亲自处于穷苦的实境，为百姓献身，这有什么可效法的呢？况且先帝由诸侯起家，兼并了天下，天下平定之后，就对外排除四方蛮族以安定边境，对内兴修宫室以表达得意的心情，而你们是看到了先帝业绩的开创的。如今朕即位，两年的时间里，

群盗并起,君不能禁,又欲罢先帝之所为,是上无以报先帝,次不为朕尽忠力,何以在位!”下去疾、斯、劫吏,案责他罪。去疾、劫自杀;独李斯就狱。二世以属赵高治之,责斯与子由谋反状,皆收捕宗族、宾客。赵高治斯,榜掠千馀,不胜痛,自诬服。

斯所以不死者,自负其辩,有功,实无反心,欲上书自陈,幸二世寤而赦之。乃从狱中上书曰:“臣为丞相治民,三十馀年矣。逮秦地之狭隘,不过千里,兵数十万。臣尽薄材,阴行谋臣,资之金玉,使游说诸侯;阴修甲兵,饬政教,官斗士,尊功臣;故终以胁韩,弱魏,破燕、赵,夷齐、楚,卒兼六国,虏其王,立秦为天子。又北逐胡、貉,南定百越,以见秦之强。更剋画平斗斛、度量、文章,布之天下,以树秦之名。此皆臣之罪也,臣当死久矣!上幸尽其能力,乃得至今。愿陛下察之!”书上,赵高使吏弃去不奏,曰:“囚安得上书!”

赵高使其客十馀辈诈为御史、谒者、侍中,更往覆讯斯,斯更以其实对,辄使人复榜之。后二世使人验斯,斯以为如前,终不敢更言,辞服。奏当上,二世喜曰:“微赵君,几为丞相所卖!”及二世所使案三川守由者至,则楚兵已击杀之。使者来,会丞相下吏,高皆妄为反辞以相傅会,遂具斯五刑,论腰斩咸阳市。斯出狱,与其中子俱执,顾谓其中子曰:“吾欲与若复牵黄犬,俱出上蔡东门逐狡兔,岂可得乎!”遂父子相哭而夷三族。二世乃以赵高为丞相,事无大小皆决焉。

盗贼便蜂拥而起，你们不能加以禁止，又想要废弃先帝创立的事业，这即是上不能报答先帝，下不能为朕尽忠效力，你们凭什么占据着自己的官位呢!"于是就将冯去疾、李斯、冯劫交给司法官吏，审讯责罚他们的其他罪过。冯去疾、冯劫自杀了，只有李斯被下至狱中。二世即交给赵高处理，查究李斯与儿子李由进行谋反的情况，将他们的家族、宾客全都逮捕了。赵高惩治李斯，打了他一千余板，李斯不堪忍受苦痛，含冤认罪。

李斯之所以不自杀，是因为他自恃能言善辩，有功劳，实无反叛之心，而想要上书作自我辩解，希望二世能幡然醒悟，将他赦免。于是就从狱中上奏书说:"我任丞相治理百姓，已经三十多年了。曾赶上当初秦国疆土狭小，方圆不过千里，士兵仅数十万的时代。我竭尽自己微薄的才能，暗地里派遣谋臣，供给他们金玉珍宝，让他们去游说诸侯，同时暗中整顿武装，整治政令、教化，擢升敢战善斗的将士，尊崇有功之臣;故而终于能以此胁迫韩国，削弱魏国，击破燕国、赵国，铲平齐国、楚国，最终兼并六国，俘获了它们的国君，拥立秦王为天子。接着又在北方驱逐胡人、貉人，在南方戡定百越部族，以显扬秦王朝的强大。并改革文字，统一度量衡和制度，颁布于天下，以树立秦王朝的威名。这些都是我的罪状啊，早就应当被处死了! 只是由于皇上希望我竭尽所能，才得以活到今日。希望陛下明察!"奏书呈上后，赵高却命狱吏丢弃而不予上报，并且说道:"囚犯怎么能上书!"

赵高派他的门客十多人假充御史、谒者、侍中，轮番审讯李斯，李斯翻供以实情对答，赵高就让人再行拷打他。后来二世派人去验证李斯的供词，李斯以为还与以前一样，便终究不敢更改口供，在供词上承认了自己的罪状。判决书呈上去后，二世高兴地说:"如果没有赵君，我几乎就被丞相出卖了!"待二世派出去调查三川郡守李由的人抵达三川时，楚军已经杀死了李由。使者回来，正逢李斯被交给司法官吏审问治罪，赵高即捏造了李由谋反的罪证，与李斯的罪状合在一起，于是判处李斯五刑，在咸阳街市上腰斩。李斯走出监狱时，与他的次子一同被押解，李斯便回头对次子说:"我想和你再牵着黄狗，共同出上蔡东门去追逐狡兔，哪里还能办得到啊!"于是父子二人相对痛哭，李斯的三族也都被诛杀了。二世便任命赵高为丞相，事无巨细，全由赵高决定。

14　项梁已破章邯于东阿,引兵西,北至定陶,再破秦军。项羽、沛公又与秦军战于雍丘,大破之,斩李由。项梁益轻秦,有骄色。宋义谏曰:"战胜而将骄卒惰者,败。今卒少惰矣,秦兵日益,臣为君畏之!"项梁弗听。乃使宋义使于齐,道遇齐使者高陵君显,曰:"公将见武信君乎?"曰:"然。"曰:"臣论武信君必败,公徐行即免死,疾行则及祸。"二世悉起兵益章邯击楚军,大破之定陶,项梁死。

时连雨,自七月至九月。项羽、沛公攻外黄未下,去,攻陈留。闻武信君死,士卒恐,乃与将军吕臣引兵而东,徙怀王自盱眙都彭城。吕臣军彭城东,项羽军彭城西,沛公军砀。

15　魏豹下魏二十馀城,楚怀王立豹为魏王。

16　后九月,楚怀王并吕臣、项羽军,自将之;以沛公为砀郡长,封武安侯,将砀郡兵;封项羽为长安侯,号为鲁公;吕臣为司徒,其父吕青为令尹。

17　章邯已破项梁,以为楚地兵不足忧,乃渡河,北击赵,大破之;引兵至邯郸,皆徙其民河内,夷其城郭。张耳与赵王歇走入钜鹿城,王离围之。陈馀北收常山兵,得数万人,军钜鹿北;章邯军钜鹿南棘原。赵数请救于楚。

高陵君显在楚,见楚王曰:"宋义论武信君之军必败;居数日,军果败。兵未战而先见败征,此可谓知兵矣!"王召宋义与计事而大说之,因置以为上将军,项羽为次将,范增为末将,以救赵。诸别将皆属宋义,号为"卿子冠军"。

14　武信君项梁已在东阿击败了章邯的军队,就领兵西进,等到达定陶时,再度打垮秦军。项羽、刘邦又在雍丘与秦军交战,大败秦军,斩杀了三川郡守李由。项梁于是更加轻视秦军,显露出骄傲的神色。宋义便规劝道:"打了胜仗后,如若将领骄傲、士兵急惰,必定会失败。现在士兵已有些急惰了,而秦兵却在一天天地增多,我替您担心啊!"但项梁不听从劝告。他派宋义出使齐国,宋义在途中遇到齐国的使者高陵君显,问他道:"您将要去会见武信君吗?"显回答说:"是啊。"宋义道:"我论定武信君必会失败,您慢点去当可免遭一死,快步赶去就将遭受祸殃。"这时二世调动全部军队增援章邯攻打楚军,在定陶大败楚军,项梁战死。

时值连阴雨,自七月到九月雨落不止。项羽、刘邦攻打外黄,未能攻下,便撤军,转攻陈留。闻听项梁已死,楚兵惊恐,项羽、刘邦就和将军吕臣一起率军东撤,并把怀王芈心从盱眙迁出,建都彭城。吕臣驻军彭城东面,项羽驻扎在彭城西面,刘邦则屯驻砀县。

15　魏豹率军攻克了故魏国的二十多个城市,楚怀王即封立魏豹为魏王。

16　闰九月,楚怀王合并吕臣、项羽二人的军队,由自己统率;任命刘邦为砀郡长,封为武安侯,统领砀郡兵马;封项羽为长安侯,号称鲁公;任命吕臣为司徒,以他的父亲吕青为令尹。

17　章邯已经击垮了项梁的部队,便认为楚地的兵事不值得忧虑,就渡过黄河,向北攻打赵,大败赵军,而后率军抵达邯郸,将城中百姓全部迁徙到河内,铲平了邯郸的城郭。张耳与赵王歇逃入钜鹿城,秦将王离领兵将钜鹿团团围住。陈馀向北收集常山的兵士,获得几万人,驻扎在钜鹿北面,章邯驻军钜鹿南面的棘原。赵于是几次向楚请求救援。

这时齐国的使者高陵君显正在楚,就进见楚怀王说:"宋义推论武信君的军队必败,过了几天,项军果然失败。军队尚未开战就预见到了败亡的征兆,这可以说是颇懂得兵法了!"楚怀王即召宋义前来商议事情,十分喜欢他,因此便任命他为上将军,项羽为次将,范增为末将,领兵去援救赵国。各路部队的将领也都归宋义统领,称他为"卿子冠军"。

　　初,楚怀王与诸将约:"先入定关中者王之。"当是时,秦
兵强,常乘胜逐北,诸将莫利先入关;独项羽怨秦之杀项梁,
奋愿与沛公西入关。怀王诸老将皆曰:"项羽为人,慓悍猾
贼,尝攻襄城,襄城无遗类,皆坑之;诸所过无不残灭。且楚
数进取,前陈王、项梁皆败,不如更遣长者,扶义而西,告谕秦
父兄。秦父兄苦其主久矣,今诚得长者往,无侵暴,宜可下。
项羽不可遣;独沛公素宽大长者,可遣。"怀王乃不许项羽,而
遣沛公西略地,收陈王、项梁散卒以伐秦。

　　沛公道砀,至阳城与杠里,攻秦壁,破其二军。

三年(甲午,前 207)

1　冬,十月,齐将田都畔田荣,助楚救赵。

2　沛公攻破东郡尉于成武。

3　宋义行至安阳,留四十六日不进。项羽曰:"秦围赵
急,宜疾引兵渡河;楚击其外,赵应其内,破秦军必矣!"宋义
曰:"不然。夫搏牛之虻,不可以破虮虱。今秦攻赵,战胜则
兵疲,我承其敝;不胜,则我引兵鼓行而西,必举秦矣。故不
如先斗秦、赵。夫被坚执锐,义不如公;坐运筹策,公不如
义。"因下令军中曰:"有猛如虎,狠如羊,贪如狼,强不可使
者,皆斩之!"

当初,楚怀王与各路将领约定:"谁先攻入关中,谁就在关中称王。"这时候,秦军还很强大,经常乘胜追击逃敌,故楚将中没有一个人认为先入关是有利的,唯独项羽怨恨秦军杀了项梁,激愤不已,愿同刘邦一起西进入关。楚怀王手下的老将们都说:"项羽这个人,迅捷勇猛,狡诈凶残,曾经在攻破襄城时,将城中军民一个不留地统统活埋了,凡是他经过之处,无不遭到残杀毁灭。况且楚军几次进攻,之前陈胜、项梁都失败了,因此不如改派敦厚老成的长者,以仁义为号召,率军向西进发,对秦国的父老兄弟们讲明道理。而秦国父老兄弟为他们君主的暴政所苦累已经很久了,如若现在真能有位宽厚的长者前往,不施侵夺暴虐,关中应当是可以攻下的。项羽不可派遣,只有刘邦向来宽宏大量,有长者气度,可以派遣。"楚怀王于是没有答应项羽的请求,而派刘邦西进夺取土地,收容陈胜、项梁的散兵游勇,以攻击秦军。

刘邦率军取道砀县,到达阳城、杠里,攻打秦军营垒,击败了秦军的两支部队。

秦二世三年(甲午,公元前207年)

1 冬季,十月,齐将田都背叛相国田荣,领兵协助楚援救赵。

2 刘邦在成武打败了东郡郡尉。

3 宋义带领军队到达安阳,停留了四十六天不进兵。项羽说:"秦军围困赵军形势紧急,应火速领兵渡黄河,如此由楚军在外攻击,赵军在内接应,打败秦军就是一定的了!"宋义道:"不对。要拍打叮咬牛身的大虻虫,而不可以消灭牛毛中的小虮虱。现在秦军攻赵,打胜了,军队就会疲惫,我们即可乘秦军疲惫之机发起进攻;打不胜,我们就率军擂鼓西进,这样便必定能够攻克秦了。所以不如先让秦、赵两军相斗。身披铠甲、手持锐利的武器冲锋陷阵,我不如您;但运筹帷幄、制定策略,您却不如我。"因此在军中下达命令说:"凡是猛如虎,狠如羊,贪如狼,倔强不服从指挥的人,一律处斩!"

乃遣其子宋襄相齐，身送之至无盐，饮酒高会。天寒，大雨，士卒冻饥。项羽曰："将戮力而攻秦，久留不行。今岁饥民贫，士卒食半菽，军无见粮，乃饮酒高会。不引兵渡河，因赵食，与赵并力攻秦，乃曰'承其敝'。夫以秦之强，攻新造之赵，其势必举。赵举秦强，何敝之承！且国兵新破，王坐不安席，扫境内而专属于将军，国家安危，在此一举。今不恤士卒而徇其私，非社稷之臣也！"

十一月，项羽晨朝上将军宋义，即其帐中斩宋义头。出令军中曰："宋义与齐谋反楚，楚王阴令籍诛之！"当是时，诸将皆慑服，莫敢枝梧，皆曰："首立楚者，将军家也；今将军诛乱。"乃相与共立羽为假上将军。使人追宋义子，及之齐，杀之。使桓楚报命于怀王，怀王因使羽为上将军。

4　十二月，沛公引兵至栗，遇刚武侯，夺其军四千馀人，并之；与魏将皇欣、武满军合攻秦军，破之。

5　故齐王建孙安下济北，从项羽救赵。

6　章邯筑甬道属河，饷王离。王离兵食多，急攻钜鹿。钜鹿城中食尽、兵少，张耳数使人召前陈馀。陈馀度兵少，不敌秦，不敢前。数月，张耳大怒，怨陈馀，使张黡、陈泽往让陈馀曰："始吾与公为刎颈交，今王与耳旦暮且死，而公拥兵数万，不肯相救，安在其相为死！苟必信，胡不赴秦军俱死；且有十一二相全。"陈馀曰："吾度前终不能救赵，徒尽亡军。且馀所以不俱死，欲为赵王、张君报秦。今必俱死，

宋义随后派他的儿子宋襄去齐为相，并亲自把他送到无盐县，大摆宴席招待宾客。当时天气寒冷，大雨不停，士兵饥寒交迫。项羽便道："本当合力攻秦，却长久地滞留不前。而今年成荒歉，百姓贫困，士兵饭食粗劣短缺，半菜半粮，军中没有存粮，而宋义竟还要设酒宴盛会宾客。现在不领兵渡黄河，取用赵地的粮食作军粮，与赵军合力击秦，却说什么'乘秦军疲惫之机发动进攻'。以秦的强盛，攻打新建立的赵，势必战胜。赵被攻占，秦军便将更加强大，哪里还会有疲惫的机会可乘！况且我军新近刚刚吃了败仗，楚王坐立不安，集中起全国的兵力交付给将军，国家安危，在此一举。现在不体恤士兵，而只顾一己私利，不是以国家为重的忠臣啊！"

十一月，项羽早晨去进见上将军宋义时，就在营帐中斩了宋义的头。出帐后即向军中发布号令说："宋义与齐合谋反楚，楚王密令我杀了他！"这时，众将领都因畏惧而屈服，无人敢于抗拒，一致说："首先拥立楚王的是将军您家，如今又是您诛除了乱臣贼子。"于是就共同推举项羽为代理上将军。项羽即派人去追赶宋义的儿子宋襄，追至齐将他杀了。并遣桓楚向怀王报告情况，怀王便让项羽担任了上将军。

4　十二月，刘邦率军到达栗县时，遇上刚武侯，夺过他手中的部队四千多人，与自己的队伍合并起来，同魏将皇欣、武满的军队联合攻打秦军，击败了对手。

5　故齐国国君田建的孙子田安攻下济水以北的地区，跟随项羽援救赵。

6　章邯修筑甬道连接黄河，为王离供应军粮。王离军中粮食充足，便加紧攻打钜鹿。钜鹿城内粮尽兵少，张耳便几次派人去叫陈馀前来营救。陈馀估计自己兵力不足，打不过秦军，故不敢到钜鹿来。如此过了几个月，张耳勃然大怒，埋怨陈馀，派遣张黡、陈泽前去责备陈馀说："当初我和你结为生死之交，而今赵王和我很快就要死了，你拥兵数万，却不肯出手救援，赴难同死的精神在哪里啊！如果真守信用，何不攻击秦军而与我们一同战死，如此还有十分之一二能打败秦军保全性命的希望。"陈馀道："我揣测自己前去终究不能救赵，只会白白地使全军覆没。何况我之所以不和张耳同归于尽，是想为赵王、张耳向秦军报仇啊。现在一定要共同赴死，

如以肉委饿虎,何益!"张黡、陈泽要以俱死,馀乃使黡、泽将五千人先尝秦军,至,皆没。当是时,齐师、燕师皆来救赵,张敖亦北收代兵,得万馀人,来,皆壁馀旁,未敢击秦。

项羽已杀卿子冠军,威震楚国,乃遣当阳君、蒲将军将卒二万渡河救钜鹿。战少利,绝章邯甬道,王离军乏食。陈馀复请兵,项羽乃悉引兵渡河,皆沉船,破釜、甑,烧庐舍,持三日粮,以示士卒必死,无一还心。于是至则围王离,与秦军遇,九战,大破之;章邯引兵却。诸侯兵乃敢进击秦军,遂杀苏角,虏王离。涉间不降,自烧杀。当是时,楚兵冠诸侯;军救钜鹿者十馀壁,莫敢纵兵。及楚击秦,诸侯将从壁上观。楚战士无不一当十,呼声动天地,诸侯军无不人人惴恐。于是已破秦军,项羽召见诸侯将。诸侯将入辕门,无不膝行而前,莫敢仰视。项羽由是始为诸侯上将军,诸侯皆属焉。

于是赵王歇及张耳乃得出钜鹿城谢诸侯。张耳与陈馀相见,责让陈馀以不肯救赵。及问张黡、陈泽所在,疑陈馀杀之,数以问馀。馀怒曰:"不意君之望臣深也!岂以臣为重去将印哉?"乃脱解印绶,推与张耳;张耳亦愕不受。陈馀起如厕。客有说张耳曰:"臣闻'天与不取,反受其咎。'今陈将军与君印,君不受;反天不祥。急取之!"张耳乃佩其印,收其麾下。而陈馀还,亦望张耳不让,遂趋出,独与麾下所善数百人之河上泽中渔猎。赵王歇还信都。

就如同把肉送给饿虎,有什么好处呢!"但张黡、陈泽要挟陈馀一同去死,陈馀于是便派张黡、陈泽率五千人先去试试秦军的力量,结果是到了那里就全军覆没了。当时,齐军、燕军都来救赵,张敖也到北面收集代地的士兵,得到一万多人,但是来后却都在陈馀军队的旁边安营扎寨,不敢进攻秦军。

项羽已经杀了"卿子冠军"宋义,威震楚国,就派当阳君黥布和蒲将军领兵两万渡黄河援救钜鹿。战事稍稍有利,即截断章邯所修的甬道,使王离的军队粮食短缺。陈馀于是又请求增援兵力,项羽便率全军渡过黄河,都凿沉船只,砸毁锅、甑,烧掉营舍,携带三天的口粮,以此表示军队将决一死战,毫无退还之意。因此楚军一到钜鹿就包围了王离,与秦军接战,经九次交锋,大败秦军,章邯领兵退却。各国的援兵这时才敢出击秦军,杀了苏角,俘获了王离。涉间不肯投降,自焚而死。此时,楚军的雄威压倒了诸侯军;援救钜鹿的诸侯国的军队有营垒十多座,却都不敢发兵出击。待到楚军攻打秦军的时候,诸侯军的将领都在营垒上观战。见楚军士兵无不以一当十,喊杀声惊天动地,诸侯军人人都惊恐不已。这样打败了秦军后,项羽便召见诸侯军将领。这些将领们进入辕门时,没有一个不是跪着前行的,谁也不敢仰视。项羽从此开始成为诸侯军的上将军,各路诸侯都归他统率了。

此时赵王赵歇、张耳才得以出钜鹿城拜谢各国将领。张耳与陈馀相见,责备陈馀不肯营救赵王。待问及张黡、陈泽的下落时,张耳怀疑是陈馀将他两人杀了,几次追问陈馀。陈馀发怒道:"想不到你对我的责怨如此之深啊!难道你以为我就舍不得放弃这将军的官印吗?"于是解下印信绶带,推给张耳,张耳也是愕然不肯接受。陈馀起身去上厕所。宾客中有人劝说张耳道:"我听说:'上天的赐与如不接受,反会招致祸殃。'现在陈将军给您印信,您不接受,如此违反天意,很不吉祥。还是赶快取过来吧!"张耳便佩带上陈馀的官印,接收了他的军队。而等陈馀回来时,也颇怨恨张耳的不辞让,就急步走出,只偕同他手下的亲信几百人到黄河岸边的水泽中捕鱼猎兽去了。赵王赵歇返回信都。

　　春，二月，沛公北击昌邑，遇彭越，彭越以其兵从沛公。越，昌邑人，常渔钜野泽中，为群盗。陈胜、项梁之起，泽间少年相聚百馀人，往从彭越曰："请仲为长。"越谢曰："臣不愿也。"少年强请，乃许；与期旦日日出会，后期者斩。旦日日出，十馀人后，后者至日中。于是越谢曰："臣老，诸君强以为长。今期而多后，不可尽诛，诛最后者一人。"令校长斩之。皆笑曰："何至于是！请后不敢。"于是越引一人斩之，设坛祭，令徒属，皆大惊，莫敢仰视。乃略地，收诸侯散卒，得千馀人，遂助沛公攻昌邑。

　　昌邑未下，沛公引兵西过高阳。高阳人郦食其，家贫落魄，为里监门。沛公麾下骑士适食其里中人，食其见，谓曰："诸侯将过高阳者数十人，吾问其将皆握齱，好苛礼，自用，不能听大度之言。吾闻沛公慢而易人，多大略，此真吾所愿从游，莫为我先。若见沛公，谓曰：'臣里中有郦生，年六十馀，长八尺，人皆谓之狂生。生自谓"我非狂生"。'"骑士曰："沛公不好儒，诸客冠儒冠来者，沛公辄解其冠，溲溺其中；与人言，常大骂；未可以儒生说也。"郦生曰："第言之。"骑士从容言，如郦生所诫者。

　　沛公至高阳传舍，使人召郦生。郦生至，入谒。沛公方倨床，使两女子洗足而见郦生。郦生入，则长揖不拜，曰："足下欲助秦攻诸侯乎，且欲率诸侯破秦也？"沛公骂曰："竖儒！天下同共苦秦久矣，故诸侯相率而攻秦，何谓助秦攻诸侯乎！"郦生曰："必聚徒、合义兵诛无道秦，不宜倨见长者！"于是沛公辍洗，

春季，二月，刘邦向北攻打昌邑，遇到彭越，彭越即带领他的部队跟随了刘邦。彭越是昌邑人，经常在钜野湖沼中捕鱼，与人结伙为强盗。陈胜、项梁起事抗秦时，水泽中的一百多青年聚合起来，前去追随彭越，说道："请您出任首领。"彭越推辞说："我不愿意啊。"青年们竭力请求，彭越才答应了，并与他们约定次日清晨太阳出来时集合，迟到的即斩首。第二天日出后，有十多个人晚到，最迟的直至中午才来。彭越于是抱歉地说："我已经老了，你们执意要推举我为头领。如今到了约定时间而许多人迟到，不能够都杀掉，那么就将最后到达的一个人斩首吧。"即命校长杀那个人。大家都笑道："哪至于这样啊！以后再不敢如此就是了。"彭越这时拉出那人杀了，设立土坛以人头祭祀，号令所属部下，部属们都惊恐万状，无人敢抬头望他。彭越随后便领兵攻夺土地，收集诸侯军中的散兵游勇，得到一千余人，即协助刘邦攻打昌邑。

昌邑城没有攻下，刘邦率军西进经过高阳。高阳人郦食其，家境贫寒，落魄飘零，做了个看管里门的小吏。刘邦部下一名骑兵正好是郦食其的同乡，郦食其见到他时，对他说："诸侯军将领路过高阳的有几十人，我打听得这些将领都器量狭小，好拘泥于繁文缛节，自以为是，听不进有抱负的言论。我还听说刘邦为人傲慢，看不起人，富于远见卓识，这真是我所愿意结交的人啊，可惜没有人为我引荐。你如果见到刘邦，就告诉他说：'我的乡里有个郦生，六十多岁了，身高八尺，人们都称他为狂生。但他自己却说："我不是狂生。"'"这名骑兵道："沛公不喜欢儒生，每当宾客中有戴着儒生帽子来的，沛公总是脱下他的帽子，在里面撒尿，与他们谈话的时候，也常常破口大骂，所以你不可以儒生的身份前去游说他。"郦食其说："你只管把这些话告诉他。"骑兵便将郦食其所嘱托的话从容地转达给了刘邦。

刘邦到了高阳的旅舍，派人召郦食其来见。郦生一到，即进见。当时刘邦正叉开两腿坐在床上，让两个女子给他洗脚。郦生进来，只是拱手高举行相见礼而不跪拜，说道："您是想要协助秦国攻打诸侯国呢，还是想要率领各路诸侯击败秦国呢？"刘邦骂道："没见识的儒生！天下的人共同受秦国暴政已经很久了，所以各国相继起兵攻秦，怎么说是帮助秦国攻打诸侯呀！"郦食其说："您若确是要聚集群众、会合正义的军队去讨伐暴虐无道的秦国，就不该如此傲慢无礼地接见年长的人！"刘邦于是停止洗脚，

起,摄衣,延郦生上坐,谢之。郦生因言六国从横时。沛公喜,赐郦生食,问曰:"计将安出?"郦生曰:"足下起纠合之众,收散乱之兵,不满万人;欲以径入强秦,此所谓探虎口者也。夫陈留,天下之冲,四通五达之郊也,今其城中又多积粟。臣善其令,请得使之令下足下;即不听,足下引兵攻之,臣为内应。"于是遣郦生行,沛公引兵随之,遂下陈留;号郦食其为广野君。郦生言其弟商。时商聚少年得四千人,来属沛公,沛公以为将,将陈留兵以从。郦生常为说客,使诸侯。

7 三月,沛公攻开封,未拔;西与秦将杨熊会战白马,又战曲遇东,大破之。杨熊走之荥阳,二世使使者斩之以徇。

夏,四月,沛公南攻颍川,屠之。因张良,遂略韩地。时赵别将司马卬方欲渡河入关,沛公乃北攻平阴,绝河津南,战洛阳东。军不利,南出轘辕,张良引兵从沛公;沛公令韩王成留守阳翟,与良俱南。

六月,与南阳守齮战犨东,破之,略南阳郡。南阳守走保城,守宛。沛公引兵过宛,西;张良谏曰:"沛公虽欲急入关,秦兵尚众,距险;今不下宛,宛从后击,强秦在前,此危道也!"于是沛公乃夜引军从他道还,偃旗帜,迟明,围宛城三匝。南阳守欲自刭,其舍人陈恢曰:"死未晚也。"乃逾城见沛公曰:"臣闻足下约先入咸阳者王之。今足下留守宛,宛郡县连城数十,其吏民自以为降必死,故皆坚守乘城。今足下尽日止攻,士死伤者必多;

起身整理好衣服,请郦食其在尊客席上就座,向他道歉。郦食其便谈起了六国合纵连横的史事。刘邦很高兴,赏饭给郦食其吃,并问道:"计策将如何制定啊?"郦生说:"您从一群乌合之众中起事,收拢了一些散兵游勇,部众还不足一万人,就想靠此径直去攻打强大的秦国,这就叫作用手去掏虎口啊!陈留是天下的要冲,四通八达的枢纽地区,现在该城中又贮存有许多粮食。我恰与陈留县令交情不错,请您让我出使陈留,劝他向您投降;假如他不听从劝告,您就领兵攻城,我做内应。"刘邦于是派郦食其出发,自己率军跟随,随即降服了陈留,便封郦食其为广野君。郦食其又向刘邦推荐了他的弟弟郦商。当时郦商召集青年,得四千人,前来归附刘邦,刘邦任用郦商为将军,命他率领陈留的部队相随。郦食其则常常作为说客,出使各诸侯国。

7 三月,刘邦攻打开封,没能攻下;便西进,在白马与秦将杨熊会战,又在曲遇东面打了一仗,大败秦军。杨熊逃到荥阳,秦二世派使者将他斩首示众。

夏季,四月,刘邦向南进攻颍川,屠戮了一番。因得到张良的辅助,攻取了故韩国的领地。这时赵军所属部将司马卬正要渡黄河进入函谷关,刘邦于是就向北进攻平阴,切断黄河渡口南部地区,在洛阳东面与秦军交锋。但因作战不利,向南撤出轘辕关,张良领兵跟随刘邦;刘邦即命韩王韩成留守阳翟,自己与张良一起南下。

六月,刘邦率军在犨县东面与南阳郡守吕齮交战,击败了秦军,夺取了南阳郡。南阳郡守败逃,回保城池,固守郡的治所宛城。刘邦领兵绕过宛城西进,张良劝他道:"您虽然想要尽快入关,但是目前秦军兵多势众,且又可据险顽抗,倘若现在不攻下宛城,一旦宛城守敌从背后夹击,前面又有强大的秦军阻挡,将是很危险的!"刘邦于是连夜率军抄小道返回,放倒旗帜,在天没亮时,将宛城重重围住。南阳郡守见状想自杀,他的舍人陈恢说:"想要寻死还早了点儿吧。"就翻越城墙去见刘邦说:"我听说您曾受楚怀王之约,先行入咸阳的即在关中称王。如今您滞留在这里攻打宛城,而宛城很大,连城数十座,城内军民自认为投降也是必死无疑,故都登城坚守。现在您整日停留在这里攻城,士兵死伤的必定很多,

引兵去宛,宛必随足下后。足下前则失咸阳之约,后有强宛之患。为足下计,莫若约降封其守;因使止守,引其甲卒与之西。诸城未下者,闻声争开门而待足下,足下通行无所累。"沛公曰:"善!"秋,七月,南阳守齮降,封为殷侯;封陈恢千户。

引兵西,无不下者。至丹水,高武侯鰓、襄侯王陵降。还攻胡阳,遇番君别将梅鋗,与偕攻析、郦,皆降。所过亡得卤掠,秦民皆喜。

8 王离军既没,章邯军棘原,项羽军漳南,相持未战。秦军数却,二世使人让章邯。章邯恐,使长史欣请事;至咸阳,留司马门三日,赵高不见,有不信之心。长史欣恐,还走其军,不敢出故道。赵高使人追之,不及。欣至军,报曰:"赵高用事于中,下无可为者。今战能胜,高必疾妒吾功;不能胜,不免于死。愿将军孰计之!"

陈馀亦遗章邯书曰:"白起为秦将,南征鄢郢,北坑马服,攻城略地,不可胜计,而竟赐死。蒙恬为秦将,北逐戎人,开榆中地数千里,竟斩阳周。何者?功多,秦不能尽封,因以法诛之。今将军为秦将三岁矣,所亡失以十万数;而诸侯并起滋益多。彼赵高素谀日久,今事急,亦恐二世诛之,故欲以法诛将军以塞责,使人更代将军以脱其祸。夫将军居外久,多内郤,有功亦诛,无功亦诛。且天之亡秦,无愚智皆知之。今将军内不能直谏,外为亡国将,孤特独立而欲常存,岂不哀哉!

如若您率军撤离宛城,宛城的守军又肯定要尾随追击。这样一来,您在前则耽误了先入咸阳者称王的约定,在后则有遭到强大的宛城守军夹击的忧患。我为您着想,还不如订约招降,加封南阳郡守,仍让他留守郡中,而率领他的军队一道西进。这样,那些没有投降的城邑,闻讯就会争先恐后地打开城门等候您的到来,届时您就可以通行无阻了。"刘邦说:"好!"秋季,七月,南阳郡守吕齮举城投降,刘邦封他为殷侯;并封给陈恢享用一千户的赋税收入。

于是刘邦率军西进,所过城邑没有不降服的。待到达丹水时,高武侯戚鳃、襄侯王陵也归降了。刘邦又回攻胡阳,遇见番君属下的将领梅鋗,便与他一同攻打析和郦,两地都投降了。刘邦还命令军队所过之处不得掳掠,秦地的百姓都非常欢喜。

8 王离的军队已经覆没,章邯的军队驻扎在棘原,项羽的军队则屯驻漳水的南面,两军对垒相持,尚未交战。秦军几次后撤,秦二世为此派人去责问章邯。章邯颇为恐惧,遣长史司马欣前去请示事务,司马欣抵达咸阳后,在皇宫的外门司马门逗留了三天,赵高也不予接见,表示出不信任的意思。长史司马欣惊恐,奔回他的军中,不敢再走原路。赵高果然派人来追赶他,但是没追上。司马欣回到章邯军中,报告说:"赵高在朝中专权,下面的人没有能有所作为的。现在作战如果能够获胜,赵高必定会嫉妒我们的功劳;不能取胜,便免不了一死。希望您对此仔细斟酌!"

陈馀也写信给章邯说:"白起是秦国的大将,他率军南征楚国的都城鄢郢,北战活埋马服君赵括大军的降兵,攻城夺地,不可胜数,却终于被赐死。蒙恬是秦国的大将,他北逐匈奴,开拓榆中之地几千里,最后在阳周被斩首。这是为什么呢?是因为功绩太多,秦国不能全部给以封赏,就趁机按法诛杀了他们。如今您任秦将已经三年了,所伤亡损失的兵力也以十万计,而诸侯国仍蜂拥而起,越来越多。那赵高一向阿谀奉承,时日已久,现在情势紧急,他也害怕被二世杀掉,所以就想用秦法杀您,借此搪塞罪责。派人替代您,借此逃脱他的灾祸。您领兵驻在外的时间颇久,朝廷内多有仇怨,有功也要被杀,无功也要被杀。况且上天要灭亡秦国,这是无论愚蠢还是聪慧的人都知道的事情。而今您在内不能直言规劝,在外又将成亡国的将军,茕茕孑立,却想要长久地生存,难道不是很可悲吗!

将军何不还兵与诸侯为从,约共攻秦,分王其地,南面称孤！此孰与身伏铁质,妻子为戮乎？"

章邯狐疑,阴使候始成使项羽,欲约。约未成,项羽使蒲将军日夜引兵渡三户,军漳南,与秦军战,再破之。项羽悉引兵击秦军汙水上,大破之。章邯使人见项羽,欲约。项羽召军吏谋曰："粮少,欲听其约。"军吏皆曰："善！"项羽乃与期洹水南殷虚上。已盟,章邯见项羽而流涕,为言赵高。项羽乃立章邯为雍王,置楚军中；使长史欣为上将军,将秦军为前行。

9 瑕丘申阳下河南,引兵从项羽。

10 初,中丞相赵高欲专秦权,恐群臣不听,乃先设验,持鹿献于二世曰："马也。"二世笑曰："丞相误邪,谓鹿为马？"问左右,或默,或言马以阿顺赵高,或言鹿者。高因阴中诸言鹿者以法。后群臣皆畏高,莫敢言其过。

高前数言"关东盗无能为也"；及项羽虏王离等,而章邯等军数败,上书请益助。自关以东,大抵尽畔秦吏,应诸侯；诸侯咸率其众西向。八月,沛公将数万攻武关,屠之。高恐二世怒,诛及其身,乃谢病,不朝见。

二世梦白虎啮其左骖马,杀之,心不乐,怪问占梦。卜曰："泾水为祟。"二世乃斋于望夷宫,欲祠泾水,沉四白马。使使责让高以盗贼事。高惧,乃阴与其婿咸阳令阎乐及弟赵成谋曰："上不

您何不就倒戈与各诸侯军联合,约定共同攻秦,瓜分它的土地而称王,面向南称孤道寡呀! 这与身伏斧砧遭斩杀,妻子儿女被杀戮相比,哪一个结局更好啊?"

章邯狐疑不决,暗地里派遣名叫始成的侦察官出使项羽军中,想要签订和约。和约尚未签订,项羽派蒲将军领兵昼夜兼行地渡过漳水三户渡口,驻扎在漳水南面,与秦军交锋,再次打败了他们。项羽随后又统领全军在汗水边进攻秦军,大败敌兵。章邯于是派人求见项羽,想订立和约。项羽即召集军官们商议说:"现在军中粮食短缺,我想就答应他们议和的要求。"军官们都说:"可以。"项羽便与章邯约定在洹水南面的殷墟上会晤。订立盟约后,章邯进见项羽,流着泪向他诉说赵高的所作所为。项羽就立章邯为雍王,将他安顿在楚军中,并命长史司马欣任上将军,率领秦军为先头部队。

9　瑕丘人申阳到河南,领兵追随项羽。

10　当初,中丞相赵高想独操秦国大权,但又担心群臣不服,于是便先进行试验,牵来一只鹿献给二世说:"这是马啊。"二世笑道:"丞相错了吧? 怎么把鹿叫作马?"即询问侍立左右的大臣们,群臣有的沉默不语,有的说是马以迎合赵高,有的则说是鹿。于是,赵高暗中借秦法陷害了那些说是鹿的人。此后群臣都畏惧赵高,没有人敢说说他的过错。

赵高以前曾多次说"关东的盗贼成不了大事",待到项羽俘获王离等人,而章邯等人的军队也多次被打败,赵高才上书请求增兵援助。这时自函谷关以东,大体上全都背叛秦的官吏,响应诸侯;诸侯也都各自统率部众向西进攻。八月,刘邦率几万人攻打武关,屠灭了全城。赵高恐怕二世为此发怒,招致杀身之祸,就托病不出,不再朝见二世。

二世梦见一只白虎咬他的左骖马,并把马咬死,但因此心中闷闷不乐,颇觉奇怪,便询问占梦的人。占梦人卜测说:"是泾水神在作祟。"二世于是就在望夷宫实行斋戒,想祭祀泾水神,将四匹白马沉入河中。并为盗贼的事派人去责问赵高。赵高愈加害怕,即暗中与他的女婿咸阳县令阎乐、他的弟弟赵成商议说:"皇上不

听谏；今事急，欲归祸于吾。欲易置上，更立子婴。子婴仁俭，百姓皆载其言。"乃使郎中令为内应，诈为有大贼，令乐召吏发卒追，劫乐母置高舍。遣乐将吏卒千馀人至望夷宫殿门，缚卫令仆射，曰："贼入此，何不止？"卫令曰："周庐设卒甚谨，安得贼，敢入宫！"乐遂斩卫令，直将吏入，行射郎、宦者。郎、宦者大惊，或走，或格；格者辄死，死者数十人。郎中令与乐俱入，射上幄坐帏。二世怒，召左右；左右皆惶扰不斗。旁有宦者一人侍，不敢去。二世入内，谓曰："公何不早告我，乃至于此！"宦者曰："臣不敢言，故得全；使臣早言，皆已诛，安得至今！"阎乐前即二世，数曰："足下骄恣，诛杀无道，天下共畔足下；足下其自为计！"二世曰："丞相可得见否？"乐曰："不可！"二世曰："吾愿得一郡为王。"弗许。又曰："愿为万户侯。"弗许。曰："愿与妻子为黔首，比诸公子。"阎乐曰："臣受命于丞相，为天下诛足下；足下虽多言，臣不敢报！"麾其兵进。二世自杀。阎乐归报赵高。赵高乃悉召诸大臣、公子，告以诛二世之状，曰："秦故王国；始皇君天下，故称帝。今六国复自立，秦地益小，乃以空名为帝，不可；宜如故，便。"乃立子婴为秦王，以黔首葬二世杜南宜春苑中。

九月，赵高令子婴斋戒，当庙见，受玉玺。斋五日，子婴与其子二人谋曰："丞相高杀二世望夷宫，恐群臣诛之，乃诈以义立我。我闻赵高乃与楚约，灭秦宗室而分王关中。今使我斋、见庙，此欲因庙中杀我。我称病不行，丞相必自来；来则杀之。"

听规劝,而今情势紧急,便想嫁祸于我。我打算更换天子,改立二世哥哥的儿子子婴为皇帝。子婴为人仁爱俭朴,百姓们都尊重他说的话。"随即命郎中令作为内应,诈称有大盗,令阎乐调兵遣将去追捕,同时劫持阎乐的母亲将之安置到赵高府中。又派阎乐率领官兵一千多人来到望夷宫殿门前,将卫令仆射捆绑起来,说:"大盗进里面去了,为什么不进行阻拦?"卫令道:"宫墙周围设置卫兵,防守非常严密,怎么会有盗贼敢溜入宫中啊!"阎乐就斩杀了卫令,带兵径直闯进宫去,边走边射杀郎官和宦官。郎官、宦官惊恐万状,有的逃跑,有的抵抗,而反抗者即被杀死,这样死了几十人。郎中令和阎乐于是一同入内,箭射二世的蓬帐、帷帐。二世怒不可遏,召唤侍候左右的卫士,但近侍卫士都慌乱不堪,不上前格斗。二世身旁只有一名宦官服侍着,不敢离去。二世入内对这个宦官说:"你为什么不早告诉我呀,竟至于到了这个地步!"宦官道:"我不敢说,所以才能保全性命;倘若我早说了,已经被杀掉了,哪里还能活到今日!"阎乐这时走到二世面前,数落他说:"您骄横放纵,滥杀无辜,天下人都背叛了您,您还是自己打算一下吧!"二世说:"我可以见到丞相吗?"阎乐道:"不行!"二世说:"我希望得到一个郡来称王。"阎乐不准许。二世又道:"我愿意做万户侯。"阎乐仍不答应。二世于是说:"那么我甘愿与妻子儿女去做平民百姓,像各位公子的结局那样。"阎乐道:"我奉丞相的命令,为天下百姓诛杀您,您再多说,我也不敢禀告!"随即指挥他的兵士上前。二世就自杀了。阎乐回报赵高,赵高便召集全体大臣、公子,告诉他们诛杀二世的经过,并说道:"秦从前本是个王国,始皇帝统治了天下,因此称帝。现在六国重又各自独立,秦的地盘越来越小,仍然以一个空名称帝,不可如此。应还像过去那样称王才合适。"便立子婴为秦王,并用平民百姓的礼仪把二世葬在了杜县南面的宜春苑中。

九月,赵高让子婴斋戒,到宗庙参拜祖先,接受国君的印玺。斋戒五天后,子婴与他的两个儿子商量说:"丞相赵高在望夷宫杀了二世皇帝,害怕群臣将他杀掉,才假装依据礼义拥立我为王。我听说赵高曾经与楚军约定,消灭秦的宗室之后,在关中分别称王。如今他让我斋戒,赴宗庙参拜,这是想乘参拜宗庙之机杀了我啊。我若托病不去,丞相必定会亲自前来请我,他来了就杀掉他。"

高使人请子婴数辈，子婴不行。高果自往，曰："宗庙重事，王奈何不行？"子婴遂刺杀高于斋宫，三族高家以徇。

　　遣将兵距峣关，沛公欲击之。张良曰："秦兵尚强，未可轻。愿先遣人益张旗帜于山上为疑兵，使郦食其、陆贾往说秦将，啖以利。"秦将果欲连和，沛公欲许之。张良曰："此独其将欲叛，恐其士卒不从，不如因其懈怠击之。"沛公引兵绕峣关，逾蒉山，击秦军，大破之蓝田南。遂至蓝田，又战其北，秦兵大败。

赵高派了几批人去请子婴，子婴就是不动身。赵高果然亲自前往，说道："参拜宗庙是重大的事情，大王您为何不去啊?"子婴即在斋宫刺杀了赵高，并诛杀赵高三族的人以示众。

　　子婴调兵遣将到峣关增援，刘邦就想去攻打峣关的秦军。张良说："秦军还挺强大，不可轻视。希望您先派人上山去多多张挂旗帜，作为疑兵，再命郦食其、陆贾前往游说秦将，对他们加以利诱。"秦将果然想与刘邦的军队联合，刘邦打算准许他们联合的请求。张良道："这还只是那些将领想要反叛，恐怕他们的士兵还不会服从，不如就乘着秦军麻痹大意时攻击他们。"刘邦于是便领兵绕过峣关，越过蒉山，袭击秦军，在蓝田的南面大败秦军。随后抵达蓝田，又在蓝田北面与秦军交战，秦军土崩瓦解。

卷第九　汉纪一

起乙未(前 206)尽丙申(前 205)凡二年

太祖高皇帝上之上
元年(乙未,前 206)

1　冬,十月,沛公至霸上。秦王子婴素车、白马,系颈以组,封皇帝玺、符、节,降轵道旁。诸将或言诛秦王,沛公曰:"始怀王遣我,固以能宽容。且人已降,杀之不祥。"乃以属吏。

　　贾谊论曰:秦以区区之地致万乘之权,招八州而朝同列,百有馀年,然后以六合为家,殽、函为宫。一夫作难而七庙堕,身死人手,为天下笑者,何也? 仁谊不施而攻守之势异也。

2　沛公西入咸阳,诸将皆争走金帛财物之府分之;萧何独先入收秦丞相府图籍藏之,以此沛公得具知天下阨塞、户口多少、强弱之处。沛公见秦宫室、帷帐、狗马、重宝、妇女以千数,意欲留居之。樊哙谏曰:"沛公欲有天下耶,将为富家翁耶? 凡此奢丽之物,皆秦所以亡也,沛公何用焉! 愿急还霸上,无留宫中!"沛公不听。张良曰:"秦为无道,故沛公得至此。夫为天下除残贼,宜缟素为资。今始入秦,即安其乐,此所谓'助桀所虐'。且忠言逆耳利于行,毒药苦口利于病,愿沛公听樊哙言!"沛公乃还军霸上。

太祖高皇帝上之上

汉高祖元年(乙未,公元前206年)

1 冬季,十月,刘邦率军抵达霸上。秦王子婴乘素车、驾白马,颈上系着绳子以示自己该服罪自杀,手捧封好的皇帝玉玺和符节,伏在轵道亭旁向刘邦投降。众将领中有人主张杀掉秦王,刘邦说:"当初怀王之所以派我前来,原本就是因为认定我能宽容人。何况人家已经降服了,还要杀人家,如此做是不吉利的。"于是便将秦王子婴交给了主管官员处置。

　　贾谊评论说:秦国凭借一点点地盘发展到万乘大国的权势,攻克了冀、兖、青、徐、扬、荆、豫、梁八州,使与秦地位相等的六国诸侯归降朝拜,已经有一百多年了,然后一统天下,以崤山、函谷关为宫室。但是,一人发难便使七座宗庙毁于一旦,秦王子婴自身终死于他人之手,令普天下的人讥笑,是因为什么呀? 是由于不施仁义,且攻夺天下和保持业绩的形势不同啊。

2 刘邦领兵向西进入咸阳,众将领都争先恐后地奔往秦朝贮藏金帛财物的府库瓜分财宝,唯独萧何率先入宫取秦朝丞相府的地理图册、文书、户籍簿等档案收藏起来,刘邦借此全面了解了天下的山川要塞、户口的多少及财力物力强弱的分布。刘邦看到秦王朝的宫室、帷帐、各种狗马、贵重宝器和宫女数以千计,便想留下来在皇宫中居住。樊哙规劝说:"您是想拥有天下,还是只想做一个富翁啊? 这些奢侈华丽之物,都是招致秦朝覆灭的东西,您要它们有什么用呀! 望您尽快返回霸上,不要滞留在宫里!"刘邦不听。张良说:"秦朝因为不施行仁政,所以您才能够来到这里。而为天下人铲除残民之贼,应以崇尚俭朴为本。现在刚刚进入秦的都城,就要安享其乐,这即是人们所说的'助桀为虐'了。况且忠言逆耳利于行,良药苦口利于病,望您能听取樊哙的劝告!"刘邦于是率军返回霸上。

十一月,沛公悉召诸县父老、豪杰,谓曰:"父老苦秦苛法久矣!吾与诸侯约,先入关者王之,吾当王关中。与父老约,法三章耳:杀人者死,伤人及盗抵罪。馀悉除去秦法,诸吏民皆案堵如故。凡吾所以来,为父老除害,非有所侵暴,无恐!且吾所以还军霸上,待诸侯至而定约束耳。"乃使人与秦吏行县、乡、邑,告谕之。秦民大喜,争持牛、羊、酒食献飨军士。沛公又让不受,曰:"仓粟多,非乏,不欲费民。"民又益喜,唯恐沛公不为秦王。

项羽既定河北,率诸侯兵欲西入关。先是,诸侯吏卒、繇使、屯戍过秦中者,秦中吏卒遇之多无状。及章邯秦军降诸侯,诸侯吏卒乘胜多奴虏使之,轻折辱秦吏卒。秦吏卒多怨,窃言曰:"章将军等诈吾属降诸侯,今能入关破秦,大善;即不能,诸侯虏吾属而东,秦又尽诛吾父母妻子,奈何?"诸将微闻其计,以告项羽。项羽召黥布、蒲将军计曰:"秦吏卒尚众,其心不服;至关不听,事必危。不如击杀之,而独与章邯、长史欣、都尉翳入秦。"于是楚军夜击坑秦卒二十馀万人新安城南。

3　或说沛公曰:"秦富十倍天下,地形强。闻项羽号章邯为雍王,王关中,今则来,沛公恐不得有此。可急使兵守函谷关,无内诸侯军;稍征关中兵以自益,距之。"沛公然其计,从之。

十一月,刘邦将各县的父老和有声望的人全都召集起来,对他们说:"父老们遭受秦朝严刑苛法的苦累已经很久了!我与各路诸侯曾和怀王约定,先入关中的人在关中称王,据此我就应该在关中称王了。如今与父老们约法三章吧:杀人者处死,伤人者和抢劫者依法治罪。除此之外,秦朝的法律统统废除,众官吏和百姓都照旧安定不动。我之所以到这里来,是为了替父老们除害,而不是来欺凌你们的,请你们不必害怕!况且我所以领兵回驻霸上,不过是为了等各路诸侯到来后订立一个约束大家行为的规章罢了。"随即派人和秦朝的官吏一起巡行各县、乡、城镇,向人们讲明道理。秦地的百姓都欢喜异常,争相拿着牛、羊、酒食来慰问款待刘邦的官兵。刘邦又一再辞让不肯接受,说道:"仓库中的粮食还很多,并不缺乏,不想让百姓为我们破费。"百姓们于是更加高兴,唯恐刘邦不在秦地称王。

项羽已经平定了黄河以北的地区,就想率领各路诸侯军向西进入关中。在此之前,诸侯军中的官兵有的曾因服徭役或驻防边疆经过关中一带,秦地的官兵多无礼地对待他们。待到章邯率秦军投降了诸侯军后,诸侯军的官兵便凭借胜势把秦军官兵多当作奴隶和俘虏来使唤,随便侮辱秦军官兵。秦军官兵大多因此而生出怨恨的情绪,暗地里议论说:"章将军等人骗咱们投降诸侯,如今若能攻入关中击灭秦国,当是大好事;倘若不能,诸侯军将咱们掠持到东方去,而秦朝又杀尽咱们的父母妻子儿女,那可怎么办啊?"诸侯军的将领们暗中查听到了这些议论,即报告给项羽。项羽于是召集黥布、蒲将军商量说:"目前军中秦国的官兵还很多,他们内心并不顺服;如果到了关中不听从调遣,情势必会危急。所以不如将他们除掉,而只和章邯、长史司马欣、都尉董翳等进入秦地。"楚军便于夜晚在新安城南面袭击活埋了秦兵二十余万人。

3　有人劝刘邦道:"关中地区比天下其他地方要富足十倍,而且地势险要。听说项羽封章邯为雍王,让他在关中称王,现在如果他来了,您恐怕就不能占据这个地方了。可以火速派兵把守函谷关,不让诸侯军进来;并逐步征召关中兵,以此增加自己的实力,抵御他们。"刘邦认为此计可行,就照着办了。

已而项羽至关,关门闭;闻沛公已定关中,大怒,使黥布等攻破函谷关。十二月,项羽进至戏。沛公左司马曹无伤使人言项羽曰:"沛公欲王关中,令子婴为相,珍宝尽有之。"欲以求封。项羽大怒,飨士卒,期旦日击沛公军。当是时,项羽兵四十万,号百万,在新丰鸿门;沛公兵十万,号二十万,在霸上。

范增说项羽曰:"沛公居山东时,贪财,好色;今入关,财物无所取,妇女无所幸,此其志不在小。吾令人望其气,皆为龙虎,成五采,此天子气也。急击勿失!"

楚左尹项伯者,项羽季父也,素善张良,乃夜驰之沛公军,私见张良,具告以事,欲呼与俱去,曰:"毋俱死也!"张良曰:"臣为韩王送沛公,沛公今有急,亡去,不义,不可不语。"良乃入,具告沛公。沛公大惊。良曰:"料公士卒足以当项羽乎?"沛公默然曰:"固不如也。且为之奈何?"张良曰:"请往谓项伯,言沛公之不敢叛也。"沛公曰:"君安与项伯有故?"张良曰:"秦时与臣游,尝杀人,臣活之。今事有急,故幸来告良。"沛公曰:"孰与君少长?"良曰:"长于臣。"沛公曰:"君为我呼入,吾得兄事之。"张良出,固要项伯,项伯即入见沛公。沛公奉卮酒为寿,约为婚姻,曰:"吾入关,秋毫不敢有所近,籍吏民,封府库而待将军。所以遣将守关者,备他盗之出入与非常也。日夜望将军至,岂敢反乎!愿伯具言臣之不敢倍德也。"项伯许诺,谓沛公曰:"旦日不可不蚤自来谢。"沛公曰:"诺。"于是项伯复夜去,至军中,具以沛公言报项羽,因言曰:"沛公不先破关中,公岂敢入乎!今人有大功而击之,不义也,不如因善遇之。"项羽许诺。

不久项羽到达函谷关,但是关门紧闭;项羽听说刘邦已经平定了关中,勃然大怒,派黥布等人攻破了函谷关。十二月,项羽进军至戏水。刘邦的左司马曹无伤派人告诉项羽说:"刘邦想要在关中称王,任秦王子婴为丞相,奇珍异宝全都占有了。"企图借此求得项羽的封赏。项羽闻言怒不可遏,就让士兵们饱餐一顿,打算次日攻打刘邦的军队。这时,项羽拥兵四十万,号称百万大军,驻扎在新丰县的鸿门一带;刘邦拥兵十万,号称二十万,驻军霸上。

范增劝项羽说:"刘邦住在崤山之东时,颇为贪财好色;现今入关,却不搜取财物,不宠幸女色,这表明他的志向不小啊。我曾命人观望他那边的云气,都显示出龙腾虎跃的形状,五彩缤纷,这是天子之气啊。应当赶快进攻他,不要错过了时机!"

楚国的左尹项伯是项羽的小叔,向来与张良要好,便连夜奔赴刘邦军中,私下里会见张良,将这些事情一五一十地对他说了,想要叫张良同他一起离开,说道:"可别跟刘邦一块儿死啊!"张良说:"我为韩王护送沛公,而今沛公遇有急难,我却逃走了,这是不义的行为,我不能不告诉他。"于是张良进去将项伯的话全都讲述给了刘邦。刘邦大吃一惊。张良说:"您估计一下您的兵力足够抵挡项羽吗?"刘邦沉默了一会儿道:"的确是不如他呀。这可该怎么办呢?"张良说:"请让我去告诉项伯,说您是绝不敢背叛项羽的。"刘邦道:"您是怎么与项伯有交情的啊?"张良说:"在秦的时候,项伯与我有交往,他曾经杀过人,我救了他。现在事情紧急,所以还幸亏他前来通知我。"刘邦说:"你与他谁大谁小?"张良道:"他比我大。"刘邦说:"您替我唤他进来,我将把他当作兄长来对待。"张良于是出去,坚持邀请项伯入内,项伯便进去与刘邦相见。刘邦手捧酒杯向项伯敬酒祝福,并与他约定结为亲家,说:"我进入关中,连毫毛般微小的东西都不敢沾边,只是登记官民的户口,封存府库,等待着项羽将军的到来。之所以派将领把守函谷关,是为了防备有其他盗贼出入和有非常情况发生。我日日夜夜盼望着将军驾临,哪里敢谋反啊!望您能把我不敢忘恩负义的情况详尽地反映给项将军。"项伯答应了,对刘邦说:"你明日不可不早些来亲自向项王道歉啊。"刘邦说:"好。"项伯于是当夜就赶了回去,到达军营后,将刘邦的话一五一十地报告给项羽,并趁机道:"要不是刘邦先攻下关中,您又怎么敢进来呀!如今人家建立了大功却还要去攻打人家,是不道义的,不如就因此好好地对待他。"项羽同意了。

沛公旦日从百馀骑来见项羽鸿门，谢曰："臣与将军戮力而攻秦，将军战河北，臣战河南；不自意能先入关破秦，得复见将军于此。今者有小人之言，令将军与臣有隙。"项羽曰："此沛公左司马曹无伤言之；不然，籍何以至此！"项羽因留沛公与饮。范增数目项羽，举所佩玉玦以示之者三；项羽默然不应。范增起，出，召项庄，谓曰："君王为人不忍。若入前为寿，寿毕，请以剑舞，因击沛公于坐，杀之。不者，若属皆且为所虏！"庄则入为寿，寿毕，曰："军中无以为乐，请以剑舞。"项羽曰："诺。"项庄拔剑起舞。项伯亦拔剑起舞，常以身翼蔽沛公，庄不得击。

于是张良至军门见樊哙。哙曰："今日之事何如？"良曰："今项庄拔剑舞，其意常在沛公也。"哙曰："此迫矣，臣请入，与之同命！"哙即带剑拥盾入。军门卫士欲止不内，樊哙侧其盾以撞，卫士仆地。遂入，披帷立，瞋目视项羽，头发上指，目眦尽裂。项羽按剑而跽曰："客何为者？"张良曰："沛公之参乘樊哙也。"项羽曰："壮士！赐之卮酒！"则与斗卮酒。哙拜谢，起，立而饮之。项羽曰："赐之彘肩！"则与一生彘肩。樊哙覆其盾于地，加彘肩其上，拔剑切而啖之。项羽曰："壮士复能饮乎？"樊哙曰："臣死且不避，卮酒安足辞！夫秦有虎狼之心，杀人如不能举，刑人如恐不胜，天下皆叛之。怀王与诸将约曰：'先破秦入咸阳者，王之。'今沛公先破秦，入咸阳，毫毛不敢有所近，还军霸上以待将军。劳苦而功高如此，未有封爵之赏，而听细人之说，欲诛有功之人。此亡秦之续耳，窃为将军不取也！"项羽未有以应，曰："坐！"樊哙从良坐。

第二天一早,刘邦带领一百多骑随从人员到鸿门来见项羽,道歉说:"我与将军您合力攻秦,您在黄河以北作战,我在黄河以南作战;没料到自己能先进入关中捣毁秦王朝,得以在这里与您重又相见。如今有小人搬弄是非,使您和我之间产生了隔阂。"项羽道:"这是您的左司马曹无伤散布的流言;不然的话,我何至于如此啊!"项羽于是就留刘邦与他一起喝酒。范增频频向项羽递眼色,并多次举起他所佩带的玉玦暗示项羽杀刘邦;项羽却只是默然不语,毫无反应。范增便起身出去招呼项庄,对他说:"项王为人心慈手软。还是你进去上前给刘邦敬酒,敬完酒,你就请求表演舞剑,然后乘势在坐席上袭击刘邦,杀了他。不然的话,你们这些人都将成为他的阶下囚了!"项庄即入内为刘邦祝酒,敬完酒后,项庄道:"军营中没有什么可用来取乐的,就请让我来为你们舞剑助兴吧。"项羽说:"好。"项庄于是拔剑起舞。项伯见状也起身拔剑,翩翩起舞,并经常用身子遮护刘邦,使得项庄无法行刺。

　　这时张良来到军门见樊哙。樊哙说:"今天的事情怎么样了?"张良说:"现在项庄拔剑起舞,他的用意却常在沛公身上啊。"樊哙道:"事情紧迫了,我请求进去,与他同生共死!"樊哙随即带剑持盾闯入军门。军门的卫士想要阻止他进去,樊哙就侧过盾牌一撞,卫士扑倒在地。樊哙于是入内,掀开帷帐站立在那里,怒目瞪着项羽,头发直竖,两边的眼角都睁裂开了。项羽手按剑,直起身双膝跪地,问道:"来客是什么人呀?"张良说:"是沛公的陪乘卫士樊哙。"项羽道:"真是壮士啊!赐给他一杯酒喝!"左右的侍从即给了他一大杯酒。樊哙拜谢后,起身站着一饮而尽。项羽说:"再赐给他猪腿吃!"侍从们便又拿给他一条半生不熟的猪腿。樊哙将他的盾牌倒扣在地上,把猪腿放在上面,拔出剑来切切就大口地吃了。项羽说:"壮士,你还能再喝酒吗?"樊哙道:"我连死都不逃避,一杯酒难道还值得我推辞吗!秦王的心肠狠如虎狼,杀人唯恐杀不完,用刑惩罚人唯恐用不尽,致使天下的人都起而反叛他。怀王曾与各路将领约定说:'先打败秦军进入咸阳城的人,在关中称王。'现在沛公最先击溃秦军,进入咸阳,毫毛般微小的东西都不敢染指,就率军返回霸上等待您的到来。这样的劳苦功高,您非但不给予封侯的奖赏,还听信小人的谗言,要杀有功之人。这是在重蹈秦朝灭亡的覆辙呀,我私下里认为您的这种做法是不可取的!"项羽无话可答,就说:"坐吧。"樊哙于是在张良的身边坐下了。

坐须臾，沛公起如厕，因招樊哙出。沛公曰："今者出，未辞也，为之奈何？"樊哙曰："如今人方为刀俎，我方为鱼肉，何辞为！"于是遂去。鸿门去霸上四十里，沛公则置车骑，脱身独骑；樊哙、夏侯婴、靳彊、纪信等四人持剑、盾步走，从骊山下道芷阳，间行趣霸上。留张良使谢项羽，以白璧献羽，玉斗与亚父。沛公谓良曰："从此道至吾军，不过二十里耳。度我至军中，公乃入。"沛公已去，间至军中，张良入谢曰："沛公不胜杯杓，不能辞，谨使臣良奉白璧一双，再拜献将军足下；玉斗一双，再拜奉亚父足下。"项羽曰："沛公安在？"良曰："闻将军有意督过之，脱身独去，已至军矣。"项羽则受璧，置之坐上。亚父受玉斗，置之地，拔剑撞而破之，曰："唉，竖子不足与谋！夺将军天下者，必沛公也；吾属今为之虏矣！"沛公至军，立诛杀曹无伤。

居数日，项羽引兵西，屠咸阳，杀秦降王子婴，烧秦宫室，火三月不灭；收其货宝、妇女而东。秦民大失望。

韩生说项羽曰："关中阻山带河，四塞之地，地肥饶，可都以霸。"项羽见秦宫室皆已烧残破，又心思东归，曰："富贵不归故乡，如衣绣夜行，谁知之者！"韩生退曰："人言楚人沐猴而冠耳，果然！"项羽闻之，烹韩生。

项羽使人致命怀王，怀王曰："如约。"项羽怒曰："怀王者，吾家所立耳，非有功伐，何以得专主约！天下初发难时，假立诸侯后以伐秦。然身被坚执锐首事，暴露于野三年，灭秦定天下者，皆将相诸君与籍之力也。怀王虽无功，固当分其地而王之。"

坐了不一会儿,刘邦起身去上厕所,趁机招呼樊哙出来。刘邦说:"我刚才出来没有告辞,怎么办啊?"樊哙道:"现在人家正好比是刀和砧板,我们则是鱼肉,还告什么辞啊!"于是就这么走了。鸿门与霸上相距四十里,刘邦即撇下车马,抽身独自骑马而行;樊哙、夏侯婴、靳彊、纪信等四人手拿剑和盾牌,快步相随,经骊山下,取道芷阳,抄小路奔向霸上。留下张良,让他向项羽辞谢,将一双白璧敬献给项羽,一双大玉杯奉给亚父范增。刘邦临行前对张良说:"从这条路到我们的军营,不过二十里地。您估计着我已经抵达军中时,再进去道谢。"刘邦已走,抄小道回到军营,张良方才进去告罪说:"沛公禁不起酒力,无法来告辞,谨派臣张良捧上白璧一双,以连拜两次的隆重礼节敬献给将军您;大玉杯一双,敬呈给亚父您。"项羽说:"沛公现在哪里呀?"张良道:"他听说您有责备他的意思,便抽身独自离去,现在已经回到军中了。"项羽就接受了白璧,放到坐席上。亚父范增接受玉杯后搁在地上,拔剑击碎了它们,说:"唉,这小子不值得与他共谋大业!夺取项将军天下的人,必定是刘邦;我们这些人眼看着就要被他俘获了!"刘邦到达军中,立即杀掉了曹无伤。

隔了几天,项羽领兵西进,洗劫屠戮咸阳城,杀了已投降的秦王子婴,放火焚烧秦朝宫室,大火燃烧了三个月不熄;随即搜取秦朝的金银财宝和妇女向东而去。秦地的百姓因此大失所望。

韩生劝说项羽道:"关中依恃山川河流为屏障,是四面都有险要可守的地方,土地肥沃,可以在此建都称霸。"项羽却一方面看到秦王朝的宫室都已焚烧得残破不堪,一方面又惦记着返回东方的家乡,便说:"富贵了而不归故乡,就如同身穿锦绣华服在夜间行走,谁能看得到啊!"韩生退下去后说道:"人家说楚国的人像是猕猴戴上人的帽子,果然如此!"项羽听到这话后,就将韩生煮死了。

项羽派人去回报请示楚怀王,怀王说:"照先前约定的办。"项羽暴跳如雷,说:"怀王这个人是我们家扶立起来的,并非因为他建有什么功绩,怎么能够一个人做主定约呢!全国起兵反秦伊始,暂时拥立过去各诸侯国国君的后裔为王,以利讨伐秦王朝。但是,身披坚固的铠甲、手持锐利的兵器首先起事,风餐露宿三年之久,终于灭亡秦朝平定天下的,都是各位将相和我的力量啊!不过怀王虽没什么功劳,却还是应当分给他土地,尊他为王!"

诸将皆曰："善!"春,正月,羽阳尊怀王为义帝,曰:"古之帝者,地方千里,必居上游。"乃徙义帝于江南,都郴。

二月,羽分天下王诸将。羽自立为西楚霸王,王梁、楚地九郡,都彭城。羽与范增疑沛公,而业已讲解,又恶负约,乃阴谋曰:"巴、蜀道险,秦之迁人皆居之。"乃曰:"巴、蜀亦关中地也。"故立沛公为汉王,王巴、蜀、汉中,都南郑。而三分关中,王秦降将,以距塞汉路:章邯为雍王,王咸阳以西,都废丘;长史欣者,故为栎阳狱掾,尝有德于项梁;都尉董翳者,本劝章邯降楚;故立欣为塞王,王咸阳以东,至河,都栎阳;立翳为翟王,王上郡,都高奴。项羽欲自取梁地,乃徙魏王豹为西魏王,王河东,都平阳。瑕丘申阳者,张耳嬖臣也,先下河南郡,迎楚河上,故立申阳为河南王,都洛阳。韩王成因故都,都阳翟。赵将司马卬定河内,数有功,故立卬为殷王,王河内,都朝歌。徙赵王歇为代王。赵相张耳素贤,又从入关,故立耳为常山王,王赵地,治襄国。当阳君黥布为楚将,常冠军,故立布为九江王,都六。番君吴芮率百越佐诸侯,又从入关,故立芮为衡山王,都邾。义帝柱国共敖将兵击南郡,功多,因立敖为临江王,都江陵。徙燕王韩广为辽东王,都无终。燕将臧荼从楚救赵,因从入关,故立荼为燕王,都蓟。徙齐王田市为胶东王,都即墨。齐将田都从楚救赵,因从入关,故立都为齐王,都临淄。项羽方渡河救赵,田安下济北数城,引其兵降项羽,故立安为济北王,都博阳。田荣数负项梁,又不肯将兵从楚击秦,以故不封。成安君陈馀弃将印去,不从入关,亦不封。客多说项羽曰:"张耳、陈馀,一体有功于赵,今耳为王,馀不可以不封。"羽不得已,闻其在南皮,因环封之三县。番君将梅鋗功多,封十万户侯。

众将领都说:"是啊!"春季,正月,项羽便假意尊推怀王为义帝,说道:"古代的帝王辖地千里,却必定要居住在江河的上游地带。"于是就把义帝迁移到长江以南,定都在长沙郡的郴县。

二月,项羽划分天下土地,封各位将领做侯王。自立为西楚霸王,管辖原魏国和楚国的九个郡,建都彭城。项羽与范增怀疑刘邦有夺取天下的野心,但双方已经讲和了,且又不愿意背上违约的罪名,于是就暗地里策划道:"巴、蜀二郡道路艰险,秦朝所流放的人都居住在那里。"随即扬言:"巴郡、蜀郡也是关中的土地。"由此立刘邦为汉王,统辖巴、蜀两地和汉中郡,建都南郑。接着又把关中分割为雍、塞、翟三国,将秦朝的降将封在那里做王,借以抵御阻挡刘邦:封章邯为雍王,管制咸阳以西地区,建都废丘;长史司马欣过去是栎阳县的狱掾,曾经对项梁有恩;而都尉董翳,本来劝过章邯归降楚军;因此便立司马欣为塞王,统领咸阳以东至黄河一带,建都栎阳;封董翳为翟王,领有上郡地区,建都高奴。项羽打算自己占有魏地,就改封魏王豹为西魏王,统辖河东郡,建都平阳。瑕丘县的申阳是张耳的宠臣,曾经率先攻下河南郡,在黄河边迎接楚军,所以立申阳为河南王,建都洛阳。韩王成仍居旧都,建都阳翟。赵将司马卬平定了河内郡,屡立战功,因此封司马卬为殷王,管制河内地区,建都朝歌。改封赵王歇为代王。赵国的相国张耳向来贤能,又跟随入关,故立张耳为常山王,统领赵地,建都襄国。当阳君黥布为楚将,经常是勇冠三军,所以立黥布为九江王,建都六县。番君吴芮率领百越部族之兵协助诸侯军,也随从进关,因此封吴芮为衡山王,建都邾县。义帝怀王的柱国共敖领兵攻打南郡,功劳卓著,故封共敖为临江王,建都江陵。改封燕王韩广为辽东王,建都无终。燕将臧荼跟随楚军救援赵国,随即跟着入关,由此立臧荼为燕王,建都蓟县。改封齐王田市为胶东王,建都即墨。齐将田都随楚军救赵,即跟着入关,所以立田都为齐王,建都临淄。当项羽正要渡河救赵时,齐王田建的孙子田安攻下济北数城,率领他的军队投降项羽,因此封田安为济北王,建都博阳。田荣曾多次背弃项梁,又不肯领兵跟随楚军攻秦,所以不封。成安君陈馀抛弃将军的印信离去,不追随入关,也不封。宾客中有多人劝说项羽道:"张耳、陈馀一样对赵国有功,如今既封张耳为王,陈馀也就不可不封。"项羽不得已,听说陈馀正在南皮县,就把南皮周围的三个县封给了他。番君的部将梅锏功劳颇多,即封他为十万户侯。

汉王怒，欲攻项羽，周勃、灌婴、樊哙皆劝之。萧何谏曰：“虽王汉中之恶，不犹愈于死乎？”汉王曰：“何为乃死也？”何曰：“今众弗如，百战百败，不死何为！夫能诎于一人之下而信于万乘之上者，汤、武是也。臣愿大王王汉中，养其民以致贤人，收用巴、蜀，还定三秦，天下可图也。”汉王曰：“善！”乃遂就国，以何为丞相。

汉王赐张良金百镒，珠二斗，良具以献项伯。汉王亦因令良厚遗项伯，使尽请汉中地，项王许之。

夏，四月，诸侯罢戏下兵，各就国。项王使卒三万人从汉王之国。楚与诸侯之慕从者数万人，从杜南入蚀中。张良送至褒中，汉王遣良归韩。良因说汉王烧绝所过栈道，以备诸侯盗兵，且示项羽无东意。

4　田荣闻项羽徙齐王市于胶东，而以田都为齐王，大怒。五月，荣发兵距击田都，都亡走楚。荣留齐王市，不令之胶东。市畏项羽，窃亡之国。荣怒，六月，追击杀市于即墨，自立为齐王。是时，彭越在钜野，有众万馀人，无所属。荣与越将军印，使击济北。秋，七月，越击杀济北王安。荣遂并王三齐之地，又使越击楚。项王命萧公角将兵击越，越大破楚军。

5　张耳之国，陈馀益怒曰：“张耳与馀，功等也。今张耳王，馀独侯，此项羽不平！”乃阴使张同、夏说说齐王荣曰：“项羽为天下宰不平，尽王诸将善地，徙故王于丑地。今赵王乃北居代，馀以为不可。闻大王起兵，不听不义；愿大王资馀兵击常山，复赵王，请以赵为扞蔽！”齐王许之，遣兵从陈馀。

汉王刘邦大怒，想要攻打项羽，周勃、灌婴、樊哙也都鼓动他打。萧何规劝他说："在汉中当王虽然不好，但不是比死还强些吗？"刘邦道："哪里就至于死呀？"萧何说："如今您兵众不如项羽，百战百败，不死又能怎么样呢！能够屈居于一人之下而伸展于万乘大国之上的，是商汤王和周武王。我希望大王您立足汉中，抚养百姓，招引贤才，收用巴、蜀二郡的赋税，然后回师东进，平定雍、翟、塞三秦之地，如此天下可以夺取了。"刘邦说："好吧！"于是就去到他的封地，任用萧何为丞相。

刘邦赐给张良黄金百镒，珍珠两斗，张良把这些东西全都献给了项伯。刘邦于是又让张良赠送厚礼给项伯，让项伯代他请求项羽将汉中地区全部封给刘邦，项羽答应了这一请求。

夏季，四月，各路诸侯都离开主帅项羽，回各自的封国去。项羽即派三万士兵随从刘邦前往他的封国。楚国与其他诸侯国中因仰慕而追随刘邦的有好几万人，他们从杜县南面进入蚀中通道。张良送行到褒中，刘邦遣张良回韩王那里去。张良于是就劝说刘邦烧断他们所经过的栈道，以防备诸侯国的军队来犯，而且向项羽表示没有东还的意图。

4 田荣听说项羽改封齐王田市到胶东，而立齐将田都为齐王，即怒火中烧。五月，田荣出兵拦攻田都，田都逃往楚国。田荣就留下齐王田市，不让他到胶东去。田市惧怕项羽，便偷偷地逃向他的封国胶东。田荣恼怒之极，即在六月追击到即墨杀了田市，自立为齐王。这时，彭越在钜野，拥有兵众一万多人，尚无归属。田荣就授给彭越将军官印，命他攻打济北王田安。秋季，七月，彭越击杀了济北王田安。田荣于是兼并了齐、济北、胶东三齐的土地，随即又让彭越攻打楚国。项羽命萧公角率军迎击彭越，彭越大败楚军。

5 张耳去到封国，陈馀更加愤怒了，说道："张耳与我功劳相等，现在张耳为王，我却只是个侯，这是项羽分封不公平！"就暗中派遣张同、夏说去游说齐王田荣道："项羽作为天下的主宰颇不公平，把好的地方全都分给了各将领，而把原来的诸侯国国王改封到坏的地方。现在赵王就往北住到代郡去了，我认为这是不行的。听说大王您起兵抗争，不听从项羽的不道义的命令；因此希望您能资助我一些兵力去攻打常山，恢复赵王的王位，并请把赵国作为齐国的外围藩屏！"齐王田荣同意了，即派兵跟随陈馀。

6　项王以张良从汉王,韩王成又无功,故不遣之国,与俱至彭城,废以为穰侯;已,又杀之。

7　初,淮阴人韩信,家贫,无行,不得推择为吏,又不能治生商贾,常从人寄食饮,人多厌之。信钓于城下,有漂母见信饥,饭信。信喜,谓漂母曰:"吾必有以重报母。"母怒曰:"大丈夫不能自食;吾哀王孙而进食,岂望报乎!"淮阴屠中少年有侮信者曰:"若虽长大,好带刀剑,中情怯耳。"因众辱之曰:"信能死,刺我;不能死,出我袴下!"于是信孰视之,俛出袴下,蒲伏。一市人皆笑信,以为怯。

及项梁渡淮,信杖剑从之;居麾下,无所知名。项梁败,又属项羽,羽以为郎中。数以策干羽,羽不用。汉王之入蜀,信亡楚归汉,未知名。为连敖,坐当斩;其辈十三人皆已斩,次至信,信乃仰视,适见滕公,曰:"上不欲就天下乎?何为斩壮士?"滕公奇其言,壮其貌,释而不斩;与语,大说之,言于王。王拜以为治粟都尉,亦未之奇也。

信数与萧何语,何奇之。汉王至南郑,诸将及士卒皆歌讴思东归,多道亡者。信度何等已数言王,王不我用,即亡去。何闻信亡,不及以闻,自追之。人有言王曰:"丞相何亡。"王大怒,如失左右手。居一二日,何来谒王。王且怒且喜,骂何曰:"若亡,何也?"何曰:"臣不敢亡也,臣追亡者耳。"王曰:"若所追者谁?"何曰:"韩信也。"王复骂曰:"诸将亡者以十数,

6　项羽因为张良曾经追随汉王刘邦,且韩王韩成又毫无战功,所以就不让韩成到封国去,而是让他随自己一起到了彭城,把他废为穰侯,旋即又杀了他。

7　当初,淮阴人韩信,家境贫寒,没有好的德行,不能被推选去做官,又不会经商做买卖谋生,常常到别人家里去讨闲饭吃,人们大都厌恶他。韩信曾经在城下钓鱼,有位在水边漂洗丝绵的老太太看到他饿了,就拿饭来分给他吃。韩信非常高兴,对那位漂洗的老太太说:"我一定会重重地报答您老人家。"老太太生气地说:"男子汉大丈夫不能自己养活自己!我不过是可怜你这位公子才给你饭吃,难道是希图有什么报答吗?"淮阴县屠户中的青年里有人侮辱韩信道:"你虽然身材高大,好佩带刀剑,内心却是胆小如鼠的。"并趁机当众羞辱他说:"韩信你要真的不怕死,就来刺我;若是怕死,就从我的胯下爬过去!"韩信于是仔细地打量了那青年一会儿,便俯下身子,匍匐在地,从他双腿间钻了过去。满街市的人都嘲笑韩信,认为他胆小。

待到项梁渡过淮河北上,韩信持剑去投奔他;留在项梁部下,一直默默无闻。项梁失败后,韩信又归属项羽,项羽任他做了郎中。韩信曾多次向项羽献策以求重用,但项羽却不予采纳。汉王刘邦进入蜀中,韩信又逃离楚军归顺了刘邦,仍然不为人所知。后来做了个接待宾客的小官,犯了法,应判处斩刑;与他同案的十三个人都已遭斩首,轮到韩信时,韩信抬头仰望,刚好看见了滕公夏侯婴,便说道:"汉王难道不想取得天下吗?为什么要斩杀壮士啊!"滕公觉得他的话不同凡响,又见他外表威武雄壮,就释放了他而不处斩;并与他交谈,欢喜异常,随即将这情况奏报给了刘邦。刘邦于是授给韩信治粟都尉的官职,但还是没认为他有什么不寻常之处。

韩信好几次与萧何谈话,萧何感觉他不同于常人。待刘邦到达南郑时,众将领和士兵都唱歌思念东归故乡,许多人中途就逃跑了。韩信估计萧何等人已经多次向刘邦荐举过他,但刘邦没有重用他,便也逃亡而去。萧何听说韩信逃走了,没来得及向刘邦报告,就亲自去追赶韩信。有人告诉刘邦说:"丞相萧何逃跑了。"刘邦大发雷霆,仿佛失掉了左右手一般。过了一两天,萧何来拜谒刘邦。刘邦又怒又喜,骂萧何道:"你为什么逃跑呀?"萧何说:"我不敢逃跑呀,我是去追赶逃跑的人啊。"刘邦说:"你追赶的人是谁呀?"萧何道:"是韩信。"刘邦又骂道:"将领们逃跑的已是数以十计,

公无所追;追信,诈也!"何曰:"诸将易得耳,至如信者,国士无双。王必欲长王汉中,无所事信;必欲争天下,非信无可与计事者。顾王策安所决耳!"王曰:"吾亦欲东耳,安能郁郁久居此乎!"何曰:"计必欲东,能用信,信即留;不能用信,终亡耳。"王曰:"吾为公以为将。"何曰:"虽为将,信不留。"王曰:"以为大将。"何曰:"幸甚!"于是王欲召信拜之。何曰:"王素慢无礼,今拜大将,如呼小儿,此乃信所以去也。王必欲拜之,择良日,斋戒,设坛场,具礼,乃可耳。"王许之。诸将皆喜,人人各自以为得大将。至拜大将,乃韩信也,一军皆惊。

信拜礼毕,上坐,王曰:"丞相数言将军,将军何以教寡人计策?"信辞谢,因问王曰:"今东乡争权天下,岂非项王耶?"汉王曰:"然。"曰:"大王自料,勇悍仁强孰与项王?"汉王默然良久,曰:"不如也。"信再拜贺曰:"惟信亦以为大王不如也。然臣尝事之,请言项王之为人也:项王喑噁叱咤,千人皆废,然不能任属贤将;此特匹夫之勇耳。项王见人,恭敬慈爱,言语呕呕,人有疾病,涕泣分食饮;至使人,有功当封爵者,印刓敝,忍不能予;此所谓妇人之仁也。项王虽霸天下而臣诸侯,不居关中而都彭城;背义帝之约,而以亲爱王,诸侯不平;逐其故主而王其将相,又迁逐义帝置江南,所过无不残灭;

你都不去追找，说追韩信，纯粹是撒谎！"萧何说："那些将领很容易得到，至于像韩信这样的人，却是天下无双的杰出人才啊。大王您如果只想长久地在汉中称王，自然没有用得着韩信的地方；倘若您要争夺天下大权，除了韩信，就没有可与您图谋大业的人了。只看您作哪种抉择了！"刘邦说："我也是想要东进的，怎么能够忧郁沉闷地老呆在这里呀！"萧何道："如果您决计向东发展，那么能任用韩信，韩信就会留下来；如若不能任用他，他终究还是要逃跑的。"刘邦说："那我就看在你的面子上任他做将军吧。"萧何说："即便是做将军，韩信也不会留下来的。"刘邦道："那就任他为大将军吧。"萧何说："太好了！"于是刘邦就想召见韩信授给他官职。萧何说："大王您向来傲慢无礼，现在要任命大将军了，却如同呼喝小孩儿一样，这便是韩信所以要离开的原因啊。您如果要授给他官职，就请选择吉日，进行斋戒，设置拜将的坛台和广场，准备举行授职的完备仪式，这才行啊。"刘邦应允了萧何的请求。众将领闻讯都很欢喜，人人各自以为自己会得到大将军的职务。但等到任命大将军时，竟然是韩信，全军都惊讶不已。

　　韩信行完就职礼仪后，坐了上座，刘邦说道："丞相屡次向我称道您，您将拿什么计策来开导我啊？"韩信谦让了一番，就乘势问刘邦道："如今向东去争夺天下，您的对手难道不就是项羽吗？"刘邦说："是啊。"韩信道："大王您自己估量一下，在勇敢、猛悍、仁爱、刚强等方面，与项羽比谁强呢？"刘邦沉默了许久，说："我不如他。"韩信拜了两拜，赞许道："我韩信也认为大王您在这些方面比不上他。不过我曾经事奉过项羽，就请让我来谈谈他的为人吧：项羽厉声怒斥呼喝时，上千的人都吓得不敢动一动，但是他却不能任用有德才的将领，这只不过是匹夫之勇罢了。项羽待人，恭敬慈爱，言语温和，别人生了病，他会怜惜地流下泪来，把自己所吃的东西分给病人；但当所任用的人立了功，应该封赏爵位时，他却把刻好的印捏在手里，把玩得磨去了棱角还舍不得授给人家，这便是人们所说的妇人的仁慈啊。项羽虽然称霸天下而使诸侯臣服，但却不占据关中而是建都彭城；并且背弃义帝的约定，把自己亲信偏爱的将领分封为王，诸侯忿忿不平；他还驱逐原来的诸侯国国王，而让诸侯国的将相当国王，又把义帝迁移逐赶到江南，他的军队所经过的地方没有不残害毁灭的；

百姓不亲附,特劫于威强耳。名虽为霸,实失天下心,故其强易弱。今大王诚能反其道,任天下武勇,何所不诛!以天下城邑封功臣,何所不服!以义兵从思东归之士,何所不散!且三秦王为秦将,将秦子弟数岁矣,所杀亡不可胜计;又欺其众,降诸侯,至新安,项王诈坑秦降卒二十馀万,唯独邯、欣、翳得脱。秦父兄怨此三人,痛入骨髓。今楚强以威王此三人,秦民莫爱也。大王之入武关,秋毫无所害;除秦苛法,与秦民约法三章;秦民无不欲得大王王秦者。于诸侯之约,大王当王关中,关中民咸知之;大王失职入汉中,秦民无不恨者。今大王举而东,三秦可传檄而定也。”于是汉王大喜,自以为得信晚,遂听信计,部署诸将所击;留萧何收巴、蜀租,给军粮食。

八月,汉王引兵从故道出,袭雍。雍王章邯迎击汉陈仓,雍兵败,还走;止,战好畤,又败,走废丘。汉王遂定雍地,东至咸阳;引兵围雍王于废丘,而遣诸将略地。塞王欣、翟王翳皆降,以其地为渭南、河上、上郡。令将军薛欧、王吸出武关,因王陵兵以迎太公、吕后。项王闻之,发兵距之阳夏,不得前。

王陵者,沛人也,先聚党数千人,居南阳,至是始以兵属汉。项王取陵母置军中,陵使至,则东乡坐陵母,欲以招陵。陵母私送使者,泣曰:“愿为老妾语陵:善事汉王,汉王长者,终得天下;毋以老妾故持二心。妾以死送使者!”遂伏剑而死。项王怒,亨陵母。

老百姓都不愿亲近依附他,只不过是迫于他的威势勉强归顺罢了。如此种种,使他名义上虽然还是霸主,实际上却已经失去了天下人的心,所以他的强盛是很容易转化为衰弱的。现在大王您如果真的能反其道而行,任用天下英勇善战的人才,那还有什么对手不能诛灭掉!把天下的城邑封给有功之臣,那还有什么人会不心悦诚服!用正义的军事行动去顺从惦念东归故乡的将士们,那还有什么敌人打不垮、击不溃!况且分封在秦地的三个王都是过去秦朝的将领,他们率领秦朝的子弟作战已经有好几年了,被杀死和逃亡的多得数也数不清;而他们又欺骗自己的部下,投降了诸侯军,结果是抵达新安时,遭项羽诈骗而活埋的秦军降兵有二十多万人,唯独章邯、司马欣、董翳得以脱身不死。秦地的父老兄弟们怨恨这三个人,恨得痛彻骨髓。现今项羽倚仗自己的威势,强行把此三人封为王,秦地的百姓没有爱戴他们的。大王您进入武关时,秋毫无犯,废除了秦朝的严刑苛法,与秦地的百姓约法三章,秦地的百姓没有不希望您在关中做王的。而且按照原来与诸侯的约定,大王您理当在关中称王,这一点关中的百姓都知道;您失掉了应得的王位而去汉中,对此秦地的百姓没有不怨恨的。如今大王您起兵向东,三秦之地只要发布一道征讨的文书就可以平定了。"刘邦于是大喜过望,自认为得韩信得到得太迟了,随即就听从韩信的计策,部署众将领所要攻击的任务,留下萧何收取巴、蜀两郡的租税,为军队供给粮食。

八月,刘邦领兵从故道出来,袭击雍王章邯。雍王章邯在陈仓迎击汉军,兵败逃跑;在好畤停下来与汉军再战,又被打败,逃往废丘。刘邦随即平定了雍地,东进到咸阳,率军在废丘包围了雍王章邯,并派遣将领们去攻夺各地。塞王司马欣、翟王董翳都投降了,刘邦便把他们的地盘设置为渭南郡、河上郡、上郡。又命将军薛欧、王吸领兵出武关,会合王陵的军队去迎接太公和吕后。项羽闻讯,出兵到阳夏阻拦,汉军于是无法前进。

王陵是沛县人,早先曾聚集党徒几千人,住在南阳,从这时起带领他的部队归属了刘邦。项羽便把王陵的母亲抓到军中,王陵为此派出的使者来到项羽的军营后,项羽就让王陵的母亲面向东而坐,想要借此招降王陵。王陵母亲私下里为使者送行,老泪纵横地说:"望您替我对王陵说:好好地事奉汉王,汉王是宽厚大度的人,终将取得天下;不要因为我的缘故而对汉王怀有二心。我则用一死来送使者您!"说罢就伏剑自杀了。项羽勃然大怒,便将王陵的母亲煮了。

8 项王以故吴令郑昌为韩王,以距汉。

9 张良遗项王书曰:"汉王失职,欲得关中;如约即止,不敢东。"又以齐、梁反书遗项王曰:"齐欲与赵并灭楚。"项王以此故无西意,而北击齐。

10 燕王广不肯之辽东,臧荼击杀之,并其地。

11 是岁,以内史沛周苛为御史大夫。

12 项王使趣义帝行,其群臣、左右稍稍叛之。

二年(丙申,前205)

1 冬,十月,项王密使九江、衡山、临江王击义帝,杀之江中。

2 陈馀悉三县兵,与齐兵共袭常山。常山王张耳败,走汉,谒汉王于废丘;汉王厚遇之。陈馀迎赵王于代,复为赵王。赵王德陈馀,立以为代王。陈馀为赵王弱,国初定,不之国,留傅赵王;而使夏说以相国守代。

3 张良自韩间行归汉,汉王以为成信侯。良多病,未尝特将,常为画策臣,时时从汉王。

4 汉王如陕,镇抚关外父老。

5 河南王申阳降,置河南郡。

6 汉王以韩襄王孙信为韩太尉,将兵略韩地。信急击韩王昌于阳城,昌降。十一月,立信为韩王;常将韩兵从汉王。

7 汉王还都栎阳。

8 诸将拔陇西。

8 项羽用过去的吴县县令郑昌做韩王,以抵抗汉军。

9 张良写信给项羽说:"汉王失去应得的封职,想要得到关中,一实现先前的约定就会停止作战,不敢东进了。"接着又把齐国田荣、梁地彭越反叛楚国的文书送给项王,说:"齐国想要同赵国一起灭掉楚国。"项羽于是因此无西进之意,而向北去攻打齐国。

10 燕王韩广不肯到辽东去做辽东王,臧荼就去杀了他,兼并了他的领地。

11 这一年,汉王刘邦任用内史、沛县人周苛为御史大夫。

12 项羽派人催促义帝快到郴县去,义帝的群臣、近侍便逐渐背叛了义帝。

汉高祖二年(丙申,公元前205年)

1 冬季,十月,项羽秘密派遣九江王、衡山王、临江王去攻打义帝,在长江上杀死了他。

2 陈馀出动三县的全部兵力,与齐军合力袭击常山。常山王张耳兵败逃奔到汉,在废丘拜见汉王刘邦;刘邦很是优待他。陈馀到代地迎回了原来的赵王歇,恢复了他的王位。赵王因此对陈馀感恩戴德,立他为代王。陈馀考虑到赵王的力量尚弱小,国中局势又刚刚稳定,便不去自己的封国,留下来辅助赵王,而派夏说以相国的身份去镇守代国。

3 张良从韩王那里抄小道回到刘邦处,刘邦封张良为成信侯。张良体弱多病,未曾独自领兵打仗,而是经常作为出谋划策的谋臣,时时跟随在刘邦身边。

4 刘邦到陕县去,安抚关外的父老。

5 河南王申阳投降了刘邦,刘邦设置了河南郡。

6 刘邦任用原韩襄王的孙子韩信为韩国太尉,领兵攻夺韩国的旧地。韩信在阳城加紧攻打韩王昌,韩王昌被迫投降。十一月,刘邦立韩信为韩王;韩王信常常率韩国军队跟随着刘邦。

7 刘邦返回关中,定都栎阳。

8 众将领们攻克了陇西。

9 春,正月,项王北至城阳。齐王荣将兵会战,败,走平原,平原民杀之。项王复立田假为齐王。遂北至北海,烧夷城郭、室屋,坑田荣降卒,系虏其老弱、妇女,所过多所残灭。齐民相聚叛之。

10 汉将拔北地,虏雍王弟平。

11 三月,汉王自临晋渡河。魏王豹降,将兵从;下河内,虏殷王印,置河内郡。

12 初,阳武人陈平,家贫,好读书。里中社,平为宰,分肉甚均。父老曰:“善,陈孺子之为宰!”平曰:“嗟乎,使平得宰天下,亦如是肉矣!”及诸侯叛秦,平事魏王咎于临济,为太仆。说魏王,不听。人或谗之,平亡去。后事项羽,赐爵为卿。殷王反,项羽使平击降之;还,拜为都尉,赐金二十镒。

居无何,汉王攻下殷。项王怒,将诛定殷将吏。平惧,乃封其金与印,使使归项王;而挺身间行,杖剑亡,渡河,归汉王于修武,因魏无知求见汉王。汉王召入,赐食,遣罢就舍。平曰:“臣为事来,所言不可以过今日。”于是汉王与语而说之,问曰:“子之居楚何官?”曰:“为都尉。”是日,即拜平为都尉,使为参乘,典护军。诸将尽讙曰:“大王一日得楚之亡卒,未知其高下,而即与同载,反使监护长者!”汉王闻之,愈益幸平。

9　春季，正月，项羽往北抵达城阳。齐王田荣领兵与楚军会战，兵败后田荣逃到平原，平原的百姓把他杀了。项羽于是重又立田假为齐王。接着，项羽就北进至北海一带，焚烧、铲平城郭、房屋，活埋田荣的降兵，掳掠齐国的老弱、妇女，所经过的地方多遭破坏毁灭。齐国的百姓因此便纷纷聚集起来反叛项羽。

10　刘邦的将领攻陷北地，俘获了雍王章邯的弟弟章平。

11　三月，刘邦从临晋关渡过黄河。魏王魏豹投降，领兵追随刘邦；汉军攻下河内，俘虏了殷王司马卬，设置河内郡。

12　起初，阳武人陈平，家境贫寒，喜好读书。乡里祭祀土地神，陈平担当主持分配祭肉的人，将祭肉分得非常均匀。乡里的父老们于是便说："好哇，陈家的小子做主分祭肉的人了！"陈平叹道："唉呀，如果我能够主持天下，也会像分配这祭肉一样公平合理的！"到诸侯国反叛秦朝时，陈平在临济事奉魏王魏咎，任太仆。他曾向魏王献策，但是魏王不听。有的人就在魏王面前恶语中伤他，陈平于是逃离魏王而去。后来陈平又为项羽做事，项羽赐封给他卿一级的爵位。殷王司马卬反楚时，项羽即派陈平去攻打并降服了殷王；陈平领兵返回，项羽就授任他都尉之职，赏赐给他黄金二十镒。

过了不久，刘邦攻占了殷地。项羽为此怒不可遏，准备杀掉那些参与平定殷地的将领和官吏。陈平很害怕，便把他所得的黄金和官印封裹好，派人送还给项羽；随即毅然持剑抄小路逃亡，渡过黄河，到修武去投奔刘邦，通过魏无知求见刘邦。刘邦于是召陈平进见，赐给他酒饭，然后就打发他到客舍中去歇息。陈平说："我是为要事来求见您的，所要说的不能够延迟过今日。"刘邦即与他交谈，颇喜欢他的言论，便问道："你在楚军中任的是什么官职呀？"陈平说："任都尉。"刘邦当天就授陈平都尉之职，让他做自己的陪乘人，负责监督各部将领。将领们因不服气都喧哗鼓噪起来，说："大王您得到一名楚军的逃兵才一天，还不了解他本领的高低，就与他同乘一辆车子，还反倒让他来监护我们这些有资历的老将！"刘邦听到这种种非议后，却更加宠爱陈平了。

13 汉王南渡平阴津,至洛阳新城。三老董公遮说王曰:"臣闻'顺德者昌,逆德者亡';'兵出无名,事故不成'。故曰:'明其为贼,敌乃可服。'项羽为无道,放杀其主,天下之贼也。夫仁不以勇,义不以力,大王宜率三军之众为之素服,以告诸侯而伐之,则四海之内莫不仰德,此三王之举也。"于是汉王为义帝发丧,袒而大哭,哀临三日,发使告诸侯曰:"天下共立义帝,北面事之。今项羽放杀义帝江南,大逆无道!寡人悉发关中兵,收三河士,南浮江、汉以下,愿从诸侯王击楚之杀义帝者!"

使者至赵,陈馀曰:"汉杀张耳,乃从。"于是汉王求人类张耳者斩之,持其头遗陈馀;馀乃遣兵助汉。

14 田荣弟横收散卒,得数万人,起城阳。夏,四月,立荣子广为齐王,以拒楚。项王因留,连战,未能下。虽闻汉东,既击齐,欲遂破之而后击汉,汉王以故得率诸侯兵凡五十六万人伐楚。到外黄,彭越将其兵三万馀人归汉。汉王曰:"彭将军收魏地得十馀城,欲急立魏后。今西魏王豹,真魏后。"乃拜彭越为魏相国,擅将其兵略定梁地。汉王遂入彭城,收其货宝、美人,日置酒高会。

项王闻之,令诸将击齐,而自以精兵三万人南,从鲁出胡陵至萧。晨,击汉军而东至彭城,日中,大破汉军。汉军皆走,相随入谷、泗水,死者十馀万人。汉卒皆南走山,楚又追击至灵璧东睢水上。汉军却,为楚所挤,卒十馀万人皆入睢水,

13 刘邦率军南下渡过平阴津,抵达洛阳新城。新城县的三老董公拦住刘邦劝说道:"我听说'顺德者昌,逆德者亡';'师出无名,事情就不能成功'。所以说:'点明要讨伐的人是乱臣贼子,敌人才可以被征服。'项羽行事大逆不道,放逐并杀害了他的君主义帝,实是令天下人痛恨的逆贼啊。仁德之士不逞一时之勇,正义之军不拼一己之力,大王您应当率领三军将士为义帝穿上丧服,以此通告诸侯王,共同讨伐项羽,这样一来,四海之内没有人不仰慕您的德行,这可是像夏、商、周三王那样的行为啊!"刘邦于是便为义帝发丧,裸露着左臂痛哭流涕,举哀三天,并派使者向各路诸侯通报说:"天下共同拥立义帝,对他北面称臣。现在项羽却把义帝杀害在江南,纯属大逆不道!我要出动关中的全部兵马,征集河南郡、河东郡、河内郡三河地区的士兵,沿长江、汉水南下,愿意追随诸侯王去攻打楚国这个杀害义帝的逆贼!"

刘邦的使者到了赵国,陈馀说:"刘邦如果能把张耳杀了,我就跟随刘邦。"刘邦于是就寻找到一个与张耳很相像的人,杀掉了他,拿他的头送给陈馀,陈馀便派兵援助汉军。

14 田荣的弟弟田横四处收拢散兵游勇,得到几万人,即从城阳起兵反楚。夏季,四月,田横拥立田荣的儿子田广为齐王,抗拒楚军。项羽为此留在齐地,与齐军接连作战,但没能攻下城阳。项羽虽然闻听刘邦东进,可是既然已经在攻击齐国,就想待打败齐军后再去攻打刘邦的军队,刘邦因此得以统率各路诸侯军共约五十六万人讨伐楚国。汉军抵达外黄时,彭越率领他的部队三万多人归顺了刘邦。刘邦说:"彭将军您夺取了魏地的十多个城邑,想要尽快扶立原魏国国君的后代。如今西魏王魏豹便是真正的魏国后裔呀。"随即任命彭越为魏国的相国,让他独自率领自己的部队去攻夺、平定梁地。刘邦接着就攻入彭城,搜罗财宝美女,天天设置酒宴,大会部将宾朋。

项王听到这个消息,即命令众将领继续攻打齐国,自己则亲领精兵三万人南进,从鲁县出胡陵,抵达萧县。清晨,楚军从萧县袭击汉军,向东直打到彭城,至中午时分,大败汉军。汉军将士都纷纷奔逃,相跟着涌入谷水、泗水,死了十几万人。这时汉军士兵全往南向山里逃去,楚军又穷追不舍,尾随到灵璧东面的睢水边上。汉军仓皇退却,被楚军挤迫,十多万士兵全部落入睢水,

水为之不流。围汉王三匝。会大风从西北起,折木,发屋,扬沙石,窈冥昼晦,逢迎楚军,大乱坏散,而汉王乃得与数十骑遁去。欲过沛收家室,而楚亦使人之沛取汉王家;家皆亡,不与汉王相见。

汉王道逢孝惠、鲁元公主,载以行。楚骑追之,汉王急,推堕二子车下。滕公为太仆,常下收载之,如是者三,曰:"今虽急,不可以驱,奈何弃之!"故徐行。汉王怒,欲斩之者十馀;滕公卒保护,脱二子。审食其从太公、吕后间行求汉王,不相遇,反遇楚军;楚军与归,项王常置军中为质。

是时,吕后兄周吕侯为汉将兵,居下邑;汉王间往从之,稍稍收其士卒。诸侯皆背汉,复与楚。塞王欣、翟王翳亡降楚。

15　田横进攻田假,假走楚,楚杀之;横遂复定三齐之地。

16　汉王问群臣曰:"吾欲捐关以东,等弃之,谁可与共功者?"张良曰:"九江王布,楚枭将,与项王有隙;彭越与齐反梁地;此两人可急使。而汉王之将,独韩信可属大事,当一面。即欲捐之,捐之此三人,则楚可破也!"

初,项王击齐,征兵九江,九江王布称病不往,遣将将军数千人行。汉之破楚彭城,布又称病不佐楚。楚王由此怨布,数使使者诮让,召布。布愈恐,不敢往。项王方北忧齐、赵,西患汉,所与者独九江王;又多布材,欲亲用之,以故未之击。

致使河水都阻塞得流不动了。楚军将刘邦重重包围起来。这时恰巧大风从西北刮起，风势摧枯拉朽，墙倒屋塌，飞沙走石，地暗天昏，迎头卷向楚军，楚军被吹得阵脚大乱，零落奔逃，刘邦因此才得以偕同几十骑人趁乱溜走。刘邦想经过沛县去接取家眷，而楚国也派人到沛县去掳掠刘邦的家眷；家眷们于是都狼狈逃散，没能与刘邦见面。

刘邦在途中遇到他的嫡长子后来的孝惠帝刘盈和长女鲁元公主，就用车载着他们一起走。楚军骑兵疾追过来，刘邦慌急，把两个孩子推下车去。滕公夏侯婴任掌管车马的太仆，总是下车把两个孩子收载起来，这样做了三次，于是滕公说道："现在尽管情势紧急，车子也不可赶得太快，怎么能抛下孩子啊！"所以就慢慢地行走。刘邦很是恼火，有十多次想杀掉滕公；这样，滕公终于保护着两个孩子脱离了险境。审食其随太公、吕后从小路寻找刘邦，没遇见刘邦，反而碰上了楚军；楚军就将他们一起带回，项羽便长时间地把他们安置在军营中做人质。

此时，吕后的哥哥周吕侯为汉王领兵驻在下邑，刘邦便走小路去投奔他，逐渐地收集到属下一些溃散的士兵。诸侯王于是又都背叛了刘邦，重新去亲附楚国。塞王司马欣、翟王董翳也逃亡降楚。

15　田横进攻田假，田假逃到楚国，楚国杀掉了他，田横于是重又平定了三齐的土地。

16　刘邦问群臣说："我想拿出函谷关以东的地区作为封赏，你们看有谁可以与我共同建功立业呀？"张良道："九江王黥布，是楚国的一员猛将，他同项王之间有些矛盾；另外彭越正联合齐王在梁地起兵反楚；这两个人可以立即使用。而汉王您的将领中，唯有韩信可以托付大事，独当一面。如果您要把关东的地方作为赏地，赏给这三个人，楚国即可以打败了！"

当初，项羽攻打齐国时，曾征调九江国的兵力，九江王黥布以生病为借口不亲自前往，而是派将领率军几千人去跟随项羽。汉军攻破楚国彭城时，黥布又托病不去援助楚军。楚王项羽因此非常怨恨黥布，多次派使者去责备他，并要召见他。黥布愈加害怕，不敢前往。项羽因正在为北方齐、赵两国和西面汉国的反楚势力担忧，而能够亲附的只有九江王黥布一人；且又器重他的才能，打算亲近他加以重用，所以才没有攻打他。

汉王自下邑徙军砀,遂至虞,谓左右曰:"如彼等者,无足与计天下事!"谒者随何进曰:"不审陛下所谓。"汉王曰:"孰能为我使九江,令之发兵倍楚?留项王数月,我之取天下可以百全。"随何曰:"臣请使之!"汉王使与二十人俱。

17 五月,汉王至荥阳,诸败军皆会,萧何亦发关中老弱未傅者悉诣荥阳,汉军复大振。楚起于彭城,常乘胜逐北,与汉战荥阳南京、索间。

楚骑来众,汉王择军中可为骑将者,皆推故秦骑士重泉人李必、骆甲,汉王欲拜之。必、甲曰:"臣故秦民,恐军不信臣,愿得大王左右善骑者傅之。"乃拜灌婴为中大夫,令李必、骆甲为左右校尉,将骑兵击楚骑于荥阳东,大破之,楚以故不能过荥阳而西。汉王军荥阳,筑甬道属之河,以取敖仓粟。

18 周勃、灌婴等言于汉王曰:"陈平虽美如冠玉,其中未必有也。臣闻平居家时盗其嫂;事魏不容,亡归楚;不中,又亡归汉。今日大王尊官之,令护军。臣闻平受诸将金,金多者得善处,金少者得恶处。平,反覆乱臣也,愿王察之!"汉王疑之,召让魏无知。无知曰:"臣所言者能也,陛下所问者行也。今有尾生、孝己之行,而无益胜负之数,陛下何暇用之乎!楚、汉相距,臣进奇谋之士,顾其计诚足以利国家不耳。盗嫂、受金,又何足疑乎!"汉王召让平曰:"先生事魏不中,事楚而去,今又从吾游,信者固多心乎?"平曰:"臣事魏王,魏王不能用臣说,故去事项王。

刘邦从下邑转移到砀县驻扎，随后到了虞县，对身边的随行官员说："像你们这样的人，没有能够共商天下大事的！"谒者随何进言道："不知陛下指的是什么？"刘邦说："有谁能为我出使九江王那里，让他起兵叛楚？只要把项羽拖住几个月，我夺取天下就十分有把握了。"随何便道："我请求出使。"刘邦就派他带领二十个人一同前往。

17　五月，刘邦抵达荥阳，诸路兵败溃散的队伍都会合到那里，萧何也征发关中不列入服役名册的老老少少，把他们全部送往荥阳，汉军于是重又士气大振。这时，楚军以彭城为据点，经常乘胜追击败兵，与汉军在荥阳南面的京邑、索亭之间交战。

楚军来了许多骑兵，刘邦于是就在军中挑选可以担当骑兵将领的人，大家都推举过去秦军的骑士重泉人李必、骆甲出任，刘邦便打算授任他俩。李必、骆甲说："我们原是秦朝的人，恐怕军中将士不信服我们，因此甘愿辅佐大王您身边善于骑射的将领。"刘邦便任命灌婴为中大夫，任用李必、骆甲为左右校尉，率骑兵在荥阳东面迎击楚军骑兵，大败楚军，楚军因此无法越过荥阳西进。刘邦驻军荥阳，修筑甬道通向黄河，靠它运取敖仓的粮食。

18　周勃、灌婴等人对刘邦说："陈平虽然外表俊美如装饰帽子的秀玉，但腹中却未必有什么真才实学。我们听说陈平在家时曾与他的嫂子私通；为魏王做事时因不能被容纳而逃走，去投奔楚国；在楚依然得不到信用，就又逃奔来降汉。现在大王您却这么器重他，授给他很高的官职，命他来监督各部将领。我们听说陈平接受将领们送的金钱，金钱给得多的人就能得到较好的对待，金钱赠得少的人就会遭到极差的待遇。如此看来，陈平是个反复无常的乱臣贼子，望大王您明察！"刘邦于是对陈平有了猜疑，即召他的引荐人魏无知前来责问。魏无知说："我推荐陈平时说的是他的才能，陛下现在所责问的是他的品行。如今若有人虽具有尾生、孝己那样守信义、重孝顺的品行，却无对决定胜负命运有所补益的才能，陛下又哪会有什么闲心去使用他啊！现今楚汉抗衡，我举荐腹怀奇谋异计的人，只是考虑他的计策是否确实对国家有利。至于私通嫂子、收取贿赂，又有什么值得去怀疑的呢！"刘邦随即再召陈平来见，责问他说："你事奉魏王意不相投，去事奉楚王而又离开，如今又来与我交往，守信义的人原本都是这样地三心二意吗？"陈平说："我事奉魏王，魏王不能采纳我的主张，所以我才离开他去为项羽服务。

项王不能信人，其所任爱，非诸项，即妻之昆弟，虽有奇士不能用。闻汉王能用人，故归大王。臣裸身来，不受金无以为资。诚臣计画有可采者，愿大王用之；使无可用者，金具在，请封输官，得请骸骨。"汉王乃谢，厚赐，拜为护军中尉，尽护诸将。诸将乃不敢复言。

19　魏王豹谒归视亲疾，至则绝河津，反为楚。

20　六月，汉王还栎阳。

21　壬午，立子盈为太子，赦罪人。

22　汉兵引水灌废丘，废丘降，章邯自杀。尽定雍地，以为中地、北地、陇西郡。

23　关中大饥，米斛万钱，人相食。令民就食蜀、汉。

初，秦之亡也，豪桀争取金玉，宣曲任氏独窖仓粟。及楚、汉相距荥阳，民不得耕种，而豪桀金玉尽归任氏，任氏以此起，富者数世。

24　秋，八月，汉王如荥阳，命萧何守关中侍太子，为法令约束，立宗庙、社稷、宫室、县邑；事有不及奏决者，辄以便宜施行，上来，以闻。计关中户口，转漕、调兵以给军，未尝乏绝。

25　汉王使郦食其往说魏王豹，且召之。豹不听，曰："汉王慢而侮人，骂詈诸侯、群臣如骂奴耳，吾不忍复见也！"于是汉王以韩信为左丞相，与灌婴、曹参俱击魏。

汉王问食其："魏大将谁也？"对曰："柏直。"王曰："是口尚乳臭，安能当韩信！""骑将谁也？"曰："冯敬。"曰："是秦将冯无择子也，

项羽不能信任使用人才,他所任用宠爱的人,不是项姓本家,就是他老婆的兄弟,即便是有奇谋的人他也不重用。我听说汉王能够用人,因此才来归附大王您。但我赤条条空手而来,不接受金钱就无法应付日常开销。倘若我的计策确有值得采纳的地方,便望大王您采用它;假如毫无价值不堪使用,那么金钱还都在这里,请让我封存好送到官府中,并请求辞去官职。"刘邦于是向陈平道歉,重重地赏赐他,授任他为护军中尉,监督全军所有的将领。众将领们便也不敢再说三道四了。

19 魏王豹请假回家探视亲人的病,一到魏国就绝断黄河渡口,倒戈降楚。

20 六月,刘邦返回栎阳。

21 壬午(初五),刘邦立嫡长子刘盈为太子,大赦罪犯。

22 汉军引水灌淹废丘,废丘城守军投降,章邯自杀。汉军于是完全平定了雍地,设置了中地、北地、陇西等郡。

23 关中发生大饥荒,一斛米卖到万钱,人们饿得自相残食。刘邦便让关中的百姓到蜀郡、汉中去谋生。

当初,秦朝灭亡的时候,豪强之士都争先恐后地夺取金玉等财宝,唯独宣曲任氏挖窖贮存粮食。待到楚、汉在荥阳相持不下时,百姓无法耕种土地收获粮食,豪强们便把金玉全都给了任氏来交换粮食,任氏从此起家,数代富有。

24 秋季,八月,刘邦前往荥阳,命萧何留守关中服侍太子,主持制订法令规章,建立宗庙、社稷、宫室、县邑机构;遇事如来不及奏报刘邦裁决,就酌情灵活处理,待刘邦回来时再作汇报。他在关中还管理人口户籍,运输粮草,调拨士兵补给汉军兵员,从来没有缺乏、断绝过。

25 刘邦派郦食其去劝说魏王豹,并召他前来。魏王豹不听,说:"汉王为人傲慢无礼,好侮辱别人,责骂起诸侯、群臣来如同斥骂奴隶一般,我绝不愿意再去见他!"刘邦于是就任命韩信为左丞相,与灌婴、曹参一起去攻打魏国。

刘邦问郦食其道:"魏国的大将是谁呀?"郦食其回答说:"是柏直。"刘邦道:"这是个乳臭未干的毛孩子,怎么能抵挡得了韩信!"又问:"骑将是谁啊?"郦食其答:"是冯敬。"刘邦说:"他是秦将冯无择的儿子,

虽贤,不能当灌婴。""步卒将谁也?"曰:"项它。"曰:"不能当曹参。吾无患矣!"韩信亦问郦生:"魏得无用周叔为大将乎?"郦生曰:"柏直也。"信曰:"竖子耳!"遂进兵。

魏王盛兵蒲坂以塞临晋。信乃益为疑兵,陈船欲渡临晋,而伏兵从夏阳以木罂渡军,袭安邑。魏王豹惊,引兵迎信。九月,信击虏豹,传诣荥阳;悉定魏地,置河东、上党、太原郡。

26　汉之败于彭城而西也,陈馀亦觉张耳不死,即背汉。韩信既定魏,使人请兵三万人,愿以北举燕、赵,东击齐,南绝楚粮道。汉王许之,乃遣张耳与俱,引兵东,北击赵、代。后九月,信破代兵,禽夏说于阏与。信之下魏破代,汉辄使人收其精兵诣荥阳以距楚。

虽然贤能,却也无法抵抗灌婴。"接着再问道:"步兵的将领又是什么人呀?"郦食其说:"是项它。"刘邦道:"这个人抵挡不了曹参。如此我没有什么可担心的啦!"韩信也问郦食其:"魏国不会用周叔做大将吗?"郦食其答道:"用的人确是柏直。"韩信于是说:"一个傻小子罢了!"随即进兵魏国。

魏王豹在蒲坂部署重兵以阻挡从临晋方面来的韩信军队。韩信便增设疑兵,排列出船只,好像要在临晋渡河发起进攻,而让埋伏的部队从夏阳乘坐大木瓮抢渡黄河,袭击安邑。魏王豹大惊失色,连忙领兵迎战韩信。九月,韩信进击俘获了魏王豹,将他押解去荥阳;全部平定了魏地,设置了河东、上党、太原等郡。

26 汉军在彭城兵败西撤时,陈馀也已察觉到张耳并没有死,便立即背叛了汉王。韩信已经平定了魏地,就派人向刘邦请求增兵三万人,愿用这些兵力北进去攻克燕、赵的领地,向东去攻打齐国,往南断绝楚军的粮道。刘邦准许了他的请求,并派张耳与他一起领兵东进,往北去攻打赵国和代国。闰九月,韩信去垮代军,在阏与抓获了代国的相国夏说。韩信攻破魏、代两国后,刘邦即派人调用他的精锐部队去荥阳抵御楚军。

卷第十　漢纪二

起丁酉（前 204）尽戊戌（前 203）凡二年

太祖高皇帝上之下
三年（丁酉，前 204）

1　冬，十月，韩信、张耳以兵数万东击赵。赵王及成安君陈馀闻之，聚兵井陉口，号二十万。

广武君李左车说成安君曰："韩信、张耳乘胜而去国远斗，其锋不可当。臣闻：'千里馈粮，士有饥色；樵苏后爨，师不宿饱。'今井陉之道，车不得方轨，骑不得成列；行数百里，其势粮食必在其后。愿足下假臣奇兵三万人，从间路绝其辎重；足下深沟高垒勿与战。彼前不得斗，退不得还，野无所掠，不至十日，而两将之头可致于麾下；否则必为二子所禽矣。"成安君尝自称义兵，不用诈谋奇计，曰："韩信兵少而疲，如此避而不击，则诸侯谓吾怯而轻来伐我矣。"

韩信使人间视，知其不用广武君策，则大喜，乃敢引兵遂下，未至井陉口三十里，止舍。夜半，传发，选轻骑二千人，人持一赤帜，从间道萆山而望赵军，诫曰："赵见我走，必空壁逐我；若疾入赵壁，拔赵帜，立汉赤帜。"令其裨将传餐，曰："今日破赵会食！"诸将皆莫信，佯应曰："诺。"信曰："赵已先据便地为壁，且彼未见吾大将旗鼓，未肯击前行，恐吾至阻险而还也。"乃使万人先行，出，背水陈；赵军望见而大笑。

太祖高皇帝上之下
汉高祖三年(丁酉,公元前204年)

1　冬季,十月,韩信和张耳率领几万名士兵向东攻打赵国。赵王赵歇和成安君陈馀闻讯,即在井陉口集结部队,号称二十万大军。

广武君李左车劝说成安君道:"韩信、张耳乘胜势离开本国远征,锋芒锐不可当。我听说:'从千里之外供给军粮,士兵当会面有饥色;临时拾柴割草来做饭,军队当会常常食不果腹。'而今井陉口这条路,车辆不能并行,骑兵不能成列;行军队伍前后拉开几百里,依此形势,随军的粮草必定落在大部队的后面。望您暂时拨给我三万人作为奇兵,抄小路去截断对方的辎重粮草,而您则深挖壕沟、高筑营垒,坚守不出战。这样一来,他们向前无仗可打,退后无路可回,野外又没什么东西可抢,如此不到十天,韩信、张耳这两个将领的头颅就可以献到您的帐前了;否则便肯定要被他们二人所俘获。"但陈馀曾经自称是义兵,不屑于使用诈谋奇计,故说:"韩信兵力单薄,且又疲惫不堪,对这样的军队还避而不击,各诸侯便会认为我胆怯而随便来攻打我了。"

韩信派人暗中打探消息,得知陈馀不采纳广武君的计策,高兴异常,因此便敢率军径直前进,在距离井陉口三十里的地方停下来宿营。到半夜时分,韩信传令部队出发,挑选两千名轻骑兵,每人手拿一面红旗,从小道上山隐蔽起来,观察赵军的动向,并告诫他们说:"交战时赵军看到我军退逃,必会倾巢出动来追赶我们;你们就趁机迅速冲入赵军营垒,拔掉赵军的旗帜,遍插汉军的红旗。"又命他的副将传令将士先随便吃些东西,说道:"待今天打败赵军后再会餐!"众将领们都不相信,只是假意应承道:"好吧。"韩信说:"赵军已经抢先占据了有利地形安营扎寨,而且他们不见我军大将的旗鼓,是不肯出兵攻打我们的先头部队的,这是因为他们怕我军到了险要的地方,遇阻后就会撤回去。"韩信随即派遣一万人打先锋,出井陉口,背靠河水摆开阵势;赵军望见后都哗然大笑。

平旦,信建大将旗鼓,鼓行出井陉口;赵开壁击之,大战良久。于是信与张耳佯弃鼓旗,走水上军;水上军开入之,复疾战。赵果空壁争汉旗鼓,逐信、耳。信、耳已入水上军,军皆殊死战,不可败。信所出奇兵二千骑共候赵空壁逐利,则驰入赵壁,皆拔赵旗,立汉赤帜二千。赵军已不能得信等,欲还归壁;壁皆汉赤帜,见而大惊,以为汉皆已得赵王将矣,兵遂乱,遁走,赵将虽斩之,不能禁也。于是汉兵夹击,大破赵军,斩成安君泜水上,禽赵王歇。

诸将效首虏,毕贺,因问信曰:"兵法:'右倍山陵,前左水泽。'今者将军令臣等反背水陈,曰'破赵会食',臣等不服,然竟以胜。此何术也?"信曰:"此在兵法,顾诸君不察耳!兵法不曰'陷之死地而后生,置之亡地而后存'?且信非得素拊循士大夫也,此所谓'驱市人而战之',其势非置之死地,使人人自为战;今予之生地,皆走,宁尚可得而用之乎!"诸将皆服,曰:"善!非臣所及也。"

信募生得广武君者予千金。有缚致麾下者,信解其缚,东乡坐,师事之。问曰:"仆欲北伐燕,东伐齐,何若而有功?"广武君辞谢曰:"臣,败亡之虏,何足以权大事乎!"信曰:"仆闻之:百里奚居虞而虞亡,在秦而秦霸;非愚于虞而智于秦也,用与不用,听与不听也。诚令成安君听足下计,若信者亦已为禽矣;以不用足下,故信得侍耳。今仆委心归计,

天刚蒙蒙亮的时候，韩信打出了大将的旗鼓，鼓乐喧天地开出了井陉口；赵军洞开营门迎击，双方激战了很久。这时，韩信和张耳便假装丢旗弃鼓，逃回河边的阵营；河边部队大开营门放他们进去，然后又和赵军鏖战。赵军果然倾巢出动，争抢汉军抛下的旗鼓，追逐韩信和张耳。韩信、张耳进入河边的阵地后，全军即拼死奋战，赵军无法打败他们。韩信派出的奇兵两千名骑兵一起等到赵军将士全体出动去追逐争夺战利品时，立刻奔驰进入赵军营地，拔掉所有赵军旗帜，插上两千面汉军红旗。赵军已经无法抓获韩信等人，便想退回营地；却见自己的营垒中遍是汉军的红旗，都惊慌失措，以为汉军已将赵王的将领全部擒获了，于是士兵们大乱，纷纷逃跑，赵将尽管不停地斩杀逃兵，也无法禁止溃败之势。汉军随即又前后夹击，大败赵军，在泜水上杀了陈馀，活捉了赵王歇。

将领们献上敌人的首级和俘虏，都向韩信祝贺，并趁势问韩信说："兵法上提出：'布军列阵要右边和背面靠山，前面和左边临水。'而这次您却反而让我们背水布阵，还说什么'待打败赵军后再会餐'，我们当时都颇不信服，但是后来居然取胜了。这是什么战术呀？"韩信说："这战术也是兵法上有的，只不过你们没有留意罢了！兵法上不是说'陷之死地而后生，置之亡地而后存'吗？况且我所率领的并不是平时训练有素的将士，这即是所谓的'驱赶着街市上的平民百姓去作战'，势必非把他们置于死地，使他们人人为各自的生存而战不可；倘若给他们留下活路，他们就会逃走了，那样一来，难道还能够用他们去冲锋陷阵吗！"将领们于是都心悦诚服地说："对啊！您的谋略的确非我们所能比呀！"

韩信悬赏千金征求能活捉广武君李左车的人。不久即有人将李左车绑送到韩信帐前。韩信立刻为他松绑，让他面朝东而坐，把他当作老师来对待。并问李左车道："我想要北进攻打燕国，向东征伐齐国，该如何做才能建立功绩呢？"李左车推辞说："我不过是一个兵败国亡的阶下囚罢了，哪里有资格来谋划大事啊！"韩信道："我听说：百里奚在虞国而虞国灭亡，在秦国而秦国称霸；这并不是由于他在虞国时愚蠢，在秦国时却聪明，而是在于国君用不用他，接不接受他的建议。倘若果真让成安君陈馀采纳了您的计策，像我韩信这样的人也早就被俘虏啦；只是因为他不接受您的意见，所以我才能够侍奉在您身边向您请教啊。现在我全心全意地听从您的计策，

愿足下勿辞!"广武君曰:"今将军涉西河,虏魏王,禽夏说;东下井陉,不终朝而破赵二十万众,诛成安君;名闻海内,威震天下,农夫莫不辍耕释耒,褕衣甘食,倾耳以待命者,此将军之所长也。然而众劳卒罢,其实难用。今将军欲举倦敝之兵顿之燕坚城之下,欲战不得,攻之不拔,情见势屈,旷日持久,粮食单竭。燕既不服,齐必距境以自强。燕、齐相持而不下,则刘、项之权未有所分也,此将军所短也。善用兵者,不以短击长而以长击短。"韩信曰:"然则何由?"广武君对曰:"方今为将军计,莫如按甲休兵,镇抚赵民,百里之内,牛酒日至,以飨士大夫;北首燕路,而后遣辩士奉咫尺之书,暴其所长于燕,燕必不敢不听从。燕已从而东临齐,虽有智者,亦不知为齐计矣。如是,则天下事皆可图也。兵固有先声而后实者,此之谓也。"韩信曰:"善!"从其策,发使使燕,燕从风而靡;遣使报汉,且请以张耳王赵,汉王许之。楚数使奇兵渡河击赵,张耳、韩信往来救赵,因行定赵城邑,发兵诣汉。

2 甲戌晦,日有食之。

3 十一月癸卯晦,日有食之。

4 随何至九江,九江太宰主之,三日不得见。随何说太宰曰:"王之不见何,必以楚为强,汉为弱也。此臣之所以为使。使何得见,言之而是,大王所欲闻也;言之而非,使何等二十人伏斧质九江市,足以明王倍汉而与楚也。"太宰乃言之王。

还望您不要推辞。"李左车于是说:"如今您渡过西河,俘获魏王,生擒夏说;东下井陉口,用不到一个早上的时间就打垮了赵军二十万人马,杀了成安君,名闻海内,威震天下,使农民们慑于您的声势,无不放下农具停止耕作,只图穿好的吃好的,侧耳倾听您进军的号令,这是您用兵的长处所在。但是百姓实已劳苦不堪,士兵确已疲惫之极,实际状况是很难再用他们去继续攻伐了。现在您想要调动疲惫困乏的军队去驻扎在燕国防守坚固的城池下面,结果是想打打不了,要攻又攻不下,军队内情暴露在敌前,威势也就随之减弱,如此旷日持久,粮食必将耗尽。且燕国这样弱小的国家都不肯屈服,齐国当然也必定要拒守边境逞一时之强。这么一来,燕、齐两国都与汉军对峙,相持不下,刘邦和项羽双方胜负的趋势便也难见分晓,这即是您用兵的短处所在了。善于用兵的人,从不以自己的短处去攻击他人的长处,而是要用自己的长处去对付他人的短处。"韩信说:"既然如此,那么该怎么办呢?"李左车答道:"现在为您谋算,不如按兵不动,暂作休整,镇守并安抚赵国的百姓,使方圆百里之内,天天都有人送来牛肉美酒,宴请犒劳众将士;然后就摆出北攻燕国的架势,派遣能言善辩的说客拿着一封书信去向燕国炫耀自己的长处,燕国肯定不敢不听从。燕国已经顺服了,即可向东威临齐国,如此,纵使有智多星,也不知道该怎样为齐国出谋划策了。这样,天下大事就都可图谋成功了。用兵之道原本便有先造声势而后才实际行动的,我这里所说的就是这个道理。"韩信说:"不错。"随即采用李左车的计策,派使者出使燕国,燕国听到消息就立即归降了;韩信于是派人回报汉王刘邦,并请求封张耳为赵王,刘邦应允了。这时楚国屡次派遣突击队渡过黄河袭击赵国,张耳、韩信往来奔波,救援赵国,乘势在奔走中平定了赵国的城邑,随即又调兵遣将赴刘邦处增援。

2 甲戌晦,发生日食。

3 十一月癸卯晦,发生日食。

4 汉国谒者随何来到九江王黥布处,九江国的太宰出面接待他,连过三天仍未能见到黥布。于是随何便劝太宰说:"九江王之所以不接见我,必定是由于他认为楚国强大,汉国弱小。而这正是我此次出使的原因啊。假如能让我见到九江王,若说得有理,就是大王想要听到的;倘若说得不对,就把我们二十人斩首在九江国的街市上,这将足够表明九江王背叛汉王而与楚王相交好了。"太宰便把这些话报告给了黥布。

王见之。随何曰："汉王使臣敬进书大王御者,窃怪大王与楚何亲也?"九江王曰:"寡人北乡而臣事之。"随何曰:"大王与项王俱列为诸侯,北乡而臣事之者,必以楚为强,可以托国也。项王伐齐,身负版筑,为士卒先,大王宜悉九江之众,身自将之,为楚前锋;今乃发四千人以助楚。夫北面而臣事人者,固若是乎?汉王入彭城,项王未出齐也,大王宜悉九江之兵渡淮,日夜会战彭城下;大王乃抚万人之众,无一人渡淮者,垂拱而观其孰胜。夫托国于人者,固若是乎?大王提空名以乡楚而欲厚自托,臣窃为大王不取也!然而大王不背楚者,以汉为弱也。夫楚兵虽强,天下负之以不义之名,以其背盟约而杀义帝也。汉王收诸侯,还守成皋、荥阳,下蜀、汉之粟,深沟壁垒,分卒守徼乘塞。楚人深入敌国八九百里,老弱转粮千里之外。汉坚守而不动,楚进则不得攻,退则不能解,故曰楚兵不足恃也。使楚胜汉,则诸侯自危惧而相救;夫楚之强,适足以致天下之兵耳。故楚不如汉,其势易见也。今大王不与万全之汉而自托于危亡之楚,臣窃为大王惑之!臣非以九江之兵足以亡楚也;大王发兵而倍楚,项王必留;留数月,汉之取天下可以万全。臣请与大王提剑而归汉,汉王必裂地而封大王;又况九江必大王有也。"九江王曰:"请奉命。"阴许畔楚与汉,未敢泄也。

九江王黥布于是召见随何。随何说:"汉王派我敬呈书信给大王您,是因为我们私下里有些疑惑,不知大王您和楚王是什么关系。"黥布道:"我面朝北以臣子的身份事奉他。"随何说:"大王您与楚王项羽同列诸侯,地位相等,而您却面北向他称臣,肯定是认为楚国强大,可以作为九江国的靠山了。但当项王攻打齐国,亲自背负修筑营墙的工具,身先士卒冲杀时,您本应动用九江国的全部兵力,亲自率领他们去为楚军打先锋;可如今却只调拨四千人去支援楚军。面向北事奉他人的臣子,本来就该是这个样子的吗?汉王攻入彭城时,项王还没离开齐地回师,您理应率领九江国的全部兵力抢渡淮河,奔赴彭城投入与汉军的日夜会战;可您却拥兵万人,而无一人渡过淮河,只是袖手旁观人家的胜负。把江山社稷托付给别人的人,原本就该是这个样子的吗?您这是借依附楚国之名而想要行独立自主之实,我私下里认为您的这种做法是不可取的!然而您还不背弃楚国,不过是因为您以为汉国弱小罢了。但是,楚国的军队虽然强大,天下的人却给它背上了不义的恶名,这是由于它既违背盟约又杀害义帝的缘故。而汉王联合诸侯,率军回守成皋、荥阳,运来蜀和汉中的粮食,深挖壕沟,加固营垒,分兵把守边防要塞。楚军则因反攻荥阳、成皋,深入反楚的梁地八九百里,老弱残兵从千里之外转运粮食。汉军却只坚守不出战,这么一来,楚军进不能攻取,退又无法脱身,所以说楚军是不足以依赖的。如果楚军战胜了汉军,各诸侯便会人人自危而相互救援,这么一来,楚军的强盛,倒恰好招致天下的军队都来与它抗衡了。所以楚国不如汉国的形势,是显而易见的。现在您不与万无一失的汉国结好,却要把自身托付给将灭亡的楚国,我暗中对您的这种做法困惑不解。我并不是认为九江国的兵力足够用来消灭楚军了;而是觉得您如能起兵反叛楚国,项王就必定得留下来;只要拖住项王几个月,汉王夺取天下就会万无一失了。我请求随您一起提剑归汉,汉王保证会划分一块土地封给您;又何况九江国必定也仍旧归您所有啊。"黥布于是说:"那就遵命了。"即暗中许诺随何叛楚归汉,只是一时还不敢走漏风声。

楚使者在九江,舍传舍,方急责布发兵。随何直入,坐楚使者上,曰:"九江王已归汉,楚何以得发兵?"布愕然。楚使者起。何因说布曰:"事已构,可遂杀楚使者,无使归,而疾走汉并力。"布曰:"如使者教。"于是杀楚使者,因起兵而攻楚。

楚使项声、龙且攻九江,数月,龙且破九江军。布欲引兵走汉,恐楚兵杀之,乃间行与何俱归汉。十二月,九江王至汉。汉王方踞床洗足,召布入见。布大怒,悔来,欲自杀;及出就舍,帐御、饮食、从官皆如汉王居,布又大喜过望。于是乃使人入九江;楚已使项伯收九江兵,尽杀布妻子。布使者颇得故人、幸臣,将众数千人归汉。汉益九江王兵,与俱屯成皋。

楚数侵夺汉甬道,汉军乏食。汉王与郦食其谋桡楚权。食其曰:"昔汤伐桀,封其后于杞;武王伐纣,封其后于宋。今秦失德弃义,侵伐诸侯,灭其社稷,使无立锥之地。陛下诚能复立六国之后,此其君臣、百姓必皆戴陛下之德,莫不向风慕义,愿为臣妾。德义已行,陛下南向称霸,楚必敛衽而朝。"汉王曰:"善!趣刻印,先生因行佩之矣。"

食其未行,张良从外来谒。汉王方食,曰:"子房前!客有为我计桡楚权者。"具以郦生语告良,曰:"何如?"良曰:"谁为陛下画此计者?陛下事去矣!"汉王曰:"何哉?"对曰:"臣请借前箸,为大王筹之:昔汤、武封桀、纣之后者,度能制其死生之命也;

楚国的使者在九江，住在客舍中，正加紧督促黥布发兵援楚。随何径直闯入客舍，坐到楚使者上面的座位上，说："九江王已经归汉，楚国凭什么能来征调他的军队？"黥布听了大吃一惊。这时楚国使者便起身要走。随何乘势劝黥布说："事已至此，可以就杀掉楚使者，不要让他回去，而您即火速投奔汉王，与汉军协力作战。"黥布道："就按您指教的办。"于是杀掉了楚国使者，趁机起兵攻打楚国。

楚国派项声、龙且进攻九江国，历时几个月，龙且打败了九江国的军队。黥布便想领兵逃奔汉国，因害怕楚军会截杀他，就与随何捡小路行走，一起逃归了汉国。十二月，九江王黥布抵达汉军驻地。汉王刘邦当时正坐在床边洗脚，即召黥布进见。黥布为此怒火中烧，后悔来到这里，想要自杀；待出来后进入为自己安排的客舍，发现那里的陈设、饮食、侍从官员都与刘邦的住所相同，便又喜出望外。于是即派人到九江国去联络；这时楚王已派项伯收编了九江军，并把黥布的妻子儿女都杀了。黥布的使者找到不少黥布的旧友和宠爱的臣僚，带着几千人来到刘邦那里。刘邦随即增拨兵力给黥布，与黥布的军队一起驻扎在成皋。

楚军屡次袭击截夺汉军运粮的通道，使汉军粮食短缺。刘邦因此与郦食其谋划如何削弱楚国的实力。郦食其说："从前商汤讨伐夏桀，将夏桀的后裔封在杞国；周武王讨伐商纣，将商纣王的子孙封在宋国。如今秦朝丧失德行、背弃道义，侵伐各诸侯国，灭掉各国后，使诸侯的后代生无立锥之地。陛下若真能重新扶立六国的后裔，当今六国的君臣、百姓都对陛下感恩戴德，无一不向往陛下的风范，仰慕陛下的仁义，都甘愿做陛下的臣民。如此德义已经施行，陛下即可面向南居帝位称霸天下，楚王也必定会整理衣冠，恭敬地前来朝拜了。"刘邦说："好！赶快去刻制印玺，您就可带上它们出使各国了。"

郦食其尚未起程，张良从外面回来谒见刘邦。刘邦当时正在吃饭，说道："子房，你过来！宾客中有人为我策划了削弱楚实力的办法。"随即把郦食其的话都告诉了张良，说："你看怎么样呀？"张良道："什么人为陛下谋划了这个计策？陛下统一天下的大事要完！"汉王说："为什么呢？"张良答道："我请求借用您面前的筷子，来为您指划一下目前的形势：从前商汤、周武王之所以封立夏桀、商纣王的后裔，是因为估量到自己可以掌握住对他们的生死大权；

今陛下能制项籍之死命乎？其不可一也。武王入殷，表商容之间，释箕子之囚，封比干之墓；今陛下能乎？其不可二也。发巨桥之粟，散鹿台之钱，以赐贫穷；今陛下能乎？其不可三也。殷事已毕，偃革为轩，倒载干戈，示天下不复用兵；今陛下能乎？其不可四也。休马华山之阳，示以无为；今陛下能乎？其不可五也。放牛桃林之阴，以示不复输积；今陛下能乎？其不可六也。天下游士，离其亲戚，弃坟墓，去故旧，从陛下游者，徒欲日夜望咫尺之地。今复立六国之后，天下游士各归事其主，从其亲戚，反其故旧、坟墓，陛下谁与取天下乎？其不可七也。且夫楚唯无强，六国立者复桡而从之，陛下焉得而臣之？其不可八也。诚用客之谋，陛下事去矣！"汉王辍食，吐哺，骂曰："竖儒几败而公事！"令趣销印。

　　荀悦论曰：夫立策决胜之术，其要有三：一曰形，二曰势，三曰情。形者，言其大体得失之数也；势者，言其临时之宜、进退之机也；情者，言其心志可否之实也。故策同、事等而功殊者，三术不同也。

而如今陛下能够决定项羽灭亡的命运吗？这是不可封六国之后的第一个理由。周武王进入殷商的都城,在里门表彰商纣王时的贤人商容的德行,释放了被囚禁的箕子,增修比干的坟墓,而如今陛下能够这样做吗？这是不可封六国之后的第二个理由。周武王曾经发放商纣王巨桥粮仓的粮食,散拨鹿台府库的金钱,以赈济贫苦百姓,如今陛下可以这么做吗？这是不可封六国之后的第三个理由。殷商灭亡后,周武王废弃战车,改作乘车,倒置兵器,以向天下人表示不再用兵,如今陛下能这样做吗？这是不可封六国之后的第四个理由。把战马放养在华山的南面,以显示让它们休息不再驱用,如今陛下可以这么做吗？这是不可封六国之后的第五个理由。将牛放牧到桃林的北面,以表示不再用它们运输粮草辎重,如今陛下能够这样做吗？这是不可封六国之后的第六个理由。天下善辩的游说之士,所以要远离自己的父母兄弟,抛弃自己祖先的坟墓,离开自己的老友,跟随陛下辗转奔波,为的就是得到那日思夜想的一点点封地。倘若今天重新封立六国国君的后裔,使天下游说之士各自回去事奉他们的君主,伴随他们的父母妻儿,返归他们旧友、祖坟所在的故土,那么陛下还依靠谁去夺取天下呢？这是不可封六国之后的第七个理由。况且当今只有楚国强大,尚无超过它的,假如复立的六国后代重又屈从楚国,那么陛下还怎么使他们臣服于汉呢？这是不可封六国之后的第八个理由。如若真的采用了那位宾客的计策,陛下统一天下的大事可不就完了吗!"汉王听了这番话后饭也不吃,吐出口中的食物,骂道:"这个书呆子几乎坏了老子的大事!"立即下令赶快销毁那些印玺。

　　荀悦评论说:确立决定胜负策略的方法,要点有三:一是形,二是势,三是情。所谓形,说的是得与失大体上的趋向;所谓势,说的是对临时情况灵活应付和对进与退随机应变的形势;所谓情,指的是心意志向上坚定还是懈怠的实际心理。所以采用的策略相同,所干的事情相等,而取得的功效却各异,即是由于这三个方法运用得不同的缘故。

初，张耳、陈馀说陈涉以复六国，自为树党；郦生亦说汉王。所以说者同而得失异者，陈涉之起，天下皆欲亡秦；而楚、汉之分未有所定，今天下未必欲亡项也。故立六国，于陈涉，所谓多己之党而益秦之敌也。且陈涉未能专天下之地也，所谓取非其有以与于人，行虚惠而获实福也。立六国，于汉王，所谓割己之有而以资敌，设虚名而受实祸也。此同事而异形者也。

及宋义待秦、赵之毙，与昔卞庄刺虎同说者也。施之战国之时，邻国相攻，无临时之急，则可也。战国之立，其日久矣，一战胜败，未必以存亡也；其势非能急于亡敌国也，进乘利，退自保，故累力待时，乘敌之毙，其势然也。今楚、赵所起，其与秦势不并立，安危之机，呼吸成变，进则定功，退则受祸。此同事而异势者也。

伐赵之役，韩信军于泜水之上而赵不能败。彭城之难，汉王战于睢水之上，士卒皆赴入睢水而楚兵大胜。何则？赵兵出国迎战，见可而进，知难而退，怀内顾之心，无出死之计；韩信军孤在水上，士卒必死，无有二心，

当初,张耳、陈馀劝说陈胜借恢复六国,来为自己培植党羽;郦食其也是这样劝说汉王刘邦的。之所以劝说的内容相同,得与失却各异,是因为陈胜起事时,天下的人都想要灭亡秦朝;而如今楚、汉的胜、负之分还无定势,天下的人未必都想要项羽覆灭。所以重立六国的后裔,对陈胜来说,是为自己广植党羽而给秦朝增树强敌。况且陈胜那时并没能独占天下之地,即所谓把不是自己的东西取来送给别人,行施恩惠之虚名,却能获得实惠。但重立六国之后,对刘邦来说,却是所谓的分割自己拥有的东西去资助敌人,空设虚名而实受祸害。这便是所做的事情相同,可得与失的趋向已各异的例子。

谈到宋义劝说项羽,先让秦、赵两国相斗,待秦军疲惫后再乘机攻秦,与卞庄子刺杀老虎时,管竖子劝他等待两虎相搏,双方有伤亡时再乘机刺虎,卞庄子最后果然获得二虎的游说之词也都相同。但这套说词,施用在战国时,邻国相互攻伐,没有临时情势变化的危急发生,还是可以的。因为战国局面的确立,日子已经很久了,一次战役的胜与败,未必就会决定一个国家的生存和灭亡;那时的进退变化形势不能够急于使敌国灭亡,而是进可以凭借有利条件,退也能够自保安全,故可以积蓄力量,等待时机,乘敌方疲惫不堪,去打败他们,这是灵活行事、随机应变的形势所造成的。但今日楚、赵两国起兵抗秦,与秦王朝势不两立,安全与危亡的机会,在呼吸的一瞬间就会发生变化,因此进即能建立功绩,退就将遭受祸殃。这便是事情相同,而灵活应付和随机应变的形势、时机已各异的例子。

汉军攻打赵国的战役,韩信率军驻扎在地形不利的泜水边上,但赵军却无法打败他。彭城陷落一仗,刘邦也在睢水岸边作战,但士兵却被赶入睢水,楚军大获全胜。这是为什么呢?赵军出国迎战汉军,见到可以打赢就前进,知道难于取胜就后退,怀着关顾自身存亡的心理,毫无出阵拼死一搏的打算;而韩信的军队孤立无援地列阵在水边,士兵背水作战不进就必死无疑,故将士们都不怀二心,抱定决一胜负的信念,

此信之所以胜也。汉王深入敌国，置酒高会，士卒逸豫，战心不固；楚以强大之威而丧其国都，士卒皆有愤激之气，救败赴亡之急，以决一旦之命，此汉之所以败也。且韩信选精兵以守，而赵以内顾之士攻之；项羽选精兵以攻，而汉以怠惰之卒应之。此同事而异情者也。

故曰：权不可豫设，变不可先图；与时迁移，应物变化，设策之机也。

5　汉王谓陈平曰："天下纷纷，何时定乎？"陈平曰："项王骨鲠之臣、亚父、锺离昧、龙且、周殷之属，不过数人耳。大王诚能捐数万斤金，行反间，间其君臣，以疑其心；项王为人，意忌信谗，必内相诛，汉因举兵而攻之，破楚必矣。"汉王曰："善！"乃出黄金四万斤与平，恣所为，不问其出入。平多以金纵反间于楚军，宣言："诸将锺离昧等为项王将，功多矣，然而终不得裂地而王，欲与汉为一，以灭项氏而分王其地。"项羽果意不信锺离昧等。

夏，四月，楚围汉王于荥阳，急。汉王请和，割荥阳以西者为汉。亚父劝羽急攻荥阳，汉王患之。项羽使使至汉，陈平使为大牢具。举进，见楚使，即佯惊曰："吾以为亚父使，乃项王使！"复持去，更以恶草具进楚使。楚使归，具以报项王，项王果大疑亚父。亚父欲急攻下荥阳城，项王不信，不肯听。亚父闻项王疑之，乃怒曰："天下事大定矣，君王自为之，愿赐骸骨归！"未至彭城，疽发背而死。

这即是韩信所以能获胜的原因。汉王深入敌国,摆设酒宴盛会宾朋,士兵们享受安逸欢乐,求战心理不坚决;而楚军凭着它的威势却丧失了自己的国都,将士们都义愤填膺,急于挽救败局,无畏惧地奔向死亡,以决出一时的胜败命运,这便是汉军所以又失败的原因。况且韩信挑选精兵坚守阵地,赵军却用瞻前顾后的士兵去攻打他;项羽选择精兵发动进攻,汉军却用怠惰散漫的将士去对付他。这就是所做的事情相同,而坚定与懈怠的心理已各异的例子。

所以说,应事的权变是不能够预先设计出来的,事态的变化是不能够事先考虑周全的;随着时机的转动而转动,顺应事物的变化而变化,是制订策略的关键。

5 刘邦对陈平说:"天下纷扰混乱,到什么时候才能安定呀?"陈平说:"项王身边刚直不阿的臣子,如亚父范增、钟离昧、龙且、周殷之辈,也不过几个人罢了。大王您如果确能拿出几万斤黄金,施用反间计,离间楚国的君臣关系,使他们内心互相猜疑;而项羽的为人原就猜忌多疑,易听信谗言,这样一来,他们内部必然会自相残杀,我们即可乘机发兵去攻打他们,如此一定会击败楚军。"刘邦说:"对啊!"便取出黄金四万斤交给陈平,任凭他自行活动,不过问他使用的情况。陈平于是用许多黄金雇请间谍到楚军中去进行离间活动,扬言说:"各位将领如钟离昧等人为项王领兵打仗,功劳卓著,但是却终究不能分得一块土地而称王,因此他们便想与汉军联合起来,借此灭掉项氏,瓜分楚国的土地,各自称王。"项羽果然有所猜忌,不再信任钟离昧等人。

夏季,四月,楚军在荥阳围攻刘邦,形势紧急。刘邦向项羽请求议和,将荥阳西面的地区划归汉国。但范增却劝项羽火速攻打荥阳,刘邦为此忧心忡忡。这时项羽派使者前往刘邦处,陈平置备了丰富盛大的宴席。命人端去款待楚国的使者,一见到楚使,就假装惊诧地说:"我还以为是亚父的使者呢,原来竟是项王的使者啊!"随即将酒菜又端了出去,改换粗劣的饭菜送给楚使食用。楚使回国后,即把这些情况汇报给了项羽,项羽果然又对范增大加猜疑。范增想要加紧攻下荥阳城,项羽不信任他,不肯听从他的意见。范增听闻项羽对他有怀疑,便怒气冲冲地说:"天下事大体上已有定局了,您自己干吧,望能准许我辞职回家!"于是范增踏上了归途,还没有到达彭城时,就背上毒疮发作死去了。

五月，将军纪信言于汉王曰："事急矣！臣请诳楚，王可以间出。"于是陈平夜出女子东门二千馀人，楚因四面击之。纪信乃乘王车，黄屋，左纛，曰："食尽，汉王降。"楚皆呼万岁，之城东观。以故汉王得与数十骑出西门遁去，令韩王信与周苛、魏豹、枞公守荥阳。羽见纪信，问："汉王安在？"曰："已出去矣。"羽烧杀信。周苛、枞公相谓曰："反国之王，难与守城！"因杀魏豹。

汉王出荥阳，至成皋，入关，收兵欲复东。辕生说汉王曰："汉与楚相距荥阳数岁，汉常困。愿君王出武关，项王必引兵南走。王深壁勿战，令荥阳、成皋间且得休息，使韩信等得安辑河北赵地，连燕、齐，君王乃复走荥阳。如此，则楚所备者多，力分；汉得休息，复与之战，破之必矣！"汉王从其计，出军宛、叶间，与黥布行收兵。羽闻汉王在宛，果引兵南；汉王坚壁不与战。

汉王之败彭城，解而西也，彭越皆亡其所下城，独将其兵北居河上，常往来为汉游兵击楚，绝其后粮。是月，彭越渡睢，与项声、薛公战下邳，破，杀薛公。羽乃使终公守成皋，而自东击彭越。汉王引兵北，击破终公，复军成皋。

六月，羽已破走彭越，闻汉复军成皋，乃引兵西拔荥阳城，生得周苛。羽谓苛："为我，将以公为上将军，封三万户。"周苛骂曰："若不趋降汉，今为虏矣，若非汉王敌也！"羽烹周苛，并杀枞公而虏韩王信，遂围成皋。汉王逃，独与滕公共车出成皋玉门，

五月，将军纪信告诉刘邦说："事态紧急！我请求去迷惑一下楚军，您就可以悄悄地溜出荥阳城了。"随即由陈平趁着黑夜把两千多名妇女放出城东门，楚军即刻便从四面围攻这群妇女。纪信于是乘坐汉王的车驾，黄绸车盖、车衡左边的装饰物一应俱全，驶到楚军前，说："我军粮食已经吃光了，汉王前来乞降。"楚军都山呼万岁，涌到城东观望。刘邦因此得以带领几十骑人马从西门出城逃走，命韩王信与周苛、魏豹、枞公继续把守荥阳。项羽见到纪信后问道："汉王在哪里呀？"纪信说："已经出城了。"项羽于是烧死了纪信。周苛、枞公这时相互商议说："背叛汉国、反复无常的君王魏豹，很难让人和他一道守城！"随即就杀了魏豹。

刘邦出了荥阳，到达成皋，进入关中，收集兵马，准备再次东进。辕生劝刘邦说："汉军与楚军已在荥阳相持好几年了，汉军常常陷入困境。现在希望您能从武关出兵，项羽见状必定会领兵南下。而您则修筑深沟高垒，坚守不出战，使荥阳、成皋一线的汉军得到休整；同时派韩信等人去安抚黄河以北赵地的军民，联合燕、齐两国，然后您再奔赴荥阳。如此一来，楚军需要多处设防，兵力即会分散；汉军却得到了休整，这样重与楚军交锋，打垮他便是必定无疑的了！"刘邦采纳了辕生的计策，出兵到宛县、叶县一带，并与黥布一路上收集兵马。项羽听说刘邦在宛县一带，果然领兵南下，刘邦却只是坚守营垒，不与楚军接战。

刘邦在彭城吃了败仗，军队向西溃退时，彭越又失去了他原来攻下的所有城镇，便独自率领他的部队向北留住在黄河沿岸，经常作为汉军的游击部队往来袭击楚军，断绝楚军后方的粮草供给。这个月，彭越渡过睢水，与项声、薛公在下邳交战，打败了楚军，杀掉了薛公。项羽于是派终公守卫成皋，而自己率军向东去攻打彭越。刘邦乘机领兵北进，击垮了终公的防军，重又在成皋驻扎下来。

六月，项羽已打跑了彭越，获悉汉军重又驻军成皋后，项羽就领兵西进，攻下荥阳，生擒了周苛。项羽对周苛说："你若归降我，我将任命你为上将军，并分给你享用三万户赋税收入的封地。"周苛斥骂道："你不赶快投降汉王，眼看着就要被俘房了，你绝不是汉王的对手！"项羽便煮杀了周苛，并杀了枞公，俘获了韩王信，随即包围了成皋。刘邦逃跑，只身与滕公夏侯婴共乘一辆车子出成皋城的北门，

北渡河,宿小修武传舍。晨,自称汉使,驰入赵壁。张耳、韩信未起,即其卧内,夺其印符以麾召诸将,易置之。信、耳起,乃知汉王来,大惊。汉王既夺两人军,即令张耳循行,备守赵地。拜韩信为相国,收赵兵未发者击齐。诸将稍稍得出成皋从汉王。楚遂拔成皋,欲西;汉使兵距之巩,令其不得西。

6　秋,七月,有星孛于大角。

7　临江王敖薨,子尉嗣。

8　汉王得韩信军,复大振。八月,引兵临河,南乡,军小修武,欲复与楚战。郎中郑忠说止汉王,使高垒深堑勿与战。汉王听其计,使将军刘贾、卢绾将卒二万人,骑数百,渡白马津,入楚地,佐彭越,烧楚积聚,以破其业,无以给项王军食而已。楚兵击刘贾,贾辄坚壁不肯与战,而与彭越相保。

9　彭越攻徇梁地,下睢阳、外黄等十七城。九月,项王谓大司马曹咎曰:“谨守成皋!即汉王欲挑战,慎勿与战,勿令得东而已。我十五日必定梁地,复从将军。”羽引兵东行,击陈留、外黄、睢阳等城,皆下之。

汉王欲捐成皋以东,屯巩、洛以距楚。郦生曰:“臣闻‘知天之天者,王事可成’。王者以民为天,而民以食为天。夫敖仓,天下转输久矣,臣闻其下乃有藏粟甚多。楚人拔荥阳,不坚守敖仓,乃引而东,令適卒分守成皋,此乃天所以资汉也。方今楚易取而汉反却,自夺其便,臣窃以为过矣!且两雄不俱立,楚、汉久相持不决,海内摇荡,农夫释耒,工女下机,天下之心未有所定也。愿足下急复进兵,收取荥阳,据敖仓之粟,塞成皋之险,

往北渡过黄河,投宿在小修武驿站的客舍中。次日清晨,刘邦自称是汉国的使者,奔驰进入赵军营地。这时张耳、韩信还没起床,刘邦即闯入他们的卧室,夺走他们的印信兵符,用指挥旗召集众将领们,调换了众将的职位。韩信、张耳起床后才知道刘邦来了,大吃一惊。刘邦就夺了两人手下的军队,即命张耳去巡行收集兵员,守备赵地。授韩信相国的职位,让他集结赵国尚未征发的部队去攻打齐国。汉军将领们陆陆续续地从成皋逃出,继续追随刘邦。楚军于是便攻下了成皋,接着又打算西进;刘邦即派兵在巩县抵御楚军,使他无法西进。

6　秋季,七月,有异星出现于大角星旁。

7　临江王共敖去世,他的儿子尉继位。

8　刘邦得到韩信的军队后,重又士气大振。八月,领兵来到黄河岸边,向南驻扎在小修武,想要与楚军再战。郎中郑忠劝阻刘邦,让他高筑营垒、深挖壕沟,不要与楚军交锋。刘邦听从了他的计策,派将军刘贾、卢绾率步兵两万人、骑兵几百人,渡过白马津,进入楚地,协助彭越,烧毁楚国积聚的粮草辎重,以破坏楚国的家业,使它无法再给前方项羽的军队供给粮草。楚军进攻刘贾,刘贾总是坚守营垒不肯与楚军接战,而与彭越相互呼应救援。

9　彭越攻夺故梁国的土地,攻下了睢阳、外黄等十七个城邑。九月,项羽对大司马曹咎说:"谨慎地把守成皋!即使汉军来挑战,你也千万不可应战,只要不让他东进就行了。我十五天之内必能平定梁地,重与你汇合到一起。"项羽随即领兵向东进发,攻打陈留、外黄、睢阳等城,都攻克了。

刘邦想放弃成皋以东地区,驻扎到巩县、洛阳,以抗拒楚军的西进。郦食其说道:"我听说'懂得什么是真正的天这一道理的人,帝王的事业可以成功'。治理天下的国君把百姓当作天,而百姓则把粮食当作天。敖仓,作为天下转运粮食的集散地已经很久了,我获悉那里贮藏的粮食非常多。现在楚军攻下荥阳,竟然不坚守敖仓,却领兵东去,只派些因获罪被罚充军的士兵分守成皋,这真是上天对汉军的帮助啊。目前楚军容易攻取,汉军反倒退却,自己贻误有利战机,我私下里认为这是个过错!而且两雄不可并立,楚、汉长久地相持不下,使得海内动荡不安,农夫放下农具停止耕作,织女离开织机不再纺纱织布,普天之下民心惶惶没有归属。因此希望您赶快再度进兵,收复荥阳,占有敖仓的粮食,扼守住成皋的险要,

杜太行之道,距蜚狐之口,守白马之津,以示诸侯形制之势,则天下知所归矣。"王从之,乃复谋取敖仓。

食其又说王曰:"方今燕、赵已定,唯齐未下。诸田宗强,负海、岱,阻河、济,南近于楚,人多变诈;足下虽遣数万师,未可以岁月破也。臣请得奉明诏说齐王,使为汉而称东藩。"上曰:"善!"

乃使郦生说齐王曰:"王知天下之所归乎?"王曰:"不知也。天下何所归?"郦生曰:"归汉!"曰:"先生何以言之?"曰:"汉王先入咸阳,项王负约,王之汉中。项王迁杀义帝,汉王闻之,起蜀、汉之兵击三秦,出关而责义帝之处。收天下之兵,立诸侯之后;降城即以侯其将,得赂即以分其士;与天下同其利,豪英贤才皆乐为之用。项王有倍约之名,杀义帝之负;于人之功无所记,于人之罪无所忘;战胜而不得其赏,拔城而不得其封,非项氏莫得用事;天下畔之,贤才怨之,而莫为之用。故天下之事归于汉王,可坐而策也!夫汉王发蜀、汉,定三秦;涉西河,破北魏;出井陉,诛成安君;此非人之力也,天之福也!今已据敖仓之粟,塞成皋之险,守白马之津,杜太行之阪,距蜚狐之口;天下后服者先亡矣。王疾先下汉王,齐国可得而保也;不然,危亡可立而待也!"先是,齐闻韩信且东兵,使华无伤、田解将重兵屯历下,军以距汉。及纳郦生之言,遣使与汉平,乃罢历下守战备,与郦生日纵酒为乐。

断绝太行的通道,在蜚狐隘口设防抵抗,把守白马渡口,向诸侯显示汉军已占据有利地形能够克敌制胜的态势,这么一来,天下人便都知道自己的归向了。"刘邦接受了郦食其的建议,随即重又去谋取敖仓。

郦食其于是又劝说刘邦道:"目前燕国和赵国都已平定,只有齐国尚未攻克。而今齐国各支田氏宗族势力强大,以东海、泰山为依靠,黄河、济水为屏障,南面临近楚国,百姓多狡诈善变,您即使派遣几万人的军队去征伐,也无法在一年或数月的短时间内攻下。为此我请求奉您的诏令前去游说齐王田广,使他归顺汉国,自认作汉东面的属国。"刘邦说:"好!"

刘邦即派郦食其去劝说齐王道:"大王您可知道天下的人心所向吗?"齐王说:"不知道啊。天下人都归向哪里呀?"郦食其说:"归向汉王!"齐王道:"您为什么这样说呢?"郦食其说:"是汉王率先攻入咸阳的,但项羽却背弃先前的盟约,让汉王到汉中去做王。项羽随后又迁移并杀害了义帝,汉王闻讯,即调动蜀、汉的军队攻打三秦,出函谷关,责问义帝的下落。同时收集天下的兵员,扶立诸侯的后裔,降服了城邑就把它们封给有功的将领做侯王,获得了财物就把它们封赐给手下的士兵,与天下人同享利益,因此豪杰英雄贤能才士都乐意为他驱使。而项羽有违约背信的恶名及杀害义帝忘恩负义的罪责;且对人家的功劳毫不记在心中,对人家的过失却总是耿耿于怀;将士打了胜仗得不到奖赏,攻陷了城镇得不到赐封,不是项姓的人就没有谁能够当权主事;致使天下人都反叛他,贤能才士都怨恨他,无一人愿意为他效力。所以天下大业将归属汉王,是可以坐着就算定的啦!汉王从蜀、汉出兵,平定三秦,渡过西河,打垮北魏,出井陉口,杀成安君陈馀,这些并不是靠人的力量,而是仰赖上天降下的洪福啊!现在汉军已经占有了敖仓的粮食,扼守住了成皋的险要,控制了白马渡口,断绝了太行的山路,设防在蜚狐隘口;依此形势,天下诸侯后来归服的当会先遭覆灭的命运了。大王您若抢先降服汉王,齐国便可以得到保全,否则的话,危亡的结局片刻就会到来!"在此之前,齐国听说韩信将要领兵东进,即派华无伤、田解率重兵驻扎在历下,以抵御汉军。待到齐王采纳了郦食其的建议,派使者与刘邦媾和后,齐王便解除了历下城的战备防守,与郦食其天天纵情地饮酒作乐。

韩信引兵东,未度平原,闻郦食其已说下齐,欲止。辩士蒯彻说信曰:"将军受诏击齐,而汉独发间使下齐,宁有诏止将军乎,何以得毋行也?且郦生,一士,伏轼掉三寸之舌,下齐七十馀城;将军以数万众,岁馀乃下赵五十馀城。为将数岁,反不如一竖儒之功乎!"于是信然之,遂渡河。

四年(戊戌,前203)

1　冬,十月,信袭破齐历下军,遂至临淄。齐王以郦生为卖己,乃烹之;引兵东走高密,使使之楚请救。田横走博阳,守相田光走城阳,将军田既军于胶东。

2　楚大司马咎守成皋,汉数挑战,楚军不出。使人辱之,数日,咎怒,渡兵汜水。士卒半渡,汉击之,大破楚军,尽得楚国金玉、货赂,咎及司马欣皆自刭汜水上。汉王引兵渡河,复取成皋,军广武,就敖仓食。

项羽下梁地十馀城,闻成皋破,乃引兵还。汉军方围锺离眛于荥阳东,闻羽至,尽走险阻。羽亦军广武,与汉相守。数月,楚军食少。项王患之,乃为俎,置太公其上,告汉王曰:"今不急下,吾烹太公!"汉王曰:"吾与羽俱北面受命怀王,约为兄弟,吾翁即若翁;必欲烹而翁,幸分我一杯羹!"项王怒,欲杀之。项伯曰:"天下事未可知;且为天下者不顾家,虽杀之无益,只益祸耳!"项王从之。

这时韩信领兵东来,尚未从平原渡口渡过黄河,就听说郦食其已经劝说得齐国归降了,便想停止前进。辩士蒯彻劝韩信说:"您受汉王诏命攻打齐国,而汉王只不过是另派密使去劝降齐国,难道又发出了诏令命将军您停止进攻了吗?您为什么不继续前进了呢?况且郦食其这个人,不过是个说客,俯身在车前的横木上,驶入齐国去鼓弄他的三寸不烂之舌,凭此便降服了齐国七十多个城池;而您统率着几万人马,历时一年多才攻下赵国的五十徐座城池。这样看来,您做大将军几年,反倒不如一个书呆子的功劳大了!"韩信因此同意了蒯彻的意见,即率军渡过黄河。

汉高祖四年(戊戌,公元前203年)

1　冬季,十月,韩信打败了齐国的历下守军,随后直打到齐国的都城临淄。齐王田广认为郦食其出卖了自己,就煮杀了他,然后领兵向东逃往高密,派使者到楚国去请求救援。田横这时逃奔博阳,守相田光逃奔城阳,将军田既驻扎在胶东。

2　楚国大司马曹咎驻守成皋,汉军屡次挑战,楚军只是坚守不出。汉军于是派人到阵前百般辱骂曹咎,一连几天,激得曹咎暴怒,即领兵横渡汜水。楚国的士兵刚渡过一半,汉军就对它发起攻击,大败楚军,缴获了楚国的全部金银玉器和财物,曹咎和司马欣都在汜水上自刭身亡。刘邦随即领兵渡过黄河,再次收复成皋,驻扎到广武,取用敖仓的粮食做军粮。

项羽攻下了梁地十多个城邑后,听说成皋又被攻破,就率军返回。这时汉军正在荥阳东面围攻钟离眜,听说项羽大军到了,就全部撤往险要的地方。项羽也在广武驻扎下来,与汉军对峙。这样过了几个月,楚军粮食短缺。项羽很是担忧,便架设肉案,把刘邦的父亲放到上面,通告刘邦说:"今日你如不赶快投降,我就煮杀了太公!"刘邦道:"我曾与你一起面向北作为臣子接受楚怀王的命令,盟誓结为兄弟,因此我的父亲就犹如你的父亲;倘若你一定要煮杀你的父亲,那么望你也分给我一杯肉羹!"项羽怒不可遏,想要就杀掉太公。项伯说:"天下的事情不可预料;况且有志争夺天下的人是不顾及自己家人的,即使杀了太公也没什么好处,不过徒增祸患罢了!"项羽依从了他的话。

项王谓汉王曰："天下匈匈数岁者,徒以吾两人耳。愿与汉王挑战,决雌雄,毋徒苦天下之民父子为也!"汉王笑谢曰:"吾宁斗智,不能斗力。"项王三令壮士出挑战,汉有善骑射者楼烦辄射杀之。项王大怒,乃自被甲持戟挑战。楼烦欲射之,项王瞋目叱之,楼烦目不敢视,手不敢发,遂走还入壁,不敢复出。汉王使人间问之,乃项王也,汉王大惊。

于是项王乃即汉王,相与临广武间而语。羽欲与汉王独身挑战。汉王数羽曰:"羽负约,王我于蜀、汉,罪一;矫杀卿子冠军,罪二;救赵不还报,而擅劫诸侯兵入关,罪三;烧秦宫室,掘始皇帝冢,收私其财,罪四;杀秦降王子婴,罪五;诈坑秦子弟新安二十万,罪六;王诸将善地而徙逐故王,罪七;出逐义帝彭城,自都之,夺韩王地,并王梁、楚,多自与,罪八;使人阴杀义帝江南,罪九;为政不平,主约不信,天下所不容,大逆无道,罪十也。吾以义兵从诸侯诛残贼,使刑馀罪人击公,何苦乃与公挑战!"羽大怒,伏弩射中汉王。汉王伤胸,乃扪足曰:"虏中吾指。"汉王病创卧,张良强请汉王起行劳军,以安士卒,毋令楚乘胜。汉王出行军,疾甚,因驰入成皋。

3 韩信已定临淄,遂东追齐王。项王使龙且将兵,号二十万,以救齐,与齐王合军高密。

项羽对刘邦说:"天下沸沸扬扬地闹腾好几年了,只是由于我们两个人相持不下的缘故。现在我愿意向你挑战,一决雌雄,不要再让天下的老百姓白白地忍受煎熬了!"刘邦笑着推辞道:"我宁肯斗智,不肯斗力。"项羽便连着三次命楚军壮士出阵挑战,但次次都被汉营中善于骑射的楼烦射杀了。项羽因此勃然大怒,就亲自披甲持戟上阵挑战。楼烦又想要射项羽,项羽这时愤怒地瞪着眼厉声喝斥,使楼烦双眼不敢直视项羽的目光,双手不敢张弓发箭,随即奔回营垒,不敢再露面了。刘邦派人悄悄地探听那挑战者是谁,才知道竟是项羽本人,刘邦为此大吃一惊。

这时项羽便靠近刘邦,相互隔着广武涧对话。项羽想要单独向刘邦挑战。刘邦历数项羽的罪状说:"你项羽违背约定,封我到蜀、汉为王,这是第一条罪状;假托怀王的命令,杀害卿子冠军宋义,是第二条罪状;救赵之后不回报怀王,竟擅自胁迫诸侯军入关,是第三条罪状;焚烧秦朝宫室,掘毁秦始皇陵墓,盗取财物据为己有,是第四条罪状;诛杀已经归降的秦王子婴,是第五条罪状;采用欺诈手段,在新安活埋了已经归顺的二十万秦兵,是第六条罪状;把好的地方封给各将领,却迁徙放逐原来的诸侯王,是第七条罪状;将义帝逐出彭城,自己在那里建都,并侵夺韩王的封地,兼并梁、楚之地称王称霸,竭力扩充自己的地盘,是第八条罪状;派人到江南暗杀了义帝,是第九条罪状;执政不公平,主持盟约不守信义,为天下所不容,实属大逆不道,是第十条罪状。如今我率领正义的军队随各诸侯一起征讨你这残虐的贼子,只需让那些受过刑罚的罪犯来攻打你就行了,又何苦要与你单独挑战呢!"项羽闻言大怒,用装有机关的弓箭射中了刘邦。刘邦胸部负伤,却摸着脚说:"这贼子射中我的脚趾了!"刘邦因受创伤而卧床休息,张良却坚持请他起身去军中抚慰将士,以安定军心,不要让楚军乘势取胜。刘邦于是出去巡视军营,但终因伤势加重,而赶赴成皋养伤。

3 韩信已经平定了临淄,即向东追赶齐王田广。项羽派龙且领兵,号称二十万大军,前来援救齐国,在高密与齐王的军队会师。

　　客或说龙且曰:"汉兵远斗穷战,其锋不可当。齐、楚自居其地,兵易败散。不如深壁,令齐王使其信臣招所亡城;亡城闻王在,楚来救,必反汉。汉兵二千里客居齐地,齐城皆反之,其势无所得食,可无战而降也。"龙且曰:"吾平生知韩信为人,易与耳! 寄食于漂母,无资身之策;受辱于袴下,无兼人之勇;不足畏也。且夫救齐,不战而降之,吾何功! 今战而胜之,齐之半可得也。"

　　十一月,齐、楚与汉夹潍水而陈。韩信夜令人为万馀囊,满盛沙,壅水上流;引军半渡击龙且,佯不胜,还走。龙且果喜曰:"固知信怯也!"遂追信。信使人决壅囊,水大至,龙且军太半不得渡。即急击杀龙且,水东军散走,齐王广亡去。信遂追北至城阳,虏齐王广。汉将灌婴追得齐守相田光,进至博阳。田横闻齐王死,自立为齐王,还击婴,婴败横军于嬴下。田横亡走梁,归彭越。婴进击齐将田吸于千乘,曹参击田既于胶东,皆杀之,尽定齐地。

　　4　立张耳为赵王。

　　5　汉王疾愈,西入关。至栎阳,枭故塞王欣头栎阳市。留四日,复如军,军广武。

　　6　韩信使人言汉王曰:"齐伪诈多变,反覆之国也,南边楚,请为假王以镇之。"汉王发书,大怒,骂曰:"吾困于此,旦暮望若来佐我,乃欲自立为王!"张良、陈平蹑汉王足,

宾客中有人劝龙且说:"汉军远离本土,拼死战斗,它的锋芒锐不可当。而齐、楚两军在自己的家门口作战,士兵容易逃散。因此不如修筑深沟高垒固守,让齐王派遣他的心腹大臣去招抚已经丢失的城邑;已丧汉军之手的城邑听说自己的君王还健在,楚军前来救援时,必定都会反叛汉军。汉军客居在远离本土两千里的齐地,如果齐国的城邑全起来反叛它,汉军势必无处取得粮草,这样即可以不战而使他们投降了。"龙且说:"我一向了解韩信的为人,容易对付得很! 他曾依赖漂洗丝绵的老太太分给他饭吃,毫无自己养活自己的办法;还曾蒙受从人胯下爬过去的耻辱,毫无胜过他人的勇气;这样的人实在不值得害怕。况且现在援救齐国,不打一仗便由汉军主动投降,我还有什么功劳可谈啊! 如今与他交锋而战胜了他,半个齐国就可以归我了。"

　　十一月,齐、楚两国军队与汉军隔潍水摆开阵势。韩信命人连夜赶做了一万多个袋子,装满沙土,投堵潍水的上游;然后率领一半部队渡河去袭击龙且,随即假装战败,往回奔逃。龙且果然高兴地说:"我本来就知道韩信胆小如鼠嘛!"于是渡潍水追击韩信。韩信即派人挖开堵塞在潍水上游的沙袋,大水立刻奔泻而下,龙且的军队因此大部分没能渡过河去。韩信迅速组织反击,杀了龙且,阻留在潍水东岸的楚军四散奔逃,齐王田广也逃走了。韩信随即追逐败兵到了城阳,俘获了齐王田广。汉军将领灌婴这时追击捉住了齐国守相田光,进军到博阳。田横听说齐王田广已死,就自立为齐王,回头迎击灌婴的队伍,灌婴在嬴城下打败了田横的军队。田横逃往梁地,归顺了彭越。灌婴接着又进军到千乘攻打齐将田吸,曹参则在胶东进攻田既,将田吸、田既都杀掉了,全部平定了齐地。

　　4　汉王刘邦立张耳为赵王。

　　5　刘邦箭伤痊愈后,西入关中。抵达栎阳时,斩杀过去的塞王司马欣在栎阳街市中悬首示众。逗留栎阳四天后,刘邦重返汉军大营,驻扎到广武。

　　6　韩信派人向刘邦上书说:"齐国伪诈多变,是个反复无常的国家,且它的南边又临近楚国,请让我暂时代理齐王去镇抚齐国。"刘邦打开书信一看即大发雷霆,骂道:"我被困在这里,朝思暮想地盼你来协助我,你却想要自立为王!"张良、陈平连忙暗踩刘邦的脚,

因附耳语曰:"汉方不利,宁能禁信之自王乎!不如因而立之,善遇,使自为守;不然,变生。"汉王亦悟,因复骂曰:"大丈夫定诸侯,即为真王耳,何以假为!"春,二月,遣张良操印立韩信为齐王,征其兵击楚。

7 项王闻龙且死,大惧,使盱台人武涉往说齐王信曰:"天下共苦秦久矣,相与戮力击秦。秦已破,计功割地,分土而王之,以休士卒。今汉王复兴兵而东,侵人之分,夺人之地;已破三秦,引兵出关,收诸侯之兵以东击楚,其意非尽吞天下者不休,其不知厌足如是甚也!且汉王不可必:身居项王掌握中数矣,项王怜而活之;然得脱,辄倍约,复击项王,其不可亲信如此。今足下虽自以汉王为厚交,为之尽力用兵,必终为所禽矣。足下所以得须臾至今者,以项王尚存也。当今二王之事,权在足下。足下右投则汉王胜,左投则项王胜。项王今日亡,则次取足下。足下与项王有故,何不反汉与楚连和,参分天下王之!今释此时而自必于汉以击楚,且为智者固若此乎?"韩信谢曰:"臣事项王,官不过郎中,位不过执戟;言不听,画不用,故倍楚而归汉。汉王授我上将军印,予我数万众,解衣衣我,推食食我,言听计用,故吾得以至于此。夫人深亲信我,我倍之不祥;虽死不易!幸为信谢项王。"

接着就凑到他的耳边低声说:"汉军目前正处在不利的形势中,哪能禁止韩信擅自称王啊!倒不如就趁势立他为王,好好地对待他,让他自行镇守齐国;不然的话,就会发生兵变。"刘邦这时也醒悟过来,乘机又改口骂道:"大丈夫平定了诸侯国,要做就做正式的国王,何必要当个代理国王呢!"春季,二月,刘邦即派张良带着印信去封韩信为齐王,并征调他的部队去攻打楚军。

7 项羽获悉龙且已死,非常害怕,立刻派遣盱台人武涉去游说齐王韩信说:"天下人共受秦朝暴政的苦累已经很久了,因此同心协力攻打秦朝。秦王朝灭亡后,诸侯军将领按照功劳的大小,划分土地,分封为王,使士兵得到休整。而今汉王重又兴兵东进,侵犯人家的王位,掠夺人家的封地;已经攻陷了三秦,还要再领兵出函谷关,收集诸侯的军队向东去攻打楚国,他的心意是不吞并天下誓不罢休,贪得无厌竟到了如此过分的地步!况且汉王是靠不住的:他好几次身落项王的掌握之中,项王因可怜他而留给他活路,但是他一脱身就背弃盟约,重新攻打项王,不可亲近信赖竟也到了这步田地。现在您虽然自以为与汉王交情深厚,替他竭尽全力地用兵打仗,但是最终还是要被他拿下的。您之所以能苟延至今,就是由于项王还存在的缘故啊。目前楚、汉二王成败之事,关键就在您了。您向西依附汉王,汉王即获胜;向东投靠项王,项王即成功。倘若项王今日遭覆灭,那么接着就轮到灭您了。您和项王曾经有过交情,为什么不反叛汉国来与楚国联合,三家瓜分天下各立为王呢!现在放过这个良机,下决心投靠汉王来进攻楚国,作为智者难道原本就是这个样子的吗?"韩信辞谢道:"我事奉项王的时候,官职不过是个郎中,地位不过是个持戟的卫士;所说的话项王不听,所献的计策项王不用,为此我才背叛楚国归顺汉国。而汉王则授给我上将军的官印,拨给我几万人马,脱下他的衣服让我穿,推过他的食物让我吃,并且对我言听计从,所以我才能达到今天这个地位。人家如此亲近、信任我,我背叛人家是不吉利的;我即使死了也不会改变跟定汉王的主意!望您替我向项王致歉。"

武涉已去，蒯彻知天下权在信，乃以相人之术说信曰："仆相君之面，不过封侯，又危不安；相君之背，贵乃不可言。"韩信曰："何谓也？"蒯彻曰："天下初发难也，忧在亡秦而已。今楚、汉分争，使天下之人肝胆涂地，父子暴骸骨于中野，不可胜数。楚人走彭城，转斗逐北，乘利席卷，威震天下；然兵困于京、索之间，迫西山而不能进者，三年于此矣。汉王将十万之众，距巩、雒，阻山河之险，一日数战，无尺寸之功，折北不救。此所谓智勇俱困者也。百姓罢极怨望，无所归倚。以臣料之，其势非天下之贤圣固不能息天下之祸。当今两主之命，悬于足下，足下为汉则汉胜，与楚则楚胜。诚能听臣之计，莫若两利而俱存之，参分天下，鼎足而居，其势莫敢先动。夫以足下之贤圣，有甲兵之众，据强齐，从赵、燕，出空虚之地而制其后，因民之欲，西乡为百姓请命，则天下风走而响应矣，孰敢不听！割大、弱强以立诸侯，诸侯已立，天下服听，而归德于齐。案齐之故，有胶、泗之地，深拱揖让，则天下之君王相率而朝于齐矣。盖闻'天与弗取，反受其咎；时至不行，反受其殃'。愿足下熟虑之！"韩信曰："汉王遇我甚厚，吾岂可乡利而倍义乎！"蒯生曰："始常山王、成安君为布衣时，相与为刎颈之交；后争张黡、陈泽之事，常山王杀成安君泜水之南，头足异处。此二人相与，天下至欢也，然而卒相禽者，何也？

武涉走了后,蒯彻知道天下胜负大势就取决于韩信,便用看相人的说法劝韩信道:"我相您的面,不过是封个侯,而且又危险不安全;相您的背,却是高贵得无法言表。"韩信说:"这是什么意思呀?"蒯彻道:"天下开始兴兵抗秦的时候,所担忧的只是能否灭亡秦朝罢了。而如今楚、汉纷争,连年战火,使天下的百姓肝胆涂地横遭惨死,父子老少的尸骨暴露在荒郊野外,数也数不清。楚国人从彭城起兵,辗转作战,追逃逐败,乘着胜利势如卷席,威震天下;然后兵困京邑、索亭一带,被阻在成皋西面的山地中无法前进,于今已经三年了。汉王率十万大军,在巩县、洛阳一带抵御楚军,凭借山河地形的险要,一天之内打几次仗,却无法取得一点点功绩,而是受挫败逃,难以自救。这即叫作智者勇者都已困窘不堪了。百姓被折腾得精疲力尽,怨声载道,民心无所归倚。据我所料,这种形势如果没有能平定天下的圣贤出面,天下的祸乱就必定无法平息。目前楚、汉二王的命运就牵系在您的手中,您为汉王效力,汉国就会获胜;您为楚王助威,楚国就会取胜。若您真肯听从我的计策,那就不如让楚、汉都不受损害,并存下去,您与他们三分天下,鼎足而立,这种形势一构成便没有谁敢先行举手投足了。再凭着您的圣德贤才和拥兵众多,占据强大的齐国,迫令赵、燕两国顺从,出击它们兵力薄弱的地区以牵制住它们的后方,顺应百姓的意愿,向西去制止楚、汉纷争,为百姓请求解除疾苦、保全生命,这样,天下的人即会闻风响应您,哪还有谁胆敢不听从号令!然后您就分割大国,削弱强国以封立诸侯,诸侯已被扶立起来,天下的人便将顺从,并把功德归给齐国。您随即盘踞齐国原有的领地,控制住胶河、泗水流域,同时恭敬谦逊地对待各诸侯国,天下的各国君王就会相继前来朝拜齐国表示归顺了。我听说'上天的赐与如不接受,反而会受到上天的惩罚;时机到来如不行动,反而会遭受贻误良机的灾祸'。因此,望您能对这件事仔细斟酌!"韩信说:"汉王对我非常优待,我怎么能因贪图私利而忘恩负义啊!"蒯彻道:"当初常山王张耳和成安君陈馀还是平民百姓的时候,彼此就结成了生死之交;待后来为张黡、陈泽的事发生争执构怨颇深时,常山王终于在泜水南面杀掉了成安君,使成安君落了个头脚分家的下场。这二人相互交往时,感情是天下最深厚的,但最终却彼此捕杀对方,这是为什么呢?

患生于多欲而人心难测也。今足下欲行忠信以交于汉王，必不能固于二君之相与也，而事多大于张黡、陈泽者，故臣以为足下必汉王之不危己，亦误矣！大夫种存亡越，霸句践，立功成名而身死亡，野兽尽而猎狗烹。夫以交友言之，则不如张耳之与成安君者也；以忠信言之，则不过大夫种之于句践也。此二者足以观矣，愿足下深虑之！且臣闻'勇略震主者身危，功盖天下者不赏'。今足下戴震主之威，挟不赏之功，归楚，楚人不信，归汉，汉人震恐。足下欲持是安归乎？"韩信谢曰："先生且休矣，吾将念之。"后数日，蒯彻复说曰："夫听者，事之候也；计者，事之机也。听过计失而能久安者，鲜矣！故知者，决之断也；疑者，事之害也。审豪厘之小计，遗天下之大数，智诚知之，决弗敢行者，百事之祸也。夫功者，难成而易败，时者，难得而易失也。时乎时，不再来！"韩信犹豫，不忍倍汉；又自以为功多，汉终不夺我齐，遂谢蒯彻。因去，佯狂为巫。

8　秋，七月，立黥布为淮南王。

9　八月，北貉燕人来致枭骑助汉。

10　汉王下令：军士不幸死者，吏为衣衾棺敛，转送其家。四方归心焉。

是由于祸患从无止境的欲望中产生,而这欲望使得人心难以预料啊。现在您想要凭忠诚和信义与汉王交往,但你们两人的友好关系肯定不会比常山王、成安君二人的友情牢固,而且你们之间所涉及的事情又多比张黡、陈泽类的事件大,因此我认为您坚信汉王绝不会危害您,也是大错特错的了!大夫文种保住了濒临灭亡的越国,使句践称霸于诸侯国,但他自己功成名就却身遭杀害,犹如野兽捕尽,猎狗即被煮杀一样。从结交朋友的角度说,您与汉王的交情不如张耳和陈馀的交情深;从忠诚信义的角度说,您对汉王的忠信又比不过文种对句践的忠信。这两点已经足够供您观察反思的了,望您能深思熟虑。况且我听说,'勇敢和谋略过人,令君主为之震动的人,自身即遇危险;功勋卓著,雄冠天下的人,即无法给与封赏'。如今您拥有震撼君主的威势,挟持无法封赏的伟绩,归依楚国,楚国人不会信任您;归附汉国,汉国人将因您而震惊恐惧。那么您带着这样的威势和功绩,想要到哪里去安身呢?"韩信推辞道:"您先别说了,我将考虑一下这件事。"过了几天,蒯彻又劝韩信说:"善于听取意见,就能够预见到事物发生的征兆;善于谋划思索,就能够把握住事物发展的时机。不善于听取意见、思考问题而能长久地维持安全的人,天下少有!所以为人明智坚定,抉择事情就会果断;为人犹疑多虑,处理事情时就会招来危害。一味在极其微小的枝节末梢问题上精打细算,遗漏掉那些关系国家生死存亡的大事,明明知道事情究竟应该如何去做,作出了决定却又不敢去执行,就会为一切事情埋下祸根。功业难得成功而容易失败,时机难以把握却容易贻误。时机啊时机,失去了就不会再回来!"但是韩信仍然犹豫不决,不忍心背叛刘邦;且又自认为功劳多,刘邦终究不会夺走自己手中的齐国,于是就谢绝了蒯彻。蒯彻随即离去,假装疯狂做了巫师。

8 秋季,七月,刘邦立黥布为淮南王。

9 八月,北方的貉族人派勇猛的骑兵前来协助汉军。

10 刘邦下令:凡军士在战争中不幸死亡的,官吏要为他们制作包被殓尸入棺,妥善料理丧事,并把棺木转送回死者家中。此令一施行,四面八方的人都心甘情愿地来归附汉王了。

11　是岁,以中尉周昌为御史大夫。昌,苛从弟也。

12　项羽自知少助;食尽,韩信又进兵击楚,羽患之。汉遣侯公说羽请太公。羽乃与汉约,中分天下,割洪沟以西为汉,以东为楚。九月,楚归太公、吕后,引兵解而东归。汉王欲西归,张良、陈平说曰:"汉有天下太半,而诸侯皆附;楚兵疲食尽,此天亡之时也。今释弗击,此所谓'养虎自遗患'也。"汉王从之。

11　这一年,刘邦任命中尉周昌为汉御史大夫。周昌是周苛的堂弟。

12　项羽自己明白楚军颇为缺乏援助力量;而且军粮已经全部吃完,韩信又在进兵攻打楚军,为此十分忧虑。刘邦这时派侯公前来劝说项羽,请求接刘邦的父亲太公回去。项羽于是就同刘邦定下条约:二人平分天下,以战国时魏惠王所开的名为"洪沟"的运河为界,洪沟以西划归刘邦,洪沟以东划归楚王。九月,楚军将太公、汉王王后吕雉送归刘邦,项羽随即领兵解阵而东行归去。刘邦于是也想西行回国,张良、陈平便劝他道:"汉国已经得到了大半个天下,诸侯又都来归附;楚军却兵疲粮尽,这正是上天让我们灭亡楚国的大好时机啊。如今放走楚军而不去追击,这就叫作'饲养猛虎给自己留下后患'呀。"刘邦接受了他们的意见。

卷第十一　汉纪三

起己亥(前 202)尽辛丑(前 200)凡三年

太祖高皇帝中
五年(己亥,前 202)

1　冬,十月,汉王追项羽至固陵,与齐王信、魏相国越期会击楚。信、越不至,楚击汉军,大破之。汉王复坚壁自守,谓张良曰:"诸侯不从,奈何?"对曰:"楚兵且破,二人未有分地,其不至固宜。君王能与共天下,可立致也。齐王信之立,非君王意,信亦不自坚。彭越本定梁地,始,君王以魏豹故拜越为相国,今豹死,越亦望王,而君王不早定。今能取睢阳以北至谷城皆以王彭越,从陈以东傅海与韩王信。信家在楚,其意欲复得故邑。能出捐此地以许两人,使各自为战,则楚易破也。"汉王从之。于是韩信、彭越皆引兵来。

十一月,刘贾南渡淮,围寿春,遣人诱楚大司马周殷。殷畔楚,以舒屠六,举九江兵迎黥布,并行屠城父,随刘贾皆会。

十二月,项王至垓下,兵少,食尽,与汉战不胜,入壁;汉军及诸侯兵围之数重。项王夜闻汉军四面皆楚歌,乃大惊曰:"汉皆已得楚乎?是何楚人之多也!"则夜起,饮帐中,悲歌慷慨,泣数行下;左右皆泣,莫能仰视。于是项王乘其骏马名骓,

太祖高皇帝中

汉高祖五年(己亥,公元前202年)

1 冬季,十月,汉王刘邦追击项羽到达固陵,与齐王韩信、魏国的相国彭越约定日期合击楚军。但是韩信、彭越的军队没有来,楚军攻打汉军,大败了汉军。刘邦于是重又坚固营垒加强防守,并对张良说:"诸侯不遵守信约,怎么办啊?"张良答道:"楚军即将被打败,而韩信、彭越二人没有分得确定的领地,因此他们不应约前来会合是必然的。君王您如果能与他们一起共分天下,就可以立即把他们召来。齐王韩信的封立,并不是您的本意,韩信自己也不放心。彭越本来平定了梁地,当初您为了魏豹的缘故,封彭越为魏国相国,而今魏豹已死,彭越也想自己称王,但您却不早作决定。现在,您可以把从睢阳以北到谷城的地区都封给彭越,把从陈郡以东到沿海地区的区域划给韩信。韩信的家乡在楚地,他的意思也是想要重新得到自己故乡的土地。您如果能拿出以上地区许给他们两人,让他们各自为自己的利益而战,那么楚国就很容易攻破了。"刘邦听从了这一建议。于是韩信、彭越都率军前来。

十一月,刘邦的族人刘贾南渡淮河,包围了寿春,派人去诱降楚国的大司马周殷。周殷即反叛楚国,用舒县的兵力屠灭了六县,并调发九江的部队迎接黥布,一同去屠灭了城父县,接着便随同刘贾等人一齐会合。

十二月,项羽到了垓下,兵少粮尽,与汉军交战未能取胜,便退入营垒固守,汉军和诸侯的军队于是将项羽的军营重重包围了起来。项羽在晚上听到汉军四面都哼唱着楚歌,就大惊道:"汉军已经全部得到楚国的土地了吗?是什么原因楚人这么多呀!"便连夜起身,在帐中饮酒,慷慨悲歌,泪下数行,侍从见状也都纷纷哭泣,全不忍心抬头观看。项羽于是骑上他的名叫骓的骏马,

麾下壮士骑从者八百馀人，直夜，溃围南出驰走。平明，汉军乃觉之，令骑将灌婴以五千骑追之。项王渡淮，骑能属者才百馀人。至阴陵，迷失道，问一田父，田父绐曰"左"。左，乃陷大泽中，以故汉追及之。

项王乃复引兵而东，至东城，乃有二十八骑；汉骑追者数千人。项王自度不得脱，谓其骑曰："吾起兵至今，八岁矣；身七十馀战，未尝败北，遂霸有天下。然今卒困于此，此天之亡我，非战之罪也！今日固决死，愿为诸君快战，必溃围，斩将，刈旗，三胜之，令诸君知天亡我，非战之罪也。"乃分其骑以为四队，四乡。汉军围之数重。项王谓其骑曰："吾为公取彼一将。"令四面骑驰下，期山东为三处。于是项王大呼驰下，汉军皆披靡，遂斩汉一将。是时，郎中骑杨喜追项王，项王瞋目而叱之，喜人马俱惊，辟易数里。项王与其骑会为三处，汉军不知项王所在，乃分军为三，复围之。项王乃驰，复斩汉一都尉，杀数十百人；复聚其骑，亡其两骑耳。乃谓其骑曰："何如？"骑皆伏曰："如大王言！"

于是项王欲东渡乌江，乌江亭长权船待，谓项王曰："江东虽小，地方千里，众数十万人，亦足王也。愿大王急渡！今独臣有船，汉军至，无以渡。"项王笑曰："天之亡我，我何渡为！且籍与江东子弟八千人渡江而西，今无一人还；纵江东父兄怜而王我，我何面目见之！纵彼不言，籍独不愧于心乎！"乃以所乘骓马赐亭长，令骑皆下马步行，持短兵接战。

部下的壮士骑马相随的有八百多人,当夜即突围往南奔驰。天大亮时,汉军才发觉,便命令骑将灌婴率五千名骑士追赶。项羽渡过淮河,相随的骑兵能跟得上他的才一百多人。到达阴陵时,项羽一行人迷了路,就向一个农夫问路,农夫骗他说"往左"。但是项羽等往左走,却陷进了大沼泽地中,汉军因此便追上了他们。

项羽于是又领兵向东奔走,到达东城,相随的只有二十八个骑兵了,而这时汉军骑兵追逐前来的有好几千人。项羽自己料想是不能脱身了,便对他的骑兵们说:"我从起兵到现在,已经八年了,身经七十多次战斗,不曾失败过,这才霸有了天下。但是今天终于被困在这里,这是上天要灭亡我啊,并不是我用兵有什么过错!今天定要一决生死,愿为你们痛快地打一仗,一定突破重围,斩杀敌将、砍倒汉旗,接连三次取胜,让你们知道是天要亡我,而不是我用兵的过错。"随即把他的人马分为四队,向四个方向冲杀。但汉军已将他们重重包围。项羽便对他的骑兵们说:"看我为你们斩杀他一员将领!"就命令骑士们从四面奔驰而下,约定在山的东边分三处会合。接着项羽便大声呼喝着策马飞奔而下,汉军随即都溃败散乱,项羽就斩杀了一员汉将。这时,郎中骑杨喜追击项羽,项羽瞪着双眼厉声呵叱他,杨喜人马都受到惊吓,退避了好几里地。项羽便与他的骑兵们分三处相会合,汉军不知道项羽究竟在哪里,于是分兵三路,重又把他们包围了起来。项羽随即奔驰冲杀,又斩杀了汉军的一名都尉,杀掉了汉军百十来人,重新聚拢了他的骑兵,至此不过仅损失了两名骑士罢了。项羽就对他的骑兵们说:"怎么样啊?"骑兵们都敬服地说:"正像大王您所说的一样!"

这时项羽想要东渡乌江,乌江亭长把船停泊在岸边等着他,并对项羽说:"江东虽然狭小,土地方圆千里,民众几十万人,却也足够用以称王的了。望大王您火速渡江!现在只有我有船,汉军到来,无船渡江。"项羽笑着说:"上天要灭亡我,我还要渡江做什么呀!况且我与江东子弟八千人渡江西征,而今没有一个人归还,纵使江东父老怜爱我,仍然以我为王,我又有什么脸面去见他们啊!即便他们不说什么,难道我就不感到心中有愧吗!"于是就把自己所骑的骏马骓送给了亭长,命令他的骑兵都下马步行,手持短兵器与汉军交战。

独籍所杀汉军数百人,身亦被十馀创。顾见汉骑司马吕马童,曰:"若非吾故人乎?"马童面之,指示中郎骑王翳曰:"此项王也。"项王乃曰:"吾闻汉购我头千金,邑万户,吾为若德。"乃自刎而死。王翳取其头;馀骑相蹂践争项王,相杀者数十人。最其后,杨喜、吕马童及郎中吕胜、杨武各得其一体。五人共会其体,皆是,故分其户,封五人皆为列侯。

楚地悉定,独鲁不下;汉王引天下兵欲屠之。至其城下,犹闻弦诵之声;为其守礼义之国,为主死节,乃持项王头以示鲁父兄,鲁乃降。汉王以鲁公礼葬项王于谷城,亲为发哀,哭之而去。诸项氏枝属皆不诛,封项伯等四人皆为列侯,赐姓刘氏;诸民略在楚者皆归之。

太史公曰:羽起陇亩之中,三年,遂将五诸侯灭秦,分裂天下而封王侯,政由羽出;位虽不终,近古以来未尝有也!及羽背关怀楚,放逐义帝而自立;怨王侯叛己,难矣!自矜功伐,奋其私智而不师古,谓霸王之业,欲以力征经营天下。五年,卒亡其国,身死东城;尚不觉悟而不自责,乃引"天亡我,非用兵之罪也",岂不谬哉!

扬子《法言》:或问:"楚败垓下,方死,曰'天也!'谅乎?"曰:"汉屈群策,群策屈群力;楚憝群策而自屈其力。屈人者克,自屈者负;天曷故焉!"

仅项羽一人就杀死了汉军几百人,项羽自己也身受十多处伤。这时项羽回头看见了汉军骑司马吕马童,就说:"你不是我的老朋友吗?"吕马童即面对着项羽,指给中郎骑王翳说:"这就是项王!"项羽便说道:"我听说汉王悬赏千金买我的头颅,分给享用万户赋税的封地,我就留给你一些恩德吧!"即自杀而死。王翳随即取下项羽的头颅,其余的骑兵便相互践踏着争抢项羽的躯体,互为残杀的有几十个人。到了最后,杨喜、吕马童和郎中吕胜、杨武各夺得项羽的一部分肢体。五个人把项羽的肢体会合拼凑到一起,都对得上,因此便将万户赋税收入的封地分给他们,将五人都封为列侯。

楚地全部平定了,唯独鲁县仍不投降,汉王刘邦率领天下的兵马,打算屠灭它。大军抵达城下,仍然能听到城中礼乐弦诵的声音;汉军认为鲁县是信守礼义的故国,为自己的君主尽忠守节,便拿出项羽的头颅给鲁县人看,鲁县父老这才投降。刘邦用葬鲁公的礼仪把项羽葬在谷城,并亲自为项羽发丧举哀,哭了一阵后离去。对项羽的家族亲属都不加杀害,还把项伯等四人都封为列侯,赐他们姓刘,将过去被掳掠到楚国来的百姓仍归他们统治。

太史公马迁说:项羽起于民间,才三年就率领着齐、赵、韩、魏、燕五诸侯国的军队灭亡了秦朝,分割天下而封授王侯,政令全由项羽发布,他的王位虽然未获终结,却也是近古以来所不曾有过的了!待到项羽背弃关中而怀恋楚国故土,放逐义帝而自立为王,这时怨恨诸侯王们背叛自己,可就很难说得通了!还自我夸耀战功,一味逞个人小聪明而不效法古人,认为霸王的功业,就是要用武力征伐来经营治理天下。结果只五年的时间,终于失掉了自己的国家,自身死在东城,却还不觉悟、不责备自己,反倒借口"上天要灭亡我,而并非我用兵的过错",这难道不是荒谬之极吗!

扬雄《法言》上说:有人问:"楚王兵败垓下,将要死的时候说道:'这都是天意!'可以确信这是上天造成的吗?"回答说:"汉王刘邦尽量发挥、利用众人的计谋,这些计谋调动了众人的力量;楚王项羽憎恶采用众人的计谋,只发挥个人的作用。而善于发挥、利用众人智谋和力量的人就能取得胜利,只凭一己的智谋和力量的人就必定失败,这与上天有什么关系啊!"

2　汉王还，至定陶，驰入齐王信壁，夺其军。

3　临江王共尉不降，遣卢绾、刘贾击虏之。

4　春，正月，更立齐王信为楚王，王淮北，都下邳。封魏相国建城侯彭越为梁王，王魏故地，都定陶。

5　令曰："兵不得休八年，万民与苦甚。今天下事毕，其赦天下殊死以下。"

6　诸侯王皆上疏请尊汉王为皇帝。二月甲午，王即皇帝位于汜水之阳。更王后曰皇后，太子曰皇太子；追尊先媪曰昭灵夫人。

诏曰："故衡山王吴芮，从百粤之兵，佐诸侯，诛暴秦，有大功；诸侯立以为王，项羽侵夺之地，谓之番君。其以芮为长沙王。"又曰："故粤王无诸，世奉粤祀。秦侵夺其地，使其社稷不得血食。诸侯伐秦，无诸身率闽中兵以佐灭秦，项羽废而弗立。今以为闽粤王，王闽中地。"

7　帝西都洛阳。

8　夏，五月，兵皆罢归家。

9　诏："民前或相聚保山泽，不书名数。今天下已定，令各归其县，复故爵、田宅；吏以文法教训辨告，勿笞辱军吏卒；爵及七大夫以上，皆令食邑，非七大夫已下，皆复其身及户，勿事。"

2　刘邦回军到达定陶县,奔入齐王韩信的营垒,接管了他的部队。

3　临江王共尉仍不归降,刘邦便派卢绾、刘贾攻打并俘获了他。

4　春季,正月,刘邦改封齐王韩信为楚王,统辖淮河以北地区,都城设在下邳。封魏相国建城侯彭越为梁王,统辖魏国故地,都城设在定陶。

5　刘邦下令说:"军队得不到休整已经八年了,万民饱受战乱之苦。现在夺取天下的大事已经完成,赦免天下判斩刑以下的所有罪犯。"

6　诸侯王一致上疏,请求推尊刘邦为皇帝。二月甲午(初三),刘邦便在汜水北面登上帝位。改称王后为皇后,王太子为皇太子;追尊先母为昭灵夫人。

颁布诏书说:"原衡山王吴芮,率领百粤部族之兵,协助诸侯军,诛灭残暴的秦王朝,建有大功,诸侯立他为王,但项羽却侵夺了他的封地,称他作番君。现在改封吴芮为长沙王。"又说:"原粤王无诸,世代供奉粤国的祖先。秦王朝侵夺了他的领地,使他国家的列祖列宗不能再享受祭祀。诸侯征伐秦朝,无诸亲自率领闽中的军队相协助,攻灭了秦王朝,项羽却将他废黜不予封立。现在封无诸为闽粤王,统辖闽中一带。"

7　高帝刘邦向西建都洛阳。

8　夏季,五月,士兵们都复员回家。

9　高帝刘邦颁布诏书:"庶民中以前有的人相聚安守在深山大泽中躲避战乱,未登记入户籍中。如今天下已经平定,诏令这些庶民各自返回他们的所在县,恢复他们过去的爵位和田地住宅;官吏应依据法律条文、教导训诲,分别义理晓谕军民,不得鞭笞侮辱军中官兵;凡爵位至七大夫以上的,都让他们享用封地民户的赋税收入,非七大夫爵位及其以下的,都免除其个人及一户之内的赋税徭役,不予征收。"

10　帝置酒洛阳南宫,上曰:"彻侯、诸将毋敢隐朕,皆言其情:吾所以有天下者何?项氏之所以失天下者何?"高起、王陵对曰:"陛下使人攻城略地,因以与之,与天下同其利;项羽不然,有功者害之,贤者疑之,此其所以失天下也。"上曰:"公知其一,未知其二。夫运筹帷幄之中,决胜千里之外,吾不如子房;填国家,抚百姓,给馈饷,不绝粮道,吾不如萧何;连百万之众,战必胜,攻必取,吾不如韩信。三者皆人杰,吾能用之,此吾所以取天下者也。项羽有一范增而不能用,此所以为我禽也。"群臣说服。

韩信至楚,召漂母,赐千金。召辱己少年令出跨下者,以为中尉;告诸将相曰:"此壮士也。方辱我时,我宁不能杀之邪?杀之无名,故忍而就此。"

11　彭越既受汉封,田横惧诛,与其徒属五百馀人入海,居岛中。帝以田横兄弟本定齐地,齐贤者多附焉;今在海中,不取,后恐为乱。乃使使赦横罪,召之。横谢曰:"臣烹陛下之使郦生,今闻其弟商为汉将;臣恐惧,不敢奉诏,请为庶人,守海岛中。"使还报,帝乃诏卫尉郦商曰:"齐王田横即至,人马从者敢动摇者,致族夷!"乃复使使持节具告以诏商状,曰:"田横来,大者王,小者乃侯耳;不来,且举兵加诛焉。"

横乃与其客二人乘传诣洛阳。未至三十里,至尸乡厩置。横谢使者曰:"人臣见天子,当洗沐。"因止留,谓其客曰:"横始与汉王俱南面称孤;今汉王为天子,而横乃为亡虏,北面事之,其耻固已甚矣。且吾烹人之兄,与其弟并肩而事主;纵彼畏天子之诏不敢动,我独不愧于心乎!且陛下所以欲见我者,

10　高帝刘邦在洛阳南宫举行酒宴,高帝说道:"各位列侯、各位将军,不要对朕隐瞒,都来说说这个道理:我之所以能取得天下的原因是什么? 项羽之所以失掉天下的原因又是什么呀?"高起、王陵回答说:"陛下派人攻城掠地,攻取了城邑、土地就分封给他,与大家同享利益;项羽却不是这样,他对有功的人嫉恨,对贤能的人猜疑,这就是他失去天下的原因。"高帝说:"你们是只知其一,不知其二啊。谈到运筹帷幄之中,决胜千里之外,我不如张良;镇守国家,安抚百姓,供给粮饷,保持运粮道路畅通无阻,我不如萧何;统率百万大军,战必胜,攻必克,我不如韩信。这三位都是人中英杰,而我能够任用他们,这就是我所以能取得天下的原因。项羽虽然有一个范增,却不能信任使用他,这便是项羽所以被我捕捉打败的原因了。"群臣都心悦诚服。

韩信到了楚地,召见曾经分给自己饭吃的那位漂洗丝绵的老妇,赐给她一千金。又召见曾经羞辱自己、叫自己从胯下爬过去的那个年轻人,任命他为楚国的中尉;并告诉将相们说:"这是位壮士啊。当他侮辱我时,我难道就不能杀了他吗? 只是杀他没有名义,所以忍了下来,才达到了今天这样的成就。"

11　彭越已受汉封梁王,田横怕被杀掉,与他的部下五百多人进入大海,居住在岛上。高帝刘邦认为田横兄弟几人本来曾平定了齐地,齐地贤能的人大都归附了他,今流亡在海岛中,如不加以招抚,以后恐怕会作乱。于是就派使者去赦免田横的罪过,召他前来。田横推辞说:"我曾煮杀了陛下的使臣郦食其,现在听说他的弟弟郦商是汉的将领,我很害怕,不敢奉诏前往,只请求做个平民百姓,留守在海岛中。"使者回报,高帝便诏令卫尉郦商说:"齐王田横即将到来,有敢动一动他的随从人马的人,即诛灭家族!"随即再派使者拿着符节把高帝诏令郦商的情况对田横一一讲明,并说道:"田横若能前来,高可以封王,低也是个侯啊;如果不来,便要发兵加以诛除了。"

田横就和他的两个宾客乘坐驿站的传车去到洛阳。离洛阳还有三十里,到达尸乡驿站。田横婉言告诉使者说:"为人臣子的人觐见天子时,应当沐浴。"随即住下来,对他的宾客说:"我起初与汉王一道面朝南称王,而今汉王做了天子,我却是作为败亡的奴隶,面北称臣伺候他,这耻辱本来已非常大了。何况我还煮死了人家的兄长,又同被煮者的弟弟并肩事奉他们的君主;即便这位弟弟畏惧天子的诏令不敢动我,我难道内心就不感到惭愧吗! 况且陛下想要见我的原因,

不过欲一见吾面貌耳。今斩吾头,驰三十里间,形容尚未能败,犹可观也。"遂自刭,令客奉其头,从使者驰奏之。帝曰:"嗟乎!起自布衣,兄弟三人更王,岂不贤哉!"为之流涕,而拜其二客为都尉;发卒二千人,以王者礼葬之。既葬,二客穿其冢傍孔,皆自刭,下从之。帝闻之,大惊,以横客皆贤,馀五百人尚在海中,使使召之。至,则闻田横死,亦皆自杀。

12 初,楚人季布为项籍将,数窘辱帝。项籍灭,帝购求布千金;敢有舍匿,罪三族。布乃髡钳为奴,自卖于鲁朱家。朱家心知其季布也,买置田舍;身之洛阳见滕公,说曰:"季布何罪!臣各为其主用,职耳;项氏臣岂可尽诛邪?今上始得天下,而以私怨求一人,何示不广也!且以季布之贤,汉求之急,此不北走胡,南走越耳。夫忌壮士以资敌国,此伍子胥所以鞭荆平之墓也。君何不从容为上言之?"滕公待间,言于上,如朱家指,上乃赦布,召拜郎中。朱家遂不复见之。

布母弟丁公,亦为项羽将,逐窘帝彭城西。短兵接,帝急,顾谓丁公曰:"两贤岂相厄哉!"丁公引兵而还。及项王灭,丁公谒见。帝以丁公徇军中,曰:"丁公为项王臣不忠,使项王失天下者也。"遂斩之,曰:"使后为人臣无效丁公也!"

不过是想看一看我的容貌罢了。现在斩下我的头颅,奔驰三十里地送去,神态容貌还不会变坏,仍然可以看的。"于是就用刀割自己的脖子,并让宾客捧着他的头颅,随同使者疾驰洛阳奏报。高帝说:"唉呀!从平民百姓起家,兄弟三人相继为王,这难道不是很贤能的吗!"为田横流下了眼泪,接着授给田横的两个宾客都尉的官职,调拨士兵两千人,按葬侯王的礼仪安葬了田横。下葬以后,那两位宾客在田横的坟墓旁挖了个坑,都自刎而死,倒进坑里陪葬田横。高帝听说了这件事,大为震惊,认为田横的宾客很贤能,馀下的五百人还在海岛上,便派使者去招抚他们。使者抵达海岛,这五百人听说田横已死,也都自杀了。

12　当初,楚地人季布是项羽手下的将领,带兵打仗时曾多次窘困羞辱刘邦。项羽灭亡后,高帝刘邦悬赏千金捉拿季布,下令说有敢收留窝藏季布的,罪连三族。季布于是剃去头发,用铁箍卡住脖子当奴隶,把自己卖给鲁地的大侠朱家。朱家心里明白这个人是季布,就将他买下安置在田庄中,随后亲自到洛阳去进见滕公夏侯婴,劝他道:"季布有什么罪啊!臣僚各为他的君主效力,是职分内的事,项羽的臣下难道可以全都杀掉吗?如今皇上刚刚取得天下,便借私人的怨恨去寻捕一个人,怎么这样来显露自己胸襟的狭窄呀!况且根据季布的贤能,汉朝悬赏寻捕他如此急迫,这是逼他不向北投奔胡人,便往南投靠百越部族啊!忌恨壮士而以此资助敌国,这是伍子胥所以要掘墓鞭打楚平王尸体的缘由呀!您为什么不从容地向皇上说说这些道理呢?"滕公于是就待有机会时,按照朱家的意思向高帝进言,高帝便赦免了季布,并召见他,授任他为郎中。朱家从此也就不再见季布。

季布的舅父丁公,也是项羽手下的将领,曾经在彭城西面追围过高帝刘邦。短兵相接,高帝感觉事态危急,便回头对丁公说:"两个好汉难道要相互为难困斗吗!"丁公于是领兵撤还。等到项羽灭亡,丁公来谒见高帝。高帝随即把丁公拉到军营中示众,说道:"丁公身为项王的臣子却不忠诚,是使项王失掉天下的人啊!"就把他杀了,并说:"让后世为人臣子的人不要效法丁公!"

臣光曰：高祖起丰、沛以来，罔罗豪桀，招亡纳叛，亦已多矣。及即帝位，而丁公独以不忠受戮，何哉？夫进取之与守成，其势不同。当群雄角逐之际，民无定主；来者受之，固其宜也。及贵为天子，四海之内，无不为臣；苟不明礼义以示之，使为臣者，人怀贰心以徼大利，则国家其能久安乎！是故断以大义，使天下晓然皆知为臣不忠者无所自容；而怀私结恩者，虽至于活己，犹以义不与也。戮一人而千万人惧，其虑事岂不深且远哉！子孙享有天禄四百馀年，宜矣！

13 齐人娄敬戍陇西，过洛阳，脱挽辂，衣羊裘，因齐人虞将军求见上。虞将军欲与之鲜衣，娄敬曰："臣衣帛，衣帛见；衣褐，衣褐见；终不敢易衣。"于是虞将军入言上。上召见，问之。娄敬曰："陛下都洛阳，岂欲与周室比隆哉？"上曰："然。"娄敬曰："陛下取天下与周异。周之先，自后稷封邰，积德累善，十有馀世，至于太王、王季、文王、武王而诸侯自归之，遂灭殷为天子。及成王即位，周公相焉，乃营洛邑，以为此天下之中也，诸侯四方纳贡职，道里均矣。有德则易以王，无德则易以亡。故周之盛时，天下和洽，诸侯、四夷莫不宾服，效其贡职。及其衰也，天下莫朝，周不能制也。非唯其德薄也，形势弱也。今陛下起丰、沛，卷蜀、汉，定三秦，

臣司马光说：汉高祖刘邦从丰邑、沛县起事以来，网罗强横有势力的人，招纳逃亡反叛的人，也已经是相当多的了。待到登上帝位，唯独丁公因为不忠诚而遭受杀戮，这是为什么啊？是由于进取与守成，形势不同的缘故呀。当群雄并起争相取胜的时候，百姓没有确定的君主，谁来投奔就接受谁，本来就该如此。待到贵为天子，四海之内无不臣服时，如果不明确礼义以显示给人，致使身为臣子的人，人人怀有二心以图求取厚利，那么国家还能长治久安吗！因此汉高祖据大义作出决断，使天下的人都清楚地知道，身为臣子却不忠诚的人没有自己可以藏身的地方，怀揣个人目的布施恩惠给人的人，虽然自己能苟活下来，依照礼义仍旧得不到赏赐。似此杀一人而使千万人畏惧，考虑事情难道不是既深刻又长远吗！汉朝的子孙享有上天赐予的禄位四百多年，应当的啊！

13 故齐国人娄敬去防守陇西，经过洛阳，解下绑在车辕上备人牵拉的横木，穿着羊皮袄，通过齐人虞将军求见高帝刘邦。虞将军想要给他穿华丽鲜亮的衣服，娄敬说："我若穿的是丝绸，就身着丝绸去谒见；若穿的是粗毛麻布，就身着粗毛麻布去谒见，终究不敢冒昧地更换衣服。"这时虞将军便进去向高帝报告。高帝即召见娄敬，并询问他。娄敬说："陛下定都洛阳，难道是想与周王朝一比隆盛威势吗？"高帝道："是啊。"娄敬说："陛下夺取天下的途径与周朝不同。周朝的祖先，从后稷被唐尧封在邰地起，积累德政善行十多代，以至到太王、王季、文王、武王时期，诸侯自行归附周族，终于灭掉殷商做了天子。到了周成王登位，周公辅佐他，才营建洛邑，因为认为这里是天下的中心，各地诸侯前往交纳土贡和赋税，所走的道路里程相等。君主有德行就容易靠此统治天下，没有德行就容易由此而亡国。所以周王朝强盛的时候，天下和睦，诸侯、四方外族没有不臣服，奉上他们的贡赋的。待到周王朝衰弱时，天下没有谁前来朝贡，周王朝也已无法驾驭制约了。这并不是由于它的德行微薄了，而是由于形势衰弱了的缘故。如今陛下从丰邑、沛县起兵抗秦，席卷蜀郡、汉中郡，平定秦地雍、塞、翟三国，

与项羽战荥阳、成皋之间，大战七十，小战四十；使天下之民，肝脑涂地，父子暴骨中野，不可胜数，哭泣之声未绝，伤夷者未起；而欲比隆于成、康之时，臣窃以为不侔也。且夫秦地被山带河，四塞以为固；卒然有急，百万之众可立具也。因秦之故，资甚美膏腴之地，此所谓天府者也。陛下入关而都之，山东虽乱，秦之故地可全而有也。夫与人斗，不扼其亢，拊其背，未能全其胜也。今陛下案秦之故地，此亦扼天下之亢而拊其背也。”帝问群臣。群臣皆山东人，争言：“周王数百年，秦二世即亡。洛阳东有成皋，西有殽、渑，倍河，乡伊、洛，其固亦足恃也。”上问张良，良曰：“洛阳虽有此固，其中小不过数百里，田地薄，四面受敌，此非用武之国也。关中左殽、函，右陇、蜀，沃野千里；南有巴、蜀之饶，北有胡苑之利。阻三面而守，独以一面东制诸侯。诸侯安定，河、渭漕挽天下，西给京师；诸侯有变，顺流而下，足以委输。此所谓金城千里，天府之国也。娄敬说是也。”上即日车驾西，都长安。拜娄敬为郎中，号曰奉春君，赐姓刘氏。

14　张良素多病，从上入关，即道引，不食谷，杜门不出，曰：“家世相韩；及韩灭，不爱万金之资，为韩报雠强秦，天下振动。今以三寸舌为帝者师，封万户侯，此布衣之极，于良足矣。愿弃人间事，欲从赤松子游耳。”

与项羽在荥阳、成皋之间作战，经过大战七十次，小战四十次，使天下百姓肝脑涂地惨遭杀戮，老老少少的尸骨暴露在荒野之中，数都数不过来，哭泣的悲声还未断绝，伤残的人员还不能行走，就想与周成王、康王时代的隆盛威势相媲美，我私下里认为这是很不相称的。况且秦地依靠华山濒临黄河，四面都有险要关隘为屏障，如果突然有紧急情况发生，百万军队可以立即就调动停当。依靠秦地原有的基础，凭借那里富饶肥沃的土地，这即是所谓的天然府库的优势啊。陛下入函谷关在那里建都，崤山以东地区就算是乱了，秦国的旧地也仍然可以完整地据有。同别人争斗，不卡住他的咽喉，从后背拍击他，是不能大获全胜的。现在陛下如果能占据秦国的故地，这也即是扼住了天下的咽喉且又攻击它的后背了。"高帝询问群臣。群臣都是崤山以东地区的人，便抢着发言："周朝统治了几百年，而秦朝经历两代就灭亡了。洛阳东有成皋，西有崤山、渑池，背靠黄河，面向伊、洛二河，它的坚固也是足可依赖的了。"高帝又问张良，张良说："洛阳虽然有这样稳固的地势，但它的中心地区狭小，方圆不过几百里，田地贫瘠，四面受敌，因此这里不是用武之地。而关中地区东有崤山、函谷关，西有陇山、蜀地的岷山，沃野千里，南有巴、蜀的富饶资源，北有胡地草场畜牧的地利。倚仗三面险要的地形防守，只用东方一面来控制诸侯。倘若诸侯安定，即可通过黄河、渭河水陆转运天下的粮食，西上供给京都；如若诸侯发生变故，也可顺流而下，足够用以转运军队和辎重的了。这就是所谓的坚固的城墙千里之长，富庶的天然府库之国啊。娄敬的劝说是对的。"高帝当天就起驾动身向西进发，定都长安。随后授任娄敬为郎中，称为奉春君，赐姓刘。

14　张良向来多病，随从高帝进入函谷关，就静居行气，不吃粮食，闭门不出，说道："我家的人世代做韩国的宰相，及至韩国灭亡，我不吝惜万金资财，为韩国向强大的秦王朝报仇，使天下震动。如今凭借三寸之舌成为皇帝的军师，被封为万户侯，这已是一个平民所能享有的最高待遇了，对我来说足够啦。我只望抛开人间俗事，将追随仙人赤松子去神游罢了。"

臣光曰:夫生之有死,譬犹夜旦之必然。自古及今,固未有超然而独存者也。以子房之明辨达理,足以知神仙之为虚诡矣。然其欲从赤松子游者,其智可知也。夫功名之际,人臣之所难处。如高帝所称者,三杰而已。淮阴诛夷,萧何系狱,非以履盛满而不止耶! 故子房托于神仙,遗弃人间,等功名于外物,置荣利而不顾,所谓"明哲保身"者,子房有焉。

15 六月,壬辰,大赦天下。

16 秋,七月,燕王臧荼反,上自将征之。

17 赵景王耳、长沙文王芮皆薨。

18 九月,虏臧荼。壬子,立太尉长安侯卢绾为燕王。绾家与上同里闬,绾生又与上同日。上宠幸绾,群臣莫敢望,故特王之。

19 项王故将利几反,上自击破之。

20 后九月,治长乐宫。

21 项王将锺离眛,素与楚王信善。项王死后,亡归信。汉王怨眛,闻其在楚,诏楚捕眛。信初之国,行县邑,陈兵出入。

六年(庚子,前201)

1 冬,十月,人有上书告楚王信反者。帝以问诸将,皆曰:"亟发兵,坑竖子耳!"帝默然。又问陈平,陈平曰:"人上书言信反,信知之乎?"曰:"不知。"陈平曰:"陛下精兵孰与楚?"上曰:"不能过。"平曰:"陛下诸将,用兵有能过韩信者乎?"上曰:"莫及也。"平曰:"今兵不如楚精而将不能及,举兵攻之,

臣司马光说：大凡有生就有死，犹如黑夜过后是白天一样的必然。自古至今，原本就没有超越自然而独立存在的事物。按张良的明辨是非通晓事理而论，他是完全知道神仙不过是些虚幻奇异的东西罢了。但他却要随同赤松子远游，他的聪明智慧是可以知道的了。功勋和名位之间，正是为人臣子的人所难于长久立足之处。即如高帝刘邦所称道的，不过只三个才能出众的人罢了。但是淮阴侯韩信被诛除，相国萧何被拘禁到狱中，这不就是由于功名已达到巅峰却还不止步的缘故吗！所以张良借与神仙交游相推脱，遗弃人间凡事，视功名如同身外之物，把荣誉利禄抛在脑后，所谓"明哲保身"者，张良即是个样板。

15 六月壬辰(初三)，高帝大赦天下。

16 秋季，七月，燕王臧荼反叛，高帝亲自率军征讨臧荼。

17 赵景王张耳、长沙王吴芮都去世了。

18 九月，高帝俘获了臧荼。壬子(二十六日)，封太尉长安侯卢绾为燕王。卢绾家与高帝是同乡，卢绾又与高帝同一天出生。高帝宠幸卢绾，群臣没有敢埋怨的，因此就特立卢绾为王。

19 项羽过去的将领利几反叛，高帝又亲自带兵去败了他。

20 闰九月，高帝改修长乐宫。

21 项羽手下的将领锺离眜，向来跟楚王韩信友好。项羽死后，他就逃出来归附了韩信。刘邦很怨恨锺离眜，听说他在楚国，就诏令楚王逮捕他。这时韩信刚到他的封国，巡视所辖县邑，出入都有成队军队护卫。

汉高祖六年(庚子，公元前201年)

1 冬季。十月，有人上书告发楚王韩信谋反。高帝便征求将领们的意见，大家都说："赶快发兵，把这小子活埋了！"高帝默然不语。接着又询问陈平，陈平道："有人上书告韩信谋反，这事情韩信知道吗？"高帝说："不知道。"陈平说："陛下的精锐部队与楚王的相比谁更厉害呢？"高帝道："超不过他的。"陈平说："陛下的将领们，用兵之才能比过韩信的吗？"高帝道："没有赶得上他的。"陈平说："现在军队不如楚国的精锐，将领又比不上韩信，却要举兵攻打他，

是趣之战也，窃为陛下危之！"上曰："为之奈何？"平曰："古者天子有巡狩，会诸侯。陛下第出，伪游云梦，会诸侯于陈。陈，楚之西界，信闻天子以好出游，其势必无事而郊迎谒。谒而陛下因禽之，此特一力士之事耳。"帝以为然，乃发使告诸侯会陈，"吾将南游云梦。"上因随以行。

楚王信闻之，自疑惧，不知所为。或说信曰："斩锺离昧以谒上，上必喜，无患。"信从之。十二月，上会诸侯于陈。信持昧首谒上，上令武士缚信，载后车。信曰："果若人言：'狡兔死，走狗烹；高鸟尽，良弓藏；敌国破，谋臣亡。'天下已定，我固当烹！"上曰："人告公反。"遂械系信以归，因赦天下。

田肯贺上曰："陛下得韩信，又治秦中。秦，形胜之国也，带河阻山，地势便利；其以下兵于诸侯，譬犹居高屋之上建瓴水也。夫齐，东有琅邪、即墨之饶，南有泰山之固，西有浊河之限，北有勃海之利；地方二千里，持戟百万；此东西秦也，非亲子弟，莫可使王齐者。"上曰："善！"赐金五百斤。

上还，至洛阳，赦韩信，封为淮阴侯。信知汉王畏恶其能，多称病，不朝从；居常鞅鞅，羞与绛、灌等列。尝过樊将军哙，哙跪拜送迎，言称臣，曰："大王乃肯临臣！"信出门，笑曰："生乃与哙等为伍！"

这是促使他起兵反抗呀,我私下里为陛下感到危险!"高帝说:"那该怎么办呢?"陈平说:"古时候天子有时巡视诸侯镇守的地方,会见诸侯。陛下只管出来视察,假装巡游云梦,在陈郡会见诸侯。而陈郡在楚国的西部边界,韩信听说天子怀着友好会见诸侯的心意出游,必定是全国安稳无事,便会到郊外迎接谒见陛下。拜见时陛下就趁机捉拿他,这不过是一个力士即能办到的事罢了。"高帝认为说得不错,便派出使者去通告诸侯到陈郡聚会,说"我将南游云梦"。高帝随即起程南行。

楚王韩信闻听这个消息后,自己颇为疑心害怕,不知怎么办才好。这时有人劝韩信说:"杀了钟离眜去谒见皇上,皇上必定欢喜,如此就不会有什么祸患了。"韩信听从了他的建议。十二月,高帝在陈郡会见诸侯。韩信提着钟离眜的头颅拜见高帝,高帝即命武士将韩信捆绑起来,装载到随皇帝车驾出行的副车上。韩信说:"果然如同人们所说:'狡猾的兔子死了,奔跑的猎狗就遭煮杀;高飞的鸟儿没了,优良的弓箭就被收藏;敌对的国家攻破了,谋臣就要灭亡。'如今天下已经平定,我本来就应当被煮杀了!"高帝说:"有人告发你谋反。"随即用镣铐枷锁锁住韩信而归,接着大赦天下。

田肯前来向高帝祝贺说:"陛下拿住了韩信,又在关中建都。秦地是形势险要能够制胜的地方,以河为襟带山为屏障,地势便利,从此以后对诸侯用兵,就好像在高屋脊上倾倒瓶中的水那样居高临下而势不可挡了。若说齐地,东有琅邪、即墨的富饶物产,南有泰山的峭峻坚固,西有浊河的险阻制约,北有渤海的渔盐利益,土地方圆两千里,拥有兵力百万,可以算作是东方的秦国了,因而不是陛下嫡亲的子弟,就没有可以去统治齐地的。"高帝说:"对啊!"随即便赏给田肯五百斤黄金。

高帝归还,到了洛阳,就赦免了韩信,封他为淮阴侯。韩信知道刘邦害怕并厌恶他的才能,于是就多次声称有病,不参加朝见和随侍出行,平日在家总是闷闷不乐,为与绛侯周勃、将军灌婴这样的人处于同等地位感到羞耻。韩信曾去拜访将军樊哙,樊哙用跪拜的礼节送迎,口称臣子,说道:"大王竟肯光临我这里!"韩信出门后,讪笑着说:"我活着竟然要和樊哙等人为伍了!"

上尝从容与信言诸将能将兵多少。上问曰："如我能将几何?"信曰："陛下不过能将十万。"上曰："于君何如?"曰："臣多多而益善耳。"上笑曰："多多益善,何为为我禽?"信曰："陛下不能将兵而善将将,此乃信之所以为陛下禽也。且陛下,所谓'天授,非人力'也。"

2　甲申,始剖符封诸功臣为彻侯。萧何封酂侯,所食邑独多。功臣皆曰："臣等身被坚执锐,多者百馀战,小者数十合。今萧何未尝有汗马之劳,徒持文墨议论,顾反居臣等上,何也?"帝曰："诸君知猎乎? 夫猎,追杀兽兔者,狗也;而发纵指示兽处者,人也。今诸君徒能得走兽耳,功狗也;至如萧何,发纵指示,功人也。"群臣皆不敢言。张良为谋臣,亦无战斗功,帝使自择齐三万户。良曰："始,臣起下邳,与上会留,此天以臣授陛下。陛下用臣计,幸而时中。臣愿封留足矣,不敢当三万户。"乃封张良为留侯。封陈平为户牖侯,平辞曰："此非臣之功也。"上曰："吾用先生谋,战胜克敌,非功而何?"平曰："非魏无知,臣安得进?"上曰："若子,可谓不背本矣!"乃复赏魏无知。

3　帝以天下初定,子幼,昆弟少,惩秦孤立而亡,欲大封同姓以填抚天下。春,正月丙午,分楚王信地为二国:以淮东五十三县立从兄将军贾为荆王,以薛郡、东海、彭城三十六县立弟文信君交为楚王。壬子,以云中、雁门、代郡五十三县立兄宜信侯喜为代王,以胶东、胶西、临淄、济北、博阳、城阳郡七十三县立微时外妇之子肥为齐王,诸民能齐言者皆以与齐。

高帝曾经自然舒缓地与韩信谈论将领们能带多少兵。高帝问道:"像我这个样能率领多少兵呀?"韩信说:"陛下不过能带十万兵。"高帝说:"对您来说怎样呢?"韩信道:"我是越多越好啊。"高帝笑着说:"越多越好,为什么却被我捉住了呀?"韩信说:"陛下虽不能带兵却善于驾驭将领,这就是我所以被陛下逮住的原因了。何况陛下的一切,是人们所说的'此为上天赐予的,而不是人力能够取得的'啊。"

2 甲申(初九),高帝开始用把表示凭证的符信剖分成两半,朝廷与功臣各执一半为证的办法来分封各功臣为彻侯。萧何封为酂侯,所享用赋税收入的民户独多。功臣们都说:"我们身披坚硬铠甲手持锐利兵器,多的身经百馀战,少的也交锋了几十回合。如今萧何不曾有过汗马功劳,只是操持文墨发发议论,封赏却反倒在我们之上,这是为什么啊?"高帝说:"你们知道打猎是怎么回事吗?打猎,追杀野兽兔子的是猎狗,而放开系狗绳指示野兽所在地方的是人。现在你们只不过是能捕捉到奔逃的野兽罢了,功劳就如猎狗一样;至于萧何,却是放开系狗绳指示猎取的目标,功劳和猎人相同啊。"群臣于是都不敢说三道四了。张良身为谋臣,也没有什么战功,高帝让他自己选择齐地三万户作为享用赋税收入的封地。张良说:"当初,我在下邳起兵,与皇上在留县相会,这是上天把我授给陛下。此后陛下采用我的计策,幸好有时能获得成功。我希望封得留县就足够了,不敢承受三万户的封地。"高帝于是便封张良为留侯。封陈平为户牖侯,陈平推辞说:"我没有那么多功劳啊。"高帝道:"我采纳您的计谋,克敌制胜,这不是功劳又是什么呀?"陈平说:"如果没有魏无知的举荐,我哪里能够进见啊?"高帝道:"像您这样,可以说是不忘本了!"随即又赏赐了魏无知。

3 高帝由于天下刚刚平定,自己的儿子年幼,兄弟又少,便以秦王朝孤立而导致灭亡的教训为鉴戒,想要大肆分封同姓族人,借此镇抚天下。春季,正月丙午,高帝把楚王韩信的封地分为两个王国,将淮河以东五十三个县封给堂兄将军刘贾做荆王,将薛郡、东海、彭城等地三十六个县封给弟弟文信君刘交为楚王。壬子(二十七日),把云中、雁门、代郡等地五十三个县封给哥哥宜信侯刘喜做代王,把胶东、胶西、临淄、济北、博阳、城阳郡等地七十三个县封给自身微贱时与同居的妇人所生的儿子刘肥当齐王,百姓中能讲齐国话的人都分给了齐国。

4 上以韩王信材武，所王北近巩、洛，南迫宛、叶，东有淮阳，皆天下劲兵处；乃以太原郡三十一县为韩国，徙韩王信王太原以北，备御胡，都晋阳。信上书曰："国被边，匈奴数入寇；晋阳去塞远，请治马邑。"上许之。

5 上已封大功臣二十馀人，其馀日夜争功不决，未得行封。上在洛阳南宫，从复道望见诸将，往往相与坐沙中语。上曰："此何语？"留侯曰："陛下不知乎？此谋反耳！"上曰："天下属安定，何故反乎？"留侯曰："陛下起布衣，以此属取天下。今陛下为天子，而所封皆故人所亲爱，所诛皆生平所仇怨。今军吏计功，以天下不足遍封；此属畏陛下不能尽封，恐又见疑平生过失及诛，故即相聚谋反耳。"上乃忧曰："为之奈何？"留侯曰："上平生所憎、群臣所共知，谁最甚者？"上曰："雍齿与我有故怨，数尝窘辱我。我欲杀之，为其功多，故不忍。"留侯曰："今急先封雍齿，则群臣人人自坚矣。"于是上乃置酒，封雍齿为什方侯；而急趋丞相、御史定功行封。群臣罢酒，皆喜，曰："雍齿尚为侯，我属无患矣！"

臣光曰：张良为高帝谋臣，委以心腹，宜其知无不言；安有闻诸将谋反，必待高帝目见偶语，然后乃言之邪！盖以高帝初得天下，数用爱憎行诛赏，或时害至公，群臣往往有触望自危之心。故良因事纳忠以变移帝意，使上无阿私之失，下无猜惧之谋，国家无虞，利及后世。若良者，可谓善谏矣。

4　高帝由于韩王信颇具雄才武略,所辖地区北面紧靠巩县、洛阳,南面迫近宛县、叶县,东边有淮阳,都是天下可以驻扎重兵之处,便划出太原郡的三十一个县为韩国,调迁韩王信去管辖太原以北的新地区,防备抵御胡人,建都晋阳。韩王信上书说:"韩国北靠边界,匈奴人屡次进来骚扰,都城晋阳离边塞遥远,请求改把马邑作为国都。"高帝允准。

5　高帝已经封赏了大功臣二十多人,其馀的人日夜争功,一时决定不了,便没能封赏。高帝在洛阳南宫,从天桥上望见将领们往往三人一群两人一伙地同坐在沙地中谈论着什么。高帝说:"这是在说些什么呀?"留侯张良道:"陛下不知道吗?这是在图谋造反啊!"高帝说:"天下新近刚刚安定下来,为了什么缘故又要谋反呢?"留侯说:"陛下由平民百姓起家,依靠这班人夺取了天下。如今陛下做了天子,所封赏的都是自己亲近喜爱的老友,所诛杀的都是自己生平仇视怨恨的人。现在军吏们计算功劳,认为即使把天下的土地都划作封国也不够全部封赏的了,于是这帮人就害怕陛下对他们不能全部封赏,又恐怕因往常的过失而被猜疑以至于遭到诛杀,所以就相互聚集到一起图谋造反了。"高帝于是担忧地说:"这该怎么办呀?"留侯道:"皇上平素最憎恶、且群臣又都知道的人,是谁啊?"高帝说:"雍齿与我有旧怨,他曾经多次困辱我。我想杀掉他,但由于他功劳很多,所以不忍心下手。"留侯说:"那么现在就赶快先封赏雍齿,这样一来,群臣也就人人都对自己的能受封赏坚信不疑了。"高帝这时便置备酒宴,封雍齿为什方侯,并急速催促丞相、御史论定功劳进行封赏。群臣结束饮宴后,都欢喜异常,说道:"雍齿尚且封为侯,我们这些人也就没有什么可担忧的啦!"

臣司马光说:张良作为高帝的谋臣,被任用为心腹亲信,应该是知无不言,哪有已听说诸侯将要谋反,却一定要等到高帝眼见有人成双成对地议论,然后才述说这件事的道理啊!这是由于高帝刚刚得到天下,屡次依据自己的爱憎来诛杀封赏,有时候就会有损于公平,群臣因此往往怀有抱怨和感到自己有危险的心理。所以张良借着这件事进送忠言,以改变转移高帝的心思,使在上者无偏袒私情的过失,在下者无猜疑恐惧的念头,国家无忧患,利益延及后世。像张良这样,可以说是善于劝谏的了。

6　列侯毕已受封，诏定元功十八人位次。皆曰："平阳侯曹参，身被七十创，攻城略地，功最多，宜第一。"谒者、关内侯鄂千秋进曰："群臣议皆误。夫曹参虽有野战略地之功，此特一时之事耳。上与楚相距五岁，失军亡众，跳身遁者数矣。然萧何常从关中遣军补其处，非上所诏令召，而数万众会上之乏绝者数矣。又军无见粮，萧何转漕关中，给食不乏。陛下虽数亡山东，萧何常全关中以待陛下。此万世之功也。今虽无曹参等百数，何缺于汉；汉得之，不必待以全。奈何欲以一旦之功而加万世之功哉！萧何第一，曹参次之。"上曰："善！"于是乃赐萧何带剑履上殿，入朝不趋。上曰："吾闻'进贤受上赏'。萧何功虽高，得鄂君乃益明。"于是因鄂千秋所食邑，封为安平侯。是日，悉封何父子兄弟十馀人，皆有食邑。益封何二千户。

7　上归栎阳。

8　夏，五月丙午，尊太公为太上皇。

9　初，匈奴畏秦，北徙十馀年。及秦灭，匈奴复稍南渡河。

单于头曼有太子曰冒顿。后有所爱阏氏，生少子，头曼欲立之。是时，东胡强而月氏盛，乃使冒顿质于月氏。既而头曼急击月氏，月氏欲杀冒顿。冒顿盗其善马骑之，亡归。头曼以为壮，令将万骑。

6　列侯全都已受封,高帝就命令议定获首功的十八个人的位次。群臣都说:"平阳侯曹参,身受七十处创伤,攻城略地,立功最多,应当排在第一位。"谒者、关内侯鄂千秋进言说:"群臣们的议论都错了。曹参虽然有野战夺地的功劳,却不过只是战场上一时间的事情罢了。皇上与楚军相持五年,军队丧失,部众逃亡,自己只身轻装逃脱就有好几次。当时萧何经常从关中派遣兵员补充汉军的缺额,这些都不是皇上发命令叫他干的,而关中好几万士兵开赴前线时恰好遇到皇上将少兵尽的危急时刻,这也有过好多次了。再说到军中无现成粮食,萧何从关中水陆运送,军粮供给从不缺乏。陛下尽管多次丢掉崤山以东的地盘,萧何却总能保全关中地区等待陛下随时归来。这些都是万世不朽的功勋啊。如今即便没有成百个曹参这样的人,对汉室又有什么缺损呢;汉室得到他们,未必就能靠着他们得以保全。怎么能将一时的功劳盖过万世的功勋呀!萧何应居第一位,曹参第二。"高帝说:"对啊!"随即便特许萧何可以带剑、穿鞋上殿,朝见皇帝时不必行小步快走表示恭敬的常礼。高帝说:"我听说'举荐贤能的人要受到上等的封赏'。萧何的功劳虽然卓著,是得到鄂君的申辩才更加明确的。"因此就根据鄂千秋原来所受的封地,加封他为安平侯。这一天,对萧何父子兄弟十多人全都加以封赏,都得到了享用民户赋税收入的封地。又加封给萧何两千户。

7　皇上返归栎阳。

8　夏季,五月丙午(二十三日),高帝尊称父亲太公为太上皇。

9　当初,匈奴畏惧秦朝,迁徙到北方十多年。待到秦朝灭亡,匈奴又逐渐往南渡过黄河。

匈奴单于头曼有太子叫冒顿。后来头曼续有所宠爱的阏氏,又生了个小儿子,头曼便想把他立为太子。这时东胡部族强大,西域的月氏部族也很强盛,头曼于是派冒顿到月氏去当人质。不久,头曼加紧攻击月氏,月氏就想杀掉冒顿。冒顿即偷盗月氏人的好马骑上,逃回了匈奴。头曼由此认为冒顿强壮勇武,就让他统率万名骑兵。

　　冒顿乃作鸣镝，习勒其骑射。令曰："鸣镝所射而不悉射者，斩之！"冒顿乃以鸣镝自射其善马，既又射其爱妻，左右或不敢射者，皆斩之。最后以鸣镝射单于善马，左右皆射之。于是冒顿知其可用；从头曼猎，以鸣镝射头曼，其左右亦皆随鸣镝而射。遂杀头曼，尽诛其后母与弟及大臣不听从者。冒顿自立为单于。

　　东胡闻冒顿立，乃使使谓冒顿："欲得头曼时千里马。"冒顿问群臣，群臣皆曰："此匈奴宝马也，勿与！"冒顿曰："奈何与人邻国而爱一马乎！"遂与之。居顷之，东胡又使使谓冒顿："欲得单于一阏氏。"冒顿复问左右，左右皆怒曰："东胡无道，乃求阏氏！请击之！"冒顿曰："奈何与人邻国爱一女子乎！"遂取所爱阏氏予东胡。东胡王愈益骄。东胡与匈奴中间，有弃地莫居，千余里，各居其边，为瓯脱。东胡使使谓冒顿："此弃地，欲有之。"冒顿问群臣，群臣或曰："此弃地，予之亦可，勿与亦可。"于是冒顿大怒曰："地者，国之本也，奈何予之！"诸言予之者，皆斩之。冒顿上马，令："国中有后出者斩！"遂袭击东胡。东胡初轻冒顿，不为备，冒顿遂灭东胡。

　　既归，又西击走月氏，南并楼烦、白羊河南王，遂侵燕、代，悉复收蒙恬所夺匈奴故地与汉关故河南塞至朝那、肤施。是时，汉兵方与项羽相距，中国罢于兵革，以故冒顿得自强，控弦之士三十余万，威服诸国。

冒顿便制作出响箭,约束部下骑射练习,使他们习惯于听从自己的号令。下令说:"看到我的响箭所射之物后不一齐发射的人,斩首!"冒顿随即用响箭自射他的好马,接着又射他的爱妻,左右的人凡有不敢跟着发射的,都被斩杀了。最后冒顿又拿响箭射头曼单于的好马,左右的骑兵也都跟着放箭射单于的马。由此冒顿知道这些兵士可以使用了,便在随同头曼出猎时,用响箭射头曼,他的部众即跟着响箭同射单于。最终杀死了头曼,并把他的后母和弟弟以及大臣中不听从调遣的人全部诛杀。冒顿自立为单于。

东胡听说冒顿弑父自立,便派出使者去告诉冒顿说:"想要得到头曼在位时拥有的千里马。"冒顿询问群臣,群臣都说:"那是匈奴的一匹宝马,不能给人!"冒顿道:"怎么能与人家为友好邻国却还要吝惜区区一匹马呀!"随即把这匹马送给了东胡。过了不久,东胡又派使者来对冒顿说:"想要得到单于的一位阏氏。"冒顿再询问左右近侍,侍臣都愤怒地说:"东胡这般无礼,竟然索求阏氏!请发兵攻打它!"冒顿道:"和人家是邻居,怎么能舍不得一个女子呢!"就选取自己所宠爱的阏氏送给了东胡。东胡王于是越来越骄横放纵。东胡与匈奴之间,有被丢弃的土地无人居住,方圆一千多里,双方各居其一边,设立屯戍守望的哨所。东胡再次派使者对冒顿说:"这些无人居住的荒地,我想得到它。"冒顿依旧召问群臣,群臣中有的说:"这是块荒地,给他们也可以,不给也行。"冒顿这时却勃然大怒道:"土地是国家的根本,怎么能够给人呢!"即将那些说可以给予的臣子都杀了。冒顿接着一跃上马,下令说:"国中有晚出发的人,斩首!"随即领兵去袭击东胡。东胡起初非常轻视冒顿,不设防备,冒顿因此就灭掉了东胡。

冒顿获胜而归,又向西攻击赶跑了月氏,向南兼并了黄河以南的楼烦、白羊二王,随即侵掠燕、代地区,全部重新收复了当年被蒙恬夺走的匈奴旧地,并夺取了汉朝边关原河套以南诸要塞到朝那县、肤施县一带的大片土地。此时,汉军正与项羽相持,中原地区被战争拖累得疲惫不堪,因此冒顿得以强大起来,拥有操弓射箭的兵士三十多万,威势镇服各国。

秋,匈奴围韩王信于马邑。信数使使胡,求和解。汉发兵救之,疑信数间使,有二心,使人责让信。信恐诛,九月,以马邑降匈奴。匈奴冒顿因引兵南逾句注,攻太原,至晋阳。

10 帝悉去秦苛仪,法为简易。群臣饮酒争功,醉,或妄呼,拔剑击柱,帝益厌之。叔孙通说上曰:"夫儒者难与进取,可与守成。臣愿征鲁诸生,与臣弟子共起朝仪。"帝曰:"得无难乎?"叔孙通曰:"五帝异乐,三王不同礼。礼者,因时世、人情为之节文者也。臣愿颇采古礼,与秦仪杂就之。"上曰:"可试为之,令易知,度吾所能行者为之!"

于是叔孙通使,征鲁诸生三十馀人。鲁有两生不肯行,曰:"公所事者且十主,皆面谀以得亲贵。今天下初定,死者未葬,伤者未起,又欲起礼、乐。礼、乐所由起,积德百年而后可兴也。吾不忍为公所为,公去矣,无污我!"叔孙通笑曰:"若真鄙儒也,不知时变!"遂与所征三十人西,及上左右为学者与其弟子百馀人,为绵蕞,野外习之。月馀,言于上曰:"可试观矣。"上使行礼;曰:"吾能为此。"乃令群臣习肄。

秋季,匈奴兵在马邑将韩王信重重包围。韩王信多次派使者出使匈奴,谋求和解。汉朝发兵救援,但又猜疑韩王信频繁私派使者是对汉室怀有二心,就派人去指责韩王信。韩王信害怕被杀,便在九月,举马邑城投降了匈奴。匈奴冒顿随即乘势领兵向南越过句注山,进攻太原,抵达晋阳。

10　高帝全部除去秦朝烦琐的礼仪,力求礼仪规则简单易行。这时群臣们饮酒争功,喝得酩酊大醉,有的人就胡喊狂呼,拔剑乱砍殿柱,高帝渐渐对这种现象非常反感。叔孙通于是劝高帝说:"那班儒生,很难和他们一道攻打天下,但可以与他们一起保守成业坐天下。我愿意去征召鲁地的众儒生,来同我的弟子一块儿制定臣子朝见君主的礼仪规则。"高帝说:"该不会挺烦难的吧?"叔孙通道:"五帝的乐制不一样,三王的礼制不相同。礼制,是根据时代、人情的变化对人们的言行所确定的节制规范。我想稍微采用一些古代礼制,与秦朝的仪法掺糅到一起制定出来。"高帝说:"可以试着做做,但要使这礼仪容易被人们了解,估计我所能做得到的,据此去制定它。"

当时叔孙通就奉命作为使者,去征召了鲁地的儒生三十多人。鲁地有两个儒生不肯前往,说道:"您所事奉的将近有十个君主了,都是依靠当面阿谀逢迎来赢得亲近、尊贵。如今天下刚刚平定,死亡的人尚未安葬,伤残的人还不能行动,又想要制礼作乐。而礼乐的产生,是积累德政上百年之后才能制作兴起的。我们不能忍心去做您所要做的事情,您去吧,不要玷污了我们!"叔孙通笑着说:"你们真是浅陋迂腐的儒生啊,不懂得时势的发展变化!"随即偕他所征召的三十人西行入关,又邀请高帝身边有学术修养的近臣和自己的弟子,共一百多人,用绳索拦出演习场所,插立茅草表示出尊卑位次,在野外演习礼仪。经过一个多月后,叔孙通告诉高帝说:"可以去检验一下了。"高帝于是去让他们举行礼仪演练,看完说道:"我能够做这些。"就命令群臣们进行练习。

七年(辛丑,前200)

1 冬,十月,长乐宫成,诸侯群臣皆朝贺。先平明,谒者治礼,以次引入殿门,陈东、西乡。卫官侠陛及罗立廷中,皆执兵,张旗帜。于是皇帝传警,辇出房;引诸侯王以下至吏六百石以次奉贺,莫不振恐肃敬。至礼毕,复置法酒。诸侍坐殿上,皆伏,抑首,以尊卑次起上寿。觞九行,谒者言"罢酒"。御史执法举不如仪者,辄引去。竟朝置酒,无敢灌哗失礼者。于是帝曰:"吾乃今日知为皇帝之贵也!"乃拜叔孙通为太常,赐金五百斤。

初,秦有天下,悉内六国礼仪,采择其尊君、抑臣者存之。及通制礼,颇有所增损,大抵皆袭秦故,自天子称号下至佐僚及宫室、官名,少所变改。其书,后与律、令同录,藏于理官。法家又复不传,民臣莫有言者焉。

臣光曰:礼之为物大矣!用之于身,则动静有法而百行备焉;用之于家,则内外有别而九族睦焉;用之于乡,则长幼有伦而俗化美焉;用之于国,则君臣有叙而政治成焉;用之于天下,则诸侯顺服而纪纲正焉。岂直几席之上、户庭之间得之而不乱哉!夫以高祖之明达,闻陆贾之言而称善,睹叔孙之仪而叹息;然所以不能肩于三代之王者,病于不学而已。当是之时,得大儒而佐之,与之以礼为天下,其功烈岂若是而止哉!惜夫,叔孙生之器小也!

汉高祖七年(辛丑,公元前200年)

1　冬季,十月,长乐宫落成,诸侯、群臣都前来参加朝贺典礼。仪式是在天大亮之前,谒者主持典礼,按次序将所有人员引导入大殿门,排列在东、西两方。侍卫官员有的在殿下台阶两旁站立,有的排列在廷中,都持握兵器,竖立旗帜。这时皇帝乘坐辇车出房,众官员举旗传呼警戒,引导诸侯王以下至六百石级的官员依次序朝拜皇帝,无不震恐肃敬。到典礼仪式完毕,再置备正式酒宴。众侍臣官员陪坐在殿上的,都俯伏垂首,按官位的高低次序起身给皇上敬酒祝福。斟酒连敬九次,谒者宣告"结束宴饮"。御史执行礼仪规则,凡遇不遵照仪式规则举手投足的人就将他领出去。由此从朝贺典礼和酒宴开始直到结束,没有出现敢大声喧哗、不合礼节的人。这时高帝便说:"我今天才知道身为皇帝的尊贵啊!"便授任叔孙通为太常,赏赐黄金五百斤。

当初,秦王朝统一了天下,收集六国的全部礼仪,选择出其中尊崇君主、卑抑臣下的规则保留下来。待到叔孙通制定礼仪规则,稍微作了一些增减,大体上都是沿袭秦朝的旧制,从天子称号以下到大小官吏及宫室、官名,更改变动不多。记载此礼仪规则的文本,后来和律、令共同抄录,收藏在法官处。由于法家对此又不再传授,所以百姓臣僚也就没有谈论它的了。

臣司马光说:礼制作为事物行为的准则是最高的啦!把它用到自己身上,动与静就有了规范,所有的行为就会完备无缺;把它用到家事上,内与外就井然有别,九族之间就会和睦融洽;把它用到乡里居民组织,年长与年幼就伦常有德,风俗教化就会美好清明;把它用到侯国,君主与臣子就尊卑有序,政令统治就会成功稳定;把它用到天下大事方面,诸侯就归顺服从,法制纪律就会整肃严正。难道仅仅只是把它用在宴会仪式之上、门户庭院之间维持秩序的吗!就高祖刘邦的明智通达说来,他可以聆听陆贾关于以文治巩固政权的进言而称赞极好,目睹叔孙通所定尊崇君主的礼仪而发声慨叹,但是他所以终究不能与夏、商、周三代的圣明君王地位声誉相等,就错在他不能学习效法三代的君王啊。在那个时候,如果能得到大儒来辅佐他,与大儒一道用礼制来治理天下,他的功勋业绩又怎么会在这一步便止住了呢!可惜啊,叔孙通的器度太小了!

徒窃礼之糠粃，以依世、谐俗、取宠而已，遂使先王之礼沦没而不振，以迄于今，岂不痛甚矣哉！是以扬子讥之曰：“昔者鲁有大臣，史失其名。曰：‘何如其大也！’曰：‘叔孙通欲制君臣之仪，召先生于鲁，所不能致者二人。’曰：‘若是，则仲尼之开迹诸侯也非邪？’曰：‘仲尼开迹，将以自用也。如委己而从人，虽有规矩、准绳，焉得而用之！’”善乎扬子之言也！夫大儒者，恶肯毁其规矩、准绳以趋一时之功哉！

2 上自将击韩王信，破其军于铜鞮，斩其将王喜。信亡走匈奴；白土人曼丘臣、王黄等立赵苗裔赵利为王，复收信败散兵，与信及匈奴谋攻汉。匈奴使左、右贤王将万馀骑，与王黄等屯广武以南，至晋阳，汉兵击之，匈奴辄败走，已复屯聚，汉兵乘胜追之。会天大寒，雨雪，士卒堕指者什二三。

上居晋阳，闻冒顿居代谷，欲击之。使人觇匈奴，冒顿匿其壮士、肥牛马，但见老弱及羸畜。使者十辈来，皆言匈奴可击。上复使刘敬往使匈奴，未还，汉悉兵三十二万北逐之，逾句注。刘敬还，报曰：“两国相击，此宜夸矜，见所长。今臣往，徒见羸瘠、老弱，此必欲见短，伏奇兵以争利。愚以为匈奴不可击也。”是时，汉兵已业行，上怒，骂刘敬曰：“齐虏以口舌得官，今乃妄言沮吾军！”械系敬广武。

他只不过是窃取礼制中糠秕般微末无用的东西,借以依附时世、迎合风俗、求取宠幸罢了,这样便使先代君王所建立的礼制沦没而不振兴,以至于到了今天这个地步,难道不令人沉痛之极吗!因此扬雄指责说:"从前鲁地有大儒,史书中没有记载他们的名字。有人问:'为什么说他们是大儒呀?'回答道:'叔孙通打算制定君臣的礼仪,便到鲁地去征召儒生,所不能召来的有两个堪称大儒的人。'问说:'如此,那么孔子应聘的足迹遍及诸侯国也是不对的了?'回答道:'孔子周游列国,是为了能按照自己的意图行事。倘若一味地委曲自己来顺从迁就他人,那么即便是确定出了规矩、准绳,又怎么能够拿来应用呀!'"精彩啊,扬雄的评论!大儒,是不肯破坏自己原有的规矩、准绳去趋附一时的功效的!

2 高帝亲自领兵出征攻打韩王信,在铜鞮县大败韩王信的军队,斩杀了他的部将王喜。韩王信逃往匈奴,他手下的将领白土县人曼丘臣、王黄等拥立赵王的后代赵利为王,重新收拢韩王信的散兵败卒,与韩王信及匈奴一起合谋攻击汉军。匈奴派左、右贤王统率一万多名骑兵,同王黄等驻扎在广武以南,到晋阳作战,汉军攻打他们,匈奴兵即败逃,随后又聚集起来,汉军乘胜追击。这时恰好碰上天气酷寒,下大雪,汉军士兵冻掉手指的占十分之二三。

高帝驻居晋阳,听说冒顿单于驻居在代谷,便想要去攻打他,就派人去侦察匈奴。这时冒顿把他的精壮士兵、肥壮牛马都藏了起来,只让人看见老弱残兵和瘦小的牲畜。汉军派去的使者相继回来的上十批,都报告说匈奴可以攻打。高帝于是再派刘敬出使匈奴,尚未返回,汉军就全部出动兵力三十二万向北追击匈奴,越过了句注山。刘敬回来后报告说:"两国相攻,这本该炫耀显示自己的优势。但现在我到匈奴方面去,只看见瘦弱的牲畜和老弱的士兵,这必定是想要显露自己虚弱不堪,而埋伏奇兵以争取胜利。我认为匈奴不能攻打。"这时候,汉军业已出动,高帝大为恼火,骂刘敬说:"你这个齐国的混蛋家伙,不过是靠着耍嘴皮子得到了一官半职,现在竟又来胡言乱语阻挠我的军队前进!"即给刘敬加用镣铐拘禁到广武。

帝先至平城,兵未尽到。冒顿纵精兵四十万骑,围帝于白登七日。汉兵中外不得相救饷,帝用陈平秘计,使使间厚遗阏氏。阏氏谓冒顿曰:"两主不相困。今得汉地,而单于终非能居之也。且汉主亦有神灵,单于察之!"冒顿与王黄、赵利期,而黄、利兵不来,疑其与汉有谋,乃解围之一角。会天大雾,汉使人往来,匈奴不觉。陈平请令强弩傅两矢,外乡,从解角直出。帝出围,欲驱,太仆滕公固徐行。至平城,汉大军亦到,胡骑遂解去。汉亦罢兵归,令樊哙止定代地。

上至广武,赦刘敬,曰:"吾不用公言,以困平城。吾皆已斩前使十辈矣!"乃封敬二千户为关内侯,号为建信侯。帝南过曲逆,曰:"壮哉县! 吾行天下,独见洛阳与是耳。"乃更封陈平为曲逆侯,尽食之。平从帝征伐,凡六出奇计,辄益封邑焉。

3 十二月,上还,过赵。赵王敖执子婿礼甚卑,上箕倨慢骂之。赵相贯高、赵午等皆怒曰:"吾王,孱王也!"乃说王曰:"天下豪杰并起,能者先立。今王事帝甚恭,而帝无礼,请为王杀之!"张敖啮其指出血,曰:"君何言之误! 先人亡国,赖帝得复国,德流子孙,秋豪皆帝力也。愿君无复出口!"贯高、赵午等皆相谓曰:"乃吾等非也。吾王长者,不倍德。且吾等义不辱,今帝辱我王,故欲杀之,何污王为! 事成归王,事败独身坐耳。"

高帝先期抵达平城,军队尚未全部到来。冒顿便发出精兵四十万骑,把高帝围困在白登山达七天之久。汉军这时内外无法呼应救援,高帝于是就采用陈平的秘计,派使者去用重金贿赂冒顿的阏氏。阏氏随即对冒顿说:"两个君主不应彼此困窘迫害。如今即使夺得了汉朝的土地,单于您也终究不能居住在那里。况且汉朝的君主也有神灵保护,望您明察!"冒顿与王黄、赵利约定会师,但王黄、赵利的军队却迟迟不来,由此就怀疑他们与汉军有什么谋划,这才解开包围圈的一角。正好遇到天降大雾,汉军便派人在白登山与平城之间往来走动,匈奴人毫无察觉。陈平这时请求高帝命令士兵们用强弩搭上两支箭,箭朝外御敌,从解围的一隅径直撤出。高帝脱出包围后,想要策马疾奔,太仆滕公夏侯婴却坚持慢慢地行走。到了平城时,汉军大队人马也赶到了,匈奴的骑兵便解围而去。汉军于是也收兵回朝,命樊哙留下来平定代地。

高帝回到广武,赦免了刘敬,说道:"我不采用您的意见,因此被围困在平城。我已经把先前十多批使者都杀掉了!"接着就封给刘敬两千民户,爵位为关内侯,称作建信侯。高帝回师向南经过曲逆县,说道:"壮观啊,此县!我走遍天下,只见过洛阳和这里罢了。"就封陈平为曲逆侯,享用全县民户的赋税收入。陈平跟随高帝南征北战,共六次进献妙计,每次都增加了封邑。

3 十二月,高帝返回长安,途经赵国。赵王张敖对高帝行作为女婿的礼节谦卑至极,高帝却又开两腿坐着,态度轻慢地责骂张敖。赵国相国贯高、赵午等人都怒火中烧,说道:"我们的大王,真是个懦弱的国王啊!"随即劝赵王说:"当初天下豪强并起,贤能的人先称王。现在您侍奉皇帝非常恭谨,而皇帝却如此无礼,请让我们替您把他杀了!"张敖咬破自己的手指流出血来,说道:"你们怎么说这种大错特错的话呀!先父亡国后,依赖皇帝才得以复国,恩德能流传给子孙,一丝一毫都是皇帝的功劳啊。望你们不要再这么说了!"贯高、赵午等人都相互说道:"这是我们的不是了。我们的大王是忠厚的长者,不忘恩负义。况且我们的原则是不受人侮辱,而今皇帝侮辱了我王,所以想要杀掉他,又何必连累我王呢!事情干成了功归我王,事情失败了我们独自承担罪责罢了。"

4　匈奴攻代。代王喜弃国自归,赦为郃阳侯。辛卯,立皇子如意为代王。

5　春,二月,上至长安。萧何治未央宫,上见其壮丽,甚怒,谓何曰:"天下匈匈,劳苦数岁,成败未可知,是何治宫室过度也!"何曰:"天下方未定,故可因以就宫室。且夫天子以四海为家,非壮丽无以重威,且无令后世有以加也。"上说。

臣光曰:王者以仁义为丽,道德为威,未闻其以宫室填服天下也。天下未定,当克己节用以趋民之急,而顾以宫室为先,岂可谓之知所务哉! 昔禹卑宫室而桀为倾宫。创业垂统之君,躬行节俭以示子孙,其末流犹入于淫靡,况示之以侈乎! 乃云"无令后世有以加",岂不谬哉! 至于孝武,卒以宫室罢敝天下,未必不由萧侯启之也!

6　上自栎阳徙都长安。

7　初置宗正官,以序九族。

8　夏,四月,帝行如洛阳。

4　匈奴攻打代国。代王刘喜弃国自己逃归洛阳,高帝免了他的罪,改封他为郃阳侯。辛卯,封皇子刘如意为代王。

5　春季,二月,高帝抵达长安。萧何这时正主持营建未央宫,高帝见到未央宫如此壮丽,即怒不可遏,对萧何说:"天下纷乱,连年受战事劳苦,如今成败尚未可知,为什么要把宫室修筑得过分豪华呢!"萧何说:"正是因为天下尚未安定,所以才可趁势营造宫室啊。何况天子以四海为家,宫殿不壮丽就不足以充分显示帝王的威严,而且也不能让后世宫室的建筑规模超过它呀。"高帝这才高兴起来。

　　臣司马光说:统治天下的人以仁义为壮丽,以道德为权威,还不曾听说过有依靠宫室规模来镇服天下的。天下尚未安定,理当克制自己、节俭用度,为百姓的危难疾苦奔走,现在却反倒以营建宫室为先任,这怎么可以说是明白自己所应有的职责啊!从前大禹不注重营造宫室而夏桀仍修建奢华的倾宫。开创业绩把基业传给后代的君王,尽管身体力行于节俭为子孙作出表率,而他们的末代继承人依旧还是沦落入骄奢淫逸之中,就更别说是向后代子孙显示豪华侈靡之风了!萧何竟谈什么"不要让后世宫室的建筑规模超过它",这难道不是荒谬绝伦吗!到了汉武帝时,最终因滥建宫室而致天下民疲财尽衰败不堪,未必不是由酂侯萧何开头的吧!

6　高帝从栎阳迁都长安。

7　始设置宗正官,掌管皇族宗室的嫡庶、远近位次。

8　夏季,四月,高帝出行到洛阳去。

卷第十二　汉纪四

起壬寅(前199)尽癸丑(前188)凡十二年

太祖高皇帝下

八年(壬寅,前199)

1　冬,上击韩王信馀寇于东垣,过柏人。贯高等壁人于厕中,欲以要上。上欲宿,心动,问曰:"县名为何?"曰:"柏人。"上曰:"柏人者,迫于人也。"遂不宿而去。十二月,帝行自东垣至。

2　春,三月,行如洛阳。

3　令贾人毋得衣锦、绣、绮、縠、絺、纻、罽,操兵、乘、骑马。

4　秋,九月,行自洛阳至。淮南王、梁王、赵王、楚王皆从。

5　匈奴冒顿数苦北边。上患之,问刘敬,刘敬曰:"天下初定,士卒罢于兵,未可以武服也。冒顿杀父代立,妻群母,以力为威,未可以仁义说也。独可以计久远,子孙为臣耳,然恐陛下不能为。"上曰:"奈何?"对曰:"陛下诚能以適长公主妻之,厚奉遗之,彼必慕,以为阏氏,生子,必为太子。陛下以岁时汉所馀、彼所鲜,数问遗,因使辨士风谕以礼节。冒顿在,固为子婿;死,则外孙为单于。岂尝闻外孙敢与大父抗礼者哉!可无战以渐臣也。若陛下不能遣长公主,而令宗室及后宫诈称公主,彼知,不肯贵近,无益也。"帝曰:"善!"欲遣长公主。吕后日夜泣曰:"妾唯太子、一女,奈何弃之匈奴!"上竟不能遣。

太祖高皇帝下

汉高祖八年(壬寅,公元前 199 年)

1 冬季,汉高帝刘邦在东垣攻打韩王信的馀党,经过柏人城。赵王丞相贯高派人藏在厕所的夹墙中,准备行刺高帝。高帝正想留宿城中,忽然心动不安,问:"这个县叫什么?"回答说:"柏人。"高帝说:"柏人,就是受迫于人呀!"于是决定不住宿而离开。十二月,高帝从东垣城回长安。

2 春季,三月,高帝前往洛阳。

3 高帝下令,商人不准穿锦、绣、细绫、绉纱、细葛布、纻布、毛织品,不准持有兵器、乘车、骑马。

4 秋季,九月,高帝一行从洛阳回长安。淮南王、梁王、赵王、楚王都随行。

5 匈奴冒顿屡次侵扰汉朝北部边境。高帝感到忧虑,问刘敬对策,刘敬说:"天下刚刚安定,士兵们因兵事还很疲劳,不宜用武力去征服它。但冒顿杀父夺位,把父亲的群妃占为妻子,以暴力建立权威,我们也不能用仁义道德去说服它。只有一个计策可以长久,让匈奴的子孙成为汉朝的臣下,我只是担心陛下做不到。"高帝问:"如何做呢?"回答说:"陛下如果能把嫡女大公主嫁给他为妻,又赠送丰厚陪嫁,他一定仰慕汉朝,以公主为匈奴的皇后阏氏,生下儿子,肯定是太子。陛下再每年用汉朝多产而匈奴缺乏的东西,频繁地慰问赠送他们,派能说善辩的人士前去训导教诲他们以礼节。这样,冒顿在世时,是汉朝的女婿辈;他死后,您的外孙便即位为匈奴王单于。谁曾听说过外孙敢和外祖父分庭抗礼? 我们可以不经一战而让匈奴渐渐臣服。如果陛下舍不得让大公主去,而令宗室及后宫女子假称公主,他们知道了,不肯尊敬亲近,还是没有用。"高帝说:"好!"便想让大公主去。但吕后日日夜夜哭泣着说:"我只有太子和一个女儿,为什么把她扔给匈奴!"高帝到底没有办法让大公主去。

九年(癸卯,前 198)

1　冬,上取家人子名为长公主,以妻单于,使刘敬往结和亲约。

　　臣光曰:建信侯谓冒顿残贼,不可以仁义说,而欲与为婚姻,何前后之相违也!夫骨肉之恩,尊卑之叙,唯仁义之人为能知之,奈何欲以此服冒顿哉!盖上世帝王之御夷狄也,服则怀之以德,叛则震之以威,未闻与为婚姻也。且冒顿视其父如禽兽而猎之,奚有于妇翁!建信侯之术,固已疏矣。况鲁元已为赵后,又可夺乎!

2　刘敬从匈奴来,因言:"匈奴河南白羊、楼烦王,去长安近者七百里,轻骑一日一夜可以至秦中。秦中新破,少民,地肥饶,可益实。夫诸侯初起时,非齐诸田、楚昭、屈、景莫能兴。今陛下虽都关中,实少民,东有六国之强族,一日有变,陛下亦未得高枕而卧也。臣愿陛下徙六国后及豪桀、名家居关中,无事可以备胡,诸侯有变,亦足率以东伐。此强本弱末之术也。"上曰:"善!"十一月,徙齐、楚大族昭氏、屈氏、景氏、怀氏、田氏五族及豪桀于关中,与利田、宅,凡十馀万口。

3　十二月,上行如洛阳。

4　贯高怨家知其谋,上变告之。于是上逮捕赵王及诸反者。赵午等十馀人皆争自刭,贯高独怒骂曰:"谁令公为之?今王实无谋,而并捕王。公等皆死,谁白王不反者?"乃辒车胶致,与王诣长安。高对狱曰:"独吾属为之,王实不知。"吏治,榜笞数千,刺剟,身无可击者,终不复言。吕后数言:"张王以公主故,不宜有此。"上怒曰:"使张敖据天下,岂少而女乎!"不听。

汉高祖九年(癸卯,公元前198年)

1　冬季,高帝在庶民家找来一名女子,称之为大公主,把她嫁给匈奴单于做妻子,派刘敬前往缔结和亲盟约。

　　臣司马光说:建信侯刘敬说冒顿残暴,不能用仁义道德去说服他,而又想与其联姻,这前后是多么矛盾呀!骨肉亲人的恩情,长幼尊卑的次第,只有懂仁义的人才能明白,怎么能用这来降服匈奴呢?先代帝王抵御夷狄民族的对策是:他们归服就用德义来安抚,他们叛扰就用兵威来震慑,从没听说过用联姻的办法。况且,冒顿既然把生身父亲都视为禽兽而猎杀,又怎么会顾忌岳父关系!刘敬的计策本来就是空想。何况公主鲁元已经成了赵王王后,又怎么能夺回来呢!

2　刘敬从匈奴归来,说:"匈奴河南的白羊、楼烦王部落,离长安城近的只有七百里,轻骑兵一天一夜就可以到达关中。关中刚遭过战事洗劫,缺少百姓,但土地肥沃,应该加以充实。各地的诸侯当年兴起闹事,必须以齐国王族田氏,楚国王族昭、屈、景氏为首。现在陛下您虽然已经建都关中,实际却没有多少人民,而东部有旧六国的世家大族,一旦有什么事变,您就不能高枕而卧了。我建议陛下把旧六国的后人及地方豪强、名门大族迁徙到关中来,国家无事可以防备匈奴,如果各地旧诸侯哗变,也足以征集大军向东讨伐。这是强本抑末的办法。"高帝说:"对。"十一月,便下令迁徙旧齐国、楚国的昭氏、屈氏、景氏、怀氏、田氏五大家族及豪强到关中地区,给予便利的田宅安顿,共迁来十馀万丁口。

3　十二月,高帝前往洛阳。

4　赵国相国贯高的阴谋被他的仇家探知,向高帝举报这桩不寻常的大事。高帝下令逮捕赵王及各谋反者。赵王属下赵午等十几人都争相自杀,只有贯高怒声骂道:"谁让你们这样做的?如今赵王确实没有参与谋反,而被一并逮捕。你们都死了,谁来申明赵王不曾谋反的真情?"于是被关进胶封的木栏囚车,与赵王一起押往长安。贯高面对审讯说:"只是我们自己干的,赵王的确不知道。"狱官动刑,拷打鞭笞几千下,又用刀刺,直至体无完肤,贯高始终不再开口。吕后几次说:"赵王张敖娶了公主,不会有此事。"高帝怒气冲冲地斥骂她:"要是张敖夺了天下,难道还缺少你的女儿不成!"不予理睬。

廷尉以贯高事辞闻,上曰:"壮士! 谁知者? 以私问之。"中大夫泄公曰:"臣之邑子,素知之,此固赵国立义不侵、为然诺者也。"上使泄公持节往问之箯舆前。泄公与相劳苦,如生平欢,因问:"张王果有计谋不?"高曰:"人情宁不各爱其父母、妻子乎? 今吾三族皆以论死,岂爱王过于吾亲哉? 顾为王实不反,独吾等为之。"具道本指所以为者、王不知状。于是泄公入,具以报上。春,正月,上赦赵王敖,废为宣平侯,徙代王如意为赵王。

上贤贯高为人,使泄公具告之曰:"张王已出。"因赦贯高。贯高喜曰:"吾王审出乎?"泄公曰:"然。"泄公曰:"上多足下,故赦足下。"贯高曰:"所以不死、一身无馀者,白张王不反也。今王已出,吾责已塞,死不恨矣。且人臣有篡弑之名,何面目复事上哉! 纵上不杀我,我不愧于心乎!"乃仰绝亢,遂死。

荀悦论曰:贯高首为乱谋,杀主之贼;虽能证明其王,小亮不塞大逆,私行不赎公罪。《春秋》之义大居正,罪无赦可也。

臣光曰:高祖骄以失臣,贯高狠以亡君。使贯高谋逆者,高祖之过也;使张敖亡国者,贯高之罪也。

5 诏:"丙寅前有罪,殊死已下,皆赦之。"

6 二月,行自洛阳至。

7 初,上诏:"赵群臣宾客敢从张王者,皆族。"郎中田叔、孟舒皆自髡钳为王家奴以从。及张敖既免,上贤田叔、孟舒等,召见,与语,汉廷臣无能出其右者。上尽拜为郡守、诸侯相。

廷尉把审讯情况和贯高的话报告高帝,高帝感慨地说:"真是个壮士!谁平时和他要好?用私情去探听一下。"中大夫泄公说:"我和他同邑,平常很了解他,他在赵国原本就是个以义自立、不受侵辱、信守诺言的人。"高帝便派泄公持符节去贯高的竹床前探问。泄公慰问他的伤情,见仍像平日一样欢洽,便套问:"赵王张敖真的有谋反计划吗?"贯高回答说:"以人之常情,谁不爱自己的父母、妻子儿女呢?现在我的三族都被定成死罪,难道我爱赵王胜过我的亲人,不吐真情吗?实在是赵王不曾谋反,只有我们自己这样干的。"又详细述说当初的谋反原因及赵王不曾知道的情况。于是泄公入朝一一报告了高帝。春季,正月,高帝下令赦免赵王张敖,废黜为宣平侯,另调代王刘如意为赵王。

高帝称许贯高的为人,便派泄公去告诉他:"张敖已经放出去了。"同时赦免贯高。贯高高兴地问:"我的赵王真的放出去了?"泄公说:"是的。"又告诉他:"皇上看重你,所以赦免了你。"贯高却说:"我之所以不死、被打得遍体鳞伤,就是为了表明赵王张敖没有谋反。现在赵王已经出去,我的责任也尽到了,可以死而无憾。况且,我作为臣子有谋害皇帝的罪名,又有什么脸再去事奉皇上呢!即使皇上不杀我,我活着也心中有愧呀!"于是掐断自己的颈脉,自杀了。

荀悦评论说:贯高带头谋反作乱,是个有弑君恶名的人,虽然他舍身证明赵王无罪,但毕竟是小的优点掩盖不住大的恶行,个人的品德替代不了国家的法律。按照《春秋》遵循正道的礼义伦理,他是罪无可赦的。

臣司马光说:汉高祖因为骄横失去了臣下,贯高因为狠毒使他的主子遭殃。促使贯高谋反行逆的,是汉高祖的过失;致令张敖亡国的,又是贯高的犯罪行为。

5 高帝颁布诏书:"丙寅日以前犯罪者,死罪以下,都予以赦免。"

6 二月,高帝一行自洛阳回长安。

7 当初,高帝颁布诏书:"赵王群臣及宾客有敢随从张敖者,满门抄斩。"但郎中田叔、孟舒等都自行剃去头发,以铁圈束颈,作为赵王家奴随从。待到张敖免罪,高帝称许田叔、孟舒等人,下令召见,与他们交谈,发现他们的才干超过了汉朝的朝廷大臣。高帝任命他们为郡守、诸侯国丞相。

8　夏,六月,晦,日有食之。

9　更以丞相何为相国。

十年(甲辰,前197)

1　夏,五月,太上皇崩于栎阳宫。秋,七月癸卯,葬太上皇于万年。楚王、梁王皆来送葬。赦栎阳囚。

2　定陶戚姬有宠于上,生赵王如意。上以太子仁弱,谓如意类己,虽封为赵王,常留之长安。上之关东,戚姬常从,日夜啼泣,欲立其子。吕后年长,常留守,益疏。上欲废太子而立赵王,大臣争之,皆莫能得。御史大夫周昌廷争之强,上问其说。昌为人吃,又盛怒,曰:"臣口不能言,然臣期期知其不可! 陛下欲废太子,臣期期不奉诏!"上欣然而笑。吕后侧耳于东厢听,既罢,见昌,为跪谢,曰:"微君,太子几废。"

时赵王年十岁,上忧万岁之后不全也;符玺御史赵尧请为赵王置贵强相,及吕后、太子、群臣素所敬惮者。上曰:"谁可者?"尧曰:"御史大夫昌,其人也。"上乃以昌相赵,而以尧代昌为御史大夫。

3　初,上以阳夏侯陈豨为相国,监赵、代边兵。豨过辞淮阴侯,淮阴侯挈其手,辟左右,与之步于庭,仰天叹曰:"子可与言乎?"豨曰:"唯将军令之!"淮阴侯曰:"公之所居,天下精兵处也;而公,陛下之信幸臣也。人言公之畔,陛下必不信;再至,陛下乃疑矣;三至,必怒而自将。吾为公从中起,天下可图也。"陈豨素知其能也,信之,曰:"谨奉教!"

8　夏季,六月晦(三十日),出现日食。

9　改任丞相萧何为相国。

汉高祖十年(甲辰,公元前 197 年)

1　夏季,五月,太上皇于栎阳宫驾崩。秋季,七月癸卯(十四日),将太上皇安葬于万年陵。楚王、梁王都来送葬。高帝下令特赦栎阳囚犯。

2　定陶女子戚夫人受高帝宠爱,生下赵王刘如意。高帝因为太子为人憨厚懦弱,常说刘如意像自己,虽然封他为赵王,却把他长年留在长安。高帝出巡关东,戚夫人也常常随行,日夜在高帝面前哭泣,想要立如意为太子。而吕后因年老,常留守长安,与高帝关系更加疏远。高帝想废掉太子而立赵王为继承人,大臣们表示反对,都未能说服他。御史大夫周昌在朝廷上强硬地争执,高帝问他理由何在。周昌说话口吃,又在盛怒之下,急得只是说:"臣口不能言,但臣期期知道不能这样做,陛下要是废太子,臣期期不奉命!"高帝欣然而笑。吕后正在东厢房侧耳聆听,事过后,她召见周昌,向他跪谢说:"要不是你,太子几乎就废了。"

当时赵王刚十岁,高帝担心自己死后他难以安全;符玺御史赵尧于是建议为赵王配备一个地位高而又强有力,平时能让吕后、太子及群臣敬惮的相国。高帝问:"谁合适呢?"赵尧说:"御史大夫周昌正是这样的人。"高帝便任命周昌为赵国的相国,而令赵尧代替周昌为御史大夫。

3　起初,高帝任命阳夏侯陈豨为丞相,监管赵国、代国边境兵事。陈豨经过淮阴侯韩信那里,前去辞行,淮阴侯握着他的手,屏退左右随从,与他在庭院中散步,忽然仰天叹息道:"有几句话,能和你说吗?"陈豨说:"只要是将军您的指示,我都听从。"韩信说:"你所处的地位,集中了天下精兵;而你,又是陛下信任的大臣。如果有人说你反叛,陛下肯定不信;然而再有人说,陛下就会起疑心;说第三次,陛下必定会愤怒地亲自率领大兵来攻打你。请让我为你做个内应,那么天下就可以谋取了。"陈豨平常便知道韩信的能力,相信他,于是说:"谢谢你的开导!"

豨常慕魏无忌之养士,及为相守边,告归,过赵,宾客随之千馀乘,邯郸官舍皆满。赵相周昌求入见上,具言豨宾客甚盛,擅兵于外数岁,恐有变。上令人覆案豨客居代者诸不法事,多连引豨。豨恐,韩王信因使王黄、曼丘臣等说诱之。

太上皇崩,上使人召豨,豨称病不至;九月,遂与王黄等反,自立为代王,劫略赵、代。上自东击之,至邯郸,喜曰:"豨不据邯郸而阻漳水,吾知其无能为矣!"

周昌奏:"常山二十五城,亡其二十城;请诛守、尉。"上曰:"守、尉反乎?"对曰:"不。"上曰:"是力不足,亡罪。"

上令周昌选赵壮士可令将者,白见四人。上嫚骂曰:"竖子能为将乎?"四人惭,皆伏地。上封各千户,以为将。左右谏曰:"从入蜀、汉,伐楚,赏未遍行;今封此,何功?"上曰:"非汝所知。陈豨反,赵、代地皆豨有。吾以羽檄征天下兵,未有至者,今计唯独邯郸中兵耳;吾何爱四千户,不以慰赵子弟!"皆曰:"善!"

又闻豨将皆故贾人;上曰:"吾知所以与之矣。"乃多以金购豨将,豨将多降。

十一年(乙巳,前196)

1　冬,上在邯郸。陈豨将侯敞将万馀人游行,王黄将骑千馀军曲逆,张春将卒万馀人渡河攻聊城。汉将军郭蒙与齐将击,大破之。太尉周勃道太原入定代地,至马邑,不下,攻残之。赵利守东垣,帝攻拔之,更命曰真定。帝购王黄、曼丘臣以千金,其麾下皆生致之,于是陈豨军遂败。

陈豨常常美慕当年魏国信陵君魏无忌重视养士的行为,在他做丞相驻守边境,告假回来时,经过赵国,跟随他的宾客乘坐的一千多辆车把邯郸城的官府旅馆都住满了。赵国相国周昌见此情况连忙求见高帝,详述陈豨门下宾客盛多,又专擅兵权在外数年,恐怕会有事变等等。高帝令人再审查陈豨宾客在代国时的种种不法之事,很多牵连到陈豨。陈豨听说后十分恐慌,韩王信趁机派王黄、曼丘臣等人来劝诱他联成一伙。

　　太上皇驾崩时,高帝派人来召陈豨,陈豨称病不去;九月,他便与王黄等人公开反叛,自封为代王,率军劫掠赵国、代国。高帝领兵向东面进击,到达邯郸,高兴地说:"陈豨不占据邯郸而去扼守漳水,我知道他没多大能耐了!"

　　周昌奏报说:"常山郡二十五城,有二十城都失陷了,请处死郡守、都尉。"高帝问:"郡守、都尉反叛了吗?"周昌回答:"没有。"高帝说:"这是他们力量不足,没有罪。"

　　高帝又令周昌选挑赵国壮士中可充当将领的,周昌报告说可以召见四人。高帝假装谩骂道:"你们这群小子能当将军吗?"四人大为惭愧,都伏地请罪。高帝却真的赏赐各人以一千户的封邑,任用为将领。左右随从劝阻说:"跟随您进兵蜀、汉,征讨楚王至今的功臣,也未见遍行奖赏;今天封他们,以什么功劳?"高帝说:"这就不是你们所能知道的了。陈豨造反,赵国、代国一带都被他占有。我用军书征调天下军队,还没有到来的,现在算计能够调遣的只有邯郸城中这些士兵,我为什么还要爱惜那四个千户封邑,不用来抚慰赵国子弟呢!"属下都点头说:"是。"

　　高帝又听说陈豨的部将很多过去都是商人,便说:"我知道如何对付他们了。"下令多用金银去收买陈豨部将,果然有大部分来降。

汉高祖十一年(乙巳,公元前196年)

　　1 冬季,高帝在邯郸城。陈豨部将侯敞率一万馀人游动袭击,王黄率骑兵一千馀人屯军曲逆,张春率一万馀士卒渡过黄河进攻聊城。汉朝将军郭蒙与齐国将军迎击,大破陈军。太尉周勃取道太原去平定代地,兵抵马邑,久攻不下,攻下后便大行杀戮。赵利守东垣城,高帝亲自率军攻克,改名为真定。高帝又悬赏千金捉拿王黄、曼丘臣,结果其部将他们活捉前来,于是陈豨军队溃败。

淮阴侯信称病,不从击豨,阴使人至豨所,与通谋。信谋与家臣夜诈诏赦诸官徒、奴,欲发以袭吕后、太子。部署已定,待豨报。其舍人得罪于信,信囚,欲杀之。春,正月,舍人弟上变,告信欲反状于吕后。吕后欲召,恐其傥不就,乃与萧相国谋,诈令人从上所来,言豨已得,死,列侯、群臣皆贺。相国绐信曰:"虽疾,强入贺。"信入,吕后使武士缚信,斩之长乐钟室。信方斩,曰:"吾悔不用蒯彻之计,乃为儿女子所诈,岂非天哉!"遂夷信三族。

臣光曰:世或以韩信首建大策,与高祖起汉中,定三秦,遂分兵以北,禽魏,取代,仆赵,胁燕,东击齐而有之,南灭楚垓下,汉之所以得天下者,大抵皆信之功也。观其距蒯彻之说,迎高祖于陈,岂有反心哉!良由失职怏怏,遂陷悖逆。夫以卢绾里闬旧恩,犹南面王燕,信乃以列侯奉朝请,岂非高祖亦有负于信哉?臣以为高祖用诈谋禽信于陈,言负则有之;虽然,信亦有以取之也。始,汉与楚相距荥阳,信灭齐,不还报而自王;其后汉追楚至固陵,与信期共攻楚而信不至;当是之时,高祖固有取信之心矣,顾力不能耳。及天下已定,信复何恃哉!夫乘时以徼利者,市井之志也;酬功而报德者,士君子之心也。信以市井之志利其身,而以士君子之心望于人,不亦难哉!是故太史公论之曰:"假令韩信学道谦让,不伐己功,不矜其能,则庶几哉!于汉家勋,可以比周、召、太公之徒,后世血食矣!不务出此,而天下已集,乃谋畔逆,夷灭宗族,不亦宜乎!"

淮阴侯韩信假称有病,不随从高帝去攻击陈豨,暗中却派人到陈豨那里,与他勾结谋划。韩信想在夜间与家臣用伪诏书赦免官府的有罪工匠及奴隶,再鼓动他们去袭击吕后、太子。已经部署完毕,只等陈豨的消息。韩信有个门下舍人曾因得罪韩信,被囚禁起来,准备杀死。春季,正月,这个舍人的弟弟告发韩信谋反,将谋反情况报告给吕后。吕后想把韩信召来,又担心他可能不服从,便与相国萧何商议,假称有人从高帝处来,说陈豨已经被擒,处死,各地诸侯及群臣闻讯都到朝中祝贺。萧何又欺骗韩信说:"你虽然病了,也应当强撑着来道贺。"韩信来到朝廷,吕后便派武士将他捆绑起来,在长乐宫钟室里斩首。韩信在斩首之前,叹息说:"我真后悔没用蒯彻的计策,竟上了小孩子、妇人的当,这难道不是天意吗!"吕后随后下令将韩信三族都连坐杀死。

臣司马光说:世间有人认为,韩信为汉高祖首先奠定开业大计,与他一同在汉中起事,平定三秦后,又分兵向北,擒获魏国,夺取代国,扑灭赵国,控制燕国,再向东攻击占领齐国,复向南在垓下消灭楚国,汉朝之所以能得到天下,大多要归功于韩信。再看他拒绝蒯彻的建议,在陈地迎接高祖,哪里有反叛之心呢!实在是因为失去职权后怏怏不快,才陷于大逆不道。卢绾仅仅是高祖里巷旧邻,就封为燕王,而韩信却以侯爵身份在朝廷听命,高祖难道不也有亏待韩信的地方吗?我认为汉高祖用诈骗手段在陈地抓获韩信,说他亏待是有的;不过,韩信也有咎由自取之处。当初,汉王与楚王在荥阳相持,韩信灭了齐国,不来奏报汉王却自立为王;其后,汉王追击楚王到固陵,与韩信约定共同进攻楚王,而韩信按兵不动;当时,高祖已经有诛杀韩信的念头了,只是力量还做不到罢了。待到天下已经平定,韩信还有什么可倚仗的呢!抓住机会去谋取利益,是市井小人的志向;建立大功以报答有道德的人,是士人君子的胸怀。韩信用市井小人的志向为自己谋取利益,又用士人君子的胸怀寄希望于他人,不是大错特错吗!所以,太史公司马迁评论说:"假如让韩信学会谦虚礼让的品德,不夸耀自己的功劳,不矜持自己的才能,情况就不同了!他对汉家的功勋,可以与周公、召公、太公吕尚等人相比,足使子孙后代享有祭祀!他想不到这一点,反而在天下已经归于一家时,图谋叛逆,被斩灭宗族,正是理所当然的!"

2　将军柴武斩韩王信于参合。

3　上还洛阳,闻淮阴侯之死,且喜且怜之,问吕后曰:"信死亦何言?"吕后曰:"信言恨不用蒯彻计。"上曰:"是齐辩士蒯彻也。"乃诏齐捕蒯彻。蒯彻至,上曰:"若教淮阴侯反乎?"对曰:"然,臣固教之。竖子不用臣之策,故令自夷于此;如用臣之计,陛下安得而夷之乎!"上怒曰:"烹之!"彻曰:"嗟乎!冤哉烹也!"上曰:"若教韩信反,何冤?"对曰:"秦失其鹿,天下共逐之,高材疾足者先得焉。跖之狗吠尧,尧非不仁,狗固吠非其主。当是时,臣唯独知韩信,非知陛下也。且天下锐精持锋欲为陛下所为者甚众,顾力不能耳,又可尽烹之邪?"上曰:"置之。"

4　立子恒为代王,都晋阳。

5　大赦天下。

6　上之击陈豨也,征兵于梁,梁王称病,使将将兵诣邯郸。上怒,使人让之。梁王恐,欲自往谢。其将扈辄曰:"王始不往,见让而往,往则为禽矣,不如遂发兵反。"梁王不听。梁太仆得罪,亡走汉,告梁王与扈辄谋反。于是上使使掩梁王,梁王不觉,遂囚之洛阳。有司治:"反形已具,请论如法。"上赦以为庶人,传处蜀青衣。西至郑,逢吕后从长安来。彭王为吕后泣涕,自言无罪,愿处故昌邑。吕后许诺,与俱东。至洛阳,吕后白上曰:"彭王壮士,今徙之蜀,此自遗患,不如遂诛之。妾谨与俱来。"于是吕后乃令其舍人告彭越复谋反。廷尉王恬开奏请族之,上可其奏。三月,夷越三族。枭越首洛阳,下诏:"有收视者,辄捕之。"

2　将军柴武在参合将韩王信斩首。

3　高帝回到洛阳,知道淮阴侯韩信被杀,又是欣喜又是怜惜,问吕后说:"韩信临死有什么话?"吕后说:"韩信说后悔没用蒯彻的计谋。"高帝悟道:"是齐国的能辩之士蒯彻呀!"便诏令齐国逮捕蒯彻。蒯彻押来后,高帝问:"你教韩信造反吗?"回答说:"是的,我是教过。那家伙不听我的计策,所以才自取灭亡以至于此;如果用我的计策,陛下怎么能够杀了他呢!"高帝勃然大怒,下令:"煮死他!"蒯彻大叫:"哎呀! 煮我实在冤枉!"高帝问:"你教韩信造反,还有何冤枉?"蒯彻说:"秦朝失去江山,天下人都群起争夺,有才能、动作快的人能先得到。古时跖的狗对尧狂叫,并不是尧为人不仁义,而是狗本来就要对不是他的主人的人吠叫。当时,我作为臣子只知道有韩信,不知道有陛下啊! 何况,天下磨刀霍霍,想做陛下这般大业的人很多,只是力量达不到罢了,您又能都煮死吗?"高帝听罢说:"饶了他。"

4　高帝立儿子刘恒为代王,以晋阳为都城。

5　高帝下令大赦天下。

6　高帝进攻陈豨时,向梁王彭越征兵,彭越称病,只派将军率兵赴邯郸。高帝大怒,令人前去斥责。彭越恐惧,想亲身入朝谢罪。部将扈辄说:"您开始不去,受到斥责后才去,去就会被擒,不如就势发兵反了吧。"彭越不听劝告。他的太仆因获罪逃往长安,控告梁王彭越与扈辄谋反。于是高帝派人突然袭击彭越,彭越没有发觉,便被俘囚禁在洛阳。有关衙门审讯结果是:"已有反叛意向,应按法律处死。"高帝赦免他为平民,流放到蜀郡青衣居住。彭越向西到了郑地,遇到吕后从长安来。彭越向吕后哭泣哀求,说自己无罪,希望能到旧地昌邑居住。吕后口中应允,与他一起向东回到洛阳。吕后对高帝说:"彭越是个壮士,如今把他流放到蜀郡,这是留后患,不如就此杀了他。我于是带了他回来。"吕后又指使彭越门下舍人控告彭越再行谋反。廷尉王恬开奏请将彭越灭三族,高帝予以认可。三月,彭越三族都被斩首。还割下彭越的首级在洛阳示众,并颁布诏令:"有来收敛者,一律逮捕。"

梁大夫栾布使于齐,还,奏事越头下,祠而哭之。吏捕以闻。上召布,骂,欲烹之。方提趋汤,布顾曰:"愿一言而死。"上曰:"何言?"布曰:"方上之困于彭城,败荥阳、成皋间,项王所以遂不能西者,徒以彭王居梁地,与汉合从苦楚也。当是之时,王一顾,与楚则汉破,与汉则楚破。且垓下之会,微彭王,项氏不亡。天下已定,彭王剖符受封,亦欲传之万世。今陛下一征兵于梁,彭王病不行,而陛下疑以为反;反形未具,以苛小案诛灭之。臣恐功臣人人自危也。今彭王已死,臣生不如死,请就烹!"于是上乃释布罪,拜为都尉。

7 丙午,立皇子恢为梁王;丙寅,立皇子友为淮阳王。罢东郡,颇益梁;罢颍川郡,颇益淮阳。

8 夏,四月,行自洛阳至。

9 五月,诏立秦南海尉赵佗为南粤王,使陆贾即授玺绶,与剖符通使,使和集百越,无为南边患害。

初,秦二世时,南海尉任嚣病且死,召龙川令赵佗,语曰:"秦为无道,天下苦之。闻陈胜等作乱,天下未知所安。南海僻远,吾恐盗兵侵地至此,欲兴兵绝新道自备,待诸侯变,会病甚。且番禺负山险,阻南海,东西数千里,颇有中国人相辅,此亦一州之主也,可以立国。郡中长吏,无足与言者,故召公告之。"即被佗书,行南海尉事。嚣死,佗即移檄告横浦、阳山、湟谿关曰:"盗兵且至,急绝道,聚兵自守!"因稍以法诛秦所置长吏,以其党为假守。秦已破灭,佗即击并桂林、象郡,自立为南越武王。

梁王彭越的大夫栾布出使齐国,回来后,仍在彭越的头颅下奏报,祭祀后大哭一场。官吏将他逮捕报告高帝。高帝召来栾布,痛骂一番,想煮死他。两旁人正提起他要投入锅中,栾布回头说:"请让我说句话再死。"高帝便问:"还有什么话?"栾布说:"当年皇上受困于彭城,战败于荥阳、成皋之间,项羽之所以不能再向西进攻,就是因为彭越守住梁地,与汉联合困扰楚军。当时,只要彭越一动念头,与项羽联合则汉失败,与汉联合则楚失败。而且垓下会战,没有彭越,就难以消灭项羽。如今天下已经平定,彭越接受符节,被封为王,也想传给子孙后代。而如今陛下一次向梁国征兵,彭越因病不能前来,陛下就疑心以为造反;未见到反叛迹象,便以烦琐小事诛杀了他。我担心功臣都会人人自危。现在彭越已经死了,我活着也不如死,请煮死我吧!"高帝认为有理,便赦免了栾布死罪,还封他为都尉。

　　7　丙午,高帝立皇子刘恢为梁王,丙寅(十一日),立皇子刘友为淮阳王。废除东郡,全部并入梁国;废除颍川郡,全部并入淮阳。

　　8　夏季,四月,高帝一行从洛阳回长安。

　　9　五月,高帝下诏立原秦朝南海尉赵佗为南粤王,派陆贾为使节授予印信绶带,颁发符节,互通使者,让他安抚召集百越,不要再成为南方边境的祸害。

　　当初,秦二世时,南海尉任嚣病重将死,他召来龙川县令赵佗,说:"秦朝昏庸无道,天下都十分怨愤。听说陈胜等人已起兵造反,天下不知何时才能安定。我们南海虽然地处偏远,我也担心盗贼匪兵到这里来侵占地盘,想征发兵丁切断秦朝修筑的通往内地新道,以防备自卫,静观各路诸侯的变化,却一病不起。再说我们的番禺城倚仗山势险要,使南海郡与内地的阻隔,东西延绵几千里,都有中原人在辅佐治理,这也是一州之首,可以建立个国家。我看郡中的官员,没有人足以嘱托重任,所以召你前来。"任嚣说完,便为赵佗写下委任书,请他治理南海尉的政事。任嚣死后,赵佗立即发出檄文通知横浦、阳山、湟谿关说:"盗匪军队就要来到,各地立即断绝通道,聚兵自守。"又借小事依法诛杀秦朝所设官员,以他的同党做代理郡守。秦朝灭亡后,赵佗立即发兵进攻吞并桂林、象郡,自立为南越武王。

　　陆生至，尉佗魋结、箕倨见陆生。陆生说佗曰："足下中国人，亲戚、昆弟、坟墓在真定。今足下反天性，弃冠带，欲以区区之越与天子抗衡为敌国，祸且及身矣！且夫秦失其政，诸侯、豪杰并起，唯汉王先入关，据咸阳。项羽倍约，自立为西楚霸王，诸侯皆属，可谓至强。然汉王起巴、蜀，鞭笞天下，遂诛项羽，灭之。五年之间，海内平定，此非人力，天之所建也。天子闻君王王南越，不助天下诛暴逆，将相欲移兵而诛王。天子怜百姓新劳苦，故且休之，遣臣授君王印，剖符通使。君王宜郊迎，北面称臣；乃欲以新造未集之越，屈强于此！汉诚闻之，掘烧王先人冢，夷灭宗族，使一偏将将十万众临越，则越杀王降汉如反覆手耳！"于是尉佗乃蹶然起坐，谢陆生曰："居蛮夷中久，殊失礼义。"因问陆生曰："我孰与萧何、曹参、韩信贤？"陆生曰："王似贤也。"复曰："我孰与皇帝贤？"陆生曰："皇帝继五帝、三皇之业，统理中国；中国之人以亿计，地方万里，万物殷富；政由一家，自天地剖判未始有也。今王众不过数十万，皆蛮夷，崎岖山海间，譬若汉一郡耳，何乃比于汉！"尉佗大笑曰："吾不起中国，故王此；使我居中国，何遽不若汉！"乃留陆生与饮，数月，曰："越中无足与语，至生来，令我日闻所不闻。"赐陆生橐中装直千金，他送亦千金。陆生卒拜尉佗为南越王，令称臣，奉汉约。归报，帝大悦，拜贾为太中大夫。

陆贾来到南越,赵佗头上盘着南越族的头髻,伸着两脚接见他。陆贾劝说赵佗:"您是中原人士,亲戚、兄弟、祖先坟墓都在真定。现在您违反天性,抛弃华夏冠带,想以区区南越之地与汉朝天子相抗衡成为敌国,小心大祸就要临头呀!再说,秦朝丧失德政,各地诸侯、豪强纷纷起兵反抗,只有汉王能先入关中,占据咸阳。项羽却背弃誓约,自立为西楚霸王,诸侯都成为他的部属,他可以说是极强大的了。但汉王起兵巴、蜀后,便横扫天下,终于诛杀了项羽,消灭群雄。五年之间,海内获得平定,这并非人力所为,而是上天的建树啊!汉朝天子听说您在南越称王,却不协助天下诛杀暴逆,文武将相都请求派兵来剿灭您。但天子怜悯百姓刚刚经过兵事劳苦,所以暂且休兵不发,派我前来授您君王印信,颁发符节,互通使臣。您应该亲自到郊外迎接,向北称臣才是,谁知您竟凭借新近开辟未曾收服的百越夷族,如此倔强不服从!汉朝要是知道了,掘毁焚烧您祖先的坟墓,杀光您的宗族,再派一员偏将率领十万大兵压境,南越人杀您投降汉朝,是易如反掌的!"于是赵佗大惊失色,立即离开座位,向陆贾谢罪说:"我在蛮夷民族中居住已久,实在是不懂礼义了。"他又问陆贾:"我与萧何、曹参、韩信比,谁高明?"陆贾回答:"似乎是您高明些。"赵佗又问:"那么我与汉朝皇帝比,谁高明?"陆贾说:"皇帝继承三皇、五帝的伟业,统一治理中国;中原人口以亿计算,土地方圆万里,万物殷实丰富;皇帝能把政权集于一家之手,是开天辟地以来未曾有过的事。您的臣民不过几十万,还都是蛮夷,散布在崎岖的崇山大海之间,只能与汉朝的一个郡相比而已,怎么可以与汉朝相提并论!"赵佗大笑着说:"我没有在中原起事,所以在这里称王;如果我在中原,怎么就见得不如汉朝!"说完便留下陆贾与他畅饮,过了几个月,赵佗说:"南越中没有可说话的人,直到你来,才让我每天听到从不知道的事。"又赏赐陆贾价值千金的珠宝,其他馈送也达千金之多。陆贾于是封赵佗为南越王,令他向汉朝称臣,遵守汉朝的约定。陆贾回朝报告,高帝大为高兴,封陆贾为太中大夫。

陆生时时前说称《诗》、《书》，帝骂之曰："乃公居马上而得之，安事《诗》、《书》!"陆生曰："居马上得之，宁可以马上治之乎？且汤、武逆取而以顺守之，文武并用，长久之术也。昔者吴王夫差、智伯、秦始皇，皆以极武而亡。乡使秦已并天下，行仁义，法先圣，陛下安得而有之!"帝有惭色，曰："试为我著秦所以失天下，吾所以得之者及古成败之国。"陆生乃粗述存亡之征，凡著十二篇。每奏一篇，帝未尝不称善，左右呼万岁；号其书曰"《新语》"。

10　帝有疾，恶见人，卧禁中，诏户者无得入群臣，群臣绛、灌等莫敢入，十馀日。舞阳侯樊哙排闼直入，大臣随之。上独枕一宦者卧。哙等见上，流涕曰："始，陛下与臣等起丰、沛，定天下，何其壮也！今天下已定，又何惫也！且陛下病甚，大臣震恐；不见臣等计事，顾独与一宦者绝乎！且陛下独不见赵高之事乎?"帝笑而起。

11　秋，七月，淮南王布反。

初，淮阴侯死，布已心恐。及彭越诛，醢其肉以赐诸侯。使者至淮南，淮南王方猎，见醢，因大恐，阴令人部聚兵，候伺旁郡警急。布所幸姬，病就医，医家与中大夫贲赫对门，赫乃厚馈遗，从姬饮医家。王疑其与乱，欲捕赫。赫乘传诣长安上变，言"布谋反有端，可先未发诛也。"上读其书，语萧相国，相国曰："布不宜有此，恐仇怨妄诬之。请系赫，使人微验淮南王。"淮南王见赫以罪亡上变，固已疑其言国阴事；汉使又来，颇有所验；遂族赫家，发兵反。反书闻，上乃赦贲赫，以为将军。

陆贾时时在高帝面前引用《诗经》、《尚书》，高帝斥骂他说："你老子是在战马上打下的天下，哪里用得着《诗经》、《尚书》!"陆贾反驳道："在战马上得天下，难道可以在战马上治理天下吗？商朝汤王、周朝武王都是起兵造反而顺势守成的，文武并用，才是长治久安的方针。当年吴王夫差、智伯瑶、秦始皇，也都是因为穷兵黩武而灭亡的。假使秦国吞并天下之后，推行仁义，效法先圣，陛下您难道还能有今天吗!"高帝露出惭愧面容，说："请你试为我写出秦国所以失去天下，我所以得到天下及古今国家成败的道理。"陆贾于是大略阐述了国家存亡的要旨，共写成十二篇。每奏上一篇，高帝都击掌叫好，左右随从也齐呼万岁，该书便被称为《新语》。

10　高帝生了病，讨厌见人，躺在宫中，命令守宫门官员不准群臣进入，周勃、灌婴等群臣都不敢进去，这样一连十几天。舞阳侯樊哙闯开宫门直冲而入，各大臣也随后跟进。只见高帝正以一个宦官为枕头，独自躺在那里。樊哙等人见了皇帝，流着眼泪说："想当年，陛下与我们一同在丰、沛起事，平定天下，是何等的雄壮! 现在天下已经安定，怎么又这般疲惫不堪! 而且，陛下得病长久，大臣们就感到震惊恐惧；陛下不与我们商议国家大事，难道要和一个宦官到死吗! 再说陛下难道不想一想当年赵高篡权的事吗?"高帝便笑着起了身。

11　秋季，七月，淮南王黥布反叛。

起初，淮阴侯韩信被杀，黥布已感到心惊。待到彭越也遭处死，高帝又把他的肉制成肉酱分赐各地诸侯。使者到了淮南，淮南王黥布正在打猎，见了肉酱，大为惊恐，便暗中派人部署军队，观望有无其他郡报警告急。黥布宠爱的一个夫人，因病延请医生，医生与中大夫贲赫住对门，贲赫便备下厚礼送给医生，陪同夫人在医生家饮酒。黥布却怀疑贲赫与夫人私通，想抓起贲赫治罪。贲赫觉察，乘传达命令的马车跑到长安城向高帝指控说："黥布谋反，已有迹象，应该趁他尚未发动先行诛杀。"高帝读了他的举报信，对萧何说起，萧何说："黥布不至于做这种事，恐怕是仇人妄行诬告他。可以先把贲赫抓起来，派人去试探黥布的虚实。"黥布见贲赫负罪逃去向高帝控告，本来已经疑心他会说出自己的阴谋；又见到汉朝使者前来，大加查访；便杀光贲赫全家，发兵反叛。造反的报告传至，高帝于是赦免贲赫，任命为将军。

　　上召诸将问计。皆曰："发兵击之，坑竖子耳，何能为乎！"汝阴侯滕公召故楚令尹薛公问之。令尹曰："是固当反。"滕公曰："上裂地而封之，疏爵而王之，其反何也？"令尹曰："往年杀彭越，前年杀韩信，此三人者，同功一体之人也，自疑祸及身，故反耳！"滕公言之上，上乃召见，问薛公，薛公对曰："布反不足怪也。使布出于上计，山东非汉之有也；出于中计，胜败之数未可知也；出于下计，陛下安枕而卧矣。"上曰："何谓上计？"对曰："东取吴，西取楚，并齐，取鲁，传檄燕、赵，固守其所，山东非汉之有也。""何谓中计？"东取吴，西取楚，并韩，取魏，据敖仓之粟，塞成皋之口，胜败之数未可知也。""何谓下计？""东取吴，西取下蔡，归重于越，身归长沙，陛下安枕而卧，汉无事矣。"上曰："是计将安出？"对曰："出下计。"上曰："何为废上、中计而出下计？"对曰："布，故丽山之徒也，自致万乘之主，此皆为身，不顾后、为百姓万世虑者也，故曰出下计。"上曰："善！"封薛公千户。乃立皇子长为淮南王。

　　是时，上有疾，欲使太子往击黥布。太子客东园公、绮里季、夏黄公、角里先生说建成侯吕释之曰："太子将兵，有功则位不益，无功则从此受祸矣。君何不急请吕后，承间为上泣言：'黥布，天下猛将也，善用兵。今诸将皆陛下故等夷，乃令太子将此属，无异使羊将狼，莫肯为用。且使布闻之，则鼓行而西耳。上虽病，强载辎车，卧而护之，诸将不敢不尽力。上虽苦，为妻子自强！'"于是吕释之立夜见吕后。吕后承间为上泣涕而言，如四人意。上曰："吾惟竖子固不足遣，而公自行耳。"

高帝召集众将询问对策，大家都说："只要一发兵征讨，就坑杀了这家伙，他有什么能耐！"汝阴侯滕公夏侯婴召来原楚国的令尹薛公，向他征求意见。薛公说："黥布当然要反。"夏侯婴奇怪地问："皇上分割领土封给他，又分赐爵位让他称王，还有什么造反的道理？"薛公回答道："皇上前不久杀了彭越，再早些还杀了韩信，黥布与他们两人，是功劳相同的一类人，他自然要疑心大祸降临，所以便造反了。"夏侯婴将此话告诉高帝，高帝于是传来薛公，问他，薛公回答说："黥布造反不足为怪。但是，如果他采用上策，崤山之东便不再是汉朝所有的了；如果他采用中策，两方谁胜谁负还难以预料；如果他采用下策，那么陛下就可以高枕无忧了。"高帝问："什么是他的上策？"回答说："向东攻取吴地，向西夺占楚地，吞并齐地，占据鲁地，鼓动燕、赵两地，然后固守大本营淮南，那么崤山以东就不是汉朝的天下了。""什么是他的中策？""向东攻取吴地，向西夺占楚地，吞并韩地，占据魏地，掌握敖仓的储粮，阻塞成皋通道，那么谁胜谁负还难以预料。""什么是他的下策？""向东攻取吴地，向西夺占下蔡，然后把辎重送回越地，自己回到长沙，那么陛下就可以高枕无忧，汉朝就没有什么大事了。"高帝又问："他将会使哪种计策呢？"薛公说："必使下策。"高帝问："为什么他会舍弃上、中策而采用下策呢？"薛公答道："黥布其人，原是个修骊山的罪人，平步而成万人之上的王，这些都使他只顾自身，不顾以后，更不会为百姓做长远打算，所以说他采用下策。"高帝听后说："好！"下令封薛公一千户的封地。于是宣布立皇子刘长为淮南王。

　　这时，高帝正有病，想让太子前去进攻黥布。太子的座上客东园公、绮里季、夏黄公、角里先生劝建成侯吕释之说："太子统帅大军，有了功劳地位不会再增高，没有功劳便从此大为不利。你何不赶快去请求吕后，抓个机会在高帝面前哭求说：'黥布是天下闻名的猛将，擅长用兵。而我方众将领又都是过去与陛下平起平坐的旧人，要是让太子指挥这些人，无异于让羊去驱使狼，无人听命于他。一旦黥布知道，便会击鼓向西，长驱直入了。皇上您虽然有病，也要勉强支撑起来，躺在帘车上，护持着前去，众将领就不敢不尽力。皇上虽然生病困苦，为了妻子儿女还是要振作一下！'"于是吕释之立刻连夜求见吕后。吕后趁个机会对高帝流泪哀求，照四位宾客的话说了。高帝说："我本知道这小子不配派遣，老子自己去吧！"

于是上自将兵而东，群臣居守，皆送至霸上。留侯病，自强起，至曲邮，见上曰："臣宜从，病甚。楚人剽疾，愿上无与争锋！"因说上令太子为将军，监关中兵。上曰："子房虽病，强卧而傅太子。"是时，叔孙通为太傅，留侯行少傅事。发上郡、北地、陇西车骑、巴蜀材官及中尉卒三万人为皇太子卫，军霸上。

布之初反，谓其将曰："上老矣，厌兵，必不能来。使诸将，诸将独患淮阴、彭越，今皆已死，馀不足畏也。"故遂反。果如薛公之言，东击荆，荆王贾走死富陵。尽劫其兵，渡淮击楚。楚发兵与战徐、僮间，为三军，欲以相救为奇。或说楚将曰："布善用兵，民素畏之。且兵法'诸侯自战其地为散地'，今别为三，彼败吾一军，馀皆走，安能相救！"不听，布果破其一军，其二军散走。布遂引兵而西。

十二年(丙午，前195)

1　冬，十月，上与布军遇于蕲西，布兵精甚。上壁庸城，望布军置陈如项籍军，上恶之。与布相望见，遥谓布曰："何苦而反？"布曰："欲为帝耳！"上怒骂之，遂大战。布军败走，渡淮，数止战，不利，与百馀人走江南，上令别将追之。

2　上还，过沛，留，置酒沛宫，悉召故人、父老、诸母、子弟佐酒，道旧故为笑乐。酒酣，上自为歌，起舞，慷慨伤怀，泣数行下，谓沛父兄曰："游子悲故乡。朕自沛公以诛暴逆，遂有天下。其以沛为朕汤沐邑，复其民，世世无有所与。"乐饮十馀日，乃去。

于是高帝统率大兵向东进发,群臣留守朝中,都送行到霸上。留侯张良生了病,也强撑身子,来到曲邮,对高帝说:"我本应随您出征,但实在病重。黥布那些楚国人剽悍凶猛,望皇上不要和他硬拼!"又建议高帝让太子为将军,监领关中军队。高帝说:"张先生虽然有病在身,但躺着也要帮太子一把。"当时,叔孙通是太子的太傅,张良管理少傅之事。高帝又下令征发上郡、北地、陇西的常备人马,巴、蜀两地的材官及京师中尉的军队三万人,作为皇太子的警卫部队,驻扎在霸上。

黥布造反之初,对部将说:"皇上老了,讨厌兵事,肯定不能来。要是派各大将,其中我只怕韩信、彭越,但现在都死了,其他人全不值得担心。"所以决心反叛。他果然像薛公说的那样,向东攻击吴地的荆王刘贾,刘贾败逃死在富陵。黥布裹胁了刘贾的全部兵士,渡过淮河攻打楚王刘交。刘交发兵在徐县、僮县一带迎战,他把军队分为三支,想以互相救援出奇制胜。有人劝说楚王大将道:"黥布善于用兵,人们平时就惧怕他。何况兵法说:'诸侯在自己领土上作战,士兵极易逃散。'现在楚军分为三支,敌军只要打败一支,其余的就会逃跑,哪能互相援救呢!"楚王不听,结果被黥布攻破一支,另两支果然便四散了。黥布于是引兵西进。

汉高祖十二年(丙午,公元前195年)

1 冬季,十月,高帝刘邦与黥布军队在蕲西对阵,黥布军队十分精锐。高帝便坚守庸城,远远望去,黥布军队的布阵如同当年的项籍军队,高帝心中顿生厌恶。他与黥布互相望见,远远地质问黥布:"你何苦要造反?"黥布回答说:"想当皇帝而已!"高帝怒声斥骂他,然后双方大战一场。黥布军队败退而逃,渡过淮河,虽然几次停住阵脚再战,仍不能取胜,只好与一百馀人逃到长江南岸,高帝便另派一员将军继续追击。

2 高帝凯旋,路过沛县,决定留宿,在沛宫举行酒宴,把旧友、父老、女性长辈、家族子弟全部召来,共叙旧情,欢笑作乐。酒喝到兴起,高帝自己唱起歌来,欣然起舞,唱到慷慨悲壮之时,不觉洒下了几行热泪,对沛县父老兄弟说:"游子悲故乡。我以沛公名义起事诛灭秦朝暴逆,才夺取了天下。现在把沛县当作我休养的汤沐邑,免除县中百姓的赋役,世世代代不予征收。"高帝在沛县饮酒欢乐十多天后,才离去。

3　汉别将击英布军洮水南、北,皆大破之。布故与番君婚,以故长沙成王臣使人诱布,伪欲与亡走越,布信而随之。番阳人杀布兹乡民田舍。

4　周勃悉定代郡、雁门、云中地,斩陈豨于当城。

5　上以荆王贾无后,更以荆为吴国。辛丑,立兄仲之子濞为吴王,王三郡五十三城。

6　十一月,上过鲁,以太牢祠孔子。

7　上从破黥布归,疾益甚,愈欲易太子。张良谏不听,因疾不视事。叔孙通谏曰:"昔者晋献公以骊姬之故,废太子,立奚齐,晋国乱者数十年,为天下笑。秦以不蚤定扶苏,令赵高得以诈立胡亥,自使灭祀,此陛下所亲见。今太子仁孝,天下皆闻之。吕后与陛下攻苦食啖,其可背哉!陛下必欲废適而立少,臣愿先伏诛,以颈血污地!"帝曰:"公罢矣,吾直戏耳!"叔孙通曰:"太子,天下本,本一摇,天下振动;奈何以天下为戏乎!"时大臣固争者多,上知群臣心皆不附赵王,乃止不立。

8　相国何以长安地狭,上林中多空地,弃,愿令民得入田,毋收稿,为禽兽食。上大怒曰:"相国多受贾人财物,乃为请吾苑!"下相国廷尉,械系之。数日,王卫尉侍,前问曰:"相国何大罪,陛下系之暴也?"上曰:"吾闻李斯相秦皇帝,有善归主,有恶自与。今相国多受贾竖金,而为之请吾苑以自媚于民,故系治之。"王卫尉曰:"夫职事苟有便于民而请之,真宰相事,陛下奈何乃疑相国受贾人钱乎?且陛下距楚数岁,陈豨、黥布反,陛下自将而往。当是时,相国守关中,关中摇足,则关以西非陛下有也!相国不以此时为利,今乃利贾人之金乎?

3　汉朝将军在洮水南、北追击黥布残军,都大获全胜。黥布曾与番君吴芮结有婚姻之好,所以长沙成王吴臣便派人诱骗黥布,假称想和他一起逃到南越去,黥布果然相信,与使者前来,结果在兹乡农民田舍被番阳人杀死。

4　周勃全部平定代郡、雁门、云中等地,在当城将陈豨斩首。

5　高帝因为荆王刘贾没有后人,便改荆国为吴国。辛丑(二十五日),立兄长刘仲的儿子刘濞为吴王,管辖三个郡五十三座城。

6　十一月,高帝经过鲁地,用牛、羊、猪的太牢礼祭祀孔子。

7　高帝自从征服黥布归来,病更加重,就更想换太子。张良劝止未被接受,只好称病不上朝治理政事。叔孙通又劝谏说:"从前晋献公因为宠爱骊姬,废黜太子,另立奚齐,结果造成晋国几十年内乱,被各国耻笑。秦国也因为不早定扶苏为太子,使赵高得以用奸诈手段立胡亥为皇帝,自己使宗庙灭绝,这是陛下亲眼所见的。如今太子仁义孝顺,天下都知道。吕后又与陛下粗茶淡饭艰苦创业,怎可背弃! 陛下如果非要废去嫡长子而立小儿子,我宁愿一死,以血涂地!"高帝只好说:"你不要这样,我只是开玩笑而已!"叔孙通又说:"太子,是国家的根本,根本一旦动摇,天下就会震动,怎么能用天下来开玩笑呢!"当时大臣中据理力争的人很多,高帝明白群臣的心都不向着赵王,于是放下此事不再提。

8　相国萧何因为长安地方狭窄,而皇家上林苑中有很多空地,荒弃不用,便建议让百姓入内耕种,留下禾秆不割,作为苑中鸟兽的饲料。高帝一听勃然大怒说:"萧何你一定收下了商人的大批财物,才替他们算计我的上林苑!"下令廷尉逮捕萧何,用刑具锁铐。过了几天,一个姓王的卫尉侍奉高帝,上前探问:"相国犯了什么大罪,陛下把他捆得这样狠?"高帝说:"我听说李斯做秦始皇的丞相时,有善行就归功于君主,有过失就自己承担。现在萧何接受了商人的大批财物,为他们要我的上林苑,以讨好下民,所以抓起他来治罪。"王卫尉便劝谏说:"分内的事只要对百姓有利就向皇帝建议,这是真正的宰相行为,陛下为什么要疑心萧相国受了商人钱财呢? 况且,陛下与楚霸王作战几年,陈豨、黥布造反,您亲自率军出征。当时,萧相国独守关中,只要关中一有动摇,函谷关以西就不再是您的天下了! 萧相国不在那时为自己谋利,反而在现在贪图商人的金钱吗?

且秦以不闻其过亡天下,李斯之分过,又何足法哉! 陛下何疑宰相之浅也!"帝不怿。是日,使使持节赦出相国。相国年老,素恭谨,入,徒跣谢。帝曰:"相国休矣! 相国为民请苑,吾不许,我不过为桀、纣主,而相国为贤相。吾故系相国,欲令百姓闻吾过也。"

9　陈豨之反也,燕王绾发兵击其东北。当是时,陈豨使王黄求救匈奴,燕王绾亦使其臣张胜于匈奴,言豨等军破。张胜至胡,故燕王臧荼子衍出亡在胡,见张胜曰:"公所以重于燕者,以习胡事也;燕所以久存者,以诸侯数反,兵连不决也。今公为燕,欲急灭豨等;豨等已尽,次亦至燕,公等亦且为虏矣。公何不令燕且缓陈豨,而与胡和? 事宽,得长王燕;即有汉急,可以安国。"张胜以为然,乃私令匈奴助豨等击燕。燕王绾疑张胜与胡反,上书请族张胜。胜还,具道所以为者,燕王乃诈论他人,脱胜家属,使得为匈奴间。而阴使范齐之陈豨所,欲令久亡,连兵勿决。

汉击黥布,豨常将兵居代。汉击斩豨,其裨将降,言燕王绾使范齐通计谋于豨所。帝使使召卢绾,绾称病;又使辟阳侯审食其、御史大夫赵尧往迎燕王,因验问左右。绾愈恐,闭匿,谓其幸臣曰:"非刘氏而王,独我与长沙耳。往年春,汉族淮阴,夏,诛彭越,皆吕氏计。今上病,属任吕后。吕后妇人,专欲以事诛异姓王者及大功臣。"乃遂称病不行,其左右皆亡匿。语颇泄,辟阳侯闻之,归,具报上,上益怒;又得匈奴降者,言张胜亡在匈奴为燕使。于是上曰:"卢绾果反矣!"春,二月,使樊哙以相国将兵击绾,立皇子建为燕王。

再说,秦朝就是因为不知道自己的过失才丧失了天下,李斯为秦始皇分担了些过失的作为,又有什么值得效法的呢?陛下为什么如此轻易地怀疑相国呢!"高帝听完很不高兴。但还是在当天派人持符节赦免释放了萧何。萧何年纪已老,平时对高帝很恭谨,这时便光着脚前去谢恩。高帝说:"相国您不要这样! 相国为人民讨要上林苑,我不准许,我不过是夏桀、商纣那样的昏君,而相国您当然是贤良的宰相。我故意抓起相国,就是想让百姓知道我的过失啊!"

9 陈豨造反时,燕王卢绾发兵进攻他的东北面。这时,陈豨派王黄向匈奴求救,燕王卢绾也派出使臣张胜去匈奴那里,宣传陈豨的军队已经失败了。张胜到了匈奴部落,原来的燕王臧荼的儿子臧衍正逃亡在那里,见了张胜便说:"先生您之所以在燕国受到重用,就是因为熟悉与匈奴的外交;燕国之所以能长期存在,就是因为内地各诸侯屡次反叛,兵事连绵,久而不决。如今您为燕国考虑,想赶快灭掉陈豨等人;等到陈豨一消灭,接下来就轮到燕国,你们也就成为阶下囚了。你何不让燕王暂缓进攻陈豨,而与匈奴和好? 情况缓和之时,燕王便可以长期称王;一旦汉朝逼迫燕王急了,也可以借外援保全自己。"张胜认为很对,于是私下让匈奴帮助陈豨等人抵抗燕军。燕王卢绾疑心张胜勾结匈奴反叛,立即上书朝廷请将张胜全家斩首。这时张胜回来了,详细说明之所以这样行事的原因,燕王于是假借他人论罪处死,开脱了张胜家属,派他去匈奴作内线。同时暗中使范齐潜去陈豨那里,想让他长期逃亡在外,双方对峙,不作决战。

汉朝攻击黥布时,陈豨时常率兵驻扎代郡。汉朝进攻杀死陈豨后,他的偏将投降,说出燕王卢绾曾派范齐去陈豨那里沟通计谋。高帝于是派人去召卢绾回朝,卢绾称病不来;又派辟阳侯审食其、御史大夫赵尧前去迎接燕王,顺便查验盘问他左右随从。燕王卢绾更加恐惧,躲藏起来,对心腹之臣说:"不是刘氏家族而称王的,只有我和长沙王了。去年春季,汉朝杀了韩信全家,夏季又处死彭越,这都是吕后的主意。如今皇上病重,大权委托吕后。吕后这个妇人,一心想找事诛杀异姓王和大功臣。"于是称病推托不入朝,卢绾的左右心腹也藏匿起来。卢绾的这些话有些泄露了出去,审食其听说后,回朝详细报告高帝,高帝更加愤怒,又得到匈奴中来投降的人,述说张胜出逃在匈奴做燕王使臣。于是高帝认定说:"卢绾果真反了!"春季,二月,派樊哙以相国名义发兵攻击卢绾,另立皇子刘建为燕王。

10 诏曰:"南武侯织,亦粤之世也,立以为南海王。"

11 上击布时,为流矢所中,行道,疾甚。吕后迎良医,医入见,曰:"疾可治。"上嫚骂之曰:"吾以布衣提三尺取天下,此非天命乎! 命乃在天,虽扁鹊何益!"遂不使治疾,赐黄金五十斤,罢之。吕后问曰:"陛下百岁后,萧相国既死,谁令代之?"上曰:"曹参可。"问其次,曰:"王陵可,然少戆,陈平可以助之。陈平知有馀,然难独任。周勃重厚少文,然安刘氏者必勃也,可令为太尉。"吕后复问其次,上曰:"此后亦非乃所知也。"夏,四月甲辰,帝崩于长乐宫。丁未,发丧,大赦天下。

12 卢绾与数千人居塞下候伺,幸上疾愈,自入谢。闻帝崩,遂亡入匈奴。

13 五月丙寅,葬高帝于长陵。

初,高祖不修文学,而性明达,好谋,能听,自监门、戍卒,见之如旧。初顺民心作三章之约,天下既定,命萧何次律、令,韩信申军法,张苍定章程,叔孙通制礼仪;又与功臣剖符作誓,丹书、铁契,金匮、石室,藏之宗庙。虽日不暇给,规摹弘远矣。

14 己巳,太子即皇帝位,尊皇后曰皇太后。

15 初,高帝病甚,人有恶樊哙云:"党于吕氏,即一日上晏驾,欲以兵诛赵王如意之属。"帝大怒,用陈平谋,召绛侯周勃受诏床下,曰:"陈平亟驰传载勃代哙将,平至军中,即斩哙头!"二人既受诏,驰传,未至军,行计之曰:"樊哙,帝之故人也,功多,且又吕后弟吕媭之夫,有亲且贵。帝以忿怒故欲斩之,则恐后悔,宁囚而致上自诛之。"未至军,为坛,以节召樊哙。哙受诏,即反接,载槛车传诣长安。而令绛侯勃代将,将兵定燕反县。

10　高帝颁布诏书说:"南武侯织,也是南越的贵族世家,立为南海王。"

11　高帝刘邦进攻黥布时,曾被流箭射中,行军路上,病势更重。吕后请来一位良医,医生入内诊视后说:"病可以治。"高帝却破口大骂:"我以一个老百姓手提三尺剑夺取天下,这是上天的旨意!我的生死在天,即使扁鹊复生也没用!"于是拒不接受治疗,仍赏给医生黄金五十斤,让他回去。吕后问高帝:"陛下百年之后,萧何相国死了,让谁代替他呢?"高帝说:"曹参可以。"吕后再问曹参之后,高帝说:"王陵可以,但他有些憨朴,陈平可以帮助他。陈平智谋有余,但难以独自承担重任。周勃为人厚道不善言词,但将来安定刘家天下的必定是他,可任用为太尉。"吕后再追问其后,高帝只说:"这以后的事就不是你能操心的了。"夏季,四月甲辰(二十五日),高帝刘邦驾崩于长乐宫。丁未(二十八日),朝廷发布丧信,宣布大赦天下。

12　卢绾当时率领几千人正在边塞等候,希望高帝有幸病愈,便亲自入朝谢罪。他听到高帝驾崩的消息,只好逃入匈奴领地。

13　五月丙寅(十七日),将高帝刘邦安葬在长陵。

当初,高帝刘邦不修习学术,却秉性聪明通达,喜欢用计,能采纳下属意见,从守门官到边境士兵,一见如故。当年他顺应民心入关作约法三章,天下平定以后,又命令萧何整理法律、法令,韩信申明兵法,张苍制订历法及度量衡章程,叔孙通规定礼制仪式;高帝又与各功臣剖分符节,立下誓言,以铁为契约,写上红色字,藏在金属箱子里,再封在石头柜子中,收藏在宗庙里。高帝虽然众事繁多,日不暇给,仍能规划长远。

14　己巳(二十日),太子登上皇帝大位,尊吕后为皇太后。

15　当初,高帝病重时,有人诬陷樊哙"与吕姓结党,只要有一天皇上过世,就要兴兵诛杀赵王如意一家"。高帝顿时大怒,采纳陈平建议,召来绛侯周勃在床前接受诏令,说:"陈平立刻乘驿车去载周勃代樊哙为将军,陈平一到军中,就砍下樊哙的头!"两人接受命令,乘驿车前去传达,还未到军中时,便商议道:"樊哙是皇上的旧人,功劳很大,而且是吕后妹妹吕媭的丈夫,有皇亲关系又是尊贵之人。皇上因为一时动怒所以想杀他,恐怕日后会反悔。我们还是抓起他来送到皇上那里,让皇上自己去杀吧。"他们还没到军中,就筑起将坛,用符节召樊哙前来。樊哙听到诏令到来,立即把他反绑起来,用木栏囚车押送到长安。又下令以绛侯周勃代他为将军,率军征讨燕国谋反的地区。

平行,闻帝崩,畏吕媭谗之于太后,乃驰传先去。逢使者,诏平与灌婴屯荥阳。平受诏,立复驰至宫,哭殊悲,因固请得宿卫中。太后乃以为郎中令,使傅教惠帝。是后吕媭谗乃不得行。樊哙至,则赦,复爵邑。

16 太后令永巷囚戚夫人,髡钳,衣赭衣,令春。遣使召赵王如意,使者三反,赵相周昌谓使者曰:"高帝属臣赵王,王年少;窃闻太后怨戚夫人,欲召赵王并诛之,臣不敢遣王。王且亦病,不能奉诏。"太后怒,先使人召昌。昌至长安,乃使人复召赵王。王来,未到,帝知太后怒,自迎赵王霸上,与入宫,自挟与起居饮食。太后欲杀之,不得间。

孝惠皇帝
元年(丁未,前 194)

1 冬,十二月,帝晨出射。赵王年少,不能蚤起;太后使人持鸩饮之。犁明,帝还,赵王已死。太后遂断戚夫人手足,去眼,辉耳,饮暗药,使居厕中,命曰"人彘"。居数日,乃召帝观人彘。帝见,问知其戚夫人,乃大哭,因病,岁馀不能起。使人请太后曰:"此非人所为。臣为太后子,终不能治天下。"帝以此日饮为淫乐,不听政。

臣光曰:为人子者,父母有过则谏;谏而不听,则号泣而随之。安有守高祖之业,为天下之主,不忍母之残酷,遂弃国家而不恤,纵酒色以伤生!若孝惠者,可谓笃于小仁而未知大谊也。

陈平一行在途中,传来高帝驾崩消息,害怕吕太后的妹妹吕嬃在吕太后面前说他的坏话,便骑马先行飞驰回都。路上他又遇到朝廷使者,传下诏令命令陈平与灌婴屯守荥阳。陈平接受诏书后,仍然飞马赶到宫中,在灵柩前哭得十分悲哀,又坚决要求亲自守卫内宫。吕太后于是任命他为掌管宫殿门户的郎中令,还让他辅导汉惠帝刘盈。此后,吕嬃便无法背后向吕太后和惠帝说陈平的坏话。樊哙到长安,立即被赦免,恢复原来的爵位和封地。

　　16　吕太后下令把戚夫人关在宫中长巷里,剃去头发,带上刑具,穿上土红色的囚服,做舂米的苦活。她又派使者去召赵王刘如意,使者三次往返,赵国相国周昌对使者说:“高帝生前把赵王嘱托给我,赵王年纪小,我听说吕太后怨恨戚夫人,想把赵王召去一齐杀掉,我不敢让赵王去。而且赵王也病了,不能接受命令。”吕太后听到回报,大为愤怒,便先派人来召周昌。待周昌到了长安,再派人去召赵王。赵王无奈,只好前来,还在途中时,汉惠帝听说吕太后要对赵王动怒,急忙亲自去霸上迎接赵王,与他一起入宫,吃饭睡觉都护持着他。吕太后虽然想杀掉赵王,却也一时找不到机会。

孝惠皇帝
汉惠帝元年(丁未,公元前 194 年)

　　1　冬季,十二月,惠帝凌晨便出去打猎。赵王因为年纪小,不能早起,没有一同去,吕太后趁机派人拿着毒酒让赵王喝。黎明,惠帝回宫时,赵王已经死了。吕太后又下令砍断戚夫人的手、脚,挖去眼珠,熏聋耳朵,喝药弄哑喉咙,把她扔到厕所里,起名叫“人彘”。过了几天,吕太后便召惠帝来看“人彘”。惠帝一见胆战心惊,问知这就是戚夫人,便大哭起来,从此患病一年多,不能起身。他派人向吕太后请求说:“这种事不是人做的。我虽然是太后您的儿子,到底还是治不了这个天下。”以后,惠帝每天只以饮酒淫色为乐,不理政事。

　　　臣司马光曰:做儿子的,见父母有过失就应该劝谏;劝谏不听,就应该痛哭哀求。哪能继承汉高祖的伟业,成为天下的君主后,因为不忍心看母亲的残酷,便抛弃国家不去治理,终日纵酒贪色自暴自弃呢!像汉惠帝这样,可以说只是固执于小的仁爱,而不知道国家大义啊!

2　徙淮阳王友为赵王。

3　春,正月,始作长安城西北方。

二年(戊申,前 193)

1　冬,十月,齐悼惠王来朝,饮于太后前。帝以齐王,兄也,置之上坐。太后怒,酌鸩酒置前,赐齐王为寿。齐王起,帝亦起取卮。太后恐,自起泛帝卮。齐王怪之,因不敢饮,佯醉去,问知其鸩,大恐。齐内史士说王,使献城阳郡为鲁元公主汤沐邑。太后喜,乃罢归齐王。

2　春,正月癸酉,有两龙见兰陵家人井中。

3　陇西地震。

4　夏,旱。

5　郃阳侯仲薨。

6　酂文终侯萧何病,上亲自临视,因问曰:“君即百岁后,谁可代君者?”对曰:“知臣莫如主。”帝曰:“曹参何如?”何顿首曰:“帝得之矣,臣死不恨!”

秋,七月辛未,何薨。何置田宅,必居穷僻处,为家,不治垣屋。曰:“后世贤,师吾俭;不贤,毋为势家所夺。”

癸巳,以曹参为相国。参闻何薨,告舍人:“趣治行! 吾将入相。”居无何,使者果召参。始,参微时,与萧何善;及为将相,有隙;至何且死,所推贤惟参。参代何为相,举事无所变更,一遵何约束。择郡国吏木讷于文辞、重厚长者,即召除为丞相史。吏之言文刻深、欲务声名者,辄斥去之。日夜饮醇酒,卿、大夫以下吏及宾客见参不事事,来者皆欲有言,参辄饮以醇酒;间欲有所言,复饮之,醉而后去,终莫得开说,以为常。见人有细过,专掩匿覆盖之,府中无事。

2　朝廷调淮阳王刘友为赵王。

3　春季,正月,开始修筑长安西北面的城墙。

汉惠帝二年(戊申,公元前193年)

1　冬季,十月,齐国的悼惠王来朝见惠帝,在吕太后面前举行酒宴。惠帝认为齐王是自己的哥哥,便请他坐上座。吕太后非常恼怒,让人倒了一杯毒酒放在面前,赏赐给齐王祝寿。齐王刚起身要接,惠帝却抢先起来夺过酒杯。太后一见大惊,急忙起立泼去惠帝手中的酒。齐王心知有怪,不敢再喝,假装酒醉告辞,后一问才知道那是杯毒酒,大为惊恐。齐国一个名叫士的内史建议齐王,献出城阳郡做吕太后女儿鲁元公主的汤沐邑。太后果然大喜,便平安无事地放归齐王。

2　春季,正月癸酉(初四),兰陵一户人家井中出现两条龙。

3　陇西发生地震。

4　夏季,大旱。

5　郃阳侯刘仲去世。

6　酂文终侯萧何病重,惠帝亲自前去探视,问他:“您百年之后,谁可以替接您?”萧何说:“最了解臣下的还是皇上。”惠帝又问:“曹参怎么样?”萧何立即叩头说:“皇上已找到人选,我死也没有什么遗憾了。”

秋季,七月辛未(五日),萧何去世。他生前购置田地房宅,必定选位于穷乡僻壤的;他主持家政,也从不起建高墙大屋。他常说:“如果我的后代贤德,就学我的俭朴;如果后代无能,这些劣房差地也不会吸引权势大族来抢夺。”

癸巳(二十七日),朝廷任命曹参为相国。曹参刚听说萧何去世时,就对门下舍人说:“快准备行装! 我要去作相国了。”过了不久,使者果然前来召曹参入朝。起初,曹参卑微时,和萧何相交甚好;及至做了将相,两人有些隔阂;到萧何快死时,所推举接替自己的贤能之人只有曹参。曹参做了相国后,所有的条令都不做变更,一体遵照萧何当年的规定。他挑选各郡国中为人质朴、拘谨不善言词、敦厚的长者,召来任命为丞相属下的掾史、长史等官。对那些言辞锋利、想专门追逐名声的官员,都予以斥退。然后曹参日夜只顾饮香醇老酒,卿、大夫以下的官员及宾客见他不管相国大事,来看望时都想劝说,曹参却先劝他们喝酒;喝酒之中再想说话,曹参又劝他们再喝,直到喝醉了回去,始终没机会开口说话,这样的情况成为常事。曹参见到别人犯有小错误,也一味包庇掩饰,相国府中终日无事。

参子窋为中大夫,帝怪相国不治事,以为"岂少朕与?"使窋归,以其私问参。参怒,笞窋二百,曰:"趣入侍! 天下事非若所当言也!"至朝时,帝让参曰:"乃者我使谏君也。"参免冠谢曰:"陛下自察圣武孰与高帝?"上曰:"朕乃安敢望先帝!"又曰:"陛下观臣能孰与萧何贤?"上曰:"君似不及也。"参曰:"陛下言之是也。高帝与萧何定天下,法令既明。今陛下垂拱,参等守职,遵而勿失,不亦可乎!"帝曰:"善!"

参为相国,出入三年,百姓歌之曰:"萧何为法,较若画一。曹参代之,守而勿失。载其清净,民以宁壹。"

三年(己酉,前 192)

1　春,发长安六百里内男女十四万六千人城长安,三十日罢。

2　以宗室女为公主,嫁匈奴冒顿单于。是时,冒顿方强,为书,使使遗高后,辞极亵嫚。高后大怒,召将相大臣,议斩其使者,发兵击之。樊哙曰:"臣愿得十万众横行匈奴中!"中郎将季布曰:"哙可斩也! 前匈奴围高帝于平城,汉兵三十二万,哙为上将军,不能解围。今歌吟之声未绝,伤夷者甫起,而哙欲摇动天下,妄言以十万众横行,是面谩也。且夷狄譬如禽兽,得其善言不足喜,恶言不足怒也。"高后曰:"善!"令大谒者张释报书,深自谦恶以谢之,并遗以车二乘,马二驷。冒顿复使使来谢,曰:"未尝闻中国礼义,陛下幸而赦之。"因献马,遂和亲。

3　夏,五月,立闽越君摇为东海王。摇与无诸,皆越王句践之后也,从诸侯灭秦,功多,其民便附,故立之。都东瓯,世号东瓯王。

曹参的儿子曹窋任中大夫之职,惠帝向他埋怨曹参不理政事,认为"是不是因为我年纪小啊"?让曹窋回家时,以私人名义探问曹参。曹参被问,勃然大怒,鞭笞曹窋两百下,喝斥:"快回去侍候宫里,国家大事不是你该说的!"曹参上朝时,惠帝便责备他说:"那天是我让曹窋劝你的。"曹参立即脱下帽子谢罪,又说:"陛下自己体察圣明比高帝如何?"惠帝说:"朕哪里敢比高帝!"曹参又问:"陛下再看我的才能比萧何谁强?"惠帝说:"你好像不如他。"曹参便说:"陛下说得太对了。高帝与萧何平定天下,法令已经明确。如今陛下垂手治国,我们臣下恭谨守职,大家认真遵守不去违反旧时法令,不就够了吗!"惠帝说:"对。"

曹参做相国,前后三年,百姓唱歌称颂他说:"萧何制法,整齐划一。曹参接替,守而不失。做事清净,百姓安心。"

汉惠帝三年(己酉,公元前 192 年)

1　春季,朝廷征发长安周围六百里内的男女民工十四万六千人修筑长安城,三十天后结束。

2　惠帝以宗室女子作为公主,嫁给匈奴冒顿单于。当时,冒顿正强大,写信派人送给吕太后,措辞极为亵污傲慢。吕太后大为愤怒,召集相国大将等大臣,商议要杀掉匈奴来使,发兵攻打。樊哙说:"我愿意率领十万军队去横扫匈奴!"中郎将季布却说:"樊哙真该杀!从前匈奴在平城围困高帝,那时汉兵有三十二万,樊哙身为上将军,而不能解围。如今四方百姓哀苦之声尚未断绝,受伤兵士刚能起身,而樊哙又想搞乱天下,妄称以十万军队横扫匈奴,这是当面说谎!况且,匈奴好比禽兽一般,听了他的好话不必高兴,听了他的谩骂也不值得生气。"吕太后说:"说得对。"便派大谒者张释回信,深表谦逊地谢绝所请,并送给匈奴二乘车、八匹马。冒顿接信后又派使臣前来道谢,说:"我们从不知道中国的礼义,感谢陛下的宽恕。"于是献上马匹,与汉朝和亲为好。

3　夏季,五月,朝廷立名为摇的闽越君为东海王。摇与无诸,都是当年越王句践的后代,曾跟随诸侯推翻秦朝,功劳不小,当地百姓归附,所以立他为王。建都东瓯,世人称之为东瓯王。

4 六月,发诸侯王、列侯徒隶二万人城长安。

5 秋,七月,都厩灾。

6 是岁,蜀湔氐反,击平之。

四年(庚戌,前191)

1 冬,十月,立皇后张氏。后,帝姊鲁元公主女也。太后欲为重亲,故以配帝。

2 春,正月,举民孝、弟、力田者,复其身。

3 三月甲子,皇帝冠,赦天下。

4 省法令妨吏民者,除挟书律。

5 帝以朝太后于长乐宫及间往,数跸烦民,乃筑复道于武库南。奉常叔孙通谏曰:"此高帝月出游衣冠之道也,子孙奈何乘宗庙道上行哉!"帝惧曰:"急坏之!"通曰:"人主无过举;今已作,百姓皆知之矣。愿陛下为原庙渭北,月出游之,益广宗庙,大孝之本。"上乃诏有司立原庙。

臣光曰:过者,人之所必不免也,惟圣贤为能知而改之。古之圣王,患其有过而不自知也,故设诽谤之木,置敢谏之鼓,岂畏百姓之闻其过哉!是以仲虺美成汤曰:"改过不吝。"傅说戒高宗曰:"无耻过作非。"由是观之,则为人君者,固不以无过为贤,而以改过为美也。今叔孙通谏孝惠,乃云"人主无过举",是教人君以文过遂非也,岂不缪哉!

6 长乐宫鸿台灾。

7 秋,七月乙亥,未央宫凌室灾。丙子,织室灾。

4　六月,朝廷征发各诸侯王、列侯属下奴隶两万人修筑长安城。

5　秋季,七月,太仆寺马厩起火。

6　本年,蜀郡湔氐族反叛,朝廷出兵平定。

汉惠帝四年(庚戌,公元前 191 年)

1　冬季,十月。惠帝立张氏为皇后。张后是惠帝姐姐鲁元公主的女儿。吕太后想亲上加亲,所以指定她嫁给惠帝。

2　春季,正月,朝廷下令推荐民间孝顺父母、和睦兄长、努力耕作的人,免除他们的赋役。

3　三月甲子(初七),皇帝行加冕礼,大赦天下。

4　检查法令中对官民有妨害的条目,废除藏书者杀的秦律。

5　惠帝认为去长乐宫朝见太后及平时前往时,经常驱散行人,使百姓惊扰,便在武库的南面又修筑了一条天桥。奉常叔孙通劝阻说:"那是每月举行高帝衣冠出巡仪式的道路啊,陛下作为子孙,怎么能在宗庙道上空行走呢!"惠帝惊惧地说:"快快拆去!"叔孙通又说:"天子不能有错误;现在此事已经做了,百姓也都知道。希望陛下在渭河北面再建个原庙,每月到那里去举行高帝衣冠出巡仪式,而且这样可以扩大宗庙,也是大孝的根本。"惠帝便下令有关部门修建原庙。

　　　臣司马光说:错误,是人人都无法避免的,但只有圣贤之人能做到有错必改。古代圣明的君主,怕自己有错误不知道,所以设置批评君主的诽谤木和劝阻君主的敢谏鼓,哪里会怕百姓知道自己过错的呢! 所以仲虺赞美商汤王说:"改正错误决不吝惜。"傅说劝诫商王武丁道:"不要因为怕别人耻笑便不改正过失。"由此而见,做君王的人,本来就不是以不犯错误为贤明,而是以改正错误为美德。这里叔孙通却劝谏汉惠帝说"天子不能有过错",正是在教做君王的文过饰非,岂不太荒谬了吗!

6　长乐宫中鸿台发生火灾。

7　秋季,七月乙亥(二十日),未央宫的藏冰室发生火灾。丙子(二十一日),织造室发生火灾。

五年(辛亥,前190)

1 冬,雷;桃李华,枣实。

2 春,正月,复发长安六百里内男女十四万五千人城长安,三十日罢。

3 夏,大旱,江河水少,溪谷水绝。

4 秋,八月,平阳懿侯曹参薨。

六年(壬子,前189)

1 冬,十月,以王陵为右丞相,陈平为左丞相。

2 齐悼惠王肥薨。

3 夏,留文成侯张良薨。

4 以周勃为太尉。

七年(癸丑,前188)

1 冬,发车骑、材官诣荥阳,太尉灌婴将。

2 春,正月辛丑朔,日有食之。

3 夏,五月丁卯,日有食之,既。

4 秋,八月戊寅,帝崩于未央宫。大赦天下。九月辛丑,葬安陵。

初,吕太后命张皇后取他人子养之,而杀其母,以为太子。既葬,太子即皇帝位,年幼,太后临朝称制。

汉惠帝五年(辛亥,公元前 190 年)

1 冬季,雷声响起,桃树、李树开花,枣树结果。

2 春季,正月,再征发长安周围六百里内男女民工十四万五千人修筑长安城,三十天后结束。

3 夏季,大旱,长江、黄河水少,溪谷干涸。

4 秋季八月,平阳懿侯曹参去世。

汉惠帝六年(壬子,公元前 189 年)

1 冬季,十月,任命王陵为右丞相,陈平为左丞相。

2 齐国悼惠王刘肥去世。

3 夏季,留文成侯张良去世。

4 任命周勃为太尉。

汉惠帝七年(癸丑,公元前 188 年)

1 冬季,征发常备车辆马匹、材官前往荥阳,由太尉灌婴统率。

2 春季,正月辛丑朔(初一),出现日食。

3 夏季,五月丁卯(二十九日),出现日全食。

4 秋季,八月戊寅(十二日),汉惠帝刘盈在未央宫驾崩。朝廷大赦天下。九月辛丑(初五),惠帝下葬在安陵。

起初,吕太后已经让张皇后找来个别人的孩子抚养,杀死他的母亲,以他为太子。惠帝下葬后,太子登上皇帝之位,因为年幼,便由吕太后在朝廷上行使天子权力。

卷第十三　汉纪五

起甲寅(前187)尽癸亥(前178)凡十年

高皇后
元年(甲寅,前187)

1　冬,太后议欲立诸吕为王,问右丞相陵,陵曰:"高帝刑白马盟曰:'非刘氏而王,天下共击之。'今王吕氏,非约也。"太后不说,问左丞相平、太尉勃,对曰:"高帝定天下,王子弟;今太后称制,王诸吕,无所不可。"太后喜。罢朝,王陵让陈平、绛侯曰:"始与高帝啑血盟,诸君不在邪!今高帝崩,太后女主,欲王吕氏;诸君纵欲阿意背约,何面目见高帝于地下乎?"陈平、绛侯曰:"于今,面折廷争,臣不如君;全社稷,定刘氏之后,君亦不如臣。"陵无以应之。十一月甲子,太后以王陵为帝太傅,实夺之相权;陵遂病免归。

乃以左丞相平为右丞相;以辟阳侯审食其为左丞相,不治事,令监宫中,如郎中令。食其故得幸于太后,公卿皆因而决事。

太后怨赵尧为赵隐王谋,乃抵尧罪。

上党守任敖尝为沛狱吏,有德于太后,乃以为御史大夫。

高皇后

汉高后元年(甲寅,公元前 187 年)

1　冬季,高太后吕雉在朝议时,提出准备册封几位吕氏外戚为诸侯王,首先征询右丞相王陵的意见,王陵回答说:"高皇帝曾与群臣杀白马饮血盟誓:'今后假若有不是刘姓的人称王,天下臣民共同消灭他。'现在分封吕氏为王,不符合白马之盟所约。"太后听了,很不高兴,又问左丞相陈平、太尉周勃,二人回答说:"高皇帝统一天下,分封刘氏子弟为王;现在太后临朝管理国家,分封几位吕氏为王,没有什么不可以的。"太后听了很高兴。朝议结束后,王陵责备陈平、周勃说:"当初与高皇帝饮血盟誓时,你们二位不是也在场信誓旦旦地起过誓吗? 现在高帝去世了,太后以女主当政,要封吕氏为王;你们即使是逢迎太后意旨,而不惜背弃昔日的盟约,可又有何脸面去见高帝于地下呢?"陈平、周勃对王陵说:"现在,在朝廷之上当面谏阻太后,我二人确实不及您;可将来安定国家,确保高祖子孙的刘氏天下,您恐怕不如我二人。"王陵无言答对。十一月甲子,太后明升王陵为皇帝的太傅,实际上剥夺了他原任右丞相的实权;于是,王陵称病不再上朝,不久,即被免职归家。

太后升左丞相陈平为右丞相;任命辟阳侯审食其为左丞相,但不执行左丞相的职权,只负责管理宫廷事务,同郎中令一样。但审食其早就得太后宠幸,公卿大臣都不得不通过审食其裁决政事。

太后对赵尧当年为高祖设谋保全赵王刘如意之事,一直耿耿于怀,借故罗织罪名,罢免了他御史大夫的官职。

上党郡的郡守任敖,早年曾做过沛县的狱吏,保护过太后,太后就任用任敖为御史大夫。

太后又追尊其父临泗侯吕公为宣王,兄周吕令武侯泽为悼武王,欲以王诸吕为渐。

2　春,正月,除三族罪、妖言令。

3　夏,四月,鲁元公主薨;封公主子张偃为鲁王,谥公主曰鲁元太后。

4　辛卯,封所名孝惠子山为襄城侯,朝为轵侯,武为壶关侯。

太后欲王吕氏,乃先立所名孝惠子彊为淮阳王,不疑为恒山王;使大谒者张释风大臣。大臣乃请立悼武王长子郦侯台为吕王,割齐之济南郡为吕国。

5　五月丙申,赵王宫丛台灾。

6　秋,桃、李华。

二年(乙卯,前186)

1　冬,十一月,吕肃王台薨。

2　春,正月乙卯,地震,羌道、武都道山崩。

3　夏,五月丙申,封楚元王子郢客为上邳侯,齐悼惠王子章为朱虚侯,令入宿卫;又以吕禄女妻章。

4　六月丙戌晦,日有食之。

5　秋,七月,恒山哀王不疑薨。

6　行八铢钱。

7　癸丑,立襄成侯山为恒山王,更名义。

三年(丙辰,前185)

1　夏,江水、汉水溢,流四千馀家。

2　秋,星昼见。

3　伊水、洛水溢,流千六百馀家。汝水溢,流八百馀家。

太后又追尊其早已去世的父亲临泗侯吕公为宣王,追尊其兄周吕令武侯吕泽为悼武王,打算以此作为分封在世吕氏为王的开端。

2 春季,正月,太后下令废除"三族罪"和"妖言令"。

3 夏季,四月,太后的女儿鲁元公主去世;封公主之子张偃为鲁王,议定公主的谥号为鲁元太后。

4 辛卯(二十八日),太后晋封号称是孝惠帝之子的刘山为襄城侯,刘朝为轵侯,刘武为壶关侯。

太后图谋分封吕氏为王,为了安抚刘氏宗室,就先立号称是孝惠帝之子的刘彊为淮阳王,刘不疑为恒山王;又指使宦官大谒者张释,委婉巧妙地向大臣们说明太后分封吕氏为王的本意。于是,大臣们识趣地奏请太后立悼武王吕泽的长子郦侯吕台为吕王,把属于齐国的济南郡割出来,另立为吕国。

5 五月丙申(初四),赵王宫中的丛台,发生了火灾。

6 秋天,桃树、李树都不合时令地开了花。

汉高后二年(乙卯,公元前186年)

1 冬季,十一月,吕肃王吕台去世。

2 春季,正月乙卯(二十七日),发生大地震,羌道、武都道山体崩裂。

3 夏季,五月丙申(初九),太后封楚元王之子刘郢客为上邳侯,封齐悼惠王之子刘章为朱虚侯,诏令二人出入宫廷参与宿卫;并把吕禄的女儿嫁给刘章为妻。

4 六月丙戌(三十日),出现日食。

5 秋季,七月,恒山哀王刘不疑去世。

6 朝廷下令,发行八铢钱。

7 癸丑(二十七日),太后晋封原襄成侯刘山为恒山王,并为他改名刘义。

汉高后三年(丙辰,公元前185年)

1 夏季,江水、汉水泛滥成灾,淹没了四千多户人家。

2 秋季,星星在白昼出现。

3 伊水、洛水泛滥,冲毁了一千六百多户人家的房屋。汝水泛滥,冲毁了八百户人家的房屋。

四年(丁巳,前184)

1　春,二月癸未,立所名孝惠子太为昌平侯。

2　夏,四月丙申,太后封女弟嬃为临光侯。

3　少帝寖长,自知非皇后子,乃出言曰:"后安能杀吾母而名我! 我壮,即为变!"太后闻之,幽之永巷中,言帝病。左右莫得见。太后语群臣曰:"今皇帝病久不已,失惑昏乱,不能继嗣治天下,其代之。"群臣皆顿首言:"皇太后为天下齐民计,所以安宗庙、社稷甚深,群臣顿首奉诏。"遂废帝,幽杀之。五月丙辰,立恒山王义为帝,更名曰弘;不称元年,以太后制天下事故也。以轵侯朝为恒山王。

4　是岁,以平阳侯曹窋为御史大夫。

5　有司请禁南越关市、铁器。南越王佗曰:"高帝立我,通使物。今高后听谗臣,别异蛮夷,隔绝器物;此必长沙王计,欲倚中国击灭南越而并王之,自为功也。"

五年(戊午,前183)

1　春,佗自称南越武帝,发兵攻长沙,败数县而去。

2　秋,八月,淮阳怀王彊薨,以壶关侯武为淮阳王。

3　九月,发河东、上党骑屯北地。

4　初令戍卒岁更。

汉高后四年(丁巳,公元前184年)

1 春季,二月癸未(初七),太后封立号称为孝惠帝之子的刘太为昌平侯。

2 夏季,四月丙申(二十一日),太后封立她的妹妹吕媭为临光侯。

3 少帝渐渐长大,自知并非惠帝张皇后所生,就发牢骚说:"太后怎么能杀了我的生身之母而冒充我的母亲!我成人之后,必定要复仇!"太后得知,就把少帝幽禁于后宫监狱永巷中,宣称少帝患病。任何人不得与少帝相见。太后告诉群臣说:"皇帝长期患病,久治不愈,现在精神失常,不能继承皇统治理天下了,应该另立皇帝。"群臣都顿首回答:"皇太后的旨意,是为天下百姓着想,对于安宗庙、保国家必定产生深远影响,群臣顿首奉诏。"于是就废掉少帝,并暗中杀死。五月丙辰(十一日),太后立恒山王刘义为皇帝,改名为刘弘;由于太后称制治理天下,所以新皇帝即位不称元年。太后立轵侯刘朝为恒山王。

4 这一年,太后任命平阳侯曹窋为御史大夫。

5 有关官员奏请太后关闭对南越国的关市、禁止铁器输出。南越王赵佗说:"高帝立我为王,使节往来,贸易不断。现在高后听信谗言,视我南越为蛮夷之国,禁绝物品贸易交流;这一定是长沙王的计谋,他想倚仗朝廷的势力击灭我南越国,他就可以为朝廷立下功劳了,统治长沙和南越两国之地。"

汉高后五年(戊午,公元前183年)

1 春季,赵佗自称南越武帝,发兵进攻长沙国,打败几个县的守军之后离去。

2 秋季,八月,淮阳怀王刘彊去世,太后立壶关侯刘武为淮阳王。

3 九月,征发河东郡和上党郡的骑兵,屯守北地郡。

4 朝廷首次下令实行戍卒每年一轮换的制度。

六年(己未,前182)

1 冬,十月,太后以吕王嘉居处骄恣,废之。十一月,立肃王弟产为吕王。

2 春,星昼见。

3 夏,四月丁酉,赦天下。

4 封朱虚侯章弟兴居为东牟侯,亦入宿卫。

5 匈奴寇狄道,攻阿阳。

6 行五分钱。

7 宣平侯张敖卒,赐谥曰鲁元王。

七年(庚申,前181)

1 冬,十二月,匈奴寇狄道,略二千馀人。

2 春,正月,太后召赵幽王友。友以诸吕女为后,弗爱,爱他姬。诸吕女怒,去,谗之于太后曰:"王言'吕氏安得王!太后百岁后,吾必击之。'"太后以故召赵王。赵王至,置邸,不得见,令卫围守之,弗与食。其群臣或窃馈,辄捕论之。丁丑,赵王饿死,以民礼葬之长安民冢次。

3 己丑,日食,昼晦。太后恶之,谓左右曰:"此为我也!"

4 二月,徙梁王恢为赵王,吕王产为梁王。梁王不之国,为帝太傅。

5 秋,七月丁巳,立平昌侯太为济川王。

6 吕婴女为将军、营陵侯刘泽妻。泽者,高祖从祖昆弟也。齐人田生为之说大谒者张卿曰:"诸吕之王也,诸大臣未大服。今营陵侯泽,诸刘最长;今卿言太后王之,吕氏王益固矣。"张卿入言太后,太后然之,乃割齐之琅邪郡封泽为琅邪王。

汉高后六年(己未,公元前 182 年)

1 冬季,十月,太后因为吕王吕嘉骄恣乱法,废其王位。十一月,太后改立吕肃王吕台的弟弟吕产为吕王。

2 春季,星星白昼出现于天空。

3 夏季,四月丁酉(初三),太后下令大赦天下。

4 太后封朱虚侯刘章的弟弟刘兴居为东牟侯,也诏令他参与宫廷宿卫。

5 匈奴侵略狄道,进攻阿阳。

6 朝廷下令,发行五分钱。

7 宣平侯张敖去世,太后赐给谥号为鲁元王。

汉高后七年(庚申,公元前 181 年)

1 冬季,十二月,匈奴发兵进攻狄道,掳掠去两千多人。

2 春季,正月,太后召赵幽王刘友进京。刘友被迫接受一吕氏之女为王后,他疏远吕氏,而宠爱其他姬妾。这位吕姓王后一怒之下,离开赵国,向太后告状说:"赵王刘友曾说:'吕氏怎么能称王!待太后百年之后,我必定击灭吕氏。'"太后因此召赵王。赵王刘友到京,被安置于官邸中,不能得见太后,太后又令卫士包围其官邸,断绝饮食供应。赵国群臣有悄悄去给刘友偷送饮食的,一概逮捕论罪。丁丑(十八日),赵王刘友饿死,太后下令按平民的规格,将刘友安葬于长安城外的平民墓地。

3 己丑(三十日),发生日食,白昼之时一片晦暗。太后很厌恶这次日食,对左右侍从说:"这是针对我而发生的!"

4 二月,太后改封梁王刘恢为赵王,改封吕王吕产为梁王。梁王吕产并不到封国去,而在朝中做皇帝太傅。

5 秋季,七月丁巳,太后立平昌侯刘太为济川王。

6 吕媭之女嫁将军、营陵侯刘泽为妻。刘泽是高祖的远支堂弟。齐人田生为刘泽向大谒者张卿说:"太后封诸吕为王之事,诸位大臣未必真心拥护。营陵侯刘泽,在刘氏宗室中年资最长;如果你现在能向太后建议封刘泽为王,那么,吕氏受封为王的格局就会更加稳定了。"张卿转告太后,太后以为很有道理,就把原属齐国的琅邪郡改设为诸侯国,封刘泽做了琅邪王。

7　赵王恢之徙赵，心怀不乐。太后以吕产女为王后，王后从官皆诸吕，擅权，微伺赵王，赵王不得自恣。王有所爱姬，王后使人鸩杀之。六月，王不胜悲愤，自杀。太后闻之，以为王用妇人弃宗庙礼，废其嗣。

8　是时，诸吕擅权用事。朱虚侯章，年二十，有气力，忿刘氏不得职。尝入侍太后燕饮，太后令章为酒吏。章自请曰："臣将种也，请得以军法行酒。"太后曰："可。"酒酣，章请为《耕田歌》，太后许之。章曰："深耕概种，立苗欲疏；非其种者，锄而去之！"太后默然。顷之，诸吕有一人醉，亡酒，章追，拔剑斩之而还，报曰："有亡酒一人，臣谨行法斩之！"太后左右皆大惊，业已许其军法，无以罪也，因罢。自是之后，诸吕惮朱虚侯，虽大臣皆依朱虚侯，刘氏为益强。

陈平患诸吕，力不能制，恐祸及己；尝燕居深念，陆贾往，直入坐，而陈丞相不见。陆生曰："何念之深也！"陈平曰："生揣我何念？"陆生曰："足下极富贵，无欲矣。然有忧念，不过患诸吕、少主耳。"陈平曰："然。为之奈何？"陆生曰："天下安，注意相；天下危，注意将。将相和调，则士豫附；天下虽有变，权不分。为社稷计，在两君掌握耳。臣尝欲谓太尉绛侯，绛侯与我戏，易吾言。君何不交欢太尉，深相结！"因为陈平画吕氏数事。陈平用其计，乃以五百金为绛侯寿，厚具乐饮，太尉报亦如之。两人深相结，吕氏谋益衰。陈平以奴婢百人、车马五十乘、钱五百万遗陆生为饮食费。

7　赵王刘恢自从被改封到赵地之后,心情郁郁不乐。太后把吕产的女儿配给刘恢为王后,王后左右从官都是吕氏,擅权干政,并暗地监视赵王言行,赵王不能自作主张,处处受制。赵王所宠爱的一个美姬,也被王后派人毒死。六月,赵王刘恢无法忍受吕氏的控制和凌辱,悲愤自杀。太后闻知此事,宣布赵王因为一如人之死而轻弃国家宗庙的重任,是失德行为,所以,不许他的后人继承赵国王位。

8　这一时期,诸吕把持朝政。朱虚侯刘章,年方二十,身强力壮,对刘氏宗室受吕氏压抑心怀不满。他曾经在后宫侍奉太后参加宴席欢饮,太后令刘章为监酒官。刘章自己请求说:"我本是将门之后,请太后允许我按军法监酒。"太后回答:"同意。"酒酣耳热之时,刘章请求吟唱一首《耕田歌》,太后也批准了。刘章吟唱道:"深耕概种,立苗欲疏;非其种者,锄而去之。"太后知其歌中所指,默然无语。一会儿,参加宴席的诸吕中有一人醉酒,避席离去,刘章追上来,拔剑斩了此人,还报太后说:"有一人逃酒而走,我以军法将他处斩!"太后及左右人等都大吃一惊,但因业已同意他以军法监酒,也就无法将他治罪,酒宴不欢而散。从此之后,诸吕都很惧怕朱虚侯刘章,即便是朝廷大臣也要倚重他,刘氏宗室的势力由此而增强。

陈平担忧诸吕横暴,自己又无力制止,恐怕难免大祸临头;曾独居静室,苦思对策,恰在此时陆贾来访,未经通报直入室中坐下,陈丞相正苦思冥想,竟未察觉。陆贾说:"丞相思虑何事,竟然如此全神贯注!"陈平说:"先生猜测我思念何事?"陆贾说:"您身居相位,富贵无比,不至于有欲望未得到满足。但是,您却有沉重的忧虑,思念不休的是担忧诸吕和小皇帝的事罢了。"陈平说:"先生猜得对。此事应该怎么办呢?"陆贾说:"天下安,注意相;天下危,注意将。将与相关系和谐,朝中士大夫就会团结成一体;天下即使有重大变故,将相合作也不至于大权旁落。安定国家的根本大计,就在于你们二位文武大臣掌握之中。我曾想对太尉绛侯周勃说明这一利害关系,绛侯平素与我常开玩笑,不会重视我的话。丞相为何不主动与太尉交欢,深相结交呢!"接着陆贾为陈平谋划将来平定诸吕的几个关键问题。陈平采纳陆贾的计谋,用五百斤黄金为绛侯周勃祝寿,举办丰盛的宴席,二人交杯言欢,太尉周勃也以同样的礼节回报。陈平与周勃配合默契,吕氏图谋篡国的心气渐渐衰减。陈平送给陆贾一百个奴婢、五十乘车马、五百万钱作为饮食费。

9　太后使使告代王，欲徙王赵。代王谢之，愿守代边。太后乃立兄子吕禄为赵王，追尊禄父建成康侯释之为赵昭王。

10　九月，燕灵王建薨；有美人子，太后使人杀之。国除。

11　遣隆虑侯周灶将兵击南越。

八年(辛酉，前180)

1　冬，十月辛丑，立吕肃王子东平侯通为燕王，封通弟庄为东平侯。

2　三月，太后祓，还，过轵道，见物如苍犬，撠太后掖，忽不复见。卜之，云"赵王如意为祟"。太后遂病掖伤。

太后为外孙鲁王偃年少孤弱，夏，四月丁酉，封张敖前姬两子侈为新都侯、寿为乐昌侯，以辅鲁王。又封中大谒者张释为建陵侯，以其劝王诸吕，赏之也。

3　江、汉水溢，流万馀家。

4　秋，七月，太后病甚，乃令赵王禄为上将军，居北军；吕王产居南军。太后诫产、禄曰："吕氏之王，大臣弗平。我即崩，帝年少，大臣恐为变。必据兵卫宫，慎毋送丧，为人所制！"辛巳，太后崩。遗诏：大赦天下，以吕王产为相国，以吕禄女为帝后。高后已葬，以左丞相审食其为帝太傅。

5　诸吕欲为乱，畏大臣绛、灌等，未敢发。朱虚侯以吕禄女为妇，故知其谋，乃阴令人告其兄齐王，欲令发兵西，朱虚侯、东牟侯为内应，以诛诸吕，立齐王为帝。齐王乃与其舅驷钧、郎中令祝午、中尉魏勃阴谋发兵。齐相召平弗听。

9　太后派使臣告知代王刘恒,准备改封他到赵国为王。代王自称愿守代地边境,婉言谢绝。于是,太后封立其兄之子吕禄为赵王,追尊吕禄的父亲建成康侯吕释之为赵昭王。

10　九月,燕灵王刘建死;刘建本有美人所生一子,太后派人将其子杀死。燕国被废除。

11　太后派遣隆虑侯周灶领兵进攻南越国。

汉高后八年(辛酉,公元前180年)

1　冬季,十月辛丑,太后封立吕肃王之子东平侯吕通为燕王,封吕通之弟吕庄为东平侯。

2　三月,太后参加了除恶的祭仪后还宫,途经轵道,见到类似于灰狗的动物,猛扑太后腋窝,转眼间不知去向。太后令人占卜此事,回答说:“这是赵王刘如意化成的厉鬼为祸。”从此,太后腋窝伤痛不止。

太后因为外孙鲁王张偃年少孤弱,夏季,四月丁酉(十五日),封张敖姬妾所生二子张侈为新都侯、张寿为乐昌侯,以辅助鲁王张偃。太后又封中大谒者张释为建陵侯,以奖赏他劝大臣奏请封立诸吕为王的功劳。

3　江水、汉水泛滥成灾,冲毁了一万多户百姓家园。

4　秋季,七月,太后病重,于是下令任命赵王吕禄为上将军,统率北军;吕王吕产统帅南军。太后告诫吕产、吕禄说:“封立吕氏为王,大臣心中多不服。我一旦去世,皇帝年幼,恐怕大臣们乘机向吕氏发难。你们务必要统率禁军,严守宫廷,千万不要为送丧而轻离重地,以免被人所制!”辛巳(三十日),太后去世,留下遗诏:大赦天下,命吕王吕产为相国,以吕禄之女为皇后。高后丧事处理完毕,朝廷改任左丞相审食其为皇帝太傅。

5　诸吕本打算乘机发难,因惧怕大臣周勃、灌婴等人,不敢贸然行事。朱虚侯刘章娶吕禄之女为妻,所以得知吕氏的阴谋,就暗中派人告知其兄齐王刘襄,让齐王统兵西征,朱虚侯、东牟侯为他做内应,图谋诛除吕氏,立齐王为皇帝。齐王就与他舅父驷钧、郎中令祝午、中尉魏勃暗中密谋发兵。齐国丞相召平反对举兵。

八月丙午,齐王欲使人诛相;相闻之,乃发卒卫王宫。魏勃绐召平曰:"王欲发兵,非有汉虎符验也。而相君围王固善,勃请为君将兵卫王。"召平信之。勃既将兵,遂围相府,召平自杀。于是齐王以驷钧为相,魏勃为将军,祝午为内史,悉发国中兵。

使祝午东诈琅邪王曰:"吕氏作乱,齐王发兵欲西诛之。齐王自以年少,不习兵革之事,愿举国委大王。大王,自高帝将也;请大王幸之临淄,见齐王计事。"琅邪王信之,西驰见齐王。齐王因留琅邪王,而使祝午尽发琅邪国兵,并将之。琅邪王说齐王曰:"大王,高皇帝適长孙也,当立。今诸大臣狐疑未有所定,而泽于刘氏最为长年,大臣固待泽决计。今大王留臣,无为也,不如使我入关计事。"齐王以为然,乃益具车送琅邪王。琅邪王既行,齐遂举兵西攻济南;遗诸侯王书,陈诸吕之罪,欲举兵诛之。

相国吕产等闻之,乃遣颍阴侯灌婴将兵击之。灌婴至荥阳,谋曰:"诸吕拥兵关中,欲危刘氏而自立。今我破齐还报,此益吕氏之资也。"乃留屯荥阳,使使谕齐王及诸侯与连和,以待吕氏变,共诛之。齐王闻之,乃还兵西界待约。

吕禄、吕产欲作乱,内惮绛侯、朱虚等,外畏齐、楚兵,又恐灌婴畔之,欲待灌婴兵与齐合而发,犹豫未决。

当是时,济川王太、淮阳王武、常山王朝及鲁王张偃皆年少,未之国,居长安;赵王禄、梁王产各将兵居南、北军;皆吕氏之人也。列侯群臣莫自坚其命。

八月丙午(二十六日),齐王准备派人杀丞相召平;召平得知,就发兵包围了王宫。魏勃欺骗召平说:"齐王没有汉朝廷的发兵虎符,就要发兵,这是违法之罪。您发兵包围了王宫本是好办法,我请求为您带兵入宫软禁齐王。"召平信以为真,让魏勃指挥军队。魏勃掌握统兵权之后,就命令包围相府,召平自杀。于是,齐王命驷钧为相,魏勃为将军,祝午为内史,征发齐国的全部兵员。

齐王派祝午到东面的琅邪国,欺骗琅邪王刘泽说:"吕氏在京中发动变乱,齐王发兵,准备西入关中诛除吕氏。齐王因为自己年轻,又不懂得军旅战阵之事,自愿把整个齐国听命于大王的指挥。大王您在高祖时就已统兵为将,富有军事经验;请大王光临齐都临淄,与齐王面商大事。"琅邪王信以为真,迅速赶往临淄见齐王。齐王乘机扣留了琅邪王,而指令祝午全部征发琅邪国的兵员,并由自己统率。琅邪王对齐王说:"大王是高皇帝的嫡长孙,应当立为皇帝。现在朝中大臣对立谁为帝犹豫不定,而我在刘氏宗室中年龄最大,大臣们本来就等着由我决定择立皇帝的大计。现在大王留我在此处,我无所作为,不如让我入关计议立帝之事。"齐王认为他说得有道理,就准备了许多车辆为琅邪王送行。琅邪王走后,齐王就出兵向西攻济南国;齐王还致书各诸侯王,历数吕氏的罪状,表明自己起兵灭吕的决心。

相国吕产等人闻讯齐王举兵,就派颍阴侯灌婴统兵征伐。灌婴率军行至荥阳,与其部下计议说:"吕氏在关中手握重兵,图谋篡夺刘氏天下,自立为帝。如果我们现在打败齐军,回报朝廷,无异于助了吕氏一臂之力。"于是,灌婴就在荥阳屯兵据守,并派人告知齐王和诸侯,约定互通声气,静待吕氏发起变乱,即联合诛灭吕氏。齐王得知此意,就退兵到齐国的西部边界,待机而动。

吕禄、吕产想发起变乱,却又惧怕朝中绛侯周勃、朱虚侯刘章等人难以控制,畏惧关外有齐国和楚国等宗室诸王的重兵,更害怕手握军权的灌婴背叛吕氏,打算等灌婴所率汉兵与齐军交战之后再动手,所以犹豫未决。

此时,济川王刘太、淮阳王刘武、常山王刘朝及鲁王张偃,都年幼,没有就职于封地,居住于长安;赵王吕禄、梁王吕产分别统率南军和北军,是吕氏一党。列侯群臣都无法掌握自己的命运。

太尉绛侯勃不得主兵。曲周侯郦商老病,其子寄与吕禄善。绛侯乃与丞相陈平谋,使人劫郦商,令其子寄往绐说吕禄曰:"高帝与吕后共定天下,刘氏所立九王,吕氏所立三王,皆大臣之议,事已布告诸侯,皆以为宜。今太后崩,帝少,而足下佩赵王印,不急之国守藩,乃为上将,将兵留此,为大臣诸侯所疑。足下何不归将印,以兵属太尉,请梁王归相国印,与大臣盟而之国。齐兵必罢,大臣得安,足下高枕而王千里,此万世之利也。"吕禄信然其计,欲以兵属太尉;使人报吕产及诸吕老人,或以为便,或曰不便,计犹豫未有所决。

吕禄信郦寄,时与出游猎,过其姑吕嬃。嬃大怒曰:"若为将而弃军,吕氏今无处矣!"乃悉出珠玉、宝器散堂下,曰:"毋为他人守也!"

九月庚申旦,平阳侯窋行御史大夫事,见相国产计事。郎中令贾寿使从齐来,因数产曰:"王不早之国,今虽欲行,尚可得耶!"具以灌婴与齐、楚合从欲诛诸吕告产,且趣产急入宫。平阳侯颇闻其语,驰告丞相、太尉。

太尉欲入北军,不得入。襄平侯纪通尚符节,乃令持节矫内太尉北军。太尉复令郦寄与典客刘揭先说吕禄曰:"帝使太尉守北军,欲足下之国。急归将印,辞去!不然,祸且起。"吕禄以为郦况不欺己,遂解印属典客,而以兵授太尉。太尉至军,吕禄已去。太尉入军门,行令军中曰:"为吕氏右袒,为刘氏左袒!"军中皆左袒。太尉遂将北军,然尚有南军。丞相平乃召朱虚侯章佐太尉,太尉令朱虚侯监军门,令平阳侯告卫尉:"毋入相国产殿门!"

太尉绛侯周勃手中没有军权。曲周侯郦商年老有病,其子郦寄与吕禄结为密友。绛侯就与丞相陈平商定一个计策,派人劫持了郦商,让他儿子郦寄去欺骗吕禄说:"高帝与吕后共同安定天下,立刘氏九人为诸侯王,立吕氏三人为诸侯王,都是经过朝廷大臣议定的,并已向天下诸侯公开宣布,上下都认为理应如此。现在太后去世,皇帝年幼,您身佩赵王大印,不立即返回封国镇守,却出任上将,在京师统率禁军,必然会受到大臣和诸侯王的猜忌。您为何不交出将印,把军权还给太尉,请梁王归还相国大印给朝廷,您二人与朝廷大臣盟誓结好,各归封国。这样,齐兵就会撤走,大臣也得以心安,您就可以高枕无忧地去做方圆千里的一国之王了。这是造福于子孙后代的事。"吕禄认为郦寄说得有道理,想把军队交给太尉统率;派人把这个打算告知吕产及吕氏长辈,有人同意,有人反对,一时难下决断。

吕禄信任郦寄,经常结伴外出游猎,途中曾前往拜见其姑母吕婆。吕婆大怒说:"你身为上将而轻易地离军游猎,吕氏难以保全了!"吕婆把家中珍藏的珠玉、宝器全拿出来,抛散到堂下,说:"也不必为别人珍藏这些东西了!"

九月庚申(初十)清晨,行使御史大夫职权的平阳侯曹窋,前来与相国吕产议事。被派往齐国的使臣郎中令贾寿,自齐国返回,贾寿批评吕产说:"大王不早些去封国,现在即便是想去,还来得及吗!"贾寿把灌婴已与齐、楚两国联合欲诛灭吕氏的内幕告诉了吕产,并且督促吕产迅速入据皇宫,设法自保。平阳侯曹窋听到了贾寿的话,快马加鞭,赶来向丞相和太尉报告。

太尉想进入北军营垒,但被阻止不得入内。襄平侯纪通负责典掌皇帝符节,太尉命令他手持信节,伪称奉皇帝之命接纳太尉进入北军营垒。太尉又命令郦寄和典客刘揭先去劝说吕禄:"皇帝指派太尉代行北军指挥职务,要您前去封国。立即交出将印,离京赴国! 否则,必然大祸临头!"吕禄认为郦寄是至交,不会欺骗自己,就解下将军印绶交给典客刘揭,而把北军交给太尉指挥。太尉进入北军时,吕禄已经离去。太尉进入军门,下令军中说:"拥护吕氏的袒露右臂膀,拥护刘氏皇室的袒露左臂膀!"军中将士全都袒露左臂膀。太尉就这样取得了北军的指挥权,但是,还有南军未被控制。丞相陈平命令朱虚侯刘章辅佐太尉,太尉令朱虚侯严守军门,又令平阳侯曹窋转告统率宫门禁卫军的卫尉说:"不许相国吕产进入殿门!"

吕产不知吕禄已去北军,乃入未央宫,欲为乱。至殿门,弗得入,徘徊往来。平阳侯恐弗胜,驰语太尉。太尉尚恐不胜诸吕,未敢公言诛之,乃谓朱虚侯曰:"急入宫卫帝!"朱虚侯请卒,太尉予卒千馀人。入未央宫门,见产廷中。日铺时,遂击产,产走。天风大起,以故其从官乱,莫敢斗;逐产,杀之郎中府吏厕中。朱虚侯已杀产,帝命谒者持节劳朱虚侯。朱虚侯欲夺其节,谒者不肯,朱虚侯则从与载,因节信驰走,斩长乐卫尉吕更始。还,驰入北军报太尉,太尉起拜贺。朱虚侯曰:"所患独吕产,今已诛,天下定矣!"遂遣人分部悉捕诸吕男女,无少长皆斩之。辛酉,捕斩吕禄而笞杀吕媭,使人诛燕王吕通而废鲁王张偃。戊辰,徙济川王王梁,遣朱虚侯章以诛诸吕事告齐王,令罢兵。

灌婴在荥阳,闻魏勃本教齐王举兵,使使召魏勃至,责问之。勃曰:"失火之家,岂暇先言丈人而后救火乎!"因退立,股战而栗,恐不能言者,终无他语。灌将军熟视笑曰:"人谓魏勃勇,妄。庸人耳,何能为乎!"乃罢魏勃。灌婴兵亦罢荥阳归。

班固赞曰:孝文时,天下以郦寄为卖友。夫卖友者,谓见利而忘义也。若寄,父为功臣而又执劫;虽摧吕禄以安社稷,谊存君亲,可也。

吕产不知吕禄已离开北军,于是进入未央宫,准备发起军事政变。吕产来到殿门前,禁卫军士阻止他入内,急得他在殿门外徘徊往来。平阳侯恐怕难以制止吕产入宫,策马告知太尉。太尉还怕未必能战胜诸吕,没敢公开宣称诛除吕氏,就对朱虚侯说:"立即入宫监护皇帝!"朱虚侯请求派兵同往,太尉拨给他一千多士兵。朱虚侯进入未央宫门,见到吕产正站立于廷中。时近傍晚,朱虚侯立即率兵向吕产冲击,吕产逃走。天空狂风大作,吕产所带党羽亲信慌乱,都不敢接战搏斗;朱虚侯等人追杀吕产,在郎中府的厕所中将吕产杀死。朱虚侯已杀吕产,皇帝派谒者持皇帝之节前来慰劳朱虚侯。朱虚侯要夺皇帝之节,谒者拼死不放手,朱虚侯就与持节的谒者共乘一车,以皇帝之节为凭借,驱车进入长乐宫,斩长乐卫尉吕更始。事毕返回,驰入北军,报知太尉,太尉起立向朱虚侯表示祝贺。朱虚侯说:"最令人担忧的就是吕产,现在吕产被杀,天下已定!"于是,太尉派人分头逮捕所有吕氏男女,不论老小一律处斩。辛酉(十一日),捕斩吕禄,将吕媭乱棒打死,派人杀燕王吕通,废除鲁王张偃。戊辰(十八日),周勃、陈平等决定改封济川王刘太为梁王,派朱虚侯刘章去告知齐王,吕氏已被诛灭,令齐罢兵。

　　灌婴驻扎荥阳,闻知魏勃首先主张齐王举兵,派人召魏勃来见,严加责问。魏勃回答说:"家中失火的时候,哪有空闲时间先请示长辈而后才救火呢!"随即退立一旁,两腿颤抖不止,吓得说不出话来,直到最后也说不出别的话,为自己辩解。灌将军仔细审视魏勃,笑着说:"许多人说魏勃武勇,胡说八道。其实不过是个平庸的人,能成什么气候!"于是赦免魏勃不加追究。灌婴所统率的军队也从荥阳撤回长安。

　　班固评论说:孝文帝时,天下人都批评郦寄出卖朋友。所谓出卖朋友,是指见利忘义。至于郦寄,他的父亲本是汉室开国功臣,而且又被周勃等人劫为人质;郦寄的行为,虽使朋友吕禄被杀,却有安定汉室天下的功劳,他能顾全君臣父子的伦理大义,还是应当赞扬的。

6　诸大臣相与阴谋曰："少帝及梁、淮阳、恒山王，皆非真孝惠子也。吕后以计诈名他人子，杀其母，养后宫，令孝惠子之，立以为后及诸王，以强吕氏。今皆已夷灭诸吕，而所立即长，用事，吾属无类矣！不如视诸王最贤者立之。"或言："齐王，高帝长孙，可立也。"大臣皆曰："吕氏以外家恶而几危宗庙，乱功臣。今齐王舅驷钧，虎而冠；即立齐王，复为吕氏矣。代王方今高帝见子最长，仁孝宽厚；太后家薄氏谨良。且立长固顺，况以仁孝闻天下乎！"乃相与共阴使人召代王。

代王问左右，郎中令张武等曰："汉大臣皆故高帝时大将，习兵，多谋诈。此其属意非止此也，特畏高帝、吕太后威耳。今已诛诸吕，新喋血京师，此以迎大王为名，实不可信。愿大王称疾毋往，以观其变。"中尉宋昌进曰："群臣之议皆非也。夫秦失其政，诸侯、豪桀并起，人人自以为得之者以万数，然卒践天子之位者，刘氏也，天下绝望，一矣。高帝封王子弟，地犬牙相制，此所谓磐石之宗也，天下服其强，二矣。汉兴，除秦苛政，约法令，施德惠，人人自安，难动摇，三矣。夫以吕太后之严，立诸吕为三王，擅权专制；然而太尉以一节入北军一呼，士皆左袒，为刘氏，叛诸吕，卒以灭之。此乃天授，非人力也。今大臣虽欲为变，百姓弗为使，其党宁能专一邪！方今内有朱虚、东牟之亲，外畏吴、楚、淮南、琅邪、齐、代之强。方今高帝子，独淮南王与大王；大王又长，贤圣仁孝闻于天下，故大臣因天下之心而欲迎立大王。大王勿疑也！"代王报太后计之，

6　诸位大臣暗地商量说:"少帝和梁王、淮阳王、恒山王,都不真是孝惠帝的儿子。当年吕后设计取他人的儿子,杀死他们的生母,把他们收养在宫中,令孝惠帝认做儿子,后来就分别立他们做了皇帝和诸侯王,用来加强吕氏的力量。现在,吕氏已被灭族,但吕氏所立的帝王,很快就要长大,等他们掌握实权,我们恐怕都要被灭族!不如从诸侯王中另选择贤者立为皇帝。"有人说:"齐王,是高帝的长孙,可立他为帝。"大臣们都说:"吕氏正因为外戚强横,几乎危及皇帝宗庙,摧残功臣。现在齐王的舅舅驷钧,为人暴恶;假若立齐王为帝,驷钧一族就会成为第二个吕氏。代王是高帝在世诸子中年龄最大的一位,为人仁孝宽厚,太后薄氏一家温和谨慎。立长子本来就名正言顺,更何况代王又以仁孝而闻名于天下呢!"于是,大臣们议定拥立代王为帝,并暗地派人召代王入京。

代王就此征询左右亲信大臣意见,郎中令张武等人说:"汉廷大臣都是当年高帝开国时的大将,精通军事,多有诡诈奇计。这些人并不满足于已有的权位,只是畏惧高帝、吕太后的严威而俯首称臣。现在,他们已诛除诸吕,喋血京师,正是得志之时,此来以迎接大王为名,实在不可贸然轻信。希望大王自称有病,不要前去长安,静观政局变化。"中尉宋昌却说:"各位的意见都是错误的。当年秦失去了统治权力,诸侯、豪杰蜂拥而起,自以为可以得天下的人,数以千万计,但最后得为天子的,只有刘氏,天下人不敢再有称帝的奢望,这是第一条。高帝分封子弟为诸侯王,封地犬牙交错,既可相互辅助,又可相互制约,刘家政权稳如磐石,天下人深知它的强大,这是第二条。汉朝建立之后,废除秦的苛政,简省法令,推行德政,百姓安居乐业,很难被人煽动,这是第三条。吕太后是何等威严,封立吕氏三人为王,独掌大权专制朝政;然而,太尉仅凭一个符节,进入北军登高一呼,将士全都左袒,拥护刘氏,背叛诸吕,终于消灭了吕氏。刘氏的帝位,不是靠人力争夺而得,实来源于天授。现在,即使大臣另有异谋,百姓也不会为其所用,大臣们意见也不可能完全一致。现在,朝内有朱虚侯、东牟侯这样的宗室大臣,外有吴、楚、淮南、琅邪、齐、代等强大的宗室诸国,大臣谅必不敢另生他念。高帝诸子,现在只有淮南王与大王健在,大王又年长,天下人都知道您的贤圣仁孝,所以大臣们顺应天下人之心,要迎立大王为皇帝。大王不必猜疑!"代王告知太后,母子反复商量,

犹豫未定。卜之,兆得大横,占曰:"大横庚庚,余为天王,夏启以光。"代王曰:"寡人固已为王矣,又何王?"卜人曰:"所谓天王者,乃天子也。"于是代王遣太后弟薄昭往见绛侯,绛侯等具为昭言所以迎立王意。薄昭还报曰:"信矣,毋可疑者。"代王乃笑谓宋昌曰:"果如公言。"

乃命宋昌参乘,张武等六人乘传,从诣长安。至高陵,休止,而使宋昌先驰之长安观变。昌至渭桥,丞相以下皆迎。昌还报。代王驰至渭桥,群臣拜谒称臣,代王下车答拜。太尉勃进曰:"愿请间。"宋昌曰:"所言公,公言之;所言私,王者无私。"太尉乃跪上天子玺、符。代王谢曰:"至代邸而议之。"

后九月己酉晦,代王至长安,舍代邸,群臣从至邸。丞相陈平等皆再拜言曰:"子弘等皆非孝惠子,不当奉宗庙。大王,高帝长子,宜为嗣。愿大王即天子位!"代王西向让者三,南向让者再,遂即天子位;群臣以礼次侍。

东牟侯兴居曰:"诛吕氏,臣无功,请得除宫。"乃与太仆汝阴侯滕公入宫,前谓少帝曰:"足下非刘氏子,不当立!"乃顾麾左右执戟者掊兵罢去;有数人不肯去兵,宦者令张释谕告,亦去兵。滕公乃召乘舆车载少帝出。少帝曰:"欲将我安之乎?"滕公曰:"出就舍。"舍少府。乃奉天子法驾迎代王于邸,报曰:"宫谨除。"代王即夕入未央宫。有谒者十人持戟卫端门,曰:"天子在也,足下何为者而入!"代王乃谓太尉。太尉往谕,

犹豫未定。卜问凶吉,得到了"大横"的征兆,所得卜辞说:"横线直贯多强壮,我做天王,夏启的事业得到光大发扬。"代王说:"我本来就是王了,又做什么王?"典掌占卜的人说:"所谓天王,是指天子。"于是代王派太后之弟薄昭前去拜访绛侯,绛侯等人向薄昭详细说明迎立代王为帝的本意。薄昭还报代王说:"迎立之事是真实的,没有什么可疑之处。"代王就笑着对宋昌说:"果然如您所分析的。"

　　代王于是命令宋昌作为自己的陪乘,同车而行,张武等六人乘坐官府驿车,一起随代王到长安。行至高陵县,暂停休整,代王命宋昌先驰入长安观察动静。宋昌行至渭桥,丞相以下百官都来迎接。宋昌回来报告。代王急忙赶到渭桥,群臣跪拜进见,俯首称臣,代王下车还礼。太尉周勃近前说:"希望能有片刻时间,允许我与您单独谈话。"宋昌回答说:"您要说的,如果是公事,就公开说;如果是私事,做王的人是没有私情的。"太尉才跪下,呈上天子所专用的玺和符。代王婉谢说:"到代国官邸再商量此事。"

　　闰九月己酉(二十九日),代王刘恒进入都城长安,暂居设在长安的代国官邸,朝廷群臣恭敬地护送到官邸。丞相陈平等人再次跪拜启奏说:"刘弘等人都不是孝惠帝的儿子,不应再做天子。大王是高皇帝的长子,理应继承皇统。我们恭请大王登基做皇帝!"代王谦逊地按宾客的礼仪面向西坐,辞谢了三次,又按君臣之仪面向南坐,辞谢了两次,于是,代王在群臣的拥戴下,做了皇帝;群臣按朝见皇帝的礼仪和官秩高低排班侍立。

　　东牟侯刘兴居自告奋勇地说:"诛除吕氏,我没有立功,请皇帝允许我在您入宫之前去清理宫室。"他和太仆汝阴侯滕公夏侯婴一道进入皇宫,逼近少帝说:"您不是刘氏后代,不应做皇帝!"接着,刘兴居转身命令左右持戟卫士,放下兵器退出皇宫;有少数卫士不愿放下兵器,宦者令张释告知情由变故,他们也随之放下了兵器。滕公夏侯婴命令用车子将少帝送出宫外。少帝问:"你们要把我安置到何处?"滕公说:"让您住在皇宫外面。"就把他安置在少府的官衙中。于是,刘兴居和夏侯婴排列天子法驾前来代王官邸,恭迎代王入宫,他们报告说:"清理宫廷已毕。"代王于当晚进入未央宫。有十位持戟守卫端门的谒者阻拦说:"天子居住于宫中,您是干什么的,竟要入宫!"代王告知太尉周勃,太尉前来告知谒者有关废立皇帝的事,

谒者十人皆掊兵而去,代王遂入。夜,拜宋昌为卫将军,镇抚南北军;以张武为郎中令,行殿中。有司分部诛灭梁、淮阳、恒山王及少帝于邸。文帝还坐前殿,夜,下诏书赦天下。

太宗孝文皇帝上
元年(壬戌,前 179)

1 冬,十月庚戌,徙琅邪王泽为燕王,封赵幽王子遂为赵王。

2 陈平谢病,上问之,平曰:“高祖时,勃功不如臣,及诛诸吕,臣功亦不如勃。愿以右丞相让勃。”十一月辛巳,上徙平为左丞相,太尉勃为右丞相,大将军灌婴为太尉。诸吕所夺齐、楚故地,皆复与之。

3 论诛诸吕功,右丞相勃以下益户、赐金各有差。绛侯朝罢趋出,意得甚;上礼之恭,常目送之。郎中安陵袁盎谏曰:“诸吕悖逆,大臣相与共诛之。是时丞相为太尉,本兵柄,适会其成功。今丞相如有骄主色,陛下谦让,臣主失礼,窃为陛下弗取也!”后朝,上益庄,丞相益畏。

4 十二月,诏曰:“法者,治之正也。今犯法已论,而使无罪之父母、妻子、同产坐之,及为收帑,朕甚不取!其除收帑诸相坐律令!”

5 春,正月,有司请蚤建太子。上曰:“朕既不德,纵不能博求天下贤圣有德之人而禅天下焉,而曰豫建太子,是重吾不德也。其安之!”有司曰:“豫建太子,所以重宗庙、社稷,不忘天下也。”上曰:“楚王,季父也;吴王,兄也;淮南王,弟也;

十位谒者都放下兵器当即离去,代王于是进入未央宫。当天夜间,代王就任命宋昌为卫将军,指挥南军和北军;任命张武为郎中令,负责管理殿中事务。有关机构分别派人杀死梁王、淮阳王、恒山王和少帝。文帝返回未央宫前殿就座,正式登基称帝,当夜颁布诏书,大赦天下。

太宗孝文皇帝上
汉文帝前元元年(壬戌,公元前179年)

1 冬季,十月庚戌(初一),文帝改封琅邪王刘泽为燕王,封立赵幽王之子刘遂为赵王。

2 丞相陈平因病请求辞职,汉文帝追问原因,陈平说:"高祖开国时,周勃的功劳不如我大,在诛除诸吕的事件中,我的功劳不如周勃。我请求将右丞相的职务让给周勃担任。"十一月辛巳(初八),文帝将陈平调任为左丞相,任命太尉周勃为右丞相,大将军灌婴为太尉。文帝还下令,把吕后当政时割夺齐、楚两国封立诸吕的封地,全部归还给齐国和楚国。

3 朝廷对诛灭诸吕的人论功行赏,右丞相周勃以下,都按功劳大小而得到不同的增加封户和赐金的赏赐。绛侯周勃散朝时小步疾行退出,十分得意洋洋;文帝对绛侯以礼相待很是恭敬,经常目送他退朝。担任郎中的安陵人袁盎谏阻文帝说:"诸吕骄横谋反,大臣们合作将吕氏诛灭。那时,丞相身为太尉,掌握兵权,才天缘凑巧建立了这番功劳。现在,丞相在陛下面前已有居功自傲的迹象,陛下却对他一再谦让,君臣违背尊卑礼仪,我私下认为陛下实在不该如此!"以后朝会时,文帝越来越庄重威严,丞相周勃日益恐惧不安。

4 十二月,文帝下诏说:"法律,是治理天下的依据。现在的法律对违法者本人做了处罚之后,还要株连到他本来没有犯罪的父母、妻子、兄弟,以至将他们收为官奴婢,朕认为这样的法律是不公正的! 自今以后废除各种株连家属的律令!"

5 春季,正月,有关官员请求文帝早日确立太子。文帝说:"朕不能博求天下贤圣有德的人,将帝位禅让给他,已属不符合道德的行为了,再早定太子作为继承人,是加重了我的失德行为。还是暂缓议定吧!"有关官员说:"预先确立太子,是关系到宗庙稳定、政权永固的大事,正可表明皇帝没有忘记国家的根本大计。"文帝说:"楚王,是我的叔父;吴王,是我的兄长;淮南王,是我的弟弟;

岂不豫哉？今不选举焉，而曰必子；人其以朕为忘贤有德者而专于子，非所以优天下也！"有司固请曰："古者殷、周有国，治安皆千馀岁，用此道也；立嗣必子，所从来远矣。高帝平天下为太祖，子孙继嗣，世世不绝，今释宜建而更选于诸侯及宗室，非高帝之志也。更议不宜。子启最长，纯厚慈仁，请建以为太子。"上乃许之。

6　三月，立太子母窦氏为皇后。皇后，清河观津人。有弟广国，字少君，幼为人所略卖，传十馀家，闻窦后立，乃上书自陈。召见，验问，得实，乃厚赐田宅、金钱，与兄长君家于长安。绛侯、灌将军等曰："吾属不死，命乃且悬此两人。两人所出微，不可不为择师傅、宾客；又复效吕氏，大事也！"于是乃选士之有节行者与居。窦长君、少君由此为退让君子，不敢以尊贵骄人。

7　诏振贷鳏、寡、孤、独、穷困之人。又令："八十已上，月赐米、肉、酒；九十已上，加赐帛、絮。赐物当禀鬻米者，长吏阅视，丞若尉致；不满九十，啬夫、令史致。二千石遣都吏循行，不称者督之。"

8　楚元王交薨。
9　夏，四月，齐、楚地震，二十九山同日崩，大水溃出。

难道他们不是早就存在的继承人吗？如果我现在不选择贤能之人为帝位继承人，而说必须传位给儿子，世人一定会批评我忘记了贤能有德的人，而只注意自己的儿子，这不是以天下为重的做法！"有关官员坚持请求说："古代殷、周建国之后，都经历了一千多年的长治久安，就因为它们采用了早立太子的制度；天子必须从儿子之中确立继承人，这是由来已久的了。高帝平定天下而为汉室太祖，当然希望世世代代父子相传不绝，如果现在舍弃了理应继承的皇子，不立太子，反而从诸侯王和宗室中选择继承人，这是违背高帝愿望的。在皇子之外重新议立继承人是不应该的。陛下诸子中，以刘启年龄最大，他为人正直宽厚慈爱仁义，请陛下立刘启为太子。"文帝至此才同意臣下的奏请。

6　三月，立太子生母窦氏为皇后。窦皇后是清河郡观津县人。她有位弟弟窦广国，字少君，幼年时被人拐卖，先后被转卖过十多家，听说窦氏被立为皇后，窦广国上书自言身世。窦皇后召见他，仔细询问，证实无误，就赐给他大量的田宅和金钱，与其兄长君在长安安家居住。绛侯、灌将军等人议论说："我等生死都将取决于此两人。他们两人出身微贱，必须为他们慎选师傅和宾客；否则，他们又有可能效法吕氏以外戚专权，这是根本大事！"于是，大臣们从士人中精选有节行的人与二人为伴。窦长君、窦少君由此成为退让君子，不敢以皇后至亲的尊贵地位欺凌别人。

7　文帝下诏救济鳏、寡、孤、独和穷困的人。文帝还下令："年满八十岁者，每月赐给米、肉、酒各若干；年满九十岁的老人，另外再赐给帛和絮。凡是应当赐给米的，各县的县令要亲自检查，由县丞或县尉送米上门；赐给不满九十岁的老人的东西，由啬夫、令史给他们送去。郡国二千石长官要派出负责监察的都吏，循环监察所属各县，发现不按诏书办理者给以责罚督促。"

8　楚元王刘交去世。

9　夏季，四月，齐国、楚国发生地震，二十九座山在同一天中崩裂，大水溃涌而出。

10　时有献千里马者。帝曰:"鸾旗在前,属车在后,吉行日五十里,师行三十里。朕乘千里马,独先安之?"于是还其马,与道里费,而下诏曰:"朕不受献也。其令四方毋求来献。"

11　帝既施惠天下,诸侯、四夷远近欢洽,乃修代来功,封宋昌为壮武侯。

12　帝益明习国家事。朝而问右丞相勃曰:"天下一岁决狱几何?"勃谢不知,又问:"一岁钱谷入几何?"勃又谢不知,惶愧,汗出沾背。上问左丞相平。平曰:"有主者。"上曰:"主者谓谁?"曰:"陛下即问决狱,责廷尉;问钱谷,责治粟内史。"上曰:"苟各有主者,而君所主者何事也?"平谢曰:"陛下不知其驽下,使待罪宰相。宰相者,上佐天子,理阴阳,顺四时;下遂万物之宜;外镇抚四夷诸侯;内亲附百姓,使卿大夫各得任其职焉。"帝乃称善。右丞相大惭,出而让陈平曰:"君独不素教我对!"陈平笑曰:"君居其位,不知其任邪?且陛下即问长安中盗贼数,君欲强对邪?"于是绛侯自知其能不如平远矣。居顷之,人或说勃曰:"君既诛诸吕,立代王,威震天下。而君受厚赏,处尊位,久之,即祸及身矣。"勃亦自危,乃谢病,请归相印,上许之。秋,八月辛未,右丞相勃免,左丞相平专为丞相。

10　这时,有人向皇帝进献日行千里的宝马。汉文帝说:"每当天子出行,前有鸾旗为先导,后有属车做护卫,因吉事出行,每日行程不超过五十里,率军出行,每日只走三十里。朕乘坐千里马,能先单独奔到何处呢?"于是,文帝把马还给了进献者,并给他旅途费用,接着下诏说:"朕不接受贡献之物。命令全国不必要求前来进献。"

11　文帝即位,先对天下普施恩惠,各国诸侯和四夷部族与朝廷的关系都很融洽;然后,文帝才表彰和赏赐跟随他从代国来京的旧部功臣,封立宋昌为壮武侯。

12　文帝更加明习国家政事。朝会时,文帝问右丞相周勃说:"全国一年内审判多少案件?"周勃谢罪说不知道,文帝又问:"一年内全国钱谷收入有多少?"周勃又谢罪说不知道,紧张和惭愧之下,周勃汗流浃背。文帝又问左丞相陈平。陈平说:"有专门分管这些事务的官员。"文帝问:"由谁分管?"陈平回答:"陛下要了解诉讼刑案,应该问廷尉;如果要了解钱谷收支,应该问治粟内史。"文帝说:"假若各个部门都有人各司其职,那么您是负责什么事情的呢?"陈平谢罪说:"陛下由于不知道我的平庸低能,任命我为宰相。宰相的职责,对上辅佐天子,理通阴阳消息,顺应四季变化;对下使万物各得其所;对外安抚四夷和诸侯,对内使百姓安居乐业,使卿大夫各自得到能发挥其专长的职务。"文帝对陈平的回答表示满意。右丞相周勃极为惭愧,退朝之后责备陈平说:"您平常为何不告知我该怎样回答这类问题呢!"陈平笑着说:"您身为宰相,却不知宰相的职责是什么吗?况且,如果陛下再问长安城中有多少盗贼,您能勉强回答这样的问题吗?"由此,绛侯周勃自知能力比陈平差得很远。过了一段时间,有人劝周勃说:"您主持诛灭吕氏,扶立代王为帝,威名震动天下。现在您接受朝廷厚赏,担任职位尊崇的右相,长此以往,恐怕难免大祸临头了。"周勃也为自己的结局担忧,就自称有病,请求辞去丞相职务,文帝批准了他的请求。秋季,八月辛未(二十日),文帝罢免了右丞相周勃,左丞相陈平一人担任丞相。

13　初,隆虑侯灶击南越,会暑湿,士卒大疫,兵不能隃领。岁馀,高后崩,即罢兵。赵佗因此以兵威财物赂遗闽越、西瓯、骆,役属焉。东西万馀里,乘黄屋左纛,称制与中国侔。

帝乃为佗亲冢在真定者置守邑,岁时奉祀;召其昆弟,尊官、厚赐宠之。复使陆贾使南越,赐佗书曰:"朕,高皇帝侧室之子也,弃外,奉北藩于代。道里辽远,壅蔽朴愚,未尝致书。高皇帝弃群臣,孝惠皇帝即世,高后自临事,不幸有疾,诸吕为变,赖功臣之力,诛之已毕。朕以王、侯、吏不释之故,不得不立,今即位。乃者闻王遗将军隆虑侯书,求亲昆弟,请罢长沙两将军。朕以王书罢将军博阳侯,亲昆弟在真定者,已遣人存问,修治先人冢。前日闻王发兵于边,为寇灾不止。当其时,长沙苦之,南郡尤甚。虽王之国,庸独利乎!必多杀士卒,伤良将吏,寡人之妻,孤人之子,独人父母,得一亡十,朕不忍为也。朕欲定地犬牙相入者,以问吏,吏曰:'高皇帝所以介长沙土也,'朕不得擅变焉。今得王之地,不足以为大;得王之财,不足以为富。服领以南,王自治之。虽然,王之号为帝。两帝并立,亡一乘之使以通其道,是争也;争而不让,仁者不为也。愿与王分弃前恶,终今以来,通使如故。"

13　当初，隆虑侯周灶领兵进攻南越国，正值酷暑潮湿，士卒中流行瘟疫，军队无法越过阳山岭。过了一年多，高后去世后即撤兵。赵佗乘此机会，用兵威胁迫并以财物引诱闽越、西瓯、骆，使它们归属南越统治。南越国东西长达万馀里，赵佗乘坐着供天子专用的黄屋左纛车，一切礼仪都与汉朝皇帝相同。

汉文帝于是下令，为赵佗在真定的父母亲的坟墓设置专司守墓的民户，按年节时令祭祀；又召来赵佗的兄弟，用尊贵的官位和丰厚的赏赐表示优待和笼络。文帝又派遣陆贾出使南越国，带去文帝致赵佗的一封书信，信中说："朕是高皇帝侧室所生之子，被安置于外地，在北部边界做个奉命守法的代王。因路途辽远，加上我眼界不开阔，所以那时没有与您通信问候。高皇帝不幸去世，孝惠帝也很快病故；高后亲自裁决国政，晚年不幸患病，诸吕乘机谋反，幸亏有开国功臣同心合力，诛灭了吕氏。朕因无法推辞诸侯王、侯和百官的拥戴，不得不登基称帝，现已即位。前不久，得知大王曾致书于将军隆虑侯周灶，请求寻找您的亲兄弟，请求罢免长沙国的两位将军。朕因为您的这封书信，已罢免了将军博阳侯，您在真定的亲兄弟，朕已派人前去慰问，并修整了您先人的坟墓。前几日听说大王在边境一带，不断纵兵劫掠。当时长沙国遭受兵火劫难，而南郡一带遭劫最重。即便是大王治理下的南越王国，难道就能在战争中只获利益而不受损害吗！战事一起，必定使许多士卒丧生，将吏殉身，造成许多寡妇、孤儿和无人赡养的老人，朕不忍心做这种得一亡十的事情。朕本来准备对犬牙交错的地界做出调整，征求官员意见，回答说'这是高皇帝为了隔离长沙国而划定的'，朕不得擅自变更地界。现在，汉若夺取大王的领地，并不足以增加多少疆域；夺得大王的财富，也不足以增加多少财源。五岭以南的土地，大王尽可自行治理。即便如此，大王已有皇帝的称号。两位皇帝同时并立，互相之间没有一位使者相互联系，这是以力相争；只讲力争而不讲谦让，这是仁人所不屑于做的。愿与大王共弃前嫌，自今以后，互通使者往来，恢复原有的良好关系。"

贾至南越。南越王恐，顿首谢罪，愿奉明诏，长为藩臣，奉贡职。于是下令国中曰："吾闻两雄不俱立，两贤不并世。汉皇帝，贤天子。自今以来，去帝制、黄屋、左纛。"因为书，称："蛮夷大长、老夫臣佗昧死再拜上书皇帝陛下曰：老夫，故越吏也，高皇帝幸赐臣佗玺，以为南越王。孝惠皇帝即位，义不忍绝，所以赐老夫者厚甚。高后用事，别异蛮夷，出令曰：'毋与蛮夷越金铁、田器、马、牛、羊；即予，予牡，毋予牝。'老夫处僻，马、牛、羊齿已长，自以祭祀不修，有死罪，使内史藩、中尉高、御史平凡三辈上书谢过，皆不反。又风闻老夫父母坟墓已坏削，兄弟宗族已诛论。吏相与议曰：'今内不得振于汉，外亡以自高异。'故更号为帝，自帝其国，非敢有害于天下。高皇后闻之，大怒，削去南越之籍，使使不通。老夫窃疑长沙王谗臣，故发兵以伐其边。老夫处越四十九年，于今抱孙焉。然夙兴夜寐，寝不安席，食不甘味，目不视靡曼之色，耳不听钟鼓之音者，以不得事汉也。今陛下幸哀怜，复故号，通使汉如故；老夫死，骨不腐。改号，不敢为帝矣！"

14　齐哀王襄薨。

15　上闻河南守吴公治平为天下第一，召以为廷尉。吴公荐洛阳人贾谊，帝召以为博士。是时贾生年二十馀。帝爱其辞博，一岁中，超迁至太中大夫。贾生请改正朔，易服色，定官名，兴礼乐，以立汉制，更秦法。帝谦让未遑也。

陆贾到达南越。南越王赵佗见了文帝书信,十分惶恐,顿首谢罪,表示愿意遵奉皇帝明诏,永为藩国臣属,遵奉贡纳职责。赵佗随即下令于国中说:"我听说,两雄不能同时共立,两贤不能一时并存。汉廷皇帝,是贤明天子。从今以后,我废去帝制、黄屋、左纛。"赵佗还写了一封致汉文帝的回信,说:"蛮夷大长、老夫臣赵佗昧死再拜上书皇帝陛下:老夫不过是供职于旧越地的官员,幸得高皇帝宠信,赐我玺印,封为南越王。孝惠皇帝即位后,不忍心断绝与南越的关系,也曾对老夫有丰厚的赏赐。高后当政,歧视和隔绝蛮夷之地,下令说:'不得给蛮夷南越金铁、农具、马、牛、羊;如果给它牲畜,也只能给雄性的,不给雌性的。'老夫地处偏僻,马、牛、羊也已经老了,自以为未能行祭祀之礼,实为罪该万死,故派遣内史藩、中尉高、御史平等三批人上书朝廷,道歉谢罪,但都无回音。又据风闻谣传,说老夫的父母坟墓已被平毁,兄弟宗族人等已被处死。官员议论说:'您现在对内不能冲破压抑而受汉廷的尊重,对外又无法显示与其他小族小国的不同。'所以才改王号,称皇帝,只在南越国境内称帝,绝无为害天下的胆量。高皇后得知,勃然大怒,削去南越国的封号,断绝使臣往来。老夫私下怀疑是长沙王阴谋陷害我,所以才发兵攻打长沙国边界。老夫在越地已生活了四十九年,现在已有了孙子了。但我每天夙兴夜寐,睡觉难以安然入梦,吃饭也品尝不出味道,目不视妙龄佳丽的女色,耳不听钟鼓演奏的音律,之所以如此,就是因为我痛惜不能事奉汉廷天子。现在,有幸得到陛下哀怜,恢复我原来的封号,允许我派人出使汉廷;这样,老夫即是死去,也心满意足了。改号为王,再也不敢称帝了!"

　　14　齐哀王刘襄去世。

　　15　文帝得知河南郡守吴公治理地方的政绩为天下第一,就召他入朝做廷尉。吴公推荐洛阳人贾谊,文帝就召贾谊进京做博士官。当时贾谊年仅二十多岁。文帝很赏识贾谊的文辞可观知识渊博,一年之中,就破格提升他做了太中大夫。贾谊请文帝改定历法,变换朝服颜色,重新审定官名,确定汉室的礼仪和音乐,以建立汉朝制度,更改秦朝法度。文帝当时以谦让治国,无暇顾及这些事情。

二年(癸亥,前178)

1 冬,十月,曲逆献侯陈平薨。

2 诏列侯各之国;为吏及诏所止者,遣太子。

3 十一月乙亥,周勃复为丞相。

4 癸卯晦,日有食之。诏:"群臣悉思朕之过失及知见之所不及,丐以启告朕。及举贤良、方正、能直言极谏者,以匡朕之不逮。"因各敕以职任,务省繇费以便民;罢卫将军;太仆见马遗财足,馀皆以给传置。

颖阴侯骑贾山上书言治乱之道曰:"臣闻雷霆之所击,无不摧折者;万钧之所压,无不糜灭者。今人主之威,非特雷霆也;势重,非特万钧也。开道而求谏,和颜色而受之,用其言而显其身,士犹恐惧而不敢自尽,又况于纵欲恣暴、恶闻其过乎!震之以威,压之以重,虽有尧、舜之智,孟贲之勇,岂有不摧折者哉!如此,则人主不得闻其过,社稷危矣。

"昔者周盖千八百国,以九州之民养千八百国之君,君有馀财,民有馀力,而颂声作。秦皇帝以千八百国之民自养,力罢不能胜其役,财尽不能胜其求。一君之身耳,所自养者驰骋弋猎之娱,天下弗能供也。秦皇帝计其功德,度其后嗣世世无穷;然身死才数月耳,天下四面而攻之,宗庙灭绝矣。秦皇帝居灭绝之中而不自知者,何也?天下莫敢告也。其所以莫敢告者,何也?亡养老之义,亡辅弼之臣;退诽谤之人,杀直谏之士。是以道谀,偷合苟容,比其德则贤于尧、舜,课其功则贤于汤、武;天下已溃而莫之告也。

汉文帝前元二年(癸亥,公元前 178 年)

1　冬季,十月,曲逆献侯陈平去世。

2　汉文帝下诏,令列侯各自离京到所封领地去;身为朝廷官员和皇帝特许留居京师的列侯,则派遣他的太子到封地去。

3　十一月乙亥,周勃再次出任丞相。

4　癸卯晦,发生日食。文帝下诏书说:"群臣都要认真思考朕的过失和未曾考虑到的问题,并请大家告知朕。还请大家向朝廷荐举贤良、方正、能直言极谏的人,以便随时纠正朕思虑不周出现的过失。"于是下令各级官员要恪尽职守,致力于减轻徭役赋税以便利百姓;罢废卫将军;太仆将现有马匹留下够朝廷使用的,其余马匹全部拨给各地驿站使用。

颍阴侯的骑从贾山上书文帝,谈论治乱之道:"我听说在雷霆的轰击下,无论什么都会被击裂;在万钧之力的重压下,无论什么都会被压碎。君主的威严,远远超过了雷霆;君主的权势之重,也远远超过了万钧。君主即便是主动地请求大家进谏,和颜悦色地接受臣下的批评意见,采纳批评者意见并给以重用,臣子还会有所惧怕而不敢将不同意见和盘托出;更何况君主往往纵欲残暴,不愿听到别人议论他的过失呢! 在严威的震慑和权势的重压之下,即使人有尧和舜那样的智谋,有孟贲那样的勇气,也只能乖乖地俯首听命! 这样,君主就听不到别人对他的过失的批评,国家就要危险了。

"过去,在周朝时大约有一千八百个封国,用九州的百姓,奉事一千八百国的君主,君主有多余的财富,百姓也有宽裕的人力物力,到处都有歌功颂德的声音。秦始皇用一千八百国的百姓奉养他一人,百姓精疲力竭负担不起他的徭役征派,倾家荡产缴纳不够他的赋税。秦始皇只不过是一位君主,他所享受的也不过驰骋弋猎的娱乐,竭尽天下人力物力却无法满足他的需求。秦始皇自认为功德无量,估计他的政权会世代相传以至于无穷;但是,他死后不过几个月,天下百姓一起反秦,政权很快灭亡了。秦始皇处于被灭绝的危机之中,却丝毫没有察觉,原因何在? 就在于天下人都不敢告知他实际情况。不敢告知他实情的原因,又是什么呢? 秦王朝不提倡尊老养老,没有敢于纠正君主过失的正直大臣;罢免了议论朝政得失的官员,杀害了敢当面批评谏阻的士人。所以那些谄谀逢迎、只求自保利禄的无耻小人,吹捧秦始皇的德政高于尧舜,功业超过商汤和周武;天下已将土崩瓦解,而没有人告知秦始皇。

"今陛下使天下举贤良方正之士,天下皆欣欣焉曰:'将兴尧舜之道、三王之功矣。'天下之士,莫不精白以承休德。今方正之士皆在朝廷矣;又选其贤者,使为常侍、诸吏,与之驰驱射猎,一日再三出。臣恐朝廷之解弛,百官之堕于事也。陛下即位,亲自勉以厚天下,节用爱民,平狱缓刑,天下莫不说喜。臣闻山东吏布诏令,民虽老羸癃疾,扶杖而往听之,愿少须臾毋死,思见德化之成也。今功业方就,名闻方昭,四方向风而从;豪俊之臣,方正之士,直与之日日射猎,击兔伐狐,以伤大业,绝天下之望,臣窃悼之!古者大臣不得与宴游,使皆务其方而高其节,则群臣莫敢不正身修行,尽心以称大礼。夫士,修之于家而坏之于天子之廷,臣窃愍之。陛下与众臣宴游,与大臣、方正朝廷论议,游不失乐,朝不失礼,轨事之大者也。"上嘉纳其言。

上每朝,郎、从官上书疏,未尝不止辇受其言。言不可用置之,言可用采之,未尝不称善。

帝从霸陵上欲西驰下峻阪。中郎将袁盎骑,并车揽辔。上曰:"将军怯邪?"盎曰:"臣闻'千金之子,坐不垂堂'。圣主不乘危,不徼幸。今陛下骋六飞驰下峻山,有如马惊车败,陛下纵自轻,奈高庙、太后何!"上乃止。

"现在，陛下命令天下人荐举贤良方正的人士，天下人都为之欢欣鼓舞，说：'皇帝将复兴尧舜治理天下的准则，造就三王的功业了。'天下的人才，莫不自我激励以求能被皇帝选用。现在敢于直言进谏的方正之士，都已被选入朝廷了；又从中选择贤能者，让他们做常侍、诸吏，陛下与他们共同驰驱射猎，一天之内多次出宫。我担忧朝政由此而懈弛，百官因此而玩忽职守。陛下自即位以来，自我勉励，厚养天下，节省开支，慈爱臣民，断案公平，刑罚宽缓，天下人对此莫不喜悦。我听说崤山以东官吏公布诏令时，百姓即使是老弱病残的人，也都拄着手杖前去聆听诏令，但求晚死几年，以亲眼看到太平盛世的到来。现在功业刚刚出现，好名声刚刚创成，四方百姓臣子令行禁止，闻风而动；在此关键时刻，陛下却与豪俊之臣、方正之士，天天射猎，击兔捉狐，从而伤害国家大业，断绝天下人的期望，我私下很为陛下痛惜！古代规定大臣不得参与安闲的游乐，为的是让他们都致力于保持大臣的道义和节操，这样，群臣就都会严格约束自己，提高品行修养，尽心事君按君臣大礼办事。士的品行，养成于自己家中，却在天子的朝廷之上被破坏，我私下为之可惜。陛下与群臣共同消闲游乐，与大臣、方正在朝廷之上议论国事，怎样才能游娱不失于淫乐，朝会时不失君臣大礼，这是极为重大的事体。"文帝赞许并采纳了他的意见。

文帝每次上朝，郎官和从官进呈有所批评或建议的文书奏疏，从来都是停下辇车郑重其事地接受奏疏。所说的，如不可采用就放过一边，如可采用就加以实施，未尝不深加赞赏。

汉文帝从霸陵上山，想要向西从陡坡上纵马奔驰下山。中郎将袁盎骑马上前，与文帝车驾并行伸手挽住马缰绳。文帝说："将军胆怯了吗？"袁盎回答："我听说'家有千金资财的人，不能坐在堂屋的边缘'。圣明的君主不能轻易冒险，不能企求侥幸。现在陛下要想放纵驾车的六匹骏马，奔驰下险峻的高山，万一不幸马匹受惊失控，车辆被撞毁坏，陛下即便是看轻自身安危，又怎么对得起高祖的基业和太后的抚育之恩呢！"文帝这才停止冒险。

上所幸慎夫人，在禁中常与皇后同席坐。及坐郎署，袁盎引却慎夫人坐。慎夫人怒，不肯坐；上亦怒，起，入禁中。盎因前说曰："臣闻'尊卑有序，则上下和'。今陛下既已立后，慎夫人乃妾；妾、主岂可与同坐哉！且陛下幸之，即厚赐之。陛下所以为慎夫人，适所以祸之也。陛下独不见'人彘'乎！"于是上乃说，召语慎夫人，慎夫人赐盎金五十斤。

贾谊说上曰："《管子》曰：'仓廪实而知礼节，衣食足而知荣辱。'民不足而可治者，自古及今，未之尝闻。古之人曰：'一夫不耕，或受之饥；一女不织，或受之寒。'生之有时而用之无度，则物力必屈。古之治天下，至纤，至悉，故其畜积足恃。今背本而趋末者甚众，是天下之大残也；淫侈之俗，日日以长，是天下之大贼也。残、贼公行，莫之或止；大命将泛，莫之振救。生之者甚少而靡之者甚多，天下财产何得不蹶！

"汉之为汉，几四十年矣，公私之积，犹可哀痛。失时不雨，民且狼顾；岁恶不入，请卖爵子；既闻耳矣，安有为天下阽危者若是而上不惊者！

"世之有饥、穰，天之行也；禹、汤被之矣。即不幸有方二三千里之旱，国胡以相恤？卒然边境有急，数十百万之众，国胡以馈之？兵、旱相乘，天下大屈，有勇力者聚徒而衡击，罢夫、羸老，易子咬其骨。政治未毕通也，远方之能僭拟者并举而争起矣；乃骇而图之，岂将有及乎！夫积贮者，天下之大命也；

文帝有位很受宠幸的慎夫人，在宫中经常与皇后同席而坐。等到她们一起到郎官府衙就座时，袁盎把慎夫人的坐席排在后面。慎夫人恼怒，不肯入座；文帝也大怒，站起身来，返回宫中。袁盎借此机会上前规劝文帝说："我听说'尊卑次序严明，就能上下和睦'。现在陛下早就册立了皇后，慎夫人只是妾，妾怎么能与主人同席而坐呢！如果陛下真的宠爱慎夫人，可以赐给她丰厚的赏赐。陛下现在宠爱慎夫人的做法，恰恰会给慎夫人带来祸害。陛下难道忘记了'人彘'的悲剧了吗！"文帝这才醒悟，转怒为喜，召来慎夫人，把袁盎的话告诉了她，慎夫人赐给袁盎黄金五十斤以示感谢。

贾谊对文帝说："《管子》书中说：'仓廪充实人们才会讲究礼节，衣服粮食充足人们才有荣辱观念。'假若说百姓的温饱问题没有解决，百姓却乐意听命于君主的统治，这种事情，从古到今，我都没有听说过。古代有人说：'一个农夫不从事耕作，就有人要挨饿；一个女子不去蚕织，就有人要挨冻。'无论什么东西，生产它都有一定的季节时令，用起来如果毫无限制，就必定供不应求。古人治理天下，安排得很具体，很周到，所以国家的积贮足以应付开销。现在，脱离农桑本业而从事工商业的人太多了，这是危害天下的一大流弊；追求奢侈的风俗，越来越泛滥，这是危害天下的一大公害。这两种流弊和公害盛行，没有谁给以制止；法度面临毁坏，没有谁能挽救。天下财富，生产的人很少而挥霍的人却很多，怎能避免财富告竭呢！

"汉建国以来，至今已近四十年了，国库和私人积贮数量之少，令人悲哀痛惜。一旦老天不按时降雨，百姓就惶恐不安；歉收年成，百姓或者出卖爵位，或者自卖儿女，换粮度日；此类事情，陛下定然听到了许多吧，作为统治天下的君主，在这种危险的局势面前，怎能不为之触目惊心！

"年成有丰有歉，这是自然规律；古代圣王夏禹和商汤也都曾经历过。假若不幸出现了方圆二三千里的大面积旱灾，国家靠什么去救济百姓？突然间爆发边境战争，征调数十百万将士，国家用什么保证军需供应？兵祸和旱灾同时发生，国家财力无法应付，就会天下大乱，有勇力的人啸聚部众劫掠地方，怯懦和老弱的人，就相互交换子女，吃人肉苟延残喘。目前远未达到天下大治，远方那些势力强大有称帝野心的人，就会一起举兵争夺天下；若发展到这般田地才大吃一惊图谋制止，怎能来得及呢！积贮实在是国家的根本；

苟粟多而财有馀,何为而不成! 以攻则取,以守则固,以战则胜,怀敌附远,何招而不至!

"今驱民而归之农,皆著于本;使天下各食其力,末技、游食之民转而缘南亩,则畜积足而人乐其所矣。可以为富安天下,而直为此廪廪也,窃为陛下惜之!"

上感谊言,春,正月丁亥,诏开藉田,上亲耕以率天下之民。

5　三月,有司请立皇子为诸侯王。诏先立赵幽王少子辟彊为河间王,朱虚侯章为城阳王,东牟侯兴居为济北王,然后立皇子武为代王,参为太原王,揖为梁王。

6　五月,诏曰:"古之治天下,朝有进善之旌,诽谤之木,所以通治道而来谏者也。今法有诽谤、妖言之罪,是使众臣不敢尽情而上无由闻过失也,将何以来远方之贤良! 其除之!"

7　九月,诏曰:"农,天下之大本也,民所恃以生也;而民或不务本而事末,故生不遂。朕忧其然,故今兹亲率群臣农以劝之。其赐天下民今年田租之半。"

8　燕敬王泽薨。

如果国家积贮了大量粮食和钱财,还有什么办不成的事情! 以它为依凭,进攻就可以攻无不克,防守就可以固若金汤,作战就可以战无不胜,要感化、安抚敌人,或者吸引远方部族归附朝廷,都是不难做到的!

"现在如果引导民众归返农事,使大家都依附于土地,天下人都从事生产满足本人生活需要,让工商业者、舌辩说客都改行从事农耕,那么,国家就会有充裕的积贮,百姓就会安居乐业了。这样,国家就会富强和安定,我不明白为何不去这样做,却要经常为积贮不足而忧心忡忡,我私下为陛下感到惋惜!"

文帝被贾谊的话所打动,春季,正月丁亥(十五日),下诏举行"藉田"仪式,皇帝亲身耕作,为天下臣民做出表率。

5　三月,有关官员请求文帝立皇子为诸侯王。文帝下诏,先立赵幽王的小儿子刘辟疆为河间王,立朱虚侯刘章为城阳王,立东牟侯刘兴居为济北王;然后才立文帝之子刘武为代王,刘参为太原王,刘揖为梁王。

6　五月,文帝下诏说:"古代明君治理天下,在朝廷上专设鼓励献计献策的旌旗和书写批评意见的木柱,这样做的目的,是为了保证朝政的清明,鼓励臣民前来进谏。现在的法律中,有'诽谤罪'和'妖言罪'的律条,就使得群臣不敢畅所欲言地批评朝政,皇帝无从得知自己的过失,这怎么能吸引远方的贤良之士到朝廷来呢!应当废除这些律条!"

7　九月,文帝下诏说:"农业,是天下的根本,百姓依靠它而生存;有的百姓不从事农耕的本业,却去从事工商末业,所以百姓生活艰难。朕对此甚为担忧,所以现在亲自率领群臣从事农业耕作,以提倡重视农业。今年只向天下百姓征收田租的一半。"

8　燕敬王刘泽去世。

卷第十四　汉纪六

起甲子(前 177)尽辛未(前 170)凡八年

太宗孝文皇帝中

前三年(甲子,前 177)

1　冬,十月丁酉晦,日有食之。

2　十一月丁卯晦,日有食之。

3　诏曰:"前遣列侯之国,或辞未行。丞相,朕之所重,其为朕率列侯之国!"十二月,免丞相勃,遣就国。乙亥,以太尉灌婴为丞相;罢太尉官,属丞相。

4　夏,四月,城阳景王章薨。

5　初,赵王敖献美人于高祖,得幸,有娠。及贯高事发,美人亦坐系河内。美人母弟赵兼因辟阳侯审食其言吕后;吕后妒,弗肯白。美人已生子,恚,即自杀。吏奉其子诣上,上悔,名之曰长,令吕后母之,而葬其母真定。后封长为淮南王。

　　淮南王蚤失母,常附吕后,故孝惠、吕后时得无患;而常心怨辟阳侯,以为不强争之于吕后,使其母恨而死也。及帝即位,淮南王自以最亲,骄蹇,数不奉法,上常宽假之。是岁,入朝,从上入苑囿猎,与上同车,常谓上"大兄"。王有材力,能扛鼎。乃往见辟阳侯,自袖铁椎椎辟阳侯,令从者魏敬剄之;驰走阙下,肉袒谢罪。帝伤其志为亲,故赦弗治。当是时,薄太后及太子、诸大臣皆惮淮南王。淮南王以此,归国益骄恣,

太宗孝文皇帝中

汉文帝前元三年(甲子,公元前177年)

1　冬季,十月丁酉晦,出现日食。

2　十一月丁卯晦,出现日食。

3　文帝下诏说:"去年曾诏令列侯回各自的封地,有的人却借故滞留京城。丞相素为朕所倚重,应率先服从诏令,率领列侯返回各自封地!"十二月,文帝免去周勃的丞相职务,命令他前往封地。乙亥(十四日),文帝封太尉灌婴为丞相;诏令并规定罢废太尉之官,将其职责归属丞相。

4　夏季,四月,城阳景王刘章去世。

5　当初,赵王张敖向高祖献上一位美女,美女得宠幸而怀孕。等到赵相贯高谋杀高祖的计划败露,美人也受株连被囚禁于河内。美人的弟弟赵兼,请辟阳侯审食其向吕后代美人求情;吕后嫉妒美人得宠,不肯为她向高祖求情。美人生子之后,愤而自杀身亡。官吏将其所生之子送给高祖,高祖也有后悔之意,为婴儿取名刘长,令吕后收养,并葬其生母于真定。后来,高祖封刘长为淮南王。

淮南王刘长自幼丧母,一直亲附吕后,所以在孝惠帝和吕后临朝时,没有受到吕后的迫害;但他心中却怨恨辟阳侯审食其,认为审食其没有向吕后力争,才使他的生母含恨而死。及文帝即位,淮南王刘长自认为与文帝最亲近,骄横难制,屡违法纪,文帝经常从宽处置,不予追究。本年,淮南王入朝,跟随文帝去苑囿打猎,与文帝同乘一车,经常称文帝为"大哥"。他素负勇力,能举起沉重的大鼎。刘长找到辟阳侯审食其,用袖中所藏铁椎将他击倒,并令随从魏敬割取头颅;然后,刘长驱车来到皇宫门前,袒露上身,表示请罪。文帝感念他是为母亲复仇而杀人,所以没有治他的罪。这个时期,薄太后及太子和大臣们都惧怕淮南王。因此,淮南王归国以后,更加骄横恣肆,

出入称警跸,称制拟于天子。袁盎谏曰:"诸侯太骄,必生患。"上不听。

6　五月,匈奴右贤王入居河南地,侵盗上郡保塞蛮夷,杀掠人民。上幸甘泉,遣丞相灌婴发车骑八万五千,诣高奴击右贤王;发中尉材官属卫将军,军长安。右贤王走出塞。

7　上自甘泉之高奴,因幸太原,见故群臣,皆赐之;复晋阳、中都民三岁租。留游太原十馀日。

8　初,大臣之诛诸吕也,朱虚侯功尤大,大臣许尽以赵地王朱虚侯,尽以梁地王东牟侯。及帝立,闻朱虚、东牟之初欲立齐王,故绌其功,及王诸子,乃割齐二郡以王之。兴居自以失职夺功,颇怏怏;闻帝幸太原,以为天子且自击胡,遂发兵反。帝闻之,罢丞相及行兵皆归长安,以棘蒲侯柴武为大将军,将四将军、十万众击之;祁侯缯贺为将军,军荥阳。秋,七月,上自太原至长安。诏:"济北吏民,兵未至先自定及以军城邑降者,皆赦之,复官爵;与王兴居去来者,赦之。"八月,济北王兴居兵败,自杀。

9　初,南阳张释之为骑郎,十年不得调,欲免归。袁盎知其贤而荐之,为谒者仆射。

释之从行,登虎圈,上问上林尉诸禽兽簿。十馀问,尉左右视,尽不能对,虎圈啬夫从旁代尉对。上所问禽兽簿甚悉,欲以观其能,口对响应无穷者。帝曰:"吏不当若是邪!

出入令臣民回避,礼仪称谓一切制度,全都袭用皇帝的规格。袁盎进谏说:"淮南王身为诸侯王,骄横无度,必生后患。"文帝不加采纳。

6　五月,匈奴右贤王侵占河南之地,并纵兵盗掠已归服汉廷居住在上郡边塞的少数部族,杀掠人民。文帝亲临甘泉,派遣丞相灌婴率征发的车骑八万五千人,到高奴进击右贤王;又征发中尉所掌领的步兵,由卫将军指挥,驻守长安。匈奴右贤王逃往塞外。

7　文帝从甘泉到达高奴,然后来到太原郡,接见他身为代王时的旧日部属,都给予赏赐;并诏令免征晋阳、中都两县人民三年的田税。在太原逗留游玩了十多天。

8　当初,朝廷大臣铲除诸吕之时,朱虚侯刘章功劳尤其大,大臣们曾许诺把赵国之地全给朱虚侯刘章,立其为王,把梁国全境封立其弟东牟侯刘兴居为王。及文帝得立为帝,得知朱虚侯刘章、东牟侯刘兴居本来打算拥立齐王刘襄为帝,故有意贬抑二人的功劳,等到分封皇子为王时,从齐国原辖区内划出城阳、济北二郡,分别立刘章为城阳王、刘兴居为济北王。刘兴居自以为封地被减少功劳被贬低,愤愤不平;现在听说文帝亲临太原,刘兴居认为皇帝亲自统兵出击匈奴,有机可乘,就发兵造反。汉文帝得知刘兴居举兵谋反,诏令丞相和其他将领所率的准备出击匈奴的军队,都返回长安,任命棘蒲侯柴武为大将军,统领四位将军、十万军队出击刘兴居;文帝还任命祁侯缯贺为将军率军驻守荥阳。秋季,七月,文帝自太原返抵长安。文帝下诏书:"济北境内吏民,凡在朝廷大兵未到之前就归顺朝廷和率军献城邑迎降王师的,都给以宽赦,且恢复原有的官职爵位;即便是追随刘兴居参与谋反的,只要归降朝廷,也可赦免其罪。"八月,济北王刘兴居兵败,自杀。

9　当初,南阳人张释之当骑郎,历时十年未得升迁,曾打算自免官职返归故里。袁盎知道张释之是个有德才的人,就向文帝推荐他,升为谒者仆射。

张释之跟随文帝,来到禁苑中养虎的虎圈,文帝向上林尉询问禁苑中所饲养的各种禽兽的数目。先后问了十多种,上林尉仓惶失措,左右观望,没有对回答上任何一个问题,站立于一旁的虎圈啬夫代上林尉回答文帝的提问。文帝问了许多禽兽的数目,想实际考察虎圈啬夫的才能,虎圈啬夫随问随答,没有一个问题被难倒。文帝说:"官吏对分管的有关情况,难道不应当都像这位虎圈啬夫一般胸有数吗!

尉无赖。"乃诏释之拜啬夫为上林令。释之久之,前曰:"陛下以绛侯周勃何如人也?"上曰:"长者也。"又复问:"东阳侯张相如何如人也?"上复曰:"长者。"释之曰:"夫绛侯、东阳侯称为长者,此两人言事曾不能出口,岂效此啬夫喋喋利口捷给哉!且秦以任刀笔之吏,争以亟疾苛察相高,其敝,徒文具而无实,不闻其过,陵迟至于土崩。今陛下以啬夫口辩而超迁之,臣恐天下随风而靡,争为口辩而无其实。夫下之化上,疾于景响,举错不可不审也!"帝曰:"善!"乃不拜啬夫。上就车,召释之参乘。徐行,问释之秦之敝,具以质言。至宫,上拜释之为公车令。

顷之,太子与梁王共车入朝,不下司马门。于是释之追止太子、梁王,无得入殿门,遂劾"不下公门,不敬",奏之。薄太后闻之,帝免冠,谢教儿子不谨。薄太后乃使使承诏赦太子、梁王,然后得入。帝由是奇释之,拜为中大夫;顷之,至中郎将。

从行至霸陵,上谓群臣曰:"嗟乎!以北山石为椁,用纻絮斮陈漆其间,岂可动哉!"左右皆曰:"善!"释之曰:"使其中有可欲者,虽锢南山犹有隙;使其中无可欲者,虽无石椁,又何戚焉!"帝称善。

上林尉实在不称职。"于是,文帝诏令张释之传旨任命啬夫为管理禁苑的上林令。张释之迟疑了一会儿,走近文帝说:"陛下以为绛侯周勃是什么样的人呢?"文帝回答说:"他是忠厚长者。"张释之又问:"东阳侯张相如是什么样的人呢?"文帝又答:"也是长者。"张释之说:"绛侯周勃、东阳侯张相如为世人所称道的忠厚长者,他们两人言谈都吞吞吐吐,好似辞不达意,从来不像这个啬夫喋喋不休卖弄他的伶牙俐齿!秦王朝重用刀笔之吏,官场之上竞相比赛谁更为敏捷苛察,它的害处是空有其表而无实际的内容,皇帝听不到对朝政的批评,却使国家走上土崩瓦解的末路。现在陛下因啬夫善于辞令对答而破格升官,我只怕天下人争相效仿,都去练习口辩之术而无真才实学。君主所提倡的某种风尚,影响臣民的速度甚至超过身动影移、声出响应,君主的任何举动,都不可不慎之又慎啊!"文帝说:"您说得好啊!"于是不再给啬夫升官。文帝乘车返回皇宫,令张释之立于右侧为陪乘。一路上缓缓而行,文帝询问秦朝政治的误弊,张释之都给以简洁明快的回答。车驾返抵宫中,文帝马上任命张释之为公车令。

时隔不久,太子与梁王共乘一车入朝,经过司马门,二人也未曾下车示敬。于是,张释之追上太子和梁王,禁止他们二人进入殿门,并马上劾奏太子和梁王"经公门不下车为不敬"之罪。薄太后也得知此事,文帝为此向太后免冠赔礼,承认自己教子不严的过错。薄太后于是派专使宣布赦免太子和梁王的诏令,二人才得以进入殿门。由此,文帝更惊奇和赏识张释之的胆识,升他为中大夫;不久,文帝任命他为中郎将。

张释之随从文帝巡视霸陵工程,文帝对群臣说:"嗟乎!我的陵墓用北山的坚硬岩石做外椁,把纻麻絮切碎填充在间隙中,再用漆将它们粘合为一体,如此坚固,还有谁能打得开啊!"左右近侍都说:"对!"唯独张释之说:"假若里面有能勾起人们贪欲的珍宝,即便熔化金属把整个南山封起来,也会留有间隙;假若里面没有珍宝,即便是没有石椁,也不必有什么忧虑啊!"文帝称赞他说得好。

是岁,释之为廷尉。上行出中渭桥,有一人从桥下走,乘舆马惊,于是使骑捕之,属廷尉。释之奏当:"此人犯跸,当罚金。"上怒曰:"此人亲惊吾马,马赖和柔,令他马,固不败伤我乎!而廷尉乃当之罚金!"释之曰:"法者,天下公共也。今法如是;更重之,是法不信于民也。且方其时,上使使诛之则已。今已下廷尉;廷尉,天下之平也,壹倾,天下用法皆为之轻重,民安所错其手足!唯陛下察之!"上良久曰:"廷尉当是也。"

其后人有盗高庙坐前玉环,得,帝怒,下廷尉治。释之按"盗宗庙服御物者"为奏当弃市。上大怒曰:"人无道,乃盗先帝器!吾属廷尉者,欲致之族;而君以法奏之,非吾所以共承宗庙意也。"释之免冠顿首谢曰:"法如是,足也。且罪等,然以逆顺为差。今盗宗庙器而族之,有如万分一,假令愚民取长陵一抔土,陛下且何以加其法乎?"帝乃白太后,许之。

四年(乙丑,前176)

1　冬,十二月,颍阴懿侯灌婴薨。

2　春,正月甲午,以御史大夫阳武张苍为丞相。苍好书,博闻,尤邃律历。

3　上召河东守季布,欲以为御史大夫。有言其勇、使酒、难近者;至,留邸一月,见罢。季布因进曰:"臣无功窃宠,待罪河东,陛下无故召臣,此人必有以臣欺陛下者。

这一年,张释之被任命为廷尉。文帝出行经过中渭桥,有一人从桥下跑出,惊动了为皇帝驾车的马匹;于是文帝令骑士追捕,并将他送交廷尉治罪。张释之奏报处置意见:"此人违犯了清道戒严的规定,应当罚金。"文帝发怒说:"此人直接惊了我乘舆的马,幸亏这马脾性温和,假若是其他烈马,不免要伤害我身! 可廷尉仅仅判他罚金了事!"张释之解释说:"法,是天下人应共同遵守的。这一案件依据法律只能如此定罪;加罪重判,法律就失去了取信于民众的作用。况且,在他惊动马匹之际,如果皇上派人将他杀死也就算了。现在既已把他交给廷尉,廷尉本来是保持天下用法公平的司法官,稍有倾斜,天下就没有公正稳定的法律了,百姓还怎样生活呢! 请陛下深思。"文帝思虑半晌,说:"廷尉的判决是对的。"

其后,有人偷盗高祖庙中神位前的玉环而被捕,汉文帝大怒,交给廷尉治罪。张释之奏报判案意见:按照"偷盗宗庙服御器物"的律条,案犯应当公开斩首。汉文帝大怒说:"此人极为可恶,竟敢盗先帝器物! 我将他交给廷尉审判,本想将他诛灭全族;没想到你拘泥法律条文仅判他死罪,这是违背我恭奉宗庙的本意的。"张释之见皇帝震怒,免冠顿首谢罪解释说:"依法判刑,他最多只能判斩首。况且,同是相同的罪名,还应该根据情节和影响程度区别判刑。此人以偷盗宗庙器物之罪被灭族,若万一有愚昧无知之辈,竟然去盗掘了高祖的长陵一掬土,不知陛下还能给他加以比盗环者怎样更重的惩罚?"于是,文帝向太后说明情况,批准了张释之的判刑意见。

汉文帝前元四年(乙丑,公元前 176 年)

1 冬季,十二月,颍阴懿侯灌婴去世。

2 春季,正月甲午(初四),汉文帝任命御史大夫阳武县人张苍为丞相。张苍喜读书籍,博闻多识,尤精于律历之学。

3 文帝召河东郡郡守季布来京,本来准备任命为御史大夫。有人说季布勇武难制、酗酒好斗,不适于做皇帝的亲近大臣,所以,季布到京后,在官邸中滞留一个月,才得到召见,并令他还归原任。季布对文帝说:"我本无功劳而有幸得到陛下宠信,使为河东郡守,前日,陛下无故召我来京,必定是有人向陛下虚称我贤材可用。

今臣至,无所受事,罢去,此人必有毁臣者。夫陛下以一人之誉而召臣,以一人之毁而去臣,臣恐天下有识闻之,有以窥陛下之浅深也!"上默然,惭,良久曰:"河东,吾股肱郡,故特召君耳。"

4 上议以贾谊任公卿之位,大臣多短之曰:"洛阳之人,年少初学,专欲擅权,纷乱诸事。"于是天子后亦疏之,不用其议,以为长沙王太傅。

5 绛侯周勃既就国,每河东守、尉行县至绛,勃自畏恐诛,常被甲,令家人持兵以见之。其后人有上书告勃欲反,下廷尉。廷尉逮捕勃,治之。勃恐,不知置辞,吏稍侵辱之。勃以千金与狱吏,吏乃书牍背示之曰:"以公主为证。"公主者,帝女也,勃太子胜之尚之。薄太后亦以为勃无反事。帝朝太后,太后以冒絮提帝曰:"绛侯始诛诸吕,绾皇帝玺,将兵于北军,不以此时反,今居一小县,顾欲反邪!"帝既见绛侯狱辞,乃谢曰:"吏方验而出之。"于是使使持节赦绛侯,复爵邑。绛侯既出,曰:"吾尝将百万军,然安知狱吏之贵乎!"

6 作顾成庙。

五年(丙寅,前 175)

1 春,二月,地震。

2 初,秦用半两钱,高祖嫌其重,难用,更铸荚钱。于是物价腾踊,米至石万钱。夏,四月,更造四铢钱;除盗铸钱令,使民得自铸。

现在我来京,没有接受新的使命,仍归原任,一定有人向陛下说我不可信用。陛下因一人的赞誉而召我进京,又因一人的批评而令我离京,我深恐天下有识之士得知此事,会有人以此来评论陛下知人用人的得失!"文帝默然无以对答,面露惭色,过了一会儿才支吾说:"河东郡,是关系国家安危的重地大郡,所以召你来面谈一番。"

4 文帝提议让贾谊出任公卿,许多大臣贬责贾谊说:"这个洛阳人,太年轻,阅历不足,又自恃有点学问,极力要掌握大权,干扰朝廷大事。"于是,文帝以后也就疏远贾谊,不采纳他的意见,把他外放为长沙王的太傅。

5 绛侯周勃在前往封地之后,每当河东郡的郡守、郡尉巡行县级属地来到绛地,周勃都深怕他们是受命前来捕杀自己,经常身穿铠甲,令家中人手执兵器,然后与郡守、郡尉相见。其后,有人向皇帝上书,举告周勃要造反,皇帝交给廷尉处置。廷尉将周勃逮捕下狱,审讯案情。周勃极为恐惧,不知怎样对答才好,狱吏也对周勃有所凌辱。周勃用千金行贿狱吏,狱吏就在公文木牍背面写了"以公主为证",暗示周勃在"供词"中提到公主。公主是指文帝的女儿,周勃之子周胜之娶她为妻。薄太后也以为周勃不会谋反。文帝朝见太后时,太后恼怒地将护头的帽絮扔到文帝身上说:"绛侯周勃在诛灭诸吕的时候,手持皇帝玉玺,身统北军将士,他不利用这一时机谋反,怎么会在只有区区一个小县的今天谋反呢!"文帝此时已见到了周勃所写的辩白之辞,于是向太后谢罪说:"正在结案,很快就释放周勃。"汉文帝派使者持皇帝符节赦免绛侯周勃,恢复他原有的爵位和封地。绛侯周勃在获释之后,感叹说:"我曾经统帅过百万雄兵,却不知一个狱吏有如此大的权势和神通!"

6 兴建顾成庙。

汉文帝前元五年(丙寅,公元前 175 年)

1 春季,二月,发生地震。

2 当初,秦行用半两钱,高祖嫌半两钱过重,使用不便,另行铸造荚钱。至此时,物价暴涨,一石米贵至一万钱。夏季,四月,文帝下诏:另行铸造四铢钱;废除禁止私人铸钱的禁令,允许民间自行铸钱。

贾谊谏曰:"法使天下公得雇租铸铜、锡为钱,敢杂以铅、铁为他巧者,其罪黥。然铸钱之情,非殽杂为巧,则不可得赢;而殽之甚微,为利甚厚。夫事有召祸而法有起奸;今令细民人操造币之势,各隐屏而铸作,因欲禁其厚利微奸,虽黥罪日报,其势不止。乃者,民人抵罪多者一县百数,及吏之所疑榜笞奔走者甚众。夫悬法以诱民使入陷阱,孰多于此!又民用钱,郡县不同:或用轻钱,百加若干;或用重钱,平称不受。法钱不立,吏急而壹之乎?则大为烦苛而力不能胜。纵而弗呵乎?则市肆异用,钱文大乱。苟非其术,何乡而可哉!今农事弃捐而采铜者日蕃,释其耒耨,冶镕炊炭;奸钱日多,五谷不为多。善人怵而为奸邪,愿民陷而之刑戮。刑戮将甚不详,奈何而忽!国知患此,吏议必曰'禁之'。禁之不得其术,其伤必大。令禁铸钱,则钱必重;重则其利深,盗铸如云而起,弃市之罪又不足以禁矣。奸数不胜而法禁数溃,铜使之然也。铜布于天下,其为祸博矣,故不如收之。"贾山亦上书谏,以为:"钱者,亡用器也,而可以易富贵。富贵者,人主之操柄也;令民为之,是与人主共操柄,不可长也。"上不听。

贾谊提出劝阻说："现行法令允许天下人熔铸铜、锡为钱币，有敢掺杂铅、铁取巧谋利的人，就处以黥刑。但是，铸钱的人都以获利为目的，如果不杂以铅铁，就不可能获利；只要掺上很小比例的铅和铁，就会获利丰厚。有的事容易引起后患，有的法令能导致违法犯罪；现在法令给平民百姓以铸币的大权，百姓自然会偷偷地铸造，要想禁止他们在铸钱时为获厚利而取巧舞弊，是根本不可能的，即便是每天都有人因此而被判处黥刑，也无济于事。以往，百姓因此犯罪而被判刑的，一县可多至数百人，被官吏认定有犯罪嫌疑而受到逮捕刑讯和受案情牵连而不断到官府听审、作证的人，那就更多了。设立法律去引诱百姓犯罪受刑，还有什么能比这种铸钱令更严重呢！另外，民间习惯使用的钱币，各个地方有所不同：使用的轻钱，必须添若干枚；使用的重钱，又不按标准数使用。官府规定的货币在交易中不具有权威地位，对此，官府采取强硬手段来统一市场货币的话，事情一定会很繁琐、很苛酷，而且力难胜任。如果官府放纵不管的话，市场上流行各种钱币，币制就会陷入混乱。可见，如果关于钱币的法律不完善，到哪里寻求标准呢！现在，放弃农业而开山采铜的人日益增多，扔下农具而去炼铜铸钱、烧制木炭；质量低劣的钱币每天都在增加，五谷粮食却无法增加。善良的人受此风气的引诱而做出了罪恶的事情，谨慎怕事的人也被裹挟犯罪而受到刑罚甚至于杀戮。为此大量惩罚杀戮百姓，是国家的灾难，为什么忘记了呢！朝廷了解到它的祸患，大臣们必定会建议说'禁止私人铸钱'。但是，如果禁止的方法不对，就会造成很大的危害。法令禁止私人铸钱，就必然导致钱币减少、币值增加；这样一来，铸币的获利就更大了，私人违法铸币如同风起云涌，用处以死罪的重刑也不足以禁止盗铸。违法犯罪防不胜防，法律禁令屡遭破坏，这是可用于铸币的铜造成的后果。铜分布在天下百姓手中，所造成的祸害是很大的，所以，不如由朝廷控制铜的流通。"贾山也上书提出批评意见，认为："钱币，本是无用之物，却可以用来换取富贵。使人获得富贵，本来是由君主所掌握的权柄；让百姓铸币实际上是百姓与君主共同掌握权柄，这是不应该再继续下去的。"文帝不采纳这些意见。

是时，太中大夫邓通方宠幸，上欲其富，赐之蜀严道铜山，使铸钱。吴王濞有豫章铜山，招致天下亡命者以铸钱，东煮海水为盐，以故无赋而国用饶足。于是吴、邓钱布天下。

3　初，帝分代为二国，立皇子武为代王，参为太原王。是岁，徙代王武为淮阳王；以太原王参为代王，尽得故地。

六年(丁卯，前174)

1　冬，十月，桃、李华。

2　淮南厉王长自作法令行于其国，逐汉所置吏，请自置相、二千石，帝曲意从之。又擅刑杀不辜及爵人至关内侯；数上书不逊顺。帝重自切责之，乃令薄昭与书风谕之，引管、蔡及代顷王、济北王兴居以为儆戒。

王不说，令大夫但、士伍开章等七十人与棘蒲侯柴武太子奇谋以辇车四十乘反谷口；令人使闽越、匈奴。事觉，有司治之；使使召淮南王。王至长安，丞相张苍、典客冯敬行御史大夫事，与宗正、廷尉奏："长罪当弃市。"制曰："其赦长死罪，废，勿王；徙处蜀郡严道邛邮。"尽诛所与谋者。载长以辎车，令县以次传之。

袁盎谏曰："上素骄淮南王，弗为置严傅、相，以故致此。淮南王为人刚，今暴摧折之，臣恐卒逢雾露病死，陛下有杀弟之名，奈何？"上曰："吾特苦之耳，今复之。"

这时,太中大夫邓通正得到文帝的宠幸,文帝为了使邓通成为巨富,就把蜀郡严道县的铜山赏赐给他,允许他采铜铸钱。吴王刘濞境内的豫章郡有产铜的矿山,他召集了许多不向官府登记户籍的流民开矿铸钱,又在吴国东部利用海水生产食盐,所以,吴王刘濞不必向百姓收取赋税而官府费用却极为充裕。这个时期,吴国和邓通所铸造的钱币流通于全国。

3 当初,文帝把代国封地分为两国,立皇子刘武为代王,刘参为太原王。这一年,文帝把代王刘武改封为淮阳王;改封太原王刘参为代王,得到了原代国的全部封地。

汉文帝前元六年(丁卯,公元前174年)

1 冬季,十月,桃树、李树都不合时令地开了花。

2 淮南厉王刘长自设法令,推行于淮南王国境内,驱逐了汉朝廷所任命的官员,请求允许他自己任命相、二千石的高级官员,汉文帝为顾全大局,很勉强地同意了他的请求。刘长又擅自刑杀无罪的人,擅自给人封以关内侯的高级爵位,多次给朝廷上书都有不逊之语。文帝不愿意亲自严厉地责备他,就让薄昭致书淮南王,委婉地规劝他,征引周初管叔、蔡叔以及本朝代顷王刘仲、济北王刘兴居骄横不法、最终被废被杀之事,请淮南王引以为戒。

淮南王刘长接读薄昭书信,很不高兴,指派大夫但、士伍开章等七十人与棘蒲侯柴武的太子柴奇合谋,准备用四十辆辇车在谷口发动叛乱;刘长还派出使者,去与闽越、匈奴联络。反情败露,有关机构追究此事来龙去脉;文帝派使臣召淮南王进京。淮南王刘长来到长安,丞相张苍、代行御史大夫职责的典客冯敬,与宗正、廷尉等大臣启奏:"刘长应被处以死刑。"文帝下达批复命令说:"赦免刘长的死罪,废去王号;把他遣送安置在蜀郡严道县的邛邮。"与刘长通谋造反的人,都被处死。刘长被安置在密封的囚车中,文帝下令沿途所过各县依次传送。

袁盎进谏说:"皇上一直放纵淮南王,不为他配设严厉的太傅和丞相,去约束他的不法行为,所以才发展到这般田地。淮南王秉性刚烈,现在如此突然地摧残折磨他,我担心他突然遭受风露生病而死于途中,陛下难免落得个杀害弟弟的恶名,可如何是好?"文帝说:"我的本意,只不过要让刘长受点困苦,使他悔过自新,现在就派人召他回来。"

淮南王果愤恚不食死。县传至雍,雍令发封,以死闻。上哭甚悲,谓袁盎曰:"吾不听公言,卒亡淮南王! 今为奈何?"盎曰:"独斩丞相、御史以谢天下乃可。"上即令丞相、御史逮考诸县传送淮南王不发封馈侍者,皆弃市。以列侯葬淮南王于雍,置守冢三十户。

3 匈奴单于遗汉书曰:"前时,皇帝言和亲事,称书意,合欢。汉边吏侵侮右贤王;右贤王不请,听后义卢侯难支等计,与汉吏相距,绝二主之约,离兄弟之亲,故罚右贤王,使之西求月氏击之。以天之福,吏卒良,马力强,以夷灭月氏,尽斩杀、降下,定之;楼兰、乌孙、呼揭及其旁二十六国,皆已为匈奴,诸引弓之民并为一家,北州以定。愿寝兵,休士卒,养马,除前事,复故约,以安边民。皇帝即不欲匈奴近塞,则且诏吏民远舍。"帝报书曰:"单于欲除前事,复故约,朕甚嘉之! 此古圣王之志也。汉与匈奴约为兄弟,所以遗单于甚厚;倍约、离兄弟之亲者,常在匈奴。然右贤王事已在赦前,单于勿深诛! 单于若称书意,明告诸吏,使无负约,有信,敬如单于书。"

后顷之,冒顿死,子稽粥立,号曰老上单于。老上单于初立,帝复遣宗室女翁主为单于阏氏,使宦者燕人中行说傅翁主。说不欲行,汉强使之。说曰:"必我也,为汉患者!"中行说既至,因降单于,单于甚亲幸之。

淮南王刘长果然愤恨绝食而死。囚车依次传送到雍县，雍县的县令打开了封闭的囚车，向朝廷报告了刘长的死讯。文帝痛哭失声，对袁盎说："我没听你的话，终于造成淮南王的死亡！现在该怎么办？"袁盎说："只有斩杀丞相、御史大夫以向天下人表明陛下重兄弟情义才行。"皇帝立即命令丞相、御史大夫逮捕拷问传送淮南王的沿途各县不开启封门不送食物的官员，把他们全都处死。文帝命令用列侯的礼仪把淮南王安葬在雍县，配置了三十户百姓专管看护坟墓。

　　3　匈奴单于给汉朝廷送来书信说："前些时候，皇上谈到和亲的事，与书信的意思一致，都很喜悦。汉朝边境官员侵夺侮辱我匈奴右贤王，右贤王未经向我请示批准，听从了后义卢侯难支等人的计谋，与汉朝官吏相互敌对，断绝了两家君主的和好盟约，离间了兄弟之国的情谊，为此我惩罚右贤王，命令他向西方寻找并攻击月氏国。由于苍天降福保佑，将士精良，战马强壮，现已消灭了月氏，其部众已全部被杀或投降，月氏已被我征服；楼兰、乌孙、呼揭及其附近的二十六国，都已归匈奴统辖，所有擅长骑射的游牧部族，都合并为一家，北部由此而统一和安宁。我愿意刀兵入库，休养士卒，牧养马匹，消除以前的仇恨和战争，恢复原来的结好盟约，以安定双方边境的民众。如果皇帝不希望我们匈奴靠近汉的边境，那么就请皇帝下诏，令汉朝官吏百姓暂且远离边境定居生活。"汉文帝复信说："单于准备消除双方以前的不愉快，恢复原来的盟约，朕对此极表赞赏！这是古代圣明君主追求的目标。汉与匈奴结盟为兄弟之好，用来赠送单于的东西是很丰厚的；违背盟约、离间兄弟情谊的事情，多发生在匈奴一方。但右贤王那件事情早就发生在大赦以前，单于就不必过分责备他了！单于如果能按来信所说去做，明确告知大小部属官员，约束他们不再违背和约，匈奴方面做出了表明诚意的举动，我自然会慎重地按单于来信的要求，约束汉朝臣民。"

　　其后不久，冒顿死去，他的儿子稽粥继位，称为老上单于。老上单于刚继位，文帝又指派一位宗室的女儿翁主嫁给他做单于阏氏，并派宦官、燕地人中行说去辅佐翁主。中行说不愿意身入匈奴，汉朝廷逼迫他去。中行说恼怒地说："我一定要使汉朝廷深受祸患！"中行说一到匈奴，就归降了单于，单于很宠信他。

初,匈奴好汉缯絮、食物。中行说曰:"匈奴人众不能当汉之一郡,然所以强者,以衣食异,无仰于汉也。今单于变俗,好汉物;汉物不过什二,则匈奴尽归于汉矣。其得汉缯絮,以驰草棘中,衣裤皆裂敝,以示不如旃裘之完善也;得汉食物,皆去之,以示不如湩酪之便美也。"于是说教单于左右疏记,以计课其人众、畜牧。其遗汉书牍及印封,皆令长大,倨傲其辞,自称"天地所生、日月所置匈奴大单于"。

汉使或訾笑匈奴俗无礼义者,中行说辄穷汉使曰:"匈奴约束径,易行;君臣简,可久;一国之政,犹一体也。故匈奴虽乱,必立宗种。今中国虽云有礼义,及亲属益疏则相杀夺,以至易姓,皆从此类也。嗟!土室之人,顾无多辞,喋喋占占!顾汉所输匈奴缯絮、米糵,令其量中、必善美而已矣,何以言为乎!且所给,备善则已;不备、苦恶,则候秋熟,以骑驰蹂而稼穑耳!"

4 梁太傅贾谊上疏曰:"臣窃惟今之事势,可为痛哭者一,可为流涕者二,可为长太息者六;若其他背理而伤道者,难遍以疏举。进言者皆曰:'天下已安已治矣。'臣独以为未也。曰安且治者,非愚则谀,皆非事实知治乱之体者也。夫抱火厝之积薪之下而寝其上,火未及然,因谓之安;方今之势,何以异此!陛下何不壹令臣得孰数之于前,因陈治安之策,试详择焉!

当初,匈奴很贪图汉朝的缯帛丝绵和食品。中行说劝单于说:
"匈奴的人口,还不如汉朝一个郡的人口多,然而却是汉的强敌,原
因就在于匈奴的衣食与汉不同,不需要仰仗、依赖于汉朝。现在,假
若单于改变习俗,喜爱汉朝的东西;汉朝只要拿出不到十分之二的
东西,那么匈奴就要都被汉朝收买过去了。最好的办法是:把得到
汉朝的丝绸衣裳,令人穿在身上冲过荆棘,衣服裤子都撕裂破烂,以
证明它们不如用兽毛制成的旃裘完美实用;得到汉朝的食物,都把
它扔掉,以显示它不如乳酪便利和味美可口。"这一时期,中行说教
单于的左右侍从学习文字,用以统计匈奴的人口和牲畜数量。凡是
匈奴送给汉朝的书信木札以及印章和封缄,其规格都增长加宽,并
使用傲慢不逊的言辞,自称为"天地所生、日月所置匈奴大单于"。

汉朝使者有人讥笑匈奴习俗不讲礼义,中行说经常驳难汉朝使
者说:"匈奴的约束简捷明确,容易实行;君臣之间坦诚相见,可维持
长久;一国的政务,就像一个人的身体那样容易统一协调。所以,匈
奴虽然也有动荡变乱,但却必定拥立单于的子孙为首领。现在中原
汉人虽自称有礼义,但随着亲属关系的日益疏远,就相互仇杀争夺,
最终被外姓人改朝换代,其他各种名实不符的事,都类似于此。咳!
你们这些居住于土室中的人,就不要卖弄口舌,喋喋不休了!你们
只要牢牢记住:汉朝送给匈奴的缯帛丝绵、好米酒曲,保证数量足
够、质量精美就行了,何必在这里说长道短呢!而且,你们所给的东
西,如果数量足、质量好,就罢了;如果数量不足、质量低劣,那就等到
秋熟时,用我们匈奴的铁骑去践踏你们的庄稼!"

4 梁王的太傅贾谊向文帝上疏说:"我私下认为现在的局势,
应该为之痛哭的有一项,应该为之流涕的有两项,应该为之大声叹
息的有六项;至于其他违背情理而伤害原则的事,很难在一篇上疏
中一一列举。那些向陛下进言的人,说:'现在天下已经安定了,已
经治理得很好了。'我却认为没有达到那种境界。那些说天下已经
安定已经大治的人,不是愚蠢无知,就是阿谀逢迎,都不是真正了
解什么是治乱大体的人。有人抱着火种放在堆积的木柴之下,自
己安睡于这堆木柴之上,火还没有猛烈燃烧起来的时候,他竟然洋
洋自得地认为这是安宁之地;现在国家的情况,与此有什么不同!
陛下为什么不让我对您真诚地说明这一切,因而提出使国家真正
大治大安的方案,以供陛下仔细斟酌选用呢!

"使为治，劳志虑，苦身体，乏钟、鼓之乐，勿为可也；乐与今同，而加之诸侯轨道，兵革不动，匈奴宾服，百姓素朴，生为明帝，没为明神，名誉之美垂于无穷，使顾成之庙称为太宗，上配太祖，与汉亡极，立经陈纪，为万世法，虽有愚幼、不肖之嗣，犹得蒙业而安。以陛下之明达，因使少知治体者得佐下风，致此非难也。

"夫树国固必相疑之势，下数被其殃，上数爽其忧，甚非所以安上而全下也。今或亲弟谋为东帝，亲兄之子西向而击；今吴又见告矣。天子春秋鼎盛，行义未过，德泽有加焉，犹尚如是；况莫大诸侯，权力且十此者虖！

"然而天下少安，何也？大国之王幼弱未壮，汉之所置傅、相方握其事。数年之后，诸侯之王大抵皆冠，血气方刚；汉之傅、相称病而赐罢，彼自丞、尉以上遍置私人；如此，有异淮南、济北之为邪！此时而欲为治安，虽尧、舜不治。

"黄帝曰：'日中必熭，操刀必割。'今令此道顺而全安甚易，不肯蚤为，已乃堕骨肉之属而抗刭之，岂有异秦之季世虖！其异姓负强而动者，汉已幸而胜之矣，又不易其所以然；同姓袭是迹而动，既有征矣，其势尽又复然。殃祸之变，未知所移，明帝处之尚不能以安，后世将如之何！

"假若所提的治世方法，需要耗费心血，摧残身体，影响享受钟、鼓所奏音乐的乐趣，可以不加采纳；我的治国方策，能保证使陛下所享受的各种乐趣不受影响，却可以带来封国诸侯各遵法规，战争不起，匈奴归顺，百姓温良朴素，陛下在世时被称为明帝，死后成为明神，美名佳誉永垂青史，使您的顾成庙被尊称为太宗，得以与太祖共享盛名，与大汉天下共存亡，创设准则，标立纪纲，为万世子孙树立楷模；即便是后世出现了愚鲁、幼稚、不肖的继承人，由于他继承了您的鸿业和福荫，还可以安享太平。凭陛下的精明练达，再使稍微懂得治国之道的人辅佐，要达到这一境界，并不困难。

"封立的诸侯王过于强大，就必定产生君臣上下相互猜疑的问题，封王多次遭受祸殃，陛下经常为此担忧，这根本就不是安定君主保全臣子的好办法。现在有的诸侯王，本是陛下的亲弟弟，却图谋称东帝，有的本是陛下的亲侄子，却要发兵向西攻打京师；最近又听说有人检举吴王要图谋不轨。现在陛下正当壮年，朝政没有过失，对诸侯王经常给以恩宠和优待，他们竟然还做出这般事情；更何况某些最大的诸侯王国，地位和国力要超出于上述几王的十倍以上呢！

"但是，现在天下却基本安宁，这是为什么呢？是因为许多大国的封王年龄还小，不到成人的时候，汉朝廷所任命的太傅、丞相正紧紧地控制着王国的实际权力。再过几年，封立的诸侯王基本都成人，血气方刚，朝廷所任命的太傅、丞相只能称病辞职而被罢免，诸侯王在封地内，县丞、县尉以上的官员都是他所安置的私人党羽；一旦到了这种地步，他们还会做出不同于淮南王、济北王谋反的事情来吗！到那时，要想使国家长治久安，即使是像尧和舜那样的圣人，也无法做到。

"黄帝说：'中午阳光最好的时候，一定要晒东西！手中握有利刃的时候，就要不失时机地宰杀牲畜。'现在如果按照这一原则行事，要保全臣子、安定君主很容易做到，如果不肯及时采取断然措施，等到骨肉之亲已犯罪，再去诛杀他们，那与秦朝末年君臣兄弟相互残杀还有什么不同呢！那些自恃强大而谋反的异姓诸侯王，汉朝廷已侥幸战胜了他们，却又不改变异姓王所以能够造反的客观条件；同姓诸侯王也会仿效他们而图谋叛乱，这已有事实做出了证明，客观形势会使所有的同姓王做出谋反的事情。不改变产生祸患的根基，像陛下如此英明的皇帝在位都不能防止祸患，保证社会安定，后世又会怎么样呢！

　　"臣窃迹前事,大抵强者先反。长沙乃二万五千户耳,功少而最完,势疏而最忠;非独性异人也,亦形势然也。曩令樊、郦、绛、灌据数十城而王,今虽以残亡可也;令信、越之伦列为彻侯而居,虽至今存可也。然则天下之大计可知已:欲诸王之皆忠附,则莫若令如长沙王;欲臣子勿菹醢,则莫若令如樊、郦等;欲天下之治安,莫若众建诸侯而少其力。力少则易使以义,国小则亡邪心。令海内之势,如身之使臂,臂之使指,莫不制从,诸侯之君不敢有异心,辐凑并进而归命天子。割地定制,令齐、赵、楚各为若干国,使悼惠王、幽王、元王之子孙毕以次各受祖之分地,地尽而止;其分地众而子孙少者,建以为国,空而置之,须其子孙生者举使君之;一寸之地,一人之众,天子亡所利焉,诚以定治而已。如此,则卧赤子天下之上而安,植遗腹、朝委裘而天下不乱,当时大治,后世诵圣。陛下谁惮而久不为此!

　　"天下之势方病大瘇,一胫之大几如要,一指之大几如股,平居不可屈伸,一二指搐,身虑无聊。失今不治,必为锢疾,后虽有扁鹊,不能为已。病非徒瘇也,又苦跂蹩。元王之子,帝之从弟也;今之王者,从弟之子也。惠王之子,亲兄子也;

"我私下总结以前诸侯王谋反的教训,大体上是势力强大的诸侯王先造反。长沙王国只有两万五千户百姓,在高祖封立的功臣王中,长沙王吴芮功劳最小,但只有他的封国保存至今,吴芮与朝廷的关系最疏远,但却最忠于朝廷;这不仅因为吴芮的为人与其他诸侯王不同,也是国小势弱这种客观形势决定的。假设当初让樊哙、郦商、周勃、灌婴各自占据数十城的封地而称王,到今天很可能已被亡国灭族了;假若让韩信、彭越一类人物,受封为彻侯而安居于长安,他们得以保全至今,也是完全可能的。那么,治理天下的根本大计就很明显了:要想使受封的诸侯王都忠于朝廷,最好的方法莫过于让他们都像长沙王那样国小势弱;要想使臣子避免犯罪被诛杀,最好的方法,莫过于让他们都像樊哙、郦商那样;要想使天下长治久安,最好的方法莫过于分封许多诸侯王国而削减每个王国的实际力量。王国势弱就容易约束他遵守礼义,封地狭小诸侯就不会滋生野心。使全国的形势,如同身躯指挥胳臂,胳臂指挥手指,都能服从指令,诸侯王国的封君不敢产生异心,从四面八方一致听命于天子指挥。分割王国的封地,创立新的格局,把齐、赵、楚各自分为若干个小国,使齐国悼惠王、赵国幽王、楚国元王的后世子孙都按次序得到其祖先的一份封地,土地全部分割完毕为止;那些封地被划分为许多小国而国王的子孙很少的封国,先把分割的小国建立起来,暂时空悬封君之位,等生育了子孙之后,再让他们做先已建立的小国的封君;原属诸侯王国所有的每一寸土地,每一个百姓,天子都没有收归自己所有,这样做只是为了实现天下大治而已。如果做到这些,就是让婴儿做皇帝也会天下安宁无事,甚至于皇帝无子而去世,只留下尚在母腹中的遗腹之子,群臣对先帝遗留下来的衣物行朝拜礼节而不会发生动乱;这样,皇帝在世时可安享太平盛世之福,后代人也会歌颂是英明的君主。陛下是怕谁而迟迟不这样办呢!

　　"目前天下的形势,正如同一个人得了浮肿病一样,小腿几乎与腰一样粗,一个手指差不多有大腿那样粗,平常屈指伸腰的活动都不能如意,一两个手指疼痛,全身都无法应付。错过目前时机不给以医治,必定成为无法医治的顽症,以后即便是有扁鹊那样的神医,也无能为力了。目前的病还不仅仅是得了浮肿,还遭受着脚掌变形下肢瘫痪的折磨。楚元王的儿子,是皇帝陛下的堂弟;可现在的楚王,已经是陛下堂弟的儿子了。齐悼惠王的儿子,是陛下的亲侄子;

今之王者,兄子之子也。亲者或亡分地以安天下,疏者或制大权以逼天子。臣故曰非徒病瘅也,又苦跊盭。可痛哭者,此病是也。

"天下之势方倒悬。凡天子者,天下之首。何也?上也。蛮夷者,天下之足。何也?下也。今匈奴嫚侮侵掠,至不敬也;而汉岁致金絮采缯以奉之。足反居上,首顾居下,倒悬如此,莫之能解,犹为国有人乎?可为流涕者此也。

"今不猎猛敌而猎田彘,不搏反寇而搏畜菟,玩细娱而不图大患,德可远加而直数百里外威令不胜,可为流涕者此也。

"今庶人屋壁得为帝服,倡优下贱得为后饰。且帝之身自衣皂绨,而富民墙屋被文绣;天子之后以缘其领,庶人孽妾以缘其履。此臣所谓舛也。夫百人作之不能衣一人,欲天下亡寒,胡可得也;一人耕之,十人聚而食之,欲天下亡饥,不可得也;饥寒切于民之肌肤,欲其亡为奸邪,不可得也。可为长太息者此也。

"商君遗礼义,弃仁恩,并心于进取;行之二岁,秦俗日败。故秦人家富子壮则出分,家贫子壮则出赘;借父耰锄,虑有德色;母取箕帚,立而谇语;抱哺其子,与公并倨;妇姑不相说,

可现在的齐王,已是陛下侄子的儿子了。与陛下血缘很亲近的人,有的还没有被封立为王,以拱卫朝廷安宁,而那些与陛下血缘很疏远的人,有的却已经手握大权,开始形成对天子的威胁了。所以我才说国家形势之险恶,不仅仅如同人得了浮肿一样,还遭受着下肢瘫痪的折磨。我前面所说应该为之痛哭的,就是这个问题。

"天下的形势,如同一个人脚朝上,头朝下倒吊着一样。天子,本来如同天下的头颅。为什么这样比喻? 天子是尊贵的君主。被称为蛮夷的四方部族,本是天下的双脚。为什么这样说? 因为他们是卑贱的臣属。现在匈奴态度傲慢,侮辱朝廷,侵夺地方,劫掠人民,这是对汉朝廷的最大不敬;但是汉朝廷却要每年向匈奴奉送上黄金、丝绵和绚丽多彩的丝织品等贵重东西。双脚反而在上,头颅反倒朝下,这样倒吊着,谁也不能解救,国家到了如此地步,能说国家有贤能明智的人吗? 这是值得人们为之流涕悲伤的。

"现在陛下不去征服敌人而去猎取野猪,不捕捉造反的盗贼而去捕捉圈养在禁苑中的兔子,沉湎于微不足道的娱乐之中而不考虑如何消除国家的大患,威德声望本来可以远播于万里之外,但现在距离长安只有数百里之外的地方,朝廷的政令都不能有效地贯彻执行了,这也是值得为之流涕悲伤的事。

"现在平民居住的房屋,可以用皇宫的规格装饰墙壁;地位下贱的歌女艺妓,可以用皇后的头饰来打扮自己。况且,皇帝自己身穿质量粗劣的黑色衣服,而那些富民却用华丽的绣织品去装饰房屋墙壁;天子的皇后用来装饰衣领的高级丝绸,平民的小妾却用来装饰鞋。这就是我所说的悖乱。如果一百个人生产出来的丝绵绸缎,还满足不了一个富人的大肆挥霍,要想使天下人不受寒冷之苦,怎么能办到呢;一个农夫耕作的收获,却有十个不从事生产的人争着吃,要想使天下人不受饥挨饿,是不可能的;天下百姓饥寒交迫,要想使他们不做违法犯上的事,是不可能的。这是应该为之深深叹息的。

"商鞅抛弃礼义和仁义恩惠,只注重用耕战吞并天下;他的新法在秦国推行了两年,使秦国的风俗日益败坏。所以秦国的人,家中富有的,儿子长大成人就与父母分家,家庭贫穷的,儿子长大后就到富人家当卑贱的赘婿;儿子借农具给父亲,脸上就显示出给父亲多少恩德一般的表情;婆母前来拿簸箕扫帚,儿媳立即口出恶言;儿媳抱着怀中吃奶的婴儿,就与公爹姘居鬼混;媳妇与婆婆关系不好,

则反唇而相稽。其慈子、耆利，不同禽兽者亡几耳。今其遗风馀俗，犹尚未改，弃礼义，捐廉耻日甚，可谓月异而岁不同矣。逐利不耳，虑非顾行也，今其甚者杀父兄矣。而大臣特以簿书不报、期会之间以为大故，至于俗流失，世坏败，因恬而不知怪，虑不动于耳目，以为是适然耳。夫移风易俗，使天下回心而乡道，类非俗吏之所能为也。俗吏之所务，在于刀笔、筐箧而不知大体。陛下又不自忧，窃为陛下惜之！岂如今定经制，令君君臣臣，上下有差，父子六亲，各得其宜！此业壹定，世世常安，而后有所持循矣。若夫经制不定，是犹渡江河亡维楫，中流而遇风波，船必覆矣。可为长太息者此也。

"夏、殷、周为天子皆数十世，秦为天子二世而亡。人性不甚相远也，何三代之君有道之长而秦无道之暴也？其故可知也。古之王者，太子乃生，固举以礼，有司齐肃端冕，见之南郊，过阙则下，过庙则趋，故自为赤子而教固已行矣。孩提有识，三公、三少明孝仁礼义以道习之，逐去邪人，不使见恶行，于是皆选天下之端士、孝弟博闻有道术者以卫翼之，使与太子居处出入。故太子乃生而见正事，闻正言，行正道，左右前后皆正人也。夫习与正人居之不能毋正，犹生长于齐不能不齐言也；习与不正人居之不能毋不正，犹生长于楚之地不能不楚言也。

就公开争吵。秦人只知慈爱儿子、贪求财利，这与禽兽已经没有多少差别了。直到现在，秦人的这种残馀风俗并未改变，抛弃礼义，不顾廉耻的风俗，一天比一天严重，可以说是每月都在发展，每年都在滋生。人们在做某件事之前，并不考虑它是否应该做，而只考虑能不能获取利益，最严重的是，现在已有子弟杀其父兄的了。而朝廷大臣只把郡县地方官员不在规定期限内向朝廷上交统计文书作为重大问题，对于风俗的恶化，世风的败坏，却熟视无睹，没有引起警觉，没有给以注意，把风俗看成为由来已久，不足为奇的事。至于用移风易俗的方法，使天下人痛改前非按正道行事，这绝不是庸俗的官吏能做到的。庸俗的官吏只能做一些处理文书档案的工作，根本不知道治国的大纲大要。陛下自己又不注意考虑这些问题，我私下很为陛下感到惋惜！怎么不现在就确定根本制度，使君主像君主，臣子像臣子，上上下下各有等级，秩序井然，使父子六亲各自得到他们应有的地位呢！这一制度一旦确立，后世子孙都可以长享治安，后代君主有了可以遵循的治国法度。如果不确立根本制度，就如同横渡江河却没有锚绳和船桨一样，行船到江河中心遇到风波，就一定会翻船。这是值得深深叹息的。

"夏朝、商朝、周朝的天子尊位都传袭了几十代人，秦王朝的统治到秦二世时就被推翻了。人的秉性相差并不很大，为什么三代的君主以德治世维持了长期的统治，而秦王朝的君主特别残暴无道呢？这个原因并不深奥。古代英明的君主，在太子诞生时，就按照礼义接生，有关官员衣冠整齐庄重肃穆地奉太子到南郊，向上帝祖宗禀告太子的诞生，沿途经过宫门一定下车，经过宗庙一定恭敬地小步快走，所以，太子从婴儿时起，就接受了道德礼义的教育。到太子少年时期，略通人事，天子即为他设立三公、三少等官员，用孝、仁、礼、义去教育他，罢免驱逐奸邪小人，不让太子见到罪恶的行为，这时，天子从天下臣民中审慎地选择为人正直、孝顺父母、爱护弟弟、博学多识而又通晓治国之术的人拱卫、辅佐太子，使他们与太子朝夕相处。所以，太子从诞生之时开始，所见到的都是正派的事，所听到的都是正派的语言，所实行的都是公正的原则，前后左右都是正直的人。一直与正直的人相处，他的思想言行不可能不正直，就好像生长在齐国的人不能不说齐国方言一样；经常与不正直的人相处，就会变成为不正直的人，就像生长在楚地的人不能不说楚地方言一样。

孔子曰:'少成若天性,习贯如自然。'习与智长,故切而不愧;化与心成,故中道若性。夫三代之所以长久者,以其辅翼太子有此具也。及秦而不然,使赵高傅胡亥而教之狱,所习者非斩、劓人,则夷人之三族也。胡亥今日即位而明日射人,忠谏者谓之诽谤,深计者谓之妖言,其视杀人若艾草菅然。岂惟胡亥之性恶哉?彼其所以道之者非其理故也。鄙谚曰:'前车覆,后车诫。'秦世之所以亟绝者,其辙迹可见也;然而不避,是后车又将覆也。天下之命,悬于太子,太子之善,在于早谕教与选左右。夫心未滥而先谕教,则化易成也;开于道术智谊之指,则教之力也;若其服习积贯,则左右而已。夫胡、粤之人,生而同声,嗜欲不异;及其长而成俗,累数译而不能相通,有虽死而不相为者,则教习然也。臣故曰选左右、早谕教最急。夫教得而左右正,则太子正矣,太子正而天下定矣。书曰:'一人有庆,兆民赖之。'此时务也。

"凡人之智,能见已然,不能见将然。夫礼者禁于将然之前而法者禁于已然之后,是故法之所为用易见而礼之所为生难知也。若夫庆赏以劝善,刑罚以惩恶,先王执此之政,坚如金石;行此之令,信如四时;据此之公,无私如天地;岂顾不用哉?

孔子说：'从小养成的，就如同天赋秉性一样，经常学习而掌握的，就好像天生本能一样。'学习礼义与开发智力同步进行，共同增长，所以无论如何考核反省都无愧于心；接受教化与思想见解共同形成，所以道德礼义观念，就如同天生本性一样。夏、商、周王朝之所以能长期维持统治，其原因就在于它们创设了教育、辅导太子的这套制度。到秦朝局面全变了，秦始皇派奸邪小人赵高做胡亥的老师，教他学习断案判刑，胡亥所学到的，不是斩首级、割人鼻子，就是灭人家的三族。胡亥头天当了皇帝，第二天就用箭射人，把忠心进谏的人说成诽谤朝政，把有远见卓识为了保障国家的长远利益而提出建议的人，说成妖言惑众，把杀人看得割草一样随便。难道说这仅仅是因为胡亥天性凶残恶毒吗？不，主要是由于赵高诱导胡亥的学习内容不符合正道。民间俗语说：'前车覆，后车诫。'秦朝之所以很快灭亡的原因，已经很明显了；如果不设法避免秦灭亡的原因，汉朝廷又将面临覆灭的危险。天下的命运，决定于太子一人，要使太子成为好的继承人，在于及早进行教育和选择贤人做太子的左右亲随。当童心未失时就进行教育，容易收到成效；使太子知晓仁义道德的要旨，是教育的职责；至于使太子在日积月累、潜移默化中养成善良的品行，就是他的左右亲随的职责了。北方的胡人和南方的粤人，刚出生时的哭声完全一样，吃奶的欲望和嗜好也没有什么不同；等长大之后形成了不同的风俗习惯，各操自己的语言，虽经多次翻译都无法相互交谈，有的人宁可死也不愿到那里生活，之所以出现这样大的差异，完全是教育和习惯所形成的。所以我才说为太子选择左右亲随、及早进行教育是最为紧迫的事。如果教育得当而左右都是正直的人，那么太子必定为人正直，太子正直天下就可保证安定了。《周书》上说：'天子一人善良，天下百姓全都仰仗他。'教育太子是当务之急。

　　"人的智力，能认识已经发生的事，不能认识将要发生的事。礼的作用在于将某一行为在它即将发生之前给以制止，法律则是对已发生的行为进行惩罚，所以法律的作用很明显，而礼的作用就令人难以察觉。用庆赏来奖励善行，用刑罚来惩治罪恶，先王推行这样的政治，坚定不移；实施这样的政令，准确无误；有了这一公正的原则，政治才能像地载天覆一样无偏无私；怎么能说先王不使用庆赏和刑罚呢？

然而曰礼云、礼云者，贵绝恶于未萌而起教于微眇，使民日迁善、远罪而不自知也。孔子曰：'听讼，吾犹人也；必也使毋讼乎。'为人主计者，莫如先审取舍，取舍之极定于内而安危之萌应于外矣。秦王之欲尊宗庙而安子孙，与汤、武同；然而汤、武广大其德行，六七百岁而弗失，秦王治天下十馀岁则大败。此亡他故矣，汤、武之定取舍审而秦王之定取舍不审矣。夫天下，大器也；今人之置器，置诸安处则安，置诸危处则危。天下之情，与器无以异，在天子之所置之。汤、武置天下于仁、义、礼、乐，累子孙数十世，此天下所共闻也；秦王置天下于法令、刑罚，祸几及身，子孙诛绝，此天下之所共见也。是非其明效大验邪！人之言曰：'听言之道，必以其事观之，则言者莫敢妄言。'今或言礼谊之不如法令，教化之不如刑罚，人主胡不引殷、周、秦事以观之也！

"人主之尊譬如堂，群臣如陛，众庶如地。故陛九级上，廉远地，则堂高；陛无级，廉近地，则堂卑。高者难攀，卑者易陵，理势然也。故古者圣王制为等列，内有公、卿、大夫、士，外有公、侯、伯、子、男，然后有官师、小吏，延及庶人，等级分明而天子加焉，故其尊不可及也。

然而,人们一再称赞的礼,最可贵之处在于能将罪恶杜绝在尚未形成之前,从细微之处推行教化,使天下百姓日益趋向善良、远离罪恶,自己还没有察觉到。孔子说:'让我断案,我与别人没有不同;如果说我有什么独特的见解,那就是推行德义,使讼案不再发生。'设身处地为君主出谋划策,首先必须确定选择什么抛弃什么,这样的取舍标准在心中一旦确立,相应的安危后果就会表现出来。秦始皇想尊奉宗庙安定子孙后代,这与商汤和周武王是相同的;但是,商汤、周武王广泛推行德政,他们建立的国家得以保存了六七百年;秦始皇统治天下只有十多年就土崩瓦解了。这里没有别的原因,就是因为商汤、周武王决定取舍很慎重,而秦始皇决定取舍不慎重。国家政权,本来就是一个大器物;现在有人安置器物,把它放在安全的地方自然就安全,放在危险的地方就危险。治理国家的道理,与放置器物没有什么不同,关键就在天子把它安置在什么地方。商汤、周武把天下安置在仁、义、礼、乐之上,子孙相传数十代,这是人所共知的;秦始皇把国家安置于法令、刑罚之上,几乎祸及自身,而子孙被灭绝,这是天下人有目共睹的。这不是充分证明了取舍不同后果就明显不同吗!有人这样说:'要判断某人所说的话正确与否,有个很好的方法,就是观察他所说的事实,那样,说话的人就不敢胡言乱语了。'现在,假若有人说,治理国家,礼义的作用不如法令,教化的成效不如刑罚,君主为什么不拿商朝、周朝、秦朝盛衰兴亡的事实去观察、分析呢!

"君主的尊贵,如同建筑物的堂,群臣好像堂下的台阶,百姓如同平地。所以,如果设置多层台阶,堂屋的边角远离地面,那么,堂屋就显得很高大;如果没有台阶,堂屋的边角接近地面,堂屋就很低矮。高大的堂屋难以攀登,低矮的堂屋就容易受到人的践踏,治理国家的情势也是这样。所以古代明君设立了等级序列,朝内有公、卿、大夫、士四级官职,朝外有公、侯、伯、子、男五等封爵,下面还有官师、小吏,一直到普通百姓,等级分明,而天子凌驾于这个等级序列的顶端,所以,天子的尊贵是高不可攀的。

　　"里谚曰：'欲投鼠而忌器。'此善谕也。鼠近于器，尚惮不投，恐伤其器，况于贵臣之近主乎！廉耻节礼以治君子，故有赐死而无戮辱。是以黥、劓之罪不及大夫，以其离主上不远也。礼：不敢齿君之路马，蹴其刍者有罚，所以为主上豫远不敬也。今自王、侯、三公之贵，皆天子之所改容而礼之也，古天子之所谓伯父、伯舅也；而令与众庶同黥、劓、髡、刖、笞、傌、弃市之法，然则堂不无陛虖！被戮辱者不泰迫虖！廉耻不行，大臣无乃握重权、大官而有徒隶无耻之心虖！夫望夷之事，二世见当以重法者，投鼠而不忌器之习也。臣闻之：履虽鲜不加于枕，冠虽敝不以苴履。夫尝已在贵宠之位，天子改容而礼貌之矣，吏民尝俯伏以敬畏之矣；今而有过，帝令废之可也，退之可也，赐之死可也，灭之可也；若夫束缚之、系绁之，输之司寇，编之徒官，司寇小吏詈骂而榜笞之，殆非所以令众庶见也。夫卑贱者习知尊贵者之一旦吾亦乃可以加此也，非所以尊尊、贵贵之化也。古者大臣有坐不廉而废者，不谓不廉，曰'簠簋不饰'；坐污秽淫乱、男女无别者，不曰污秽，曰'帷薄不修'；坐罢软不胜任者，不谓罢软，曰'下官不职'。故贵大臣定有其罪矣，犹未斥然正以呼之也，尚迁就而为之讳也。故其在大谴、大何之域者，闻谴、何则白冠牦缨，盘水加剑，造请室而请罪耳，上不执缚系引而行也。其有中罪者，闻命而自弛，上不使人颈盭而加也。其有大罪者，闻命则北面再拜，跪而自裁，

"俗语说:'欲投鼠而忌器。'这是一个很好的比喻。老鼠靠近器物,人们怕砸坏器物都不敢扔东西打它,更何况那些接近皇帝的亲贵大臣呢! 君主用廉耻礼义来约束正人君子,所以对大臣可以命令他自杀而不能刑杀和侮辱。正因为如此,刺额的黥刑、割鼻子的劓刑等伤残肢体的肉刑,都不施加到大夫以上的官员身上,因为他们就在君主身边。按照礼的规定:臣子不敢察看为君主驾车的马匹年岁大小,用脚踢了为君主驾车的马所吃的草料,就要接受惩罚,这样做是为了及早防止臣下对君主有不敬行为。现在诸侯王、列侯、三公这些高级官员,都是天子理应郑重地以礼相待的人物,相当于古代天子所称的伯父、伯舅;而现在却使他们与平民百姓一样接受刺额、割鼻、剃须发、剁脚、笞打、辱骂、斩首示众等刑罚,这样不正如同堂屋没有台阶了吗! 遭受杀戮凌辱的人不是太接近皇帝了吗! 不提倡廉耻伦理,那些手握大权的大臣,不是就要虽有朝廷大员的地位却像刑徒罪隶那样毫无羞耻之心了吗! 说到秦二世被杀的望夷宫事变,秦二世亲近被判重罪的宦官赵高,就是投鼠而不忌器的结果。我听说:鞋不管怎样新鲜美观,都不能放在枕头上,帽子不管怎样破旧,不能用做垫鞋底。如果一个人,曾经出任过高级官员,天子曾庄重地对他以礼相待,吏民曾对他俯地叩首表示敬畏,现在他有了过失,陛下下令免去他的官职,是可以的,命令他自杀,也是可以的;如果陛下下令让人用绳子把他捆绑起来,押送到管理刑徒的官府,罚他做官府的刑徒,管理刑徒的小吏可以对他责骂笞打,这些都是不应该让百姓见到的。如果卑贱的人都知道达官贵人一旦犯罪被贬责,我也可以对他进行凌辱,这是不利于提倡尊重高官、优待显贵的。古代大臣有因为不廉洁而被罢废的,不说他不廉洁,而说'簠簋不饰';有犯了污秽淫乱、男女杂居罪名的,不说他淫秽,而是说他'帷薄不修';有的因为软弱无能不能胜任职责而被免职,不说他软弱无能,而说他'下官不职'。所以,显赫的大臣即使确实犯了罪,也不直接点破他所犯的罪过,而换一种委婉的用辞,为他避讳。所以那些受到了君主严厉谴责、呵斥的大臣,就身穿丧服,带着盛水的盘和佩剑,自己来到专用于官员请罪的请室,接受处置,君主并不派人去捆绑牵引他。其中有犯了中等罪行的,得到了判决罪名就自杀,君主不派人斩下他的首级。犯有大罪的,听到判决旨意之后,就面向北方叩拜两次,跪着自杀,

上不使人捽抑而刑之也。曰：‘子大夫自有过耳，吾遇子有礼矣。’遇之有礼，故群臣自憙；婴以廉耻，故人矜节行。上设廉耻、礼义以遇其臣，而臣不以节行报其上者，则非人类也。故化成俗定，则为人臣者皆顾行而忘利，守节而伏义，故可以托不御之权，可以寄六尺之孤，此厉廉耻、行礼义之所致也，主上何丧焉！此之不为而顾彼之久行，故曰可为长太息者此也。”

谊以绛侯前逮系狱，卒无事，故以此讥上。上深纳其言，养臣下有节，是后大臣有罪，皆自杀，不受刑。

七年(戊辰，前173)

1　冬，十月，令列侯太夫人、夫人、诸侯王子及吏二千石无得擅征捕。

2　夏，四月，赦天下。

3　六月癸酉，未央宫东阙罘罳灾。

4　民有歌淮南王者曰："一尺布，尚可缝；一斗粟，尚可舂；兄弟二人不相容！"帝闻而病之。

八年(己巳，前172)

1　夏，封淮南厉王子安等四人为列侯。贾谊知上必将复王之也，上疏谏曰："淮南王之悖逆无道，天下孰不知其罪！陛下幸而赦迁之，自疾而死，天下孰以王死之不当！今奉尊罪人之子，适足以负谤于天下耳。此人少壮，岂能忘其父哉！

君主不派人揪着他的头发斩下首级。君主可以说:'你自己犯有过失,我对你是以礼相待的。'君主对臣以礼相待,群臣就会自我激励;君主以廉耻约束臣子,人们就会重视气节品行。如果君主以廉耻、礼义对待臣属,而臣属却不用气节品行报答君主,那他就不像个人了。这种习俗如果蔚成风气,那么做臣子的都只考虑某事按道义该不该去做,而不去考虑做此事能不能获得利益,坚守气节而尊重大义,所以君主可以放心地委托臣子掌管治国大权,可以把尚未成人的君位继承人托付给大臣辅佐,这就是推行廉耻、提倡礼义带来的结果,君主什么都没有丧失啊!放着这样的事不做,却长期地实行戮辱大臣的错误办法,所以我说,这是值得深沉地叹息的。"

贾谊这是因为以前绛侯周勃被逮捕下狱,直到最后也没有查出罪证,所以用这样的话来规劝文帝。文帝认真地采纳他的建议,平常注意用礼义气节对待臣下,从此之后,大臣犯罪,都示意他自杀,不受刑杀的凌辱。

汉文帝前元七年(戊辰,公元前 173 年)

1 冬季,十月,文帝下诏令规定:对列侯的母亲、夫人、诸侯王的儿子以及二千石以上的官吏,不经批准,不得擅自逮捕。

2 夏季,四月,宣布赦免天下。

3 六月癸酉(初二),未央宫东门发生火灾,连同署恩一起被烧毁。

4 民间传唱着有关淮南王的歌谣:"一尺布,尚可缝;一斗粟,尚可舂;兄弟二人不相容!"文帝听了之后,成了心病。

汉文帝前元八年(己巳,公元前 172 年)

1 夏季,文帝封淮南厉王的儿子刘安等四人为列侯。贾谊知道文帝一定要重新封立淮南王国,就上疏进谏说:"淮南王刘长的悖逆无道,天下臣民谁不知道他的罪恶!陛下免其死罪而流放他,这已是他的幸运了,他自己得病而死,天下臣民谁不说他罪有应得!现在奉尊罪人的儿子,恰恰会导致人们批评朝廷原来对淮南王的处置失当。刘安等人年岁渐长,怎能忘记他父亲的不得善终呢!

白公胜所为父报仇者,大父与叔父也。白公为乱,非欲取国代主,发忿快志,剚手以冲仇人之匈,固为俱靡而已。淮南虽小,黥布尝用之矣,汉存,特幸耳。夫擅仇人足以危汉之资,于策不便。予之众,积之财,此非有子胥、白公报于广都之中,即疑有专诸、荆轲起于两柱之间,所谓假贼兵,为虎翼者也。愿陛下少留计!”上弗听。

2　有长星出于东方。

九年(庚午,前171)

1　春,大旱。

十年(辛未,前170)

1　冬,上行幸甘泉。

2　将军薄昭杀汉使者。帝不忍加诛,使公卿从之饮酒,欲令自引分,昭不肯;使群臣丧服往哭之,乃自杀。

　　臣光曰:李德裕以为:“汉文帝诛薄昭,断则明矣,于义则未安也。秦康送晋文,兴如存之感;况太后尚存,唯一弟薄昭,断之不疑,非所以慰母氏之心也。”臣愚以为法者天下之公器,惟善持法者,亲疏如一,无所不行,则人莫敢有所恃而犯之也。夫薄昭虽素称长者,文帝不为置贤师傅而用之典兵;骄而犯上,至于杀汉使者,非有恃而然乎!若又从而赦之,则与成、哀之世何异哉!魏文帝尝称汉文帝之美,而不取其杀薄昭,曰:“舅后之家,但当养育以恩而不当假借以权,既触罪法,又不得不害。”讥文帝之始不防闲昭也,斯言得之矣。然则欲慰母心者,将慎之于始乎!

春秋时期楚国的白公胜为了给父亲报仇,报复的对象是他的伯父和叔父。白公发动叛乱,并不想取代君主占有楚国,只是想发泄怒火实现自己的愿望,亲手把利刃插入仇人的胸膛,结果是两败俱伤。淮南王国虽然封地较小,但黥布已用它起兵争夺天下,汉朝廷能战胜他,实在是天幸。给对朝廷怀恨在心的人以足以危害朝廷的资本,这个决策并不高明。朝廷给他们以人民,让他们富强起来,他们不是像伍子胥、白公胜那样在广野列阵交锋,就是像专诸、荆轲那样在朝廷之上骤然行刺,这就是所说的给盗贼送上兵器,给猛虎添上翅膀。希望陛下认真考虑!"文帝没有听他的话。

2　长星出现在东方。

汉文帝前元九年(庚午,公元前 171 年)

1　春季,发生大旱灾。

汉文帝前元十年(辛未,公元前 170 年)

1　冬季,文帝去往甘泉宫。

2　将军薄昭杀了汉朝廷的使者。文帝不忍心以国法杀他,就派公卿去与他喝诀别酒,想让他自杀,薄昭却不肯自杀;文帝又派群臣穿着丧服,到他家中大哭,薄昭才自杀。

> 臣司马光说:李德裕认为:"汉文帝杀薄昭,确实很果断,但却有损于义。当年秦康公送晋文公返国时,曾发出这样的感叹:见到母舅,似乎母亲仍然在世一样;更何况当时文帝的母亲薄太后还健在,她只有这一个弟弟薄昭,文帝杀薄昭毫不留情,这不是孝顺母亲的做法。"我却认为,法律是天下共同遵守的准绳,只有善于运用法律的人,不分关系亲疏,严格执法,无所回避,这样才能使所有的人都不敢依仗有人撑腰而触犯法律。薄昭虽然素来被称为忠厚长者,文帝不为他选择贤人做师傅去约束他,却任命他为统兵将军;渐渐骄横犯上,以至于敢杀朝廷使者,不是依仗有人撑腰能如此大胆吗!假设文帝赦免了他,那与后来成帝、哀帝时朝纲废弛的局面又有什么不同呢!魏文帝曾称赞汉文帝的美德,但却不赞成他杀薄昭,说:"对母舅和后妃的外戚之家,皇帝只能让他们安享富贵,不应给他们干政的权力,一旦违法犯罪,却又不得不按法律论处。"这是讽刺汉文帝不及早限制薄昭,才导致了以后的恶果,魏文帝的评论,是很正确的。由此看来,要想宽慰太后之心,还是从开始就谨慎地行事吧!

卷第十五　汉纪七

起壬申(前 169)尽丙戌(前 155)凡十五年

太宗孝文皇帝下

前十一年(壬申,前 169)

1　冬,十一月,上行幸代;春,正月,自代还。

2　夏,六月,梁怀王揖薨,无子。贾谊复上疏曰:"陛下即不定制,如今之势,不过一传、再传,诸侯犹且人恣而不制,豪植而大强,汉法不得行矣。陛下所以为藩扞及皇太子之所恃者,唯淮阳、代二国耳。代,北边匈奴,与强敌为邻,能自完则足矣;而淮阳之比大诸侯,廑如黑子之著面,适足以饵大国,而不足以有所禁御。方今制在陛下,制国而令子适足以为饵,岂可谓工哉!臣之愚计,愿举淮南地以益淮阳,而为梁王立后,割淮阳北边二、三列城与东郡以益梁。不可者,可徙代王而都睢阳。梁起于新郪而北著之河,淮阳包陈而南揵之江,则大诸侯之有异心者破胆而不敢谋。梁足以扞齐、赵,淮阳足以禁吴、楚,陛下高枕,终无山东之忧矣,此二世之利也。当今恬然,适遇诸侯之皆少;数岁之后,陛下且见之矣。夫秦日夜苦心劳力以除六国之祸;今陛下力制天下,颐指如意,高拱以成六国之祸,难以言智。苟身无事,畜乱,宿祸,孰视而不定;

太宗孝文皇帝下
汉文帝前元十一年(壬申,公元前 169 年)

1　冬季,十一月,文帝巡行代国;春季,正月,文帝自代国返回长安。

2　夏季,六月,梁怀王刘揖去世,他没有儿子。贾谊再次上疏说:"陛下如果不确立制度,从如今的趋势来看,帝位不过再传一代或两代,诸侯将更加自行其事不受朝廷节制,诸侯势力过于强大,朝廷的法度就没有办法实行了。陛下和皇太子所能依凭的,只有淮阳国、代国两个封国罢了。代国,北部与匈奴相接,与强敌为邻,能保证自己的安全就不容易了;淮阳国与那些强大的诸侯国相比,仅仅像一个黑痣附着在脸上一样,它恰恰只能诱发大国吞并的欲望,而无力对大国形成牵制。现在主动权在陛下手中,封立王国却使自己的儿子受封之国小得只能做被人吞并的诱饵,怎能说设计得好呢!我有个愚笨的计谋,请皇帝把原属淮南国的封地,全划归淮阳国,并且为梁王立继承人,把淮阳北边的两三个城和东郡划归梁国,以扩大梁国的封地。如果不妥,可以把代王改封为梁王,而以睢阳为都城。梁国封地起于新郪而北面直达黄河,淮阳国的封地囊括了原来陈国的全境并且南部直达长江,其他大诸侯国原来已萌发野心的,也胆战心惊不敢图谋反叛朝廷了。梁国足以阻止齐国和赵国,淮阳国足以对付吴国和楚国,陛下对崤山以东地区就可以无忧虑了,这可使两代君主安享太平。现在安然无事,是因为恰巧诸侯王都还年幼,几年之后,陛下就会看见诸侯王带来的危机了。秦始皇日日夜夜苦心劳力才统一六国,消除了战乱的祸根;现在陛下牢牢地控制着天下,说一不二,如果高枕无忧而重新出现六国并立的战乱之祸,不能说您有智谋。即便是终您一生太平无事,但却留下了祸乱的根源,对这些危机早就看到了却不去解决;

万年之后,传之老母、弱子,将使不宁,不可谓仁。"帝于是从谊计,徙淮阳王武为梁王,北界泰山,西至高阳,得大县四十馀城。后岁馀,贾谊亦死,死时年三十三矣。

3 徙城阳王喜为淮南王。

4 匈奴寇狄道。

时匈奴数为边患,太子家令颍川晁错上言兵事曰:"《兵法》曰:'有必胜之将,无必胜之民。'繇此观之,安边境,立功名,在于良将,不可不择也。

"臣又闻:用兵临战合刃之急者三:一曰得地形,二曰卒服习,三曰器用利。兵法,步兵、车骑、弓弩、长戟、矛铤、剑盾之地,各有所宜;不得其宜者,或十不当一。士不选练,卒不服习,起居不精,动静不集,趋利弗及,避难不毕,前击后解,与金鼓之指相失:此不习勒卒之过也,百不当十。兵不完利,与空手同;甲不坚密,与袒裼同;弩不可以及远,与短兵同;射不能中,与无矢同;中不能入,与无镞同:此将不省兵之祸也,五不当一。故《兵法》曰:'器械不利,以其卒予敌也;卒不可用,以其将予敌也;将不知兵,以其主予敌也;君不择将,以其国予敌也。'四者,兵之至要也。

"臣又闻:小大异形,强弱异势,险易异备。夫卑身以事强,小国之形也;合小以攻大,敌国之形也;以蛮夷攻蛮夷,中国之形也。今匈奴地形、技艺与中国异:上下山阪,出入溪涧,中国之马弗与也;险道倾仄,且驰且射,中国之骑弗与也;

待您百年之后,把危机留给了年迈的老母,幼稚的弱子,使他们不得安宁,不能说您是仁者。"文帝这时采纳了贾谊的计策,把淮阳王刘武改封为梁王,梁国封地北至泰山,西至高阳,共有大县四十多个。又过了一年多,贾谊死去了,死时年仅三十三岁。

3　文帝改封城阳王刘喜为淮南王。

4　匈奴进攻狄道。

当时,匈奴经常挑起边境战争,太子家令颍川人晁错向文帝上书,谈论战争问题说:"《兵法》说:'有战无不胜的将军,没有战无不胜的民众。'由此看来,安定边境,建立功名,关键在于良将,不可不慎重地选择良将。

"臣又听说:在战场上与敌人交锋,有三件最重要的事情:一是占据有利地形,二是士兵训练有素,三是武器精良。按照兵法所说,步兵、骑兵、弓弩、长戟、矛铤、剑盾等不同的兵种和武器,分别适用于不同的地区和地形,各有所长;如果战场地形不利于发扬己方军队和武器的长处,就可能出现十个士兵不如一个士兵的情况。士兵不经过挑选,军队缺乏训练,起居管理混乱,动静不一致,进退速度缓慢,遇到困难不加克服,前军已经刀兵相接,后军却仍松松垮垮,士兵不能随着将领的指挥统一进退,这是不训练军队的错误,这样的军队,一百个人抵不上十个用。士兵手中的兵器不齐备不锋利,与徒手作战一样;将士身上的盔甲不坚固,与袒裸身体一样;弩箭射不到远处,与短兵器一样;射不中目标,与没有箭一样;箭虽然射中目标却射不进敌人身体,就与没有箭头一样,这是将领不检查武器导致的祸患,这样的军队,五个人不抵一个人用。所以《兵法》说:'器械不锋利,是把士卒奉送给敌人;士卒不听号令,是把统兵将领奉送给敌人;将领不懂兵法,是把他的君主奉送给敌人;君主不精心选择将领,就是把国家奉送给敌人。'这四点,是用兵的根本。

"臣又听说:在用兵时,依据交战双方国家大小不同、强弱不同和战场地形险峻平缓的不同,应采取不同的对策。卑躬屈膝地去侍奉大国,这是小国应采取的方法;如果与敌方不分强弱,就应联合其他小国对敌作战;利用蛮夷部族去进攻蛮夷部族,这是中原王朝应该采取的战略。现在匈奴的地形、军事技术与中原有很大不同:奔驰于山上山下,出入于山涧河流,中原的马匹不如匈奴灵活;在危险的道路上,一边策马奔驰一边射击敌人,中原的骑射技术不如匈奴精良;

风雨罢劳,饥渴不困,中国之人弗与也:此匈奴之长技也。若夫平原、易地,轻车、突骑,则匈奴之众易桡乱也;劲弩、长戟,射疏、及远,则匈奴之弓弗能格也;坚甲、利刃,长短相杂,游弩往来,什伍俱前,则匈奴之兵弗能当也;材官驺发,矢道同的,则匈奴之革笥、木荐弗能支也;下马地斗,剑戟相接,去就相薄,则匈奴之足弗能给也:此中国之长技也。以此观之:匈奴之长技三,中国之长技五。陛下又兴数十万之众以诛数万之匈奴,众寡之计,以一击十之术也。

"虽然,兵,凶器;战,危事也;故以大为小,以强为弱,在俯仰之间耳。夫以人之死争胜,跌而不振,则悔之无及也。帝王之道,出于万全。今降胡、义渠、蛮夷之属来归谊者,其众数千,饮食、长技与匈奴同。赐之坚甲、絮衣、劲弓、利矢,益以边郡之良骑,令明将能知其习俗、和辑其心者,以陛下之明约将之。即有险阻,以此当之;平地通道,则以轻车、材官制之。两军相为表里,各用其长技,衡加之以众,此万全之术也。"

帝嘉之,赐错书,宠答焉。

错又上言曰"臣闻秦起兵而攻胡、粤者,非以卫边地而救民死也,贪戾而欲广大也,故功未立而天下乱。且夫起兵而不知其势,战则为人禽,屯则卒积死。夫胡、貉之人,其性耐寒;扬、粤之人,其性耐暑。秦之戍卒不耐其水土,戍者死于边,输者偾于道。秦民见行,如往弃市,因以谪发之,名曰'谪戍'。

不畏风雨,不怕饥渴,中原将士忍受困苦的精神不如匈奴人那般顽强;这是匈奴的优势。如果到了平原、地势平缓的地方,汉军使用战车和骁勇的骑兵精锐,那么匈奴的军队就很容易被打乱;汉军使用强劲的弓弩和长戟,箭能射得很远,长戟也能远距离杀敌,那么匈奴的小弓就无法抵御;汉军身穿坚实的铠甲,手中有锋利的武器,长兵器与短兵器配合使用,弓箭手机动出击,士兵按建制统一进攻,匈奴的军队就不能抵挡;有勇力的步兵弓箭手,以特制的好箭射向同一个目标,匈奴用皮革和木材制造的防御武器就会失效;下马在平地作战,剑戟交锋,近身搏斗,匈奴的骑兵就不如汉军的步兵灵活;这是中原的军事优势。由此看来:匈奴有三项优势,汉军有五项优势。陛下又动用了数十万军队,去攻伐只有数万军队的匈奴,从兵员数量计算,用十倍于敌人的力量去进攻,这是稳操胜券的战术。

"虽然稳操胜券,但是,刀兵本是不祥之物,战争总是凶险之事;稍有失误,顷刻之间就会使国家由大变小,由强变弱。用人的生死去决胜负,万一失利就难以重振国威,后悔都来不及了。英明的君主在决策时,应立足于万无一失。现在已归降朝廷的胡人、义渠、蛮夷等,部众达数千人,他们的饮食习俗、善于骑射的特长,都与匈奴一样。赐给他们坚固的铠甲、御寒的衣服、强劲的弓,锋利的箭,再加上边境各郡的精锐骑兵,起用通晓兵法并了解蛮夷部族风俗习惯,能笼络其人心的将领,用陛下的声望去指挥他们。在战场上遇到险阻,就让这些人冲锋陷阵;在宽阔的平野,用战车、步兵去克制敌人。两支军队相互配合,各自发挥他们的优势,军队勇猛善战再加上以众击寡,这是万无一失的战略。"

文帝很赞赏他的意见,给晁错一封复信,多有褒奖之辞,以表示宠信。

晁错再一次上书说:"臣听说秦起兵攻打匈奴和越人,不是为了保卫边境安宁、防止人民死于战争,而是残暴贪婪,要想扩大它的疆域,所以,功业没有建立,天下已经大乱。而且如果用兵而不了解敌人的虚实强弱,进攻就会被敌人所俘虏,屯守就会被敌人所困死。北方的匈奴人和貊人,能忍受严寒;南方扬、越一带的人,能耐得酷暑。秦朝的戍卒不服南北两地的水土,戍守边疆的死在边境,输送给养的死于中途。秦朝百姓被征发当兵,就如同押赴刑场处死一样恐惧,秦王朝于是就征发犯罪的人去当兵戍边,称作'谪戍'。

先发吏有谪及赘婿、贾人，后以尝有市籍者，又后以大父母、父母尝有市籍者，后入闾取其左。发之不顺，行者愤怨，有万死之害而亡铢两之报，死事之后，不得一算之复，天下明知祸烈及己也。陈胜行戍，至于大泽，为天下先倡，天下从之如流水者，秦以威劫而行之之敝也。

"胡人衣食之业，不著于地，其势易以扰乱边境。往来转徙，时至时去，此胡人之生业，而中国之所以离南亩也。今胡人数转牧、行猎于塞下，以候备塞之卒，卒少则入。陛下不救，则边民绝望而有降敌之心；救之，少发则不足，多发，远县才至，则胡又已去。聚而不罢，为费甚大；罢之，则胡复入。如此连年，则中国贫苦而民不安矣。陛下幸忧边境，遣将吏发卒以治塞，甚大惠也。然今远方之卒守塞，一岁而更，不知胡人之能。不如选常居者家室田作，且以备之，以便为之高城深堑。要害之处，通川之道，调立城邑，毋下千家。先为室屋，具田器，乃募民，免罪，拜爵，复其家，予冬夏衣、禀食，能自给而止。塞下之民，禄利不厚，不可使久居危难之地。胡人入驱而能止其所驱者，以其半予之，县官为赎。其民如是，则邑里相救助，赴胡不避死。非以德上也，欲全亲戚而利其财也。

先是征发犯罪的官吏以及赘婿和商人充军,后来又扩大到曾做过商人的人,然后又把祖父母曾为商人、父母曾为商人的人强制征发,最后强迫居住于间左按规定不负担兵役的人,也去当兵。胡乱征兵,被强迫当兵的人都心怀愤恨,他们遭受必死无疑的厄运,朝廷却不给以丝毫的报偿,死于战场,他们的家属得不到国家免收一算赋税的抚恤,天下人都知道秦的暴政摧残到自己身上。陈胜前往戍边,来到大泽乡,首先为天下人做出了反秦的表率,天下人纷纷响应陈胜,如同流水下泄势不可挡,其原因就是秦以严威强制征兵丧失了民心。

"匈奴人的衣食来源,不依靠土地的出产,所以经常扰乱边境。往来转移,不定何时入侵,也不定何时撤走;经常迁移,是匈奴人的生活习俗,而中原汉人迁移就难于抛舍耕种多年的土地。现在匈奴人经常在边界一带放牧、打猎,借此察看汉军守边士兵的状况,发现汉军人少,就会入侵。如果陛下不发兵救援,边境百姓不能指望朝廷的救兵,就会萌发投降敌人的念头;如果陛下发兵救援,发兵太少,不起作用,多发援兵,来自远方的各县援兵刚刚到达,匈奴军队早就撤走了。不撤退聚集在边境的大量军队,军费开支太大;撤走援兵,匈奴人又乘虚而入。这样连年折腾,那么中原地区就会陷入贫困,百姓无法安居乐业了。幸得陛下担忧边境问题,派遣将吏发兵加强边塞防务,这是对边境百姓的很大恩惠。但是现在远方的士兵驻防边塞,一年轮换一批,不了解匈奴人的本领。不如选定居的人在边境安家立业从事农耕生产,并且用于防御匈奴入侵,利用有利地势建成高城深沟。在战略要地、交通要道,规划建立城镇,规模不小于容纳千户百姓。国家先在城中修整房屋,准备农具,招募百姓来边城居住,再用赦免罪名、赏给爵位的优待条件,国家免除应募者全家的赋税劳役,并向他们提供冬夏季衣服和粮食,直到他们能生产自足时为止。如果不给边塞民众优厚的待遇,就无法使他们长期定居在这片危险困苦的土地上。匈奴入侵,有人能从匈奴手中夺回所掠财物,就把其中的一半赏给他,另由官府折价给财产的原主。边塞的百姓得知这样的规定,就会邻里街坊相互救援,相互帮助,毫无畏惧地与匈奴搏斗。他们这样做,并不是对皇帝感恩戴德想有所报答,而是要想保全亲戚邻居并贪图得到他们的财产。

此与东方之戍卒不习地势而心畏胡者功相万也。以陛下之时,徙民实边,使远方无屯戍之事,塞下之民,父子相保,无系虏之患;利施后世,名称圣明,其与秦之行怨民,相去远矣。”

上从其言,募民徙塞下。

错复言:“陛下幸募民徙以实塞下,使屯戍之事益省,输将之费益寡,甚大惠也。下吏诚能称厚惠,奉明法,存恤所徙之老弱,善遇其壮士,和辑其心而勿侵刻,使先至者安乐而不思故乡,则贫民相募而劝往矣。臣闻古之徙民者,相其阴阳之和,尝其水泉之味,然后营邑、立城、制里、割宅,先为筑室家,置器物焉,民至有所居,作有所用。此民所以轻去故乡而劝之新邑也。为置医、巫以救疾病,以修祭祀,男女有昏,生死相恤,坟墓相从,种树畜长,室屋完安,此所以使民乐其处而有长居之心也。

“臣又闻古之制边县以备敌也,使五家为伍,伍有长,十长一里,里有假士,四里一连,连有假五百,十连一邑,邑有假候,皆择其邑之贤材有护、习地形、知民心者;居则习民于射法,出则教民于应敌。故卒伍成于内,则军政定于外。服习以成,勿令迁徙,幼则同游,长则共事。夜战声相知,则足以相救;昼战目相见,则足以相识;欢爱之心,足以相死。如此而劝以厚赏,威以重罚,则前死不还踵矣。所徙之民非壮有材者,但费衣粮,不可用也;虽有材力,不得良吏,犹亡功也。

与那些不了解本地地形并且对匈奴心怀畏惧的东方戍卒相比,他们防御匈奴的功效要高出一万倍。在陛下英明治国的时代,迁徙百姓以充实边防,使远方百姓免去屯戍边境的徭役,而边塞居民则父子相互保护,免受被匈奴俘虏的苦难;陛下这样做,后世人都会受您的福荫,称颂您为圣明的君主,这与秦始皇征发满怀怨恨的百姓去戍守边疆,是不能相比的。”

文帝采纳晁错的建议,招募百姓迁往边塞定居。

晁错再次上书说:“陛下招募迁徙的百姓以充实边塞,使远方兵民屯戍的徭役大为减省,运输费用更加减少,这是对百姓的很大恩惠。下级官吏如果真能体现陛下对百姓的恩德,遵奉陛下的法度,对迁来的应募百姓,照顾其中的老弱,厚待其中的壮士,争取他们的拥护而不去欺凌剥削他们,使先来的人安居乐业而不思念自己的故乡,那么贫民就会自动地相互转告、相互约定前往边塞了。臣听说古代明君迁徙百姓,都要先察看地脉是否阴阳合调,品尝水泉是否甘美可口,然后再营造集镇、修筑城池,设计邻里规划、划分居民住宅,先为百姓修筑房屋,配置器物,百姓到达后有可居住的房屋,有可使用的器物。这正是百姓不留恋故乡而相互勉励迁往新居的原因。官府在迁徙的新居住区设置医生、巫神,为百姓医治疾病,主持祭祀,使百姓得以男女婚配,生老病死相互照顾,坟墓相互依靠,栽种树木,喂养六畜,屋房完备安全,这样做正是为了让百姓乐于长期定居此地。

“臣又听说古代明君为了防御敌人入侵,在沿边境的各县创设如下建制:每五家为一伍,设置伍长;每十个伍的民户为一里,里设置有假士;每四里为一连,连有假五百;每十连为一邑,邑设置假候,都选择各邑中有德能、有勇力、熟悉地形、了解民心的人担任这些职务;安居无事就教民众学习射箭,出临边境就教民众学习防御敌人。军事编制形成于邑内邻里之间,军事政令就能有效地发挥作用。百姓训练有素,不许他们随便迁移,年幼时共同玩乐,成年后共同做事。夜间战斗,只要听到声音就可以互相了解,足以相互救援;白天作战,只要见到面容,就足以相互识别;自小培养的真诚友爱,足以使他们生死与共。在此基础上,朝廷再以厚赏奖励,以重罚威逼,百姓就会前赴后继,勇往直前了。所迁徙的百姓如果不是强壮有力的人,只能虚耗衣服粮食,不能用于充实边防;百姓虽然强壮有力,但如果没有好官去治理,同样也不能达到预期目的。

"陛下绝匈奴不与和亲,臣窃意其冬来南也;壹大治,则终身创矣。欲立威者,始于折胶;来而不能困,使得气去,后未易服也。"

错为人峭直刻深,以其辩得幸太子,太子家号曰"智囊"。

十二年(癸酉,前 168)

1　冬,十二月河决酸枣,东溃金堤、东郡;大兴卒塞之。

2　春,三月,除关,无用传。

3　晁错言于上曰:"圣王在上而民不冻饥者,非能耕而食之,织而衣之也,为开其资财之道也。故尧有九年之水,汤有七年之旱,而国亡捐瘠者,以畜积多而备先具也。今海内为一,土地人民之众不减汤、禹,加以无天灾数年之水旱,而畜积未及者,何也?地有遗利,民有馀力;生谷之土未尽垦,山泽之利未尽出,游食之民未尽归农也。

"夫寒之于衣,不待轻暖;饥之于食,不待甘旨;饥寒至身,不顾廉耻。人情,一日不再食则饥,终岁不制衣则寒。夫腹饥不得食,肤寒不得衣,虽慈父不能保其子,君安能以有其民哉!明主知其然也,故务民于农桑,薄赋敛,广畜积,以实仓廪,备水旱,故民可得而有也。民者,在上所以牧之。民之趋利,如水走下,四方无择也。

"陛下断绝与匈奴的和亲,我私下估计它冬季会向南进犯;给它一次严厉的打击,就会长期恢复不了元气。如果想树立汉朝廷的威名,就应该在匈奴刚纵兵入侵时就给以痛击;假若匈奴来犯而不能打败它,使它得志而归,以后就不容易降服它了。"

晁错为人刚直而又严峻苛刻,凭借他善于分析辩驳而得到太子的宠信,太子家里称他为"智囊"。

汉文帝前元十二年(癸酉,公元前 168 年)

1 冬季,十二月,黄河在酸枣县决口,向东冲溃了金堤,淹没东郡;朝廷大量征发士兵堵塞了决口。

2 春季,三月,朝廷宣布废止关隘检查制度,吏民出行不必带通行证。

3 晁错对文帝说:"英明的君主在位,百姓不受饥寒的折磨,这并不是君主能亲自耕作供给百姓食物,亲自织布为百姓做衣服,而是君主为百姓开辟了生财之路。所以尧在位时有九年的大涝灾,商汤时有七年的大旱灾,而全国并没有暴露于野的尸骨,其原因就在蓄积多而预先做了充分的准备。现在海内大一统,土地之广、人口之众,不亚于商汤和夏禹时代,再加上没有持续几年的旱涝天灾,但蓄积却没有那时多,原因何在?是因为土地还有馀力没有利用,百姓还有馀力没有发挥;可生长谷物的土地还没有全部开垦,山海湖泽的财富资源还没有全部开发,不从事生产的游士说客还没有全部回归农业生产。

"严寒之时人们急需要衣服,不苛求轻裘暖衣,能御寒就穿;饥饿时急需食品,不苛求香甜可口,能充饥就吃;饥寒临身,人们顾不得讲究廉耻。人之常情,一天不吃两餐就会挨饿,一年不做衣服就会挨冻。如果腹中饥饿却得不到食物,肌肤寒凉却得不到衣服,即便是慈父也不能保全他的儿子,君主怎么能够控制住他的百姓呢!英明的君主知道这个道理,所以一定引导百姓从事农桑耕织,少收赋税,多搞蓄积,用来充实府库,防备旱涝灾害,所以才能稳定对百姓的统治。百姓的善恶,就看君主如何去诱导、统治他们。百姓只知道追求财利,就如同水只会向下流而不会选择方向一样。

"夫珠、玉、金、银，饥不可食，寒不可衣，然而众贵之者，以上用之故也。其为物轻微易藏，在于把握，可以周海内而无饥寒之患。此令臣轻背其主而民易去其乡，盗贼有所劝，亡逃者得轻资也。粟、米、布、帛，生于地，长于时，聚于力，非可一日成也。数石之重，中人弗胜，不为奸邪所利，一日弗得而饥寒至。是故明君贵五谷而贱金玉。

"今农夫五口之家，其服役者不下二人，其能耕者不过百亩，百亩之收不过百石。春耕，夏耘，秋获，冬藏，伐薪樵，治官府，给繇役；春不得避风尘，夏不得避暑热，秋不得避阴雨，冬不得避寒冻，四时之间，无日休息；又私自送往迎来、吊死问疾、养孤长幼在其中。勤苦如此，尚复被水旱之灾，急政暴赋，赋敛不时，朝令而暮改，有者半贾而卖，无者取倍称之息，于是有卖田宅、鬻妻子以偿责者矣。而商贾，大者积贮倍息，小者坐列贩卖，操其奇赢，日游都市，乘上之急，所卖必倍。故其男不耕耘，女不蚕织，衣必文采，食必粱肉，无农夫之苦，有仟伯之得。因其富厚，交通王侯，力过吏势，以利相倾；千里游敖，冠盖相望，乘坚、策肥，履丝、曳缟。此商人所以兼并农人，农人所以流亡者也。

"珠、玉、金、银等物品,饿的时候不能吃,冷的时候不能穿,但是大家都把它们视为珍宝,原因就在于君主使用它们。这些东西的特点是重量轻体积小便于收藏,只要拿着握于手掌中的那么一点,就可以凭借它周游天下而不受饥寒之苦。这可以使臣子轻易地背叛他的君主,使百姓轻易地离开故乡,刺激了盗贼的贪欲,便利了逃犯的藏匿。粟、米、布、帛等物,生长于土地,在生产过程中,需要经历一定时节,投入相当人力,不是一天就可以生产出来的。重达数石的粟、米、布、帛,价值有限,一个体力中等的人却已无法搬运,它不会成为盗贼劫夺的目标,但人们一天得不到它们,马上就得忍受饥寒。所以英明的君主看重五谷而轻视金玉。

　　"现在家中有五口人的农民家庭,为官府服徭役的不少于两个人,能耕种的土地不过一百亩,百亩土地的收获量不超过一百石。农民春季耕种,夏季锄草,秋季收获,冬季贮藏,砍柴禾,修缮官府房屋,服徭役;春天不能避风尘,夏天不能避暑热,秋天不能避阴雨,冬天不能避严寒,一年四季没有休息的时期;还有民间的人情往来,吊唁死者、慰问病人、赡养父母、哺育子女等负担,也得从一百石的收获物中支付。农民如此勤劳困苦,如果再遭受旱涝灾害、政令严苛、赋税繁重、不按农时季节征收赋税、早上发布的政令晚上又有变化等种种天灾人祸,家中稍有资财的,以半价折卖家财,家中贫穷的,只好去借利息双倍的高利贷,这时就有人被迫出卖土地房宅、卖妻卖子以偿还债务了。而那些行商坐贾,实力大的积贮钱财发行双倍利息的高利贷,实力小的坐在市肆中贱买贵卖,依靠手中囤积的物品,每天游荡在都市之中,得知皇帝急需某种物品,就把价格提高到两倍以上。所以商人男的不去耕田耘草,女的不去缫丝织绸,但穿衣服却非穿华丽的绸缎不可,吃饭非吃好米好肉不可,不受农民那样的辛苦,却可以得到很多钱财。商人依仗手中大量的钱财,与王侯显贵交结,势力超过了一般官员,以财利倾轧基层官员;商人志得意满地到遥远的地方游乐,路上排满了他们的车子,他们乘坐着坚实的车子,鞭策着肥马,踏着丝制的鞋子,穿着精美的白色绸缎衣服。这就是商人兼并农民、农民破产流亡的原因。

"方今之务，莫若使民务农而已矣。欲民务农，在于贵粟；贵粟之道，在于使民以粟为赏罚。今募天下入粟县官，得以拜爵，得以除罪。如此，富人有爵，农民有钱，粟有所漇。夫能入粟以受爵，皆有馀者也；取于有馀以供上用，则贫民之赋可损，所谓损有馀，补不足，令出而民利者也。今令民有车骑马一匹者，复卒三人。车骑者，天下武备也，故为复卒。神农之教曰：'有石城十仞，汤池百步，带甲百万，而无粟，弗能守也。'以是观之，粟者，王者大用，政之本务。今民入粟受爵至五大夫以上，乃复一人耳，此其与骑马之功相去远矣。爵者，上之所擅，出于口而无穷；粟者，民之所种，生于地而不乏。夫得高爵与免罪，人之所甚欲也，使天下人入粟于边以受爵、免罪，不过三岁，塞下之粟必多矣。"

帝从之，令民入粟于边，拜爵各以多少级数为差。

错复奏言："陛下幸使天下入粟塞下以拜爵，甚大惠也。窃恐塞卒之食不足用，大漇天下粟。边食足以支五岁，可令入粟郡县矣；郡县足支一岁以上，可时赦，勿收农民租。如此，德泽加于万民，民愈勤农，大富乐矣。"

"当务之急，没有比使百姓从事农耕更重要的了。要想使百姓务农，关键在于使全社会把粮食看成为珍宝；使全社会把粮食看做珍宝的方法，在于朝廷把粮食作为奖赏和惩罚的依据。可以招募天下百姓向官府缴纳粮食，用以购买爵位和免除罪名。这样，富人可以拥有爵位，农民可以得到钱，粮食也有了销路。那些能够缴纳粮食换取爵位的人，都是粮食自给有余的，收取富人中多余部分的粮食，以供给国家使用，就可以减少对贫困百姓收取的赋税，这就是所说的截取多余的，补充扶持贫困不足的，政令一公布就可以给百姓带来利益。现行的律令规定：有一匹战马的人家，可免除三人的兵役。战马，是天下的重要军事装备，所以给予免除兵役的优待。神农所制定的法度说：'有高达十仞的石砌城墙，有宽达一百步的滚沸的护城河，有一百万全副武装的士兵，但却没有粮食，那就无法固守城池。'由此看来，粮食是君主的重要资本，是国家政治的根本所在。现在百姓缴纳粮食要得到五大夫以上的爵位，才能免除一人的兵役，这与对有战马的人的优待相比较，差得太远了。爵位，是君主所专有的，随口封爵可以无穷无尽；粮食，是百姓所种的，生长于土地而不会缺乏。得到高等爵位和得以免除罪名，是天下百姓求之不得的事；让天下人输送粮食到边境地区，以换取爵位、免除罪名，不用三年时间，边塞的粮食储备就会很多了。"

　　文帝采纳晁错的意见，下令规定：百姓输送粮食到边塞，依据输送粮食的多少，分别授给高低不同的爵位。

　　晁错又上奏说："陛下降恩，让天下人输送粮食去边塞，以授给爵位，这是对百姓的很大恩德。我私下担忧边塞驻军吃不了那么多粮食，可能造成天下粮食大量积压于边塞。如果边塞积粮已可使用五年，就可以让百姓向内地各郡县输送粮食了；如果郡县积粮足够使用一年以上，可以定期下诏书，不收农民的土地税。这样，陛下的恩德雨露，普降于天下万民，百姓就会更积极地投身农业生产，天下就会繁荣富强了。"

上复从其言,诏曰:"道民之路,在于务本。朕亲率天下农,十年于今,而野不加辟,岁一不登,民有饥色,是从事焉尚寡而吏未加务。吾诏书数下,岁劝民种树而功未兴,是吏奉吾诏不勤而劝民不明也。且吾农民甚苦而吏莫之省,将何以劝焉! 其赐农民今年租税之半。"

十三年(甲戌,前 167)

1 春,二月甲寅,诏曰:"朕亲率天下农耕以供粢盛,皇后亲桑以供祭服,其具礼仪!"

2 初,秦时祝官有秘祝,即有灾祥,辄移过于下。夏,诏曰:"盖闻天道,祸自怨起而福繇德兴,百官之非,宜由朕躬。今秘祝之官移过于下,以彰吾之不德,朕甚弗取。其除之!"

3 齐太仓令淳于意有罪,当刑,诏狱逮系长安。其少女缇萦上书曰:"妾父为吏,齐中皆称其廉平,今坐法当刑。妾伤夫死者不可复生,刑者不可复属,虽后欲改过自新,其道无繇也。妾愿没入为官婢,以赎父刑罪,使得自新。"

天子怜悲其意,五月,诏曰:"《诗》曰:'恺弟君子,民之父母。'今人有过,教未施而刑已加焉,或欲改行为善而道无繇至,朕甚怜之! 夫刑至断支体,刻肌肤,终身不息,何其刑之痛而不德也! 岂为民父母之意哉! 其除肉刑,有以易之;及令罪人各以轻重,不亡逃,有年而免。具为令!"

文帝又采纳了他的建议,下诏说:"引导百姓的正确道路,在于让他们从事农业生产。朕亲自率领天下人务农耕种,至今已有十年了,但耕地没有增加,有一年收成不好,百姓就要忍受饥饿,这是从事农耕的人还不多,而官吏没有切实发展农业。朕屡次下达诏书,每年都鼓励百姓栽种树木,至今未见成效,这就证明了官吏没有认真地执行诏令去激励百姓。况且朕的农民生活很苦而官吏不去照顾他们,又怎么能勉励他们从事农业呢!今年把原定征收的土地税的一半赐给农民。"

汉文帝前元十三年(甲戌,公元前 167 年)

1 春季,二月甲寅(十六日),文帝下诏说:"朕亲自率领天下臣民进行农耕,供做宗庙祭祀的粮食,皇后亲自养蚕缫丝,供做祭祀的祭服,议定有关此事的礼仪!"

2 当初,秦朝的祝官中有秘祝,一旦出现了灾异,就把造成过失的责任从皇帝身上推到臣子身上。夏季,文帝下诏书说:"朕约略闻知天道,灾祸从怨恨而起,福庆由善德而兴,百官的过失,都应该由朕一人负责。现在秘祝官员把过失的责任都推给臣下,实际上正是显示了朕的失德,朕很不赞成。应立即废除这种做法!"

3 齐国太仓令淳于意犯了罪,判以肉刑,诏令狱官逮捕,关押在长安。他的小女儿缇萦向皇帝上书说:"我父亲做官,齐国人都称赞他廉洁公平,现在他犯了罪,按法律应判处肉刑。我感到悲痛伤心的是,人死就不能复生,人一受肉刑就无法使肢体再度完整如旧,即便是想改过自新,也无法做到了。我愿意没入官府做官婢,以抵赎我父亲该受的刑罚,使他得以重新做人。"

文帝很怜悯和同情缇萦的孝心,五月,下诏书说:"《诗经》说'开明宽厚的君主,百姓亲敬如父母。'现在人们有了过错,还没有加以教育就处以刑罚,有的人即便想悔过自新,也无路可走了,朕很感痛心!肉刑的残酷,以至于断绝人的肢体,摧残人的皮肉,使人终生无法生育,这是多么残酷和不道德的事情啊!难道这符合为民父母的道义吗!应该废除肉刑,用别的刑罚去代替它;此外,应规定犯罪的人依据罪名的轻重,只要不从服刑的地方潜逃,服刑到一定年数,就可以释放他。制定出有关的法令!"

丞相张苍、御史大夫冯敬奏请定律曰："诸当髡者为城旦、舂；当黥髡者钳为城旦、舂；当劓者笞三百；当斩左止者笞五百；当斩右止及杀人先自告及吏坐受赇、枉法、守县官财物而即盗之、已论而复有笞罪者，皆弃市。罪人狱已决为城旦、舂者，各有岁数以免。"制曰："可。"

是时，上既躬修玄默，而将相皆旧功臣，少文多质。惩恶亡秦之政，论议务在宽厚，耻言人之过失；化行天下，告讦之俗易。吏安其官，民乐其业，畜积岁增，户口寝息。风流笃厚，禁罔疏阔，罪疑者予民，是以刑罚大省，至于断狱四百，有刑错之风焉。

4　六月，诏曰："农，天下之本，务莫大焉。今勤身从事而有租税之赋，是为本末者无以异也，其于劝农之道未备。其除田之租税！"

十四年（乙亥，前166）

1　冬，匈奴老上单于十四万骑入朝那、萧关，杀北地都尉卬，虏人民畜产甚多；遂至彭阳，使奇兵入烧回中宫，候骑至雍甘泉。帝以中尉周舍、郎中令张武为将军，发车千乘、骑卒十万军长安旁，以备胡寇；而拜昌侯卢卿为上郡将军，甯侯魏遫为北地将军，隆虑侯周灶为陇西将军，屯三郡。上亲劳军，勒兵，申教令，赐吏卒，自欲征匈奴。群臣谏，不听；皇太后固要，上乃止。于是以东阳侯张相如为大将军，成侯董赤、内史栾布皆为将军，击匈奴。单于留塞内月馀，乃去。汉逐出塞即还，不能有所杀。

丞相张苍、御史大夫冯敬奏请制定这样的法律条文:"原来判处髡刑的,改为罚作城旦和城旦舂;原来判处黥髡刑的,改为钳为城旦、钳为城旦舂;原来判处劓刑的,改为笞三百;原来判处斩左脚的,改为笞五百;原来判处斩右脚以及杀人后去官府自首投案,官吏因受贿、枉法、监守自盗等罪名及已被处置但后来又犯了应判处笞罪的人,全都改为公开斩首。罪犯已破判处为城旦、城旦舂的,各自服刑到一定年数,即可赦免为平民百姓。"文帝下达批准文书:"同意。"

这一时期,文帝自身谦逊自守,而将相大臣都是开国功臣,轻视文采,崇尚质朴。君臣以导致秦灭亡的弊政为鉴诫,论议国政讲究以宽厚为本,耻于议论别人的过失;这种风气影响到全国,改变了那种互相检举、攻讦的坏风俗。官吏尽职尽责,百姓安居乐业,府库储蓄每年都有增加,人口越来越多。风俗归于笃实厚道,禁制法网宽松,有犯罪嫌疑的,从宽发落,所以,刑罚大量减少,一年之内全国只审判了四百起案件,很有上古停止动用刑罚的景象。

4 六月,文帝下诏书说:"农业,是天下的根本,没有什么事情比农业更为重要。现在那些辛苦勤劳的农民,还要缴纳租税,这样做,没有体现出从事农耕本业和从事工商末业的人应有的不同地位,说明鼓励发展农业生产的政策不完备,应当免除农田的租税!"

汉文帝前元十四年(乙亥,公元前 166 年)

1 冬季,匈奴老上单于用十四万骑兵攻入朝那县和萧关,杀了北地郡都尉孙卬,掳掠了许多百姓和牲畜财产;匈奴骑兵直抵彭阳县境,并派一支骑兵深入腹地烧了回中宫,侦察骑兵一直到了雍县的甘泉宫。文帝任命中尉周舍、郎中令张武为将军,征发一千辆战车、十万骑兵驻扎在长安附近,以防御匈奴进攻;文帝又任命昌侯卢卿为上郡将军,宵侯魏遫为北地将军,隆虑侯周灶为陇西将军,分别率军屯守上郡、北地郡和陇西郡。文帝亲自去慰劳军队,操演军队,颁布军事训令,奖赏将士,准备亲自统兵去征伐匈奴。群臣劝阻他亲征,文帝执意不从;皇太后出面坚决阻止,文帝才打消了统兵亲征的念头。于是文帝任命东阳侯张相如为大将军,成侯董赤、内史栾布为将军,迎击匈奴。匈奴单于在汉境内活动了一个多月,才撤退出境。汉军把匈奴驱逐出边塞之外,就撤兵回境,没有对匈奴有所杀伤。

2 上辇过郎署,问郎署长冯唐曰:"父家何在?"对曰:"臣大父赵人,父徙代。"上曰:"吾居代时,吾尚食监高祛数为我言赵将李齐之贤,战于钜鹿下。今吾每饭意未尝不在钜鹿也。父知之乎?"唐对曰:"尚不如廉颇、李牧之为将也。"上搏髀曰:"嗟乎,吾独不得廉颇、李牧为将!吾岂忧匈奴哉!"唐曰:"陛下虽得廉颇、李牧,弗能用也。"

上怒,起,入禁中,良久,召唐,让曰:"公奈何众辱我,独无间处乎!"唐谢曰:"鄙人不知忌讳。"上方以胡寇为意,乃卒复问唐曰:"公何以知吾不能用廉颇、李牧也?"唐对曰:"臣闻上古王者之遣将也,跪而推毂,曰:'阃以内者,寡人制之;阃以外者,将军制之。'军功爵赏皆决于外,归而奏之,此非虚言也。臣大父言:李牧为赵将,居边,军市之租,皆自用飨士,赏赐决于外,不从中覆也。委任而责成功,故李牧乃得尽其智能,选车千三百乘,彀骑万三千,百金之士十万,是以北逐单于,破东胡,灭澹林,西抑强秦,南支韩、魏。当是之时,赵几霸。其后会赵王迁立,用郭开谗,卒诛李牧,令颜聚代之,是以兵破士北,为秦所禽灭。今臣窃闻魏尚为云中守,其军市租尽以飨士卒,私养钱五日一椎牛,自飨宾客、军吏、舍人,是以匈奴远避,不近云中之塞。虏曾一入,尚率车骑击之,所杀甚众。夫士卒尽家人子,起田中从军,安知尺籍、伍符!终日力战,斩首捕虏,

2 文帝乘车经过中郎的官府,问郎署长冯唐说:"您的原籍是何处?"冯唐回答说:"我的祖父是赵国人,在我父亲时迁居代国。"文帝说:"我在代国时,我的尚食监高祛多次对我称赞当年赵国将军李齐的贤能,讲述他与秦兵大战于钜鹿城下的事情。现在,我每到吃饭时,都会情不自禁地去想象李齐在钜鹿之战中的八面威风。老先生您知道李齐这位名将吗?"冯唐回答说:"李齐还不如廉颇、李牧为将带兵的本领大。"文帝拍着大腿说:"嗟乎! 为什么我偏偏得不到廉颇、李牧那样的人做将军呢! 有了这样的将军,我还会担忧匈奴的入侵吗!"冯唐说:"陛下即是得到了廉颇、李牧,也不能真正任用他们。"

文帝勃然大怒,起身返回宫中,过了许久,召见冯唐责备说:"您为什么要在大庭广众面前侮辱我,难道就没有我们单独相处的时候!"冯唐谢罪说:"我是个粗鲁的人,不懂得忌讳。"文帝正在担忧匈奴的入侵问题,于是就继续问冯唐说:"您为什么说我不能任用廉颇和李牧呢?"冯唐回答说:"我听说古代明君派遣将军出征时,跪着推将军的车辆前行,而且说:'国门之内的事,由我来决定;国门以外的事情,请将军裁决。'一切酬劳军功、封爵、奖赏的事都由将军在外面决定,回国后再奏报君主,这并不是谣传而是事实。我的祖父说:李牧为赵国将军,驻守边境时,把从军中交易市场上收得的税收,都自行用于奖赏将士,赏赐都由将军在外决定,不必向朝廷请示批准。对他委以重任而责令成功,所以李牧才能充分发挥他的聪明才智,率领着他精选出来的一千三百辆战车、一万三千名善于骑射的骑兵、十万训练有素的将士,凭借这些军事力量,在北方驱逐匈奴,击败东胡,消灭澹林,对西方,抑制了强大的秦国,向南方,有力地抵御了韩国和魏国。在那个时候,赵国几乎成为一个可以发号施令的霸主之国。后来,恰逢赵王赵迁继位,他听信郭开的谗言,终于诛杀李牧,命令颜聚代替李牧而统兵,正因为如此,赵国军队被击败,将士溃散,而赵国也被秦所吞并。现在我私下听说魏尚担任云中郡郡守时,把军中交易市场所得的税收全都用来犒劳士卒,还用自己的官俸钱,每五天宰杀一头牛,自己宴请宾客、军吏和幕僚属官,因此,匈奴闻名远避,不敢接近云中边塞。匈奴曾经入侵云中郡一次,魏尚率领所部战车骑兵出击,杀了很多匈奴人。那些士兵都是平民百姓的子弟,从田间而来参军从征,怎能知道'尺籍''伍符'之类的军令军规! 整日拼死战斗,斩敌首级,捕获俘虏,

上功幕府,一言不相应,文吏以法绳之,其赏不行,而吏奉法必用。臣愚以为陛下赏太轻,罚太重。且云中守魏尚坐上功首虏差六级,陛下下之吏,削其爵,罚作之。由此言之,陛下虽得廉颇、李牧,弗能用也!"上说。是日,令唐持节赦魏尚,复以为云中守,而拜唐为车骑都尉。

3 春,诏广增诸祀坛场、珪币,且曰:"吾闻祠官祝釐,皆归福于朕躬,不为百姓,朕甚愧之。夫以朕之不德,而专飨独美其福,百姓不与焉,是重吾不德也。其令祠官致敬,无有所祈!"

4 是岁,河间文王辟彊薨。

5 初,丞相张苍以为汉得水德,鲁人公孙臣以为汉当土德,其应,黄龙见;苍以为非,罢之。

十五年(丙子,前 165)

1 春,黄龙见成纪。帝召公孙臣,拜为博士,与诸生申明土德,草改历、服色事。张苍由此自绌。

2 夏,四月,上始幸雍,郊见五帝,赦天下。

3 九月,诏诸侯王、公卿、郡守举贤良、能直言极谏者,上亲策之。太子家令晁错对策高第,擢为中大夫。错又上言宜削诸侯及法令可更定者,书凡三十篇。上虽不尽听,然奇其材。

4 是岁,齐文王则、河间哀王福皆薨,无子,国除。

5 赵人新垣平以望气见上,言长安东北有神,气成五采。于是作渭阳五帝庙。

在向幕府呈报战果军功时,只要一个数字有出入,那些舞文弄墨的官员,就引用军法来惩治他们,他们应得到的赏赐就被取消了,而那些官吏所奉行的法令却必须执行。我认为陛下的赏赐太轻,而惩罚却太重。况且云中郡守魏尚因为上报的斩杀敌军首级的数量差了六个,陛下就把他交给官吏治罪,削去他的爵位,判罚他做一年的刑徒。由此说来,陛下即使得到廉颇、李牧,也不能真正重用啊!"文帝高兴地接受了冯唐的批评。当天,就令冯唐持皇帝信节为凭,前去赦免魏尚,重新任命魏尚做云中郡守,并任命冯唐为车骑都尉。

3 春季,文帝诏令大大增加祭祀的场所和所用的祭祀礼器,并且说:"朕听说祠官在祭祀的祝福祷告中,都将祈祷幸福归于朕自己一人,而没有为百姓祝福,朕对此很惭愧。以朕这样的失德之人,独占神灵所降下的福荫,而百姓们却不能分享到一点,这正是加重了朕的过失。此后祠官在祭祀祷告时,不要再为朕个人祈祷祝福!"

4 这一年,河间文王刘辟彊去世。

5 当初,丞相张苍认为汉朝得"五行"中的水德,鲁国人公孙臣认为汉朝应属土德,土德的标志,是应该出现黄龙;张苍认为公孙臣说得不对,不采纳他的观点。

汉文帝前元十五年(丙子,公元前 165 年)

1 春季,成纪县出现了黄龙。文帝召见公孙臣,任命他为博士官,与其他饱学之士论证汉得土德的观点,主持草拟改换历法和改变服色的方案。张苍从此开始自动贬抑自己。

2 夏季,四月,文帝第一次亲自前往雍地,对五帝庙恭行郊祭之礼,并且宣布大赦天下。

3 九月,文帝下诏,令诸侯王、公卿、郡守荐举贤良、能直言极谏的人,皇帝亲自策问考试。太子家令晁错的答卷优秀,文帝提升他为中大夫。晁错又上书文帝,谈论应该削减诸侯王的实力以及应该改变的法令,上书共计有三十篇。文帝虽然没有完全采用他的意见,但却很赏识和器重晁错的才能。

4 这一年,齐文王刘则、河间哀王刘福都去世,都无子,封国被废除。

5 赵国人新垣平自称善于"望气",得以进见文帝,他说长安东北方向有神,结成了五彩缤纷的神异之气。这时,文帝下令,在渭阳修建五帝庙。

十六年(丁丑,前 164)

1 夏,四月,上郊祀五帝于渭阳五帝庙。于是贵新垣平至上大夫,赐累千金;而使博士、诸生刺《六经》中作《王制》,谋议巡狩、封禅事。又于长门道北立五帝坛。

2 徙淮南王喜复为城阳王。又分齐为六国。丙寅,立齐悼惠王子在者六人:杨虚侯将闾为齐王,安都侯志为济北王,武成侯贤为淄川王,白石侯雄渠为胶东王,平昌侯卬为胶西王,扐侯辟光为济南王。淮南厉王子在者三人:阜陵侯安为淮南王,安阳侯勃为衡山王,阳周侯赐为庐江王。

3 秋,九月,新垣平使人持玉杯上书阙下献之。平言上曰:“阙下有宝玉气来者。”已,视之,果有献玉杯者,刻曰“人主延寿”。平又言:“臣候日再中。”居顷之,日却,复中。于是始更以十七年为元年,令天下大酺。平言曰:“周鼎亡在泗水中。今河决,通于泗,臣望东北汾阴直有金宝气,意周鼎其出乎!兆见,不迎则不至。”于是上使使治庙汾阴,南临河,欲祠出周鼎。

后元年(戊寅,前 163)

1 冬,十月,人有上书告新垣平“所言皆诈也”,下吏治,诛夷平。是后,上亦怠于改正、服、鬼神之事,而渭阳、长门五帝,使祠官领,以时致礼,不往焉。

2 春,三月,孝惠皇后张氏薨。

汉文帝前元十六年(丁丑,公元前 164 年)

1 夏季,四月,文帝在渭阳五帝庙郊祭五帝。这时,文帝宠信贵幸新垣平,封为上大夫,累计赏赐黄金超过一千斤;文帝还让博士、诸生杂采《六经》中的记载,汇集成《王制》,准备进行巡狩、封禅等标志盛世的事业。又在长门亭的道北立了五帝坛。

2 文帝把淮南王刘喜再次封为城阳王。又把齐国分立为六国。丙寅(十七日),文帝封立齐悼惠王在世的六个儿子为王:杨虚侯刘将闾为齐王,安都侯刘志为济北王,武成侯刘贤为淄川王,白石侯刘雄渠为胶东王,平昌侯刘卬为胶西王,扐侯刘辟光为济南王。文帝封立淮南厉王在世的三个儿子为王:阜陵侯刘安为淮南王,安阳侯刘勃为衡山王,阳周侯刘赐为庐江王。

3 秋季,九月,新垣平指使人携带玉杯到皇宫门前上书献宝给文帝。新垣平对文帝说:"宫门前有一股宝玉之气移过来。"过了一会,果然见到有人来献玉杯,杯上刻有"人主延寿"四字。新垣平又说:"我用神术算出今天会出现两次中午。"过了一会儿,日影已经偏斜,又一次出现了正南正北的日影。于是,决定把十七年改称为元年,并特许天下人聚会痛饮,以示庆贺。新垣平说:"周朝的重鼎宝器沉没在泗水中。现在黄河决口,与泗水相连通,我看东北汾阴方向的云气有金宝之气,估计周鼎可能会出世吧!它的征兆已经出现了,如果不去迎接,周鼎是不会来的。"这个时候,文帝派人在汾阴修庙,南面靠近黄河,想要通过祭祀求得周鼎出世。

汉文帝后元元年(戊寅,公元前 163 年)

1 冬季,十月,有人向文帝上书,检举新垣平"所说的一切都是诈骗",文帝命令司法官员审查,最后,新垣平被诛灭三族。从此之后,文帝对于改变历法、服色及祭祀鬼神的事,也就不那么起劲了,立于渭阳、长门的五帝庙,隶属于祠官管理,由祠官按照季节时令祭祀,文帝自己不再去了。

2 春季,三月,孝惠帝的张皇后去世。

3　诏曰："间者数年不登，又有水旱疾疫之灾，朕甚忧之。愚而不明，未达其咎：意者朕之政有所失而行有过与？乃天道有不顺，地利或不得，人事多失和，鬼神废不享与？何以致此？将百官之奉养或废，无用之事或多与？何其民食之寡乏也？夫度田非益寡，而计民未加益，以口量地，其于古犹有馀；而食之甚不足者，其咎安在？无乃百姓之从事于末以害农者蕃，为酒醪以靡谷者多，六畜之食焉者众与？细大之义，吾未得其中。其与丞相、列侯、吏二千石、博士议之，有可以佐百姓者，率意远思，无有所隐！"

二年(己卯，前 162)

1　夏，上行幸雍棫阳宫。

2　六月，代孝王参薨。

3　匈奴连岁入边，杀略人民、畜产甚多；云中、辽东最甚，郡万馀人。上患之，乃使使遗匈奴书。单于亦使当户报谢，复与匈奴和亲。

4　八月戊戌，丞相张苍免。帝以皇后弟窦广国贤、有行，欲相之，曰："恐天下以吾私广国，久念不可。"而高帝时大臣，馀见无可者。御史大夫梁国申屠嘉，故以材官蹶张从高帝，封关内侯；庚午，以嘉为丞相，封故安侯。嘉为人廉直，门不受私谒。是时，太中大夫邓通方爱幸，赏赐累巨万；帝尝燕饮通家，其宠幸无比。嘉尝入朝，而通居上旁，有怠慢之礼。

3 文帝下诏说:"近来连续几年歉收,又有旱涝和疾病的灾害,朕很感担忧。朕愚蠢而不聪明,不知道出现这些灾害的祸根是什么:估计或许是朕治国有所失误、行为有过错呢,还是天道不顺,或者是不得地利,人事往往失和,鬼神都不降福保佑我们了呢? 为什么会这样呢? 难道是百官不忠于职守,所兴办的无用之事太多了吗? 为什么百姓缺乏粮食充饥呢? 估计土地没有比以前减少,而统计百姓的人口也没有比以前增加,按平均每人占有的耕地来计算,现在比古代还多;但百姓的粮食却严重缺乏,造成这种失误的根源在哪里? 或许是由于百姓之中从事工商末业而损害农耕本业的人多起来,造酒大量耗费了粮食,蓄养六畜而消耗粮食太多了吗? 这些大大小小的原因,我不知道哪个原因是最为主要的。可以由丞相、列侯、二千石官员、博士共同探讨这个问题,有能够便利百姓的意见,都可按照各自的思路,去做深远的探讨,无所隐瞒地全都告诉我!"

汉文帝后元二年(己卯,公元前 162 年)

1 夏季,文帝前往雍县的棫阳宫。

2 六月,代孝王刘参去世。

3 匈奴连年入寇边境,杀害、掳掠了许多百姓及其牲畜财产,云中郡和辽东郡所受侵害最为严重,受害人数每郡多达一万多人。文帝担忧匈奴的入侵,就派使臣给匈奴送去书信。匈奴单于也派一位当户来汉朝廷回报致谢,汉与匈奴恢复了和亲关系。

4 八月戊戌,文帝罢免了丞相张苍的职务。文帝因为皇后的弟弟窦广国有贤德,有善行,打算任命他为丞相,反复思考之后,文帝说:"那样恐怕天下人说我因窦广国是外戚而重用他,再三考虑不能用他为丞相。"而高帝时代的大臣,现在健在的人中,又没有能胜任丞相职务的人。御史大夫梁国人申屠嘉,当年曾以步兵强弩射手的身份跟随高帝征战,封为关内侯;庚午(初四),文帝任命申屠嘉为丞相,封为故安侯。申屠嘉为人廉洁正直,在家中不接见任何为私情来拜访的人。当时,太中大夫邓通正是最得皇帝宠幸的时候,赏赐的财物累计超过了万万钱;文帝曾经驾临邓通家中欢宴饮酒,受皇帝宠幸的程度,无人能与他相比。某日,申屠嘉前来朝见文帝,见到邓通正在文帝身边,对文帝的礼节很简慢。

嘉奏事毕,因言曰:"陛下幸爱群臣,则富贵之;至于朝廷之礼,不可以不肃。"上曰:"君勿言,吾私之。"罢朝,坐府中,嘉为檄召通诣丞相府,不来,且斩通。通恐,入言上,上曰:"汝第往,吾令使人召若。"通诣丞相府,免冠、徒跣,顿首谢嘉。嘉坐自如,弗为礼,责曰:"夫朝廷者,高帝之朝廷也。通小臣,戏殿上,大不敬,当斩。吏!今行斩之!"通顿首,首尽出血,不解。上度丞相已困通,使使持节召通而谢丞相:"此吾弄臣,君释之!"邓通既至,为上泣曰:"丞相几杀臣!"

三年(庚辰,前161)

1 春,二月,上行幸代。

2 是岁,匈奴老上单于死,子军臣单于立。

四年(辛巳,前160)

1 夏,四月丙寅晦,日有食之。

2 五月,赦天下。

3 上行幸雍。

五年(壬午,前159)

1 春,正月,上行幸陇西。三月,行幸雍。秋,七月,行幸代。

六年(癸未,前158)

1 冬,匈奴三万骑入上郡,三万骑入云中,所杀略甚众,烽火通于甘泉、长安。以中大夫令免为车骑将军,屯飞狐;故楚相苏意为将军,屯句注;将军张武屯北地;河内太守周亚夫为将军,次细柳;宗正刘礼为将军,次霸上;祝兹侯徐厉为将军,

申屠嘉奏报完了政事,就说:"陛下如果宠信亲近臣子,可以让他富贵;但说到朝廷之上的君臣礼仪,却不能不严加整肃。"文帝说:"你不必说了,我私下会告诫他。"散朝之后,申屠嘉回到丞相府中,写了一份命令,召邓通来丞相府中,如果不来,就斩杀邓通。邓通很恐惧,进宫去告知文帝,文帝说:"你只管前去,我会派人来叫你。"邓通来到丞相府,摘下帽子,赤着双脚,向申屠嘉叩头请罪。申屠嘉安然高坐,不以礼节相待,并严厉地责备说:"朝廷,那是高皇帝的朝廷。你邓通只不过是一个微不足道的小臣,竟敢在殿上戏闹,这是大不敬之罪,该判处斩首。来人哪! 立即把邓通处斩!"邓通吓得一再磕头,磕得血流满面,申屠嘉仍不表示宽恕。文帝估计丞相已严厉地教训了邓通,就派使者持皇帝信节前来传唤邓通,并且转达文帝向丞相表示歉意的话:"邓通是我所戏弄的昵臣,您就赦免了他吧!"邓通一回到宫中,就哭着对文帝说:"丞相差一点杀了我!"

汉文帝后元三年(庚辰,公元前 161 年)

1 春季,二月。文帝前往代国。

2 这一年,匈奴老上单于死,其子军臣单于继位。

汉文帝后元四年(辛巳,公元前 160 年)

1 夏季,四月丙寅晦,出现了日食。

2 五月,文帝宣布大赦天下。

3 文帝前往雍县。

汉文帝后元五年(壬午,公元前 159 年)

1 春季,正月,文帝前往陇西郡。三月,文帝前往雍县。秋季,七月,文帝前往代国。

汉文帝后元六年(癸未,公元前 158 年)

1 冬季,匈奴用三万骑兵入侵上郡,用三万骑兵入侵云中郡,杀害和掳掠了很多军民,报警的烽火一直传到甘泉宫和长安城。朝廷任命中大夫令免为车骑将军,率军驻守飞狐;任命原楚国丞相苏意为将军,驻守句注;命将军张武驻守北地郡;命河内郡守周亚夫为将军,驻扎细柳;命宗正刘礼为将军,驻扎霸上;命祝兹侯徐厉为将军,

次棘门；以备胡。上自劳军，至霸上及棘门军，直驰入，将以下骑送迎。已而之细柳军，军士吏被甲，锐兵刃，彀弓弩持满，天子先驱至，不得入。先驱曰："天子且至！"军门都尉曰："将军令曰：'军中闻将军令，不闻天子之诏。'"居无何，上至，又不得入。于是上乃使使持节诏将军："吾欲入营劳军。"亚夫乃传言："开壁门。"壁门士请车骑曰："将军约：军中不得驰驱。"于是天子乃按辔徐行。至营，将军亚夫持兵揖曰："介胄之士不拜，请以军礼见。"天子为动，改容，式车，使人称谢："皇帝敬劳将军。"成礼而去。既出军门，群臣皆惊。上曰："嗟乎，此真将军矣！曩者霸上、棘门军若儿戏耳，其将固可袭而虏也。至于亚夫，可得而犯耶！"称善者久之。月馀，汉兵至边，匈奴亦远塞，汉兵亦罢。乃拜周亚夫为中尉。

2 夏，四月，大旱，蝗。令诸侯无入贡；弛山泽，减诸服御，损郎吏员；发仓庾以振民；民得卖爵。

七年（甲申，前157）

1 夏，六月己亥，帝崩于未央宫。遗诏曰："朕闻之：盖天下万物之萌生，靡不有死。死者，天地之理，万物之自然，奚可甚哀！

驻守棘门,以防备匈奴。文帝亲自犒劳军队,到达驻守霸上和棘门的军营时,文帝一行人直接策马深入营垒,将军和他的部属都骑着马恭敬地护送文帝出入。接着文帝到达驻守细柳的军营,只见将士们身披铠甲,手执锋利的武器,箭上弦,弓张满,严守军营,文帝的先导队伍到达,被阻止于军营之外。先导说:"天子马上就到了!"把守军门的都尉说:"将军命令说:'军中只听将军的号令,不听天子的诏令。'"稍过一会,文帝来到,也不能进入军营。这时,文帝才派使者手持皇帝符节诏告将军:"朕想进入军营慰劳军队。"周亚夫才传达军令说:"打开军营大门。"守卫军营大门的军官向皇帝的随从骑士说:"将军有规定:在军营内不许策马奔跑。"文帝一行人便放松马缰绳缓慢地前进。来到中军大营中,周亚夫手执兵器对着文帝拱手作揖说:"身上穿着盔甲的武士不能屈体行跪拜之礼,请允许我以军中礼节参见陛下。"文帝被深深地打动了,他面容庄重肃穆,站立在所乘车辆的横木前面,向军营将士致敬,并派人对周亚夫说:"圣上郑重地慰劳将军。"君臣按照慰劳军队的礼仪,完成了劳军的仪式后离去。一走出营门,群臣都为细柳军队军纪森然而表示惊讶。文帝说:"唉呀,周亚夫才是真正的将军啊!前面所经过的霸上和棘门的军队,如同儿童游戏一般,那些将军很容易受到袭击而被人俘虏。至于周亚夫,谁能冒犯他呢!"文帝对周亚夫称赞了很长时间。过了一个多月,汉军到达边境,匈奴远远地离开了边界,汉军也就撤回来了。于是,文帝任命周亚夫为中尉。

2 夏季,四月,天气大旱,蝗虫成灾。文帝下令:诸侯封国停止向朝廷进贡;取消禁令,允许百姓进入山川湖泽进行开发和生产;减少专供皇室消费的服装和装饰品的生产和供应;裁减专为皇帝服务的郎官人数;发放官府仓库中储存的粮物,以救济困苦的百姓;允许百姓自行出卖爵位。

汉文帝后元七年(甲申,公元前157年)

1 夏季,六月己亥(初一),文帝在未央宫驾崩。文帝留下的遗诏说:"朕听说,天下万物只要有生命,没有不死的;死,是天地之间的常理,是万物消长的自然规则,有什么值得特别悲哀的呢!

当今之世,咸嘉生而恶死,厚葬以破业,重服以伤生,吾甚不取。且朕既不德,无以佐百姓;今崩,又使重服久临,以罹寒暑之数,哀人父子,伤长老之志,损其饮食,绝鬼神之祭祀,以重吾不德,谓天下何!朕获保宗庙,以眇眇之身托于天下君王之上,二十有馀年矣。赖天之灵,社稷之福,方内安宁,靡有兵革。朕既不敏,常惧过行以羞先帝之遗德,惟年之久长,惧于不终。今乃幸以天年得复供养于高庙,其奚哀念之有!其令天下吏民:令到,出临三日,皆释服;毋禁取妇、嫁女、祠祀、饮酒、食肉;自当给丧事服临者,皆无跣;绖带毋过三寸;毋布车及兵器;毋发民哭临宫殿中;殿中当临者,皆以旦夕各十五举音,礼毕罢;非旦夕临时,禁毋得擅哭临;已下棺,服大功十五日,小功十四日,纤七日,释服。他不在令中者,皆以此令比类从事。布告天下,使明知朕意。霸陵山川因其故,毋有所改。归夫人以下至少使。"乙巳,葬霸陵。

帝即位二十三年,宫室、苑囿、车骑、服御,无所增益;有不便,辄弛以利民。尝欲作露台,召匠计之,直百金。上曰:"百金,中人十家之产也。吾奉先帝宫室,尝恐羞之,何以台为!"身衣弋绨,所幸慎夫人衣不曳地;帷帐无文绣,以示敦朴,为天下先。治霸陵,皆瓦器,不得以金、银、铜、锡为饰,因其山,不起坟。

现在这个时代,世人都乐于长生而厌恶死亡,为了追求厚葬而不惜倾家荡产,为了强调服丧尽孝而损害身体健康,朕很不赞成这些做法。况且,朕本人确实没有什么德行,没有给百姓带来什么好处,现在死了,如果再让臣民们长期地为朕服丧哭祭,遭受寒冬酷暑的磨难,使天下父子悲哀伤心,使老人流涕伤感,减少了他们的饮食,停止了对鬼神的祭祀,这正是加重了朕的失德,让朕怎样对得起天下人呢!朕有幸获得拱卫宗庙的权力,以渺小之身,得以称尊于天下诸侯王之上,已经有二十多年了。幸亏有天神的保佑,国家的洪福,才使境内安宁,没有战争。朕确实不聪明,时常害怕自己做出错事,而使先帝遗留下来的美德蒙受耻辱,惧怕年久日长,自己可能会因失德而不得善终。现在万幸的是我得以享尽天年,又可以在高庙供养,哪里还有什么值得悲哀的呢!诏告天下官员百姓:从遗诏下达之日起,哭吊三天,就都换下丧服;不要禁止娶妻嫁女、祭祀、饮酒、吃肉。从那些办理丧事、参加哭吊祭奠的人开始,都不要赤脚接地;孝带不要超过三寸宽;不要在车辆和兵器上套戴服丧的标志;不要组织百姓到宫中来哭灵吊丧;殿中应当哭祭的人,都在早晚各哭十五声,礼仪完毕就停止哭祭;非早晚哭祭时间,严禁擅自前来哭祭;棺椁入土后,凡属'大功'的宗室亲友,只穿丧服十五天,'小功'只穿丧服十四天,'纤服'(缌麻)只穿丧服七天,就换下孝服。其他未在诏令中明文规定的问题,都要参照诏令的用意办理。遗诏要向天下臣民公布,使大家都知道朕的心意。霸陵周围的山脉河流都保持原貌,不许有所改变。后宫中的妃嫔,从夫人以下到少使,都送归母家。"乙巳(初七),文帝灵柩被安葬在霸陵。

文帝即位已来,历时二十三年,宫室殿堂、园林建筑、车骑仪仗、服饰器具等,都没有增加;有对百姓不便的禁令条例,就立即废止以造福于民众。文帝曾想修建一个露台,召来工匠计算,需花费一百斤黄金。文帝说:"一百斤黄金,相当于中等民户十家财产的总和。我居住着先帝的宫室,经常惧怕使它蒙受羞耻,还修建露台干什么呢!"文帝自己身穿黑色的粗丝衣服,他所宠爱的慎夫人,穿的衣服也不曾长达地面;所用的帷帐都不刺绣花纹,以提倡朴素的作风,为天下人做出表率。修建霸陵,都使用陶制器物,不准装饰金、银、铜、锡等贵重金属,利用山体的自然隆起,不另兴建高大的坟堆。

吴王诈病不朝,赐以几杖。群臣袁盎等谏说虽切,常假借纳用焉。张武等受赂金钱,觉,更加赏赐以愧其心。专务以德化民,是以海内安宁,家给人足,后世鲜能及之。

2 丁未,太子即皇帝位。尊皇太后薄氏曰太皇太后,皇后曰皇太后。

3 九月,有星孛于西方。

4 是岁,长沙王吴著薨,无子,国除。

初,高祖贤文王芮,制诏御史:"长沙王忠,其定著令。"至孝惠、高后时,封芮庶子二人为列侯,传国数世绝。

孝景皇帝上
元年(乙酉,前156)

1 冬,十月,丞相嘉等奏:"功莫大于高皇帝,德莫盛于孝文皇帝。高皇帝庙宜为帝者太祖之庙,孝文皇帝庙宜为帝者太宗之庙。天子宜世世献祖宗之庙,郡国诸侯宜各为孝文皇帝立太宗之庙。"制曰:"可。"

2 夏,四月乙卯,赦天下。

3 遣御史大夫青至代下与匈奴和亲。

4 五月,复收民田半租,三十而税一。

5 初,文帝除肉刑,外有轻刑之名,内实杀人;斩右止者又当死;斩左止者笞五百,当劓者笞三百,率多死。是岁,下诏曰:"加笞与重罪无异;幸而不死,不可为人。其定律:笞五百曰三百,笞三百曰二百。"

吴王刘濞伪称有病，不来朝见，文帝反而赐给他几案手杖。群臣之中，袁盎等人的进谏往往言辞激烈而尖锐，文帝总是给以宽容并采纳他们的批评意见。张武等人接受金钱贿赂，事情败露后，文帝反而赏赐他们钱财，以触动他们的羞耻之心。文帝全力以赴地用德政去感化和熏陶百姓，所以，国家安宁，百姓富裕，后代很少能做到这一点。

2 丁未(初九)，太子刘启即位称帝。尊奉皇太后薄氏为太皇太后，尊奉窦皇后为皇太后。

3 九月，在西方天空出现了一颗异星。

4 这一年，长沙王吴著去世，他没有儿子，封国被废除。

当初，高祖很赏识长沙国文王吴芮的贤德，给御史下达了制定制度的诏令："长沙王吴芮忠于朝廷，应该制定出确保他的王位的律令。"到孝惠帝、高后统治时期，加封了吴芮的小妾所生的两个儿子为列侯，各自传国数代之后，被废除。

孝景皇帝上
汉景帝前元元年(乙酉，公元前156年)

1 冬季，十月，丞相申屠嘉等大臣奏请："功勋没有大过高皇帝的，圣德没有超过孝文皇帝的。高皇帝的庙，应该作为本朝皇帝宗庙中的太祖庙；孝文皇帝的庙，应该作为本朝皇帝宗庙中的太宗庙。后世的天子，都应该世代代供奉太祖太宗庙，各郡和各国诸侯都应该在当地为孝文皇帝修建太宗庙。"景帝下达批复："同意。"

2 夏季，四月乙卯(二十二日)，景帝下诏大赦天下。

3 景帝派遣御史大夫陶青，到代国边塞，与匈奴和亲。

4 五月，朝廷恢复向百姓征收田税的一半，税率为三十分之一。

5 当初，文帝废除肉刑，表面上有减轻刑罚的美名，实际上却多杀了人；原判斩右脚的改为判处死刑；原判斩左脚的改判笞打五百下，原判割鼻的改判笞打三百，往往被打死。这一年，景帝下诏说："增加笞打数目与处死没有什么不同；有人侥幸而保住生命，也成了残废，无法维持生计。应改定法律：原定笞打五百下的罪，改为笞打三百下；原定笞打三百下的罪，改为笞打二百下。"

6　以太中大夫周仁为郎中令,张欧为廷尉,楚元王子平陆侯礼为宗正,中大夫晁错为左内史。仁始为太子舍人,以廉谨得幸。张欧亦事帝于太子宫,虽治刑名家,为人长者,帝由是重之,用为九卿。欧为吏未尝言按人,专以诚长者处官,官属以为长者,亦不敢大欺。

二年(丙戌,前155)

1　冬,十二月,有星孛于西南。

2　令天下男子年二十始傅。

3　春,三月甲寅,立皇子德为河间王,阏为临江王,馀为淮阳王,非为汝南王,彭祖为广川王,发为长沙王。

4　夏,四月壬午,太皇太后薄氏崩。

5　六月,丞相申屠嘉薨。时内史晁错数请间言事,辄听,宠幸倾九卿,法令多所更定。丞相嘉自绌所言不用,疾错。错为内史,东出不便,更穿一门南出。南出者,太上皇庙堧垣也。嘉闻错穿宗庙垣,为奏,请诛错。客有语错,错恐,夜入宫上谒,自归上。至朝,嘉请诛内史错。上曰:"错所穿非真庙垣,乃外堧垣,故冗官居其中,且又我使为之,错无罪。"丞相嘉谢。罢朝,嘉谓长史曰:"吾悔不先斩错乃请之,为错所卖。"至舍,因欧血而死。错以此愈贵。

6　景帝任命太中大夫周仁为郎中令,任命张欧为廷尉,任命楚元王的儿子平陆侯刘礼为宗正,任命中大夫晁错为左内史。周仁原来做过太子舍人,因为人廉洁谨慎而得到宠幸。张欧也曾经在太子宫中侍奉过景帝,他虽然研究刑名法律的学问,为人却很宽厚,景帝因此很器重他,任用为九卿。张欧做官以来,未曾表示要惩办审查别人,只以诚恳忠厚的态度履行职责,他的部属都说他是一位宽厚长者,凡事也不敢太蒙骗他。

汉景帝前元二年(丙戌,公元前155年)

1　冬季,十二月,西南天空出现了一颗异星。

2　景帝命令全国男子,从二十岁开始编入成丁户籍,承担国家的徭役和兵役。

3　春季,三月甲寅(二十七日),景帝封立皇子刘德为河间王,刘阏为临江王,刘馀为淮阳王,刘非为汝南王,刘彭祖为广川王,刘发为长沙王。

4　夏季,四月壬午(二十五日),太皇太后薄氏去世。

5　六月,丞相申屠嘉去世。当时,内史晁错多次请求单独与景帝谈论国政,景帝经常采纳他的意见,受宠幸超过了所有九卿,在晁错的建议下,修改了许多法令。丞相申屠嘉因景帝不采用他的意见,而恼恨晁错。晁错作为内史,出入内史府的东门感觉不便,就重新开辟了一个南门以便于出入。新开的南门,开凿在太上皇庙外边空地的围墙上。申屠嘉听说晁错打通了宗庙的墙,就上奏景帝,要诛杀晁错。有人把此事告知晁错,晁错很害怕,就连夜入宫求见景帝,自己向景帝投案自首,寻求保护。等到朝会时,申屠嘉奏请诛杀内史晁错。景帝说:"晁错所打通的墙,并不是宗庙的墙,而是宗庙外边的一道围墙,原来一些闲杂官员居住在那里;而且又是我让晁错这样做的,晁错没有罪过。"丞相申屠嘉只好表示谢罪。散朝之后,申屠嘉对长史说:"我很后悔没有先把晁错斩首再去奏报皇上认可,现在却被晁错所愚弄了。"回到府中,申屠嘉愤恨吐血而死。晁错因此更加贵幸显赫。

6　秋，与匈奴和亲。

7　八月丁未，以御史大夫开封侯陶青为丞相。丁巳，以内史晁错为御史大夫。

8　彗星出东北。

9　秋，衡山雨雹，大者五寸，深者二尺。

10　荧惑逆行守北辰，月出北辰间，岁星逆行天廷中。

11　梁孝王以窦太后少子故，有宠，王四十馀城，居天下膏腴地。赏赐不可胜道，府库金钱且百巨万，珠玉宝器多于京师。筑东苑，方三百馀里，广睢阳城七十里，大治宫室，为复道，自宫连属于平台三十馀里。招延四方豪俊之士，如吴人枚乘、严忌，齐人羊胜、公孙诡、邹阳，蜀人司马相如之属，皆从之游。每入朝，上使使持节以乘舆驷马迎梁王于关下。既至，宠幸无比，入则侍上同辇，出则同车，射猎上林中；因上疏请留，且半岁。梁侍中、郎、谒者著籍引出入天子殿门，与汉宦官无异。

6 秋季,汉与匈奴和亲。

7 八月丁未,景帝任命御史大夫开封侯陶青为丞相。丁巳(初二),景帝任命内史晁错为御史大夫。

8 彗星出现在东北天空中。

9 秋季,衡山国境内下了一场冰雹,大的直径有五寸,冰雹堆积最厚的地方达二尺。

10 火星逆行靠近了北极星,月亮反常地经过了北极星的天区,木星在太微垣内逆行。

11 梁孝王因为是窦太后的小儿子,因此受宠,封国内有四十多座城池,封地是全国最肥沃富饶的土地。太后和皇帝给他的赏赐多得数不清,府库中所藏的金钱接近了一百万万,珠玉宝器比朝廷还要多。梁孝王修建了方圆三百馀里的东苑,扩大其都城睢阳城的规模,使之达到周长七十里,大规模兴建宫室,在从宫殿区到平台之间长达三十多里的地方,修建了架于空中的通道。招请礼聘四方英雄豪杰,如吴地人枚乘、严忌,齐地人羊胜、公孙诡、邹阳,蜀地人司马相如等人,都与梁孝王亲密来往。每当梁王入朝时,景帝都派出使者持皇帝符节、用四匹马拉着皇帝专用的车辆,到函谷关前迎接梁王。梁王到达长安之后,所受的尊崇和恩荣无人可比;进入皇宫就和景帝乘坐同一车辇,外出就与景帝同乘一车,在上林苑中驰骋射猎;还借机向景帝上书,要求留居长安,一住将近半年。梁王的侍中、郎官、谒者都在花名册上登记在案,可在宫殿区内通行出入,与朝廷的宦官没有区别。

卷第十六　汉纪八

起丁亥(前154)尽庚子(前141)凡十四年

孝景皇帝下
前三年(丁亥,前154)

1　冬,十月,梁王来朝。时上未置太子,与梁王宴饮,从容言曰:"千秋万岁后传于王。"王辞谢,虽知非至言,然心内喜,太后亦然。詹事窦婴引卮酒进上曰:"天下者,高祖之天下,父子相传,汉之约也。上何以得传梁王!"太后由此憎婴,婴因病免。太后除婴门籍,不得朝请。梁王以此益骄。

2　春,正月乙巳,赦。

3　长星出西方。

4　洛阳东宫灾。

5　初,孝文时,吴太子入见,得侍皇太子饮、博。吴太子博争道,不恭;皇太子引博局提吴太子,杀之。遣其丧归葬,至吴,吴王愠曰:"天下同宗,死长安即葬长安,何必来葬为!"复遣丧之长安葬。吴王由此稍失藩臣之礼,称疾不朝。京师知其以子故,系治、验问吴使者。吴王恐,始有反谋。后使人为秋请,文帝复问之,使者对曰:"王实不病,汉系治使者数辈,吴王恐,以故遂称病。

孝景皇帝下

汉景帝前元三年(丁亥,公元前154年)

1 冬季,十月,梁王来长安朝见景帝。当时,景帝没有确立太子,与梁王共同饮酒时,景帝很随便地说:"等我百年之后,把帝位传给你。"梁王表示谦谢,虽然知道这不是真心诚意的话,但心中很高兴,窦太后也是如此。詹事窦婴捧着一杯酒敬给景帝说:"这个天下,是高祖开创的天下,帝位由父亲传给儿子,这是汉朝的规定。皇上凭什么要传给梁王!"窦太后因此开始憎恶窦婴,窦婴也乘机借口有病而辞职。窦太后在可以出入皇宫殿门的名册上抹去了窦婴的姓名,禁止他出入宫殿,不许他参加春秋两季的盛大朝会。梁王因此更加骄横。

2 春季,正月乙巳(二十二日),景帝下达赦令。

3 流星出现在西方天空。

4 洛阳的东宫发生火灾。

5 当初,孝文帝在位时,吴国太子进京朝见文帝,得以陪伴皇太子饮酒、博戏。吴太子在博戏过程中,与太子争执棋路,态度很不恭顺;皇太子恼怒,拿起棋盘猛击吴太子,把他打死了。朝廷送吴太子的灵柩回去安葬,灵柩到达吴国,吴王恼怒地说:"天下都是刘氏一家的天下,他死在长安那就葬在长安好了,何必送回来安葬呢!"吴王又把太子的灵柩送回长安安葬。吴王从此以后就不严格按藩王的礼仪办事了,声称身体有病,不来朝见皇帝。朝廷知道吴王是为了儿子之死心怀不满,就拘留和审问吴国的使者。吴王恐惧,开始产生了谋反的念头。后来,吴王派人代替他来长安行秋季朝见的礼仪,文帝再一次追问吴王不来朝见的原因,使臣回答说:"吴王确实没有生病,朝廷拘留了几批吴国使臣,吴王恐惧,所以才声称有病。

夫'察见渊中鱼不祥',唯上弃前过,与之更始。"于是文帝乃赦吴使者,归之,而赐吴王几杖,老,不朝。吴得释其罪,谋亦益解。然其居国,以铜、盐故,百姓无赋;卒践更,辄予平贾;岁时存问茂材,赏赐闾里;他郡国吏欲来捕亡人者,公共禁弗予。如此者四十馀年。

晁错数上书言吴过,可削;文帝宽,不忍罚,以此吴日益横。及帝即位,错说上曰:"昔高帝初定天下,昆弟少,诸子弱,大封同姓,齐七十馀城,楚四十馀城,吴五十馀城,封三庶孽,分天下半。今吴王前有太子之郤,诈称病不朝,于古法当诛。文帝弗忍,因赐几杖,德至厚,当改过自新;反益骄溢,即山铸钱,煮海水为盐,诱天下亡人谋作乱。今削之亦反,不削亦反。削之,其反亟,祸小;不削,反迟,祸大。"上令公卿、列侯、宗室杂议,莫敢难;独窦婴争之,由此与错有郤。及楚王戊来朝,错因言:"戊往年为薄太后服,私奸服舍,请诛之。"诏赦,削东海郡。及前年,赵王有罪,削其常山郡;胶西王卬以卖爵事有奸,削其六县。

有这么一句话,'看见深潭中的鱼,不吉利',希望皇上不再追究他以前的过失,让他改过自新。"这样,文帝就释放了吴国使者,让他们回去,并且赏赐给吴王几案和拐杖,表示照顾他年事已高,不必前来朝见。吴王见朝廷不再追究他的罪名,谋反之心也就渐渐淡漠了。但是,他有一套治国的方法,因为他国内有冶铜、制盐的财源,便不向百姓征收赋税;百姓应该为官府服役、当兵,总是由吴王发给代役金,另外雇人应役;每到年节时,慰问有贤才的士人,赏赐平民百姓;其他郡国的官吏,前来吴国想要捕捉流亡到吴地的人,吴国都加以阻止,庇护各地到吴国的亡命之徒。这样,前后持续了四十多年。

晁错多次上书奏说吴王的罪过,可以削减其封地;汉文帝宽厚,不忍心惩罚,所以吴王越来越骄横。等到汉景帝即位,晁错劝说景帝:"当初,高帝刚刚平定天下,兄弟少,儿子们年幼,大量分封同姓诸侯王,封给齐国七十多座城,封给楚国四十多座城,封给吴国五十多座城;封给这三个并非嫡亲的诸侯王的领地,就占了全国的一半。现在,吴王以前因有吴太子之死的嫌隙,托词装病不来朝见,按照古代法度应当处死。文帝不忍心,因而赐给他几案手杖,对他可说是恩德深厚,他本应该改过自新;他反而更加骄横,利用矿山采铜铸钱,熬海水制盐,招诱天下流亡人口,图谋叛乱。如今,削减他的封地他会叛乱,不削减他的封地,他也同样会叛乱。如果削减他的封地,他反得快,祸害会小一些;如果不削减他的封地,他反得慢,将来有备而发,祸害更大。"景帝下令公卿、列侯、宗室共同讨论晁错的建议,没有人敢与晁错辩驳;只有窦婴一人坚决反对晁错的方案,从此窦婴与晁错之间产生了矛盾。等到楚王刘戊来京朝见,晁错借机说:"刘戊去年为薄太后服丧期间,在服丧的居室犯奸淫之罪,请求处死他。"景帝下诏,免去刘戊的死罪,但把楚国原封地东海郡收归朝廷。另外,在前一年,赵王有罪,朝廷乘机削夺了他的常山郡;胶西王刘卬因为出卖爵位有不法行为,朝廷削夺了他封地中的六县之地。

　　廷臣方议削吴,吴王恐削地无已,因发谋举事;念诸侯无足与计者,闻胶西王勇,好兵,诸侯皆畏惮之,于是使中大夫应高口说胶西王曰:"今者,主上任用邪臣,听信谗贼,侵削诸侯,诛罚良重,日以益甚。语有之曰:'狧糠及米。'吴与胶西,知名诸侯也,一时见察,不得安肆矣。吴王身有内疾,不能朝请二十馀年,常患见疑,无以自白,胁肩累足,犹惧不见释。窃闻大王以爵事有过。所闻诸侯削地,罪不至此;此恐不止削地而已!"王曰:"有之。子将奈何?"高曰:"吴王自以为与大王同忧,愿因时循理,弃躯以除患于天下,意亦可乎?"胶西王瞿然骇曰:"寡人何敢如是!主上虽急,固有死耳,安得不事!"高曰:"御史大夫晁错,营惑天子,侵夺诸侯,诸侯皆有背叛之意,人事极矣。彗星出,蝗虫起,此万世一时;而愁劳,圣人所以起也。吴王内以晁错为诛,外从大王后车,方洋天下,所向者降,所指者下,莫敢不服。大王诚幸而许之一言,则吴王率楚王略函谷关,守荥阳、敖仓之粟,距汉兵,治次舍,须大王。大王幸而临之,则天下可并,两主分割,不亦可乎!"王曰:"善!"归,报吴王,吴王犹恐其不果,乃身自为使者,至胶西面约之。胶西群臣或闻王谋,谏曰:"诸侯地不能当汉十二,为叛逆以忧太后,非计也。今承一帝,尚云不易;假令事成,两主分争,患乃益生。"王不听,遂发使约齐、淄川、胶东、济南,皆许诺。

朝廷大臣们正在议论削夺吴王的封地,吴王刘濞恐怕削夺没有止境,就打算举兵叛乱;再三考虑,觉得其他诸侯王没有可以共商大事的,听说胶西王刘卬勇武,喜欢行军布阵,诸侯都畏惧他,于是,吴王派中大夫应高去当面对胶西王刘卬说:"现在,圣上重用奸邪之徒,听信谗言恶语,侵夺削弱诸侯国,对诸侯王的惩罚极为严厉,而且一天比一天厉害。俗话说:'狧糠及米。'吴国和胶西国,都是著名的诸侯王国,一旦被朝廷注意,就没有安宁的日子了。吴王身体患有暗疾,已有二十多年不能按礼仪去朝见皇帝了,时常担心因此受到朝廷怀疑,无法自己表白,不论怎样谨小慎微、自我约束,都怕得不到朝廷的宽容。我私下听说大王因出卖爵位的过失而受朝廷处置。我所听到的其他诸侯被削夺封地的事情,若按所犯罪名来处理,都不应该受到如此严重的惩罚,恐怕朝廷的用意,不仅仅是要削夺诸侯王的封地吧!"胶西王刘卬说:"我确实有被削夺的事。你认为该怎么办?"应高说:"吴王自认为与大王面临着共同的忧患,希望合作,顺应时势,遵循情理,牺牲生命去为天下消除祸患,我想您也一定同意吧?"胶西王大吃一惊,说:"我怎么敢做这样的事! 如今天子待诸侯虽然很严苛,我只有一死了事,怎能起意反叛呢!"应高说:"御史大夫晁错,蒙骗蛊惑天子,侵夺诸侯封地,诸侯王都有背叛之心,形势已发展到极点了。彗星出现,蝗虫成灾,这真是千载难逢的好时机;而且愁恼困苦的局势,正是激励贤圣之人挺身而出干一番事业的客观条件。吴王准备对朝廷提出清除晁错的要求,在战场上则跟随于大王之后,纵横天下,所向无敌,锋芒所向之处,没有人胆敢不服。只要大王有幸许诺一句话,吴王就率领楚王直捣函谷关,据守荥阳、敖仓的粮库,抵御汉军,准备好房屋,恭候大王到来。有幸得到大王光临,就可以征服天下,吴王和大王平分江山,不也很好吗!"胶西王说:"好!"应高返回吴国,向吴王汇报,吴王仍怕胶西王不实行诺言,就亲自前往,到胶西国与刘卬当面约定。胶西国群臣中,有人得知胶西王的图谋,谏阻说:"诸侯王的封地还不到汉朝廷的十分之二,而且发动叛乱,势必让太后担忧,这不是高明的计策。现在诸侯共同事奉一个天子,都说不容易;假设吴王与胶西王的计划能够成功,两位君主并立相争,天下的祸患就更多了。"胶西王不听从这些意见,派使者分别与齐王、淄川王、胶东王、济南王约定共同举事,这些诸侯王都答应了。

　　初，楚元王好书，与鲁申公、穆生、白生俱受《诗》于浮丘
伯；及王楚，以三人为中大夫。穆生不耆酒，元王每置酒，常
为穆生设醴。及子夷王、孙王戊即位，常设，后乃忘设焉。穆
生退，曰："可以逝矣！醴酒不设，王之意怠；不去，楚人将钳
我于市。"遂称疾卧。申公、白生强起之，曰："独不念先王之
德与？今王一旦失小礼，何足至此！"穆生曰："《易》称：'知几
其神乎！几者，动之微，吉凶之先见者也。君子见几而作，不
俟终日。'先王之所以礼吾三人者，为道存也；今而忽之，是忘
道也。忘道之人，胡可与久处，岂为区区之礼哉！"遂谢病去。
申公、白生独留。王戊稍淫暴，太傅韦孟作诗讽谏，不听，亦
去，居于邹。戊因坐削地事，遂与吴通谋。申公、白生谏戊，
戊胥靡之，衣之赭衣，使雅舂于市。休侯富使人谏王。王曰：
"季父不吾与，我起，先取季父矣！"休侯惧，乃与母太夫人奔
京师。

　　及削吴会稽、豫章郡书至，吴王遂先起兵，诛汉吏二千石
以下；胶西、胶东、淄川、济南、楚、赵亦皆反。楚相张尚、太傅
赵夷吾谏王戊，戊杀尚、夷吾。赵相建德、内史王悍谏王遂，
遂烧杀建德、悍。齐王后悔，背约城守。济北王城坏未完，其
郎中令劫守，王不得发兵。胶西王、胶东王为渠率，与淄川、
济南共攻齐，围临淄。赵王遂发兵住其西界，欲待吴、楚俱
进，北使匈奴与连兵。

当初,楚元王刘交喜爱书籍,和鲁地人申公、穆生、白生都拜浮丘伯为师,学习《诗经》;等到他当了楚王,就任命他们三人为中大夫。穆生不喜欢喝酒,楚元王每次设宴饮酒时,都特意为穆生准备甜酒。等到楚元王的儿子夷王以及孙子刘戊为王时,也在举行宴会时,为穆生特备甜酒,但以后就忘记这样做了。穆生退席而出,说:"应该离去了!不特设甜酒,说明楚王对我已很怠慢了;再不离去,楚王将会给我戴上刑具游街示众了。"于是,穆生托辞有病,卧床不起。申公、白生极力劝他继续为楚王效力,说:"你就不想先王待我们的恩德吗?现在楚王偶尔有礼貌不周,也不应该这样啊!"穆生说:"《周易》上说:'能够懂得征兆的人是真正的聪明人啊!所谓的征兆,是指行动的微妙变化,是可以预先判断吉凶的迹象。君子看到了行动的微妙变化,就该立即采取相应的措施,不会稍做拖延。'先王对我们三人礼貌周全的原因,是他心中有道义;现在楚王怠慢我们,这种变化说明他忘记了道义。怎么能和忘记了道义的人长期共事呢,难道我这样只是因为那区区的礼节吗!"于是,穆公借口有病,离开了楚国。申公和白生继续留任楚国。楚王刘戊稍有荒淫残暴行为,太傅韦孟作了一首诗,用来进行委婉的批评,楚王不加理睬,韦孟也离开楚国,去邹地居住。刘戊因为犯罪而被朝廷削夺封地,就与吴王刘濞通谋,准备叛乱。申公、白生去劝谏刘戊,刘戊处罚他们二人,让他们穿着刑犯的囚衣,在大庭广众之处服劳役。休侯刘富派人来劝阻楚王,楚王说:"叔父不与我合作,我一旦起事,先攻打叔父了!"休侯刘富害怕,就与他的母亲太夫人投奔长安。

　　及至朝廷削夺吴国会稽郡、豫章郡的文书到达,吴王刘濞就首先起兵,杀死朝廷任命的二千石以下的官员;胶西王、胶东王、淄川王、济南王、楚王、赵王也都举兵叛乱。楚国丞相张尚、太傅赵夷吾谏阻楚王刘戊,刘戊杀死了张尚和赵夷吾。赵国丞相建德、内史王悍谏止赵王刘遂,刘遂将他们两人烧死。齐王后悔通谋叛乱,违背与吴楚的盟约,依据城池进行抵御。济北王的城墙坏了没有修好,他的郎中令强制看管他,济北王无法举兵参加叛乱。胶西王和胶东王为统帅,联合淄川王、济南王共同攻打齐国,围攻齐国都城临淄。赵王刘遂把军队调往赵国西部边境,准备与吴、楚等国军队联合进攻,又向北方的匈奴派出使者,联络匈奴一起举兵。

吴王悉其士卒,下令国中曰:"寡人年六十二,身自将;少子年十四,亦为士卒先。诸年上与寡人同,下与少子等,皆发。"凡二十馀万人。南使闽、东越,闽、东越亦发兵从。吴王起兵于广陵,西涉淮,因并楚兵,发使遗诸侯书,罪状晁错,欲合兵诛之。吴、楚共攻梁,破棘壁,杀数万人,乘胜而前,锐甚。梁孝王遣将军击之,又败梁两军,士卒皆还走。梁王城守睢阳。

初,文帝且崩,戒太子曰:"即有缓急,周亚夫真可任将兵。"及七国反书闻,上乃拜中尉周亚夫为太尉,将三十六将军往击吴、楚,遣曲周侯郦寄击赵,将军栾布击齐;复召窦婴,拜为大将军,使屯荥阳监齐、赵兵。

初,晁错所更令三十章,诸侯灌哗。错父闻之,从颍川来,谓错曰:"上初即位,公为政用事,侵削诸侯,疏人骨肉,口语多怨,公何为也?"错曰:"固也。不如此,天子不尊,宗庙不安。"父曰:"刘氏安矣而晁氏危,吾去公归矣!"遂饮药死,曰:"吾不忍见祸逮身!"后十馀日,吴、楚七国俱反,以诛错为名。

上与错议出军事,错欲令上自将兵而身居守,又言:"徐、僮之旁吴所未下者,可以予吴。"错素与吴相袁盎不善,错所居坐,盎辄避;盎所居坐,错亦避:两人未尝同堂语。及错为御史大夫,使吏按盎受吴王财物,抵罪;诏赦以为庶人。

吴王征发了所有士兵，下令全国说："我今年六十二岁了，亲自担任统帅；我的小儿子十四岁，也站在队伍的前列。所有年龄上与我一般大，下与我的小儿子一样的人，都征发从军！"吴国共征发了二十多万人。吴王向南方派出使者去联络闽、东越，闽和东越也发兵响应。吴王在广陵起兵，向西渡过淮河，随即与楚国的军队合并，派使者分别致书于各个诸侯王，声讨晁错的罪状，准备联合用兵诛杀晁错。吴、楚两国军队一起攻打梁国，攻破了棘壁，杀梁军数万人；吴、楚联军乘胜前进，锐不可当。梁孝王派将军迎击，又有两支军队被吴楚联军打败，梁军士兵都向后逃跑。梁王死守都城睢阳。

当初，汉文帝临终前，告诉太子说："假若国家有危难，周亚夫足以胜任军队统帅的重任。"等到七国叛乱的文书到达朝廷，景帝就任命周亚夫为太尉，统帅三十六位将军及其部队，前去迎击吴、楚叛军；派遣曲周侯郦寄攻打赵国，派将军栾布出击齐境叛军；景帝又召回窦婴，任命他为大将军，让他率军驻守荥阳，监督用兵于齐国和赵国境内的汉军。

当初，晁错所修改的法令有三十章，诸侯王纷纷表示反对。晁错的父亲得知消息后，从颍川赶来京师，对晁错说："皇帝刚刚即位，你辅佐君主执掌朝政，侵夺削弱诸侯封国，疏远皇室的骨肉之亲，人们的议论都怨恨你，你为什么这样做呢？"晁错说："只能这样做。如果不这样做，天子无法尊贵，国家不得安宁。"他的父亲说："这样做，刘氏的天下安宁了，但晁氏却危险了，我要离开你了！"他父亲随后服毒自杀，临死前说："我不忍心见到大祸临头！"此后过了十多天，吴、楚等七国就以诛除晁错为名举兵叛乱。

景帝与晁错商谈出军平叛的事情，晁错想让景帝统兵亲征而他自己留守长安，又建议说："徐县、僮县附近一带，吴国没有攻占的地方，可以送给吴国，争取他们退兵。"晁错一直与吴国丞相袁盎互不和睦，只要晁错在某处就座，袁盎总是避开；袁盎出现在何处，晁错也总是避开；两人未曾在同一个大堂上说过话。等到晁错升任御史大夫，派官员审查袁盎接受吴王财物贿赂的事，确定袁盎有罪；景帝下诏不再追究袁盎的刑事责任，把他降为平民。

吴、楚反,错谓丞、史曰:"袁盎多受吴王金钱,专为蔽匿,言不反;今果反,欲请治盎,宜知其计谋。"丞、史曰:"事未发,治之有绝;今兵西向,治之何益! 且盎不宜有谋。"错犹与未决。人有告盎,盎恐,夜见窦婴,为言吴所以反,愿至前,口对状。婴入言,上乃召盎。盎入见,上方与错调兵食。上问盎:"今吴、楚反,于公意何如?"对曰:"不足忧也!"上曰:"吴王即山铸钱,煮海为盐,诱天下豪杰,白头举事,此其计不百全,岂发乎! 何以言其无能为也?"对曰:"吴铜盐之利则有之,安得豪杰而诱之! 诚令吴得豪杰,亦且辅而为谊,不反矣。吴所诱皆无赖子弟、亡命、铸钱奸人,故相诱以乱。"错曰:"盎策之善。"上曰:"计安出?"盎对曰:"愿屏左右。"上屏人,独错在,盎曰:"臣所言,人臣不得知。"乃屏错。错趋避东厢,甚恨。上卒问盎,对曰:"吴、楚相遗书,言高皇帝王子弟各有分地,今贼臣晁错擅適诸侯,削夺之地,以故反,欲西共诛错,复故地而罢。方今计独有斩错,发使赦吴、楚七国,复其故地,则兵可毋血刃而俱罢。"于是上默然良久,曰:"顾诚何如? 吾不爱一人以谢天下。"盎曰:"愚计出此,唯上孰计之!"乃拜盎为太常,密装治行。后十馀日,上令丞相青、中尉嘉、廷尉欧劾奏错:"不称主上德信,欲疏群臣、百姓,又欲以城邑予吴,无臣子礼,大逆无道。

吴、楚叛乱发生后，晁错对御史丞、侍御史说："袁盎接受了吴王的许多金钱，专门为吴王掩饰，说他不会叛乱；现在，吴王果然反叛了，我想奏请景帝严惩袁盎，他肯定知道吴王叛乱的有关密谋。"御史丞、侍御史说："如果在吴国叛乱前，审查袁盎，可能会有助于中止叛乱密谋；现在叛军大举向西进攻，审查袁盎，能有什么作用！况且，袁盎不会参与密谋。"晁错犹豫不决。有人把晁错的打算告知了袁盎，袁盎很害怕，连夜求见窦婴，对他说明吴王叛乱的原因，希望能面见景帝，当面说明原委。窦婴入宫奏报景帝，景帝就召见袁盎。袁盎进见时，景帝正与晁错估算所需军粮数目。景帝问袁盎："现在吴、楚叛乱，你觉得局势会怎样？"袁盎回答说："吴楚叛乱，不值得担忧！"景帝说："吴王利用矿山就地铸钱，熬海水为盐，招诱天下豪杰；他一直准备到年老发白才举兵叛乱，如果他的图谋没有万全的把握，能贸然行事吗！为什么说他不能有所作为呢？"袁盎回答说："吴王确实有采铜铸币、熬海水为盐的财利，但哪有什么豪杰被他招诱去了呢！假若吴王真的招到了豪杰，豪杰也自然会辅佐他按仁义行事，也就不会叛乱了。吴王所招诱的，都是些无赖子弟、没有户籍的流民、私铸钱币的坏人，所以才能相互勾结而叛乱。"晁错说："袁盎分析得很好。"景帝问："应采取什么妙计？"袁盎说："请陛下让左右侍从回避。"景帝让人退出，只有晁错在场，袁盎说："我要说的话，任何臣子都不应听到。"景帝就让晁错回避。晁错快步退避到东边的厢房中，对袁盎极为恼恨。景帝一再问袁盎，袁盎回答说："吴王和楚王互相通信，说高皇帝分封子弟为王，各自有封地，现在贼臣晁错擅自贬责诸侯，削夺他们的封地，因此他们才造反，准备向西进军，共同诛杀晁错，恢复原有的封地也就罢了。现在的对策，只有先斩晁错，派出使臣宣布赦免吴、楚七国举兵之罪，恢复他们原有的封地，那么，七国的军队可以不经过战争就都会撤走。"景帝沉默了很长时间，说："不这样做，还有什么别的办法？我不会为了庇护他一个人而不向天下人道歉。"袁盎说："我想出了这样一个计策，请皇上认真考虑！"景帝就任命袁盎为太常，秘密收拾行装，做出使吴王的准备。过了十多天，景帝授意丞相陶青、中尉嘉、廷尉张欧上疏弹劾晁错："辜负皇上的恩德和信任，要使皇上与群臣、百姓疏远，又想把城邑送给吴国，毫无臣子的礼节，犯下了大逆不道之罪。

错当要斩,父母、妻子、同产无少长皆弃市。"制曰:"可。"错殊不知。壬子,上使中尉召错,绐载行市,错衣朝衣斩东市。上乃使袁盎与吴王弟子宗正德侯通使吴。

谒者仆射邓公为校尉,上书言军事,见上,上问曰:"道军所来,闻晁错死,吴、楚罢不?"邓公曰:"吴为反数十岁矣,发怒削地,以诛错为名,其意不在错也。且臣恐天下之士钳口不敢复言矣。"上曰:"何哉?"邓公曰:"夫晁错患诸侯强大不可制,故请削之以尊京师,万世之利也。计画始行,卒受大戮,内杜忠臣之口,外为诸侯报仇,臣窃为陛下不取也。"于是帝喟然长息曰:"公言善,吾亦恨之!"

袁盎、刘通至吴,吴、楚兵已攻梁壁矣。宗正以亲故,先入见,谕吴王,令拜受诏。吴王闻袁盎来,知其欲说,笑而应曰:"我已为东帝,尚谁拜!"不肯见盎,而留军中,欲劫使将;盎不肯,使人围守,且杀之。盎得间,脱亡归报。

太尉亚夫言于上曰:"楚兵剽轻,难与争锋,愿以梁委之,绝其食道,乃可制也。"上许之。亚夫乘六乘传,将会兵荥阳。发至霸上,赵涉遮说亚夫曰:"吴王素富,怀辑死士久矣。此知将军且行,必置间人于殽、渑陀狭之间;且兵事尚神密,将军何不从此右去,走蓝田,出武关,抵洛阳!间不过差一二日,直入武库,击鸣鼓,诸侯闻之,以为将军从天而下也。"

晁错应判处腰斩,他的父母、妻子、兄弟不论老少全部公开处死。"景帝批复说:"同意所拟判决。"晁错对此却一无所知。壬子(二十九日),景帝派中尉召晁错,欺骗他说坐着车巡察东市,于是,晁错穿着上朝的官服在东市被斩首。景帝就派袁盎与吴王的侄子、宗正德侯刘通为使臣,出使吴国。

谒者仆射邓公正担任校尉,向景帝上书分析战争情况,在进见皇帝时,景帝问道:"你从军中而来,听到晁错被杀,吴国和楚国撤兵了没有?"邓公说:"吴王准备叛乱已有几十年了,他是因朝廷削夺了他的封地发怒,要杀晁错只是他叛乱的借口,他的本意不在晁错啊。再说,朝廷杀晁错,我很担心天下的士大夫都不敢向朝廷进忠言了!"景帝问:"为什么?"邓公说:"晁错忧虑诸侯王势力过于强大了,朝廷不能制服,所以请求削减王国封地,从而尊崇朝廷,这本来是造福万世的好事。计划刚刚实行,他本人突然被杀,这样做,对内堵塞了忠臣之口,对外替诸侯王报了仇,我私下认为陛下不应该如此。"于是,景帝长叹道:"您说得对,我也很后悔杀了晁错!"

袁盎、刘通到达吴国,吴军和楚军已开始进攻梁国的军营了。宗正刘通因是同姓亲属,先入内会见吴王,告知吴王,让他准备跪拜接受皇帝的诏书。吴王听说袁盎来了,估计到他要劝说自己撤兵,就笑着回答说:"我已经做了东方的皇帝了,还向谁跪拜接旨呢!"吴王不肯与袁盎见面,把他拘留在军营中,准备强迫他担任吴军的将领;袁盎不答应,吴王派人把他关押起来,准备杀死他。袁盎寻找机会逃脱,回来向景帝汇报出使情况。

太尉周亚夫对景帝说:"楚军剽悍敏捷,与他们正面交锋很难取胜,我建议即使梁国被吴军攻占,也暂且不理,先用兵断绝吴、楚军队的粮道,这样才可以制服它。"景帝同意了这个部署。周亚夫乘坐着六辆驿站的马车,将去荥阳统帅军队。走到霸上,赵涉拦住去路劝说周亚夫:"吴王一直很富有,早就收买了一批甘愿为他献身的刺客。现在得知将军将去前线军中,必定会在崤山、渑池之间的险要地段,安排刺客对付您;况且军事行动最讲究秘密,将军为什么不改变行程,从此处向右走,经过蓝田,出武关,抵达洛阳!这样绕着走,也不过差着一两天的路程,却可以直接进入洛阳武库,击鼓鸣金,总领全军,参与叛乱的诸侯王听到了,会认为将军是自天而降呢!"

太尉如其计,至洛阳,喜曰:"七国反,吾乘传至此,不自意全。今吾据荥阳,荥阳以东,无足忧者。"使吏搜殽、渑间,果得吴伏兵。乃请赵涉为护军。

太尉引兵东北走昌邑。吴攻梁急,梁数使使条侯求救,条侯不许。又使使诉条侯于上,上使告条侯救梁,亚夫不奉诏,坚壁不出,而使弓高侯等将轻骑兵出淮泗口,绝吴、楚兵后,塞其饷道。梁使中大夫韩安国及楚相张尚弟羽为将军,羽力战,安国持重,乃得颇败吴兵。吴兵欲西,梁城守,不敢西;即走条侯军,会下邑,欲战。条侯坚壁不肯战。吴粮绝卒饥,数挑战,终不出。条侯军中夜惊,内相攻击,扰乱至帐下,亚夫坚卧不起,顷之,复定。吴奔壁东南陬,亚夫使备西北;已而其精兵果奔西北,不得入。吴、楚士卒多饥死叛散,乃引而去。二月,亚夫出精兵追击,大破之。吴王濞弃其军,与壮士数千人夜亡走,楚王戊自杀。

吴王之初发也,吴臣田禄伯为大将军。田禄伯曰:"兵屯聚而西,无他奇道,难以立功。臣愿得五万人,别循江、淮而上,收淮南、长沙,入武关,与大王会,此亦一奇也。"吴王太子谏曰:"王以反为名,此兵难以借人,人亦且反王,奈何?且擅兵而别,多他利害,徒自损耳!"吴王即不许田禄伯。

太尉按照他的计策行事,到达洛阳,高兴地说:"七国共同叛乱,我乘坐驿车平安到达此处,真是出乎意料。现在我已驻守荥阳,荥阳以东没有什么可担心的了。"周亚夫派人搜索崤山、渑池之间,果然抓住了吴国的伏兵。周亚夫就向景帝奏请,让赵涉担任护军。

太尉周亚夫领兵向东北方向挺进,到达昌邑。吴军猛烈进攻梁国都城,形势危急,梁王多次派使者向条侯周亚夫求救,周亚夫不答应。梁王又派使臣向景帝告状,说周亚夫见死不救,景帝派使臣命周亚夫援救梁国,周亚夫不执行皇帝诏令,仍坚守营垒,不派军队出战,而是命令弓高侯韩颓当等人率领轻骑兵,奔袭淮泗口,断绝吴、楚军队的后路,堵塞吴、楚的粮道。梁国派中大夫韩安国及楚国丞相张尚的弟弟张羽为统兵将军,张羽作战勇猛,韩安国指挥持重,才得以几次打败吴兵。吴国军队想向西进兵,但有梁国据城死守,不敢越过梁向西进兵;因此,吴军急行军前来与条侯周亚夫的军队决战,两军在下邑相遇,吴军急于求战。条侯坚守壁垒不肯交战。吴军粮道断绝,士卒饥饿,多次挑战,周亚夫始终不应战。周亚夫的军营中夜间突然惊乱,内部互相攻击,甚至闹到了周亚夫的大帐附近,周亚夫冷静地在睡榻上高卧不起,过了一会儿,就平静了。吴军向汉军营垒的东南角调集军队,周亚夫却命令营中加强对西北方向的防御,不久,吴、楚的精兵果然突袭汉营西北,因汉军早有防备,不能攻入。吴、楚军队中,有许多士卒饿死或者背叛离散,吴王就领兵撤退了。二月,周亚夫派出精锐军队追击,大败吴、楚军队。吴王刘濞丢下他的军队,与几千名精壮卫士亲兵一起,连夜逃跑了,楚王刘戊自杀。

吴王刚开始举兵叛乱时,吴国臣子田禄伯担任大将军。田禄伯说:"大军屯集向西进攻,没有可以出奇兵的通道,难以成功。我请求给我五万人马,另外沿长江、淮河逆流而上,占领淮南、长沙,攻入武关,与大王主力军队会师,这也是一路奇兵。"吴王的太子劝阻说:"大王举兵背叛朝廷号令天下,这样的军队不能让别人带领,假若别人也背叛您,又该怎么办? 况且,让别人全权指挥一支单独行动的军队,容易产生许多利害问题,只是白白地削弱了自己的力量!"吴王就没有批准田禄伯的请求。

　　吴少将桓将军说王曰："吴多步兵，步兵利险；汉多车骑，车骑利平地。愿大王所过城不下，直去，疾西据洛阳武库，食敖仓粟，阻山河之险以令诸侯，虽无入关，天下固已定矣。大王徐行，留下城邑，汉军车骑至，驰入梁、楚之郊，事败矣。"吴王问诸老将，老将曰："此年少，椎锋可耳，安知大虑！"于是王不用桓将军计。

　　王专并将兵。兵未渡淮，诸宾客皆得为将、校尉、候、司马，独周丘不用。周丘者，下邳人，亡命吴，酤酒无行，王薄之，不任。周丘乃上谒，说王曰："臣以无能，不得待罪行间。臣非敢求有所将也，愿请王一汉节，必有以报。"王乃予之。周丘得节，夜驰入下邳；下邳时闻吴反，皆城守。至传舍，召令入户，使从者以罪斩令，遂召昆弟所善豪吏告曰："吴反，兵且至，屠下邳不过食顷。今先下，家室必完，能者封侯矣。"出，乃相告，下邳皆下。周丘一夜得三万人，使人报吴王，遂将其兵北略城邑。比至阳城，兵十馀万，破阳城中尉军。闻吴王败走，自度无与共成功，即引兵归下邳，未至，疽发背死。

　6　壬午晦，日有食之。

吴国的年轻的桓将军劝吴王说:"吴国军队步兵多,步兵善于在地势险峻的地方作战;汉军中以战车、骑兵为主力,战车和骑兵善于在平原地区作战。希望大王不要进攻沿途的城池,挥兵直进,迅速向西进兵,占领洛阳武库,利用敖仓的粮食供应军队,凭借山脉和黄河天险号令全国诸侯,这样,即使还没有进入函谷关,天下就肯定被您平定了。如果大王进军缓慢,因沿途攻占城邑而延误时机,汉军战车、骑兵到来,冲入梁国和楚国境内,您的大事就失败了。"吴王征询老将军们的意见,老将们说:"这样的青年人,让他去冲锋陷阵还可以,怎么懂得全局战略呢!"于是,吴王未采用桓将军的计策。

吴王专断,独揽全军指挥权力。在吴军尚未渡过淮河时,吴王就把投靠他的众宾客任命为将军、校尉、军侯、军司马,唯独周丘没有得到任用。周丘是下邳人,流亡到吴国,以卖酒为生,品行不好;吴王刘濞很鄙视他,所以未予任用。周丘就自己求见吴王,说:"我因为没有本事,不能在军队中为您效力。我不敢要求带兵做官,只希望从大王处得到汉朝的一个使节,必定做成一番事业来回报大王。"吴王就给了他。周丘得到这个使节,连夜驱车进入下邳县城;这时,下邳的官民得知吴王叛乱,都据城防守。周丘到达驿站,传召县令进入室内,命令他的随从用编造的罪名把县令杀死,然后召见与他的兄弟们有交情的有权势的官吏说:"吴王已经造反,大军马上就到,攻破小小下邳县城并杀尽全城老小,也不过用吃顿饭的时间。如果先归降吴王,家小房屋都可以保全,有本事的人还能立功封侯。"官吏出去后,向其他人这样说明,下邳的官民就都归顺了吴王。周丘一夜之间得到了三万人,派人向吴王汇报,就率领他的军队向北方攻取城邑。打到阳城时,周丘的军队已有十多万人了,打败了阳城中尉指挥的军队。周丘得知吴王败走,自己估计没有人可以和他共建大业了,就领兵返回下邳,还没有到达县城,因背上生毒疮而死去。

6 壬午晦(三十日),发生日食。

7　吴王之弃军亡也，军遂溃，往往稍降太尉条侯及梁军。吴王渡淮，走丹徒，保东越，兵可万馀人，收聚亡卒。汉使人以利啖东越，东越即绐吴王出劳军，使人鈠杀吴王，盛其头，驰传以闻。吴太子驹亡走闽越。吴、楚反，凡三月，皆破灭，于是诸将乃以太尉谋为是，然梁王由此与太尉有隙。

三王之围临淄也，齐王使路中大夫告于天子。天子复令路中大夫还报，告齐王坚守："汉兵今破吴楚矣。"路中大夫至，三国兵围临淄数重，无从入。三国将与路中大夫盟曰："若反言：'汉已破矣，齐趣下三国，不，且见屠。'"路中大夫既许，至城下，望见齐王曰："汉已发兵百万，使太尉亚夫击破吴、楚，方引兵救齐，齐必坚守无下！"三国将诛路中大夫。齐初围急，阴与三国通谋，约未定；会路中大夫从汉来，其大臣乃复劝王无下三国。会汉将栾布、平阳侯等兵至齐，击破三国兵。解围已，后闻齐初与三国有谋，将欲移兵伐齐。齐孝王惧，饮药自杀。

胶西、胶东、淄川王各引兵归国。胶西王徒跣、席藁、饮水谢太后。王太子德曰："汉兵还，臣观之，已罢，可袭，愿收王馀兵击之！不胜而逃入海，未晚也。"王曰："吾士卒皆已坏，不可用。"弓高侯韩颓当遗胶西王书曰："奉诏诛不义：降者赦除其罪，复故；不降者灭之。王何处？须以从事。"王肉袒叩头，诣汉军壁谒曰："臣卬奉法不谨，惊骇百姓，

还有劳将军远道来到这个僻远的穷国,特来请求接受乱刀处死的惩罚!"弓高侯按照两军交战的阵势出来见他,说:"你被发兵的举动害苦了,我希望听你解释发兵的原因。"胶西王一边磕头一边跪着向前走,回答说:"当时,晁错是受天子信任的执政大臣,变更高皇帝的法令,侵夺诸侯王国的封地。我们认为他的做法不符合道义,恐怕他败坏、扰乱天下,所以我们七国才发兵,准备杀晁错。现在听说晁错已被皇帝处死,我们就很谨慎地撤兵回国了。"韩将军说:"你如果认为晁错不好,为什么不向皇上奏报?又在没有接到皇上诏令和调兵虎符的情况下,擅自调发军队去进攻忠于朝廷的封国?由此看来,你们发兵的用意,不只是想杀晁错。"韩将军就拿出诏书,向胶西王宣读,然后说:"你还是自己考虑应该怎样了结吧!"胶西王说:"像我刘卬这样的人,死有余辜!"于是便自杀,胶西王国的太后、太子都死了。胶东王、淄川王、济南王也都被处死。

郦将军的军队到达赵国,赵王领兵从边界返回都城邯郸,据城自守。郦寄发动进攻,连续用兵七个月,没有攻破邯郸城。匈奴得知吴军和楚军失败,也不肯进入赵国援救赵王。栾布平定齐国率军返回,与郦将军的军队会合,引河水淹邯郸;城墙倒塌,赵王便自杀。

景帝因为齐国首先抵御叛军,后来因迫于形势与叛军有串联,不是齐王有意叛乱,就找到齐孝王的太子刘寿,立为齐王,他就是齐懿王。

济北王也准备自杀,以求侥幸保全他的妻室儿子。齐国人公孙玃对济北王说:"我请求为大王去劝说梁王,通过他向皇上解释。如果我的劝说不被采纳,大王再自杀也不晚。"公孙玃就去求见梁王,说:"济北国的封地,东边邻近强大的齐国,南面连接着吴国和越国,北面受到燕国和赵国的威胁。这是一个四面受敌,随时有可能被人瓜分的国家,济北王的权谋不足以自守封地,实力不足以防御别国入侵,又没有什么神灵保佑他渡过劫难;虽然他曾答应与吴国联合行动,却并不是出于他的本意,只不过是为形势所迫。假若当初济北王表露出忠于朝廷的真心,表示出不顺从吴王的一丝痕迹,那么,吴国一定会先越过齐国,攻占济北国,统一指挥燕国和赵国,

如此,则山东之从结而无隙矣。今吴王连诸侯之兵,驱白徒之众,西与天子争衡,济北独底节不下,使吴失与而无助,跬步独进,瓦解土崩,破败而不救者,未必非济北之力也。夫以区区之济北而与诸侯争强,是以羔犊之弱而扞虎狼之敌也。守职不桡,可谓诚一矣。功义如此,尚见疑于上,胁肩低首,累足抚衿,使有自悔不前之心,非社稷之利也。臣恐藩臣守职者疑之!臣窃料之:能历西山,径长乐,抵未央,攘袂而正议者,独大王耳。上有全亡之功,下有安百姓之名,德沦于骨髓,恩加于无穷,愿大王留意详惟之!"孝王大说,使人驰以闻;济北王得不坐,徙封于淄川。

8　河间王太傅卫绾击吴、楚有功,拜为中尉。绾以中郎将事文帝,醇谨无他。上为太子时,召文帝左右饮,而绾称病不行。文帝且崩,属上曰:"绾长者,善遇之!"故上亦宠任焉。

9　夏,六月乙亥,诏:"吏民为吴王濞等所诖误当坐及逋逃亡军者,皆赦之。"

帝欲以吴王弟德哀侯广之子续吴,以楚元王子礼续楚。窦太后曰:"吴王,老人也,宜为宗室顺善,今乃首率七国纷乱天下,奈何续其后!"不许吴,许立楚后。乙亥,徙淮阳王馀为鲁王;汝南王非为江都王,王故吴地;立宗正礼为楚王;立皇子端为胶西王,胜为中山王。

吴国的年轻的桓将军劝吴王说:"吴国军队步兵多,步兵善于在地势险峻的地方作战;汉军中以战车、骑兵为主力,战车和骑兵善于在平原地区作战。希望大王不要进攻沿途的城池,挥兵直进,迅速向西进兵,占领洛阳武库,利用敖仓的粮食供应军队,凭借山脉和黄河天险号令全国诸侯,这样,即使还没有进入函谷关,天下就肯定被您平定了。如果大王进军缓慢,因沿途攻占城邑而延误时机,汉军战车、骑兵到来,冲入梁国和楚国境内,您的大事就失败了。"吴王征询老将军们的意见,老将们说:"这样的青年人,让他去冲锋陷阵还可以,怎么懂得全局战略呢!"于是,吴王未采用桓将军的计策。

吴王专断,独揽全军指挥权力。在吴军尚未渡过淮河时,吴王就把投靠他的众宾客任命为将军、校尉、军侯、军司马,唯独周丘没有得到任用。周丘是下邳人,流亡到吴国,以卖酒为生,品行不好;吴王刘濞很鄙视他,所以未予任用。周丘就自己求见吴王,说:"我因为没有本事,不能在军队中为您效力。我不敢要求带兵做官,只希望从大王处得到汉朝的一个使节,必定做成一番事业来回报大王。"吴王就给了他。周丘得到这个使节,连夜驱车进入下邳县城;这时,下邳的官民得知吴王叛乱,都据城防守。周丘到达驿站,传召县令进入室内,命令他的随从用编造的罪名把县令杀死,然后召见与他的兄弟们有交情的有权势的官吏说:"吴王已经造反,大军马上就到,攻破小小下邳县城并杀尽全城老小,也不过用吃顿饭的时间。如果先归降吴王,家小房屋都可以保全,有本事的人还能立功封侯。"官吏出去后,向其他人这样说明,下邳的官民就都归顺了吴王。周丘一夜之间得到了三万人,派人向吴王汇报,就率领他的军队向北方攻取城邑。打到阳城时,周丘的军队已有十多万人了,打败了阳城中尉指挥的军队。周丘得知吴王败走,自己估计没有人可以和他共建大业了,就领兵返回下邳,还没有到达县城,因背上生毒疮而死去。

6 壬午晦(三十日),发生日食。

7 吴王之弃军亡也,军遂溃,往往稍降太尉条侯及梁军。吴王渡淮,走丹徒,保东越,兵可万馀人,收聚亡卒。汉使人以利啖东越,东越即绐吴王出劳军,使人铁杀吴王,盛其头,驰传以闻。吴太子驹亡走闽越。吴、楚反,凡三月,皆破灭,于是诸将乃以太尉谋为是,然梁王由此与太尉有隙。

三王之围临淄也,齐王使路中大夫告于天子。天子复令路中大夫还报,告齐王坚守:"汉兵今破吴楚矣。"路中大夫至,三国兵围临淄数重,无从入。三国将与路中大夫盟曰:"若反言:'汉已破矣,齐趣下三国,不,且见屠。'"路中大夫既许,至城下,望见齐王曰:"汉已发兵百万,使太尉亚夫击破吴、楚,方引兵救齐,齐必坚守无下!"三国将诛路中大夫。齐初围急,阴与三国通谋,约未定;会路中大夫从汉来,其大臣乃复劝王无下三国。会汉将栾布、平阳侯等兵至齐,击破三国兵。解围已,后闻齐初与三国有谋,将欲移兵伐齐。齐孝王惧,饮药自杀。

胶西、胶东、淄川王各引兵归国。胶西王徒跣、席藁、饮水谢太后。王太子德曰:"汉兵还,臣观之,已罢,可袭,愿收王馀兵击之!不胜而逃入海,未晚也。"王曰:"吾士卒皆已坏,不可用。"弓高侯韩颓当遗胶西王书曰:"奉诏诛不义:降者赦除其罪,复故;不降者灭之。王何处?须以从事。"王肉袒叩头,诣汉军壁谒曰:"臣卬奉法不谨,惊骇百姓,

7　因为吴王刘濞丢掉军队自己逃跑,吴军就崩溃瓦解了,许多将士向太尉周亚夫和梁国的军队投降。吴王刘濞渡过淮河,逃到丹徒县,依附东越,以求自保,共有军队一万多人,吴王又招集逃散的士兵。汉朝派人用金钱利禄收买东越首领,东越人就骗吴王出来慰劳军队,派人刺杀了吴王,装上他的头颅,派人乘快车到汉朝廷报告。吴国太子刘驹逃亡到闽越国。吴、楚叛乱,仅三个月的时间,就被平定了,这时,所有将领都说太尉周亚夫的战略部署是正确的,但是,梁王却因此与太尉有了矛盾。

当三个王国的叛军围困临淄的时候,齐王派一位姓路的中大夫向景帝报告。景帝又命令这位姓路的中大夫返回齐国复命,让他告知齐王坚守临淄:"朝廷军队已经打败吴楚叛军了。"路中大夫赶回时,三国的军队已把临淄城重重包围,无法入城。三国的将领迫使路中大夫与他们结盟,说:"你回去后说:'汉朝廷的军队已被打败了,齐国赶快向三个王国的军队投降吧,否则,临淄就要被屠城了。'"路中大夫应允了,到了城下,远远见到城墙上的齐王,他就说:"汉朝廷已经派出了百万大军,派太尉周亚夫指挥,打败了吴楚军队,正领兵前来救齐,齐一定要坚守别投降!"三个王国的将领当场杀死了路中大夫。齐都城当初被围攻形势危急时,齐王曾暗中与三个王国联络,准备参与叛乱,盟约尚未签订;恰好路中大夫从汉朝廷而来,他的大臣们又劝告不能向三国叛军投降。恰逢汉将栾布、平阳侯曹襄等率军到达齐国,打败了三国的军队。解除了临淄之围以后,汉军将领听说齐王当初与三国密谋勾结,就准备调集军队攻打齐国。齐孝王害怕,服毒自杀。

胶西王、胶东王、淄川王分别领军队返回封地。胶西王赤着脚、坐卧在草席上,喝着白水向太后请罪。胶西王的太子刘德说:"汉军已开始撤兵,据我观察,他们已很疲乏,可以突袭,我愿意招集大王的残余军队去袭击他们! 如果突袭不能获胜,再逃入海岛隐蔽,也还来得及。"胶西王说:"我的将士一败涂地,无法继续作战了。"弓高侯韩颓当给胶西王送来一封信,信中说:"我奉皇帝诏令征伐叛逆,皇帝诏令说:对那些投降的人,赦免他的罪名,恢复原有的官职;不投降的人,一定要消灭他。你准备选择哪一条道路? 你做出选择,我好采取相应的处置措施。"胶西王光着上身、磕着头来到汉军营垒前请罪,他说:"我刘卬遵守法度不谨慎,惊骇了百姓,

乃苦将军远道至于穷国,敢请菹醢之罪!"弓高侯执金鼓见之曰:"王苦军事,愿闻王发兵状。"王顿首膝行,对曰:"今者晁错天子用事臣,变更高皇帝法令,侵夺诸侯地。卬等以为不义,恐其败乱天下,七国发兵且诛错。今闻错已诛,卬等谨已罢兵归。"将军曰:"王苟以错为不善,何不以闻?及未有诏、虎符,擅发兵击义国?以此观之,意非徒欲诛错也。"乃出诏书,为王读之,曰:"王其自图!"王曰:"如卬等死有馀罪!"遂自杀,太后、太子皆死。胶东王、淄川王、济南王皆伏诛。

郦将军兵至赵,赵王引兵还邯郸城守。郦寄攻之,七月不能下。匈奴闻吴、楚败,亦不肯入边。栾布破齐还,并兵引水灌赵城,城坏,王遂自杀。

帝以齐首善,以迫劫有谋,非其罪也,召立齐孝王太子寿,是为懿王。

济北王亦欲自杀,幸全其妻子。齐人公孙玃谓济北王曰:"臣请试为大王明说梁王,通意天子。说而不用,死未晚也。"公孙玃遂见梁王曰:"夫济北之地,东接强齐,南牵吴、越,北胁燕、赵。此四分五裂之国,权不足以自守,劲不足以捍寇,又非有奇怪云以待难也;虽坠言于吴,非其正计也。乡使济北见情实,示不从之端,则吴必先历齐,毕济北,招燕、赵而总之,

这样,崤山以东的诸侯联盟就会形成,并可连成完整的一片。现在吴王会合七国的军队,指挥着缺乏训练的士兵,向西进军与天子争夺天下;只有济北一国守节不归降吴王,使吴王丧失了盟友而孤立无援,只能艰难地单独进军,结果土崩瓦解,一蹶不振,追寻其原因,未必不是由于济北国坚守不降所作出的贡献。用微不足道的济北国,与几国叛军相抗衡,这就如同弱小的羊羔牛犊与凶猛的虎狼搏斗一样。济北王恪尽职守,可称得上忠心耿耿了。济北王有这样的功业道义,竟然还受到朝廷的怀疑,整天缩肩低头,手足无措,使他产生了后悔当初没有与吴王联合行动的念头,这对国家是不利的。我深怕那些恪尽职守的封国诸侯,都由此而产生疑虑!我私下估计:在当今能够经过西方的山险,直入长乐宫和未央宫,在太后和皇上面前,勇于据理力争的,只有大王您一个人。这样,对上保全了面临亡国厄运的济北国,对下有安定百姓的好名誉,天下人会把您的功德铭刻心中,把您的恩惠世代相传,希望大王认真考虑这件事!"梁孝王听了很高兴,派人急速进京,向朝廷奏报;因此,济北王没有受到朝廷的追究,被改封到淄川国为王。

8 河间王太傅卫绾进攻吴、楚叛军有功,景帝任命他为中尉。早年间,卫绾以中郎将的身份侍奉文帝,宽厚谨慎,忠贞不贰。景帝做太子的时候,曾召请文帝的左右侍从饮酒,而卫绾推说身体有病不去参加宴会。文帝临终前,嘱托景帝说:"卫绾是忠厚长者,你要好好对待他!"所以,景帝对他也特别宠信重用。

9 夏季,六月乙亥(二十五日),景帝下诏说:"官吏百姓因为被吴王刘濞等人连累而犯罪的,以及从军平叛而临阵逃脱的,都给予赦免。"

景帝打算让吴王弟弟德哀侯刘广的儿子接续吴王的香火,让楚元王的儿子刘礼接续楚国的祭祀。窦太后说:"吴王是宗室中的老一辈人,理应为宗室做忠于朝廷的表率;但他却首先发难,率领七国叛乱,扰乱天下,为什么还给他接续后代!"不许再立吴王,同意接续楚王之后。乙亥(二十五日),景帝改封淮阳王刘馀为鲁王;改封汝南王刘非为江都王,统领原属吴国的封地;立宗正刘礼为楚王;立皇子刘端为胶西王,刘胜为中山王。

四年(戊子,前 153)

1　春,复置关,用传出入。

2　夏,四月己巳,立子荣为皇太子,彻为胶东王。

3　六月,赦天下。

4　秋,七月,临江王阏薨。

5　冬,十月戊戌晦,日有食之。

6　初,吴、楚七国反,吴使者至淮南,淮南王欲发兵应之。其相曰:"王必欲应吴,臣愿为将。"王乃属之。相已将兵,因城守,不听王而为汉,汉亦使曲城侯将兵救淮南,以故得完。吴使者至庐江,庐江王不应,而往来使越。至衡山,衡山王坚守无二心。及吴、楚已破,衡山王入朝,上以为贞信,劳苦之,曰:"南方卑湿。"徙王王于济北以褒之。庐江王以边越,数使使相交,徙为衡山王,王江北。

五年(己丑,前 152)

1　春,正月,作阳陵邑。夏,募民徙阳陵,赐钱二十万。

2　遣公主嫁匈奴单于。

3　徙广川王彭祖为赵王。

4　济北贞王勃薨。

六年(庚寅,前 151)

1　冬,十二月,雷,霖雨。

2　初,上为太子,薄太后以薄氏女为妃。及即位,为皇后,无宠。秋,九月,皇后薄氏废。

3　楚文王礼薨。

汉景帝前元四年(戊子,公元前153年)

1 春季,重新设置关卡,凭通行证出入。

2 夏季,四月己巳(二十三日),景帝立皇子刘荣为皇太子,刘彻为胶东王。

3 六月,景帝宣布大赦天下。

4 秋季,七月,临江王刘阏去世。

5 冬季,十月戊戌晦,发生日食。

6 当初,吴、楚七国举兵叛乱,吴王派的使者到达淮南国,淮南王想发兵响应吴王。他的丞相说:"大王如果一定要响应吴王,我愿意出任将领。"淮南王就把军队交给他指挥。淮南国的丞相掌握军权之后,就据城防守,不听从淮南王的指挥而忠于汉朝廷,汉朝廷也派曲城侯领兵援救淮南国,因此淮南王得以保全。吴王的使者到庐江,庐江王不答应与吴王联合,却与南越国多次互通使臣。吴王的使者到衡山,衡山王坚守城池,对朝廷忠心不二。等到吴、楚叛乱被平定,衡山王入京朝见景帝,景帝认为他忠贞,就慰问他说:"南方地势低下潮湿。"改封衡山王为济北王,以示褒奖。庐江王因与南越国相邻,多次派使者与南越交结,景帝把他改封为衡山王,在长江以北称王。

汉景帝前元五年(己丑,公元前152年)

1 春季,正月,设置阳陵邑。夏季,景帝下令招募百姓迁居阳陵,赐给二十万铜钱以供招募迁居使用。

2 景帝将公主嫁给匈奴单于。

3 景帝改封广川王刘彭祖为赵王。

4 济北贞王刘勃去世。

汉景帝前元六年(庚寅,公元前151年)

1 冬季,十二月,天空打雷,而且下了好几天的雨。

2 当初,景帝做太子的时候,薄太后给他选定了一个薄氏女子为妃。景帝做了皇帝,薄氏就成了皇后,却不受景帝的宠幸。秋季,九月,皇后薄氏被废。

3 楚文王刘礼去世。

4 初,燕王臧荼有孙女曰臧儿,嫁为槐里王仲妻,生男信与两女而仲死;更嫁长陵田氏,生男蚡、胜。文帝时,臧儿长女为金王孙妇,生女俗。臧儿卜筮之,曰:"两女皆当贵。"臧儿乃夺金氏妇,金氏怒,不肯予决。内之太子宫,生男彻。彻方在身时,王夫人梦日入其怀。

及帝即位,长男荣为太子。其母栗姬,齐人也。长公主嫖欲以女嫁太子,栗姬以后宫诸美人皆因长公主见帝,故怒而不许。长公主欲与王夫人男彻,王夫人许之。由是长公主日谗栗姬而誉王夫人之美,帝亦自贤之,又有曩者所梦日符,计未有所定。王夫人知帝嗛栗姬,因怒未解,阴使人趣大行请立栗姬为皇后。帝怒曰:"是而所宜言邪!"遂按诛大行。

七年(辛卯,前150)

1 冬,十一月己酉,废太子荣为临江王。太子太傅窦婴力争不能得,乃谢病免。栗姬恚恨而死。

2 庚寅晦,日有食之。

3 二月,丞相陶青免。乙巳,太尉周亚夫为丞相,罢太尉官。

4 夏,四月乙巳,立皇后王氏。

5 丁巳,立胶东王彻为皇太子。

6 是岁,以太仆刘舍为御史大夫,济南太守郅都为中尉。

4　当初，燕王臧荼有个孙女，名叫臧儿，嫁给槐里王仲为妻，生了一个儿子王信和两个女儿之后，王仲死了；臧儿改嫁长陵人田氏，生了两个儿子田蚡和田胜。汉文帝时，臧儿的大女儿嫁给金王孙为妻，生了一个女儿金俗。臧儿替子女占卜命运，卜人说："两个女儿都是大富大贵的命。"臧儿就从金氏家中夺回女儿，金氏愤怒，不肯断绝夫妻名分。臧儿把大女儿送到太子宫中，生了儿子刘彻。王夫人刚怀上刘彻的时候，做梦梦见太阳进入她的怀中。

等到景帝即位，大儿子刘荣被立为太子。太子刘荣的生母栗姬，是齐国人。景帝的姐姐长公主刘嫖，想把自己的女儿嫁给太子，栗姬因为后宫中许多美人都是由长公主推荐给景帝的，所以对长公主很恼怒而不同意。长公主又想把女儿嫁给王夫人所生的皇子刘彻，王夫人同意了。从此之后，长公主每天都在景帝面前说栗姬的坏话，而称赞王夫人的美德，景帝自己也觉得王夫人有贤德，又有从前梦日入怀的祥瑞符兆，对是否应改立太子和皇后的事，犹豫未定。王夫人知道景帝恨栗姬，借着景帝怒火未熄，暗中派人去催促大行，让大行出面请求景帝立栗姬为皇后。景帝勃然大怒，说："这是你应该说的话吗！"就把大行问罪处死了。

汉景帝前元七年(辛卯，公元前150年)

1　冬季，十一月己酉，景帝废除了太子刘荣，改封他为临江王。太子太傅窦婴极力劝谏，未能改变景帝的决定，就自称有病，请求免职。栗姬愤恨而死。

2　庚寅晦，发生日食。

3　二月，丞相陶青被罢免。乙巳(十六日)，太尉周亚夫出任丞相，景帝诏令罢废太尉官职。

4　夏季，四月乙巳(十七日)，景帝立王氏为皇后。

5　丁巳(二十九日)，景帝立胶东王刘彻为皇太子。

6　这一年，景帝任命太仆刘舍任御史大夫，任命济南郡太守郅都为中尉。

始,都为中郎将,敢直谏。尝从入上林,贾姬如厕,野彘卒来入厕。上目都,都不行;上欲自持兵救贾姬,都伏上前曰:"亡一姬,复一姬进,天下所少,宁贾姬等乎!陛下纵自轻,奈宗庙、太后何!"上乃还,彘亦去。太后闻之,赐都金百斤,由此重都。都为人,勇悍公廉,不发私书,问遗无所受,请谒无所听。及为中尉,先严酷,行法不避贵戚。列侯、宗室见都,侧目而视,号曰"苍鹰"。

中元年(壬辰,前 149)

1　夏,四月乙巳,赦天下。

2　地震。衡山原都雨雹,大者尺八寸。

二年(癸巳,前 148)

1　春,二月,匈奴入燕。

2　三月,临江王荣坐侵太宗庙壖垣为宫,征诣中尉府对簿。临江王欲得刀笔,为书谢上,而中尉郅都禁吏不予;魏其侯使人间与临江王。临江王既为书谢上,因自杀。窦太后闻之,怒,后竟以危法中都而杀之。

3　夏,四月,有星孛于西北。

4　立皇子越为广川王,寄为胶东王。

5　秋,九月甲戌晦,日有食之。

6　初,梁孝王以至亲有功,得赐天子旌旗,从千乘万骑,出跸入警。王宠信羊胜、公孙诡,以诡为中尉。胜、诡多奇邪计,欲使王求为汉嗣。栗太子之废也,太后意欲以梁王为嗣,尝因置酒谓帝曰:

起初,郅都担任中郎将,敢于直言进谏。他曾经跟随景帝进入上林苑,贾姬去上厕所时,一头野猪突然闯入厕所。景帝用眼光示意郅都去救护贾姬,郅都站立不动;景帝打算自己带上武器去救贾姬,郅都跪伏在景帝面前说:"失去了一个美女,又会有另一个美女进宫,天下纵然不爱惜自己,也应该想想怎样对得住国家和太后!"景帝就走了回来,野猪也离去了。太后听说了这件事,赏赐给郅都一百斤黄金,从此很器重郅都。郅都为人勇猛有力,公正廉洁,不拆阅私情求托的书信,不接受问候馈赠的礼品,不理睬托人情、拉关系的要求。做了中尉,倡导严厉酷苛的作风,依据法律进行赏罚,对那些权贵和皇戚也不客气。列侯和宗室皇族见到郅都,都侧目而视,送他一个绰号叫"苍鹰"。

汉景帝中元元年(壬辰,公元前 149 年)

1　夏季,四月乙巳(二十三日),景帝颁布诏令大赦天下。

2　发生地震。衡山国的原都一带降冰雹,最大的冰雹直径达一尺八寸。

汉景帝中元二年(癸巳,公元前 148 年)

1　春季,二月,匈奴入侵燕国封地。

2　三月,临江王刘荣因为修建宫室侵占了太宗庙前空地上的围墙而犯了罪,景帝命令他自己去中尉府接受审问。临江王想要找到写字用的刀笔,以便写信向景帝谢罪,中尉郅都禁止官吏提供;魏其侯派人秘密地把刀笔送给了临江王。临江王写完了向景帝谢罪的信之后,就自杀了。窦太后听说了这件事,很恼怒,后来就罗织了一个严重的罪名,把郅都杀了。

3　夏季,四月,在西北天空出现一颗异星。

4　景帝封立皇子刘越为广川王,刘寄为胶东王。

5　秋季,九月甲戌晦(三十日),出现日食。

6　当初,梁孝王因为与景帝是一母所生,关系最为亲密,又有平定吴、楚叛乱的大功,天子赏赐给他只有天子才能使用的旌旗,有成千上万的车辆马匹做侍从仪仗,出入都要清道戒严。梁孝王宠信羊胜、公孙诡,任命公孙诡为中尉。羊胜和公孙诡提出了许多歪门邪道的计谋,想使梁孝王成为汉景帝的继承人。当粟太子被废的时候,窦太后想让梁王为帝位继承人,曾利用宴饮的时候对景帝说:

"安车大驾,用梁王为寄。"帝跪席举身曰:"诺。"罢酒,帝以访诸大臣,大臣袁盎等曰:"不可。昔宋宣公不立子而立弟,以生祸乱,五世不绝。小不忍,害大义,故《春秋》大居正。"由是太后议格,遂不复言。王又尝上书:"愿赐容车之地,径至长乐宫,自使梁国士众筑作甬道朝太后。"袁盎等皆建以为不可。

梁王由此怨袁盎及议臣,乃与羊胜、公孙诡谋,阴使人刺杀袁盎及他议臣十馀人。贼未得也,于是天子意梁;逐贼,果梁所为。上遣田叔、吕季主往按梁事,捕公孙诡、羊胜,诡、胜匿王后宫。使者十馀辈至梁,责二千石急。梁相轩丘豹及内史韩安国以下举国大索,月馀弗得。安国闻诡、胜匿王所,乃入见王而泣曰:"主辱者臣死。大王无良臣,故纷纷至此。今胜、诡不得,请辞,赐死!"王曰:"何至此!"安国泣数行下,曰:"大王自度于皇帝,孰与临江王亲?"王曰:"弗如也。"安国曰:"临江王适长太子,以一言过,废王临江;用宫垣事,卒自杀中尉府。何者?治天下终不用私乱公。今大王列在诸侯,讠术邪臣浮说,犯上禁,桡明法。天子以太后故,不忍致法于大王;太后日夜涕泣,幸大王自改,大王终不觉悟。有如太后宫车即晏驾,大王尚谁攀乎?"语未卒,王泣数行而下,谢安国曰:"吾今出胜、诡。"王乃令胜、诡皆自杀,出之。上由此怨望梁王。

"等到我百年之后,就把梁王托付给你了。"景帝跪坐在席上,挺直了腰回答说:"好。"酒后,景帝就此征询大臣们的意见,大臣袁盎等人说:"不可。过去宋宣公不传位给儿子而传位给弟弟,因此产生了祸乱,祸乱持续了五代。在一些细枝末节问题上优柔寡断,就会伤害了根本大义,所以《春秋》赞成按照正道行事。"因此,太后的意见被阻止,也就再不提让梁王继承帝位了。梁王又曾经上书给景帝说:"希望恩赐给我一条能容得下车辆通过的地方,直达太后居住的长乐宫,我自己派梁国的士兵修筑一条甬道,以便随时前来朝见太后。"袁盎等大臣建议不能批准梁王的请求。

梁王因此怨恨袁盎和参与议论的大臣,就和羊胜、公孙诡商量,暗中派人刺杀了袁盎及其他参与议论的大臣十多人。刺客还没有抓获时,景帝就估计是梁王指使的;后来抓住了刺客,果然是梁王派来的。景帝派田叔、吕季主前往梁国查究此案,逮捕公孙诡和羊胜,公孙诡和羊胜躲藏在梁王的后宫中。朝廷派出的十多批使臣先后来到梁国,严责梁相等二千石官员限期结案。梁国从丞相轩丘豹及内史韩安国以下,进行了全国性大搜捕,经过一个多月,也没有抓到公孙诡和羊胜。韩安国得知公孙诡和羊胜藏匿在梁王宫中,就进入王府见到梁王,哭着说:"君主蒙受耻辱,臣子应该为他而死。大王身边没有良臣辅佐,所以才闹到这种地步。现在捉不到羊胜、公孙诡,我前来与您诀别,请赐我自杀!"梁王说:"哪至于这样!"韩安国泪如泉涌,说:"大王自己估计您与皇上的亲疏关系,比起皇上和临江王来,哪一个更为亲近?"梁王说:"我不如临江王与皇上亲近。"韩安国说:"临江王是皇上的亲生长子,又曾是太子,因为一句错话,被废去太子,受封临江王;又因为修宫侵占围墙的事,终于在中尉府自杀。为什么这样呢?皇上治理天下终究不能因为私情而干扰公事。现在大王身为诸侯,听信奸臣的胡言乱语,违犯朝廷禁令,扰乱煌煌法律。皇上因为太后疼爱您的缘故,才不忍心按国法来惩办您;太后日夜哭泣,希望大王能改过自新,大王仍不觉悟。假如万一太后突然去世,大王还能依靠谁呢?"话还没有说完,梁王泪流满面,向韩安国赔罪说:"我现在就交出羊胜和公孙诡。"梁王就命令羊胜、公孙诡自杀,交出了他们的尸体。景帝因此怨恨梁王。

梁王恐,使邹阳入长安,见皇后兄王信说曰:"长君弟得幸于上,后宫莫及,而长君行迹多不循道理者。今袁盎事即穷竟,梁王伏诛,太后无所发怒,切齿侧目于贵臣,窃为足下忧之。"长君曰:"为之奈何?"阳曰:"长君诚能精为上言之,得毋竟梁事;长君必固自结于太后,太后厚德长君入于骨髓,而长君之弟幸于两宫,金城之固也。昔者舜之弟象,日以杀舜为事,及舜立为天子,封之于有卑。夫仁人之于兄弟,无藏怒,无宿怨,厚亲爱而已,是以后世称之。以是说天子,徼幸梁事不奏。"长君曰:"诺。"乘间入言之,帝怒稍解。

是时,太后忧梁事不食,日夜泣不止,帝亦患之。会田叔等按梁事来还,至霸昌厩,取火悉烧梁之狱辞,空手来见帝。帝曰:"梁有之乎?"叔对曰:"死罪! 有之。"上曰:"其事安在?"田叔曰:"上毋以梁事为问也!"上曰:"何也?"曰:"今梁王不伏诛,是汉法不行也;伏法而太后食不甘味,卧不安席,此忧在陛下也。"上大然之,使叔等谒太后,且曰:"梁王不知也。造为之者,独在幸臣羊胜、公孙诡之属为之耳,谨已伏诛死,梁王无恙也。"太后闻之,立起坐餐,气平复。

梁王因上书请朝,既至关,茅兰说王,使乘布车、从两骑入,匿于长公主园。汉使使迎王,王已入关,车骑尽居外,不知王处。太后泣曰:"帝果杀吾子!"帝忧恐。于是梁王伏斧质于阙下谢罪。太后、帝大喜,相泣,复如故,悉召王从官入关。然帝益疏王,不与同车辇矣。帝以田叔为贤,擢为鲁相。

梁王恐惧，派邹阳到达长安，见到皇后的哥哥王信说："您的妹妹得到皇上的宠幸，在后宫没人能比得上，但您的行为却有许多不遵循常理的地方。现在如果袁盎被杀一事追究到底，梁王就会被依法处死，太后的怒火无处发泄，就会向亲近贵臣发泄，我私下为您担忧。"王信说："那该怎么办呢？"邹阳说："您如果能好好地劝告皇上不要深究梁王的事，一定会受到太后的信任，太后从心中感谢您的大德，而您的妹妹可以受到太后和皇上的宠幸，这就会使你们家的荣宠固若金汤了。当初，舜的弟弟象，整日只想杀死舜，等到舜做了天子，却把象封了有卑。所以说，仁义的人对于自己的弟弟，不暗藏怒火，不记过去的怨仇，只是很好地对待他罢了，所以后代人都称赞舜。用这番道理去规劝皇上，梁王的事就可能侥幸不处置了。"王信说："好。"找到一个机会，入宫向景帝说了上面的这番道理，景帝对梁王的恼怒稍减轻了一点。

这时，太后担心梁王的事情，不进饮食，日夜哭泣，景帝对此也很担忧。正好田叔等人查办完梁王的事，返回长安，到达霸昌厩，田叔等用火把梁王违法的所有证词全部烧毁，空着手来见景帝。景帝问："梁王有违法的事吗？"田叔回答说："臣该死！他确实有那样的事。"景帝问："他的罪证在哪里？"田叔说："陛下不要过问梁王的罪证了。"景帝问："为什么？"田叔说："有了罪证，如果不杀梁王，就废弃了汉朝的法律；如果处死梁王，太后就会吃东西没有滋味，睡不好觉，这样就会给陛下带来忧愁。"景帝非常赞成他所说的道理，让田叔等人朝见太后，并且说："刺客的事，梁王不知道；主持这件事的，只有梁王的宠臣羊胜、公孙诡之流，这些人都已经按国法处死，梁王没有受到伤害。"太后听到这些话，立即起身进餐，情绪也稳定了。

梁王乘机上书请求朝见景帝，快入关时，茅兰劝说梁王，让他乘坐着普通的布车，只带两名骑士为随从，进入关中，隐藏在长公主的后园内。朝廷派使臣迎接梁王，梁王已入关，随从的车骑都在关外，不知道梁王的下落。太后哭着说："皇上果然杀了我儿子！"景帝很担忧害怕。这时，梁王来到皇宫门前，伏在刑具上面，表示认罪，请求处置。太后、景帝喜出望外，三人相对哭泣，恢复原来的骨肉手足之情，把梁王的随从官员都召入关内。但是，景帝更加疏远梁王，不再和他乘坐一辆车出入了。景帝认为田叔很有贤德，就提升他做了鲁国的相。

三年(甲午,前147)

1　冬,十一月,罢诸侯御史大夫官。

2　夏,四月,地震。

3　旱,禁酤酒。

4　三月丁巳,立皇子乘为清河王。

5　秋,九月,蝗。

6　有星孛于西北。

7　戊戌晦,日有食之。

8　初,上废栗太子,周亚夫固争之,不得;上由此疏之。而梁孝王每朝,常与太后言条侯之短。窦太后曰:"皇后兄王信可侯也。"帝让曰:"始,南皮、章武,先帝不侯,及臣即位乃侯之;信未得封也。"窦太后曰:"人生各以时行耳。自窦长君在时,竟不得侯,死后,其子彭祖顾得侯,吾甚恨之!帝趣侯信也。"帝曰:"请得与丞相议之。"上与丞相议。亚夫曰:"高皇帝约:'非刘氏不得王,非有功不得侯。'今信虽皇后兄,无功,侯之,非约也。"帝默然而止。其后匈奴王徐卢等六人降,帝欲侯之以劝后。丞相亚夫曰:"彼背主降陛下,陛下侯之,则何以责人臣不守节者乎?"帝曰:"丞相议不可用。"乃悉封徐卢等为列侯。亚夫因谢病。九月戊戌,亚夫免。以御史大夫桃侯刘舍为丞相。

四年(乙未,前146)

1　夏,蝗。

2　冬,十月戊午,日有食之。

汉景帝中元三年(甲午,公元前147年)

1 冬季,十一月,朝廷宣布废除诸侯王国的御史大夫官职。

2 夏季,四月,发生了地震。

3 出现旱灾,朝廷禁止卖酒。

4 三月丁巳,景帝封立皇子刘乘为清河王。

5 秋季,九月,蝗虫成灾。

6 西北天空出现了一颗异星。

7 戊戌晦(三十日),出现日食。

8 当初,景帝废掉栗太子,周亚夫激烈劝止,没有产生作用,景帝因此疏远了周亚夫。梁孝王每次来朝见,经常对太后说周亚夫的短处。窦太后说:"皇后的哥哥王信可以封侯。"景帝表示谦让说:"当初,您的侄子南皮侯和您的弟弟章武侯,先帝在位时都不封他们为侯;等到我当皇帝之后才封他们为侯;现在王信也不应该封侯。"窦太后说:"人生在世,都应该根据当时不同的情况办事。当年我弟弟窦长君在世时,竟然没有得到封侯,他死后,他的儿子窦彭祖反而得以封为南皮侯,我很遗憾和悔恨!皇上赶快封王信为侯吧。"景帝说:"请允许我和丞相商议此事。"景帝和丞相商议,周亚夫说:"高皇帝约定:'不是姓刘的人不得封王,没有立功的人不得封侯。'现在王信虽然是皇后的哥哥,但没有立功,如果封他为侯,就违背了前约。"景帝无话可说,只好把这件事放下了。后来,匈奴王徐卢等六人归降朝廷,景帝想封他们为侯,以激励后来人继续归降。丞相周亚夫说:"他们背叛自己的君主投降陛下,陛下封他们为侯,那么以后还怎样追究不守节操的臣子呢?"景帝说:"丞相的建议不可采用。"把徐卢等人全封为列侯。周亚夫因此就自称有病,请求免职。九月戊戌(三十日),景帝罢免了周亚夫,任命御史大夫桃侯刘舍为丞相。

汉景帝中元四年(乙未,公元前146年)

1 夏季,蝗虫成灾。

2 冬季,十月戊午(二十六日),出现日食。

五年(丙申,前145)

1　夏,立皇子舜为常山王。

2　六月丁巳,赦天下。

3　大水。

4　秋,八月己酉,未央宫东阙灾。

5　九月,诏:"诸狱疑,若虽文致于法而于人心不厌者,辄谳之。"

6　地震。

六年(丁酉,前144)

1　冬,十月,梁王来朝,上疏欲留,上弗许。王归国,意忽忽不乐。

2　十一月,改诸廷尉、将作等官名。

3　春,二月乙卯,上行幸雍,郊五畤。

4　三月,雨雪。

5　夏,四月,梁孝王薨。窦太后闻之,哭极哀,不食,曰:"帝果杀吾子!"帝哀惧,不知所为。与长公主计之,乃分梁为五国,尽立孝王男五人为王:买为梁王,明为济川王,彭离为济东王,定为山阳王,不识为济阴王;女五人皆食汤沐邑。奏之太后,太后乃说,为帝加一餐。孝王未死时,财以巨万计,及死,藏府馀黄金尚四十馀万斤,他物称是。

6　上既减笞法,笞者犹不全;乃更减笞三百曰二百,笞二百曰一百。又定箠令:箠长五尺,其本大一寸,竹也;末薄半寸,皆平其节。当笞者笞臀;毕一罪,乃更人。自是笞者得全。然死刑既重而生刑又轻,民易犯之。

汉景帝中元五年(丙申,公元前 145 年)

1 夏季,景帝封立皇子刘舜为常山王。

2 六月丁巳(二十九日),景帝下诏大赦天下。

3 出现特大洪水灾害。

4 秋季,八月己酉(二十二日),未央宫东门发生火灾。

5 九月,景帝下诏说:"所有尚有疑问的案件,如果根据法律条文可以定为重罪,但无法使人心服的,一律重新审判。"

6 发生地震。

汉景帝中元六年(丁酉,公元前 144 年)

1 冬季,十月,梁王来京朝见,给景帝上书想请求留居长安,景帝不同意。梁王返回封国,心情郁郁不乐。

2 十一月,景帝下诏,改变廷尉、将作少府等官名。

3 春季,二月乙卯(初一),景帝亲临雍县,郊祀五帝庙。

4 三月,天降雪。

5 夏季,四月,梁孝王去世。窦太后得知,哭得很悲哀,不进饮食,说:"皇上果然杀了我儿子!"景帝悲哀恐惧,不知怎么办才好。与姐姐长公主商议,决定把梁国封地划分为五个诸侯王国,把梁孝王的五个儿子全都封为诸侯王:刘买为梁王,刘明为济川王,刘彭离为济东王,刘定为山阳王,刘不识为济阴王;梁孝王的五个女儿也都封给食邑,各自享有其封邑的赋税收入。景帝把这一决定禀告窦太后,太后才高兴起来,为表示对景帝这一做法的赞赏,她立即吃了饭。梁孝王没死的时候,有数以千万计的财产,他死后,梁国府库中剩馀的黄金还有四十多万斤,其他财物的价值也与此相当。

6 景帝减少了对罪犯的笞打次数之后,受笞刑的人还难保全生命;就再次规定减少笞刑,该笞打三百下的,减为笞打二百,该笞打二百下的,减为笞打一百。又制定了实施笞刑的法令:用于打人的笞杖,长为五尺,用竹子做成,根部手握之处,竹管的直径为一寸;前部打人之处削成薄半寸的竹片,竹节全要磨平。被判处笞刑的人,笞他的臀部;同一罪人打完了之后,才更换行刑的人。从此之后,受笞刑的人都得以保全了。但这样一来,死刑很重而不到死刑的其他惩罚又很轻,百姓就把违法犯罪看得很轻淡了。

7　六月,匈奴入雁门,至武泉,入上郡,取苑马,吏卒战死者二千人。陇西李广为上郡太守,尝从百骑出,遇匈奴数千骑,见广,以为诱骑,皆惊,上山陈。广之百骑皆大恐,欲驰还走,广曰:"吾去大军数十里,今如此以百骑走,匈奴追射我立尽。今我留,匈奴必以我为大军之诱,必不敢击我。"广令诸骑曰:"前!"未到匈奴阵二里所,止,令曰:"皆下马解鞍!"其骑曰:"虏多且近,即有急,奈何?"广曰:"彼虏以我为走;令皆解鞍以示不走,用坚其意。"于是胡骑遂不敢击。有白马将出,护其兵;李广上马,与十馀骑奔,射杀白马将而复还,至其骑中解鞍,令士皆纵马卧。是时会暮,胡兵终怪之,不敢击。夜半时,胡兵亦以为汉有伏军于旁,欲夜取之,胡皆引兵而去。平旦,李广乃归其大军。

8　秋,七月辛亥晦,日有食之。

9　自郅都之死,长安左右宗室多暴犯法。上乃召济南都尉南阳宁成为中尉,其治效郅都,其廉弗如,然宗室、豪杰皆人人惴恐。

10　城阳共王喜薨。

后元年(戊戌,前 143)

1　春,正月,诏曰:"狱,重事也。人有智愚,官有上下。狱疑者谳有司;有司所不能决,移廷尉。谳而后不当,谳者不为失。欲令治狱者务先宽。"

7　六月,匈奴攻入雁门郡,直到武泉县,并攻入上郡,抢去了朝廷在那儿放养的马匹,汉军将士两千多人战死。陇西人李广担任上郡太守,曾率领一百名骑士出行,遇到了几千人的匈奴骑兵,匈奴人发现了李广的小队伍,以为是汉军大部队派出引诱敌人进攻的诱饵,都吃了一惊,占据高山摆开阵势。李广所率领的一百名骑兵都很害怕,想赶快打马跑回去,李广制止说:"我们离开大军数十里远,现在,如果就靠这一百人的骑兵逃跑,匈奴人追杀射击,我们马上就完了。现在我们停在这里,匈奴人必定把我们看成大军的诱敌队伍,一定不敢进攻我们。"李广命令骑兵们说:"前进!"来到距离匈奴阵地约有二里的地方,停下来,李广命令说:"都下马解下马鞍!"他的骑兵说:"敌人很多而且离我们很近,如果出现紧急情况,怎么办?"李广说:"敌人估计我们会逃跑;我命令都解下马鞍,向他们表示不逃跑,用这个办法来坚定他们认为我们是诱敌部队的猜想。"匈奴骑兵果然不敢进攻。有一位骑白马的匈奴将领出阵来,监护他的军队,李广上马,和十多个骑兵奔向前,射死了匈奴的白马将军,又返回他的百骑阵营中,解下马鞍,命令战士们放开战马、人躺在地上休息。这时,正好是黄昏,匈奴骑兵一直对李广部队的行为觉得奇怪,不敢进攻。到了半夜时分,匈奴军队仍认为附近有埋伏的汉朝大军,准备夜间袭击他们,全都领兵撤走了。到黎明时,李广才回到他的大军营垒。

8　秋季,七月辛亥晦(二十九日),出现日食。

9　自从郅都死后,长安的左右亲贵、宗室皇族有许多人残暴犯法。景帝就征召济南都尉南阳人宁成出任中尉,宁成极力仿效郅都,他没有郅都那样廉洁,但是,宗室皇族、地方豪强都恐惧不安。

10　城阳共王刘喜去世。

汉景帝后元元年(戊戌,公元前143年)

1　春季,正月,景帝下诏说:"审判案件,是国家的重大政务。人有智愚的不同,官有上下的区别。有疑问的案件要上交给有关机构复审;有关机构仍难以断案的,要上交廷尉复审。下级把疑案送呈上级复审,而发现断案有错误,送呈疑案的官员不必负担任何责任。主要是想让审案的司法官员,一定重视从宽判案。"

2　三月，赦天下。

3　夏，大酺五日，民得酤酒。

4　五月丙戌，地震。上庸地震二十二日，坏城垣。

5　秋，七月丙午，丞相舍免。

6　乙巳晦，日有食之。

7　八月壬辰，以御史大夫卫绾为丞相，卫尉南阳直不疑为御史大夫。初，不疑为郎，同舍有告归，误持其同舍郎金去。已而同舍郎觉亡，意不疑；不疑谢有之，买金偿。后告归者至而归金，亡金郎大惭。以此称为长者，稍迁至中大夫。人或廷毁不疑，以为盗嫂。不疑闻，曰："我乃无兄。"然终不自明也。

8　帝居禁中，召周亚夫赐食，独置大胾，无切肉，又不置箸。亚夫心不平，顾谓尚席取箸。上视而笑曰："此非不足君所乎？"亚夫免冠谢上，上曰："起！"亚夫因趋出。上目送之曰："此鞅鞅，非少主臣也。"

居无何，亚夫子为父买工官尚方甲盾五百被可以葬者。取庸苦之，不与钱。庸知其盗买县官器，怨而上变，告子，事连污亚夫。书既闻，上下吏。吏簿责亚夫，亚夫不对。上骂之曰："吾不用也！"召诣廷尉。廷尉责问曰："君侯欲反何？"亚夫曰："臣所买器，乃葬器也，何谓反乎？"吏曰："君纵不欲反地上，即欲反地下耳！"吏侵之益急。初，吏捕亚夫，亚夫欲自杀，其夫人止之，以故不得死，遂入廷尉。因不食五日，欧血而死。

2　三月,景帝下诏,大赦天下。

3　夏季,景帝下诏,特许百姓相聚饮酒五天,允许百姓卖酒。

4　五月丙戌(初九),发生地震。上庸县地震持续了二十二天,震坏了城墙。

5　秋季,七月丙午(三十日),丞相刘舍被免职。

6　乙巳晦(二十九日),出现日食。

7　八月壬辰,景帝任命御史大夫卫绾为丞相,任命卫尉南阳人直不疑为御史大夫。当初,直不疑做郎官,同住一处的某人告假回家,错拿了同处另一位郎官的黄金走了。不久,同住一处的郎官发觉自己丢了金子,怀疑是直不疑偷去了;直不疑向他道歉说确有其事,买来黄金还给了失金人。后来,告假回家的人回来,交还了错拿的黄金,丢失黄金的那位郎官很惭愧。因此,直不疑被称为忠厚长者,他慢慢地升官做了中大夫。有人在朝廷上诽谤直不疑,说他与嫂子私通。直不疑听到了,就说:"我连哥哥都没有。"可是终究不自我辩白。

8　景帝在宫中,召见周亚夫,赏赐食物,只放着一大块没有切好的熟肉,又不准备筷子。周亚夫心中不高兴,回过头来吩咐主管宴席的官员尚席取筷子来。景帝看着周亚夫,笑着问:"这样您是不是感到不满意呢?"周亚夫摘下帽子向景帝谢罪,景帝说:"起来吧!"周亚夫就快步退了出去。景帝目送着他走出去,说道:"这位愤愤不平的人,不可能做幼年君主的臣子啊。"

不久,周亚夫的儿子给父亲从工官那里买了专给皇室制造的可用于殉葬的五百件铠甲盾牌。搬运这些东西的雇工受尽了辛苦,却不给他们工钱。雇工知道他私自购买皇室专用器物,怀着怨恨上书朝廷,检举周亚夫的儿子图谋叛乱,事情牵连到周亚夫。景帝见到了检举告发信,就下令把周亚夫送交司法官员审理。司法官员按照文书上写的情节一一审问周亚夫,周亚夫拒不回答。景帝得知,骂他说:"朕不必要你的供词,也可以杀你!"下诏让周亚夫去廷尉处接受审判。廷尉审问说:"您为什么要造反?"周亚夫说:"我购买的东西,都是殉葬用的,怎能说是要造反呢?"审案的官员说:"您即使不在地上造反,也要准备死后在地下造反!"官吏的审讯逼供越来越残酷。当初,官吏逮捕周亚夫的时候,周亚夫就想要自杀,他夫人劝阻了他,因此没有死,被关进了廷尉的牢狱。周亚夫绝食五天,吐血而死。

9　是岁,济阴哀王不识薨。

二年(己亥,前142)

1　春,正月,地一日三动。

2　三月,匈奴入雁门,太守冯敬与战,死。发车骑、材官屯雁门。

3　春,以岁不登;禁内郡食马粟,没入之。

4　夏,四月,诏曰:"雕文刻镂,伤农事者也;锦绣纂组,害女工者也。农事伤则饥之本,女工害则寒之原也。夫饥寒并至而能亡为非者寡矣。朕亲耕,后亲桑,以奉宗庙粢盛祭服,为天下先;不受献,减太官,省繇赋,欲天下务农蚕,素有蓄积,以备灾害。强毋攘弱,众毋暴寡;老耆以寿终,幼孤得遂长。今岁或不登,民食颇寡,其咎安在?或诈伪为吏,以货赂为市,渔夺百姓,侵牟万民。县丞,长吏也;奸法与盗盗,甚无谓也!其令二千石各修其职。不事官职、耗乱者,丞相以闻,请其罪。布告天下,使明知朕意。"

5　五月,诏算赀四得官。

6　秋,大旱。

三年(庚子,前141)

1　冬,十月,日月皆食,赤五日。

9 这一年,济阴哀王刘不识去世。

汉景帝后元二年(己亥,公元前 142 年)

1 春季,正月,一天中发生三次地震。

2 三月,匈奴入侵雁门郡,太守冯敬与匈奴交战,战死。朝廷征发战车和骑兵、步兵驻防雁门郡。

3 春季,因为连年歉收,景帝下诏禁止内地各郡臣民用粮食喂养马匹,有违犯此禁令的,由官府没收他的马匹。

4 夏季,四月,景帝下诏说:"欣赏金玉器物的精雕细镂,就会损害农耕生产;追求丝织物品的锦绣多彩,就会损害女工纺织。农业受到损害,是造成天下饥荒的根本原因;纺织业受到损害,是导致百姓受寒的根本原因。天下百姓,在饥寒交迫时还能够不去违法犯罪的,是很少的。朕亲身从事农耕,皇后亲自种桑养蚕,以其收获作为供奉宗庙的粮食和祭服,为天下百姓做出倡导农桑事业的表率;不接受臣民的贡献,减少宫中官员,节省徭役和赋税,这样做的目的,是想让天下百姓都从事农业和纺织,平常都有衣粮储备,以防备发生自然灾害。强壮有力的不抢夺软弱无力的,人数众多的不欺凌人数少的,老年人可以安享天年,年幼的孤儿可以平安长大成人。而现在,只要一年收成不好,百姓的食物就很缺乏,造成这种局面的祸根是什么?或许是因为欺骗上司的人做了官吏,公开行贿受贿,贪求钱财,苛剥百姓,侵夺万民。县丞是重要官员,执法犯法,勾结盗贼,这是绝对不能允许的!应该命令郡国守、相等二千石官员,各自严格遵循职责。不履行职责、政绩不好的官员,丞相要向朕奏报,议定处置的罪名。把诏书向全国公布,使天下吏民都知道朕的本意。"

5 五月,景帝下诏规定,家中资财达到四万钱以上,就可以做官。

6 秋季,发生大旱。

汉景帝后元三年(庚子,公元前 141 年)

1 冬季,十月,发生了日食和月食,日月呈红色,持续了五天。

2 十二月晦，雷，日如紫，五星逆行守太微，月贯天廷中。

3 春，正月，诏曰："农，天下之本也。黄金、珠、玉，饥不可食，寒不可衣，以为币用，不识其终始。间岁或不登，意为末者众，农民寡也。其令郡国务劝农桑，益种树，可得衣食物。吏发民若取庸采黄金、珠、玉者，坐赃为盗。二千石听者，与同罪。"

4 甲寅，皇太子冠。

5 甲子，帝崩于未央宫。太子即皇帝位，年十六。尊皇太后为太皇太后，皇后为皇太后。

6 二月癸酉，葬孝景皇帝于阳陵。

7 三月，封皇太后同母弟田蚡为武安侯，胜为周阳侯。

班固赞曰：孔子称："斯民也，三代之所以直道而行也。"信哉！周、秦之敝，罔密文峻，而奸轨不胜。汉兴，扫除烦苛，与民休息；至于孝文，加之以恭俭；孝景遵业；五六十载之间，至于移风易俗，黎民醇厚。周云成、康，汉言文、景，美矣！

8 汉兴，接秦之弊，作业剧而财匮，自天子不能具钧驷，而将相或乘牛车，齐民无藏盖。天下已平，高祖乃令贾人不得衣丝、乘车，重租税以困辱之。孝惠、高后时，为天下初定，复弛商贾之律，然市井之子孙，亦不得仕宦为吏。

2　十二月月底，天空打雷，日光呈紫色，五大行星逆行，进入太微垣，月亮从太微垣中部穿过。

3　春季，正月，景帝下诏说："农业是天下的根本。黄金、珍珠、美玉之类的东西，饥饿时不能当饭吃，寒冷时不能做衣穿，把它当做货币使用，不知它何时使用何时废止。近来有时年成不好，推测原因，可能是因为从事工商末业的人太多了，从事农业的民众太少了。还是应该命令郡国官员，一定要提倡发展农桑、多种树，这样就可以得到衣服和食物等用品。官吏如果征发百姓，雇他们去开采黄金、珍珠、美玉，就按偷盗的罪名，把所得作为赃物来定罪处置。二千石官员如果听之任之，也按同样的罪名处置。"

4　甲寅（十七日），皇太子举行标志着成人的冠礼。

5　甲子（二十七日），景帝在未央宫驾崩。太子当上了皇帝，年仅十六岁。尊奉皇太后为太皇太后，尊奉皇后为皇太后。

6　二月癸酉（初六），孝景皇帝安葬在阳陵。

7　三月，封立皇太后的同母异父弟田蚡为武安侯，田胜为周阳侯。

　　班固评论说：孔子说："现在的民众，与三代圣明的君主推行王道达到天下大治所依靠的民众，没有什么不同。"确实是这样啊！周末、秦代政治的弊病，在于法网繁密，政令峻苛，但奸邪盗寇却防不胜防。汉朝建国以后，废除繁苛的法令，让民众休养生息；到了孝文帝在位时，用谨慎节俭的作风治理国家；孝景皇帝遵循大业成规而不改，仅用了五六十年的时间，就收到了移风易俗的社会效果，百姓淳朴敦厚。说到天下大治的时代，周代有成王和康王时期，汉代数得着文帝和景帝时期，真是好啊！

8　汉朝建国，继承的是秦末社会凋敝的烂摊子，生产停滞，物资缺乏，贵为天子都不能配备四匹同样毛色的马匹拉车，将相大臣只能坐牛车，平民百姓没有任何积蓄。天下平定之后，高祖就命令商人不许穿丝织的衣服、不许坐车，并且加重征收他们的租税，用这些办法来控制和羞辱商人。孝惠帝和高后在位时，因为天下刚刚平定，又放松了限制商人的律令，但是商人的子孙，也还不允许做官为吏。

量吏禄，度官用，以赋于民。而山川、园池、市井租税之入，自天子以至于封君汤沐邑，皆各为私奉养焉，不领于天子之经费。漕转山东粟以给中都官，岁不过数十万石。继以孝文、孝景，清净恭俭，安养天下，七十馀年之间，国家无事，非遇水旱之灾，民则人给家足。都鄙廪庾皆满，而府库馀货财；京师之钱累巨万，贯朽而不可校；太仓之粟陈陈相因，充溢露积于外，至腐败不可食。众庶街巷有马，而阡陌之间成群，乘字牝者摈而不得聚会。守闾阎者食粱肉，为吏者长子孙，居官者以为姓号。故人人自爱而重犯法，先行义而后诎辱焉。当此之时，罔疏而民富，役财骄溢，或至兼并；豪党之徒，以武断于乡曲。宗室有土，公、卿、大夫以下，争于奢侈，室庐、舆服僭于上，无限度。物盛而衰，固其变也。自是之后，孝武内穷侈靡，外攘夷狄，天下萧然，财力耗矣！

朝廷计算官吏俸禄和官府各项费用的总额，以出量入，向百姓征收赋税。而自天子直辖的郡县，到封君的汤沐邑，都把各自区域内的山川、园池、市井商业税收作为各自费用的来源，都不向朝廷领取经费。经由水路运输到京师，供给各官府使用的来自崤山以东地区的粮食，每年不超过数十万石。后来，孝文帝、孝景帝先后治理国家，清静廉正，谨慎俭朴，安养百姓，七十多年之间，国家稳定，如果不发生旱涝灾害，百姓就可以人人自给，家家足用。地方上各郡县的粮库都装满了粮食，府库中贮存了剩余的钱财；京师国库中的钱累积万万，串钱的绳子都已朽烂，无法清点数目；太仓中的粮食每年有陈粮积压，装满太仓而流出仓外，只好在外面堆积着，以至于腐烂了无法食用。百姓居住区内大街小巷都可看见马，在田野间的马匹更是成群结队，骑马聚会时，乘坐母马的人竟要受到大家的嗤笑和排斥。把守里巷大门的人吃的是白米好肉，做官的人长期任职，可在一地一职的任期内把子孙抚养成人，有的人干脆把官名作为自己的姓。所以人人自爱不愿触犯法律，重视道义，避免羞辱。在这个时期，法网稀疏，百姓富足，有人依凭钱财，骄横不法，以至于兼并土地；那些豪强之辈，在民间作威作福，横行霸道。享有封地的宗室贵族、公、卿、大夫以下，互相比赛谁更奢侈，房屋、车辆、冠服都不顾地位名分地仿照皇帝所用的规格，毫无节制。事物发展到鼎盛就会走向衰败，这本来就是变化的客观规律。从此之后，孝武帝对内无限度地追求奢侈糜烂的生活，对外大规模攻打四方的夷狄各族，全国经济萧条，财富全都耗费完了！